Die Sorgerechtsregelungen bei Ehescheidung seit 1945

Rechtshistorische Reihe

Band 328

Peter Lang
Frankfurt am Main · Berlin · Bern · Bruxelles · New York · Oxford · Wien

Andreas Köhler

Die Sorgerechtsregelungen bei Ehescheidung seit 1945

Scheidungsstrafe und verordnete Gemeinsamkeit

Peter Lang
Europäischer Verlag der Wissenschaften

Bibliografische Information Der Deutschen Bibliothek
Die Deutsche Bibliothek verzeichnet diese Publikation in der Deutschen Nationalbibliografie; detaillierte bibliografische Daten sind im Internet über <http://dnb.ddb.de> abrufbar.

Zugl.: Jena, Univ., Diss., 2005

Diese Arbeit wurde von Herrn Prof. Dr. Gerhard Lingelbach
zur Aufnahme in diese Reihe empfohlen.

27
ISSN 0344-290X
ISBN 3-631-54841-9

www.peterlang.de

Meinen Eltern

Vorwort

Die vorliegende Arbeit wurde im Sommersemester 2005 vom Fakultätsrat der Rechtswissenschaftlichen Fakultät der Friedrich-Schiller-Universität Jena als Dissertation angenommen.

Danken möchte ich besonders herzlich Frau Prof. Dr. Elisabeth Koch, die die Anregung zu diesem Thema gegeben hat, für ihre motivierende Unterstützung und die ausgezeichneten Arbeitsbedingungen am Lehrstuhl, die zum Gelingen dieser Arbeit beigetragen haben. Herrn Prof. Dr. Gerhard Lingelbach gilt mein Dank für die Erstellung des Zweitgutachtens und die Empfehlung zur Aufnahme der Arbeit in die rechtshistorische Reihe.

Mein Dank geht auch an Herrn Dr. Kanther vom Hessischen Ministerium der Justiz für die Bewilligung von Akteneinsicht, Frau Johann vom Parlamentsarchiv des Deutschen Bundestages für die Übersendung von Gesetzesdokumentationen und den Mitarbeiterinnen und Mitarbeitern vom Intitut für Zeitgeschichte für die Bereitstellung von Mikrofiches.

Aufrichtig danken will ich ferner meiner Schwester, Frau Dr. Sabine Köhler, für stets interessante Anregungungen. Für Korrekturarbeiten möchte ich mich bei meinem ehemaligen Deutschlehrer, Herrn Wolf-Rüdiger Größl bedanken.

Dank gebührt weiterhin meinen Eltern, die mir nicht nur während der Erstellung der Dissertation zur Seite gestanden, sondern mich während meiner gesamten Ausbildungszeit gefördert und unterstützt haben. Ihnen ist die Arbeit gewidmet.

Stuttgart, im November 2005 *Andreas Köhler*

Inhaltsverzeichnis

Abkürzungsverzeichnis

1. EheRG	Erstes Eherechtsreformgesetz (vom 14. Juni 1976)
a.A.	anderer Auffassung
a.a.O.	am angegebenen Ort
a.D.	außer Dienst
a.F.	alte Fassung
Abg.	Abgeordnete(r)
abl.	ablehnend/ablehnenden
Abs.	Absatz
Abt.	Abteilung
AcP	Archiv für die civilistische Praxis (Zeitschrift)
AmtsG	Amtsgericht
Anm.	Anmerkungen
AöR	Archiv des öffentlichen Rechts (Zeitschrift)
Art.	Artikel
ASD	Arbeiter Samariterdienst
Aufl.	Auflage
AV	Ausführungsverordnung
AZ	Aktenzeichen
BACDJ	Bundesarbeitskreises Christlich-Demokratischer Juristen
BayObLG	Bayerisches Oberstes Landesgericht
BayObLGZ	Entscheidungen des Bayerischen Obersten Landesgerichts in Zivilsachen
BB	Der Betriebs-Berater (Zeitschrift)
Bd.	Band
BdFW	Bundesarbeitsgemeinschaft der Freien Wohlfahrtspflege e.V.
betr.	betreffend/betrifft
BezG	Bezirksgericht
BGB	Bürgerliches Gesetzbuch
BGBl.	Bundesgesetzblatt
BGB-RGRK	Kommentar zum Bürgerlichen Gesetzbuch mit besonderer Berücksichtigung der Rechtsprechung des Reichsgerichts und des Bundesgerichtshofs
BGH	Bundesgerichtshof
BGHSt	Entscheidungen des Bundesgerichtshofes in Strafsachen
BGHZ	Entscheidungen des Bundesgerichtshofes in Zivilsachen
BMJ	Bundesministerium der Justiz
BP	Bayernpartei
BRAK	Bundesrechtsanwaltskammer
BR-Drucks.	Bundesratsdrucksache
BSHG	Bundessozialhilfegesetz
BT-Drucks.	Bundestagsdrucksache
BverfG	Bundesverfassungsgericht
BVerfGE	Entscheidungen des Bundesverfassungsgerichts
BVerfGG	Gesetz über das Bundesverfassungsgericht
BVerwG	Bundesverwaltungsgericht
CC	Code Civil
CCG/BE	Control Comission for Germany, British Element

CDU	Christlich Demokratische Union
CISG	Convention on Contrasts for the International Sale of Goods
CSU	Christlich Soziale Union
d.h.	das heißt
DAV	Deutscher Anwalt Verein e.V.
DAVorm	Der Amtsvormund (Zeitschrift)
DB	Der Betrieb (Zeitschrift)
DCV	Deutscher Caritasverband
DDP	Deutsche Demokratische Partei
DDR	Deutsche Demokratische Republik
ders.	derselbe
DFG	Deutsche Freiwillige Gerichtsbarkeit (Zeitschrift)
DFGT	Deutscher Familiengerichtstag e.V.
dies.	dieselbe(n)
Diss.	Dissertation
DJ	Deutsche Justiz (Zeitschrift)
DJB	Deutscher Juristinnenbund
DJT	Deutscher Juristentag
DM	Deutsche Mark
DNotZ	Deutsche Notar-Zeitschrift
DÖV	Die Öffentliche Verwaltung (Zeitschrift)
DR (A)	Deutsches Recht, Ausgabe A (Zeitschrift)
Dr.	Doktor
DRiZ	Deutsche Richterzeitung
DRZ	Deutsche Rechts-Zeitschrift
DtZ	Deutsch-Deutsche Rechts-Zeitschrift
e.V.	eingetragener Verein
EGBGB	Einführungsgesetz zum Bürgerlichen Gesetzbuche
EheG	Ehegesetz
EheRG-E	Entwurf eine Eherechtsreformgesetzes
EheVO	Eheverordnung
Einf.	Einführung
EKD	Evangelische Kirche in Deutschland
EMRK	Europäische Konvention zum Schutze der Menschenrechte und Grundfreiheiten (vom 4.11.1950)
EuGHMR	Europäischer Gerichtshof für Menschenrechte
EuGRZ	Europäische Grundrechte-Zeitschrift
f.	folgende
FA-FamR	Handbuch des Fachanwalts Familienrecht
FamRefK	Familienrechtsreformkommentar
FamRZ	Zeitschrift für das gesamte Familienrecht
FDP	Freie Demokratische Partei
FF	Forum Familien- und Erbrecht (Zeitschrift)
ff.	fortfolgende
FGB	Familiengesetzbuch (der Deutschen Demokratischen Republik)
FGG	Gesetz über die freiwillige Gerichtsbarkeit
Fn.	Fußnote
FPR	Familie Partnerschaft Recht (Zeitschrift)
FS	Festschrift
FU	Föderalistische Union (Partei)

FuR	Familie und Recht (Zeitschrift)
GB/BHE	Gesamtdeutscher Block/Block der Heimatvertriebenen und Entrechteten
Gbl.	Gesetzblatt
GG	Grundgesetz
GKG	Gerichtskostengesetz
GleichberG	Gleichberechtigungsgesetz (vom 18. Juni 1957)
GVG	Gerichtsverfassungsgesetz
h.M.	herrschende Meinung
HIV	Humanes Immundefizienz-Virus
HK-BGB	Handkommentar Bürgerliches Gesetzbuch
HKÜ	Haager Übereinkommen über die zivilrechtlichen Aspekte internationaler Kindesentführungen (vom 25.10.1980)
HLKO	Haager Landkriegsordnung
hrsg.	herausgegeben
Hrsg.	Herausgeber
idF	in der Fassung
insb.	insbesondere
IPR	Internationales Privatrecht
IPRax	Praxis des Internationalen Privat- und Verfahrensrechts (Zeitschrift)
iSv	im Sinne von
JAmt	Das Jugendamt (Zeitschrift)
JBl	Juristische Blätter (Zeitschrift)
JFG	Jahrbuch für Entscheidungen in Angelegenheiten der freiwilligen Gerichtsbarkeit und des Grundbuchrechts
JGG	Jugendgerichtsgesetz
JR	Juristische Rundschau (Zeitschrift)
Jura	Juristische Ausbildung (Zeitschrift)
JuS	Juristische Schulung (Zeitschrift)
JW	Juritische Wochenschrift (Zeitschrift)
JZ	Juristenzeitung (Zeitschrift)
KG	Kammergericht
KGJ	Jahrbuch für Entscheidungen des Kammergerichts in Sachen der freiwilligen Gerichtsbarkeit, in Kosten-, Stempel- und Strafsachen
KindPrax	Kindschaftsrechtliche Praxis (Zeitschrift)
KindRG	Kindschaftsrechtsreformgesetz (vom 16.12.1997)
KJ	Kritische Justiz (Zeitschrift)
KJA	Kreisjugendamt
KJHG/SGB VIII	Kinderjugendhilfegesetz/Sozialgesetzbuch VIII
KPD	Kommunistische Partei Deutschlands
KRABl.	Gesetzblatt des Alliierten Kontrollrats
KRDir.	Kontrollratsdirektive
KrG	Kreisgericht
krit.	kritisch
LG	Landgericht
LS	Leitsatz
Lt. Col.	Lieutenant Colonel
LZ	Leipziger Zeitschrift für Deutsches Recht

m.w.N.	mit weiteren Nachweisen
MDR	Monatsschrift für Deutsches Recht (Zeitschrift)
MR	Ministerialrat
MünchKomm	Münchener Kommentar
mzT	mit zum Teil
n.F.	neue Fassung
NDV	Nachrichtendienst des Vereins für öffentliche und private Fürsorge (Zeitschrift)
ne.	nichtehelich
NJ	Neue Justiz (Zeitschrift)
NJW	Neue Juristische Wochenschrift (Zeitschrift)
NJW-RR	Neue Juristische Wochenschrift-Rechtsprechungs-Report
Nr.	Nummer
NSDAP	Nationalsozialistische Deutsche Arbeiterpartei
NSRB	Nationalsozialistischer Rechtswahrerbund
o. J.	ohne Jahresangabe
OG	Oberstes Gericht (der Deutschen Demokratischen Republik)
OGHBrZ	Oberster Gerichtshof für die britische Zone
OGHSt	Entscheidungen des Obersten Gerichtshofes für die Britische Zone in Strafsachen
OGHZ	Entscheidungen des Obersten Gerichtshofes für die Britische Zone in Zivilsachen
OGZ	Entscheidungen des Obersten Gerichts der Deutschen Demokratischen Republik – Entscheidungen in Zivilsachen
ÖJZ	Österreichische Juristen-Zeitung
OLG	Oberlandesgericht
OLGR	Oberlandesgerichtsrat
OMGUS	Office of Military Government, United States
ORR	Oberregierungsrat
PAS	Parental Alienation Syndrom
PDS	Partei des Demokratischen Sozialismus
PrALR	Preußisches Allgemeines Landrecht
RdJ	Recht der Jugend (Zeitschrift)
RdJB	Recht der Jugend und des Bildungswesens (Zeitschrift)
re.	rechts/rechte
RegBl.	Regierungsblatt
RelKEG	Gesetz über die religiöse Kindererziehung (vom 15.7.1921)
rev.	revidierter
RG	Reichsgericht
RGBl.	Reichsgesetzblatt
RJM	Reichsjustizministerium
ROW	Recht in Ost und West (Zeitschrift)
Rpfleger	Der Rechtspfleger (Zeitschrift)
RR	Regierungsrat
Rz.	Randziffer
S.	Seite
SBZ	Sowjetische Besatzungszone
SchlHA	Schleswig-Holsteinische Anzeigen
SchlOLG	Schleswigholsteinisches Oberlandesgericht
SED	Sozialistische Einheitspartei Deutschlands

SHAEF	Supreme Headquarters Allied Expeditionary Forces
SJZ	Süddeutsche Juristenzeitung
sog.	so genannte
SorgeRG	Sorgerechtsreformgesetz (vom 24.7.1979)
Sp.	Spalte
SPD	Sozialdemokratische Partei Deutschlands
StAZ	Das Standesamt (Zeitschrift)
StGB	Strafgesetzbuch
StuR	Staat und Recht (Zeitschrift)
Sv.	Sachverständiger
u.a.	unter anderem
UN	United Nations
US	United States
USA	United States of America
USFET	United States Forces European Theatre
USGCC	United States Group Control Coucil
USPD	Unabhängige Sozialdemokratische Partei Deutschlands
usw.	und so weiter
v.	vom
v.a.	vor allem
VAMV	Verein alleinerziehender Mütter und Väter e.V.
Verf.	Verfassung
vgl.	vergleiche
VO	Verordnung
VOBlBritZ	Verordnungsblatt für die Britische Zone
Vorb.	Vorbemerkungen
VormG	Vormundschaftsgericht
VwGO	Verwaltungsgerichtsordnung
WAV	Wirtschaftliche Aufbau-Vereinigung (Partei)
WRV	Weimarer Reichsverfassung
z.B.	zum Beispiel
ZAkDR	Zeitschrift der Akademie für Deutsches Recht
ZaÖRV	Zeitschrift für ausländisches öffentliches Recht und Völkerrecht
ZblJugR	Zentralblatt für Jugendrecht und Jugendwohlfahrt (Zeitschrift)
ZfJ	Zentralblatt für Jugendrecht (Zeitschrift)
ZfRV	Zeitschrift für Rechtsvergleichung
ZNR	Zeitschrift für Neuere Rechtsgeschichte
ZPO	Zivilprozessordnung
ZRP	Zeitschrift für Rechtspolitik
ZS	Zivilsenat
zust.	zustimmend

Geschichtliche Eckdaten

1938	6. Juli	Verkündung des Ehegesetzes 1938
	1. August	In-Kraft-Treten des Ehegesetzes 1938
1945	8. Mai	Ende des Zweiten Weltkriegs in Europa
	30. Juli	Gründung des Alliierten Kontrollrats
	26. September	Gutachten *Karl Loewensteins* zum Ehegesetz 1938
1946	20. Februar	Verkündung des Ehegesetzes 1946 (Kontrollratsgesetz Nr. 16)
	1. März	In-Kraft-Treten des Ehegesetzes 1946 (Kontrollratsgesetz Nr. 16)
1948	20. März	Letzte Sitzung des Alliierten Kontrollrats
1949	12. Mai	Genehmigungsschreiben der Militärgouverneure zum Grundgesetz
	23./24. Mai	Verkündung/In-Kraft-Treten des Grundgesetzes
	20. September	Gründung der Bundesrepublik Deutschland
	7. Oktober	Gründung der Deutschen Demokratischen Republik
1950	Frühjahr	Aufnahme der Arbeiten *Maria Hagemeyers* zur Denkschrift zu einem Gleichberechtigungsgesetz
1952	23. Oktober	Erster Entwurf zum Gleichberechtigungsgesetz, BT-Drucks. 1/3809
1953	5. Februar	Beginn der Beratungen zum Gleichberechtigungsgesetz
	1. April	Art. 3 Abs. 2 GG wird auf dem Gebiet des Familienrechts unmittelbar geltendes Recht
1954	29. Januar	Zweiter Entwurf zum Gleichberechtigungsgesetz, BT-Drucks. 2/224
1956	25. Oktober	Beratung des Unterausschusses Familienrechtsgesetz über § 1671 BGB idF der BT-Drucks. 2/224
1957	25. April	Beschlussempfehlung zum Gleichberechtigungsgesetz, BT-Drucks. 2/3409
	18. Juni	Verkündung des Gleichberechtigungsgesetzes
1958	1. Juli	In-Kraft-Treten des Gleichberechtigungsgesetzes
1967	8. November	Einsetzung der Eherechtskommission
	7. Dezember	Bundesrat empfiehlt eine Änderung des Sorgerechts
1970	7. Oktober	Schuldausspruch des Scheidungsurteils bei § 1671 BGB idF des Gleichberechtigungsgesetzes nicht mehr von *LG Berlin* berücksichtigt
	11. Dezember	Gemeinsames Sorgerecht erstmals vom *LG Mannheim* angeordnet
1973	1. Juni	Entwurf eines Ersten Eherechtsreformgesetzes, BT-Drucks. 7/650
1975	2. Mai	Entwurf eines Sorgerechtsreformgesetzes, BT-Drucks. 7/2060
	28. November	Beschlussempfehlung zum Ersten Eherechtsreformgesetz, BT-Drucks. 7/4361
1976	14. Juni	Verkündung des Ersten Eherechtsreformgesetzes
	12. August	Beginn des Meinungsaustausches der Landesjustizverwaltungen zum gemeinsamen Sorgerecht

1977	10. Februar	Fraktionsentwurf zum Sorgerechtsreformgesetz, BT-Drucks. 8/111
	1. Juli	In-Kraft-Treten des Ersten Eherechtsreformgesetzes
	12. Juli	Öffentliche Anhörung des Rechtsausschusses zu § 1671 BGB idF der BT-Drucks. 8/111
1979	27. April	Beschlussempfehlung zum Sorgerechtsreformgesetz, BT-Drucks. 8/2788
	24. Juli	Verkündung des Sorgerechtsreformgesetzes
1980	1. Januar	In-Kraft-Treten des Sorgerechtsreformgesetzes
1982	3. November	Verfassungswidrigkeit der zwingenden Anordnung der Alleinsorge nach § 1671 Abs. 4 Satz 1 BGB idF der Sorgerechtsreformgesetzes, *BVerfG*, Urteil v. 3.11. 1982 – 1 BvL 25/80
1983-1985		Rechtstatsachenstudie von *Jutta Limbach* zum gemeinsamen Sorgerecht
1990	12. September	Auflösung des Alliierten Kontrollrats durch den „2+4 Vertrag“
1994-1995		Justizstatistische Sondererhebung zum gemeinsamen Sorgerecht
1996	13. Juni	Entwurf eines Kindschaftsrechtsreformgesetzes, BT-Drucks. 13/4899
1997	24. Februar	Öffentliche Anhörung des Rechtsausschusses zu § 1671 BGB idF der BT-Drucks. 13/4899
	12. September	Beschlussempfehlung zum Kindschaftsrechtsreformgesetz, BT-Drucks. 13/8511
	16. Dezember	Verkündung des Kindschaftsrechtsreformgesetzes
1998	1. Juli	In-Kraft-Treten des Kindschaftsrechtsreformgesetzes
1999	29. September	Gleichrang zwischen Alleinsorge und gemeinsamer elterlicher Sorge, *BGH*, Beschluss v. 29.9.1999, XII ZB 3/99
1999-2002		Begleitforschung von *Roland Proksch* zum gemeinsamen Sorgerecht

1. Kapitel Einleitung

Die Regelung des Sorgerechts bei einer Ehescheidung ist für die Eltern ein zentrales Anliegen[1]. Mit der Übertragung des Sorgerechts sind weitreichende Folgen verbunden, da allein der sorgeberechtigte Elternteil die Verantwortung für die Person und das Vermögen des minderjährigen Kindes trägt und in diesen Angelegenheiten entscheidet. Der andere Elternteil ist im Wesentlichen auf das Umgangsrecht beschränkt.

Die geschichtliche Entwicklung der Sorgerechtsregelung bei Ehescheidung war in den vergangenen Jahrzehnten von verschiedenen Reformen geprägt. Die vorliegende Darstellung beginnt dabei mit Ende des Zweiten Weltkrieges 1945. Seitdem wurde diese Norm sechs Mal geändert. In den folgenden Kapiteln werden die Vorschriften des Ehegesetzes von 1946, des Richterrechts von 1953 bis 1958, des Gleichberechtigungsgesetzes von 1957, des Ersten Eherechtsreformgesetzes von 1976, des Sorgerechtsreformgesetzes von 1979 und des Kindschaftsrechtsreformgesetzes von 1997 dargestellt.

Im Mittelpunkt dieser Arbeit steht der Entschließungsprozess des Gesetzgebers, die Übertragung der elterlichen Sorge nach der Ehescheidung in der gewählten Fassung zu verabschieden. Aufschluss über die Motive des Gesetzgebers gaben Vor- und Referentenentwürfe, die Stellungnahmen der Bundesregierungen, Gegenäußerungen des Bundesrates und die Beschlussempfehlungen der Rechtsausschüsse. Weiterhin konnten unveröffentlichte Materialien von Unterausschüssen des Rechtsausschusses und Anhörungen von Sachverständigen ausgewertet werden. Hilfreich waren bei der Erstellung des Kapitels über das Ehegesetz von 1946 Unterlagen des Office of Military Government, United States (OMGUS)[2]. Die außerparlamentarische Diskussion und ihre Reformvorschläge wurden anhand der einschlägigen familienrechtlichen Zeitschriften, den Veröffentlichungen des Deutschen Juristentages und des Deutschen Familiengerichtstages untersucht.

Ein Schwerpunkt der Untersuchung ist die Auswirkung der Scheidungsschuld auf die Regelung des elterlichen Sorgerechts. Die Quellen enthalten hierzu hinreichend Material. Die Scheidungsschuld hat erst seit dem Ersten Eherechtsreformgesetz 1976 keine Bedeutung mehr für die Übertragung des Sorgerechts. Ein weiterer Schwerpunkt beschäftigt sich mit der Frage, ob der Gesetzgeber Überlegungen anstellte, ein gemeinsames Sorgerecht einzuführen.

---

[1] Sorgerechtsregelungen kommen für ein ungeborenes Kind nicht in Betracht, vgl. dazu *AmtsG Lüdenscheid*, FamRZ 2005, 51 (52) m.w.N.

[2] Die OMGUS Akten befinden sich auf Microfiches verfilmt im Institut für Zeitgeschichte in München, Leonrodstr. 46b, 80636 München; www.ifz-muenchen.de/

Eine gesetzliche Grundlage hat das gemeinsame Sorgerecht erst durch das Kindschaftsrechtsreformgesetz von 1997 erhalten. Eine intensive Debatte fand zu diesem Problembereich auf parlamentarischer und auf außerparlamentarischer Ebene bereits beim Sorgerechtsreformgesetz von 1979 statt. Verfahrensrechtliche Besonderheiten bei der Regelung der elterlichen Sorge und sozialwissenschaftliche Erkenntnisse werden angesprochen, wenn diese für die Entscheidung des Gesetzgebers entscheidend waren.

Außerdem werden in den einzelnen Kapiteln die Probleme bei der Auslegung und Anwendung des Gesetzes geprüft. Die veröffentlichte Rechtsprechung und die Literatur enthalten ausführliches Material. Besonderes Interesse gilt auch hier den Fragen der Scheidungsschuld und des gemeinsamen Sorgerechts.

2. Kapitel Das Ehegesetz von 1946 (EheG 1946)

A. Einführung

Mit *Hitlers* Selbstmord am 30. April 1945 und der bedingungslosen Kapitulation vom 8. Mai 1945 endeten der Zweite Weltkrieg und die nationalsozialistische Diktatur[3]. Unabhängig von der Streitfrage, ob das Deutsche Reich mit der bedingungslosen Kapitulation untergegangen ist[4], füllten die Siegermächte das eingetretene rechtliche Vakuum in Deutschland durch die förmliche Übernahme der gesamten staatlichen Gewalt[5].

Zuerst stand bei den Alliierten die völkerrechtliche Grundlage für ihre Gesetzgebungskompetenz im Vordergrund, da Art. 43 (Militärische Gewalt auf besetztem feindlichen Gebiete) der Haager Landkriegsordnung[6] nicht zur Entnazifizierung deutscher Gesetze ausreichte. Gemeinsamer britisch-amerikanischer Ausgangspunkt war die Theorie der *unconditional surrender*, die das Eingreifen in eine fremde Rechtsordnung legitimieren sollte[7]. Die neben der Kapitulationsurkunde maßgebliche Erklärung vom 5. Juni 1945 lautete wie folgt[8]:

„Die Regierungen des Vereinten Königreichs, der Vereinigten Staaten von Amerika, der Union der Sozialistischen Sowjet-Republiken und die Provisorische Regierung der Französischen Republik übernehmen hiermit die oberste Regierungsgewalt in Deutschland, einschließlich aller Befugnisse der deutschen Regierung, des Oberkommandos der Wehrmacht und der Regierungen, Verwaltungen oder der Behörden der Länder, Städte und Gemeinden. Die Übernahme zu den vorstehend genannten Zwecken der besagten Regierungsgewalt und Befugnisse bewirkt nicht die Annektierung Deutschlands."

Bis zur Gründung der Bundesrepublik Deutschland am 20. September 1949 übten also die Besatzungsmächte die Regierungsgewalt in Deutschland alleine

---

[3] *Mitteis/Lieberich*, Deutsche Rechtsgeschichte, 19. Aufl. 1992, S. 488.

[4] Vgl. zu diesem Problem *Abendroth*, NJ 1947, 73 ff.; *Schlochauer*, DRZ 1947, 118 ff.; *Faust*, Das Potsdamer Abkommen, 3. Aufl. 1964, S. 78 ff.; *Diestelkamp*, JuS 1980, 481; für einen Fortbestand: *BVerfGE* 3, 288 (315) und *BGH*, JZ 1951, 230 (231).

[5] Nach *Jaenicke*, Der Abbau der Kontrollratsgesetzgebung (1952), S. 10, steht die Übernahme der obersten Gewalt im Widerspruch zur HLKO.

[6] HLKO v. 18.10.1907, RGBl. 1910, S. 107.

[7] *Etzel*, Die Aufhebung von nationalsozialistischen Gesetzen durch den Alliierten Kontrollrat 1945-1948 (1992), S. 41; KRABl. 1945-1948, Ergänzungsblatt Nr. 1, S. 6; vgl. auch die Erklärung von *Roosevelt* im Anschluss an die Konferenz von Casablanca v. 24.1.1943. Der mit Deutschland bestehende Kriegszustand wurde erst am 18. Oktober 1951 durch den Kongress der Vereinigten Staaten für beendet erklärt. Vgl. dazu Bulletin des Presse- und Informationsamt der Bundesregierung 1951, S. 2.

[8] KRABl. 1945-1948, Ergänzungsblatt Nr. 1, S. 7, Absatz 5.

aus[9]. Machthaber in den westlichen Besatzungszonen war zunächst das Oberste Hauptquartier der alliierten britisch-amerikanischen Expeditionsstreitkräfte (Supreme Headquarters Allied Expeditionary Forces = SHAEF), das am 14. Juli 1945 seine Tätigkeit einstellte. Danach waren die jeweiligen Oberbefehlshaber der Besatzungsstreitkräfte als Militärgouverneure Befehlshaber der Militärregierungen in ihrer Besatzungszone[10]. Daneben amtierte seit dem 30. Juli 1945 der Alliierte Kontrollrat, der mit seiner Proklamation Nr. 1[11] die Aufnahme seiner Arbeit bekannt gab. Nicht einmal ein Jahr nach Ende des Zweiten Weltkrieges erließ der Alliierte Kontrollrat am 20. Februar 1946 das EheG 1946 als Kontrollratsgesetz Nr. 16[12]. Es ist der Nachfolger des EheG 1938[13], welches acht Jahre zuvor das deutsche Ehe- und Familienrecht im Sinne einer nationalsozialistischen Herrenrasseideologie umgestaltet hatte[14]. Der das Sorgerecht nach der Ehescheidung regelnde § 74 EheG 1946 erhielt gegenüber § 81 EheG 1938 die folgende unverbindliche[15] deutsche Fassung:

§ 81 EheG 1938	*§ 74 EheG 1946*
(1) [1]Ist die Ehe geschieden, so bestimmt das Vormundschaftsgericht, welchem Ehegatten die Sorge für die Person des Kindes zustehen soll. [2]Maßgebend ist, was nach Lage der Verhältnisse dem Wohl des Kindes am besten entspricht. *(2) Sind mehrere gemeinschaftliche Kinder*	*(1) [1]Ist die Ehe geschieden, so bestimmt das Vormundschaftsgericht, **falls eine Einigung der Ehegatten nicht zustande gekommen ist,** welchem von ihnen die Sorge für die Person des oder der gemeinschaftlichen Kinder zustehen soll. [2]**Die Einigung der Ehegatten ist in einem schriftlichen Vor-***

---

[9] Die Gründung der Bundesrepublik Deutschland erfolgte juristisch gesehen nicht mit In-Kraft-Treten des Grundgesetztes am 24. Mai 1949, sondern mit Vereidigung der Bundesregierung am 20. September 1949. Die Deutsche Demokratische Republik wurde am 7. Oktober 1949 gegründet.

[10] *Dilcher*, Bürgerliches Recht in den Westzonen 1945 – 1949, in: FS für Mikat (1989), S. 221 f.

[11] KRABl. 1945, S. 4.

[12] KRABl. 1946, S. 77. In Österreich, wo das EheG 1938 auch galt, wurde das EheG 1938 durch das Gesetz vom 26.6.1945 – Gesetz Nr. 31 – in bereinigter Fassung in Kraft gesetzt. Aufgehoben wurden lediglich die §§ 4 (Eheverbot der Blutverschiedenheit), 5 (Mangel der Ehetauglichkeit), 53 (Scheidung wegen Unfruchtbarkeit) 58 (Fristenregelung im Zusammenhang mit § 53) und 106 (Ergänzungsvorschrift). Hinsichtlich weiterer Bestimmungen (§§ 18, 20, 28, 29, 54 und 57) verfügte das Gesetz Abänderungen.

[13] RGBl. I 1938, S. 807.

[14] Vgl. nur das Gesetz zum Schutze des Deutschen Blutes und der Deutschen Ehre vom 15. September 1935, RGBl. I 1935, S. 1146; Gesetz zum Schutze der Erbgesundheit des deutschen Volkes (Ehegesundheitsgesetz) vom 18. Oktober 1935, RGBl. I 1935, S. 1246; Reichsbürgergesetz vom 15. September 1935, RGBl. I 1935, S. 1146; Erste Verordnung zum Reichsbürgergesetz vom 14. November 1935, RGBl. I 1935, S. 1333; Verordnung über den Nachweis deutschblütiger Abstammung vom 1. August 1940, RGBl. I 1940, S. 1063.

[15] Vgl. zur deutschen Übersetzung unten 2. Kapitel D.II, S. 18 ff.

vorhanden, so soll die Sorge für die Person aller Kinder dem gleichen Elternteil übertragen werden, sofern nicht eine abweichende Regelung aus besonderen Gründen geboten und mit dem Wohl des Kindes vereinbar ist.	***schlag binnen einer Frist von zwei Wochen nach Rechtskraft des Scheidungsurteils dem Vormundschaftsgericht zur Genehmigung vorzulegen.*** ***(2) [1]Ist der Vorschlag innerhalb der in Abs.1 bestimmten Frist nicht vorgelegt worden oder findet er nicht die Billigung des Vormundschaftsgerichts, so hat dasselbe diejenige Regelung zu treffen, die dem wohlverstandenen Interesse des oder der Kinder unter Berücksichtigung der gesamten Verhältnisse am besten entspricht. [2]Es kann dabei auch mit den Kindern persönlich Fühlung nehmen.*** *(3) [1]Vor der Entscheidung sind die geschiedenen Ehegatten persönlich zu hören. [2]**Von der Anhörung soll nur abgesehen werden, wenn sie unmöglich ist.***
(3) Einem Ehegatten, der allein oder überwiegend für schuldig erklärt ist, soll die Sorge nur übertragen werden, wenn dies aus besonderen Gründen dem Wohl des Kindes dient.	*(4) Einem Ehegatten, der allein oder überwiegend für schuldig erklärt **worden** ist, soll die Sorge nur übertragen werden, wenn dies aus besonderen Gründen dem Wohl des oder der Kinder dient.*
(4) Das Vormundschaftsgericht kann die Sorge einem Pfleger übertragen, wenn dies aus besonderen Gründen zum Wohl des Kindes erforderlich ist.	*(5) Das Vormundschaftsgericht kann die Sorge einem Pfleger übertragen, wenn dies aus besonderen Gründen **für** das Wohl des oder der Kinder erforderlich ist.*
(5) Das Vormundschaftsgericht kann die Anordnung jederzeit ändern, wenn das Wohl des Kindes es erfordert.	*(6) Das Vormundschaftsgericht kann die **Regelung** jederzeit ändern, wenn es dies **im Interesse des Wohls** des oder der Kinder für angezeigt hält.*
(6) [1]Vor der Entscheidung sind die geschiedenen Ehegatten zu hören. [2]Die Anhörung kann unterbleiben, wenn sie untunlich ist.	

B. Änderungen und Gemeinsamkeiten von EheG 1946 und EheG 1938

Als Grundlage des EheG 1946 diente das EheG 1938. Im Grunde wurde nicht viel an § 74 EheG 1946 geändert, da die Übereinstimmungen mit dem EheG 1938 überwogen[16].

Wie bei § 81 Abs. 1 Satz 1 EheG 1938 übertrug das Vormundschaftsgericht bei § 74 Abs. 1 Satz 1 EheG 1946 nach der Ehescheidung durch eine rechtsgestaltende Entscheidung nur die Personensorge. Die Vermögenssorge und die Vertretung auf diesem Gebiet verblieben grundsätzlich dem Vater nach §§ 1627, 1630, 1631ff. BGB a.F. Das Wohl des Kindes stand weiterhin im Mittelpunkt der Betrachtung. Das Recht und die Interessen der Eltern am Kind

[16] **Ebenso**: *Derleder*, KJ 2000, 1 (10).

waren nicht entscheidend[17]. Das EheG 1946 unterschied gegenüber dem EheG 1938 nach § 74 Abs. 1 EheG 1946 die Fälle, in denen sich die Eltern über das Sorgerecht einigten und die Fälle, in denen eine Einigung nicht zustande kam. Für die zwischen den Eltern streitig gebliebenen Sorgerechtsangelegenheiten traf § 74 Abs. 4 EheG 1946 eine Regelung, die sich in allen Punkten mit der des § 81 Abs. 3 EheG 1938 deckte. Der an der Ehescheidung für allein oder überwiegend schuldig erklärte Ehegatte erhielt das Sorgerecht nur, wenn zu seinen Gunsten besondere Gründe sprachen. Die Vorschrift des § 81 Abs. 2 EheG 1938, nach der das Sorgerecht für mehrere Kinder grundsätzlich einem Elternteil übertragen werden sollte, hatte das EheG 1946 fallengelassen.
Die Neuerungen berührten also lediglich den Zwang zur Anhörung der Eltern und die Möglichkeit eines Elternvorschlags.

C. Die Entstehungsgeschichte des EheG 1946

I. Überlegungen zum EheG 1938 während des Zweiten Weltkriegs

Den Anstoß zur Entnazifizierung des deutschen Rechts gaben während des Zweiten Weltkrieges emigrierte deutsche Juristen[18], die vor allem in Großbritannien und den Vereinigten Staaten Zuflucht vor den Repressalien des Dritten Reiches gesucht hatten[19]. Bereits zu dieser Zeit stellten die von der Notwendigkeit einer Entnazifizierung überzeugten Alliierten Überlegungen zur Neugestaltung des deutschen Rechts an. Diese Absicht beschrieb ein Dokument vom 22. April 1944[20].
Vor allem US-amerikanische Kreise dachten darüber nach, eine Generalklausel zur Aufhebung nationalsozialistischer Gesetze zu schaffen. Die Generalklausel machte sich zum Ziel, Listen mit nationalsozialistischen Vorschriften zu erstellen und anschließend außer Kraft zu setzen. Für von der nationalsozialistischen Ideologie überzeugte Richter oder Beamte hätte aber trotzdem die Möglichkeit bestanden, von der Generalklausel nicht erfasste Rechtsvorschriften nach ihrem Dafürhalten anzuwenden. Zweck der Generalklausel war deshalb neben der Aufhebung von Gesetzen, die Berücksichtigung von nationalsozialistischem Gedankengut bei der Anwendung und Interpretation eines Ge-

---

17 *Munzinger*, SJZ 1949, 98.

18 Zur Emigration deutscher Juristen vgl. *Stiefel/Mecklenburg*, Deutsche Juristen im amerikanischen Exil 1933-1950 (1991).

19 Ausführlich zu diesem Komplex: *Etzel* [Fn. 7] S. 3 ff.

20 Schreiben v. 22.4.1944 an Lt. Col. John B. March, Institut für Zeitgeschichte: Record Group 17/56-3/5 Blatt 3, Zeile 1, Seite 8 ff.

setzes zu verhindern[21]. Zur Abschreckung diente eine Strafvorschrift[22]. Im Anhang zum Dokument vom 22. April 1944 wurden Abschnitte des EheG 1938 aufgeführt, welche der Überprüfung bedurft hätten. Das Militärregierungsgesetz Nr. 1 (SHAEF Gesetz Nr. 1)[23], welches seit dem Vordringen der Alliierten auf deutsches Gebiet galt und insgesamt neun Gesetze[24] für nichtig erklärt hatte, verwirklichte die Idee der Generalklausel. Doch weder das komplette EheG 1938 noch einzelne Vorschriften des EheG 1938 fielen letztendlich unter dieses Gesetz.
Konkreter in ihren Überlegungen wurden die Alliierten im Februar 1945, als sich die militärische Niederlage Deutschlands deutlich abzeichnete. Auf Seiten der Briten äußerte die Control Comission for Germany (CCG/BE) Zweifel an der Zweckmäßigkeit des Militärregierungsgesetzes Nr. 1[25]. Allein mit der Aufhebung von Gesetzen in den verschiedenen Rechtsgebieten konnten sich die Alliierten nicht zufrieden geben. Die entstandenen Gesetzeslücken mussten im Gegensatz zu den „*Rassegesetzen*“[26] entweder mit Gesetzen aus der Zeit vor der Machtergreifung *Hitlers* oder mit neuen Regelungen geschlossen werden. Da die Alliierten das Eherecht für wichtig hielten, wollten sie es nicht dem umstrittenen Militärregierungsgesetz Nr. 1 unterstellen, sondern plädierten für eine Reform[27].

II. Reform des EheG 1938 nach dem Zweiten Weltkrieg

1. Gesetzgebungsorgan Alliierter Kontrollrat

Die Bildung des Kontrollrates hatten die Alliierten vor Ende des Zweiten Weltkrieges durch das Londoner Abkommen vom 14. November 1944 be-

---

[21] Schreiben v. 22.4.1944 an Lt. Col. John B. March, Institut für Zeitgeschichte: Record Group 17/56-3/5 Blatt 3, Zeile 1, Seite 8 ff. Umgesetzt durch Art. III Nr. 5 und Nr. 6 des Militärregierungsgesetzes Nr. 1.

[22] Umgesetzt durch Art. V Nr. 11 des Militärregierungsgesetzes Nr. 1.

[23] Abgedruckt beispielsweise in: *Hemken*, Alliierter Kontrollrat: Proklamationen, Gesetze, Verordnungen, Befehle, Direktiven, 3. Aufl. 1946, Band 2, dort: M Gesetz Nr. 1.

[24] So z.B. Gesetz gegen Neubildung von Parteien vom 14. Juli 1933, RGBl. I 1933, S. 479; Gesetz zum Schutze des Deutschen Blutes und der Deutschen Ehre vom 15. September 1935, RGBl. I 1935, S. 1146; Gesetz über die Hitlerjugend vom 1. Dezember 1936, RGBl. I 1936, S. 993.

[25] So im Schreiben v. 13.2.1945 der CCG/BE, Institut für Zeitgeschichte: Record Group 17/56-3/5 Blatt 2, Zeile 2, Seite 8 ff.

[26] Vgl. die beispielhaft oben in Fn. 14 genannten Gesetze.

[27] So im Schreiben v. 13.2.1945 von CCG/BE, Institut für Zeitgeschichte: Record Group 17/56-3/5 Blatt 2, Zeile 2, Seite 8 ff.; ebenso: *Loewenstein* im Schreiben v. 21.8.1945, Institut für Zeitgeschichte: Record Group 17/199-2/21 Blatt 9, Zeile 4.

schlossen[28]. Der Alliierte Kontrollrat war das einzige Gemeinschaftsorgan der vier Mächte Frankreich, Großbritannien, der Sowjetunion und der Vereinigten Staaten[29]. Tagungsort war das ehemalige preußische Kammergericht am Kleistpark im Bezirk Schöneberg[30]. Er setzte sich aus den vier Zonenbefehlshabern zusammen. Die Zonenbefehlshaber traten im Kontrollrat in Angelegenheiten zusammen, die Deutschland als Ganzes betrafen; der Kontrollrat war in erster Linie als Gesetzgebungsorgan gedacht, wobei Beschlüsse einstimmig zu fassen waren[31]. Konnte keine Einigung erzielt werden, durfte jeder Oberbefehlshaber in seiner Besatzungszone nach den Instruktionen seiner Regierung vorgehen[32]. Gesetzgebungskompetenz besaßen neben dem Kontrollrat aufgrund Art. 13a der Viermächteerklärung vom 5. Juni 1945 die alliierten Regierungen[33]. Trotz dieser *„konkurrierenden"* Gesetzgebung erließ der Alliierte Kontrollrat 62 Gesetze und drei Proklamationen, so auch das EheG 1946 als Kontrollratsgesetz Nr. 16.
Die letzte Sitzung erfolgte am 20. März 1948, nachdem General *Sokolovski* im Streit um die herannahende Weststaatsgründung den Kontrollrat für nicht mehr bestehend erklärt hatte[34]. Erst mit Hinterlegung der Ratifikationsurkunden des *„2+4 Vertrages"* vom 12. September 1990[35] über die abschließende Regelung in Bezug auf Deutschland ist der Alliierte Kontrollrat offiziell aufgelöst worden (Art. 7 Abs. 1 Satz 2 iVm Art. 9)[36].

---

28 Eine nichtamtliche Übersetzung des Londoner Abkommens findet sich beispielsweise bei *März*, Dokumente zu Deutschland 1944-1994 (1996), dort: Dokument 2 (S. 65 f.). Dagegen enthält das Potsdamer Abkommen vom 2. August 1945 keine Bestimmungen zum Kontrollrat, sondern nur Bezugnahmen auf das Kontrollverfahren entsprechend den Berliner Erklärungen vom 5. Juni 1945.

29 *Strupp/Schlochauer/Maier*, Wörterbuch des Völkerrechts, Band 2 (1961), Stichwort Kontrollrat, S. 300 f.

30 *Etzel* [Fn. 7] S. 48.

31 KRABl. 1945-1948, Ergänzungsblatt Nr. 1, S. 10, Absatz 2; *Benjamin*, Zur Geschichte der Rechtspflege der DDR 1945-1949 (1976), S. 17; *Strupp/Schlochauer/Maier* [Fn. 29] S. 300 f.

32 *Faust* [Fn. 4] S. 102.

33 Vgl. die Fundstelle oben in Fn. 8.

34 *Etzel* [Fn. 7] S. 48; vgl. auch die Stellungnahme von General *Clay* zur Haltung General *Sokolovskis*, wiedergegeben bei *Faust* [Fn. 4] S. 110. Nach Gründung der Bundesrepublik Deutschland hat die neu gebildete Alliierte Hohe Kommission dessen Aufgaben übernommen, vgl. dazu *Jaenicke* [Fn. 5] S. 35.

35 BT-Drucks. 11/8024 v. 1.10.1990; BGBl. II 1990, S. 1318; die Zustimmung erfolgte durch Gesetz v. 11.10.1990, BGBl. II 1990, S. 1317; der Vertrag ist in Kraft für alle Parteien seit 15.3.1991, BGBl. II 1991, S. 587.

36 *Etzel* [Fn. 7] S. 49; ausführlich dazu *Blumenwitz*, NJW 1990, 3041 (3047).

2. Office of Military Government, United States (OMGUS)

Auf Initiative der Amerikaner verabschiedete der Alliierte Kontrollrat das Kontrollratsgesetz Nr. 1[37] vom 26. September 1945, welches insgesamt 25 nationalsozialistische Gesetze aufhob und dem Militärregierungsgesetz Nr. 1 ähnelte. Nachdem die Alliierten das EheG 1938 reformieren wollten, hoben sie es nicht durch das Kontrollratsgesetz Nr. 1 auf, sondern erließen es in entnazifizierter Form als Kontrollratsgesetz Nr. 16 (EheG 1946). Dass das EheG 1946 nicht in einem Gesetzgebungsverfahren nach Art. 70ff. GG zustande gekommen ist, erschwert dessen Darstellung. Ein weiteres grundsätzliches Problem stellt die fehlende Begründung des neuen Ehegesetzes dar. Hintergründe und Motive zum EheG 1946 können allein dem in den OMGUS Akten enthaltenen Schriftverkehr entnommen werden.

Die Vereinigten Staaten hatten die Führung bei der Entnazifizierung zuerst in ihrer Besatzungszone und später im Kontrollrat übernommen[38]. Die Verwaltung der amerikanischen Besatzungszone und des amerikanischen Sektors von Berlin oblag dem US Group Control Council (USGCC), der am 29. September 1945 in OMGUS umbenannt wurde und als Militärregierung amtierte. In den OMGUS Akten ist die Korrespondenz des USGCC und des OMGUS sowie mit den anderen Besatzungsmächten enthalten. Des Weiteren finden sich in diesen Akten Nachweise zur Entnazifizierung des EheG 1938. Mit In-Kraft-Treten des Besatzungsstatuts[39] stellte das OMGUS seine Tätigkeit ein; die verbliebenen Aufgaben übernahm die Alliierte Hohe Kommission.

a. Nationalsozialistische Ideologie im Familienrecht

Um die Notwendigkeit der Entnazifizierung des EheG 1938 besser veranschaulichen zu können, wird einleitend die nationalsozialistische Ideologie im Ehescheidungs- und Sorgerecht des Volksgesetzbuchs und des EheG 1938 dargestellt.

Die Nationalsozialisten hatten in Abkehr des ihrer Meinung nach vom römischen und jüdischen Recht geprägten BGB ein Volksgesetzbuch angestrebt[40].

---

[37] KRABl. 1945, S. 6; in Thüringen wurden bereits am 20. August 1945 zehn Gesetze für aufgehoben erklärt, die später alle vom Kontrollratsgesetz Nr. 1 erfasst wurden, Regierungsblatt für das Land Thüringen, 1945, S. 10.

[38] *Plischke*, American Journal of International Law 1947, 807.

[39] Besatzungsstatut vom 12. Mai 1949, in Kraft getreten am 21. September 1949. Das Besatzungsstatut ist abgedruckt u.a. in: *Anders*, Gesetzgebung der Alliierten Hohen Kommission in Deutschland (1950), Abt. A/1 O.-Z. ½.

[40] *Majer*, Grundlagen des nationalsozialistischen Rechtssystems (1987), S. 134; *Brokamp*, Die Verrechtlichung der Eltern-Kind-Beziehung in hundert Jahren BGB (2001), S. 68. *Meder*, Rechtsgeschichte (2002), S. 324 ff. (S. 326); Vorbehalten bleiben sollte die spätere Zusammenfassung inhaltlich zusammenpassender Teilgesetze zu Gesetzesblöcken. Vgl. dazu Art. 19 des Programms der NSDAP v. 24.2.1920, abgedruckt z.B. bei *Kühnl*, Der deutsche Faschismus in Quellen und Dokumenten (1975), Dokument 61, S. 105 ff.

Das Volksgesetzbuch war aber über Entwürfe und Thesen in Propagandamanier nicht hinausgediehen[41]. Die in den Vorentwürfen enthaltenen Aussagen zeigen jedoch die generelle nationalsozialistische Auffassung über Ehe, Familie und Kinder, wie sie später teilweise im EheG 1938 umgesetzt wurden. Sie lauteten wie folgt[42]:

3. *Die Ehe als Urzelle des völkischen Gemeinschaftslebens steht unter dem besonderen Schutz der Rechtsordnung. Sie soll sich als vollkommene Lebensgemeinschaft bewähren und darüber hinaus dem größeren Ziel der Vermehrung und Erhaltung von Art und Rasse dienen.*
4. *Die Kinder sind das kostbarste Gut der deutschen Volksgemeinschaft, in seiner Jugend erblickt der Staat die Zukunft des deutschen Volkes.*
5. *Die Eltern sind verpflichtet, ihre Kinder im nationalsozialistischen Geiste leiblich und sittlich zum Dienst am Volk zu erziehen. Partei und Staat überwachen die elterliche Gewalt und ergänzen sie mit ihren Zucht- und Erziehungsmitteln.*

Die Müllersche[43] Abhandlung über die Regelung der elterlichen Gewalt zum Volksgesetzbuch enthält unter Ziffer 3 folgenden Vorschlag[44]:

(1) Wird die Ehe der Eltern geschieden, so bestimmt das Prozeßgericht im Ehescheidungsurteil vorläufig und nach dessen Rechtskraft das Vormundschaftsgericht endgültig unter Berücksichtigung der Interessen des Kindes, welchem Ehegatten die Ausübung der elterlichen Gewalt zu übertragen ist. Es kann auch bestimmen, daß einzelne Teile der elterlichen Gewalt dem Ehegatten verbleiben, dem es die Personensorge nicht überträgt.
(2) Das gilt entsprechend, wenn die Ehe im Falle des § 1348 Abs. 2 BGB aufgelöst ist.
(3) Eine Einigung der Ehegatten über die Ausübung der elterlichen Gewalt bedarf der Genehmigung des Vormundschaftsgerichts.
(4) Das Vormundschaftsgericht kann jederzeit zugunsten des anderen Ehegatten eine andere Regelung treffen, wenn es dies im Interesse des Kindes als zweckentsprechend erachtet.

Nach dem geplanten Volksgesetzbuch war die Regelung des Sorgerechts losgelöst vom Schuldausspruch des Scheidungsurteils und ausschließlich an den Interessen des Kindes ausgerichtet.

---

41 Den Grundregeln sollten die Bücher „*Der Volksgenosse*“ (I), „*Die Familie*“ (II), „*Das Erbe*“ (III), „*Vertrags- und Haftungsordnung*“ (IV), „*Die Eigentumsordung*“ (V), „*Die Arbeit*“ (VI), „*Unternehmen*“ (VII) und „*Die Vereinigungen*“ (VIII) folgen.

42 Zitiert nach *Gernhuber*, Neues Familienrecht (1977), S. 18.

43 Kammergerichtsrat, Mitglied der Gruppe Personen-, Familien- und Erbrecht.

44 Vgl. *Schubert* (Hrsg.), Volksgesetzbuch – Teilentwürfe, Arbeitsberichte und sonstige Materialien (1988), S. 73. Der Entwurf ging auf einen Forschungsauftrag zurück, der 1936 an Hochschullehrer und Praktiker seitens der Akademie für Deutsches Recht ergangen war.

Dringender Handlungsbedarf zur Vereinheitlichung des Rechts entstand nach dem Anschluss Österreichs am 10. April 1938[45]. Dem Gedanken der Einzelgesetzgebung entsprechend gliederten die Nationalsozialisten zahlreiche familienrechtliche Regelungen aus dem BGB aus und fassten sie im EheG 1938 zusammen[46], das zahlreiche Vorarbeiten der Akademie für Deutsches Recht berücksichtigte.

Das EheG 1938 regelte die Vorschriften über die Ehescheidung nach der nationalsozialistischen Auffassung vom Wesen der Ehe[47]. Ehe und Familie als *„kleinste Zelle des völkischen Lebens“*[48] galten als Grundlage der Volksgemeinschaft, die als oberstes Ziel die Sicherung der Nachkommenschaft, d.h. der nordisch-arischen Rasse hatte[49]. War dieses Ziel nicht zu erreichen und die Ehe deshalb wertlos für die Volksgemeinschaft, musste sie möglichst leicht geschieden werden können[50]. Nicht das Individualinteresse der Ehegatten, sondern der Nutzen für die Volksgemeinschaft gab den Ausschlag für den Bestand der Ehe. Diese Vorstellungen setzte der Gesetzgeber des EheG 1938 im

---

45 DJ 1938, 1102.

46 Das EheG 1938 galt auch in Österreich und dem Sudentenland. Allerdings fand die Regelung des Sorgerechts nach § 81 EheG 1938 aufgrund § 107 EheG 1938 in Österreich keine Anwendung.

47 So die amtliche Begründung in DJ 1938, 1102 (1107). Nach der Begriffsbestimmung der Akademie für Deutsches Recht traten vier Merkmale der Ehe im völkischen Staat hervor: (1) Die Ehe ist eine von der Volksgemeinschaft anerkannte, auf gegenseitiger Treue, Liebe und Achtung beruhende dauernde Lebensgemeinschaft. (2) Sie ist eine Lebensgemeinschaft rassegleicher Personen. (3) Sie ist eine Lebensgemeinschaft erbgesunder Personen. (4) Ihr Zweck ist die Wahrung und Förderung des Gemeinwohls und die Erzeugung rassegleicher erbgesunder Kinder und ihre Erziehung zu tüchtigen Volksgenossen; vgl. dazu *Maßfeller*, DJZ 1936, 607 (608). Zur Auffassung vom Wesen der Ehe in der nationalsozialistischen Rechtsanschauung insgesamt: *Gordon*, Die wechselnde Auffassung vom Wesen der Ehe im Wandel der Verfassungsepochen des 20. Jahrhunderts (1978), S. 155 ff. Vgl. auch die *„Zehn Gebote für die Gattenwahl“* hrsg. vom Reichsausschuss für Volksgesundheitsdienst, abgedruckt in: *Hirsch/Majer/Meinck*, Recht, Verwaltung und Justiz im Nationalsozialismus, 2. Aufl. 1997, S. 358 ff.

48 Zum Sippengedanken im germanischen Recht: *Haff*, DR (A) 1935, 84; Die DDR verwendete in der Präambel zum FGB vom 20.12.1965, GBl. DDR I 1966, S. 1, eine ähnliche Formulierung, nämlich dass *„die Familie die kleinste Zelle der Gesellschaft“* sei.

49 Das *RG* vertrat besonders deutlich den völkischen und bevölkerungspolitischen Standpunkt der nationalsozialistischen Ideologie. Hauptzweck der Ehe liege darin, der Volksgemeinschaft erbgesunden Nachwuchs zu schenken. Der Widerspruch eines Ehegatten gegen die Scheidung einer Ehe, welche diesem völkischen Zweck nicht entsprach, wurde deshalb als nicht sittlich gerechtfertigt angesehen, insbesondere wenn die Scheidung einem Ehegatten eine andere wertvolle Ehe ermöglichen könne, vgl. dazu *RGZ* 159, 111 (114); 159, 305 (309 f.); 160; 15 (18 f.); 160, 144 (147 f.).

50 DJ 1938, 1102 (1107).

Ehescheidungsrecht aber nicht mit einem generellen Zerrüttungstatbestand, sondern durch eine Neuregelung der Ehescheidungsgründe[51] durch[52].
Bei der Entscheidung über die elterliche Gewalt, die bei jeder Ehescheidung erfolgen musste, stand nach nationalsozialistischer Ideologie der äußerlich neutrale Leitbegriff des *„Wohls des Kindes“* im Vordergrund. Das Vormundschaftsgericht entschied in erster Linie nach der Eignung der Eltern zu einer dem Wohl des Kindes förderlichen Erziehung, die sich an den nationalsozialistischen Erziehungsidealen orientierte[53]. Dabei war auch der Schuldspruch des Scheidungsurteils zu beachten, da er *„gewisse Schlüsse“* auf die erzieherische Qualität zulasse[54]. Bei einer Scheidung aus beiderseitigem Verschulden hatten Erbgesundheit und Rasse, insbesondere die arische Herkunft Auswirkungen auf die Entscheidung[55]. Die elterliche Gewalt erhielt der arische Elternteil, um das Kind vor jüdischem Einfluss zu schützen, da eine jüdische Erziehung nicht zum Wohl des Kindes sei[56]. Geschwister wurden nicht getrennt, um eine Störung des Sippenbewusstseins und des Zusammengehörigkeitsgefühls zu vermeiden. Das Bestimmungsrecht des Vormundschaftsgerichts nach § 81 Abs. 1 EheG 1938 schützte das Rechtsgut Kindeswohl vor eigennütziger oder sachfremder Interpretation der Eltern und gewährleistete dadurch die Wahrung der staatlichen Interessen im Erziehungsbereich[57]. Vereinbarungen der Ehegatten über das Sorgerecht, welche vom Gesetz nicht vorgesehen waren, hatten vor diesem Hintergrund keine große Bedeutung.

Zusammenfassend ist zur nationalsozialistischen Ideologie im Ehe- und Kindschaftsrecht festzuhalten, dass sich die nationalsozialistischen Ideen bei der Regelung der elterlichen Gewalt in Grenzen hielten. Der Gesetzestext war sprachlich neutral gefasst. Ideologisch motivierte Gesetzesänderungen setzten die Nationalsozialisten vielmehr bei den Scheidungsvorschriften und –gründen durch[58]. Ist zu beurteilen, ob eine Vorschrift einen nationalsozialistischen In-

---

[51] § 47. Ehebruch, § 48. Verweigerung der Fortpflanzung, § 49. Andere Eheverfehlungen, § 50. Auf geistiger Störung beruhendes Verhalten, § 51. Geisteskrankheit, § 52. Ansteckende oder ekelerregende Krankheit, § 53. Unfruchtbarkeit, § 55. Auflösung der häuslichen Gemeinschaft.

[52] Zur Problematik und Entstehung des Zerrüttungsprinzips vgl. unten 5. Kapitel C.II.1, S. 112 ff.

[53] Zu den nationalsozialistischen Erziehungszielen vgl. die Literatur unten in Fn. 146.

[54] DJ 1938, 1102 (1112).

[55] *Volkmar/Antoni/Ficker/Rexroth/Anz*, Großdeutsches Eherecht (1939), § 81 Rz. 8.

[56] So *OLG Dresden*, DJ 1936, 692; *AmtsG Saalfeld*, JW 1937, 2596; beide Entscheidungen ergingen allerdings noch zu § 1635 BGB a.F.; *Maßfeller*, ZAkDR 1935, 763 (767); *Rilk*, Das neue Eherecht (1938), S. 281; hingegen wurde bei Verkehr mit einem Juden während bestehender Ehe das Sorgerecht sofort nach § 1666 BGB entzogen, vgl. *LG Torgau*, JW 1936, 895; *LG Berlin*, JW 1936, 2487.

[57] *Roßdeutscher*, Privatautonomie im Scheidungsrecht (1994), S. 181.

[58] So insb. bei der Rechtsprechung zu § 55 EheG 1938, vgl. *Gordon* [Fn. 47] S. 201 ff.

halt aufweist, darf der Blick nicht allein auf die amtliche Begründung gerichtet werden. Diese hatte die Aufgabe, das EheG 1938 in die nationalsozialistische Terminologie und Ideologie einzuführen[59]. Umgesetzt wurde der Gesetzestext letztendlich durch nationalsozialistisch geschulte Richter[60], denn ein Richter[61] konnte nur sein, wer *„eine Persönlichkeit und ein politisch denkender, mit pragmatischem gesundem Menschenverstand begabter Nationalsozialist"* war[62].

b. Möglichkeiten der Entnazifizierung des EheG 1938

Wie die Entnazifizierung der Gesetzgebung grundsätzlich erfolgen sollte, stellte ein schwieriges Problem dar[63]. Über die Vorgehensweise stritten sich die Zonenbefehlshaber im Alliierten Kontrollrat[64]. Im Wesentlichen hatten sich drei Meinungen herausgebildet, wobei die praktischste Lösung dahin ging, alle legislativen Akte, die nach dem 30. Januar 1933 erfolgten, für nichtig zu erklären. Allerdings hätte dies einen Zusammenbruch des Rechtssystems bedeutet, da auch rechtmäßige Akte ihre Rechtsgrundlage verloren hätten und nicht alle von den Nationalsozialisten erlassenen Gesetze auf deren Ideologie zurückzuführen waren, die aber ebenso betroffen gewesen wären[65].
Ein anderer Vorschlag sah vor, die gesamte deutsche Gesetzgebung seit 1933, und zwar jedes Gesetz, jede Verordnung und jede sonstige Erklärung auf seinen nationalsozialistischen Inhalt zu überprüfen und eine Rangfolge nach der Wichtigkeit der zu entnazifizierenden Vorschriften zu erstellen. Die Entnazifizierung der wichtigsten Gesetze wäre zuerst erfolgt. Selbstverständlich hätte bei diesem Vorgehen die Rechtsprechung zu den beanstandeten Bestimmungen analysiert werden müssen. Diese Variante konnte nach Auffassung von *Karl Loewenstein*[66], der bei der Entnazifizierung des EheG 1938 maßgeblich beteiligt war, der Behördenapparat der Alliierten nicht leisten.
Als dritte Möglichkeit wurde deshalb diskutiert, bei der Entnazifizierung ganz konkret Prioritäten auf diejenigen Vorschriften zu legen, welche im täglichen Leben besonders wichtig waren, wie z.B. das Strafrecht, das Familien- und

---

59 *Wolf*, FamRZ 1988, 1217 (1219).
60 *Hirsch/Majer/Meinck* [Fn. 47] S. 540.
61 Oberster Gerichtsherr war der Führer, vgl. dazu *Majer* [Fn. 40] S. 108; aus der zeitgenössischen Literatur: *Schmitt*, DJZ 1934, 945 (946 ff.); *Freisler*, DR (A) 1942, 145 (149).
62 *Rothenberger*, Der Deutsche Richter (1943), S. 51; **ähnlich**: *Henkel*, Unabhängigkeit des Richters (1934), S. 22 ff.
63 *Loewenstein* im Schreiben v. 21.8.1945, Institut für Zeitgeschichte: Record Group 17/199-2/21 Blatt 9, Zeile 4, Seite 1.
64 *Loewenstein*, The Yale Law Journal 1948, 724 (736).
65 *Loewenstein*, The Yale Law Journal 1948, 724 (736).
66 Vgl. zur Person *Loewensteins* unten Fn. 68.

Eherecht, das Erbrecht und die Prozessordnungen[67]. Diese Vorgehensweise schlug das United States Forces European Theatre (USFET) vor, welche sich im Ergebnis durchsetzte. Um eine bessere Akzeptanz der entnazifizierten Gesetze in der Bevölkerung zu erreichen, sollten deutsche Rechtswissenschaftler unter Aufsicht der Alliierten mitwirken.

c. Karl Loewensteins Rechtsgutachten zum EheG 1938

Zur Entnazifizierung des EheG 1938 wurde eine Working Party des Legal Directorate (DELG) gegründet, der *Karl Loewenstein*[68] angehörte. Zur Überprüfung des EheG 1938 auf seinen nationalsozialistischen Inhalt, erstellte *Loewenstein* ein Rechtsgutachten[69]. Ohne dieses Rechtsgutachten wäre für die Alliierten eine Neuordnung des Ehe- und Familienrechts nicht denkbar gewesen.

Loewenstein sah im EheG 1938 kein pures nationalsozialistisches Gesetz. Seiner Ansicht nach war es das Ergebnis verschiedener Entwürfe von Regierungskommissionen, die während der Weimarer Republik ausgearbeitet und Vorschläge umgesetzt hätten, die seit langem von der Rechtsprechung und Literatur gefordert worden waren[70]. Die gesamte Aufhebung des EheG 1938 empfahl er deshalb nicht. Das Problem erblickte er in der Eliminierung nationalsozialistischer Gedanken[71]. Bei der Entnazifizierung seien nicht diejenigen Vorschriften gefährlich, bei denen das nationalsozialistische Gedankengut augenfällig zu Tage trete („*visible Nazi spirit*“), sondern diejenigen, bei denen dies nicht auf den ersten Blick erkenntlich sei („*invisible implication*“), wie z.B. das an das Führerprinzip[72] angelehnte (Letzt-) Entscheidungsrecht des Ehemannes.

---

67 *Loewenstein* im Schreiben v. 21.8.1945, Institut für Zeitgeschichte: Record Group 17/199-2/21 Blatt 9, Zeile 4, Seite 2.

68 *Karl Loewenstein* (1891-1973), Studium in Heidelberg, Berlin, München und Paris, Privatdozent an der Universität München, 1933 in die USA emigrierter Rechtswissenschaftler, später Professor in Yale und Amherst. Ausführlicher zur Biographie von *Loewenstein*: *Stiefel/Mecklenburg*, Deutsche Juristen im amerikanischen Exil 1933-1950 (1991), S. 101 ff. Zur Emigration von *Loewenstein* vgl. *Lang*, Jahrbuch politisches Denken (2003), S. 55 ff.

69 *Loewenstein*, Rechtsgutachten v. 26.9.1945, Institut für Zeitgeschichte: Record Group 17/199-2/21 Blatt 9, Zeile 1, Seite 1 ff.

70 *Loewenstein*, Rechtsgutachten v. 26.9.1945, Institut für Zeitgeschichte: Record Group 17/199-2/21 Blatt 9, Zeile 1, Seite 1 ff.

71 U.a. der Zerrüttungstatbestand des § 55 EheG 1938 („*cancer of the German marriage law*“). Diese Vorschrift sollte nur eingreifen, wenn aus der Ehe keine gemeinschaftlichen Kinder hervorgegangen oder die Kinder bereits erwachsen seien.

72 Gegen das Führerprinzip in der Familie während des Nationalsozialismus *Eben-Servaes*, DR (A) 1935, 91 (92).

Im Anschluss an sein Rechtsgutachten teilte *Loewenstein* die beanstandeten Vorschriften in ersichtlich und versteckt nationalsozialistische Vorschriften ein. Die Regelung der elterlichen Gewalt bei Ehescheidung nach § 81 EheG 1938 fiel in die zweite Kategorie, die versteckt nationalsozialistische. Nicht der Gesetzestext sei verfänglich, sondern die dazu vom Vormundschaftsrichter umgesetzte nationalsozialistische Ideologie. Der Vormundschaftsrichter konnte § 81 EheG 1938 nämlich in die von ihm gewünschte Richtung lenken[73]. Damit § 81 EheG 1938 in vielen Fällen Anwendung fand, wurde die Überleitungsvorschrift des § 97 EheG 1938 weit ausgelegt. Diese Norm bestimmte, dass bei Ehen, die vor In-Kraft-Treten des EheG 1938 geschieden worden waren, grundsätzlich § 1635 BGB a.F. angewandt wird, der die Verteilung der Kinder schematisch nach Scheidungsschuld, Alter und Geschlecht der Kinder vorsah. Demgegenüber entschieden bei § 81 EheG 1938 die Scheidungsschuld und vor allem das Wohl des Kindes. § 81 EheG 1938 kam nach § 97 Satz 2 EheG 1938 erst dann zur Anwendung, wenn es das Wohl des Kindes erforderte[74]. Das Wohl des Kindes konnte unter nationalsozialistischen Gesichtspunkten selbstverständlich erforderlich machen, den § 81 EheG 1938 statt des § 1635 BGB a.F. anzuwenden, weil § 81 EheG 1938 dem Vormundschaftsrichter schließlich mehr Gestaltungsspielraum als § 1635 BGB a.F. ließ[75].

Eine Neuregelung sollte sich nach den Überlegungen *Loewensteins* letztendlich an zwei Prinzipien orientieren. An erster Stelle stünde eine Vereinbarung der Eltern über die Regelung der elterlichen Gewalt, die regelmäßig vom Vormundschaftsgericht überprüft werden müsse. An zweiter Stelle entscheide das Vormundschaftsgericht nach Gerechtigkeits- und Billigkeitsgesichtspunkten in eigenem Ermessen, wenn eine Vereinbarung nicht zustande komme.

Der Vorschlag *Loewensteins*, die Eltern eine Vereinbarung über die elterliche Gewalt treffen zu lassen, war nicht völlig neu. Mit diesem Aspekt hatte sich bereits der 36. Deutsche Juristentag 1931 beschäftigt[76]. Unter der Geltung des § 1635 BGB a.F. sprach sich die Rechtswissenschaft gegen eine Vereinbarung über die elterliche Gewalt aus, weil die elterliche Gewalt eine Pflichtenstel-

---

73 *Loewenstein*, Rechtsgutachten v. 26.9.1945, Institut für Zeitgeschichte: Record Group 17/199-2/21 Blatt 9, Zeile 1, Seite 7.

74 Vgl. dazu *KG*, JFG 19, 192; *KG*, JFG 19, 274 (275). Die sinngemäße Anwendung des § 81 EheG 1938 kam dann in Betracht, wenn die Heranziehung des § 1635 BGB a.F. zu einem dem Geiste des § 81 EheG 1938 entsprechenden befriedigenden Ergebnis nicht zu führen vermochte. Einschränkend wieder *KG*, JFG 22, 3.

75 So *Volkmar/Antoni/Ficker/Rexroth/Anz*, Großdeutsches Eherecht (1939), § 97 Rz. 3 und § 81 Rz. 8.

76 *Rebstein-Metzger*, Gutachten zum 36. DJT (1931) Band 1 (Verhandlungen), S. 540 ff. (S. 588).

lung begründe, auf die der Sorgeberechtigte nicht verzichten könne[77]. Der Sorgeberechtigte sei lediglich in der Lage, die Ausübung von Rechten und Pflichten dem anderen Elternteil zu überlassen[78]. War diesem die elterliche Gewalt zur Ausübung überlassen worden, konnte der Sorgeberechtigte diese Vereinbarung trotzdem jederzeit widerrufen. Aus diesem Grund war die bestehende Rechtslage unbefriedigend, da ihr die Rechtsverbindlichkeit fehlte. Angeregt worden war deswegen auf dem 36. Deutschen Juristentag 1931, Vereinbarungen über die elterliche Gewalt gerichtlich oder notariell zu beurkunden und zum Schutz der Kinder der Genehmigung des Vormundschaftsgerichts zu unterstellen[79]. *Loewenstein* machte sich diese Überlegungen zu Eigen. Ob *Loewenstein* selbst am 36. Deutschen Juristentag 1931 teilgenommen hat, kann heute nicht mehr in Erfahrung gebracht werden, da der Deutsche Juristentag über Teilnehmerlisten aus dieser Zeit nicht verfügt. Als Redner ist *Loewenstein* auf dem 36. Deutschen Juristentag 1931 nicht aufgetreten, was jedoch keine Rückschlüsse auf seine Teilnahme zulässt.

§ 81 Abs. 2 EheG 1938, der eine Trennung von mehreren Kindern vermeiden wollte, ließ *Loewenstein* unangetastet. Im Übrigen führte er den Gedanken des § 1635 BGB a.F. fort und schlug vor, die elterliche Gewalt für Kinder unter 14 Jahren möglichst der Mutter zu übertragen[80].

Das Rechtsgutachten von *Loewenstein* hatte sich mit der Frage, in welcher Weise die Scheidungsschuld bei der Regelung der elterlichen Gewalt zu berücksichtigen war, überhaupt nicht beschäftigt. Aus dem Schweigen *Loewensteins* zu diesem Problem können jedoch keine Rückschlüsse auf deren Unbeachtlichkeit gezogen werden. Vermutlich wollte *Loewenstein* die Scheidungsschuld weiterhin berücksichtigt wissen, nachdem § 81 EheG 1938 einer vorsichtigen Neukonzeption unterzogen werden sollte und die Scheidungsschuld bereits nach der alten Rechtslage Bedeutung hatte. Der Gesetzgeber hatte später die vorhandene Regelung des § 81 Abs. 3 EheG 1938 in § 74 Abs. 4 EheG 1946 ohne inhaltliche Auseinandersetzung und Begründung einfach übernommen. Aus den Quellen ergibt sich, dass es keine rechtspolitisch

---

77 *Enneccerus/Kipp-Wolf*, Lehrbuch des Bürgerlichen Rechts, Band II/2, 5. Aufl. 1925, S. 339; *Staudinger/Engelmann*, BGB, Bd. IV/2, 9. Aufl. 1926, § 1635 Rz. 8 und § 1631 Rz. 5; *Cohn*, Gleichberechtigung der Geschlechter im künftigen Elternrecht (1932), S. 40; verneinend noch zum gemeinen Recht: *RGZ* 21, 160 (161); 37, 189; 42, 137 (138).

78 Aus diesem Grund erfolgte auch die Ablehnung einer solchen Vereinbarung während der Entstehung des BGB von 1896, vgl. Motive zu dem Entwurfe eines Bürgerlichen Gesetzbuches für das Deutsche Reich, Band 4 Familienrecht (1888), S. 627.

79 *Rebstein-Metzger* [Fn. 76] S. 540 ff. (S. 589).

80 *Loewenstein*, Rechtsgutachten v. 26.9.1945, Institut für Zeitgeschichte: Record Group 17/199-2/21 Blatt 9, Zeile 1, Seite 7.

bewusste Entscheidung war, der Scheidungsschuld entscheidendes Gewicht beizulegen. Durch die vorbehaltlose Übernahme billigte der Gesetzgeber der dem EheG 1938 beigelegten Sinngehalt aber konkludent[81].

Zusammenfassend lässt sich ein zurückhaltendes Plädoyer *Loewensteins* für eine Änderung des § 81 EheG 1938 feststellen. Empfehlungen zu Neuerungen beschränkten sich auf das Vorschlagsrecht der Eltern zur Regelung der elterlichen Gewalt und auf eine Altersregelung.

Im Gesetz Niederschlag gefunden hatte letztendlich das Vorschlagsrecht der Eltern. Daneben existierte eine zwingende Anhörungspflicht der Eltern. Im Übrigen entschied das Vormundschaftsgericht nach Schuldgesichtspunkten, ansonsten nach dem wohlverstandenen Interesse des Kindes.

D. Analyse der Rechtsprechung und Literatur zu § 74 EheG 1946

In diesem Abschnitt wird dargestellt, welche Veränderungen Rechtsprechung und Literatur bei der Anwendung des EheG 1946 gegenüber dem EheG 1938 vorgenommen haben. Daneben werden die Gemeinsamkeiten zwischen § 81 EheG 1938 und § 74 EheG 1946 herausgearbeitet, da das EheG 1946 in großen Teilen mit dem EheG 1938 übereinstimmte.

I. Die Zeit zwischen 8. Mai 1945 und 1. März 1946

Nach Ende des Zweiten Weltkrieges mussten gemäß Art. 1 des Militärregierungsgesetzes Nr. 2[82] alle deutschen Gerichte geschlossen werden. Den dadurch eingetretenen Stillstand der Rechtspflege[83], welchen § 203 BGB nennt, beendete erst im Oktober 1945 die Proklamation Nr. 3[84] und das Gesetz Nr. 4[85] des Alliierten Kontrollrats[86]. Das *RG* wurde im Gegensatz zu den Instanzgerichten nicht wiedereröffnet[87]. Nach Wiedereröffnung der übrigen Gerichte sprachen diese bis zum In-Kraft-Treten des EheG 1946 am 1. März

81 So auch *BGHZ* 6, 342 (345); *BGHZ* 24, 181 [184, mit Verweis auf *BGHZ* 6, 342 (345)].

82 Abgedruckt beispielsweise in: *Hemken*, Alliierter Kontrollrat: Proklamationen, Gesetze, Verordnungen, Befehle, Direktiven, 3. Aufl. 1946, Band 2, dort: M Gesetz Nr. 2.

83 Mit Stillstand der Rechtspflege als Unterfall der höheren Gewalt sind Krieg und Naturkatastrophen gemeint, vgl. *Palandt/Henrichs*, BGB, 61. Aufl. 2002, § 203 Rz. 3.

84 Proklamation Nr. 3 vom 20. Oktober 1945, KRABl. 1945, S. 22.

85 Gesetz Nr. 4 vom 30. Oktober 1945, KRABl. 1945, S. 26.

86 *Klose*, Ehescheidung und Ehescheidungsrecht in der DDR – ein ostdeutscher Sonderweg? (1994), S. 70.

87 Zur Frage der Fortexistenz des *RG*: *Schmidt-Ernsthausen*, DRZ 1948, 225 (226 f.); *Lüders*, DRZ 1948, 273; *Lingemann*, DRZ 1948, 426 (427). Der *BGH* wurde am 8.10.1950 in Karlsruhe eröffnet.

1946 auf Grundlage des EheG 1938 Ehescheidungen aus, obwohl die Anwendbarkeit des EheG 1938 wegen seiner nationalsozialistischen Herkunft zweifelhaft war[88].

Die Regelung der elterlichen Gewalt nach § 74 EheG 1946 galt seit In-Kraft-Treten des EheG 1946 auch in Fällen, bei denen die Ehe vor dem 1. März 1946 oder dem 1. August 1938 (In-Kraft-Treten des EheG 1938) geschieden worden war. Der Grund dafür lag in der Aufhebung des kompletten EheG 1938, einschließlich seiner Überleitungsvorschrift (§ 97 EheG 1938) durch § 79 EheG 1946. Das EheG 1946 hatte selbst keine neuen Übergangsvorschriften aufgestellt. Dadurch wurden während der Geltung des EheG 1938 getroffenen Anordnungen zur elterlichen Gewalt nicht unwirksam. Sie blieben solange unberührt, bis eine Entscheidung nach § 74 EheG 1946 getroffen worden war[89].

II. Unverbindliche Übersetzung des § 74 EheG 1946

Nach KRDir. Nr. 11[90] war allein der fremdsprachige Gesetzestext (englisch, französisch, russisch) maßgeblich und die Veröffentlichung in deutscher Sprache neben den drei offiziellen Sprachen für die Gültigkeit bedeutungslos[91]. Zwar gab der Kontrollrat teilweise zu seinen Gesetzen, Proklamationen und Direktiven eine Übersetzung heraus. Gleichwohl war sie in der Regel mangelhaft, unzuverlässig und in Widerspruch zu der herkömmlichen deutschen Gesetzessprache[92]. Nachdem dieser Mangel erkannt worden war, richteten die Alliierten eine Übersetzungskommission beim Legal Directorate (DELG) ein. Allerdings hielten sich die Verbesserungen in Grenzen, da die mit der Übersetzung betrauten Juristen auf ihr nationales Wissen und die in ihrem Heimatland erworbenen Kenntnisse zurückgriffen[93].
Diese Ausgangslage führte zu der Frage, wie Rechtsprechung und Literatur mit dem Problem umgingen, dass nur der fremdsprachige Gesetzestext verbindlich war. In der untersuchten Sekundärliteratur findet sich nur eine Gerichtsentscheidung, in der ergänzend auf den fremdsprachigen Gesetzestext

---

88 *Klose* [Fn. 86] S. 71; *Dölle*, Grundsätzliches zum Ehescheidungsrecht (1946), S. 5 ff. Vgl. nur den Tatbestand des Urteils *OLG Freiburg*, DRZ 1950, 207, dem eine Ehescheidung vom 23.11.1945 zugrunde liegt.

89 *OLG Freiburg*, DRZ 1949, 116; *OLG Freiburg*, Rpfleger 1952, 182; *Hoffmann/Stephan*, Ehegesetz, 1. Aufl. 1950, § 74 Rz. 10.

90 KRABl. 1945, S. 39.

91 Englisch, französisch und russisch galten gemäß der Erklärung im Vorwort des KRABl. als gleichberechtigte Amtssprachen. Eine Bevorzugung einer Sprache für die jeweilige Besatzungszone wurde nicht getroffen.

92 *Loewenstein*, The Yale Law Journal 1948, 724 (744).

93 *Loewenstein*, The Yale Law Journal 1948, 724 (744).

zurückgegriffen worden war[94]. Intensiv auseinander gesetzt hatte man sich mit diesem Problem folglich nicht, obwohl das EheG 1946 die deutschen Gerichte abgewendet hatten. Nach § 184 GVG galt deutsch als Amtssprache. Die KRDir. Nr. 11 und § 184 GVG führten – konsequent durchgeführt - zu einer Spaltung bei den Sprachen, d.h. Anwendung eines fremdsprachigen Gesetzestextes und Deutsch in der mündlichen Verhandlung und der Abfassung aller Schriftsätze, Urteile und Verfügungen.

Tabelle 1: Sprachenübersicht

Absatz	Französisch	Russisch	Englisch	Deutsch
Absatz 1	accord proposition écrite	Soglaschenije Pismennoi forme	agreement written proposal	Einigung Schriftlicher Vorschlag
Absatz 2	pareille proposition l'intérêt bien compris du ou des enfants	Soglaschenije Blagosostojanije Interesam	Agreement best interests of the child or children	Vorschlag wohlverstandene Interesse des oder der Kinder
Absatz 4	l'intérêt de l'enfant ou des enfants	Blagosostojanije	best interests of the child or children	dem Wohl des oder der Kinder
Absatz 5	l'intérêt de l'enfant ou des enfants	Blagosostojanije	well-being of the child or the children	für das Wohl des oder der Kinder
Absatz 6	l'intérêt du ou des enfants	Blagosostojanije	interests of the child or the children	Im Interesse des Wohls des oder der Kinder

Unterschiede bei der Übersetzung ergaben sich in Absatz 1 und 2 bei den Begriffen „*Einigung/Vorschlag*“ und in Absatz 2, 4 bis 6 bei Formulierungen, die sich auf den Begriff „*Wohl des Kindes*“ bezogen. § 74 EheG 1946 sprach in Absatz 1 von einer „*Einigung*“ der Eltern und in Absatz 2 von einem „*Vorschlag*“, obwohl der englische Text durchgehend den Begriff „*agreement*“ verwendete. Dass die Einigung nur die Bedeutung eines Vorschlags haben konnte, ergab sich aus § 74 Abs. 1 Satz 2 EheG 1946, der von einem „*written proposal*“ (ebenso die deutsche Fassung: „*schriftlicher Vorschlag*“) ausging. Ebenso missverständlich war der französische Text, der in Absatz 1 Satz 1 und Satz 2 den Begriff „*accord*“ und in Absatz 1 Satz 2 und Absatz 2 den Begriff „*proposition*“ verwendete. Im Russischen wurde durchgehend der Begriff „*Soglaschenije*“ (Einigung) benützt. Jedoch kam diesem Begriff in Absatz 1

94 *BayObLGZ* 1948/1951, 300 (305 ff.); zu Ungereimtheiten bei der Übersetzung und anschließender Rechtsanwendung vgl. das Beispiel bei *Loewenstein*, The Yale Law Journal 1948, 724 (743), Fn. 64.

Satz 2 und in Absatz 2 die Bedeutung eines Einigungsvorschlages zu, wie sich aus dem Gesamtkontext ergab. Insoweit bestand zwischen dem russischen Text und der deutschen Übersetzung eine Übereinstimmung.

Durch die Unstimmigkeiten zwischen Einigung und Vorschlag war der Eindruck entstanden, der Gesetzgeber habe das Sorgerecht der Disposition der geschiedenen Eltern anvertraut und lediglich deren rechtsgeschäftlichem Handeln der vormundschaftlichen Genehmigung nach Art der §§ 1821ff. BGB unterstellt[95]. § 1671 Abs. 2 BGB in der Fassung des Gleichberechtigungsgesetzes, welches 12 Jahre später in Kraft trat und das von einem gemeinsamen Vorschlag der Eltern sprach, schloss diese Missdeutung aus[96]. Der Vorschlag stellte sich in der Praxis als Erklärung gegenüber dem Gericht dar und hatte verfahrensrechtliche Bedeutung[97].
Nachdem auch in den anderen Sprachen von einem schriftlichen Vorschlag einerseits sowie Einigung und Vorschlag andererseits ausgegangen worden war, konnte diese Missdeutung zumindest keinem Übersetzungsfehler angelastet werden.
Für Formulierungen im Zusammenhang mit dem Wohl des Kindes benützten die einzelnen Sprachen teilweise unterschiedliche Begriffe. So verwendete die englische Fassung „(1) *the best interest*, (2) *the well-being* und (3) *the interests*". Weniger Varianten bot der französische Text mit „(1) *l'intérêt bien compris* und (2) *l'intérêt*". Entsprechend dem Französischen verwendete das Russische die Begriffe (1) „*Blagosostojanije Interesam*", und „*Blagosostojanije*". Die deutsche Übersetzung lehnte sich an das Englische mit „(1) *das wohlverstandene Interesse*, (2) *das Wohl* und (3) *im Interesse des Wohls*" an.

Absatz 4 enthielt die Voraussetzungen, unter denen die Übertragung der elterlichen Gewalt auf den schuldigen Elternteil möglich war. In der Praxis war dieser Absatz deshalb wichtig, weil oft der schuldige Elternteil das Sorgerecht beantragte. Es stellt sich die Frage, inwieweit die unverbindliche deutsche Übersetzung „*dem Wohl des Kindes dient*" in diesem Absatz mit den Begriffen der Originalfassungen in Einklang steht. Verwendet wurden „*the best interest*" und „*l'intérêt*" sowie „*Blagosostojanije*". Die Englische und Französische Fassung stellten auf das Interesse ab, das Deutsche und Russische auf das Wohl des Kindes. Interesse und Wohl sind unterschiedliche Begriffe, die in allen vier Sprachen jeweils entsprechende Ausdrücke haben[98]. Entscheidend ist, ob zwischen Wohl und Interesse ein qualitativer Unterschied besteht.

---

95 *Munzinger*, SJZ 1949, 98 (99).

96 *Staudinger/Schwoerer*, BGB, Bd. IV/3a, 10./11. Aufl. 1966, § 1671 Rz. 54; *Brieglеb*, ZblJugR 1971, 33 (34); *BGHZ* 33, 54 (57 ff.).

97 *Krüger/Breetzke/Novack*, Gleichberechtigungsgesetz (1958), § 1671 Rz. 4.

98 „*Well-being*" und „*interest*", „*l'intérêt*" und „*bien-être*".

Die deutsche Sprache rezipierte den Begriff „*Interesse*" aus dem Lateinischen („*von Wichtigkeit sein*"). Im Deutschen bedeutete Interesse ursprünglich im 16. Jahrhundert „*Nutzen, Vorteil, Gewinn, Zinsen*", wandelte sich im 18. Jahrhundert zu „*Aufmerksamkeit, Anteilnahme, Reiz*"[99]. Daneben ist die ursprüngliche Bedeutung aus dem Lateinischen „*was von Wichtigkeit ist*" immer zu beachten[100]. Der Begriff „*Wohl*" geht auf den Wortstamm „*wollen*" zurück. Die Grundbedeutung lautet „*nach Wunsch*", daneben sind „*gut, zweckmäßig und richtig*" wichtige Bedeutungen[101].
Es besteht ein qualitativer Unterschied bei einer Entscheidung, welche berücksichtigt, was für das Kind wichtig ist bzw. welche für das Kind gut, zweckmäßig und richtig ist. Wohl und Interesse decken unterschiedliche Bereiche ab. Der Begriff „*Wohl*" ist enger, betrifft den persönlichen Bereich. Der Begriff „*Interesse*" ist weiter, betrifft den wirtschaftlichen Bereich. Trotzdem ist dieser Unterschied letztendlich nicht erheblich, denn bei einer Entscheidung nach Absatz 4 besteht zum einen ein Ermessensspielraum und zum anderen lässt sich der Begriff Interesse unter denjenigen des Wohls subsumieren. Der objektive Maßstab des Interesses enthält immer subjektive Elemente, so dass es auf die gesamte persönliche Situation des Kindes ankommt. Der Vorteil braucht nicht zwangsläufig vermögensrechtlicher Art zu sein, ein immaterieller reicht aus. Eine weitere Erwägung, welche die Abweichung unerheblich erscheinen lässt, ist das Tatbestandsmerkmal der „*besonderen Gründe*" in Absatz 4[102]. Dieses Tatbestandsmerkmal ist gewichtiger als das „*Wohl*". Nur bei Vorliegen besonderer Gründe konnte der schuldige Elternteil die elterliche Gewalt erhalten. Sprachen zu seinen Gunsten besondere Gründe, war inzident das Wohl des Kindes gewahrt. Ob insoweit zwischen Interesse und Wohl ein qualitativer Unterschied besteht, ist ein Streit akademischer Natur und fand in der Praxis keine Beachtung. Lediglich das *BayObLG* griff in einer Entscheidung zur Auslegung deutscher Begriffe auf den englischen und französischen Text zurück[103].

Die nichtamtliche deutsche Übersetzung entsprach zwar nicht immer dem allgemeinen deutschen Sprachgebrauch, wie dies bemängelt wurde[104]. Die Abweichung sprachlicher Art von den Originaltexten wirkte sich in Absatz 4 auf

---

99 *Pfeifer*, Etymologisches Wörterbuch des Deutschen (1989), Stichwort Interesse.
100 *Bünting*, Deutsches Wörterbuch (1996), Stichwort Interesse.
101 *Pfeifer* [Fn. 99] Stichwort Interesse; *Kluge*, Etymologisches Wörterbuch der deutschen Sprache, 24. Aufl. 2002, Stichwort Wohl.
102 Zu den besonderen Gründen vgl. unten 2. Kapitel D.V, S. 29 ff.
103 *BayObLGZ* 1948/1951, 300 (305 ff.).
104 *Munzinger*, SJZ 1949, 98 (102); *Schwoerer*, JR 1952, 269; *ders.*, ZblJugR 1953, 11 (12). Nach *Palandt/Lauterbach*, BGB, 12. Aufl. 1954, Einl. EheG Anm. 1 A, liegt das an der Übersetzung in die Sprache der Besatzungsmächte und die Rückübersetzung ins Deutsche.

die Entscheidungen jedoch nicht aus, da die besonderen Gründe das entscheidende Tatbestandsmerkmal waren. Eine rechtsvergleichende Untersuchung der französischen und der US-amerikanischen Rechtsprechung aus der Zeit von 1945 bis 1953 könnte gegebenenfalls Aufschluss geben, wie in diesen Rechtsordnungen die Begriffe *„Wohl"* und *„Interesse"* in § 74 EheG 1946 vergleichbaren Regelungen ausgelegt worden waren. Ein dahingehender Aufwand konnte im Zusammenhang mit dieser Arbeit nicht gemacht werden.

III. Unbeachtlicher Schuldausspruch bei der Regelung des Sorgerechts

Der Schuldausspruch des Scheidungsurteils[105], den nach § 52 EheG 1946 das Urteil enthalten musste, war unabhängig von seiner materiellen Richtigkeit für das Vormundschaftsgericht verbindlich und von diesem nicht nachzuprüfen[106]. Waren beide Ehegatten in unterschiedlichem Maß an der Scheidung für schuldig erklärt worden, entschied der Schuldausspruch über die Verteilung der Kinder. Eine Ausnahme von diesem Grundsatz galt bei einem Schuldausspruch, wenn die Ehe nach § 48 Abs. 1 und Abs. 2 EheG 1946 geschieden worden war[107]. Ein Schuldausspruch bei einer Scheidung nach § 48 EheG 1946 beachtete der Vormundschaftsrichter bei der Regelung des Sorgerechts nach § 74 EheG 1946 nicht.

§ 48 Abs. 2 EheG 1946 hatte wörtlich § 55 Abs. 2 EheG 1938 übernommen[108]. Nach dieser Vorschrift konnte der beklagte Ehegatte der Scheidung widersprechen, wenn der Ehegatte, der die Scheidung verlangte, die Zerrüttung ganz oder überwiegend verschuldet hatte[109]. Der Widerspruch war als unbeachtlich angesehen worden, soweit dem widersprechenden Ehegatten die Bereitschaft

[105] Nach kirchlicher Auffassung konnte das Urteil nicht wie das moderne Scheidungsurteil als Gestaltungsurteil angesehen werden, sondern als Feststellungsurteil. Nicht der Richter scheidet die Ehe, sondern die Ehe ist kraft göttlichen Rechts gebrochen und der Richter kann diesen Zustand lediglich feststellen, vgl. dazu *Liermann*, Löslichkeit und Unlöslichkeit der Ehe im evangelischen Kirchenrecht, in: Deutsche Landesreferate zum IV. Internationalen Kongress für Rechtsvergleichung in Paris 1954 (1954), S. 53.

[106] *OLG Neustadt/W.*, SJZ 1949, 117; *KG*, JR 1949, 321; *OLG Hamburg*, MDR 1950, 494; *BGH*, NJW 1951, 879 = *BGHZ* 3, 52; *OLG Stuttgart*, JR 1952, 406; *Schwoerer*, AcP 151, 122 (133 f.).

[107] Zur prozessualen Bedeutung des Schuldausspruchs vgl. *Gaul*, FamRZ 1957, 237 (240).

[108] Zur Rechtsprechung zu § 55 EheG 1938 vgl. *Gordon* [Fn. 134] S. 201 ff.

[109] Der Widerspruch bildete die Verteidigung des Beklagten in Form einer Einrede, war daher vom Gericht nicht von Amts wegen zu prüfen, vgl. *Soergel/Vogel*, BGB, Bd. 3, 8. Aufl. 1955, § 48 Rz. 6; *Graehl*, Die geschichtliche Entwicklung des § 48 Ehegesetz (1966), S. 56 und dort die Nachweise in Fn. 166.

fehlte, die Ehe fortzusetzen[110]. Das *RG*[111] hatte zu § 55 Abs. 2 EheG 1938 die Grundsätze entwickelt, dass das Interesse der Volksgemeinschaft an der Scheidung oder Aufrechterhaltung der Ehe den privaten Interessen der Ehegatten vorgeht und der Widerspruch deshalb in der Regel[112] unbeachtlich ist[113].

Ab 1946 gab die Rechtswissenschaft den zu § 55 EheG 1938 vertretenen Standpunkt auf und sah den Widerspruch des beklagten Ehegatten in der Regel als beachtlich an[114]. Wurde einer auf den Zerrüttungstatbestand des § 48 Abs. 1 EheG 1946 gestützten Scheidungsklage stattgegeben, führte dies zu einem Scheidungsurteil ohne Schuldausspruch, weil § 48 EheG 1946 kein Verschuldenselement als wesentliches Tatbestandsmerkmal enthielt. Dessen ungeachtet räumte § 53 Abs. 2 EheG dem beklagten Ehegatten die Möglichkeit ein, einen Ausspruch in dem Urteil dahin zu beantragen, dass den Kläger ein Verschulden traf. Gleichwohl verwertete das Vormundschaftsgericht in einem

110 Die amtliche Begründung geht davon aus, dass der Widerspruch in der Regel von der Ehefrau erhoben wurde. Vgl. dazu das Beispiel der amtlichen Begründung in DJ 1938, 1102 (1109), nach welcher der Widerspruch der aus § 55 verklagten Ehefrau nur beachtlich wäre, wenn der an der Zerrüttung schuldige Ehemann Reue über seine Verfehlung gezeigt und eine Wiederherstellung der häuslichen Gemeinschaft versucht habe. Diese Rollenverteilung entsprach auch den tatsächlichen Gegebenheiten, da in der veröffentlichen höchstrichterlichen Rechtsprechung zu § 55 keine Entscheidung zu finden ist, die auf einer Scheidungsklage der Ehefrau beruht, vgl. dazu auch *Frantz*, NJW 1949, 448.

111 *RGZ* 159, 111 (114); 159, 305 (309 ff.); 160, 15 (17); 165, 149 (154); *Frantz*, NJW 1949, 448.

112 Das *RG* und die Literatur qualifizierten vor 1945 Absatz 1 als die Regel und Absatz 2 als die Ausnahme: *RGZ* 160, 15 (18); 165, 149 (154); *Rexroth*, JW 1938, 2080 (2086); *Danielcik*, JW 1938, 2866 (2868); *Bergmann*, DJ 1939, 376 (379); *Volkmar/Antoni/Ficker/Rexroth/Anz*, Großdeutsches Eherecht (1939), § 55 Rz. 4; *v. Scanzoni*, DR (A) 1940, 753 (760).

113 Der Regel-Ausnahme-Satz erscheint zum ersten Mal im Urteil vom 17.4.1939, *RGZ* 160, 144 und ist nach *Frantz*, NJW 1949, 448 (449) darauf zurückzuführen, dass der 4. Zivilsenat teilweise in unterschiedlicher Besetzung tagte.

114 *OLG Hamburg*, SJZ 1946, 93; *OLG Stuttgart*, SJZ 1946, 93; *OLG Celle*, DRZ 1946, 191; *OLG Braunschweig*, MDR 1947, 152; *OLG Tübingen*, DRZ 1947, 194; *OLG München*, SJZ 1948, 757 (758); *OLG Dresden*, NJ 1948, 228 (229); *OLG Frankfurt/M.*, JR 1949, 148 (149); *BayObLG*, SJZ 1949, 697 (698) und *BGHZ* 1, 87 (91); 18, 13 (18); *Steidle*, SJZ 1946, 117 (118); **a.A.** *OLG Freiburg*, DRZ 1947, 339; *KG*, JR 1949, 116; *OGHBrZ*, SJZ 1948, 703 im Sinne einer „*Gleichgewichtstheorie*". Die Rechtsprechungsänderung der Oberlandesgerichte veranlasste *Haff*, MDR 1947, 152 die genannte Schwergewichtsverlagerung als eine Gesetzesabänderung durch übereinstimmende Rechtsprechung zu nennen. **Ähnlich**: *Wolf/Lüke/Hax*, Scheidung und Scheidungsrecht (1959), S. 88. Auch in Österreich stellten sich die Gerichte nach 1945 auf den umgekehrten Standpunkt: *OLG Wien*, ÖJZ 1946, 96 (Nr. 62); ÖJZ 1946, 439 (Nr. 517); ÖJZ 1947, 28 (Nr. 6); *OGH*, ÖJZ 1946, 220 (Nr. 230); ÖJZ 1949, 446 (Nr. 503); *Hoyer*, ÖJZ 1946, 493; *Fellner*, JBl 1946, 303; *Piegler*, FamRZ 1956, 293.

solchen Fall die Schuld des klagenden Ehegatten nicht bei der Regelung der elterlichen Gewalt nach § 74 EheG 1946. Grund für die Unbeachtlichkeit des Schuldausspruchs war die Annahme, dass bei einer auf § 48 EheG 1946 gestützten Scheidungsklage eine Schuld des beklagten Ehegatten offen bleibe und ein Gegenschuldantrag für unzulässig gehalten wurde[115]. § 48 EheG 1946 enthielt ja schließlich kein Verschuldenselement als wesentliches Tatbestandsmerkmal. Ein auf einen verschuldensunabhängigen Tatbestand gestütztes Scheidungsverfahren sollte nicht zu einer Scheidung aus Verschulden werden. Der Tenor *„Den Kläger trifft ein Verschulden"* berücksichtigte folglich das Vormundschaftsgericht bei seiner Entscheidung nicht. Welchem Elternteil die elterliche Gewalt übertragen wurde, richtete sich allein nach dem wohlverstandenen Interesse der Kinder unter Berücksichtigung der gesamten Verhältnisse gem. § 74 Abs. 2 EheG 1946[116].

In allen Fällen, in denen der Kläger sein Scheidungsrecht nicht aufgrund verschuldeter Eheverfehlungen des Beklagten geltend machte, sondern wegen des unverschuldeten Grundes der Heimtrennung nach § 48 EheG 1946[117], d.h. der Aufhebung der häuslichen Gemeinschaft seit drei Jahren, blieben Schuldgesichtspunkte ohne Beachtung. Widerklagen aufgrund Verschuldens, Gegenschuldanträge, soweit sie für zulässig gehalten wurden[118], konnten an diesem Umstand nichts ändern, selbst wenn das Scheidungsurteil ein Schuldausspruch enthielt.

IV. Rückschlüsse von der Scheidungsschuld auf die Erziehungseignung

Mit der Frage, welcher Elternteil zur Erziehung der Kinder besser geeignet ist, befasste sich die Rechtswissenschaft verstärkt nach dem Zweiten Weltkrieg. Sowohl Rechtsprechung als auch Literatur zogen aus der Scheidungsschuld Rückschlüsse auf die Erziehungseignung des jeweiligen Elternteils.

Ausgangspunkt der hier vorgenommenen Überlegung ist, ob der Gesetzgeber des EheG 1946 das Verschulden eines Ehegatten an der Ehescheidung mit

---

115 *V. Thomsen*, JW 1939, 132; *OGHZ* 3, 151; *BGHZ* 9, 225 = NJW 1953, 989; *BGH*, FamRZ 1957, 307; a.A. *Frantz*, NJW 1950, 383; *Soergel/Vogel*, BGB, Bd. 3, 8. Aufl. 1955, § 53 Rz. 4; *Nolte*, Der Schuldausspruch bei der Heimtrennungsklage, in: FS für Lehmann (1956), Band 1, S. 437 (S. 444); *Habscheid*, FamRZ 1958, 202 (209). Für die Aufnahme eines entsprechenden Passus im Gesetz: *Hoffmann*, NJW 1953, 127 (129).

116 *Riedel*, JR 1950, 353 (355).

117 § 48 EheG 1946 nahm in der Scheidungsstatistik 1948 8,78%, 1949 11,5%, 1950 12,1%, 1951 13,66%, 1952 12,65% und 1953 11,20% ein. Seine Bedeutung nahm bis 1977 immer weiter ab. Vgl. *Klose*, Ehescheidung und Ehescheidungsrecht in der DDR – ein ostdeutscher Sonderweg? (1994), Tabelle Nr. 4 (S. 287).

118 Vgl. die oben in Fn. 115 genannte abweichende Auffassung.

dessen Erziehungsfähigkeit verknüpfte oder ob die Rechtswissenschaft dieses Ergebnis davon unabhängig begründet hatte. Dazu ist auch eine Darstellung der Vorstellungen des Gesetzgebers des BGB von 1896 und des EheG 1938 erforderlich, nachdem es zum EheG 1946 keine Begründung gibt aber die Wertungen und Inhalte dieser Gesetze bei der Auslegung des EheG 1946 herangezogen worden waren.

Fast alle dem § 1635 BGB vorausgegangenen Entwürfe (§ 1456 Entwurf I, § 1479 Entwurf II, § 1625 rev. Entwurf III, § 1613 Reichstagsvorlage) zum BGB von 1896 sahen eine schematische Regelung der elterlichen Gewalt vor. Soweit ein Elternteil für schuldig erklärt worden war, stand die elterliche Gewalt dem anderen Elternteil zu. Bei einem beiderseitigen Verschulden erfolgte die Aufteilung in der Regel nach Geschlecht und Alter der Kinder, wobei die Söhne ab einem bestimmten Alter zum Vater kamen, die Töchter unabhängig vom Alter zur Mutter.

Gottlieb Planck, der am 29. September 1874 von der 1. Kommission zum Redaktor für das Familienrecht berufen worden war, hatte sich intensiv mit der Regelung der elterlichen Gewalt bei Ehescheidung in seinem Vorentwurf auseinander gesetzt. *Planck* hatte auf eine Bestimmung verzichtet, die bei beiderseitigem Verschulden die Kinder nach Alter und Geschlecht zwischen den Eltern aufteilte[119]. Eine solche Regelung war seiner Auffassung nach entbehrlich, da das Vormundschaftsgericht ohnehin die Befugnis habe, das im Interesse der Kinder bestehende Aufsichtsrecht auszuüben und sachgerechte Entscheidungen zu treffen[120]. Daneben sah *Planck* keinen unmittelbaren Zusammenhang zwischen Scheidungsschuld und der Befähigung zur Kindererziehung[121]. Der für schuldig erklärte Elternteil sei seiner Meinung nach nur dann weniger vertrauenswürdig, wenn gerade aus der Art seines Verschuldens Rückschlüsse auf die Erziehungseignung gezogen werden könnten. Bei einer beiderseitigen Schuld stünde das Wohl des Kindes an erster Stelle, so dass dem Elternteil die Kinder zu überlassen seien, der zur Pflege und Erziehung am besten geeignet erscheint[122]. *Planck* ging sogar auf die Frage der gemeinsamen Ausübung der Personensorge nach der Ehescheidung ein. Er lehnte diese jedoch ab, *„da diese Sorge während der Ehe beiden Gatten gemeinschaftlich zusteht und eine gemeinschaftliche Ausübung dieses Rechts nach der Scheidung nicht mehr thunlich ist."*

---

119 So § 257, *Planck*, Familienrecht Teil 1, Eingehung und Wirkungen der Ehe, Eheverträge (Nachdruck 1983), S. 63.

120 *Planck*, Familienrecht Teil 2, Beendigung der Ehe, Recht der Abkömmlinge, Vormundschaftsrecht (Nachdruck 1983), S. 161.

121 *Planck* [Fn. 120] S. 158.

122 *Planck* [Fn. 120] S. 155 f.

Die Motive der 1. Kommission zu § 1456 Entwurf I teilten die Bedenken von *Planck*. Dort wurde ausgeführt, aus der Tatsache der Schuldigerklärung könne nicht der Schluss gezogen werden, der betreffende Elternteil werde seine Pflichten gegenüber den Kindern nicht erfüllen und sei nicht mehr geeignet, die elterliche Gewalt auszuüben[123]. Denkschrift und Bericht der 12. Kommission des Reichstages vom 12. Juni 1896 und die Protokolle zum Entwurf eines BGB enthielten bezüglich dieser Frage keine Stellungnahme mehr[124].

Bei der Entstehung des Bürgerlichen Gesetzbuchs von 1896 ging der Gesetzgeber von einer Vermutung der schlechteren Erziehungseignung oder einem Zusammenhang zwischen Scheidungsschuld und Erziehungseignung daher nicht aus. Vielmehr wollte er die Rechte des unschuldigen Teils an der elterlichen Gewalt ohne das Vorliegen dringender Gründe nicht beeinträchtigen. Der Verlust der Kinder galt für den schuldigen Ehegatten als Sanktion und Strafe für das Scheitern der Ehe[125].

Ein Anschauungswandel erfolgte nach Erlass des EheG 1938. Der Strafcharakter des § 1635 BGB a.F. wurde wieder aufgegeben und erstmals in der Scheidungsschuld ein Rückschluss auf die erzieherischen Qualitäten gesehen[126]. Konkret bezog sich die Rechtswissenschaft auf eine Passage der amtlichen Begründung, wonach der Schuldausspruch *„gewisse Schlüsse“* auf das erzieherische Vorbild zulasse. Allerdings war die amtliche Begründung des EheG 1938 widersprüchlich[127]. Wenige Zeilen später ging sie davon aus, dass abgesehen vom Schuldausspruch das Wohl des Kindes der ausschließliche Entscheidungsmaßstab sei. Dieser argumentative Widerspruch hing damit zusammen, dass der Gesetzgeber des EheG 1938 nicht den Empfehlungen der Akademie für Deutsches Recht gefolgt war. Die Akademie für Deutsches Recht wollte wie *Planck* dem Schuldausspruch nur dann Bedeutung beimessen, wenn sich aus der Art des festgestellten Verschuldens die fehlende Eignung des schuldigen Elternteils zur Pflege und Erziehung der Kinder ergab.

---

[123] Motive zu dem Entwurfe eines Bürgerlichen Gesetzbuches für das Deutsche Reich, Band 4, Familienrecht (1888), S. 623.

[124] Vgl. dazu *Mugdan*, Die gesamten Materialien zum Bürgerlichen Gesetzbuch für das deutsche Reich, Band 4, Familienrecht, Neudruck der Ausgabe Berlin 1899, S. 971, 1171, 1255.

[125] Rechtsprechung und Literatur zu § 1635 BGB a.F. vertraten deshalb die These nicht, der für schuldig erklärte Elternteil sei zur Erziehung der Kinder weniger geeignet als der andere. So ausdrücklich *KG* v. 4.5.1905 in: KGJ 30, A 40 (A 43); *RG* v. 19.6.1921 in: *RGZ* 102, 283 (286); *KG* v. 29.1.1926 in: JFG 4, 21 (23).

[126] *Volkmar/Antoni/Ficker/Rexroth/Anz*, Großdeutsches Eherecht (1939), § 81 Rz. 1, 10; *Wagner*, DJ 1939, 412 Fn. 5; *v. Scanzoni*, Das großdeutsche Ehegesetz, 3. Aufl. 1943, § 81 Rz. 10 und die amtliche Begründung in DJ 1938, 1101 (1112).

[127] **Ebenso**: *Schwoerer*, AcP 151, 122 (128).

Im Übrigen sollte die Scheidungsschuld unberücksichtigt bleiben[128]. Die Materialien der Vorarbeiten des EheG 1938 und die amtliche Begründung waren in diesem Punkt uneinheitlich[129].

Das Rechtsgutachten *Loewensteins* enthielt dagegen keine Stellungnahme zu der Frage, inwieweit der Schuldausspruch des Scheidungsurteils bei der Regelung der elterlichen Gewalt zu berücksichtigen war, geschweige denn, ob aus der Scheidungsschuld Rückschlüsse auf die Erziehungseignung zu ziehen wären[130]. Eine rechtspolitisch bewusste Entscheidung zum Schuldprinzip traf der Gesetzgeber des EheG 1946 nicht. Durch die vorbehaltlose Übernahme des Schuldprinzips aus § 81 EheG 1938 in § 74 EheG 1946 wurde dessen Normzweck aber gebilligt. Die amtliche Begründung zum EheG 1938 zog deshalb vor allem die Rechtsprechung bei der Auslegung des EheG 1946 heran[131].

Die Behauptung, der schuldige Elternteil sei zur Erziehung der Kinder schlechter geeignet, wurde ungeachtet einer Stellungnahme in den Gesetzesmaterialien zum EheG 1946 vom *BGH* bis 1957 vertreten. Bei der Anwendung des EheG 1946 ging der *BGH* von folgenden Grundsätzen aus:

„Es ist zunächst zu bedenken, daß das EheG 1938 die Grundlage des EheG 1946 ist und daß es dem Gesetzgeber des Jahres 1946 im wesentlichen darauf angekommen ist, nationalsozialistische Gedankengänge aus dem Eherecht auszuscheiden. (...) Auch § 74 EheG 1946 schließt sich in Wortlaut und Inhalt eng an § 81 EheG 1938 an. Hätte der Gesetzgeber von 1946 dem Vormundschaftsgericht (...) leichtere Eingriffsmöglichkeiten in das Sorgerecht gewähren wollen, als sie in § 81 EheG 1938 gegeben waren, dann wäre dies deutlicher zum Ausdruck gebracht worden."[132]

„Zwar läßt sich nicht verkennen, daß das Ehegesetz von 1938 nach dem Willen und den Plänen der damaligen politischen Machthaber als Mittel zur Verwirklichung bevölkerungs- und rassepolitischer Ziele (...) dienen sollte. Es kommt aber heute nicht darauf an, aus welchen Gründen eine Vorschrift seinerzeit eingeführt oder wie sie früher gehandhabt worden

---

128 *Mößmer*, Neugestaltung des deutschen Ehescheidungsrechts der Akademie für Deutsches Recht (1936), S. 76 f.

129 **Gegen** eine Vermutung der schlechteren Erziehungseignung: *Volkmar*, DJ 1938, 1145 (1149); *Mößmer*, DR (A) 1941, 1609; *KG*, JFG 22, 271 (275); *KG*, DR (A) 1943, 693. **Dafür**: *Rilk*, Das neue Eherecht (1938), S. 283. Ein Wandel trat erst unter der Geltung des EheG 1946 ein. Vgl. die Entscheidungen *OLG Celle*, MDR 1947, 154; *OLG Tübingen*, DRZ 1948, 100; *OLG Schleswig*, SchlHA Teil A 1949, 341 (342); *OLG Freiburg*, DRZ 1949, 116; *OLG Neustadt/W.*, SJZ 1949, 117; *BGH*, NJW 1952, 976 = *BGHZ* 6, 342.

130 Vgl. oben 2. Kapitel C.II.2.c, S. 14 ff.

131 Vgl. die Literaturangaben oben in Fn. 81.

132 *BGH*, Beschluss v. 16.10.1951, NJW 1952, 139 = *BGHZ* 3, 220 (226); **ähnlich**: *Beitzke*, DRZ 1946, 136; *Nehlert*, JR 1947, 69 (B.); *Dölle*, Familienrecht, Band 1 (1964), § 1 VIII, S. 14.

ist, sondern ob sie unter Ausschaltung dieser Zwecke und dieser Handhabung noch zu vernünftigen und brauchbaren (...) Ergebnissen führen kann."[133]

Die Auslegung der neuen und übernommenen Vorschriften musste in Konsequenz davon in der Praxis so aussehen, dass frühere Rechtsprechung und Literatur gültig blieben, soweit sie nicht nationalsozialistische Lehren direkt oder indirekt vertraten[134].

In einer seiner ersten Entscheidungen zu § 74 Abs. 4 EheG 1946 hatte der *BGH* die These, der schuldige Ehegatte sei zur Erziehung der Kinder schlechter geeignet, noch offengelassen und auf grundsätzliche Erwägungen des Gesetzgebers des EheG 1946 abgestellt, die Scheidungsschuld berücksichtigt wissen zu wollen[135]. Auf die Vermutung, der schuldig geschiedene Ehegatte sei zur Erziehung der Kinder schlechter geeignet, bezog sich der *BGH* zum ersten Mal in einer Entscheidung aus dem Jahr 1952[136]. Er orientierte sich an der Begründung zum EheG 1938 und folgerte die Vermutung der schlechteren Erziehungseignung aus der Entstehungsgeschichte des § 74 Abs. 4 EheG 1946, der unverändert aus § 81 Abs. 3 EheG 1938 hervorgegangen sei. Der gesetzgeberische Zweck des EheG 1938 sei nach Auffassung des *BGH* mit dem EheG 1946 kein anderer geworden.
Der *BGH* verneinte auch die Frage, ob der nicht schuldige Elternteil auf sein Vorrecht auf die Kinder außerhalb eines fristgemäßen Vorschlags verzichten könne[137]. Absatz 4 begründe nicht nur ein Vorrecht des nicht schuldigen Elternteils, sondern auch eine Vermutung seiner besseren Erziehungseignung[138]. Ein Verzicht des nicht schuldigen Elternteils auf sein Vorrecht auf die Kinder nach Absatz 4 ließ also das Vorrecht als solches entfallen, nicht dagegen die Vermutung der besseren Erziehungseignung. Eine Ausnahme machte der *BGH*, wenn der Verzicht in einer Vereinbarung nach Absatz 1 fristgemäß erklärt wurde. Dann entfielen das Vorrecht und die Vermutung[139].

Zusammenfassend ist festzuhalten, dass der Gesetzgeber des BGB von 1896 nicht davon ausging, der nicht schuldig geschiedene Ehegatte sei zur Erziehung der Kinder besser geeignet. Die Rechtswissenschaft entnahm später diese Vermutung einer Formulierung aus der amtlichen Begründung zum

---

133 *BGH*, Urteil v. 22.1.1951, NJW 1951, 193 = *BGHZ* 1, 87 (90); **ebenso**: *Beitzke*, SJZ 1948, 263.
134 *Gordon*, Die wechselnde Auffassung vom Wesen der Ehe im Wandel der Verfassungsepochen des 20. Jahrhunderts (1978), S. 229.
135 *BGH*, NJW 1951, 879 = *BGHZ* 3, 52 (58 f.).
136 *BGH*, NJW 1952, 976 = *BGHZ* 6, 342 (344); bestätigt durch *BGHZ* 24, 181 (186 f.).
137 *BGH*, NJW 1952, 976 = *BGHZ* 6, 342.
138 *BGH*, FamRZ 1957, 252 = NJW 1957, 1069 = *BGHZ* 24, 181 = NJW 1957, 1594 (LS) m. Anm. v. *Schwoerer*.
139 *BGH*, NJW 1952, 976.

EheG 1938. Die wörtliche Übernahme des § 74 Abs. 4 EheG 1946 aus § 81 Abs. 3 EheG 1938 hatte dazu geführt, die amtliche Begründung zum EheG 1938 bei der Auslegung des EheG 1946 zu verwenden.
Bei der zu § 74 EheG 1946 erfolgten Rechtsprechung handelte es sich jedoch nicht um die Fortsetzung nationalsozialistischer Vorstellungen. Die Rechtsprechung und Literatur vertrat zwischen 1933 und 1945 mehrheitlich nicht die Auffassung, dass der an der Ehescheidung schuldlose Ehegatte zur Erziehung der Kinder besser geeignet sei[140].

V. Besondere Gründe bei der Übertragung des Sorgerechts auf den schuldigen Elternteil

Im Rahmen von Ehescheidungsverfahren stritten bereits früher die Eltern erbittert um das Sorgerecht, da entweder die Mutter oder der Vater das Sorgerecht erhielten. Ein gemeinsames Sorgerecht sah weder das Gesetz vor noch forderte es die Rechtswissenschaft. Die Übertragung der elterlichen Gewalt richtete sich gem. § 74 Abs. 4 EheG 1946 nach dem Schuldspruch des Scheidungsurteils, der zu einer Benachteiligung des schuldig geschiedenen Ehegatten führte. § 74 Abs. 4 EheG 1946 hatte inhaltlich den § 81 Abs. 3 EheG 1938 identisch übernommen. Beide Vorschriften besagten, einem Ehegatten, der allein oder überwiegend für schuldig erklärt worden ist, soll die Personensorge für ein gemeinschaftliches Kind nur übertragen werden, wenn dies aus besonderen Gründen dem Wohl des Kindes dient. Die Feststellung, wann besondere Gründe im Sinne des § 74 Abs. 4 EheG 1946 vorlagen, bereitete der Rechtsprechung und Literatur Schwierigkeiten. Dies hing damit zusammen, dass die Scheidungsschuld in Absatz 1 zugunsten des Kindeswohls überwunden schien, in Absatz 4 jedoch erneut Bedeutung eingeräumt erhalten hatte. Zur Auslegung des Absatzes 4 hatten sich verschiedene Auffassungen herausgebildet.

1. Rechtsprechung des KG

Nachdem § 74 Abs. 4 EheG 1946 den § 81 Abs. 3 EheG 1938 inhaltlich identisch übernommen hatte, wird vorab die Rechtsprechung zu § 81 Abs. 3 EheG 1938 dargestellt. Rechtsprechung des *RG* zu § 81 Abs. 3 EheG 1938 liegt nicht vor. Exemplarisch wird die vom *KG* vertretene Rechtsprechung erläutert, welches sich ausführlich mit dieser Frage beschäftigte[141].
Das *KG* sah Absatz 4 als eine Ausnahmevorschrift an, die den Grundgedanken des Absatzes 2 durchbrach. Es hatte einen besonderen Grund dann bejaht, wenn hinsichtlich des unschuldigen Elternteils begründete Bedenken an seiner Eignung als Erzieher und Betreuer des Kindes bestanden, ohne dass diese un-

[140] Vgl. die Literaturangaben oben in Fn. 129.
[141] *KG*, DR (A) 1939, 1000; *KG*, DR (A) 1941, 1607; *KG*, DJ 1944, 323.

mittelbar eine Gefährdung zu ergeben brauchten und bei dem für schuldig erklärten Elternteil eine völlig einwandfreie Betreuung des Kindes gewährleistet schien[142]. Allein die Tatsache, das Kind wäre bei dem schuldlos geschiedenen Ehegatten gut, beim anderen Ehegatten besser untergebracht, sah das *KG* nicht als ausreichend für das Vorliegen eines besonderen Grundes an[143]. Solche Erwägungen allgemeiner Art hatten auf die Zuteilung des Sorgerechts grundsätzlich keinen Einfluss[144]. Anhaltspunkte bei der Prüfung konnten sie nur sein, wenn ihnen ganz besonderes Gewicht beizumessen war[145]. Das Wohl des Kindes wurde vom Vormundschaftsrichter nach nationalsozialistischen Grundsätzen ausgelegt, wobei die rassische Zugehörigkeit besonders berücksichtigt werden musste[146].

2. Rechtsprechung einzelner Oberlandesgerichte

Neue Gedanken bei der Anwendung des § 74 Abs. 4 EheG 1946 führten verschiedene Oberlandesgerichte ein.

(1) Das *OLG Hamm* ließ dem Absatz 4 den Charakter einer Richtlinie im Rahmen der Gesamtvorschrift des § 74 EheG 1946 zukommen[147]. Die Qualifikation des § 74 Abs. 4 EheG 1946 als Richtlinie bedeutete, dass das Wohl des Kindes oberster Grundsatz bei der Regelung der elterlichen Gewalt war. Der an der Ehescheidung nicht schuldige Ehegatte hatte nach dieser Rechtsprechung nur dann ein besseres Recht auf das Kind als der schuldige Ehegatte, wenn es das Interesse des Kindes zuließ.

(2) Das *OLG Freiburg* setzte allgemeine Erwägungen und besondere Gründe gleich[148]. Vor dieser Entscheidung hatte die Rechtsprechung allgemeine Erwägungen nicht für ausreichend erachtet, damit ein besonderer Grund für die Übertragung der elterlichen Gewalt auf den schuldigen Ehegatten vorlag[149]. Das *OLG Freiburg* sah jetzt in der allgemeinen Erwägung der Erziehungskontinuität einen die Regel des § 74 Abs. 4 EheG 1946 durchbrechenden besonderen Grund an. Es übertrug in dem zur Entscheidung anstehenden Fall der Mutter das alleinige Sorgerecht aus dem Gesichtspunkt der Erziehungskontinuität,

---

142 So schon *KG*, DR (A) 1939, 1000 unter Aufgabe der Rechtsprechung aus *KG*, JFG 12, 77 = JW 1935, 1440.

143 *KG*, DR (A) 1941, 1607; *KG*, DJ 1944, 323.

144 *KG*, DR (A) 1940, 2166.

145 *KG*, JFG 22, 8 (9).

146 Vgl. *Volkmar/Antoni/Ficker/Rexroth/Anz*, Großdeutsches Eherecht (1939), § 81 Rz. 8; *Gutjahr*, DR (A) 1938, 290 (291); *v. Scanzoni*, Das großdeutsche Ehegesetz, 3. Aufl. 1943, § 81 Rz. 8; *OLG Dresden*, DJ 1936, 692; *AmtsG Saalfeld*, JW 1937, 2596; vgl. oben 2. Kapitel C.II.2.a, S. 9 ff.

147 *OLG Hamm*, MDR 1948, 217; *OLG Hamm*, Rpfleger 1948, 118 (LS); *OLG Hamm*, AcP 150, 460.

148 *OLG Freiburg*, JR 1950, 691 = DRZ 1950, 207; zustimmend *Messerer*, Unsere Jugend 1951, 251 (253).

149 Vgl. dazu die Literaturangabe oben in Fn. 144.

obwohl sie die Alleinschuld an der Ehescheidung traf. Zur Begründung stützte sich das *OLG Freiburg* auf den allgemeinen Rechtsgedanken des § 74 EheG 1946. Eine Sorgerechtsentscheidung habe sich am Wohl des Kindes zu orientieren. Das Interesse der Eltern solle nicht entscheidend sein. Dem Schuldausspruch sei lediglich im Hinblick auf das erzieherische Vorbild des Elternteils Bedeutung einzuräumen[150]. Es folgerte daraus, an die besonderen Gründe seien keine anderen Anforderungen zu stellen, als dass sie geeignet sein müssten, die gesetzliche Vermutung der schlechteren Eignung des schuldigen Teils zu widerlegen. Zur Widerlegung dieser Vermutung seien alle Gründe – auch allgemeiner Art - geeignet, sie brauchten nicht schwerwiegend zu sein. Die Vermutung der schlechteren Erziehungseignung, die Absatz 4 zu entnehmen sei, komme lediglich in den Fällen praktische Bedeutung zu, in denen eine Abwägung aller Umstände unter dem Gesichtspunkt des Wohls des Kindes nicht eindeutig zugunsten eines Elternteils ausfalle. Die noch vom *KG*[151] vertretene Rechtsprechung, wonach die Tatsache der besseren Eignung des schuldigen Teils zur Übertragung der Sorge auf diesen nicht ausreiche, widerspreche nach Meinung des *OLG Freiburg* dem dargelegten Sinn des Gesetzes.

3. Stellungnahme der Literatur

Die Literatur lehnte die vom *OLG Freiburg* vorgenommene Gleichsetzung von allgemeinen Erwägungen und besonderen Gründen größtenteils ab. Nach der Literatur wurden allgemeine Erwägungen nicht von § 74 Abs. 4 EheG 1946 erfasst[152]. Bei der Prüfung der Verhältnisse zwischen § 74 Abs. 2 und Abs. 4 EheG 1946 teilte sie alle erheblichen Umstände in zwei Gruppen ein. Die erste Gruppe stellten die Umstände dar, welche die geistige und sittliche Eignung der Elternteile zur Kindererziehung betrafen. Der zweiten Gruppe gehörten alle davon unabhängigen Umstände an, wie z.B. Unterbringung, materielle Sicherheit, Lebensalter, Pflegebedürftigkeit des Kindes. Die Zweiteilung des Gesetzes, nach der in § 74 Abs. 2 EheG 1946 die gesamten Verhältnisse berücksichtigt und nach dem Wohl des Kindes entschieden wird, aber § 74 Abs. 4 EheG 1946 den Schuldausspruch des Scheidungsurteils hervorhebt, führt zu einer Prüfung ausschließlich der erzieherischen Qualitäten der Ehegatten (Gruppe 1) in § 74 Abs. 4 EheG 1946, nicht aber der sonstigen Verhältnisse (Gruppe 2). Der Vormundschaftsrichter habe bei der Entscheidung über die elterliche Gewalt demnach in folgender Reihenfolge vorzugehen[153]:

Es seien sämtliche Verhältnisse zu berücksichtigen, die erzieherische Eignung (Gruppe 1) als auch alle sonstigen (Gruppe 2). Bei der Prüfung der Verhältnisse aus Gruppe 1 sei der Vormundschaftsrichter an die Bevorzugung des nicht

150 *OLG Freiburg*, JR 1950, 691 (692).
151 *KG*, DR (A) 1939, 1000; *KG*, DR (A) 1941, 1607.
152 *Baur*, DRZ 1950, 209, a.A. *Schwoerer*, DRZ 1950, 352.
153 *Baur*, DRZ 1950, 209 (210).

schuldigen Ehegatten in § 74 Abs. 4 EheG 46 gebunden. Bei der Prüfung aller sonstigen Umstände (Gruppe 2), die allgemeiner Art sein könnten, spiele § 74 Abs. 4 EheG keine Rolle, sondern als Richtschnur solle nur das Wohl des Kindes gelten. Bei der Schlussabwägung der beiden Gruppen gegeneinander sei der Vormundschaftsrichter erneut in seiner Entscheidung frei.
Daneben gab es in der Literatur naturrechtliche Betrachtungsweisen. Nach dieser Auffassung war Grundgedanke jeder Sorgerechtsregelung der § 74 Abs. 2 Satz 1 EheG 1946, nach der das Vormundschaftsgericht diejenige Regelung zu treffen hatte, die dem wohlverstandenen Interesse des Kindes unter Berücksichtigung der gesamten Verhältnisse am besten entsprach[154].
Das „*wohlverstandene Interesse*" und das „*Wohl*" des Kindes seien Begriffe naturrechtlicher Art[155]. Gleiches gelte für den dem Absatz 4 zugrunde liegenden Gedanken, der schuldlose Ehegatte solle nicht auch noch die Kinder verlieren[156]. Lägen Begriffe naturrechtlicher Art vor, bestünde nach Art. 20 GG die Pflicht für das Gericht, gesetztes Recht und Naturrecht in Einklang zu bringen[157]. Da das Wohl des Kindes sowohl in Absatz 2 als auch in Absatz 4 entscheidungserheblich sei, sei kein Absatz gegenüber dem anderen vorrangig. Die beiden naturrechtlichen Ideen „*Wohl des Kindes*" und „*Vorrang des schuldlosen Ehegatten*" könnten miteinander in Einklang gebracht werden, indem die Personensorge so geregelt werde, wie es dem Wohl des Kindes am besten entspreche. Bei jeder zu treffenden Entscheidung sei ausschließlich das Wohl des Kindes entscheidend[158]. Der Schuldausspruch und das Vorrecht des schuldlosen Ehegatten waren nach der naturrechtlichen Anschauung unbeachtlich, weil unter naturrechtlichen Gesichtspunkten keine ungerechten Entscheidungen getroffen werden sollten. Bei einer starren Bindung an Absatz 4 wäre dies unter Umständen der Fall. Empfohlen wurde, Absatz 1 und Absatz 4 bei einer künftigen Gesetzgebung fallen zu lassen[159].

4. Rechtsprechung des BGH

Eine Begründung der Alliierten zum EheG 1946 existierte nicht, was die Anwendung des EheG 1946 besonders schwierig machte. Der *BGH* griff bei der Rechtsanwendung des § 74 EheG 1946 hauptsächlich auf die zum EheG 1938 erfolgte Begründung[160].

---

[154] *Riedel*, Unsere Jugend 1949, 17 (19, 21); *ders.*, JR 1950, 202; *ders.*, JR 1950, 353 (354); *ders.*, ZblJugR 1952, 1 (4).
[155] Zur elterlichen Gewalt im Naturrecht generell: *Berding*, ZNR 2000, 52 ff.
[156] *Riedel*, JR 1950, 353 (355).
[157] *Riedel*, ZblJugR 1952, 1 (3). In diesem Sinne auch das *OLG Oldenburg*, MDR 1950, 57 (58) und der *OGHSt* 1, 217 Nr. 52.
[158] *Riedel*, Unsere Jugend 1949, 17 (20).
[159] *Riedel*, Unsere Jugend 1949, 17 (22).
[160] Vgl. die beiden Zitate oben Fn. 132 und Fn. 133.

Bei der Frage der Auslegung der besonderen Gründe schloss sich der *BGH*[161] der Rechtsprechung des *KG* an. Besondere Gründe sollten solche sein, die wesentlich genug seien, um im Interesse des Wohls des Kindes das Vorrecht des an der Scheidung nicht oder minder schuldigen Teils außer Kraft zu setzen. Zur Begründung bezog sich der *BGH* auf den Willen des Gesetzgebers des EheG 1938[162]. Trotz der grundsätzlichen Abstellung auf das Wohl des Kindes habe der Gesetzgeber dem Schuldausspruch Bedeutung beigelegt und sich nicht ganz von dem Gedanken des § 1635 BGB a.F. freigemacht, dessen Strafcharakter zwar abgelehnt, dessen Schutzcharakter er zugunsten des nicht schuldigen Ehegatten aber unausgesprochen habe gelten lassen.

In einer weiteren Entscheidung im Zusammenhang mit der Auslegung des Begriffs der besonderen Gründe führte der *BGH* aus, es müssten Umstände festgestellt werden, die das Wohl des Kindes gefährdet erscheinen ließen, um dem schuldigen Teil das Personensorgerecht zu belassen[163]. Damit gab der *BGH* die vom *KG* seit dem Jahr 1939 vertretene Rechtsprechung auf, welche eine Gefährdung gerade nicht mehr verlangt hatte[164].

Der *BGH* kehrte im Ergebnis zu der Rechtsprechung zu § 1635 BGB a.F. und § 81 EheG 1938 zurück[165]. Im Vergleich zu der dargestellten Rechtsprechung der Oberlandesgerichte stellten die Entscheidungen des *BGH* einen Rückschritt dar, weil die formal an die Scheidungsschuld anknüpfende Rechtsprechung in der Regel keine Einzelfallgerechtigkeit erlaubte.

VI. Zwischen- und Übergangslösungen bei der Übertragung des Sorgerechts

Die Vorschrift des § 74 EheG 1946 ließ dem Richter bei einer Entscheidung wenig Spielraum, soweit nicht die eben beschriebene Rechtsprechung des *OLG Hamm*, des *OLG Freiburg* und die Literaturmeinungen vertreten wurden.

---

[161] *BGH*, Beschluss v. 3.7.1951, NJW 1951, 879 = *BGHZ* 3, 52; **ebenso**: *OLG Celle*, MDR 1947, 154; *OLG Tübingen*, DRZ 1948, 100; *OLG Freiburg*, DRZ 1949, 116; *OLG Neustadt/W.*, SJZ 1949, 117; *SchlOLG*, SchlHA Teil A 1949, 341 (342); *Palandt/Lauterbach*, BGB, 7. Aufl. 1949, § 74 EheG Rz. 4; *v. Godin*, Ehegesetz, 2. Aufl. 1950, § 74 Rz. 8; **a.A.** *Blötz*, DFG 1943, 35; *Bach*, DRZ 1950, 77; *Riedel*, JR 1950, 353 (356); *Schwoerer*, AcP 151, 122 (125).

[162] Vgl. dazu schon oben 2. Kapitel D.V.1, S. 29 ff.

[163] *BGH*, Beschluss v. 7.7.1952, NJW 1952, 1254.

[164] *KG*, DR (A) 1939, 1000.

[165] *Schwoerer*, JZ 1953, 15 (17); ein weiterer Rechtsprechungswandel trat im Scheidungsrecht ein, wonach der bisherige Grundsatz, zerrüttete Ehen seien nach dreijährigem Getrenntleben zu scheiden, nicht mehr galt, vgl. dazu *Schneider*, NJW 1953, 281 (282); *ders.*, Zur Rechtsprechung des 4. Zivilsenats des Bundesgerichtshofs zu § 48 des EheG und die Reform des Scheidungsrechts, in: FS für Kern (1968), S. 439 ff. (S. 442).

Lagen keine besonderen Gründe vor, die elterliche Gewalt dem besser geeigneten aber schuldigen Teil zu übertragen, konnte er die elterliche Gewalt nicht erhalten. Aus diesem Grund war eine an den Interessen des Kindes orientierte Entscheidung bei der Übertragung der elterlichen Gewalt oft nicht möglich. Fälle, in denen das Gericht die Personensorge dem schlechter geeigneten Vater übertragen musste, weil dieser als nicht oder minderschuldiger Teil den Vorrang genoss, gaben Literatur und Rechtsprechung Anlass, erneut andere Lösungsmöglichkeiten zu suchen. Der nicht schuldige Vater konnte das Kind aufgrund seiner Berufstätigkeit oft nicht versorgen und betreuen oder das Kind war noch so klein, dass es entsprechend der damals h.M.[166] *„naturgemäß“* zur Mutter gehörte. Der Mutter das Sorgerecht zu übertragen und den Vater auf einen späteren Abänderungsantrag zu verweisen, stieß auf Bedenken. Zum einen sollte eine Sorgerechtsregelung endgültig sein und nicht auf Gründe gestützt werden, die bald wieder wegfielen. Zum anderen verwies das Gesetz den Elternteil, der infolge eines vorübergehenden Grundes das Sorgerecht nicht erhalten hatte, auf das Recht zum persönlichen Verkehr. Das Abänderungsverfahren nach § 74 Abs. 6 EheG 1946 half dem schuldlosen Elternteil nicht weiter, weil es höhere Anforderungen als die erste Zuteilung der elterlichen Gewalt forderte. Damit das Abänderungsverfahren später Erfolg hatte, musste das Kind bei ihm besser aufgehoben sein als beim anderen Elternteil[167]. Aufgrund dieser zahlreichen Probleme waren Zwischenlösungen angestrebt worden, um das Vorliegen von besonderen Gründen zu umgehen.

1. Anordnung anderweitiger Unterbringung nach § 1666 BGB

Nach einer vom *KG* begründeten Auffassung konnte das Sorgerecht auf den Vater übertragen und gleichzeitig die Unterbringung des Kindes bei der Mutter gem. § 1666 BGB angeordnet werden[168]. § 81 EheG 1938 bot für eine solche Einzelanordnung nicht die erforderliche Rechtsgrundlage, weil § 81 Abs. 4 EheG 1938 lediglich die Übertragung der elterlichen Gewalt auf einen Elternteil oder einen Pfleger ermöglichte[169]. Gleiches galt für die inhaltlich identische Vorschrift des § 74 Abs. 5 EheG 1946. Nachdem die Anwendung des § 1666 BGB ein schuldhaftes Verhalten erforderte, um dem Vater insoweit das Aufenthaltsbestimmungsrecht zu entziehen, konnten auf § 1666 BGB gestützte Anordnungen nur ergehen, wenn der Vater ungeachtet des Hinweises auf seine Pflicht, die Mutter zu berücksichtigen, diese überging[170]. Überging

[166] *OLG Freiburg*, ZblJugR 1950, 178 (180); so im Ergebnis wohl auch *BGH*, NJW 1952, 976 (977); *OLG Oldenburg*, JR 1957, 143 (144).

[167] *OLG Freiburg*, DRZ 1950, 207.

[168] *KG*, DJ 1944, 323 und *KG*, JFG 22, 218; *Müller*, DFG 1944, 81 (85).

[169] *KG*, JFG 22, 218 (219). Die Anwendung des § 1666 BGB trat nur insoweit hinter § 81 EheG 1938 zurück, wie dessen Anwendungsbereich reichte, vgl. dazu *KG*, JFG 20, 244 (247); *KG*, JFG 22, 218 (220).

[170] *KG*, JFG 4, 21; *KG*, DR (A) 1940, 2166.

der Vater die Mutter, musste die anderweitige Unterbringung das Kind gefährden, weil andernfalls die Voraussetzungen des § 1666 BGB nicht vorgelegen hätten[171].

2. Bedingte oder befristete Übertragung des Sorgerechts

Nachdem der vorgenannte Lösungsweg zu keinem befriedigenden Ergebnis führte, da § 1666 BGB ein Verschulden voraussetzte, entwickelte die Literatur eine andere Variante[172].

Das Sorgerecht wird bis zu einem gewissen Zeitpunkt der Mutter übertragen, etwa bis zum Abschluss des 6. Lebensjahres des Kindes oder bis zum Eintritt eines gewissen Ereignisses, z.B. Wiederheirat des Vaters, Erhalt einer Wohnung und nach Eintritt der Bedingung dem Vater übertragen. Für die Zulässigkeit einer solchen Regelung sprach nach Auffassung der Literatur, dass zum Zeitpunkt der Entscheidung der absehbare Wegfall von noch vorliegenden Gründen berücksichtigt werden kann, ein unbilliger Vorteil für den durch die äußeren Umstände begünstigten schuldigen Elternteil vermieden wird, der nicht sorgeberechtigte Elternteil nicht den Verlust seines Vorrechts aus § 74 Abs. 4 EheG 1946 zu befürchten braucht und die Beteiligten in der Lage sind, sich auf den bevorstehenden Wechsel einzustellen.

Ein weiterer Vorteil der auflösend bedingten oder befristeten Übertragung wurde darin gesehen, dass sie durch § 74 Abs. 4 EheG 1946 entstehende Härten ausgleiche. Eine bedingte Übertragung des Sorgerechts könne man bereits bei Vorliegen allgemeiner Erwägungen vornehmen, die für sich alleine für eine vollständige Übertragung nicht genügten[173].

3. Rechtsprechungstendenzen

Gegen die h.M. in der Literatur lehnte die Rechtsprechung eine Sorgerechtsregelung unter Zeitbestimmung oder unter auflösender bzw. aufschiebender Bedingung ab[174]. Sie verschloss sich diesem Weg mit dem Hinweis, § 74 EheG 1946 biete keine Rechtsgrundlage für eine Aufteilung des Sorgerechts und für Einzelanordnungen über die Personensorge. Das Personensorgerecht sei rechtlich unteilbar. Insbesondere nach Auffassung des *BGH* hinderten vorübergehende Umstände nicht, dem nicht schuldigen Elternteil das Personensorgerecht zu übertragen. Die Übertragung der elterlichen Gewalt auf den nicht schuldigen Elternteil müsse nicht gleichzeitig die tatsächliche Unterbringung des Kindes bei diesem Elternteil bedeuten. Der Sorgeberechtigte könne das Kind dem schuldigen Elternteil überlassen. Der *BGH* ging davon aus, dass das

---

171 *Müller*, DFG 1944, 81 (86).

172 *Schwoerer*, NJW 1952, 284; *v. Godin*, Ehegesetz, 2. Aufl. 1950, § 74 Rz. 9; *Hoffmann/Stephan*, Ehegesetz, 1. Aufl. 1950, § 74 Rz. 6 B; **a.A.** *Palandt/Lauterbach*, BGB, 16. Aufl. 1957, § 74 EheG Rz. 3.

173 *Schwoerer*, NJW 1952, 284 (286).

174 *OLG Tübingen*, DRZ 1950, 88; *BGH*, NJW 1952, 139; *BGH*, NJW 1952, 1254.

Sorge*recht*, das daneben eine Sorge*pflicht* sei, im Interesse des Kindes ausgeübt werde und der nicht schuldige Elternteil mit den schlechteren Betreuungsmöglichkeiten freiwillig das Kind dem schuldigen Elternteil mit den besseren Betreuungsmöglichkeiten überlasse. Im Übrigen mache die nach § 74 Abs. 6 EheG 1946 gegebene Möglichkeit, die Anordnung jederzeit zu ändern, falls das Wohl des Kindes dies angezeigt erscheinen lasse, eine Übertragung des Personensorgerechts auf Zeit entbehrlich. Der *BGH* ließ Einzelanordnungen ebenso wie das *KG* ausschließlich unter den Voraussetzungen des § 1666 BGB zu, d.h. wenn das Wohl des Kindes beim Sorgeberechtigten gefährdet war[175].

E. Exkurs: Das EheG 1946 in der Sowjetischen Besatzungszone und in der DDR

I. Die Zeit bis zur Gründung der DDR

Das Familienrecht entwickelte sich in der DDR abweichend von der Bundesrepublik Deutschland. In der Sowjetischen Besatzungszone blieb bis zur Gründung der DDR das Familienrecht des BGB und das EheG 1938 ebenso unverändert in Kraft, da es nicht vom Kontrollratsgesetz Nr. 1[176] aufgehoben worden war. Als der Erlass des EheG 1946 noch nicht abzusehen war, kam es zu einer Gesetzgebungstätigkeit des Landes Thüringen, das am 18. Oktober 1945 ein Gesetz zur Änderung des EheG 1938 verabschiedet und verschiedene Vorschriften mit nationalsozialistischem Charakter für aufgehoben erklärt hatte[177]. Dieses Gesetz währte nicht lange, da in allen Besatzungszonen ein halbes Jahr später das EheG 1946 in Kraft trat.

II. Die Zeit nach Gründung der DDR

Mit der Gründung der DDR und dem Erlass der Verfassung vom 7. Oktober 1949[178] nahm der ostdeutsche Gesetzgeber die Umgestaltung des Familienrechts vor[179].

---

175 *BGH*, NJW 1952, 139 (140) = *BGHZ* 3, 220 (227).

176 KRABl. 1945, S. 6.

177 Regierungsblatt für das Land Thüringen, 1945, S. 45; für aufgehoben erklärt wurden die §§ 4, 5, 23, 48, 52, 53, 55 des EheG 1938, daneben durfte der Staatsanwalt nur noch in dem Umfang mitwirken, der vor dem 30. Januar 1933 bestand. Siehe auch Ausführungsverordnung zu diesem Gesetz vom 5. November 1945, Regierungsblatt für das Land Thüringen, 1945, S. 55. Durch Gesetz v. 29.5.1947 wurde es wieder aufgehoben, war aber schon durch das EheG 1946 am 1.3.1946 außer Kraft getreten, soweit es mit diesem in Widerspruch stand, § 79 Satz 2 EheG 1946.

178 GBl. DDR I 1949, S. 4.

Wie das Bonner Grundgesetz gebot die Verfassung der DDR das Prinzip der Gleichberechtigung von Mann und Frau in Art. 7 Abs. 1 Verf. 1949, dessen Verfassungsauftrag eine Reform des EheG 1946 erforderte[180]. Der Grund für die Gleichberechtigung der Geschlechter lag nach sozialistischer Auffassung in der Gleichbewertung von Mann und Frau als Arbeitskraft[181]. Im Gegensatz zur Regelung des Bonner Grundgesetzes, das eine Übergangszeit bis zum 31. März 1953 vorsah (Art. 117 Abs. 1 GG), hoben Art. 7 Abs. 2, 30 Abs. 2 und 33 Abs. 2 Verf. 1949 das dem Gleichberechtigungsgrundsatz widersprechende Recht mit In-Kraft-Treten der Verfassung am 7. Oktober 1949 mit sofortiger Wirkung auf[182]. Nachdem an die Stelle der durch die Verfassung aufgehobenen Gesetze am 7. Oktober 1949 noch keine neuen Bestimmungen getreten waren, trat an diesem Tag in der DDR der Zustand ein, der in der Bundesrepublik Deutschland erst mit Ablauf des 31. März 1953 entstanden war[183]. Bereits am 7. Oktober 1949 setzte somit die Spaltung auf dem Gebiet des Familienrechts zwischen Ost und West ein[184].

Bis zur Verkündung eines neuen Familienrechts hatten die Gerichte die Aufgabe, das geltende Familienrecht an die durch die Verfassung garantierte Gleichberechtigung von Mann und Frau anzupassen[185]. Die Thesen des Rechtsausschusses des Deutschen Volksrates über die Wirkungen der Ehe im Allgemeinen dienten den Gerichten als Richtschnur[186]. Daneben erließ das Justizministerium Rechtsgrundsätze für die Behandlung von Familienrechtsstreitigkeiten, die den Gerichten eine Anleitung geben sollten, aber nicht in den Urteilen zitiert werden durften[187]. Die DDR orientierte sich bei ihrer Auffassung über die Ehe an der kommunistischen Idee, die der Auffassung des

---

179 *Brümmer*, Die Entwicklung des elterlichen Sorge- und Erziehungsrechts in der DDR (1978), S. 22.

180 Vgl. zum Begriff Gleichberechtigung des Grundgesetzes unten 3. Kapitel C.I, S. 44 ff.

181 *Rosenthal/Lange/Blomeyer*, Die Justiz in der Sowjetischen Besatzungszone Deutschlands (1959), S. 181. *Benjamin*, Vorschläge zum neuen deutschen Familienrecht (1949), S. 8.

182 Im Gegensatz dazu waren die 1946 und 1947 erlassenen Länderverfassungen zwar von der Gleichberechtigung von Mann und Frau ausgegangen, hatten aber lediglich die Aufhebung der diesem Grundsatz widersprechenden Bestimmungen gefordert, so z.B. Art. 20 Abs. 1 Verf. Mecklenburg, Art. 22 Abs. 1 Verf. Sachsen und Art. 22 Verf. Sachsen-Anhalt.

183 Vgl. unten 3. Kapitel C, S. 44 ff.

184 *Hagemeyer*, Zum Familienrecht in der Sowjetzone, 3. Aufl. 1958, S. 7.

185 *Roth*, NJ 1949, 245.

186 Die Thesen sind beispielsweise abgedruckt in NJ 1949, 102 ff.; sie befassten sich insbesondere mit der Auslegung der §§ 1353-1362 BGB.

187 Die Rechtsgrundsätze sind beispielsweise abgedruckt bei *Rosenthal/Lange/Blomeyer* [Fn. 181] S. 201 ff.

Nationalsozialismus über die Ehe nahe stand[188]. Zwar ging noch *Lenin* davon aus, die Ehe sei Privatangelegenheit der Ehegatten[189]. Demgegenüber intensivierte sich in der DDR der Leitsatz, der (sowjetische) Staat betrachte die Ehe nicht als eine persönliche, private Angelegenheit. Die Ehe wurde Gegenstand des öffentlichen Interesses[190].

Über das in Art. 31 Verf. 1949 formulierte Ziel der *„Erziehung im Geiste der Demokratie"* wurde die elterliche Erziehungsaufgabe an den Entwicklungsstand der Gesellschaftsordnung und ihrer Grundwerte gebunden[191]. Diese auf den ersten Blick unverfängliche Formulierung, die sich an Art. 120 WRV anlehnte, erhielt durch die Auslegung des Begriffs *„Demokratie"* eine Verpflichtung der elterlichen Erziehung auf die Gesellschaftsordnung der DDR[192]. Die Kinder sollten im Geiste der *„sozialistischen"* Demokratie erzogen werden. Durch diese Vorschrift hatte das Kindschaftsrecht in der DDR einen politischen Inhalt erhalten[193]. Auswirkungen hatte dieser Grundsatz auf die Anwendung des § 74 EheG 1946. Teilweise wurde Absatz 4, der eine Berücksichtigung der Scheidungsschuld bei der Regelung der elterlichen Gewalt enthielt, seit In-Kraft-Treten der Verfassung aufgrund Art. 31 Verf. 1949 nicht mehr als geltendes Recht angesehen. Als Folge davon war nach dieser Meinung allein unter dem Gesichtspunkt des Wohls des Kindes ohne Rücksicht auf den Schuldausspruch zu entscheiden[194]. Eine andere Auffassung ließ die Bestimmung des § 74 Abs. 4 EheG 1946 nur in Fällen zur Anwendung gelangen, in denen die objektive Gewähr dafür gegeben sei, beide Eltern würden das Kind im Sinne des Art. 31 Verf. 1949 erziehen[195]. Beide Ansichten orientierten sich am Wohl des Kindes, welches im Lichte von Art. 31 Verf. 1949 auszulegen war. Lediglich bei gleicher Eignung der Eltern zur Erziehung des Kindes sollte nach der zweiten Auffassung der Schuldspruch berücksichtigt werden, bei der ersten dagegen nicht.

Das Interesse der Kinder spielte auch bei der Auslegung der Kinderschutzklausel des § 48 Abs. 3 EheG 1946 eine Rolle. Bei der Auslegung der Scheidungsgründe hätten die Gerichte der Ehe den Inhalt beizulegen, der ihr in der

---

188 Vgl. zur nationalsozialistischen Ideologie im Familienrecht oben 2. Kapitel C.II.2.a, S. 9 ff.

189 *Müller-Freienfels*, Ehe und Recht (1962), S. 90.

190 *Häusler*, NJ 1960, 464 (465); ebenso der Nationalsozialismus, vgl. oben 2. Kapitel C.II.2.a, S. 9 ff.

191 *Brümmer* [Fn. 179] S. 23.

192 *Brümmer* [Fn. 179] S. 43.

193 *Schlicht*, ROW 1966, 59 (60); *ders.*, Das Familien- und Familienverfahrensrecht der DDR (1970), S. 40.

194 *KG*, NJ 1952, 326; *Artzt*, NJ 1955, 75 (77).

195 *BezG Potsdam*, NJ 1952, 619; wäre dies von keinem Elternteil gewährleistet, müsste mit einem Sorgerechtsentzug gerechnet werden.

anti-faschistisch-demokratischen Ordnung des neuen Staates zukomme[196]. Die Aufrechterhaltung einer unheilbar zerrütteten Ehe stünde mit diesen Werten nicht in Einklang und damit nicht im Interesse der Kinder[197]. Nach der Ehescheidung könnten Kinder schließlich in den gesellschaftlichen Organisationen der *„Jungen Pioniere“* und der *„Freien Deutschen Jugend“* Halt finden.

Im Übrigen fand die elterliche Gewalt in der familienrechtlichen Rechtsprechung und Literatur der DDR bis zum Erlass der EheVO im Jahre 1955 wenig Beachtung. Spezielle Rechtsprechungstendenzen oder Literaturmeinungen waren nicht festzustellen. Vielmehr standen wirtschaftliche Fragen, wie z.B. das Unterhaltsrecht im Vordergrund[198].

Der am 20. September 1955 geschlossenen Vertrag[199] über die Beziehungen zwischen der Sowjetunion und der DDR setzte das EheG 1946 endgültig außer Kraft[200]. Ein neues Gesetz existierte zu diesem Zeitpunkt nicht. Den *„regelungslosen“* Zustand beendete zwei Monate später die Verordnung über die Eheschließung und Eheauflösung (EheVO) vom 24. November 1955[201].

F. Schlussbetrachtung und Stellungnahme

Das EheG 1946 war der Nachfolger des EheG 1938. Nachdem die Alliierten das EheG 1938 als Grundlage für das EheG 1946 verwendeten, kam es ihnen vor allem darauf an, nationalsozialistisches Gedankengut aus dem Eherecht auszuscheiden. Der mit der Entnazifizierung des EheG 1938 betraute *Karl*

---

196 *OG*, NJ 1951, 222 m.w.N. insbesondere zu § 48 EheG 1946; *OG*, NJ 1952, 89. Das *OG* folgte zwar nicht in der Argumentation, so doch im Ergebnis der Rechtsprechung des *KG* zu § 55 EheG 1938. Dies nicht erkennend *Soergel/Vogel*, BGB, Bd. 3, 8. Aufl. 1955, § 48 Rz. 8, der pauschal davon ausgeht, dass die Gerichte der Ostzone der Rechtsprechung des *KG* folgten. Zur Auslegung des § 48 Abs. 3 EheG 1946 in der Bundesrepublik vgl. *Brinkmann*, NJW 1948, 575 (576); *OLG Frankfurt/M.*, SJZ 48, 89; *OGHBrZ*, NJW 1948, 581.

197 *OG*, NJ 1951, 366 (367); *OG*, NJ 1951, 367 (368).

198 *OG*, NJ 1951, 128; 185; 222; Unterhalt wurde teilweise selbst einer nichtschuldig geschiedenen Ehefrau nicht zugesprochen, da auch die Frauen ihre Arbeitskraft dem Aufbau, der Erfüllung des Wirtschaftsplanes zur Verfügung zu stellen hätten. Ein *„Faulenzerleben“* sollte nicht finanziert werden.

199 GBl. DDR I 1955, S. 918. Beim Abschluss dieses Vertrages gab der Vorsitzende des Ministerrats der Sowjetunion die Erklärung ab, dass das gesamte Kontrollratsrecht in der DDR aufgehoben sei. Der Wortlaut der Erklärung ist teilweise wiedergegeben in NJ 1955, 579 (580). Vgl. dazu auch *Ostmann*, NJ 1955, 725; *Heinze*, NJW 1956, 658; *Nathan*, NJ 1956, 145.

200 *Benjamin*, Zur Geschichte der Rechtspflege der DDR 1949-1961 (1980), S. 53, 211; *Rosenthal/Lange/Blomeyer* [Fn. 181] S. 181.

201 GBl. DDR I 1955, S. 849; vgl. zur EheVO unten 4. Kapitel C.III, S. 80 ff.

Loewenstein, dessen Rechtsgutachten der alleinige Maßstab bei der Novellierung des EheG 1938 war, sah im EheG 1938 kein pures nationalsozialistisches Gesetz. Er plädierte daher für eine vorsichtige Reform. Dies äußerte sich bei der Regelung der elterlichen Gewalt, da § 74 EheG 1946 im Wesentlichen § 81 EheG 1938 entsprach. Eine Stellungnahme zu der Frage, inwieweit der Schuldausspruch des Scheidungsurteils bei der Regelung der elterlichen Gewalt zu berücksichtigen war, enthielt sein Rechtsgutachten nicht. Durch die vorbehaltlose Übernahme war der durch das EheG 1938 der Vorschrift beigelegte Sinngehalt gebilligt worden.

Nach KRDir. Nr. 11 war allein der fremdsprachige Gesetzestext (englisch, französisch, russisch) maßgeblich und die Veröffentlichung in deutscher Sprache für die Gültigkeit ohne Bedeutung. Aus einer Gegenüberstellung ergaben sich Unstimmigkeiten in der Übersetzung. In der Praxis wirkte sich dieses Problem letztendlich nicht aus, da bei der Anwendung des § 74 Abs. 4 EheG 1946 das Tatbestandsmerkmal der besonderen Gründe die Abweichungen kompensierte.

In der Rechtsprechung nach 1945 setzte sich die Ansicht durch, es werde vermutet, der im Scheidungsurteil für nicht schuldig erklärte Elternteil sei zur Erziehung und Betreuung des Kindes besser geeignet. Diese Vermutung hatte im BGB von 1896 keine Grundlage. Die Rechtsprechung zum EheG 1946 stützte sich auf eine Formulierung aus der amtlichen Begründung des EheG 1938, wonach sich aus dem Schuldausspruch „*gewisse Schlüsse*" auf das erzieherische Vorbild ergäben.

Die Auslegung des Begriffs der „*besonderen Gründe*" in § 74 Abs. 4 EheG 1946, welcher die Übertragung der elterlichen Gewalt auf den schuldigen Elternteil regelte, bereitete der Rechtswissenschaft Schwierigkeiten. Der *BGH* schloss sich der Rechtsprechung des *KG* zu dem inhaltsgleichen § 81 Abs. 3 EheG 1938 aus den Jahren vor 1945 an und verschärfte dessen Rechtsprechung teilweise noch.

Im Übrigen galt das EheG 1946 auch in der DDR und zwar bis zum Erlass der EheVO vom 24. November 1955. Das in Art. 31 Verf. 1949 formulierte Ziel der „*Erziehung im Geiste der Demokratie*" hatte Auswirkungen auf die Anwendung des § 74 EheG 1946. Mehrheitlich wurde diese Vorschrift als nicht mehr geltendes Recht angesehen, weshalb in der DDR ohne Rücksicht auf den Schuldausspruch entschieden worden war.

3. Kapitel Das Richterrecht (1. April 1953 bis 30. Juni 1958)

A. Einführung

Das Grundrecht der Gleichberechtigung von Mann und Frau aus Art. 3 Abs. 2 GG erlangte aufgrund Art. 117 Abs. 1 GG mit In-Kraft-Treten des Grundgesetzes am 24. Mai 1949[202] nicht sofort volle Wirksamkeit. Zu Art. 3 Abs. 2 GG, der bestimmt *„Männer und Frauen sind gleichberechtigt“*, ordnet Art. 117 Abs. 1 GG eine Übergangsbestimmung an, *„Das dem Artikel 3 Abs. 2 entgegenstehende Recht bleibt bis zu seiner Anpassung an diese Bestimmung des Grundgesetzes in Kraft, jedoch nicht länger als bis zum 31. März 1953.“*

Der Gesetzgeber hatte entgegen dem das Grundgesetz beherrschenden Prinzip der unmittelbaren Grundrechtsgeltung nach Art. 1 Abs. 3 GG die Fortgeltung grundrechtswidrigen Rechts befristet angeordnet. Der Gedanke der befristeten Weitergeltung von Art. 3 Abs. 2 GG widersprechenden Normen war gewesen, dem Gesetzgeber die notwendige Zeit einzuräumen, ein Gleichberechtigungsgesetz zu schaffen. Außerdem sollte durch die Frist deutlich gemacht werden, dass die Verwirklichung des Grundsatzes der Gleichberechtigung zeitlich nicht in das Ermessen der Legislative gestellt war[203] und wie in Art. 119 Abs. 1 WRV nur zum Programmsatz degradiert werden könnte[204]. Trotzdem verabschiedete der Gesetzgeber das Gleichberechtigungsgesetz erst am 18. Juni 1957[205].
Da am 1. April 1953 an die Stelle der alten Vorschriften noch keine neuen getreten waren, musste jede familienrechtliche Norm an Art. 3 Abs. 2 GG gemessen werden. Die Anpassung des Familienrechts an den Gleichheitsgrundsatz vollzog sich durch eine richterliche Prüfung, ob eine Vorschrift unverändert weiter bestehen bleiben konnte, ob sie ganz oder teilweise fortgefallen oder in ihrem Regelungsgehalt auf beide Ehegatten zu erstrecken war[206]. Deshalb wird die Zeit vom 1. April 1953 bis 30. Juni 1958 *„Richterrecht“* genannt. Der *BGH* grenzte dabei die Aufgaben des Richters wie folgt ein:

---

202 BGBl. I 1949, S. 1. Das Grundgesetz wurde am 23.5.1949 verkündet, in Kraft getreten ist es am Tag nach der Verkündung, d.h. am 24.5.1949.

203 *Arnold*, Angewandte Gleichberechtigung im Familienrecht (1954), S. 2; *Offen*, Von der Verwaltungsgemeinschaft des BGB von 1896 zur Zugewinngemeinschaft des Gleichberechtigungsgesetzes von 1957 (1993), S. 135; *BGHZ* 11 Anhang 45 f.

204 *Seidl*, Die elterliche Gewalt im Zeichen der Gleichberechtigung der Frau (1960), S. 16; *Schwab*, Gleichberechtigung und Familienrecht im 20. Jahrhundert, in: Gerhard (Hrsg.), Frauen in der Geschichte des Rechts (1997), S. 790 ff. (S. 797); *Brokamp*, Die Verrechtlichung der Eltern-Kind-Beziehung in hundert Jahren BGB (2001), S. 92.

205 BGBl. I 1957, S. 609; vgl. zum Gleichberechtigungsgesetz unten 4. Kapitel , S. 55 ff.

206 *Kropholler*, Gleichberechtigung durch Richterrecht (1975), S. 70.

„Die ihm gestellte Aufgabe ist nicht, das ganze Eherecht neu zu ordnen, Art. 117 Abs. 1 GG verlangt von ihm lediglich die Prüfung und Entscheidung, wieweit das geltende Recht mit dem Grundsatz der rechtlichen Gleichheit von Mann und Frau vereinbar ist.“[207]

„Abgesehen von dem umfangreichen Schrifttum, den angeführten Richtlinien und Entwürfen und der neueren Rechtsprechung, die sich bereits mehr und mehr um eine gewisse Annäherung an den Grundsatz der Gleichberechtigung bemüht hat, stehen dem Richter für die ergänzende Rechtsfindung als Anknüpfungspunkt Rechts- und Gesetzesanalogie[208] *sowie die Rechtsvergleichung mit den seit Jahrzehnten auf Gleichberechtigung aufbauenden Familienordnungen anderer Staaten zur Verfügung.“*[209]

B. Erwägungen zur Fristverlängerung bei Art. 117 Abs. 1 GG

Die SPD[210] und die KPD[211] forderten die Bundesregierung schon 1949 in zwei Initiativanträgen auf, die Gleichberechtigung von Mann und Frau zu verwirklichen. Die SPD ließ ihren Antrag im Deutschen Bundestag durch die Abg. *Nadig* begründen. Diese hatte dem Parlamentarischen Rat[212] angehört und erinnerte die Abgeordneten daran, die Gleichberechtigung von Mann und Frau auf allen Rechtsgebieten durchzusetzen[213]. Sie verwies auf die Reformbedürftigkeit des Familienrechts und auf die erforderlichen Änderungen im Kindschaftsrecht[214]. Der Bundesjustizminister *Dehler* entgegnete, dass die Bundesregierung sich ihrer Pflicht bewusst sei und beabsichtige für die Vorarbeiten *Maria Hagemeyer*[215] einzusetzen[216]. Ungeachtet der kurz bemessenen Frist machte die Bundesregierung unter Bundeskanzler *Konrad Adenauer* keine Anstalten einen Regierungsentwurf auszuarbeiten.

Erst fünf Monate vor dem in Art. 117 Abs. 1 GG festgelegten Termin, am 23. Oktober 1952, legte die Bundesregierung einen Gesetzentwurf zum Gleichberechtigungsgesetz vor[217]. Schnell wurde klar, dass die am 5. Februar

---

[207] *BGHZ* 10, 266 (276)

[208] *BGH*, JZ 1956, 598 bei der Frage der vormundschaftlichen Kompetenz bei Elternstreitigkeiten.

[209] *BGHZ* 11 (Anhang) 34, 70.

[210] BT-Drucks. 1/176.

[211] BT-Drucks. 1/206.

[212] Dem Parlamentarischen Rat hatten neben den 66 Männern vier Frauen angehört: *Helene Wessel*, *Helene Weber*, *Elisabeth Selbert* und *Frieda Nadig*.

[213] Vgl. stenographische Protokolle des Bundestages, 1. Wahlperiode, 19. Sitzung v. 1.12. 1949, S. 566 (B).

[214] *Vaupel*, Die Familienrechtsreform in den fünfziger Jahren im Zeichen widerstreitender Weltanschauungen (1998), S. 113.

[215] Vgl. zur Denkschrift *Hagemeyers* unten 4. Kapitel C.I.1, S. 58 ff.

[216] Vgl. stenographische Protokolle des Bundestages, 1. Wahlperiode, 19. Sitzung v. 1.12. 1949, S. 629 (B).

[217] BT-Drucks. 1/3802; vgl. dazu unten 4. Kapitel C.I.2, S. 60 ff.

1953 begonnenen Beratungen nicht in zwei Monaten bis zum Ablauf der vorgegebenen Frist zu bewältigen waren. Da das Ende der Wahlperiode nahte, erörterte man eine Fristverlängerung.
Für eine Ausweitung der Anpassungsfrist plädierten katholische Vereinigungen, während vor allem FDP und SPD und ihnen nahe stehende Gruppierungen eine Fristverlängerung ablehnten[218]. Auf der Bundesvorstandssitzung der FDP, am 10. Januar 1953, erwogen die anwesenden Parlamentarier einen Fristaufschub um ein oder zwei Jahre[219]. Dieser Vorschlag konnte sich innerhalb der FDP nicht durchsetzen. Insbesondere die Abg. *Lüders*[220] sprach sich gegen eine Fristverlängerung aus, da diese bei der bevorstehenden Bundestagswahl die FDP erhebliche Wählerinnenstimmen kosten könne. Aus diesem Grund beschloss die Bundesregierung, keine Vorlage zur Verlängerung der Frist einzubringen, sondern diese Frage der Initiative der Koalitionsparteien zu überlassen[221]. Eine Mehrheit für einen am 19. März 1953 eingebrachten Antrag[222], die Frist bis zum 31. März 1955 zu verlängern, kam nicht zustande. In der parlamentarischen Debatte hatte sich die Koalition zwar für eine Fristverlängerung ausgesprochen[223]. Die SPD und die KPD lehnten jedoch eine Grundgesetzänderung ab, da ansonsten zu befürchten sei, diese gesetzgeberische Aufgabe werde auf den *„Sankt-Nimmerleins-Tag"* verlegt bzw. das *„Grundgesetz sabotiert"*[224].
Ungeachtet des Fehlschlags, eine Fristverlängerung durchzusetzen, wiederholten die Fraktionen der CDU/CSU, GB/BHE und DP in der Zweiten Wahlperiode ihren Antrag[225], vom 1. April 1953 bis zum 31. März 1955 Art. 3 Abs. 2 GG rückwirkend außer Kraft zu setzen[226]. Allerdings stimmte der Bundestag nie über diesen Antrag ab.

---

218 Vgl. dazu das Protokoll über die Sitzung der SPD-Bundestagsfraktion v. 3.3.1953, abgedruckt z.B. bei *Müller-List*, Eine Dokumentation zur Entstehung des Gleichberechtigungsgesetzes vom 18. Juni 1957 (1996), Dokument 42.
219 *Müller-List* [Fn. 218] S. 50.
220 *Marie-Elisabeth Lüders* (1878-1966), Frauenrechtlerin und Politikerin, 1909 als erste Frau an der Universität Berlin immatrikuliert.
221 So vom Kabinett in der 282. Kabinettssitzung v. 13.3.1953 beschlossen, vgl. *Enders/ Reiser*, Kabinettsprotokolle der Bundesregierung, Band 6 (1953), S. 226.
222 BT-Drucks. 1/4200.
223 So insb. durch die Abg. *Dr. Weber* (CDU), *Dr. Laforet* (CSU), *Ewers* (DP), *Heiler* (CDU) und den Bundesjustizminister *Dr. Dehler*.
224 Für die SPD: Abg. *Nadig*, vgl. stenographische Protokolle des Bundestages, 1. Wahlperiode, 258. Sitzung v. 26.3.1953, S. 12519 (C). Für die KPD: Abg. *Thiele*, vgl. stenographische Protokolle des Bundestages, 1. Wahlperiode, 258. Sitzung v. 26.3.1953, S. 12521 (A).
225 BT-Drucks. 2/82 und BT-Drucks. 2/83 v. 23.11.1953.
226 Zur verfassungsrechtlichen Problematik einer solchen Rückwirkung *Ehmke*, AöR 79 (1953), 385 (408 ff.); *Bosch*, Neue Rechtsordnung in Ehe und Familie (1954), S. 13.

Neben der Frage der Fristverlängerung beriet der Bundestag über den Antrag der SPD[227], einen Familienrechtsausschuss zu bilden. Der Antrag wurde an den Ausschuss für Rechtswesen und Verfassungsrecht überwiesen[228], der ihn ablehnte[229].

C. Rechtsfolgen des Fristablaufs

Dem Gesetzgeber war es nicht gelungen, die ihm gestellte Aufgabe planmäßig zu bewältigen[230]. Nach Ablauf des 31. März 1953 waren rechtlich relevante Fragen zu klären gewesen, die auch das Familienrecht und damit die elterliche Gewalt betrafen. Zuerst musste der Inhalt des Art. 3 Abs. 2 GG bestimmt werden. Das genaue Verständnis des Art. 3 Abs. 2 GG war deshalb bedeutsam, weil im Lichte dieser Vorschrift die elterliche Gewalt neu definiert und ausgelegt werden musste[231]. Weiter war die Frage zu beantworten, ob aufgrund Art. 117 Abs. 1 GG der Gleichheitsgrundsatz im Familienrecht ab 1. April 1953 unmittelbar Geltung erlangte mit der Folge, dass die familienrechtlichen Vorschriften an Art. 3 Abs. 2 GG zu prüfen waren. Nachdem dieser Frage mehrheitlich zugestimmt wurde, war zu entscheiden, inwieweit sich Art. 3 Abs. 2 GG auf das vorkonstitutionelle Besatzungsrecht des EheG 1946 auswirkte.

I. Der Begriff der Gleichberechtigung

Es wird zunächst Art. 3 Abs. 2 GG[232] ohne die Berücksichtigung des Gesamtzusammenhangs des Grundgesetzes geprüft. So einstimmig die Forderung nach einer Gleichberechtigung von Mann und Frau erhoben wurde, existierten doch weitgehende Meinungsverschiedenheiten über Sinn und Inhalt des Be-

---

227 BT-Drucks. 1/4220.

228 Vgl. stenographische Protokolle des Bundestages, 1. Wahlperiode, 258. Sitzung v. 26.3. 1953, S. 12526 und S. 12527.

229 BT-Drucks. 1/4277.

230 Zu den Gründen für die Nichteinhaltung der Frist *Vaupel*, Die Familienrechtsreform in den fünfziger Jahren im Zeichen widerstreitender Weltanschauungen (1998), S. 148 ff.

231 *Brokamp* [Fn. 204] S. 94.

232 Zur Entstehungsgeschichte des Art. 3 Abs. 2 GG siehe *Suelmann*, Die Horizontalwirkung des Art. 3 Abs. 2 GG (1994), S. 25 ff.; *Sacksofsky*, Das Grundrecht auf Gleichberechtigung, 2. Aufl. 1996, S. 323 ff.

griffs Gleichberechtigung[233]. Es standen sich im Wesentlichen zwei Auffassungen gegenüber[234].

Die erste Position bezogen die Vertreterinnen und Vertreter der Frauenemanzipation[235]. Die Aussage, Männer und Frauen sind gleichberechtigt, deuteten sie im Sinn eines echten Diskriminierungsverbots. Die Verschiedenheit der Geschlechter dürfe rechtlich nicht als verschiedene Tatbestände gewertet werden. Differenzierungen seien nur dort zulässig, wo sie sich unmittelbar aus der physischen Verschiedenheit ergäben, von der selbst der Gesetzgeber ausgegangen sei, wie z.B. beim Mutterschutzgesetz. Es stellte nach dieser Meinung eine Entwertung und Verfälschung des Grundgesetzes dar, wenn der klare Begriff der „*Gleichberechtigung*" durch den unklaren Begriff der „*Gleichwertigkeit*" ersetzt wird. Ferner dürfe eine Einschränkung des Art. 3 GG durch Art. 6 GG auf den Gebieten von Ehe und Familie nicht erfolgen. Vielmehr verleihe Art. 3 Abs. 2 GG der durch Art. 6 Abs. 2 GG geschützten Ehe ihren Charakter. Dieser Ansicht schloss sich später das *BVerfG* an[236]. Es begründete seine Meinung historisch[237]. Wenn der Verfassungsgeber der Weimarer Reichsverfassung Ehe und Familie sowie die Gleichberechtigung ohne Bedenken als miteinander vereinbar gesehen hatte, so wollte der Verfassungsgeber des Grundgesetzes nicht hinter diesen Zustand zurücktreten.

---

233 Ausführlich dazu *BGHZ* 11 Anhang 57 ff.

234 Eine dritte Position wurde vor allem von kirchlicher Seite vertreten. Sie basierte auf dem Gedanken der Ehe als Gottes Schöpfungsordnung, die hierarchisch gegliedert sei. Aus der Schöpfungsordnung ergebe sich das Patriarchat (1. Mose 3, 16; Epheser 5, 21-33; Kolosser 3, 18-21; 1. Petrus 3, 1; 1. Korinther 11, 7-12). Diese göttliche Ordnung könne nicht durch eine weltliche Verfassung aufgehoben werden. Vgl. dazu *Grundmann*, Ehe und Familie im Grundgesetz, in: Heckel (Hrsg.), Ehe und Familienrecht (1959), S. 24; *Schwab*, Ehe und Familie im Lichte des Gleichberechtigungsgesetzes, in: Heckel (Hrsg.), a.a.O., S. 50.

235 Besonders vehement war der frauenrechtliche Standpunkt von *Meier-Reimer*, DRZ 1950, 289; *Scheffler*, DRiZ 1951, 8, *dies.*, MDR 1951, 136; *dies.*, Referat zum 38. DJT (1950), B3 ff. (B4–B7); *dies.*, DRiZ 1953, 81 (86); *Krüger*, JZ 1952, 613; *Koffka*, JR 1953, 3 dargelegt worden. **Ebenso**: *OVA Freiburg*, DRZ 1950, 409 m. Anm. v. *Mallmann* (411); *Schmidt-Rimpler/Gieseke/Friesenhahn/Knur*, AöR 1950, 165 (166 ff.); *Thoma*, DVBl 1951, 457.

236 *BVerfGE* 3, 225 = JZ 1954, 32 = NJW 1954, 65 = MDR 1954, 87; bestätigt in *BVerfGE* 6, 55 (82); 10, 59 (66 ff.).

237 *BVerfGE* 3, 225 (241); *Reich-Hilweg*, Männer und Frauen sind gleichberechtigt, Art. 3 Abs. 2 GG (1979), S. 54 f.

Die *„männliche"* Sichtweise lehnte eine wörtliche Auslegung des Art. 3 Abs. 2 GG ab[238]. Die natürliche Verschiedenheit von Mann und Frau führe zum Vorliegen verschiedener Tatbestände. Eine Gleichheit von Mann und Frau liege nicht vor, weil sonst in Art. 3 Abs. 2 GG statt der Begriffe *„Mann und Frau"* das Wort *„Mensch"* hätte gewählt werden müssen. Eine gleiche rechtliche Behandlung komme nur dort in Betracht, wo Mann und Frau gleiche Funktionen erfüllten. Im Familienrecht sei dies durch die Aufgabenverteilung Berufstätigkeit (Mann) und Haushaltsführung (Frau) nicht der Fall. Im Übrigen kamen die Vertreter dieser Auffassung zu diesem Ergebnis, indem sie Art. 6 GG als vorrangig gegenüber Art. 3 GG ansahen[239].
Angefügt sei, dass nach Ablauf der Frist an die Richter, so z.B. von der SPD Empfehlungen ausgegeben wurden, sich bei der Auslegung des Gleichheitssatzes ihren Vorstellungen anzuschließen[240].

II. Weitergeltung des bisherigen Familienrechts?

Nachdem am 1. April 1953 noch kein Gleichberechtigungsgesetz erlassen worden war, wurde in Rechtsprechung und Literatur die Meinung vertreten, die Gleichberechtigung sei noch nicht wirksam in Kraft getreten. Folge dieser Auffassung war die unveränderte Fortgeltung des bisherigen Familienrechts, ohne von Art. 3 Abs. 2 GG beeinflusst worden zu sein. Dieses Ergebnis begründete die Rechtswissenschaft über zwei verschiedene Lösungswege.

Vielfach stellte man sich auf den Standpunkt, Art. 3 Abs. 2 GG sei bloß eine Richtlinie für den Gesetzgeber, da Art. 117 Abs. 1 GG die beschränkte Geltung des Art. 3 Abs. 2 GG durch die von ihm selbst gesetzte Frist angeordnet

---

[238] *Bosch*, SJZ 1950, 625 (627); *ders.*, Familienrechtsreform (1952), S. 57 ff.; *ders.*, Neue Rechtsordnung in Ehe und Familie (1954), S. 18; *Mitteis*, SJZ 1950, 241; *Creifelds*, JR 1950, 449; *Krauss*, DNotZ 1950, 327 (328); *Schnorr von Carolsfeld*, JR 1950, 417; *Strecker*, JR 1950, 267; *Stephan*, NJW 1950, 664 (665); *Rüdel*, JR 1951, 744; *Beitzke*, JZ 1952, 744 (745); *Innerlohner*, DNotZ 1953, 308 (309 f.); *Neuhaus*, JZ 1952, 523; *Strauß*, JZ 1952, 449 (450); *Dürig*, FamRZ 1954, 2 (3 f.).

[239] Aus diesem Grund wurde beispielsweise der Stichentscheid als zulässig erachtet. **Ebenso**: Bundeskanzler Adenauer in der Kabinettssitzung v. 27.6.1952, vgl. *von Jena*, Kabinettsprotokolle der Bundesregierung, Band 5 (1952), S. 408. **Ähnlich**: die Evangelische Kirche, die Art. 3 Abs. 2 GG im Zusammenhang mit Art. 6 GG interpretieren wollte, vgl. *Schwab*, Ehe und Familie im Lichte des Gleichberechtigungsgesetzes, in: Heckel (Hrsg.), Ehe und Familienrecht (1959), S. 50.

[240] Vgl. die Mitteilung im Urteil des *LG Gießen*, NJW 1953, 666. Trotz Nachfrage des Verfassers bei der SPD ist es nicht gelungen, dieses Rundschreiben über die Bibliothek der Friedrich-Ebert-Stiftung in Bonn zu beschaffen.

habe[241]. Der Zusammenhang von Art. 3 GG und Art. 117 GG lasse die Absicht des parlamentarischen Rats erkennen, die Gleichberechtigung nur gemeinsam mit einem Anpassungsgesetz in Kraft treten lassen zu wollen. Im Übrigen könne es nicht der Wille des Gesetzgebers sein, jeden Richter seine persönlichen Vorstellungen über die Gleichberechtigung seinen Entscheidungen zugrunde legen und damit zum Gesetzgeber werden zu lassen. Später sprach das *LG Gießen* aus, die Gleichberechtigung nach Art. 3 Abs. 2 GG wäre ein politischer, nicht aber ein Rechtsbegriff[242]. Rechtsbegriff könne die Gleichberechtigung im Familienrecht erst dann sein, wenn sie der Gesetzgeber durch ein Gleichberechtigungsgesetz umgesetzt habe. Für die Gerichte gebe es aus diesem Grund ab 1. April 1953 kein der Gleichberechtigung entgegenstehendes Recht, weil die Gleichberechtigung nur ein politischer Begriff sei.

Die andere Auffassung sah in der Fristbestimmung des Art. 117 Abs. 1 GG verfassungswidriges Verfassungsrecht[243]. Diese Theorie ging auf *Bachof*[244] zurück. Nach dieser Theorie gibt es so elementare Verfassungsgrundsätze, die den Verfassungsgesetzgeber selbst binden und gegen die andere Verfassungsbestimmungen mit niedrigerem Rang verstoßen und damit nichtig sein können. An die Spitze dieser Ansicht setzte sich das *OLG Frankfurt/M.*[245]. Das *OLG Frankfurt/M.* glaubte einen Verstoß gegen das Verfassungsprinzip der Gewaltenteilung zu sehen, weil der Richter mit der Pflicht die Gleichberechtigung umzusetzen, selbst zum Gesetzgeber werde. Des Weiteren verstoße ein solcher Zustand gegen die Rechtssicherheit. Solange jedes Gericht seine eigenen Rechtsvorstellungen bezüglich der richtigen Ausgestaltung des Gleichberechtigungsgrundsatzes zugrunde lege, gäbe es keine vorhersehbaren Ent-

241 *AmtsG Mannheim* v. 16.4.1953, MDR 1953, 360. **Ebenso**: *LG Düsseldorf* v. 20.5.1953, MDR 1953, 425; *LG Gießen*, NJW 1953, 666 = JZ 1953, 281 = JR 1953, 223 m. abl. Anm. von *Koffka*; *LG Lübeck*, NJW 1953, 906; *OLG Köln*, NJW 1953, 1224; *LG Duisburg*, Rpfleger 1953, 359; *Scheld*, JR 1953, 294; *ders.*, JZ 1953, 450; *Schneider*, NJW 1953, 889.

242 *LG Gießen* v. 18.4.1953, NJW 1953, 666 = JZ 1953, 281 = JR 1953, 223; bestätigt vom *LG Gießen* am 30.4.1953, MDR 1953, 361 und aufrechterhalten trotz des Urteils des *BGH* vom 14.7.1953 (*BGHZ* 10, 266 ff.) in Rpfleger 1953, 626. **Ebenso**: *Scheld*, JR 1953, 294; *ders.*, JZ 1953, 450.

243 *OLG Frankfurt/M.*, NJW 1953, 746 (747); *OLG Köln*, NJW 1953, 1224; *LG Lübeck*, NJW 1953, 906; *Canter*, NJW 1953, 850; *Schneider*, NJW 1953, 889; *Mattern*, DRiZ 1953, 117 (119); *Schlüter*, NJW 1953, 808.

244 *Bachof*, Verfassungswidrige Verfassungsnormen? (1951), S. 7 ff. (S. 37); *ders.*, NJW 1952, 242.

245 *OLG Frankfurt/M.* v. 22.4.1953, NJW 1953, 746; **ebenso**: *LG Duisburg*, Rpfleger 1953, 359; **ähnlich**: *LG Hamburg*, NJW 1953, 909; *OLG Köln*, NJW 1953, 1224.

scheidungen mehr und das objektive Recht verliere sich in eine Einzelfalljurisprudenz[246].

Die weitaus h.M. in Rechtsprechung und Literatur vertrat den gegenteiligen Standpunkt und sah in Art. 3 Abs. 2 GG seit dem 1. April 1953 unmittelbar geltendes Recht[247], denn im parlamentarischen Rat habe man die Gefahr der nicht rechtzeitigen Umsetzung erkannt, aber hingenommen. Für die Vertreter dieser Meinung galten alle gleichheitswidrigen Bestimmungen des bisherigen Rechts als aufgehoben mit der Folge der Lückenschließung durch richterliche Rechtsschöpfung[248].

Das *OLG Frankfurt/M.* legte die Frage der Gültigkeit des Art. 117 Abs. 1 GG über den *BGH* dem *BVerfG* gem. Art. 100 GG zur Entscheidung vor[249]. Das *BVerfG* teilte die Bedenken gegen die Wirksamkeit des Art. 117 Abs. 1 GG nicht. Es erkannte für Recht, Art. 117 Abs. 1 GG sei insoweit wirksam, als er das dem Art. 3 Abs. 2 GG entgegenstehende bürgerliche Recht auf dem Gebiet von Ehe und Familie mit Ablauf des 31. März 1953 außer Kraft setze[250]. Das *BVerfG* ging sogar auf das Schlagwort des verfassungswidrigen Verfas-

---

246 Das *LG Lübeck*, NJW 1953, 906 sah auch einen Verstoß gegen das Prinzip des Gesetzesrechtes.

247 *OLG Celle*, NJW 1953, 986 (987); *OLG Celle*, NJW 1953, 1146; *OLG Bamberg*, NJW 1953, 903 (904); *OLG Hamburg*, NJW 1953, 909; *KG*, NJW 1953, 985; *KG*, NJW 1953, 1104 (LS); *OLG Karlsruhe*, NJW 1953, 908; *OLG Neustadt/W.*, NJW 1953, 989; *LG Mainz*, NJW 1953, 1107 (1108); *LG Mannheim*, NJW 1953, 665; *AmtsG Zweibrücken*, DNotZ 1953, 278; *AmtsG Hamburg*, MDR 1953, 492 (493); *Bosch*, Rpfleger 1953, 273 (275); *ders.*, Rpfleger 1953, 387 (388); *Dölle*, JZ 1953, 353; *Finke*, NJW 1953, 606; *ders.*, BB 1953, 271; *Arnold*, DRiZ 1953, 81; *ders.*, DRiZ 1953, 117 f.; *Breetzke*, NJW 1953, 734; *Scheffler*, DRiZ 1953, 81 (85); *Zweigert*, JZ 1953, 248; *Reinicke*, NJW 1953, 681; *Hoffmann*, JR 1953, 199; *Hagemeyer*, NJW 1953, 601; *Knur*, DNotZ 1953, 345 (355); *v. Deines*, NJW 1953, 946; *Bachof* DVBl 1953, 601 (602 f.); *Knopp*, NJW 1953, 1210; *Palandt/Lauterbach*, BGB, 16. Aufl. 1957, Einl. 7 vor § 1297; *Molitor*, BB 1952, 203; a.A. noch *Molitor*, AcP 151, 385 (386).

248 Nachdem es sich bei den an Art. 3 Abs. 2 GG zu prüfenden Normen um vorkonstitutionelles Recht handelte, stand auch den unteren Gerichten die Verwerfungskompetenz nach Art. 100 GG zu, so *BVerfGE* 2, 124 (128 ff.); 4, 331 (339); a.A. *Ipsen*, Richterrecht und Verfassung (1975), S. 164 f. Zur Auslegung des Begriffs „*nachkonstitutionell*“: *BVerfGE* 6, 55 (65).

249 *BGHZ* 10, 266 und *BGHZ* 11, 34; der *BGH* setzte sich im Wesentlichen mit den Argumenten der Gewaltenteilung, der Rechtssicherheit und des Gesetzesrechts auseinander. Auf eine weitergehende Darstellung des Urteils wird hier verzichtet.

250 *BVerfG* v. 18.12.1953, *BVerfGE* 3, 225 = JZ 1954, 32 = NJW 1954, 65 = MDR 1954, 87. Ausführlicher zum Urteil des *BVerfG*: *Fischer*, Die Novellierung des Familienrechts unter besonderer Berücksichtigung der Rechtsstellung der Ehefrau und Mutter in der Zeit von 1945 bis 1983 (1989), S. 42 ff.; *Bacher*, Sind Männer und Frauen gleichberechtigt? (1996), S. 124 ff.

sungsrechts ein. Seiner Auffassung nach wäre dies bei einem freiheitlich demokratischen Verfassungsgeber eine rein theoretische Möglichkeit, die einer nahezu praktischen Unmöglichkeit gleichkomme[251]. Das *BVerfG* stellte somit die Gleichberechtigung von Mann und Frau im Bereich von Ehe und Familie mit dem 1. April 1953 klar[252]. Die Urteilsformel des *BVerfG* wurde am 21. Januar 1954 gem. § 31 Abs. 2 Satz 3 BVerfGG im Bundesgesetzblatt veröffentlicht und erlangte nach § 31 Abs. 2 Satz 1 BVerfGG Gesetzeskraft[253].

III. Auswirkungen des Art. 3 Abs. 2 GG auf das EheG 1946

Ein weiteres Problem mit weitreichenden Folgen betraf erneut Art. 3 Abs. 2 GG. Ausgangspunkt der rechtlichen Überlegungen war, ob Art. 3 Abs. 2 GG gleichheitswidrige Vorschriften des vom Kontrollrat erlassenen EheG 1946 und damit § 74 EheG 1946 abändern oder aufheben konnte. Dieser Frage kam entscheidende Bedeutung zu, weil es sich beim EheG 1946 um vorkonstitutionelles Besatzungsrecht handelte[254].

Häufig wurde die Einwirkung des Art. 3 Abs. 2 GG auf das EheG 1946 verneint[255]. Begründet wurde diese Auffassung mit Art. 123 GG und Nr. 7 des revidierten Besatzungsstatuts[256]. Nach diesen Vorschriften blieben die von den

---

[251] *BVerfGE* 3, 225 (233).

[252] A.A. der *KG* (10. ZS), NJW 1953, 788 für das Land Berlin. Der 10. ZS begründete seine Auffassung mit dem Genehmigungsschreiben der Militärgouverneure vom 12. Mai 1949. Der Vorbehalt lautet im Originalwortlaut wie folgt:
"A third reservation concerns the participation of Greater Berlin in the federation. We interpret the effect of articles 23, 144 of the Basic Law as constituting acceptance of our previous request that while Berlin may not be accorded voting membership in the Bundestag or Bundesrat nor be governed by the Federation she may, nevertheless, designate a small member of representatives to the meetings of those legislative bodies."
A.A. gegen *KG* (10. ZS) wieder *KG* (12. ZS), NJW 1953, 985; *KG* (9. ZS), NJW 1953, 1104; *BVerfGE* 1, 70 (72); *Hoffmann*, JR 1953, 199; *Tschischgale*, JR 1953, 243 (244).

[253] BGBl. I 1954, S. 10.

[254] *Wegner*, Über Ehe im kirchlichen und weltlichen Recht, in: FS für Sauer (1949), S. 163 ff. (S. 179); *ders.*, Die Stellung der Einzelperson im gegenwärtigen Völkerrecht, in: FS für Laun (1953), S. 354 ff. bestreitet den rechtsgültigen Erlass des EheG 1946 und des EheG 1938, weshalb sich die Frage darauf konzentriere, wie Art. 3 Abs. 2 GG auf das BGB von 1896 einwirke.

[255] *Arnold*, MDR 1953, 258; *ders.*, DRiZ 1953, 81; *Dölle*, JZ 1953, 353; *Finke*, NJW 1953, 606 (610); *Fünfstück*, MDR 1953, 258 (265); *Hagemeyer*, NJW 1953, 601; *Hoffmann*, JR 1953, 199 (201); *Maßfeller*, StAZ 1953, 73 (74); *Wilhelm*, NJW 1953, 989; *Beitzke*, FamRZ 1958, 7 (10); *Palandt/Lauterbach*, BGB, 14. Aufl. 1955, Einl. zu § 1 EheG Rz. B; *Staudinger/Dietz*, BGB, Bd. IV/1, 10./11. Aufl. 1975, Einl. vor EheG Rz. 106; *OLG Braunschweig*, FamRZ 1955, 361; *LG München*, FamRZ 1955, 105 mit abl. Anm. v. *Bosch* (106); *BayObLG*, FamRZ 1956, 111.

[256] Ziffer 7 des revidierten Besatzungsstatuts vom 6. März 1951 lautet wie folgt:

Besatzungsbehörden erlassenen Gesetze bis zu ihrer Aufhebung oder Änderung durch die Besatzungsbehörden in Kraft[257]. Eine Änderungs- oder Aufhebungsbefugnis des deutschen Gesetzgebers bestünde aus diesem Grund nicht. Diese Meinung führte zu widersprüchlichen Ergebnissen, wenn miteinander zusammenhängende Sachverhalte im BGB und im EheG 1946 geregelt waren.

Die Ehefrau sei während der Ehe nicht mehr nach § 1355 BGB verpflichtet, den Familiennamen des Mannes zu führen, da diese Vorschrift gegen Art. 3 Abs. 2 GG verstoße. Die geschiedene Frau behalte dagegen nach § 54 EheG 1946 den Familiennamen des Mannes, da diese Vorschrift von Art. 3 Abs. 2 GG nicht berührt werde.
Ferner sei die vorrangige Unterhaltspflicht des Mannes nach §§ 1360, 1361 BGB beseitigt, während nach § 58 EheG 1946 die vorrangige nacheheliche Unterhaltspflicht des geschiedenen Mannes wie bisher fortbestehe.
Die Eltern übten während der Ehe die Personen- und Vermögenssorge nach §§ 1626ff. BGB gemeinsam aus. § 74 EheG 1946 regle nur die Personensorge mit der Folge, dass es bei der gemeinsamen Vermögenssorge verbleibe aber nur ein Elternteil die Personensorge ausübe[258].

Einige Vertreter dieser Ansicht erkannten dieses Dilemma und hielten aus Zweckmäßigkeitsgesichtspunkten und aus Gründen der inneren Logik eine Weiterentwicklung der den Vorschriften des EheG 1946 enthaltenen Rechtsgrundsätze für angebracht und legten diese weiter aus[259]. Sie orientierten sich an den geplanten Änderungen des Gleichberechtigungsgesetzes und kamen so

---

a) Rechtsvorschriften der Besatzungsbehörden bleiben, soweit sie auf vorbehaltenen Befugnissen beruhen, bis zu ihrer Aufhebung oder Änderung durch die Besatzungsbehörden in Kraft.
b) Alle anderen Rechtsvorschriften der Besatzungsbehörden bleiben in Kraft, bis sie auf Ersuchen der zuständigen deutschen Behörden von den Besatzungsbehörden aufgehoben werden oder auf Grund einer von den Besatzungsbehörden erteilten Ermächtigung durch die deutschen Behörden aufgehoben oder geändert werden.

[257] Denn das von den Organen der Besatzungsmächte in Deutschland unmittelbar gesetztes Recht fiel nicht unter Art. 123 GG, vgl. *v. Mangoldt/Klein/Stark/Wolff*, GG, Bd. 3, 4. Aufl. 2001, Art. 123 Rz. 17; *v. Münch/Kunig/Kirn*, GG, Bd. 3, 3. Aufl. 1996, Art. 123 Rz. 11.

[258] *OLG Hamm*, NJW 1953, 1226; *LG Göttingen*, MDR 1953, 748; *LG Flensburg*, SchlHA Teil A 1954, 146 (147); *OLG Stuttgart*, NJW 1955, 1721; *LG Göttingen*, FamRZ 1956, 152; *OLG Stuttgart*, FamRZ 1956, 113 (LS); *LG Göttingen*, FamRZ 1956, 152; *Keidel*, FamRZ 1955, 121; *Beitzke*, FamRZ 1958, 7 (11); **a.A.** *LG Hamburg*, MDR 1953, 748; *OLG Hamburg*, FamRZ 1956, 241; *LG Bonn*, FamRZ 1957, 427; *Arnold*, AnwBl 1953, 169 (172); *Dirian*, NJW 1953, 1787; *Schlicht*, NJW 1954, 140. Vgl. dazu unten 4. Kapitel C.I.2, S. 60 ff.

[259] *Maßfeller*, DB 1953, 268 (270); *Finke*, NJW 1953, 606 (610); *ders.*, BB 1953, 271 (273).

zu ähnlichen Ergebnissen wie die Vertreter, welche die Vorschriften des EheG 1946 an Art. 3 Abs. 2 GG maßen.

Die gegenteilige Auffassung argumentierte aus dem Zusammenspiel des In-Kraft-Tretens des Grundgesetzes und dem Verhalten der westlichen Siegermächte heraus[260]. Die erforderliche Ermächtigung zur Änderung des EheG 1946 sei durch das Genehmigungsschreiben der Militärgouverneure vom 12. Mai 1949[261] erteilt worden. Als Folge des Genehmigungsschreibens sei der Gleichberechtigungsgrundsatz nach Art. 3 Abs. 2, 117 Abs. 1 GG am 1. April 1953 in Kraft getreten. Indem die Besatzungsmächte ohne Vorbehalt Art. 3 GG und Art. 117 GG genehmigten, hätten sie die Einwirkung des Grundgesetzes auf das EheG 1946 autorisiert. Darüber hinaus müsse zweifelhaft sein, ob das EheG 1946 überhaupt Besatzungsrecht darstelle[262]. Zwar sei es als Gesetz Nr. 16 vom Kontrollrat erlassen worden, doch sei das EheG 1946 deutsches Recht. Es stimme mit Ausnahme einiger auf nationalsozialistischem Gedankengut beruhenden Regelungen fast wörtlich mit dem EheG 1938 überein. Im Jahr 1946 war nur eine Deklaration beabsichtigt gewesen, einzelne Vorschriften aus dem EheG 1938 dürften aufgrund ihres nationalsozialistischen Gedankenguts nicht mehr angewendet werden bei gleichzeitiger Fortgeltung des übrigen Teils. Eine eigene Rechtsneuschöpfung oder eine Rechtsetzung durch die Besatzungsmächte lag im Grunde gar nicht vor.

Der *BGH* hatte die Frage, inwieweit Art. 3 Abs. 2 GG auf das EheG 1946 einwirkte, offen gelassen[263]. Er hatte lediglich festgestellt, den Gerichten sei eine Prüfung von Vorschriften des EheG 1946 am Grundgesetz nicht verschlossen. Die Frage, ob bei einem Verstoß gegen das Grundgesetz die Norm gleichwohl anzuwenden ist, ließ er unbeantwortet.

IV. Gemeinsame elterliche Gewalt

Ein nicht unmittelbar mit Art. 3 Abs. 2 GG zusammenhängendes Problem betraf die Frage, ob die Eltern nach der Ehescheidung das Sorgerecht gemeinsam ausüben könnten. In einer der ersten veröffentlichten Entscheidung, die sich

---

260 *Bosch*, Rpfleger 1953, 273 (276); *ders.*, FamRZ 1954, 113; *ders.*, FamRZ 1956, 310; *ders.*, Neue Rechtsordnung in Ehe und Familie (1954), S. 23; *Giese*, FamRZ 1954, 132; *Groß*, FamRZ 1955, 226; *Herminghausen*, NJW 1955, 859; *Bachof*, MDR 1956, 314 (315); *ders.*, DÖV 1961, 927; *AmtsG Kaiserslautern*, NJW 1953, 788; *AmtsG Regensburg*, NJW 1953, 631; *LG Traunstein*, MDR 1955, 291; *OLG Frankfurt/M.*, FamRZ 1955, 175.

261 Eine Übersetzung findet sich z.B. in VOBlBritZ 1949, S. 416 oder bei *Wilms*, Dokumente zur neuesten deutschen Verfassungsgeschichte, Band III/2 (2001), S. 591.

262 *Bosch*, Rpfleger 1953, 273 (277); *AmtsG Kaiserslautern*, NJW 1953, 788.

263 *BGH*, FamRZ 1956, 309 = *BGHZ* 21, 301.

mit der Möglichkeit eines gemeinsamen Sorgerechts befasste, hatten die Eltern folgende Vereinbarung geschlossen[264]:

„Die 3 gemeinsamen Kinder der Parteien ... sollen bei Frau Sch. verbleiben. Ihr soll auch vorerst das persönliche Sorgerecht zustehen. In allen wichtigen Entscheidungen betr. die Zukunft der Kinder, insbesondere Erziehungsfragen, wollen beide Parteien gemeinsam ihren Entschluß fassen. Das VormG soll gegebenenfalls dann herbeigezogen werden, wenn keine Einigung erzielt werden kann. Die gesetzliche Vertretung für die Kinder soll bei beiden Parteien gemeinsam liegen.
Diese Regelung wird in Kenntnis der neuen verfassungsrechtlichen Bestimmungen getroffen."

Die Eltern hatten nach Auffassung des zur Entscheidung berufenen *OLG Hamburg* eine Regelung getroffen, die nicht den Anforderungen des § 74 Abs. 1 EheG 1946 entsprach, weil die Einigung der Eltern keinen beliebigen Inhalt haben durfte. Das *OLG Hamburg* vertrat die Meinung, dass als Folge der Ehescheidung die gesamte elterliche Gewalt einem Elternteil zu übertragen sei. Die Ehegatten hätten aber durch ihre Vereinbarung die Wirkungen für das Personensorgerecht nach § 74 EheG 1946 beseitigt und die Fortgeltung der Grundsätze vereinbart, die für eine bestehende Ehe gelten. Die gemeinsame Ausübung des Personensorgerechts überschreite den Rahmen, innerhalb dessen eine Einigung nach § 74 EheG 1946 möglich sei. Gleiches gelte für die Vereinbarung der gemeinsamen gesetzlichen Vertretung der Kinder, welche nur während bestehender Ehe stattfinde. Die vereinbarte Form des Sorgerechts sei im Übrigen kein geeignetes Mittel, die sich für das Rechtsverhältnis zu den Kindern ergebenden Fragen zu lösen. Nur eine klare Entscheidung über die Person, welcher das Sorgerecht allein zustehen soll, diene dem Wohl der Kinder. Aus Rechtsgründen war deshalb nach Auffassung des *OLG Hamburg* die Vereinbarung der gemeinsamen Ausübung des Sorgerechts bei geschiedener Ehe nicht zuzulassen.

Dagegen hatten sowohl die Vorinstanzen von *AmtsG* und *LG* die Vereinbarung genehmigt. Erst auf die Beschwerde und die weitere Beschwerde durch das Jugendamt kam die gegenteilige Entscheidung zustande.

D. Schlussbetrachtung und Stellungnahme

Der 31. März 1953 verstrich, ohne dass die gesetzgeberischen Arbeiten an einem Gleichberechtigungsgesetz über einen ersten Entwurf hinaus gediehen waren. Damit fiel der Rechtsprechung die Aufgabe zu, die Gleichberechtigung ohne ein Gleichberechtigungsgesetz zu verwirklichen. Vom 1. April 1953 bis

---

264 *OLG Hamburg* Beschluss v. 23.2.1956, NJW 1956, 995 = FamRZ 1956, 241.

zum 30. Juni 1958 existierte Richterrecht. Gleichheitswidrige Vorschriften wurden an Art. 3 Abs. 2 GG angepasst, dessen unmittelbare Geltung vom *BVerfG* noch im Jahr 1953 ausgesprochen wurde.

Die Ergebnisse, welche die Rechtsprechung von 1953 bis 1958 erzielt hatte, werden in der Literatur bis heute unterschiedlich bewertet. In den ersten Stellungnahmen nach Erlass des Gleichberechtigungsgesetzes überwog die Freude, dass die schreckliche normenlose Zeit ein Ende gefunden hatte[265]. Die Meinung darüber, wie die Gerichte mit der zu bewältigenden Aufgabe fertig wurden, fiel dann sowohl in den fünfziger Jahren als auch in den sechziger Jahren geteilt aus[266].

Während des Richterrechts stand im Kindschaftsrecht die Frage nach der Zulässigkeit des Stichentscheids des Vaters im Mittelpunkt. Probleme bei § 74 EheG 1946 fanden weniger Beachtung. Eine Auseinandersetzung mit der Alleinsorge, der gemeinsamen Sorge und dem Schuldprinzip erfolgte ebenfalls nicht. Das *OLG Hamburg* versäumte es als erstes Gericht, ein Grundsatzurteil zum gemeinsamen Sorgerecht zu treffen. Die Zukunft hätte gezeigt, ob diese Rechtsprechung fortgesetzt worden wäre.

Die Verkündung des Gleichberechtigungsgesetzes beendete die Zeit des Richterrechts. Die Gerichte konnten ab diesem Tag bei jeder einzelnen Vorschrift prüfen, ob auf sie die Prinzipien des Gleichberechtigungsgesetzes nach den Grundsätzen über die Vorwirkung von Gesetzen anwendbar waren, d.h. ob die neuen Vorschriften bei der Auslegung des alten Rechts als Richtlinie dienten[267].

---

[265] *Donau*, NJW 1958, 250.

[266] **Positiv**: *Finke*, MDR 1957, 449; *Dölle*, Familienrecht, Band 1 (1964), § 3 II 1, S. 27; **negativ**: *Müller-Freienfels*, JZ 1957, 685; *Bosch*, FamRZ 1958, 81.

[267] Zur Vorwirkung von Gesetzen ausführlich unten 4. Kapitel D.IV, S. 94 ff.

4. Kapitel Das Gleichberechtigungsgesetz von 1957 (GleichberG)

A. Einführung

Während der Zeit des Richterrechts hatte die Rechtseinheit und die Rechtssicherheit stark gelitten[268]. Ein Richter musste selbst jede Vorschrift an Art. 3 Abs. 2 GG anpassen. Aufgabe des GleichberG war es deshalb, Normen, die gegen Art. 3 Abs. 2 GG verstießen, durch neues Recht zu ersetzen[269]. Art. 3 Abs. 2 GG bestimmte dabei den Handlungs- und Gestaltungsspielraum des Gesetzgebers[270]. Die neuen Normen im Familienrecht durften Mann und Frau nicht mehr ungleich behandeln.

Bei der Neuordnung des Sorgerechts bedeutete dies, dass der Vater gegenüber der Mutter keine Vorrechte mehr haben durfte. So war bislang beispielsweise allein der Vater zur Vermögenssorge berechtigt und die Mutter nach §§ 1627, 1634 BGB a.F. auf Nebenrechte beschränkt gewesen. Gleichwohl tat sich der Gesetzgeber bei der Umsetzung des Gleichberechtigungsgrundsatzes schwer, denn er wollte nicht durch eine *„falsch verstandene Gleichberechtigung“* dem Ehe- und Familienleben Schaden zufügen[271]. Diese Haltung des Gesetzgebers und der daraus resultierende Charakter des GleichberG sind bei dessen Bewertung nie aus den Augen zu verlieren.

Das GleichberG wurde am 3. Mai 1957 nach zweiter und dritter Beratung[272] angenommen, am 18. Juni 1957 verkündet und trat am 1. Juli 1958 in Kraft[273]. Der § 1671 BGB erhielt die vom Rechtsausschuss empfohlene Fassung[274]:

---

268 *Reinicke/Schwarzhaupt*, Die Gleichberechtigung von Mann und Frau (1957), S. 7 ff.

269 Nach *Paulick*, FamRZ 1958, 1 ging es nicht allein um die Verwirklichung der Gleichberechtigung nach Art. 3 Abs. 2 GG, sondern auch um eine Anpassung an Art. 6 GG, den er für bedeutsamer hielt, zumindest aber dem Art. 3 Abs. 2 gleichwertig.

270 *Hill*, DÖV 1981, 487 (489); *ders.*, Jura 1986, 57 (60); *Kalkbrenner*, DÖV 1963, 41. Nach *Ipsen*, DVBl. 1956, 358 (359) handelt es sich bei Art. 3 GG um einen kategorischen Verfassungsauftrag im strengsten Sinne, da eine Anpassung des Rechts unter Fristsetzung befohlen wird.

271 *Maßfeller*, Das neue Familienrecht. Gesetzentwurf über die Gleichberechtigung von Mann und Frau auf dem Gebiet des bürgerlichen Rechts und über die Wiederherstellung der Rechtseinheit auf dem Gebiet des Familienrechts (o. J.), S. 8.

272 Vgl. stenographische Protokolle des Bundestages, 2. Wahlperiode, 206. Sitzung v. 3.5. 1957, S. 11768 (A) ff.

273 BGBl. I 1957, S. 609; zur Kritik am Hinauszögern des In-Kraft-Tretens *Schwoerer*, Die Justiz 1957, 321.

274 Die einzige Änderung gegenüber dem Regierungsentwurf BT-Drucks. 2/224 war die Verlängerung der Frist auf zwei Monate in Absatz 3.

Beschlüsse des 16. Ausschusses

(1) Ist die Ehe der Eltern geschieden, so bestimmt das Vormundschaftsgericht, welchem Elternteil die elterliche Gewalt über ein gemeinschaftliches Kind zustehen soll.
(2) Von einem gemeinsamen Vorschlag der Eltern soll das Vormundschaftsgericht nur abweichen, wenn dies zum Wohle des Kindes erforderlich ist.
(3) [1]Haben die Eltern innerhalb von zwei Monaten nach Rechtskraft des Scheidungsurteils keinen Vorschlag gemacht oder billigt das Vormundschaftsgericht ihren Vorschlag nicht, so trifft es die Regelung, die unter Berücksichtigung der gesamten Verhältnisse dem Wohle des Kindes am besten entspricht. [2]Ist ein Elternteil allein für schuldig erklärt und sprechen keine schwerwiegenden Gründe dafür, ihm die elterliche Gewalt zu übertragen, so soll das Vormundschaftsgericht sie dem schuldlosen Teil übertragen.
(4) [1]Die elterliche Gewalt soll in der Regel einem Elternteil allein übertragen werden. [2]Erfordert es das Wohl des Kindes, so kann einem Elternteil die Sorge für die Person, dem anderen die Sorge für das Vermögen des Kindes übertragen werden.
(5) Das Vormundschaftsgericht kann die Sorge für die Person und das Vermögen des Kindes einem Vormund oder Pfleger übertragen, wenn dies erforderlich ist, um eine Gefahr für das geistige oder leibliche Wohl oder für das Vermögen des Kindes abzuwenden.
(6) [1]Die vorstehenden Vorschriften gelten auch, wenn die Ehe der Eltern für nichtig erklärt worden ist. [2]Der Schuldigerklärung steht es gleich, wenn einem der Ehegatten die Nichtigkeit der Ehe bei der Eheschließung bekannt war.

B. Änderungen und Gemeinsamkeiten von GleichberG und EheG 1946

Das Schwergewicht des GleichberG lag auf vermögensrechtlichem Gebiet. Dies beruhte nicht auf einer geringeren Wertschätzung des Gesetzgebers der Rechtsbeziehungen der Eltern zu ihren Kindern. Der Gesetzgeber war sich bewusst, in diesem persönlichen Bereich besonders vorsichtig und behutsam vorgehen zu müssen. Er wollte in diese private Rechtssphäre nur eingreifen, wenn dies zum Schutz der Familie unbedingt notwendig erschien[275]. Aus diesem Grund hielten sich die Veränderungen im Bereich der elterlichen Gewalt gegenüber dem EheG 1946 in Grenzen[276].

Das GleichberG führte die Vorschrift über die Regelung der elterlichen Gewalt nach der Scheidung in Gestalt des neuen § 1671 BGB wieder in das BGB ein. Die Nationalsozialisten hatten mit dem EheG 1938 zwanzig Jahre zuvor

[275] *Reinicke/Schwarzhaupt* [Fn. 268] S. 10.
[276] *Dopffel*, ZfRV 1978, 1 (3) bezeichnet die Behandlung der elterliche Gewalt im GleichberG als ausgesprochen *„restaurativ“*.

verschiedene familienrechtliche Vorschriften aus dem BGB ausgegliedert. Diese Systematik hatte auch das EheG 1946 aufrecht erhalten[277].
Wie beim EheG 1938 und dem EheG 1946 musste die elterliche Gewalt nach der Scheidung zwangsläufig neu geregelt werden. Dabei wurde nach Absatz 1 die Personen- und die Vermögenssorge grundsätzlich einem Elternteil übertragen. Das Gesetz realisierte dies, weil nach dem Gleichberechtigungsgrundsatz die Vermögenssorge jetzt auch von der Mutter übernommen werden konnte[278]. Eine Teilung von Personensorge und Vermögenssorge war weiterhin nach Absatz 4 Satz 2 möglich. Beibehalten wurde das Vorschlagsrecht der Eltern zum Sorgerecht. Einem gemeinsamen Regelungsvorschlag der Eltern hatte das Gericht nach Absatz 2 zu folgen, außer wenn er mit dem Kindeswohl unvereinbar war. Die Frist für den Vorschlag wurde von zwei Wochen auf zwei Monate verlängert[279]. Kam innerhalb einer Frist von zwei Monaten ein gemeinsamer Regelungsvorschlag nicht zustande, entschied das Vormundschaftsgericht nach dem Kindeswohl unter Berücksichtigung des Schuldausspruchs nach Absatz 4. Der Schuldausspruch gab im Gegensatz zur Rechtslage unter § 81 EheG 1938 und § 74 EheG 1946, bei denen eine überwiegende Schuld genügte, erst bei einer Alleinschuld an der Ehescheidung den Ausschlag. Andernfalls entschied das Vormundschaftsgericht allein nach dem Gesichtspunkt des Wohls des Kindes nach Absatz 3 Satz 1.

C. Das Gesetzgebungsverfahren zum GleichberG

Das GleichberG stellte das erste deutsche Reformgesetz nach 1945 dar, das die elterliche Gewalt umgestaltete, nachdem das EheG 1946 auf eine Gesetzgebungstätigkeit des Alliierten Kontrollrats zurückgegangen war[280].

Das Gesetzgebungsverfahren zum GleichberG zog sich über sieben Jahre hin und überschritt die von Art. 117 Abs. 1 GG gesetzte Frist um mehr als vier Jahre. Die Hintergründe und Motive, die den Gesetzgeber veranlassten, die Regelung der elterlichen Gewalt in der gewählten Fassung zu verabschieden, werden in diesem Abschnitt dargestellt. Bei der Beantwortung dieser Fragen wird darauf geachtet, ob auf Grundsätze des EheG 1938 und des EheG 1946 zurückgegriffen oder neue Ideen entwickelt worden waren.

---

[277] Grund für die Ausgliederung war das Anliegen, die Teilgebiete des bürgerlichen Rechts im Wege der Einzelgesetzgebung zu verselbständigen. Das römische Recht sollte durch ein deutsches Gemeinrecht (Volksgesetzbuch) ersetzt werden. Vgl. oben 2. Kapitel C.II.2.a, S. 9 ff.

[278] Anders noch das EheG 1938 und das EheG 1946; vgl. oben 2. Kapitel B, S. 5 ff.

[279] Vgl. zur Ausgestaltung der Frist als Wartefrist unten Fn. 331.

[280] Vgl. zum EheG 1946 oben 2. Kapitel C.II, S. 7 ff.

I. Erste Wahlperiode[281]

1. Maria Hagemeyers Denkschrift

Die Vorarbeiten zu einem GleichberG nahm im Frühjahr 1950 ein besonderes Referat im Bundesjustizministerium auf. *Maria Hagemeyer*[282] erhielt den Auftrag, einen Entwurf zu der notwendigen Gesetzesanpassung an Art. 3 Abs. 2 GG vorzubereiten[283]. Sie legte ihre Ergebnisse in den Jahren 1950 bis 1952 in einer Denkschrift vor.

Im dritten Teil der Denkschrift ging *Hagemeyer* auf das Rechtsverhältnis zwischen den Eltern und ihren ehelichen Kindern ein. Ausgangspunkt ihrer Überlegungen war, dass die Durchführung des Grundsatzes der Gleichberechtigung die völlige Gleichstellung der Eltern bei der Ausübung der elterlichen Gewalt verlange. Während einer bestehenden Ehe müsse daher beiden Eltern die gesamte elterliche Gewalt, d.h. Personen und Vermögenssorge zustehen[284]. In Konsequenz davon sei im Fall der Scheidung ebenfalls die gesamte elterliche Gewalt einem Elternteil zu übertragen[285]. Auch die Vermögenssorge und die Vertretung des Kindes in diesen Angelegenheiten sei im Hinblick auf die Gleichberechtigung des Art. 3 Abs. 2 GG der Mutter zu überlassen. Im Unterschied dazu konnte bei einer Ehescheidung der Mutter nach § 81 EheG 1938 und § 74 EheG 1946 lediglich die Personensorge übertragen werden, während die Vermögenssorge und die Vertretung auf diesem Gebiet grundsätzlich dem Vater nach §§ 1627, 1630, 1631ff. BGB a.F. verblieb[286].

Der Vorschlag von *Hagemeyer* basierte auf einem Vergleich mit ausländischen Rechtsordnungen und vor 1933 erfolgten Reformvorschlägen aus dem Inland. In zahlreichen ausländischen Rechtsordnungen entschied allein der Richter, welchem Elternteil er die gesamte elterliche Gewalt übertrug, so z.B.

---

281 7. September 1949 – 7. September 1953; die Mehrheitsverhältnisse im Deutschen Bundestag stellten sich wie folgt dar: CDU/CSU 31,0% = 139 (+2) Sitze, SPD 29,2% = 131 (+5) Sitze, FDP/DVP 11,9% = 52 (+1) Sitze, DP 4,0% = 17 Sitze und Sonstige mit 63 Sitzen (u.a. KPD 5,7% = 15 Sitze, WAV 2,9% = 12 Sitze, Zentrum 3,1% = 10 Sitze, BP 4,2% = 17 Sitze, DKP/DRP 1,8% = 5 Sitze). Die Regierungskoalition bildeten die CDU/CSU, FDP und DP. Vgl. *Schindler*, Datenhandbuch zur Geschichte des Deutschen Bundestages 1949 bis 1999, Band 1 (1999), S. 164 und 1143.

282 *Maria Hagemeyer* war in den 1920er Jahren als erste Frau in Preußen zum Richteramt zugelassen worden. Ausführlicher zur Person Hagemeyers *Offen*, Von der Verwaltungsgemeinschaft des BGB von 1896 zur Zugewinngemeinschaft des Gleichberechtigungsgesetzes von 1957 (1993), S. 79 Fn. 81 und die dortigen weiteren Nachweise.

283 *Müller-List*, Eine Dokumentation zur Entstehung des Gleichberechtigungsgesetzes vom 18. Juni 1957 (1996), S. 57.

284 *Hagemeyer*, Denkschrift Teil III (o. J.), S. 10; **ebenso** für das Richterrecht *OLG Celle*, NJW 1953, 829 (830); *OLG Hamm*, NJW 1953, 1226; *OLG Hamm*, NJW 1953, 1354 (Nr. 15); *BayObLGZ* 1953, 372 (373); *LG Hamburg*, NJW 1953, 1106; *Palandt/Lauterbach*, BGB, 16. Aufl. 1957, Vorb. zu § 1627 Anm. A.

285 *Hagemeyer* [Fn. 284] S. 19.

286 Vgl. dazu oben 2. Kapitel B, S. 5 ff.

in den Niederlanden, in Italien, in der Schweiz, in England und in der Tschechoslowakei. Vorrangig konnte allenfalls ein Elternvorschlag sein, wie z.B. in Schweden, in der Sowjetunion und in der DDR.
Die Reformvorschläge von *Weber* 1907, *Dronke* und *Rebstein-Metzger* auf dem 36. Deutschen Juristentag 1931 hatten sich ebenfalls dafür ausgesprochen, die Trennung von Personen- und Vermögenssorge bei Scheidung fallen zu lassen[287].
Eine weitergehende Änderung des § 74 EheG 1946 befürwortete *Hagemeyer* nicht[288]. Vor allem Überlegungen zur Berücksichtigung des Schuldausspruchs bei der Regelung der elterlichen Gewalt stellte sie nicht an, obwohl ein Vergleich mit neun ausländischen Rechten zeigte, dass dieser primär nur in Frankreich, und sekundär bei fehlendem Elternvorschlag in Schweden eine Rolle spielte[289]. In allen anderen Ländern war der Schuldausspruch unbeachtlich.
Unterblieben war daneben eine Auseinandersetzung mit den Überlegungen des 36. Deutschen Juristentages 1931, das Vormundschaftsgericht unabhängig vom Schuldausspruch nach der Eignung der Eltern über die elterliche Gewalt entscheiden zu lassen[290]. *Hagemeyer* ging in ihrer Denkschrift zwar an verschiedenen Stellen auf die Reformvorschläge des 36. Deutschen Juristentages 1931 ein. Zu diesem Problem hatte sie sich nicht geäußert. Vermutlich unterblieb eine Stellungnahme, weil diese Frage nicht unmittelbar mit Art. 3 Abs. 2 GG zusammenhing, sondern ein generelles Problem des Scheidungsrechts betraf, das nicht Gegenstand ihrer Untersuchung war.
Auf die Erklärungen der Katholischen Kirche vom 12. Januar 1952 und der Evangelischen Kirche vom 22. März 1952[291] zur Denkschrift wird an dieser Stelle nicht eingegangen, da sich die Kritik der Kirchen mit der Auslegung des Art. 3 Abs. 2 GG und den Stichentscheidvorschriften der §§ 1354, 1628 BGB a.F. beschäftigte[292].

287 *Weber*, Ehefrau und Mutter in der Rechtsentwicklung: eine Einführung (1907), S. 443 ff.; *Dronke*, Gutachten zum 36. DJT (1931) Band 1 (Verhandlungen), S. 592 (S. 608 ff.); *Rebstein-Metzger*, Gutachten zum 36. DJT (1931) Band 1 (Verhandlungen), S. 540 (S. 581 ff.).

288 *Hagemeyer* [Fn. 284] S. 19.

289 Eine Auseinandersetzung mit dem FGB-Entwurf der Deutschen Demokratischen Republik, der die Einführung des Zerrüttungsprinzips und Eliminierung von Schuldgesichtspunkten bei der Regelung der elterlichen Sorge brachte, konnte nicht erfolgen, da dieser erst 1954 (NJ 1954, 377 ff.) veröffentlicht wurde.

290 *Rebstein-Metzger* [Fn. 287] S. 540 (S. 588); lediglich bei gleicher Eignung hätte dieser wieder Bedeutung erhalten sollen.

291 Stellungnahme des Rats der Evangelischen Kirche in Deutschland zu den Fragen der Revision des Ehe- und Familienrechts v. 22.3.1952, abgedruckt z.B. bei *Dombois/Schumann*, Familienrechtsreform (1955), S. 9 ff.

292 Ausführlich zu diesem Komplex: *Vaupel*, Die Familienrechtsreform in den fünfziger Jahren im Zeichen widerstreitender Weltanschauungen (1998), S. 123.

2. Erster Regierungsentwurf BT-Drucks. 1/3802

Erst kurz vor Ablauf der durch Art. 117 Abs. 1 GG gesetzten Frist hatte die Bundesregierung am 23. Oktober 1952 einen ersten Entwurf vorgelegt. Der Bundestag beriet den von der Bundesregierung vorgelegten Entwurf einen Monat später. In der Debatte diskutierten die Parlamentarier hauptsächlich Probleme der Vorschriften zum Stichentscheid, §§ 1354, 1628 BGB a.F. Die Regelung der elterlichen Gewalt nach § 1671 BGB spielte keine Rolle[293]. Trotzdem enthielt dieser Entwurf zu allen von Art. 3 Abs. 2 GG betroffenen Vorschriften des 4. Buches des BGB Vorschläge. Bei § 1671 BGB sahen die Änderungen gegenüber § 74 EheG 1946 wie folgt aus:

§ 74 EheG 1946	*1. Entwurf*
(1) [1]Ist die Ehe geschieden, so bestimmt das Vormundschaftsgericht, falls eine Einigung der Ehegatten nicht zustande gekommen ist, welchem von ihnen die Sorge für die Person des oder der gemeinschaftlichen Kinder zustehen soll. [2]Die Einigung der Ehegatten ist in einem schriftlichen Vorschlag binnen einer Frist von zwei Wochen nach Rechtskraft des Scheidungsurteils dem Vormundschaftsgericht zur Genehmigung vorzulegen.	*(1) [1]Ist die Ehe der Eltern geschieden **oder aufgehoben**, so bestimmt das Vormundschaftsgericht, falls eine Einigung der Eltern nicht zustande gekommen ist, welchem Elternteil die elterliche Gewalt über ein gemeinschaftliches Kind zustehen soll. [2]Die Einigung der Eltern ist in einem schriftlichen Vorschlage binnen einer Frist von zwei Wochen nach Rechtskraft des Scheidungs- **oder Aufhebungsurteils** dem Vormundschaftsgericht zur Genehmigung vorzulegen.*
(2) [1]Ist der Vorschlag innerhalb der in Abs. 1 bestimmten Frist nicht vorgelegt worden oder findet er nicht die Billigung des Vormundschaftsgerichts, so hat dasselbe diejenige Regelung zu treffen, die dem wohlverstandenen Interesse des oder der Kinder unter Berücksichtigung der gesamten Verhältnisse am besten entspricht. [2]Es kann dabei auch mit den Kindern persönlich Fühlung nehmen.	*(2) [1]Ist ein Vorschlag innerhalb der **im** Absatz 1 bestimmten Frist nicht vorgelegt worden oder findet er nicht die Billigung des Vormundschaftsgerichts, so hat **dieses** die Regelung zu treffen, die dem wohlverstandenen Interesse **des Kindes** unter Berücksichtigung der gesamten Verhältnisse am besten entspricht. [2]**Die elterliche Gewalt soll in der Regel einem Elternteil allein übertragen werden. [3]Erfordert es das Wohl des Kindes, so kann einem Elternteil die Sorge für die Person, dem anderen die Sorge für das Vermögen des Kindes übertragen werden.***
(3) Vor der Entscheidung sind die geschiedenen Ehegatten persönlich zu hören. Von der Anhörung soll nur abgesehen werden, wenn sie unmöglich ist.	***(3) Sind mehrere gemeinschaftliche Kinder vorhanden, so soll die elterliche Gewalt oder die Sorge für die Person oder das Vermögen der Kinder dem gleichen Elternteil übertragen werden, sofern nicht eine abweichende Regelung geboten und mit dem Wohle der Kinder vereinbar ist.***

293 Vgl. stenographische Protokolle des Bundestages, 1. Wahlperiode, 239. Sitzung v. 27.11.1952, S. 11052 ff.

(4) Einem Ehegatten, der allein oder überwiegend für schuldig erklärt worden ist, soll die Sorge nur übertragen werden, wenn dies aus besonderen Gründen dem Wohl des oder der Kinder dient.	*(4) Einem Elternteil, der allein oder überwiegend für schuldig erklärt ist, soll die **Sorge für die Person oder das Vermögen** des Kindes nur übertragen werden, wenn dies aus besonderen Gründen dem Wohle **des Kindes** dient.*
(5) Das Vormundschaftsgericht kann die Sorge einem Pfleger übertragen, wenn dies aus besonderen Gründen für das Wohl des oder der Kinder erforderlich ist.	*(5) Das Vormundschaftsgericht kann die Sorge für **die Person oder das Vermögen** des Kindes einem Pfleger übertragen, wenn dies erforderlich ist, **um eine Gefahr für das geistige oder leibliche Wohl oder für das Vermögen des Kindes abzuwenden.***
(6) Das Vormundschaftsgericht kann die Regelung jederzeit ändern, wenn es dies im Interesse des Wohls des oder der Kinder für angezeigt hält.	

Der Regierungsentwurf führte die Vorschrift über die Regelung der elterlichen Gewalt nach der Scheidung in Gestalt des neuen § 1671 BGB wieder in das BGB ein[294].

Der Vormundschaftsrichter sollte Personen- und Vermögenssorge entweder dem Vater oder der Mutter übertragen. Der amtliche Bericht verwies zur Begründung auf Art. 3 Abs. 2 GG, als dessen Folge die Regelung, dass bei der Scheidung der Ehe nur der Vater die Personen- und die Vermögenssorge, die Mutter nur die Personensorge ausüben durfte, nicht mehr aufrechterhalten werden konnte. Durch diese Neuerung werde der Rechtsverkehr nicht über Gebühr gefährdet, denn bereits nach geltendem Recht (EheG 1946) dürfe sich niemand auf die grundsätzliche alleinige gesetzliche Vertretung durch den Vater verlassen[295]. Der Entwurf folgte hier den Empfehlungen von *Hagemeyer*[296]. Im Übrigen sah die Bundesregierung keinen Grund wesentliche Änderungen an § 74 EheG 1946 vorzunehmen, nachdem sich die *„elastische"* Regelung des § 81 EheG 1938 bewährt habe, die es dem Richter ermöglichte eine den Umständen des Einzelfalls am besten entsprechende Entscheidung zu treffen. Aus diesem Grund kehrte der Entwurf im Interesse der gemeinschaftlichen Erziehung der Kinder zu der Regelung des § 81 Abs. 2 EheG 1938 zurück, die elterliche Gewalt für mehrere Kinder in der Regel einem Elternteil zu übertragen. Die Bestellung eines Pflegers nach § 1671 Abs. 5 BGB in Fällen, in denen beide Eltern zur Erziehung nicht geeignet waren und die damit verbundene Beschneidung der Elternrechte sollten erst bei Vorliegen einer Gefährdungslage möglich sein. Der Unterschied zum Sorgerechtsentzug nach § 1666 BGB lag im fehlenden Erfordernis eines schuldhaften Verhaltens.

---

[294] Vgl. zu den Gründen der Ausgliederung oben 2. Kapitel C.II.2.a, S. 9 ff.

[295] BT-Drucks. 1/3802, S. 77.

[296] Vgl. zu den Empfehlungen *Hagemeyers* oben 4. Kapitel C.I.1, S. 58 ff.

Der Bundesrat nahm in seiner 92. Sitzung am 26. September 1952 zu der Gesetzesvorlage Stellung und machte einige Änderungsvorschläge[297]:

1. Entwurf	*Vorschlag Bundesrat*
(1) [1]Ist die Ehe der Eltern geschieden oder aufgehoben, so bestimmt das Vormundschaftsgericht, falls eine Einigung der Eltern nicht zustande gekommen ist, welchem Elternteil die elterliche Gewalt über ein gemeinschaftliches Kind zustehen soll. [2]Die Einigung der Eltern ist in einem schriftlichen Vorschlage binnen einer Frist von zwei Wochen nach Rechtskraft des Scheidungs- oder Aufhebungsurteils dem Vormundschaftsgericht zur Genehmigung vorzulegen.	*(1) [1]Ist die Ehe der Eltern geschieden, aufgehoben* ***oder für nichtig erklärt****, so bestimmt das Vormundschaftsgericht, falls eine Einigung der Eltern nicht zustande gekommen ist, welchem Elternteil die elterliche Gewalt über ein gemeinschaftliches Kind zustehen soll. [2]Die Einigung der Eltern ist in einem schriftlichen Vorschlag binnen einer Frist von* ***2 Monaten*** *nach Rechtskraft des Scheidungs-, Aufhebungs-* ***oder Nichtigkeitsurteils*** *dem Vormundschaftsgericht zur Genehmigung vorzulegen.*
(2) [1]Ist ein Vorschlag innerhalb der in Absatz 1 bestimmten Frist nicht vorgelegt worden oder findet er nicht die Billigung des Vormundschaftsgerichts, so hat dieses die Regelung zu treffen, die dem wohlverstandenen Interesse des Kindes unter Berücksichtigung der gesamten Verhältnisse am besten entspricht.	*(2) [1]Ist ein Vorschlag innerhalb der* ***im*** *Abs. 1 bestimmten Frist nicht vorgelegt worden, oder findet er nicht die Billigung des Vormundschaftsgerichts, so hat dieses die Regelung zu treffen, die dem wohlverstandenen Interesse des Kindes unter Berücksichtigung der gesamten Verhältnisse am besten entspricht.[2]* ***Sprechen keine überwiegenden Gründe für die Übertragung der elterlichen Gewalt auf einen der Elternteile, so ist sie, sofern ein Elternteil allein oder überwiegend für schuldig erklärt worden ist, dem anderen Elternteil zu übertragen.***
[2]Die elterliche Gewalt soll in der Regel einem Elternteil allein übertragen werden. [3]Erfordert es das Wohl des Kindes, so kann einem Elternteil die Sorge für die Person, dem anderen die Sorge für das Vermögen des Kindes übertragen werden.	*(3) [1]Die elterliche Gewalt soll in der Regel einem Elternteil allein übertragen werden. [2]Erfordert es das Wohl des Kindes, so kann einem Elternteil die Sorge für die Person, dem anderen die Sorge für das Vermögen des Kindes übertragen werden.*
(3) Sind mehrere gemeinschaftliche Kinder vorhanden, so soll die elterliche Gewalt oder die Sorge für die Person oder das Vermögen der Kinder dem gleichen Elternteil übertragen werden, sofern nicht eine abweichende Regelung geboten und mit dem Wohle der Kinder vereinbar ist.	*(4) Sind mehrere gemeinschaftliche Kinder vorhanden, so soll die elterliche Gewalt oder die Sorge für die Person oder das Vermögen der Kinder* ***demselben*** *Elternteil übertragen werden, sofern nicht eine abweichende Regelung* ***aus besonderen Gründen*** *dem Wohle der Kinder* ***dient****.*
(4) Einem Elternteil, der allein oder überwiegend für schuldig erklärt ist, soll die Sorge für die Person oder das Vermögen des	

[297] BT-Drucks. 1/3802, Anlage A, S. 9; BR-Drucks. 220/52, S. 16 f.

Kindes nur übertragen werden, wenn dies aus besonderen Gründen dem Wohle des Kindes dient.	
(5) Das Vormundschaftsgericht kann die Sorge für die Person oder das Vermögen des Kindes einem Pfleger übertragen, wenn dies erforderlich ist, um eine Gefahr für das geistige oder leibliche Wohl oder für das Vermögen des Kindes abzuwenden.	*(5) Das Vormundschaftsgericht kann die Sorge für die Person oder das Vermögen des Kindes einem **Vormund** oder Pfleger übertragen, wenn dies erforderlich ist, um eine Gefahr für das geistige oder leibliche Wohl oder für das Vermögen des Kindes abzuwenden.*

Der Bundesrat wollte im Gegensatz zum Regierungsentwurf das Wohl des Kindes besser berücksichtigt wissen.

Nach Auffassung des Bundesrates war der Reformansatz des Regierungsentwurfs richtig, das Wohl des Kindes besonders zu beachten. Das Wohl des Kindes sollte bei der Entscheidung über das Sorgerecht noch mehr in den Vordergrund gestellt werden und der Schuldausspruch nur dann für die Entscheidung maßgeblich sein, wenn dadurch das Wohl des Kindes nicht beeinträchtigt werde[298]. Der Bundesrat strebte also die Lösung an, welche die Rechtsprechung bis zur Entscheidung des *BGH* vom 3. Juli 1951[299] vertreten hatte, nämlich den nicht oder minderschuldig geschiedenen Ehegatten solange zu bevorzugen, bis erwiesen war, dass die Übertragung der elterlichen Gewalt auf den anderen Elternteil dem Wohl des Kindes nicht besser entsprach.

Die Frist für den Elternvorschlag verlängerte der Bundesrat auf zwei Monate, da sich die bestehende Zweiwochenfrist seiner Meinung nach in der Praxis nicht bewährt habe. Die Erwägung, dem Gericht das Recht einzuräumen, die Dauer der Frist zu bestimmen, hatte der Bundesrat wieder verworfen, denn die gesetzlich festgeschriebene Frist sollte einen stärkeren Druck auf die Einigungsbereitschaft der Eltern ausüben. Der Richter habe durch die starre Frist die Möglichkeit, auf eine Einigung der Eltern hinzuwirken. Hintergrund dieser Empfehlung war die Überlegung, dass die Eltern selbst am besten wüssten, was dem Wohl des Kindes diene und dadurch am ehesten eine am Wohl des Kindes orientierte Vereinbarung getroffen werden könnte.

Der Regierungsentwurf enthielt in § 1671 BGB keine allgemeinen Voraussetzungen, unter denen das Vormundschaftsgericht berechtigt gewesen war, vom Vorschlag der Eltern abzuweichen. Dagegen hatte der Regierungsentwurf in § 1672 Satz 3 BGB, der die Zuteilung der elterlichen Gewalt im Falle der Trennung behandelte, bestimmt, dass das Vormundschaftsgericht von einer Vereinbarung der Eltern abweichen soll, wenn dies im Interesse des Kindes geboten ist[300]. Der Bundesrat hatte die fehlende Kongruenz zwischen § 1671

---

298 Zur Kritik an der Formulierung des Bundesrates *Schwoerer*, ZblJugR 1953, 11, der den Begriff „*überwiegend*" durch das Wort „*besser*" ersetzt haben möchte.

299 *BGHZ* 3, 52 = NJW 1951, 879; vgl. oben 2. Kapitel D.V.4, S. 32 ff.

300 BT-Drucks. 1/3802, S. 78.

BGB und § 1672 BGB erkannt. Anstatt den Gedanken des § 1672 BGB in § 1671 BGB aufzunehmen, entschied er sich für eine Streichung der entsprechenden Formulierung in § 1672 BGB[301]. Der Vorschlag des Regierungsentwurfs, mehrere Kinder nach Möglichkeit demselben Elternteil zuzusprechen, entsprach § 81 Abs. 2 EheG 1938, welchen das EheG 1946 fallen gelassen hatte[302]. Der Bundesrat drängte darauf, in diesem Absatz den Begriff „*geboten*“ durch „*dient*“ zu ersetzen, da ihm die Formulierung zu scharf erschien. Die Bundesregierung stimmte den Änderungsvorschlägen des Bundesrates bis auf § 1671 Abs. 4 BGB zu. Die Zustimmung erfolgte mit der Maßgabe, Absatz 4 folgende Fassung zu geben[303]:

Vorschläge Bundesrat	*Änderungsvorschlag Bundesregierung*
(4) Sind mehrere gemeinschaftliche Kinder vorhanden, so soll die elterliche Gewalt oder die Sorge für die Person oder das Vermögen der Kinder demselben Elternteil übertragen werden, sofern nicht eine abweichende Regelung ***aus besonderen Gründen*** *dem Wohle der Kinder* ***dient****.*	*(4) Sind mehrere gemeinschaftliche Kinder vorhanden, so soll die elterliche Gewalt oder die Sorge für die Personen oder das Vermögen der Kinder demselben Elternteil übertragen werden, sofern nicht eine abweichende Regelung zum Wohle der Kinder* ***erforderlich*** *ist.*

Die Bundesregierung hatte zum einen Bedenken gegen die sprachliche Fassung des Bundesrates. Zum anderen sollte durch den Begriff „*erforderlich*“ die Fassung des Bundesrates wieder verschärft werden. Gründe für die Verschärfung enthielt die Stellungnahme der Bundesregierung allerdings nicht[304]. Der Regierungsentwurf wurde an den Ausschuss für Rechtswesen und Verfassungsrecht überwiesen, nachdem die Einrichtung eines Sonderausschusses abgelehnt worden war[305]. Er wurde in der ersten Wahlperiode nicht mehr verabschiedet, da die umfangreichen Arbeiten in den Ausschüssen bis zum Ablauf dieser Wahlperiode nicht bewältigt werden konnten[306].

---

301 BT-Drucks. 1/3802, Anlage A, S. 9; BR-Drucks. 220/52, S. 16 f.

302 Vgl. oben 2. Kapitel B, S. 5 ff.

303 BT-Drucks. 1/3802, Anlage B, S. 20.

304 Kritik an dieser Verschärfung erhob sogar die Eherechtskommission der Evangelischen Kirche in Deutschland, Stellungnahme v. 18.12.1953, abgedruckt bei *Dombois/Schumann* [Fn. 291] S. 28 ff. (S. 32).

305 Vgl. stenographische Protokolle des Bundestages, 1. Wahlperiode, 239. Sitzung v. 27.11.1952, S. 11052 ff. Die Überweisung an den Sonderausschuss war von der SPD beantragt worden, vgl. dazu stenographische Protokolle des Bundestages, 2. Wahlperiode, 15. Sitzung v. 12.2.1954, S. 515 f.

306 In Verkennung dieser Rechtslage hatte der Bundesjustizminister *Dehler* vor dem Deutschen Bundestag am 27.11.1952 noch ausgeführt, das Material sei so weit gesichtet, dass es einer langwierigen Beratung nicht bedürfe, vgl. stenographische Protokolle des Bundestages, 1. Wahlperiode, 239. Sitzung v. 27.11.1952, S. 11052 ff. (S. 11055).

3. Außerparlamentarische Diskussion zur Reform des Sorgerechts

Neben dem Entwurf der Bundesregierung standen die Reformvorschläge der Literatur. Der Regierungsentwurf aus der ersten Wahlperiode sah sich in der Literatur heftiger Kritik ausgesetzt[307]. Der Grund dafür lag darin, dass er sich zu sehr an § 74 EheG 1946 anlehnte, dessen Wortlaut in Absatz 1 und 2 als missglückt galt[308]. Außerdem stieß die formalistische Verknüpfung von Scheidungsschuld und Sorgerechtsentscheidung auf Ablehnung. In der Literatur erfolgten vor allem von Richtern Gegenvorschläge zu dem kritisierten Regierungsentwurf BT-Drucks. 1/3802. An dieser Stelle werden exemplarisch die Alternativen von *Schwoerer*[309] und *Munzinger*[310] näher beschrieben, da beide zu § 1671 BGB einen kompletten Vorschlag machten.

Schwoerer

(1) [1]Ist die Ehe geschieden oder aufgehoben, so bestimmt das Vormundschaftsgericht, welchem Elternteil die elterliche Gewalt über ein gemeinschaftliches Kind zustehen soll. [2]Sind sich die Eltern einig, so folgt das Vormundschaftsgericht ihren Wünschen, wenn dies mit dem Wohl des Kindes vereinbar ist. [3]Andernfalls trifft das Vormundschaftsgericht die Regelung, die nach Lage der gesamten Verhältnisse dem Wohl des Kindes am besten entspricht. [4]Vor Ablauf einer Frist von 4 Wochen seit Rechtskraft des Scheidungs- oder Aufhebungsurteils darf das Vormundschaftsgericht nur entscheiden, wenn sich die Eltern einig sind. [5]Wird dem Vormundschaftsgericht eine schriftliche Vereinbarung der Eltern vorgelegt, so findet § 1695 keine Anwendung.

*(2) [1]**Die elterliche Gewalt soll in der Regel einem Elternteil allein übertragen werden.** [2]Erfordert es das Wohl des Kindes, so kann einem Elternteil die Sorge für die Person, dem anderen die Sorge für das Vermögen des Kindes übertragen werden.*

(3) Sind mehrere gemeinschaftliche Kinder vorhanden, so soll die elterliche Gewalt oder die Sorge für die Person oder das Vermögen der Kinder dem gleichen Elternteil übertragen werden, sofern nicht eine abweichende Regelung geboten und mit dem Wohl der Kinder vereinbar ist.

(4) [1]Der nicht oder minder für schuldig erklärte Elternteil hat das Vorrecht, wenn nicht die Übertragung auf den allein oder überwiegend schuldig erklärten Teil dem Wohl des Kindes besser entspricht. [2]Diese Regel gilt nicht, wenn sich die Eltern einig sind.

(5) Das Vormundschaftsgericht kann die Sorge für die Person oder das Vermögen des Kindes einem Pfleger übertragen, wenn dies erforderlich ist, um eine Gefahr für das geistige oder leibliche Wohl oder das Vermögen des Kindes abzuwenden.

Schwoerer (OLGR in Freiburg) orientierte sich bei seinem Vorschlag an den vom *OLG Freiburg* zu § 74 Abs. 4 EheG 1946 entwickelten Grundsätzen[311].

---

[307] Kritik wurde v.a. von *Schwoerer*, JR 1952, 269 und *Hoffmann*, NJW 1953, 127 erhoben.

[308] *Munzinger*, SJZ 1949, 98; *Schwoerer*, JR 1952, 269; *ders.*, ZblJugR 1953, 11 (12).

[309] Hervorhebungen durch den Verfasser; *Schwoerer*, JR 1952, 269 (270, 271); *ders.*, ZblJugR 1953, 11.

[310] Hervorhebungen durch den Verfasser; *Munzinger*, SJZ 1950, 401 (406).

[311] *OLG Freiburg*, JR 1950, 691; vgl. oben 2. Kapitel D.V.2, S. 30 ff.

Das *OLG Freiburg* entnahm § 74 Abs. 4 EheG 1946 eine Vermutung, die Übertragung des Personensorgerechts auf den nicht oder minder schuldigen Teil entspreche dem Wohl des Kindes besser als die Übertragung auf den allein oder überwiegend schuldigen Teil. Es sah diese Vermutung aber dann als widerlegt an, wenn die Abwägung aller Umstände das Gegenteil ergab. War erwiesen, dass eine Übertragung auf den schuldigen Elternteil dem Wohl des Kindes besser entsprach, wollte *Schwoerer* das Vorrecht des nicht schuldigen Teils entfallen lassen. Soweit Zweifel offen blieben, gingen diese zu Lasten des schuldigen Teils. Bei gleich guter Eignung genieße seiner Ansicht nach der schuldlose Teil den Vorrang. Dadurch würde die Scheidungsschuld in einem *„erträglichen Rahmen"* Bedeutung behalten und eine gewisse Abschreckungswirkung der Bestimmung bestehen bleiben[312].

Munzinger

§ x: [1]Nach der Scheidung können die Eltern vereinbaren, welchem Elternteil die elterliche Gewalt über die gemeinschaftlichen Kinder zustehen soll. [2]Die Vereinbarung ist binnen 4 Wochen nach Rechtskraft des Scheidungsurteils beim Prozeßgericht niederzulegen. [3]Dem Ehegatten, der auf Grund der Vereinbarung die elterliche Gewalt erhält, ist auf Antrag ein Zeugnis hierüber zu erteilen. [4]Im Falle der Fristversäumnis kann Wiedereinsetzung nach den allgemeinen Vorschriften gewährt werden.

§ y: [1]Wird eine Vereinbarung nach § x nicht fristgemäß niedergelegt oder ist sie unwirksam, ***so erhält, wenn die Ehe aus dem alleinigen oder überwiegenden Verschulden eines Ehegatten geschieden ist, der andere Ehegatte die elterliche Gewalt über die gemeinschaftlichen Kinder. [2]Ist die Ehe aus beiderseitigem Verschulden oder ohne Schuldausspruch geschieden, so erhält die Mutter die elterliche Gewalt über Kinder unter 6 Jahren und Töchter, der Vater über Söhne im Alter von mehr als 6 Jahren. [3]In Fällen der §§ 44-46 erhält der Ehegatte, der die Scheidung begehrt hat, die elterliche Gewalt.***

§ z: [1]Der Elternteil, der nach den §§ x, y nicht die elterliche Gewalt über die gemeinschaftlichen Kinder erhält, kann im Wege der Klage gegen den anderen Elternteil verlangen, daß ihm die elterliche Gewalt übertragen wird, ***wenn dies zur Verhütung eines unverhältnismäßigen Nachteils für das Kind aus besonderen Gründen geboten ist.*** *[2]Für das Verfahren gelten die Vorschriften der §§ 606 ff. der ZPO entsprechend.*

Dem Vorschlag *Munzingers* (Amtsgerichtsrat in München) lagen Überlegungen zu so genannten *„individualistischen Interessen"* zugrunde[313]. Dabei könnten entweder die Interessen des Kindes oder die Interessen der Eltern bevorzugt werden. Stünde das Interesse des Kindes im Vordergrund, erhalte das Sorgerecht der Elternteil, bei dem die Interessen und Bedürfnisse des Kindes am besten gewahrt seien. Die zweite Möglichkeit berücksichtige das Interesse der Eltern. Hier könnten die Eltern selbst über das Sorgerecht entscheiden oder das Gesetz gebe demjenigen das Sorgerecht, der das bessere Recht auf

---

312 *Schwoerer*, JR 1952, 269.
313 *Munzinger*, SJZ 1950, 401.

das Kind habe. *Munzinger* bevorzugte die zweite Alternative, weil die seit 1945 eingeleitete Entwicklung im Familienrecht das Erziehungsrecht der Eltern in den Vordergrund stelle. Deshalb hatten nach seinem Entwurf primär die Eltern das Recht, die Entscheidung über das Sorgerecht zu treffen. Sekundär ging er von einem starren Schematismus aus, der sich an § 1635 BGB a.F. orientierte und die Verteilung der Kinder nach Alter und Geschlecht vornahm[314].

Wie aus den Vorschlägen ersichtlich wird, sprach sich *Schwoerer* für eine stärkere Betonung des Wohls des Kindes gegenüber der Scheidungsschuld aus[315]. Bei der Abwägung zwischen den beiden Elternteilen berücksichtigte er sämtliche Umstände ohne Ausgrenzung allgemeiner Erwägungen. Dagegen integrierte *Munzinger* in seinen Vorschlag ausschließlich das Elternrecht, ohne Rücksicht auf den *„nebelhaften"* Begriff des Kindeswohls. Die Scheidungsschuld berücksichtigten beide in ihren Entwürfen.

II. Zweite Wahlperiode[316]

1. Vorschlag der FDP BT-Drucks. 2/112

Im Anschluss an die Neuwahl des Bundestages am 6. September 1953 legten zunächst die FDP[317] und die SPD[318] eigene Entwürfe vor. Die FDP entwarf im Gegensatz zur SPD einen Vorschlag zur Neuregelung des § 1671 BGB.
Die Empfehlung der FDP verdient deshalb besondere Beachtung, weil die Sorgerechtsentscheidung nicht mehr an eine Scheidungsschuld anknüpfte. Allerdings darf nicht übersehen werden, dass mit Absatz 3 und Absatz 4 zwei

---

314 *Munzinger*, SJZ 1950, 401 (406).

315 Im Ergebnis so auch *Riedel*, JR 1950, 353; *Bach*, DRZ 1950, 77; *Frantz*, SchlHA Teil A 1953, 45 (47); daneben stellte *Hoffmann*, NJW 1953, 127 (129) (Senatspräsident am OLG Hanau) zu § 1671 Abs. 4 BGB folgende Alternative dar:
„(4) Bei der Übertragung der Sorge für die Person und das Vermögen des Kindes ist allein das Wohl und das Interesse des Kindes maßgebend. Sind beide Elternteile gleich geeignet, die Sorge für die Person und das Vermögen des Kindes zu übernehmen, so hat der nicht oder für minderschuldig erklärte Teil den Vorrang."
Hoffmann bezog sich hauptsächlich auf Entwicklungen in ausländischen Rechtsordnungen, so z.B. der Schweiz, Schweden, Frankreich und England. In diesen Ländern sei man davon abgegangen, die Zuteilung des Sorgerechts vom Schuldausspruch abhängig zu machen. Im Übrigen könne der Richter teilweise allein nach dem Interesse des Kindes entscheiden.

316 6. Oktober 1953 – 6. Oktober 1957; die Mehrheitsverhältnisse im Deutschen Bundestag stellten sich wie folgt dar: CDU/CSU 45,2% = 243 (+6) Sitze, SPD 28,8% = 151 (+11) Sitze, FDP 9,5% = 48 (+5) Sitze, DP 3,3% = 15 Sitze, GB/BHE 5,9% = 27 Sitze und Sonstige mit 3 Sitzen. Die Regierungskoalition bildeten die CDU/CSU, FDP, GB/BHE und DP. Vgl. *Schindler*, Datenhandbuch zur Geschichte des Deutschen Bundestages 1949 bis 1999, Band 1 (1999), S. 165 und 1143.

317 BT-Drucks. 2/112 v. 2.12.1953.

318 BT-Drucks. 2/178 v. 13.1.1954.

inhaltsgleiche Absätze vorliegen, die sich lediglich in wenigen Worten unterscheiden. Ob es sich um einen Druckfehler in der BT-Drucks. 2/112 handelte und nicht doch Ausführungen zur Scheidungsschuld gemacht wurden, konnte nicht geklärt werden. Eine Einzelbegründung erfolgte nicht, weshalb die Motive zu diesem Entwurf heute nicht mehr nachvollzogen werden können. Der FDP-Vorschlag wurde zusammen mit dem Regierungsentwurf in der 15. Sitzung des Bundestages am 12. Februar 1954 beraten. Ein über die Stichentscheidsvorschriften[319] hinausgehendes Interesse fand der Entwurf der FDP in der parlamentarischen Debatte nicht[320]. Er wurde später zusammen mit dem Regierungsentwurf an den Ausschuss für Rechtswesen und Verfassungsrecht überwiesen. Er lautete im Einzelnen wie folgt:

Vorschlag FDP

(1) [1]Ist die Ehe der Eltern geschieden oder aufgehoben, so bestimmt das Vormundschaftsgericht, falls eine Einigung der Eltern nicht zustande gekommen ist, welchem Elternteil die elterliche Gewalt über ein gemeinschaftliches Kind zustehen soll. [2]Die Einigung der Eltern ist in einem schriftlichen Vorschlage binnen einer Frist von zwei Wochen ab Rechtskraft des Scheidungs- oder Aufhebungsurteils dem Vormundschaftsgericht zur Genehmigung vorzulegen.

(2) [1]Ist ein Vorschlag innerhalb der im Absatz 1 bestimmten Frist nicht vorgelegt worden oder findet er nicht die Billigung des Vormundschaftsgerichts, so hat dieses die Regelung zu treffen, die dem wohlverstandenen Interesse des Kindes unter Berücksichtigung der gesamten Verhältnisse am besten entspricht. [2]Die elterliche Gewalt soll in der Regel einem Elternteil allein übertragen werden. Erfordert es das Wohl des Kindes, so kann einem Elternteil die Sorge für die Person, dem anderen die Sorge für das Vermögen des Kindes übertragen werden.

(3) Sind mehrere gemeinschaftliche Kinder vorhanden, so soll die elterliche Gewalt oder die Sorge für die Person oder das Vermögen der Kinder ***dem gleichen*** *Elternteil übertragen werden, sofern nicht eine abweichende Regelung* ***geboten*** *und mit dem Wohle der Kinder* ***vereinbar*** *ist.*

(4) Sind mehrere gemeinschaftliche Kinder vorhanden, so soll die elterliche Gewalt oder die Sorge für die Personen oder das Vermögen der Kinder ***demselben*** *Elternteil übertragen werden, sofern nicht eine abweichende Regelung zum Wohle der Kinder* ***erforderlich*** *ist.*

(5) Das Vormundschaftsgericht kann die Sorge für die Person oder das Vermögen des Kindes einem Pfleger übertragen, wenn dies erforderlich ist, um eine Gefahr für das geistige oder leibliche Wohl oder für das Vermögen des Kindes abzuwenden.

---

319 Die Rechtsprechung lehnte diese vom ersten und zweiten Regierungsentwurf und von einem Teil der Literatur vertretene Meinung, der Stichentscheid sei zulässig, geschlossen ab: *BGHZ* 20, 313; *OLG Frankfurt/M.*, FamRZ 1954, 21 (23); *BayObLGZ* 1954, 275 (278); *OLG Celle*, FamRZ 1955, 213; **a.A.** *Strauß*, JZ 1952, 449 (457 f.); *Bosch*, Rpfleger 1953, 482 (483 f.); *Finke*, NJW 1953, 606.

320 Vgl. stenographische Protokolle des Bundestages, 2. Wahlperiode, 15. Sitzung v. 12.2. 1954, S. 473 (D) ff.

2. Zweiter Regierungsentwurf BT-Drucks. 2/224

Die Bundesregierung legte am 29. Januar 1954 einen 2. Regierungsentwurf vor, der die in der ersten Wahlperiode zum 1. Regierungsentwurf im Bundesrat, im Rechtsausschuss und im Schrifttum angestellten Überlegungen miteinbezogen hatte:

Vorschlag Bundesrat	*2. Entwurf*
(1) [1]Ist die Ehe der Eltern geschieden, aufgehoben oder für nichtig erklärt, so bestimmt das Vormundschaftsgericht, falls eine Einigung der Eltern nicht zustande gekommen ist, welchem Elternteil die elterliche Gewalt über ein gemeinschaftliches Kind zustehen soll. [2]Die Einigung der Eltern ist in einem schriftlichen Vorschlag binnen einer Frist von ***2 Monaten*** *nach Rechtskraft des Scheidungs-, Aufhebungs- oder Nichtigkeitsurteils dem Vormundschaftsgericht zur Genehmigung vorzulegen.*	*(1) Ist die Ehe der Eltern geschieden, so bestimmt das Vormundschaftsgericht, welchem Elternteil die elterliche Gewalt über ein gemeinschaftliches Kind zustehen soll.* *(2) Von einem gemeinsamen Vorschlag der Eltern soll das Vormundschaftsgericht nur abweichen, wenn dies zum Wohl des Kindes erforderlich ist.*
(2) [1]Ist ein Vorschlag innerhalb der im Abs. 1 bestimmten Frist nicht vorgelegt worden, oder findet er nicht die Billigung des Vormundschaftsgerichts, so hat dieses die Regelung zu treffen, die dem wohlverstandenen Interesse des Kindes unter Berücksichtigung der gesamten Verhältnisse am besten entspricht. [2] Sprechen keine ***überwiegenden*** *Gründe für die Übertragung der elterlichen Gewalt auf einen der Elternteile, so ist sie, sofern ein Elternteil* ***allein oder überwiegend*** *für schuldig erklärt worden ist, dem anderen Elternteil zu übertragen.*	*(3) [1]Haben die Eltern innerhalb* ***eines Monats*** *nach Rechtskraft des Scheidungsurteils keinen Vorschlag gemacht oder billigt das Vormundschaftsgericht ihren Vorschlag nicht, so trifft es die Regelung, die unter Berücksichtigung der gesamten Verhältnisse dem Wohle des Kindes am besten entspricht. [2]Ist ein Elternteil* ***allein*** *für schuldig erklärt und sprechen keine* ***schwerwiegenden*** *Gründe dafür, ihm die elterliche Gewalt zu übertragen, so soll das Vormundschaftsgericht sie dem schuldlosen Teil übertragen.*
(3) [1]Die elterliche Gewalt soll in der Regel einem Elternteil allein übertragen werden. [2]Erfordert es das Wohl des Kindes, so kann einem Elternteil die Sorge für die Person, dem anderen die Sorge für das Vermögen des Kindes übertragen werden.	*(4) [1]Die elterliche Gewalt soll in der Regel einem Elternteil allein übertragen werden. [2]Erfordert es das Wohl des Kindes, so kann einem Elternteil die Sorge für die Person, dem anderen die Sorge für das Vermögen des Kindes übertragen werden.*
(4) Sind mehrere gemeinschaftliche Kinder vorhanden, so soll die elterliche Gewalt oder die Sorge für die Person oder das Vermögen der Kinder demselben Elternteil übertragen werden, sofern nicht eine abweichende Regelung aus besonderen Gründen dem Wohle der Kinder dient.	
(5) Das Vormundschaftsgericht kann die Sorge für die Person oder das Vermögen des	*(5) Das Vormundschaftsgericht kann die Sorge für die Person* ***und*** *das Vermögen des*

Kindes einem Vormund oder Pfleger übertragen, wenn dies erforderlich ist, um eine Gefahr für das geistige oder leibliche Wohl oder für das Vermögen des Kindes abzuwenden.	*Kindes einem Vormund oder Pfleger übertragen, wenn dies erforderlich ist, um eine Gefahr für das geistige oder leibliche Wohl oder für das Vermögen des Kindes abzuwenden.* *(6) [1]Die vorstehenden Vorschriften gelten auch, wenn die Ehe der Eltern für nichtig erklärt worden ist. [2]Der Schuldigerklärung steht es gleich, wenn einem der Ehegatten die Nichtigkeit der Ehe bei der Eheschließung bekannt war.*

Wie sich aus der Gegenüberstellung der beiden Entwürfe ergibt, wich der 2. Entwurf sowohl im Aufbau als auch inhaltlich von den Vorschlägen des Bundesrates ab, denen die Bundesregierung in der vorangegangenen Wahlperiode zugestimmt hatte. Neu war die Stärkung des Elternvorschlags, die Verlängerung der Frist auf einen Monat sowie die Abmilderung des Schuldgedankens.

Ebenso wie im 1. Entwurf stand im 2. Entwurf während bestehender Ehe die gesamte elterliche Gewalt, also die Personensorge und die Vermögenssorge Vater und Mutter gemeinsam zu[321]. Als Folge davon war nach § 1671 Abs. 1 BGB eine Entscheidung über die Personensorge und die Vermögenssorge einschließlich der Vertretung auf diesen beiden Gebieten zu treffen[322]. Die Begründung für diese Regelung deckte sich mit derjenigen des 1. Entwurfs, dass der Gleichberechtigungsgrundsatz erforderlich mache auch der Mutter die Vermögenssorge übertragen zu können.
Neu war die von zwei Wochen auf einen Monat verlängerte Frist für den Vorschlag der Eltern in § 1671 Abs. 3 BGB, obwohl die Bundesregierung in der ersten Wahlperiode einer Verlängerung auf zwei Monate zugestimmt hatte[323]. Die Quellen geben keinen Aufschluss darüber, weshalb die Frist wieder verkürzt worden war.
Die Grundregel, nach der das Vormundschaftsgericht eine selbstständige Entscheidung zu treffen hatte, blieb bestehen. Der 2. Entwurf verpflichtete in § 1671 Abs. 3 Satz 1 BGB das Vormundschaftsgericht eine Regelung zu treffen, die unter Berücksichtigung der gesamten Verhältnisse dem Wohl des Kindes am besten entsprach. Er kehrte damit zur Formulierung des § 81

---

321 BT-Drucks. 2/224, S. 62.

322 Damit entfällt das Problem, ob der nur personensorgeberechtigte Elternteil den Unterhaltsanspruch des Kindes geltend machen kann; *Krüger/Breetzke/Novack*, Gleichberechtigungsgesetz (1958), § 1671 Rz. 1; **dafür**: *LG Itzehoe*, MDR 1948, 297; *LG Stade*, MDR 1950, 226; *LG Bielefeld*, MDR 1950, 288; *LG Berlin*, JR 1950, 758; *LG Hamburg*, MDR 1951, 234 (235); *LG Weiden*, MDR 1951, 741 (LS); *Palandt/Lauterbach*, BGB, 9. Aufl. 1951, § 74 EheG Rz. 1; **dagegen** *KG*, NJW 1951, 318; *Giesecke*, MDR 1948, 297 (298).

323 Vgl. oben 4. Kapitel C.I.2, S. 60 ff.

Abs. 1 Satz 2 EheG 1938 zurück, nachdem § 74 Abs. 2 Satz 1 EheG 1946 vom *„wohlverstandenen Interesse"* des Kindes gesprochen hatte, ohne gegenüber dem EheG 1938 eine sachliche Änderung zu bewirken[324]. Während § 74 EheG 1946 in Absatz 1 von einer *„Einigung"* der Eltern und in Absatz 2 von einem *„Vorschlag"* gesprochen hatte, war im 2. Entwurf nur noch von einem *„Vorschlag"* die Rede. Durch das EheG 1946 war der Eindruck entstanden, der Gesetzgeber habe das Sorgerecht der Disposition der geschiedenen Eltern überlassen[325]. Die neue Fassung des § 1671 Abs. 2 BGB schloss diese Missdeutung aus[326].

Die Eltern konnten auch eine Übertragung des Sorgerechts auf den im Scheidungsurteil allein schuldig erklärten Elternteil vorschlagen. Das Vormundschaftsgericht hatte dann unter Anwendung des Absatzes 2 zu entscheiden gehabt, ohne auf die Schuldigerklärung des Absatzes 3 Rücksicht nehmen zu müssen. Es prüfte lediglich, ob das Wohl des Kindes eine Abweichung vom gemeinsamen Elternvorschlag erforderte[327].

Zur Berücksichtigung der Scheidungsschuld bei der Übertragung des Sorgerechts bezog der Regierungsentwurf ebenfalls Stellung. Zwar ging er vom ausschlaggebenden Gesichtspunkt des Wohls des Kindes aus. Dieser Grundsatz sollte nach Ansicht der Bundesregierung ohne Einschränkung nur dann durchgeführt werden, wenn ein Elternteil überwiegend für schuldig erklärt worden war. War ein Elternteil allein für schuldig erklärt und der andere schuldlos an der Scheidung, sollte über das Recht des schuldlosen Elternteils auf die gemeinschaftlichen Kinder nicht leichtfertig hinweggegangen werden können. *„Dies entspreche einer tief im Volke verwurzelten Auffassung"*[328].

Obwohl die Bundesregierung in der ersten Wahlperiode den Änderungsvorschlägen des Bundesrats zum größten Teil zugestimmt hatte, verschärfte sie die Bedeutung der Scheidungsschuld in § 1671 Abs. 3 Satz 2 BGB, indem sie für die Übertragung auf den allein schuldigen Elternteil *„schwerwiegende"* statt *„besondere"* Gründe forderte. Der Regierungsentwurf gab keinen Aufschluss, weshalb der Begriff der besonderen Gründe durch den Begriff der schwerwiegenden Gründe ersetzt worden war. Er führte zu diesem Punkt lediglich aus, es sei nicht gerechtfertigt, schon dann zugunsten des allein schul-

---

324 *Uffelmann*, Das Wohl des Kindes als Entscheidungskriterium im Sorgerechtsverfahren (1977), S. 14.

325 *Munzinger*, SJZ 1949, 98 (99).

326 Vgl. oben 2. Kapitel D.II, S. 18 ff.

327 Allerdings war später nach einhelliger Meinung in Rechtsprechung und Literatur im Rahmen der Prüfung des Absatzes 2 auch denjenigen Umständen besondere Sorgfalt zuzuwenden, die dem Schuldspruch zugrunde lagen. Rechtsprechung und Literatur führten insoweit wieder Schuldgesichtspunkte in Absatz 2 ein, obwohl das Gesetz kein dahingehendes Tatbestandsmerkmal enthält, so insb. *BayObLG*, NJW 1964, 1134 (1135); *Palandt/Lauterbach*, BGB, 25. Aufl. 1966, § 1671 Rz. 2.

328 BT-Drucks. 2/224, S. 63.

digen Elternteils zu entscheiden, wenn die für ihn sprechenden Gründe nur ein geringes Übergewicht hätten[329].

Der Bundesrat machte am 22. Januar 1954 zu Absatz 3 einen Änderungsvorschlag[330]:

2. Entwurf	*Änderungsvorschläge Bundesrat*
(3) [1]Haben die Eltern innerhalb eines Monats nach Rechtskraft des Scheidungsurteils keinen Vorschlag gemacht oder billigt das Vormundschaftsgericht ihren Vorschlag nicht, so trifft es die Regelung, die unter Berücksichtigung der gesamten Verhältnisse dem Wohle des Kindes am besten entspricht. [2]Ist ein Elternteil allein für schuldig erklärt und sprechen keine schwerwiegenden Gründe dafür, ihm die elterliche Gewalt zu übertragen, so soll das Vormundschaftsgericht sie dem schuldlosen Teil übertragen.	*(3) [1]Haben die Eltern innerhalb von **zwei** Monaten nach Rechtskraft des Scheidungsurteils keinen Vorschlag gemacht oder billigt das Vormundschaftsgericht ihren Vorschlag nicht, so trifft es die Regelung, die unter Berücksichtigung der gesamten Verhältnisse dem Wohle des Kindes am besten entspricht. [2]Sprechen keine **überwiegenden** Gründe für die Übertragung der elterlichen Gewalt auf einen der Elternteile so ist sie, sofern ein Elternteil **allein oder überwiegend** für schuldig erklärt worden ist, dem anderen Elternteil zu übertragen.*

Gegenüber der Bundesregierung trat der Bundesrat erneut für eine Abmilderung der Schuld und eine Verlängerung der Frist für den Elternvorschlag ein.
Die auf zwei Monate verlängerte Frist ersetzte nach den Ausführungen des Bundesrats die sich in der Praxis als nicht ausreichend erwiesenen kürzeren Fristen. Die Frist war in Abkehr zum EheG 1946 als bloße Wartefrist, nicht als Ausschlussfrist ausgestaltet[331]. Die Änderung in Satz 2 sollte dazu dienen, die Wirkungen des Schuldausspruchs abzumildern, nachdem der 2. Entwurf erstmals den Begriff der schwerwiegenden Gründe statt des Begriffs der besonderen Gründe verwendet hatte.
Die Bundesregierung stimmte der Verlängerung der Frist auf zwei Monate zu. Sie lehnte es aber ab, die von ihr gewählte Formulierung der schwerwiegenden Gründe zu ändern. Es schien ihr bedenklich, den an der Scheidung allein schuldigen Elternteil ebenso zu behandeln wie den nicht schuldigen Ehegat-

---

329 BT-Drucks. 2/224, S. 63.

330 BT-Drucks. 2/224, Anlage 2, S. 90.

331 Vgl. Protokoll Nr. 63 v. 25.10.56 S. 6; **ebenso**: *BayObLG*, FamRZ 1964, 310; *OLG Karlsruhe*, FamRZ 1965, 575 (576); *BGH*, FamRZ 1966, 94 (96); *Schwoerer*, FamRZ 1958, 433 (436); *Müller-Freienfels*, JZ 1959, 396 (401); *Soergel/Lange*, BGB, Bd. 4, 9. Aufl. 1963, § 1671 Rz. 20; *Dölle*, Familienrecht, Band 2 (1965), § 97 III 4, S. 288; *Möbs*, Die elterliche Gewalt bei Scheidung und Trennung (1965), S. 62; *Staudinger/Schwoerer*, BGB, Bd. IV/3a, 10./11. Aufl. 1966, § 1671 Rz. 69; *Gernhuber*, Familienrecht, 2. Aufl. 1970, § 56 III 1, 2; **für Ausschlussfrist**: *OLG Neustadt/W.*, FamRZ 1961, 535 (537); *Lehmann*, Familienrecht, 3. Aufl. 1960, § 29 I 2, S. 180; *Beitzke*, Familienrecht, 13. Aufl. 1966, § 29 III 3, S. 183.

ten. Die Bundesregierung beharrte auf ihrem Standpunkt, dies entspreche einer „*tief im Volke verwurzelten allgemeinen Auffassung*"[332]. Weitere Ausführungen machte sie zu diesem Punkt nicht.

3. Beschlussempfehlung BT-Drucks. 2/3409

Der Bundestag verwies den Regierungsentwurf 2/224 nach 1. Lesung an den Ausschuss für Rechtswesen und Verfassungsrecht zur weiteren Behandlung. Dieser Ausschuss beschloss am 1. April 1954 die Einsetzung eines Unterausschusses Familienrechtsgesetz, nachdem die Bildung eines Sonderausschusses abgelehnt worden war[333]. Der Unterausschuss Familienrechtsgesetz setzte sich aus acht Abgeordneten der CDU/CSU, fünf der SPD und je einer von FDP, DP und GB/BHE zusammen. Von den 16 Mitgliedern waren sechs Frauen[334]. Er erörterte in 77 Sitzungen Fragen des Familienrechts.

Von besonderem Interesse ist das unveröffentlichte Protokoll der 63. Sitzung, in der die Probleme der elterlichen Gewalt bei Ehescheidung diskutiert wurden. In diesem Protokoll finden sich Hinweise, weshalb die Ausschussmitglieder für eine Berücksichtigung der Scheidungsschuld bei der Regelung der elterlichen Gewalt eintraten.

a. Beratung im Unterausschuss Familienrechtsgesetz

Am 25. Oktober 1956 hatte der Unterausschuss Familienrechtsgesetz in der 63. Sitzung § 1671 BGB in der Fassung der BT-Drucks. 2/224 beraten[335]. Die Ausschussmitglieder sprachen sich mehrheitlich für eine Berücksichtigung der Scheidungsschuld bei der Regelung der elterlichen Gewalt aus.

Die Scheidungsschuld konnten die Ausschussmitglieder bei ihren Erwägungen miteinfließen lassen, weil die Scheidungsschuld bei den Scheidungsgründen aufrechterhalten worden war. Der Entwurf[336] aus der ersten Wahlperiode zum GleichberG hatte an Stelle der Scheidungsgründe der §§ 41ff. EheG 1946 noch neue Vorschriften in §§ 1564ff. BGB vorgesehen. Dabei sollte insbesondere das Widerspruchsrecht im Zerrüttungstatbestand des § 48 Abs. 2 EheG 1946 geändert und der Rechtsprechung entgegengesetzt werden[337]. Der Entwurf aus der zweiten Wahlperiode hatte die §§ 1564ff. BGB wieder fallen ge-

---

332 BT-Drucks. 2/224, Anlage 3, S. 99.

333 Vgl. die Angaben oben in Fn. 305.

334 *Müller-List*, Eine Dokumentation zur Entstehung des Gleichberechtigungsgesetzes vom 18. Juni 1957 (1996), S. 56/57.

335 Anwesend waren als stimmberechtigte Ausschussmitglieder von der CDU/CSU der Abg. *Dr. Weber* und die Abg. *Dr. Schwarzhaupt*, von der SPD die Abg. *Kettig*, *Nadig* und der Abg. *Schröter*, von der FDP die Abg. *Dr. Lüders* und ohne Stimmrecht von der Bundesregierung MR *Maßfeller*, OLGR *Dr. Reinicke*, ORR *Rüdiger* und RR *Dr. Schönepauck*.

336 BT-Drucks. 1/3802, S. 15 ff., S. 67 ff.

337 BT-Drucks. 1/3802, S. 68; vgl. zu § 48 EheG 1946 oben 2. Kapitel D.III, S. 22 ff.

lassen und keine Änderungen der verschuldensabhängigen Scheidungsgründe der §§ 41ff. EheG 1946 vorgenommen. Das GleichberG übernahm stillschweigend das Schuldprinzip des EheG 1946[338]. Den Ausschussmitgliedern stand daher das Schuldprinzip aus den Scheidungsgründen bei der Diskussion des § 1671 BGB uneingeschränkt zur Verfügung.
Die Ansichten der einzelnen Ausschussmitglieder, die in der 63. Sitzung zu § 1671 BGB eine Stellungnahme abgegeben hatten, differieren in der Argumentation und im Ergebnis teilweise stark, weswegen sie getrennt dargestellt werden.

Die das Bundesministerium der Justiz (BMJ) vertretenden OLGR *Reinicke* und MR *Maßfeller* hoben hervor, dass mit dem Regierungsentwurf allein auf das Wohl des Kindes abgestellt werde[339]. Geschlecht und Alter des Kindes sowie die Scheidungsschuld seien ohne Bedeutung. Allerdings könne vom Schuldausspruch bei der Verteilung der elterlichen Gewalt nach Auffassung des BMJ nicht vollständig abgesehen werden. Die Bundesregierung habe bei dieser Frage einen Mittelweg gewählt, indem sich nicht die überwiegende Schuld, sondern erst die Alleinschuld auf das Sorgerecht auswirke[340]. Als Grund dafür nannten sie im Gegenzug, dass der allein schuldige Elternteil das Sorgerecht nicht bei besonderen, sondern erst bei schwerwiegenden Gründen erhalte. Diese Stellungnahme ist der einzige Hinweis in den Quellen, der genauer Aufschluss über den Fragenkomplex Alleinschuld, besondere Gründe und schwerwiegende Gründe gibt. Zur Veranschaulichung verdeutlichten die Vertreter des BMJ ihre Ausführungen mit einem Beispiel. Wenn ein Mann für allein schuldig erklärt worden sei, dürfe grundsätzlich die Mutter das Kind behalten und die elterliche Gewalt bekommen. Es wäre ungerecht sie das Kind verlieren zu lassen, wenn sie Scheidungsantrag gestellt habe und der Mann für allein schuldig erklärt worden sei[341]. Nur wenn schwerwiegende Gründe für den Vater sprächen, sei ihm die elterliche Gewalt zu übertragen. Überwiegende Gründe genügten nicht. Sei das Kind bei der Mutter gut aufgehoben, beim Vater etwas besser, so reiche das nicht aus. Es müssten ganz entscheidende schwerwiegende Gründe sein, der schuldlosen Mutter das Kind wegzunehmen und dem schuldigen Vater zu geben, z.B. wenn die Mutter Trinkerin geworden sei oder das Kind verwahrlosen lasse.

Die Abg. *Schwarzhaupt* (CDU/CSU) berichtete über Stellungnahmen verschiedener Verbände[342]. So werde teilweise gefordert, der Scheidungsschuld

338 A.A. *Palandt/Lauterbach*, BGB, 21. Aufl. 1962, Einl. EheG Rz. 1 B.
339 Protokoll der 63. Sitzung des Unterausschusses Familienrechtsgesetz vom 25. Oktober 1956, AZ: DB 16347-10.56, S. 2.
340 Protokoll Nr. 63 [Fn. 339] S. 3.
341 Protokoll Nr. 63 [Fn. 339] S. 4.
342 Protokoll Nr. 63 [Fn. 339] S. 3.

auf die Regelung des Sorgerechts keinen Einfluss zu geben. Diese Auffassung sehe als Maßstab für die Entscheidung ausschließlich das Wohl des Kindes an. Die Schuldverteilung im Urteil – sogar im Falle der Alleinschuldigerklärung – entspreche nach dieser Ansicht nicht immer den tatsächlichen Gegebenheiten, weil die Scheidungsschuld nichts mit der Fähigkeit das Kind zu erziehen zu tun habe. Andererseits gebe es Stimmen, die bereits der überwiegenden Schuld Gewicht beimessen wollten. Nachdem der Regierungsentwurf einen Mittelweg durch die Berücksichtigung der Alleinschuld statt der überwiegenden Schuld eingeschlagen habe, sprach sich die Abg. *Schwarzhaupt* für § 1671 BGB in der Fassung des Entwurfs aus[343]. Denn von der Scheidungsschuld lasse sich nach ihrer Auffassung auf die Eignung zur Erziehung der Kinder schließen. Ein schweres oder alleiniges Verschulden in der Ehe zeige eine Verantwortungslosigkeit gegenüber den Kindern[344].

Auch der Vorsitzende des Ausschusses *Weber* (CDU/CSU) befürwortete wie OLGR *Reinicke*, MR *Maßfeller* und die Abg. *Schwarzhaupt* eine Berücksichtigung der Scheidungsschuld[345]. Die Beurteilung der Schuldfrage durch das Gericht sei durchaus nicht unwesentlich dafür, ob jemand zur Erziehung der Kinder geeignet sei. Falls sich ein Ehegatte während der Ehe so schwerwiegend vergangen habe, dass es zur Ehescheidung komme, lasse dies eine starke Pflichtvergessenheit gegenüber den Kindern erkennen. Schließlich seien die Leidtragenden jeder Scheidung immer die Kinder. Hinsichtlich der Abstufung zwischen Alleinschuld und überwiegender Schuld setzte er sich für die Aufnahme der Alleinschuld in das Gesetz ein. Dies werde dazu führen, Ehepartner von der Begehung schuldhafter Eheverfehlungen abzuhalten[346].

In beschränktem Umfang stimmte die Abg. *Lüders* (FDP) den Ausführungen der anderen Abgeordneten zu. Ihrer Meinung nach sei es ein Trugschluss, dass der Schuldspruch im Urteil immer den tatsächlichen Verhältnissen entspreche. Der Schuldausspruch könne nicht als Maßstab für die Befähigung zur Erziehung der Kinder dienen, da beides nichts miteinander zu tun habe[347]. Gleichwohl sprach sie sich ohne nähere Begründung für eine Berücksichtigung der Scheidungsschuld in der Fassung des vorgelegten Regierungsentwurfs aus[348]. Demgegenüber lehnte die Abg. *Nadig* (SPD) die Berücksichtigung von Schuldgesichtspunkten kategorisch ab. Sie trat dafür ein, § 1671 Abs. 3 Satz 2 BGB in der Fassung des vorgelegten Regierungsentwurfs zu streichen und es

343 Protokoll Nr. 63 [Fn. 339] S. 3.
344 Protokoll Nr. 63 [Fn. 339] S. 6; **ebenso** später zum 1. EheRG: *Kemper*, ZblJugR 1977, 411 (414).
345 Protokoll Nr. 63 [Fn. 339] S. 5.
346 Protokoll Nr. 63 [Fn. 339] S. 4.
347 Protokoll Nr. 63 [Fn. 339] S. 4.
348 Protokoll Nr. 63 [Fn. 339] S. 5.

dem Vormundschaftsgericht zu überlassen, welchem Elternteil es die elterliche Gewalt überträgt[349]. Das Schuldprinzip dürfe bei der Zuteilung der Kinder keine Rolle spielen, da es große Ungerechtigkeiten mit sich bringe. Ihrer Ansicht nach wäre mehr als bedauerlich, wenn der Verbleib der Kinder vom Ausgang des Ehescheidungsprozesses abhängig gemacht werde[350]. Der von der Abg. *Nadig* gestellte Antrag, § 1671 Abs. 3 Satz 2 BGB zu streichen, wurde jedoch mit fünf gegen eine Stimme abgelehnt[351].

Die Stellungnahmen der Ausschussmitglieder lassen erkennen, dass die Mehrheit eine Berücksichtigung der Scheidungsschuld bei der Regelung der elterlichen Gewalt befürwortete. In der Regel wurde aus der Scheidungsschuld ein Rückschluss auf die Erziehungsfähigkeit gezogen.
Aus den Gesetzesmaterialien ergibt sich weiter, dass es keine rechtspolitisch bewusste Entscheidung für oder gegen ein gemeinsames Sorgerecht gab. Überlegungen wurden in dieser Hinsicht in keinem Regierungsentwurf und von keinem Ausschussmitglied angestellt. Erklären lässt sich das fehlende Problembewusstsein des Gesetzgebers aus dem historischen Rechtszustand heraus. Ein gemeinsames Sorgerecht nach der Ehescheidung hatte in den Jahren von 1946 bis 1957 keine Bedeutung.

b. Naturrechtliche Gesichtspunkte im GleichberG

Die im Unterausschuss Familienrechtsgesetz vertretenen Abgeordneten griffen naturrechtliche Gesichtspunkte auf, indem sie den schuldigen Elternteil als „*pflichtvergessen*“ und „*verantwortungslos*“ qualifizierten. Die Ursachen dafür lagen in der Epoche der Nachkriegszeit begründet.
Das Wiedererwachen naturrechtlicher Gedanken blieb in der Nachkriegszeit nicht nur Theorie, sondern wirkte sich in der Rechtspraxis stark aus[352]. Die Renaissance des Naturrechts lässt sich in erster Linie rechtspolitisch verstehen, als eine Art Vergangenheitsbewältigung des Nationalsozialismus[353]. Im Naturrecht glaubten die Parlamentarier die absoluten und immer geltenden

---

[349] Protokoll Nr. 63 [Fn. 339] S. 4; **a.A.** Abg. *Schröter* (SPD), Protokoll Nr. 63 [Fn. 339] S. 5, der für die Aufrechterhaltung des § 1671 Abs. 3 Satz 2 BGB eintrat.

[350] Protokoll Nr. 63 [Fn. 339] S. 5.

[351] Protokoll Nr. 63 [Fn. 339] S. 7.

[352] *Welzel*, Naturrecht und materiale Gerechtigkeit, 4. Aufl. 1990, S. 225; *Kühl*, Rückblick auf die Renaissance des Naturrechts nach dem 2. Weltkrieg, in: Geschichtliche Rechtswissenschaft (1990), S. 331 ff. (S. 332). Zum Naturrechtsgedanken in der Rechtsprechung des *BGH* allgemein *Weinkauff*, NJW 1960, 1689.

[353] *Scheuner*, ZaÖRV 1950, 556 (606); *Weinkauff*, NJW 1960, 1689 (1691); *Simon*, Katholisierung des Rechtes? (1962), S. 18; *Evans-von Krbek*, ZblJugR 1976, 45 (49); *Rosenbaum*, Naturrecht und positives Recht (1972), S. 106; *Kaufmann*, Die Naturrechtsrenaissance der ersten Nachkriegsjahre – und was daraus geworden ist, in: FS für Gagnér (1991), S. 105 ff. (S. 109); *Breuer*, Recht und Moral – Eine Auseinandersetzung zwischen Naturrecht und Rechtspositivismus, in: FS für Listl (1999), S. 935 (S. 942).

sittlichen Fundamente für das Recht gefunden zu haben, die dem Richter einen kritischen Maßstab gegenüber dem Inhalt des positiven Rechts geben konnten[354]. Nach naturrechtlicher Vorstellung sind die sozialen Beziehungen der Menschen untereinander durch eine objektive, aus sich selbst heraus geltende rechtliche Ordnung gekennzeichnet. Es handelt sich um einen Bereich, der mit einem Anspruch auf universelle Verbindlichkeit auftritt und der den positiven Rechtsordnungen erst ihre Verbindlichkeit verleiht[355].

Verantwortlich für die Beeinflussung der Gesetzgebung durch naturrechtliche Gedanken war die starke politische Stellung der Katholischen Kirche, die das Ansehen genoss, nicht mit den Nationalsozialisten kollaboriert zu haben[356]. Politisch Einfluss nehmen konnte die Katholische Kirche vor allem durch die Parteien der CDU und CSU, an deren Gründung sie maßgeblich beteiligt war. Die Familie wurde als von Gott gestiftet und nach der Schöpfungsordnung einer streng ihrer eigenen Ordnung folgenden Einheit angesehen, in der die Frau nach innen, der Mann nach außen gerichtet sei[357]. Der Mann vertrete die Frau nach außen und sei insoweit ihr *„Haupt"*. An diesen Urtatbestand Rechtsformen gesellschaftlicher Art herantragen zu wollen, sei widersinnig[358]. Im Übrigen vertrat die Katholische Kirche eine hierarchische Struktur[359], die als göttliches Recht und Naturrecht überzeitliche Geltung beanspruchen könne und selbst der Änderung durch den Gesetzgeber unzugänglich sei.

An naturrechtlichen Gesichtspunkten orientiert, musste der Scheidungsschuld bei der Regelung der elterlichen Gewalt zwangsläufig Bedeutung eingeräumt werden. Die Zerrüttung der Ehe war nach naturrechtlicher Auffassung immer primär persönliche Schuld und nicht Ergebnis äußerer Einflüsse. Bei genügender Anspannung des Gewissens und der Vernunft und ausreichender Disziplin hätte der schuldige Teil das Wesen der Ehe, d.h. deren absoluten sittlichen Rang erkennen und dieser objektiv gegebenen Ordnung seine eigene Individualität unterordnen können[360]. Indem ein Elternteil seine eigenen Bedürf-

---

354 *Rosenbaum* [Fn. 353] S. 106; *Derleder*, KJ 2000, 1.

355 *Weinkauff*, NJW 1960, 1689 (1690).

356 *Rosenbaum* [Fn. 353] S. 107; *Vaupel*, Die Familienrechtsreform in den fünfziger Jahren im Zeichen widerstreitender Weltanschauungen (1998), S. 204.

357 Dagegen spielte das Kirchenrecht in Form des Codex Iuris Canonici (CIC 1917) keine Rolle, da dieser nur für die katholischen Christen galt und keine Allgemeinverbindlichkeit genoss.

358 In diesem Sinne die Rechtsprechung *BGHZ* 11 Anhang S. 34 ff.; *BVerfGE* 2, 1 (12).

359 Diese leitete sie durch die Schöpfungsgeschichte Genesis 2, 7 und 18-24 und zahlreichen anderen Bibelstellen ab, so z.B. Epheser 5, 22-24; 1. Korinther 11, 3 und 7-9; Kolosser 3, 18; 1. Petrus 3, 1; vgl. auch *Mörsdorf*, FamRZ 1954, 25 (29).

360 *Rosenbaum* [Fn. 353] S. 121; Für die Abschaffung des Zerrüttungsprinzips bzw. der Scheidung ohne Verschulden generell *Bosch*, Familienrechtsreform (1952), S. 43 ff.; *ders.*, Neue Rechtsordnung in Ehe und Familie (1954), S. 50.

nisse über diejenigen der Kinder stellte, musste er konsequenterweise als pflichtvergessen und verantwortungslos gelten.
Da die Überlegungen der Ausschussmitglieder zu dieser Materie weitgehend mit naturrechtlichen Vorstellungen begründet wurden, geben sie Auskunft über die während des Gesetzgebungsverfahrens in diesen Fragen bestehende Denkgewohnheiten und Gerechtigkeitsvorstellungen.

Im Gegensatz zum GleichberG waren den Alliierten in den Jahren von 1945 bis 1949 in ihren Gesetzesvorhaben naturrechtliche Vorstellungen fremd. Die Alliierten verboten den Gerichten übergesetzliche Grundsätze anzuwenden, so z.B. durch eine Verordnung in der britischen Zone[361]. Der deutsche Gesetzgeber und die Rechtsprechung fühlten sich an diese Beschränkung nicht mehr gebunden. Dies belegen die Stellungnahmen der Ausschussmitglieder und zahlreiche Gerichtsurteile mit Bezugnahmen auf das Naturrecht[362].

c. Ergebnis der Beschlussempfehlung

Die kurz gehaltene Beschlussempfehlung griff zur Begründung des § 1671 BGB die Formulierungen der vorangegangenen Entwürfe auf und entwickelte keine neuen Gedanken. Die Verlängerung der Vorschlagsfrist auf zwei Monate war die einzige Abweichung gegenüber dem Regierungsentwurf.

d. Kritische Anmerkung zur Renaissance des Naturrechts

Die Diskussion im Unterausschuss Familienrechtsgesetz, in welcher Weise die Scheidungsschuld bei der Übertragung der elterlichen Gewalt in die Entscheidung mit einzustellen war, würdigte die zu lösenden Probleme nicht richtig. Obwohl Einigkeit darin bestand, allein das Wohl des Kindes maßgeblich sein zu lassen, wurde das Kind durch die Berücksichtigung der Scheidungsschuld zum Objekt der Eltern. Indem der Gesetzgeber des GleichberG die Scheidungsschuld in § 1671 BGB integrierte, entschied das Vormundschaftsgericht nicht nach den Interessen des Kindes, sondern nach denjenigen der Eltern. Schlagwörter wie „*Pflichtvergessenheit*" und „*Verantwortungslosigkeit*" gegenüber den Kindern als Folge der Scheidungsschuld prägten die Diskussion bei der elterlichen Gewalt.

Die Annahme, der schuldig geschiedene Ehegatte sei pflichtvergessen oder verantwortungslos, war letztendlich nicht stimmig. Konsequenz dieser Auffassung ist eigentlich, bei einer beiderseitigen Schuld an der Ehescheidung kei-

---

361 Verordnung Nr. 165 v. 15.9.1948, VOBlBritZ 1948, S. 263: § 1 Abs. 2: „*Die Gerichte dürfen die Anwendung einer bestehenden gesetzlichen Vorschrift nicht deshalb ablehnen, weil sie nach ihrer Ansicht der Billigkeit oder übergesetzlichen Grundsätzen widerspricht*". Ebenso für die amerikanische Zone die Verwaltungsgerichtsbarkeitsgesetze vom 25.9, 16.10 und 15.11.1946.

362 Vgl. dazu *Rosenbaum* [Fn. 353] S. 124 ff. m.w.N. auf die Rechtsprechung.

nem der Eltern das Sorgerecht für das Kind zu übertragen, sondern einem Dritten. Schließlich sind beide Eltern infolge ihrer Scheidungsschuld pflichtvergessen und verantwortungslos und deswegen zur Kindererziehung schlecht geeignet. Soweit gingen weder das Gesetz noch die Stellungnahmen der Ausschussmitglieder. Die untersuchten Materialien übergehen das Problem gleicher Schuldanteile. Lediglich *Mößmer* hatte auf dieses Problem in seinem Gutachten der Akademie für Deutsches Recht aus dem Jahr 1936 hingewiesen[363]. Um diesem Widerspruch zu entgehen, wollte er dem Schuldausspruch im Scheidungsurteil schon damals keinen Einfluss auf das Sorgerecht geben. Waren beide Elternteile für schuldig erklärt worden, konnte das Vormundschaftsgericht in der Regel nicht nach § 1666 BGB oder § 1671 Abs. 5 BGB vorgehen. Ein Sorgerechtsentzug nach § 1666 BGB, der ein Verschulden voraussetzte bzw. eine Übertragung auf einen Pfleger oder Vormund nach § 1671 Abs. 5 BGB, die zwar verschuldensunabhängig ist, war in beiden Fällen erst bei einer Gefährdung des Kindes möglich.

Allerdings scheint es übertrieben, zu behaupten, mit der Verwirklichung der Scheidungsschuld im Sorgerecht setzten sich kirchlich-konservative Kräfte gegen sozialdemokratisch-fortschrittliche Ideen durch. Dies wäre ein Vorurteil. Zwar gehörten von den 16 Ausschussmitgliedern allein acht der CDU/CSU an[364]. Bei der Abstimmung über § 1671 BGB waren aber bloß sechs stimmberechtigte Ausschussmitglieder anwesend, von denen die CDU/CSU zwei stellte[365]. Außerdem befürworteten nicht nur die Abgeordneten von CDU/CSU Schuldgesichtspunkte. Insbesondere der Abg. *Schröter* (SPD) stellte sich gegen seine Parteikollegin *Nadig* (SPD)[366]. Mit der Berücksichtigung der Scheidungsschuld hatten generelle konservative Anschauungen Erfolg, die parteiübergreifend waren.

In der DDR war das EheG 1946 bereits durch die EheVO[367] abgelöst worden, als der Familienrechtsausschuss § 1671 BGB diskutierte. Die EheVO hatte das Schuldprinzip im Ehescheidungsrecht aufgegeben, weshalb dieser Grundsatz auch bei der Regelung der elterlichen Gewalt weggefallen war. Eine kritische Auseinandersetzung mit diesem Gesetz in rechtsvergleichender Hinsicht erfolgte nicht. Die Justizministerin der DDR, *Hilde Benjamin*, hatte zwar an ihren westdeutschen Amtskollegen, *Fritz Neumayer*, den Entwurf zum FGB der DDR aus dem Jahre 1954 geschickt, um einen Gedankenaustausch einleiten zu können. Ein Dialog mit der DDR und den dortigen Überlegungen fand nicht

---

363 *Mößmer*, Neugestaltung des deutschen Ehescheidungsrechts der Akademie für Deutsches Recht (1936), S. 77.

364 Vgl. zu den Mehrheitsverhältnissen während der 2. Wahlperiode oben Fn. 316.

365 Vgl. zu den stimmberechtigten Ausschussmitgliedern oben Fn. 335.

366 Vgl. oben Fn. 349.

367 GBl. DDR I 1955, S. 849; zur EheVO sogleich unten 4. Kapitel C.III.1, S. 80 ff.

statt[368]. Vielmehr wurde in der Bundesrepublik Deutschland die Scheidung ohne Verschulden, d.h. das Zerrüttungsprinzip sogar als verfassungswidrig qualifiziert[369]. Grund dafür war die Auffassung, die Ehe würde als Institution geschwächt und Ehescheidungen erleichtert, was Art. 6 GG widerspreche. *Schwab* wertet die Tendenzen um die Jahre 1953 als Abgrenzungsversuch von der Entwicklung in der DDR[370]. In der DDR wurde die ökonomische Selbständigkeit und Berufstätigkeit von möglichst allen Frauen propagiert. Im Gegensatz dazu wollte man im GleichberG das traditionelle Familienverständnis umsetzen.

III. Exkurs: Das Familien- und Kindschaftsrecht in der DDR

1. Eheverordnung (EheVO)

Gleichzeitig zur Ausarbeitung des GleichberG dachte in der DDR der Gesetzgeber über eine Reform des Familienrechts nach. Die Vorbereitungen für ein neues Familienrecht lebten auf, als im Sommer 1952 die zweite Parteikonferenz der SED beschlossen hatte, die Grundlagen des Sozialismus zu schaffen, zu denen die sozialistische Familie gehörte[371]. Den Schlusspunkt setzte in der DDR die EheVO vom 24. November 1955[372], nachdem die Reformversuche gescheitert waren, ein Familiengesetzbuch (FGB) zu schaffen.

Die Staatsführung der DDR wählte bei der EheVO nicht den durch die Verfassung vorgesehenen Weg der Gesetzgebung, sondern umging die Volkskammer und führte die neuen Vorschriften der EheVO auf dem Verordnungswege ein. Beeinflusst hatte die EheVO maßgeblich das Oberste Gericht (OG) der DDR mit seiner Rechtsprechung. Das *OG* hatte in einer Reihe von Grundsatzurteilen die Prinzipien herausgearbeitet, die in der EheVO Gesetzesform erhielten[373]. Es forderte beispielsweise bei einer Reform des Ehescheidungsrechts keine starren Ehescheidungsgründe einzuführen, wie sie in den §§ 42ff. EheG 1946 enthalten waren[374]. Als wesentliche Neuerung enthielt die EheVO folglich keine absoluten Scheidungsgründe, sondern verpflichtete die Gerichte in der Generalklausel des § 8 EheVO, den Zustand der Ehe und die Gründe zu untersuchen, dass die Ehe ihren Sinn für die Ehepartner, die Kinder und die

---

368 Zu den Gründen, welche in der Person *Hilde Benjamins* lagen, vgl. *Klose*, Ehescheidung und Ehescheidungsrecht in der DDR – ein ostdeutscher Sonderweg? (1994), S. 163, dort: Fn. 24.

369 *Bosch*, Neue Rechtsordnung in Ehe und Familie (1954), S. 48 ff.; **ähnlich**: *Strauß*, JZ 1952, 449 (459); *Habscheid*, FamRZ 1954, 7 (9); **a.A.** *Frantz*, FamRZ 1954, 190 (192).

370 *Schwab*, Gleichberechtigung und Familienrecht im 20. Jahrhundert, in: Gerhard (Hrsg.), Frauen in der Geschichte des Rechts (1997), S. 790 ff. (S. 809).

371 *Klose* [Fn. 368] S. 161.

372 GBl. DDR I 1955, S. 849; zur EheVO siehe auch *Blomeyer*, ROW 1958, 7.

373 *Ostmann*, NJ 1955, 725; *Benjamin*, Zur Geschichte der Rechtspflege der DDR 1949-1961 (1980), S. 375.

374 *OGZ* 1, 72 (77).

Gesellschaft verloren habe. Das Tatbestandsmerkmal des Verschuldens wurde durch das der Sinnlosigkeit ersetzt[375]. Bei der Prüfung, ob eine Ehe sinnlos geworden ist, seien die Interessen der Kinder zu beachten[376]. Die Aufrechterhaltung einer unheilbar zerrütteten Ehe wäre nicht mit den Zielen des demokratischen Staates vereinbar[377]. Die Neuregelung der EheVO brach zu diesem Zeitpunkt mit dem Verschuldensprinzip des BGB. Das Verschulden war unter den in § 8 EheVO genannten Kriterien ein ungeeigneter Gesichtspunkt, über den Bestand der Ehe zu entscheiden. Eine einheitliche Rechtsprechung gewährleistete die vom *OG* erlassene Richtlinie Nr. 9[378] über die Voraussetzungen der Ehescheidung nach § 8 EheVO[379].

Die Entscheidung über das Sorgerecht regelte § 9 EheVO. Nach dieser Vorschrift bestimmte das Gericht zusammen mit dem Scheidungsurteil darüber, welchem Ehegatten[380] die elterliche Sorge zu übertragen war.

§ 9 EheVO Entscheidung über das Sorgerecht

(1) In dem Scheidungsurteil bestimmt das Gericht, welchem Ehegatten die elterliche Sorge für die Kinder zu übertragen ist und von wem und in welcher Höhe der Unterhalt der Kinder zu leisten ist.

(2) [1]Für die Entscheidung über das Sorgerecht haben die Eltern dem Gericht Vorschläge zu unterbreiten; maßgeblich ist ausschließlich das Wohl des Kindes. [2]Die Entscheidung soll möglichst eine endgültige Regelung des Sorgerechts treffen, um für die Zukunft etwaige für die Entwicklung des Kindes schädliche Änderungen seiner Lebensverhältnisse zu vermeiden.

(3) [1]Das Gericht trifft die Entscheidung nach Anhörung des Rates des Kreises. [2]Dieser hat vor dem Anhören eingehende Ermittlungen vorzunehmen, die sich insbesondere auf die Verhältnisse bei beiden Elternteilen, auf ihre erzieherischen Fähigkeiten und das Verhältnis des Kindes zu dem Vater und der Mutter erstrecken sollen.

(4) Das Gericht kann auf Antrag gleichzeitig mit der Sorgerechtsentscheidung anordnen, daß das Kind dem Sorgeberechtigten zuzuführen ist.

Als oberster Grundsatz einer Entscheidung galt das Wohl des Kindes[381]. In der Frage, ob persönliches Verhalten und erzieherische Fähigkeiten miteinander verknüpft werden sollten, sprachen sich Rechtsprechung und Literatur gegen

---

375 *Klose* [Fn. 368] S. 181.

376 *OGZ* 1, 129 (132).

377 *OGZ* 2, 187 (LS).

378 GBl. DDR II 1957, S. 235 = NJ 1957, 441.

379 Zur einheitlichen und richtigen Gesetzesanwendung konnte das *OG* seit Oktober 1952 Richtlinien mit bindender Wirkung für alle Gerichte erlassen; vgl. *Müller-Römer*, ROW 1968, 151 und den Rechtspflegeerlass vom 4.4.1963, GBl. DDR I 1963, S. 21.

380 *Contra legem* deshalb *KrG Erfurt*, NJ 1956, 223, welches das Sorgerecht dem Referat Jugendhilfe/Heimerziehung übertragen hat.

381 *OG*, NJ 1958, 34 (35); *KG*, NJ 1959, 857 (858); *Borkmann/Daute*, NJ 1964, 267 (268).

dieses Vorgehen aus[382]. Trotz des Gleichberechtigungsgrundsatzes des Art. 7 Verf. 1949 traten einige Gerichte dafür ein, das Sorgerecht für Kleinkinder grundsätzlich der Mutter zu übertragen[383]. Für die Übertragung auf den Vater müssten in diesen Fällen „*besondere Gründe*" sprechen. Ein Vergleich der Eltern über das Sorgerecht war aufgrund des Wortlautes des Absatz 1 und 2 für unzulässig gehalten worden[384]. Gleiches galt für ein gemeinsames Sorgerecht.

2. Familiengesetzbuch (FGB)

Den gescheiterten Entwürfen zu einem FGB schenkte der Gesetzgeber der DDR kurze Zeit nach Erlass der EheVO wieder Beachtung. Sie fanden Eingang in das FGB vom 20. Dezember 1965[385]. Das FGB enthielt wesentliche Neuerungen gegenüber § 9 EheVO. Die Entscheidung über das Erziehungsrecht, wie die elterliche Sorge im FGB jetzt genannt wurde, war in § 25 FGB wie folgt geregelt worden:

§ 25 FGB Entscheidung über das Erziehungsrecht der Eltern und den Unterhalt der Kinder

(1) [1]Im Scheidungsurteil entscheidet das Gericht, welchem der Ehegatten das elterliche Erziehungsrecht für die minderjährigen Kinder übertragen wird. [2]Maßgeblich für die Entscheidung ist die Sicherung der weiteren Erziehung und Entwicklung der Kinder. [3]Das Gericht setzt ferner die Höhe des Unterhalts fest, den der nichterziehungsberechtigte Elternteil für die Kinder zu zahlen hat. [4]Dabei ist davon auszugehen, daß der Erziehungsberechtigte seinen Beitrag zur Deckung der Bedürfnisse des Kindes ganz oder teilweise durch die Betreuung und Erziehung leistet. [5]Für den Unterhalt gelten die Bestimmungen der §§ 19 bis 22 entsprechend.

(2) [1]Für die Entscheidung über das Erziehungsrecht und den Unterhalt unterbreiten die Eltern dem Gericht Vorschläge. [2]Das Gericht hat die Feststellungen über den erzieherischen Einfluß der Eltern, das Verhältnis der Kinder zu ihnen, die Umstände der Ehescheidung und die Lebensverhältnisse der Eltern zu treffen. [3]Haben die Eltern keine übereinstimmenden Vorschläge zum Erziehungsrecht unterbreitet oder hält das Gericht im Zusammenhang mit der Entscheidung über das Erziehungsrecht hierzu weitere Feststellungen für erforderlich, so fordert es das Organ der Jugendhilfe zur Stellungnahme auf. [4]Diese Stellungnahme ist mit einem Vorschlag zur Übertragung des Erziehungsrechts zu verbinden.

(3) Das Organ der Jugendhilfe kann auch ohne Aufforderung durch das Gericht entsprechende Vorschläge machen oder einen Antrag auf Entziehung des Erziehungsrechts gemäß § 26 Abs. 1 stellen.

---

382 *OG*, NJ 1958, 34 (35); *OG*, NJ 1965, 585 (586); *Heinrich/Göldner/Schilde*, NJ 1961, 815 (818). Einem Elternteil, der illegal die DDR verlassen hatte, wurde das Sorgerecht selbstverständlich nicht übertragen, vgl. *OG*, NJ 1958, 684; *Heinrich/Göldner/Schilde*, NJ 1961, 815 (818).

383 *BG Erfurt*, NJ 1956, 664; *OG*, NJ 1958, 141 (142); einschränkend: *Heinrich/Göldner/Schilde*, NJ 1961, 815 (818); *OG*, NJ 1965, 585 (586).

384 *Dillhöfer/Wächtler*, NJ 1956, 87 (88); *OG* v. 24.1.1957 – 1 Zz 294/56.

385 GBl. DDR I 1966, 1.

§ 25 FGB behielt das Prinzip bei, ein einheitliches Urteil zu fällen, das Ehescheidung, Erziehungsrecht und Kindesunterhalt regelte. Zum Erziehungsrecht konnten die Eltern dem Gericht Vorschläge unterbreiten; ein gemeinsames Sorgerecht war dabei nicht vorgesehen[386]. In welchem Umfang die Umstände der Ehescheidung zu berücksichtigen waren, fand in § 25 Abs. 2 FGB Niederschlag. Dem FGB ging über die Frage, ob unter Beibehaltung des Zerrüttungsprinzips als alleiniger Grundlage der Ehescheidung nicht die Möglichkeit eines Schuldausspruchs vorgesehen werden sollte, eine rege Diskussion voraus[387]. Das Zerrüttungsprinzip wurde bei der Ehescheidung aber beibehalten. Anders lag die Situation bei der Regelung des Erziehungsrechts. Hier hatten diese Überlegungen eine Rolle gespielt[388]. Seien die Eltern zur Ausübung des Erziehungsrechts in gleicher Weise geeignet, dann müsse mit Rücksicht auf die Vorbereitung der Kinder zu einem späteren verantwortungsbewussten Verhalten zu Ehe und Familie bei der gerichtlichen Entscheidung ausschlaggebend sein, ob bei einem Ehegatten ein vorwerfbar pflichtwidriges Verhalten festgestellt werden könne. Zur Vereinheitlichung der Rechtsprechung erließ das *OG* im Jahre 1968 die Richtlinie Nr. 25 für Erziehungsrechtsentscheidungen[389]. In Konkretisierung des § 25 Abs. 2 Satz 1 FGB war in Abschnitt A, III, 10 der Einfluss der Umstände der Ehescheidung auf das Erziehungsrecht angesprochen. Die Richtlinie nannte beispielsweise die ungenügende Wahrnehmung der Pflichten gegenüber den Kindern sowie schwerwiegende Verstöße gegen Grundsätze der Ehegemeinschaft. Infolgedessen wurde bei gleicher Eignung das Erziehungsrecht dem Elternteil versagt, der die Zerrüttung der Ehe allein oder überwiegend verschuldet hatte[390]. Daneben war die Vorbildwirkung gemäß Abschnitt A, III, 8 gegenüber den Kindern entscheidend, welche durch das Verhalten in der Gesellschaft mitbestimmt werde.

Abschließend lässt sich feststellen, dass im Gegensatz zu den in der Bundesrepublik Deutschland gültigen Vorschriften der §§ 41ff. EheG 1946 die EheVO und das FGB keine Scheidung aus Verschulden kannten. Gleichwohl verknüpfte man in der DDR Erziehungsrecht und Ursachen der Zerrüttung miteinander. Dies erfolgte sowohl durch das Gesetz als auch durch Richtlinien des *OG*. Einen Schuldausspruch gab es zwar nicht, doch blieben die Umstände der Ehescheidung für die Regelung des Erziehungsrechts bedeutend.

---

386 FGB-Kommentar, 3. Aufl. 1970, § 25 Rz. 3 und § 45 Rz. 2.1.; Präambel und II.4 der Richtlinie Nr. 25.

387 *Wolff*, NJ 1965, 416 (417); *Grandke*, StuR 1965, 1054 (1059).

388 *Eberhardt*, NJ 1966, 8 (10); *Rohde*, NJ 1966, 465.

389 GBl. DDR II 1968, S. 847.

390 *OGZ* 12, 131 (132, 138); *Stadtgericht Berlin*, NJ 1973, 743 (744); *OG*, NJ 1974, 341 (342).

D. Analyse der Rechtsprechung und Literatur zu § 1671 BGB idF des GleichberG

Am 1. Juli 1958 trat an die Stelle des § 74 EheG 1946 der § 1671 BGB in der Fassung des GleichberG. Gemäß Art. 8 Abs. 1 Ziffer 8 GleichberG bestimmte sich das Rechtsverhältnis zwischen den Eltern und den Kindern von diesem Zeitpunkt an allein nach § 1671 BGB in der Fassung des GleichberG, unabhängig davon, wann das Kind geboren oder die Ehe geschieden worden war.

I. Dogmatische Überlegungen bei der Übertragung des Sorgerechts

Im Rahmen der gerichtlichen Zuweisung der Alleinsorge ging es um die Frage, welche Bedeutung dies für den sorgerechtslosen Elternteil hatte. Umstritten war, ob das Vormundschaftsgericht die elterliche Gewalt bei der Übertragung nach § 1671 BGB auf den einen Elternteil dem anderen Elternteil der Substanz nach oder nur der Ausübung nach entziehen konnte. Dieser Streit wirkte sich auf die Praxis aus. Wird mit Übertragung des Sorgerechts auf einen Elternteil dem anderen Elternteil das Sorgerecht der Substanz nach entzogen, entfällt in Konsequenz davon das Verkehrsrecht, weil das Verkehrsrecht Bestandteil des Sorgerechts ist.

Die h.M. folgte der Substanztheorie. Diese beließ dem bei der Regelung nach § 1671 BGB nicht berücksichtigten Elternteil das Sorgerecht der Substanz nach[391]. Den Anstoß zu dieser Theorie gab ein Vergleich mit romanischen Rechtsordnungen. Der Code Civil und seine Tochterrechte stehen durchweg auf dem Standpunkt, die Rechte der elterlichen Gewalt seien ihrer Substanz nach unverlierbar und unentziehbar, weshalb bei einer Scheidung lediglich die Ausübung der elterlichen Gewalt auf einen Ehegatten allein übertragen wird[392]. Diese Grundsätze wanden die Vertreter der Substanztheorie auf das deutsche Recht an.
Nachdem Art. 6 GG die elterliche Gewalt unter seinen besonderen Schutz gestellt habe, ergäbe sich, dass die elterliche Gewalt ihrer Substanz nach unentziehbar sein müsse und nur der Ausübung nach übertragen werden könne. Deshalb werde nur die Ausübung der elterlichen Gewalt im BGB gesetzlich näher geregelt. Die Terminologie des BGB, die zwischen Entzug (so z.B.

---

391 *Beitzke*, Sorgerechtsregelung bei Ausländerkindern, in: FS für Lehmann (1956), Band 2, S. 493 ff. (507); *ders.*, FamRZ 1958, 7 (9); *Göppinger*, FamRZ 1959, 397 (402); *ders.*, FamRZ 1960, 344 (346); *ders.*, FamRZ 1962, 449 (450); *Staudinger/Göppinger*, BGB, Bd. IV/3a, 10./11. Aufl. 1966, Vorb. zu § 1666 Rz. 37; *Bosch*, FamRZ 1959, 379; *Lehmann*, Familienrecht, 3. Aufl. 1960, § 29 I 1, S. 180; *Dölle*, Familienrecht, Band 2 (1965), § 97 II 3b, S. 285; *Palandt/Lauterbach*, BGB, 29. Aufl. 1970, Einf. 5 vor § 1626; *Erman/Ronke*, BGB, 2. Bd., 5. Aufl. 1972, Einl. 4 vor § 1626.

392 Frankreich: Art. 302-303 CC; Italien: Art. 316; 155 CC.

§ 1666 BGB) und Übertragung (so z.B. § 1671 BGB) unterscheide, sei verfehlt. Nur die Verwirkung bedeute den endgültigen Verlust der elterlichen Gewalt. Zwar habe das BGB von 1896 eine Übertragung der Substanz nach gemeint[393]. Doch existierte zu dieser Zeit Art. 6 GG noch nicht, der nicht in der abschließenden[394] Aufzählung des Art. 18 GG genannt werde, der die Verwirkung von Grundrechten regelt. Ein Verlust der elterlichen Gewalt der Substanz nach sei daher rechtlich gar nicht möglich. Konsequenz der Substanztheorie war die Forderung nach einer korrigierenden Auslegung solcher Vorschriften des BGB, die eine Entziehung oder Übertragung der elterlichen Gewalt zulassen (z.B. §§ 1666, 1680, 1696, 1671, 1672 BGB).

Die Gegner der Substanztheorie gingen davon aus, dass bei der Übertragung der elterlichen Gewalt auf den einen Elternteil dem anderen Elternteil keine Rechtsposition in Form einer *„Substanz"* belassen wird[395]. In Art. 6 GG sahen sie keinen Grund, der für die Substanztheorie sprach. Der im BGB verwendete Begriff der *„elterlichen Gewalt"* sei mit dem in Art. 6 Abs. 2 GG geschützten Recht der Eltern nicht gleichzusetzen. Die bürgerlich-rechtliche Vorschrift des § 1671 BGB stelle die Konkretisierung des Grundrechts dar, für die dem Gesetzgeber ein weiter Spielraum zur Verfügung stünde. Wenn das BGB in einzelnen Vorschriften vom Verlust der elterlichen Gewalt und nicht nur von ihrer Unausübbarkeit ausgehe, so bedeute das keinen unzulässigen Eingriff in das verfassungsmäßig verankerte Elternrecht. Somit sei es zulässig, wenn das BGB den betroffenen Elternteil die elterliche Gewalt verlieren lasse.

Im Ergebnis ist der Substanztheorie zuzustimmen, da die gebundene Übertragung der elterlichen Sorge beim Tod des Sorgeberechtigten auf den anderen Elternteil nach § 1680 Abs. 2 BGB die Annahme nahe legt, dass eine sorgerechtliche Basis fortbestanden haben muss.

II. Auslegungsmöglichkeiten des Begriffs „schwerwiegende Gründe"

Das GleichberG hatte die Formulierung aus § 74 Abs. 4 EheG 1946 der *„besonderen Gründe"* nicht übernommen, sondern durch diejenige der *„schwerwiegenden Gründe"* in § 1671 Abs. 3 Satz 2 BGB ersetzt. Die Auslegung des

---

393 Protokolle des Entwurfs des Bürgerlichen Gesetzbuchs (1897), Bd. IV (Familienrecht), S. 627.

394 *Stern*, Staatsrecht (1994), Band III/2, S. 957; *v. Mangoldt/Klein/Starck/Brenner*, GG, Bd. 1, 4. Aufl. (1999), Art. 18 Rz. 55.

395 *Schwoerer*, FamRZ 1958, 41; *ders.*, FamRZ 1969, 367 (368); *Staudinger/Schwoerer*, BGB, Bd. IV/3a, 10./11. Aufl. 1966, § 1671 Rz. 41 und § 1634 Rz. 4a; *Staudinger/Donau*, BGB, Bd. IV/3a, 10./11. Aufl. 1966, § 1626 Rz. 8; *Bloch*, Die Übertragung der elterlichen Sorge gemäß § 1671 BGB (2002), S. 51 ff.

neuen Begriffs bereitete der Rechtswissenschaft erneut Schwierigkeiten[396]. Die Änderung in der Formulierung bedeutete nach einer teilweise vertretenen Auffassung eine Verschärfung der Anforderungen, dem allein schuldigen Elternteil die elterliche Gewalt zu übertragen[397]. Die Änderung der Worte „*besondere Gründe*" in „*schwerwiegende Gründe*" zeige eine Tendenz des Gesetzgebers, die Gründe für eine Übertragung der elterlichen Gewalt auf den allein schuldig erklärten Elternteil, zu beschränken, d.h. zu verschärfen.

Diese Auffassung teilte die h.M. nicht[398]. Die Ersetzung der besonderen Gründe durch schwerwiegende Gründe und die dafür vom Gesetzgeber abgegebene Begründung hätten zu keiner Verschärfung gegenüber den bisher aufgestellten Anforderungen geführt. Zwar habe der Gesetzgeber das Wohl des Kindes zugunsten des Vorrechts des schuldlos geschiedenen Elternteils eingeschränkt, indem er in der amtlichen Begründung ausgeführt habe, es entspreche einer im „*Volke tief verwurzelten Auffassung, über das Recht des schuldlosen Elternteils auf die gemeinschaftlichen Kinder dürfe nicht zu leicht hinweggegangen werden*". Trotzdem war der Gesetzgeber bestrebt, dem Wohl des Kindes seine wesentliche Bedeutung zu sichern. Dies ergebe die Entstehungsgeschichte des § 1671 BGB in der Fassung des GleichberG.
Insbesondere die Abg. *Schwarzhaupt,* die Mitglied des Unterausschusses Familienrechtsgesetz war, bezog zu dieser Frage wie folgt Stellung:

„Entscheidender Gesichtspunkt ist mehr als im BGB und im EheG das Wohl des Kindes (...). Der Schuldausspruch, der nach dem BGB in seiner ursprünglichen Fassung entscheidend war, tritt in der Neuregelung gegenüber dem Wohl des Kindes noch etwas mehr zurück als im EheG."[399]

„Der Ausschuss ist entsprechend den Vorschlägen des Regierungsentwurfs noch weiter von der schematischen Verteilung der elterlichen Gewalt nach dem Schuldausspruch des Scheidungsurteils abgerückt als im EheG. Als Gesichtspunkt für die Regelung der elterlichen Gewalt hat das Wohl des Kindes in jedem Falle den Vorrang. In 2. Linie sind die Vorschläge, die die Eltern gemeinsam machen, maßgebend. Erst in 3. Linie wird in einer Sondervorschrift die Alleinschuld eines Ehegatten an der Scheidung als Grund gegen die Übertragung der elterlichen Gewalt auf diesen angeführt."[400]

---

396 Vgl. zur Auslegung der „*besonderen Gründe*" bei § 74 EheG 1946 oben 2. Kapitel D.V, S. 29 ff.

397 *OLG Hamburg*, FamRZ 1959, 255; **Ebenso**: *Brokamp*, Die Verrechtlichung der Eltern-Kind-Beziehung in hundert Jahren BGB (2001), S. 115.

398 *OLG Karlsruhe*, FamRZ 1958, 424 (425); *KG*, FamRZ 1959, 509 (510); *KG*, FamRZ 1964, 641 (643); *Schwoerer*, FamRZ 1958, 433 (438 f.); *Staudinger/Schwoerer*, BGB, Bd. IV/3a, 10./11. Aufl. 1966, § 1671 Rz. 102; *Soergel/Lange*, BGB, Bd. 4, 9. Aufl. 1963, § 1671 Rz. 29; *Erman/Ronke*, BGB, 2. Bd., 5. Aufl. 1972, § 1671 Rz. 37; **anders** wohl noch *Schwoerer*, Die Justiz 1957, 321 (330).

399 BT-Drucks. 2/3409, S. 41/42.

400 *Schwarzhaupt*, FamRZ 1957, 65 (68).

Für die Auslegung des Begriffs der schwerwiegenden Gründe setzte das *OLG Karlsruhe* neue Maßstäbe[401]. Das *OLG Karlsruhe* nahm die Formulierung in § 1671 Abs. 3 Satz 2 BGB in der Fassung des GleichberG zum Anlass, die von der h.M.[402] zu § 74 Abs. 4 EheG 1946 aufgestellten Voraussetzungen in Frage zu stellen.
Nach Auffassung des *OLG Karlsruhe* waren die Äußerungen der Abg. *Schwarzhaupt* mit der Neufassung des Gesetzes und seiner amtlichen Begründung zwar nicht ganz zu vereinen. Die Argumente der Abg. *Schwarzhaupt* und die des amtlichen Berichts zeigten aber eine deutliche Priorität des Kindeswohls gegenüber der Scheidungsschuld. Das *OLG Karlsruhe* hielt eine Übertragung der elterlichen Gewalt auf den schuldigen Teil schon dann für möglich, wenn dies dem Wohl des Kindes besser entsprach[403]. Andernfalls wäre der Rechtszustand des streng an die Scheidungsschuld anknüpfenden § 1635 BGB a.F. wieder erreicht, den bereits das EheG 1938 hatte überwinden wollen. Dieser Ansicht schloss sich später die h.M. an[404].
Neu an dieser Rechtsprechung war, dass die elterliche Gewalt bereits dann auf den schuldigen Elternteil übertragen werden konnte, wenn das Kind bei diesem besser untergebracht war.
Das *OLG Karlsruhe* setzte die Rechtsprechung des *OLG Freiburg* zu § 74 EheG 1946 fort[405]. Dabei sollte nicht übersehen werden, dass nach der Vereinigung der drei südwestdeutschen Länder Süd-Baden, Württemberg-Baden und Württemberg-Hohenzollern im Jahr 1952 das *OLG Karlsruhe* für den badischen Teil zum Obergericht erklärt und das *OLG Freiburg* aufgelöst wurde. Stattdessen wurden in Freiburg Außensenate des *OLG Karlsruhe* eingerichtet. Dem 5. Zivilsenat des *OLG Karlsruhe*, der diese Entscheidung fällte, gehörte OLGR *Schwoerer* an, der die Rechtsprechung des *OLG Freiburg* zu § 74 EheG 1946 entscheidend geprägt hatte.

---

401 *OLG Karlsruhe*, FamRZ 1958, 424.

402 *OLG Celle*, MDR 1947, 154; *OLG Tübingen*, DRZ 1948, 100; *OLG Freiburg*, DRZ 1949, 116; *OLG Neustadt/W.*, SJZ 1949, 117; *SchlOLG*, SchlHA Teil A 1949, 341; *BGH*, NJW 1951, 879 = *BGHZ* 3, 52; *Palandt/Lauterbach*, BGB, 7. Aufl. 1949, § 74 EheG Rz. 4; *v. Godin*, Ehegesetz, 2. Aufl. 1950, § 74 Rz. 8; Vgl. oben 2. Kapitel D.V, S. 29 ff.

403 Demgegenüber verlangte die h.M., dass dies zum Wohl des Kindes erforderlich oder das Kind andernfalls gefährdet ist.

404 *RGRK/Scheffler*, BGB, Bd. IV/2, 10./11. Aufl. 1964, § 1671 Rz. 60; *Gernhuber*, Familienrecht, 2. Aufl. 1970, § 56 V; *Palandt/Diederichsen*, BGB, 35. Aufl. 1976, § 1671 Rz. 4; *BayObLG*, FamRZ 1962, 436 (437); *KG*, FamRZ 1959, 509 (510); *KG*, FamRZ 1964, 641 (643); *KG*, FamRZ 1968, 263 (264); *BGH*, FamRZ 1976, 446.

405 Vgl. oben 2. Kapitel D.V.2, S. 30 ff.

III. Gemeinsame elterliche Gewalt nach der Scheidung

Eine gemeinsame elterliche Gewalt spielte in den Beratungen zu § 1671 BGB in der Fassung des GleichberG keine Rolle[406]. Die Übertragung auf einen Elternteil nach der Scheidung galt als selbstverständlich. Gleichwohl gab es Fälle, in denen die Eltern nach der Ehescheidung die elterliche Gewalt gemeinsam ausübten. Die gemeinsame elterliche Gewalt entstand entweder kraft Gesetz oder aufgrund Elternvereinbarung mit vormundschaftlicher Genehmigung.

1. Gemeinsame elterliche Gewalt kraft Gesetz

Zeitliche Verzögerungen bis zur Entscheidung über das Sorgerecht konnten dazu führen, dass die Eltern nach Rechtskraft der Ehescheidung die elterliche Gewalt gemeinsam ausübten. Die Ursache dafür lag in § 1671 Abs. 3 BGB, der das Vorschlagsrecht der Eltern regelte.

Das Gericht der Ehescheidung und das Gericht, das über die elterliche Gewalt zu entscheiden hatte, waren nicht identisch. Ein einheitlich zuständiges Gericht für die Ehesache und die Folgesachen führte erst 1977 das Erste Eherechtsreformgesetz (1. EheRG) ein[407]. Bis zur Änderung durch das 1. EheRG gab das Gericht der Ehescheidung seine Akten an das Vormundschaftsgericht ab, das diese Akten wegen des Schuldausspruchs benötigte, um über die elterliche Gewalt zu entscheiden[408]. Das Vormundschaftsgericht durfte, wenn die Eltern keinen gemeinsamen Vorschlag machten, frühestens zwei Monate nach Rechtskraft des Scheidungsurteils beschließen[409]. Die Entscheidung des Vormundschaftsgerichts setzte außerdem eine eingehende Prüfung aller in Betracht kommender Verhältnisse voraus, wenn das Sorgerechtsverfahren streitig durchgeführt wurde. Bis diese Prüfung beendet gewesen war, verging einige Zeit. Das Problem, welcher Rechtszustand zwischen Rechtskraft der Ehescheidung und der Entscheidung des Vormundschaftsgerichts hinsichtlich der elterlichen Gewalt bestand, fand in Literatur und Rechtsprechung keine Beachtung. Zur Lösung boten sich zwei Varianten an:

Mit Ausspruch der Ehescheidung fällt das Sorgerecht des Elternteils sofort weg, der es während der Ehe hatte. Erst durch die Entscheidung des Vormundschaftsgerichts wird wieder ein Sorgeberechtigter geschaffen. In Fällen,

---

[406] Vgl. oben 4. Kapitel C.II.3.a, S. 73 ff.

[407] Vgl. unten 5. Kapitel C.II.3, S. 122 ff.

[408] Dieses Problem konnte seit dem EheG 1938 auftreten, nachdem mit § 81 EheG 1938 der Automatismus der Übertragung der elterlichen Gewalt kraft Gesetz aufgegeben worden war. Folglich bestand dieser Rechtszustand immerhin knapp 40 Jahre von 1938 bis 1977.

[409] Es handelt sich insoweit um eine Wartefrist, vgl. dazu die Literaturangaben oben in Fn. 331.

in denen vor der Ehescheidung beide Eltern sorgeberechtigt gewesen waren, entsteht ein Schwebezustand, in welchem niemand befugt ist, die sich aus dem Sorgerecht ergebenden Rechte auszuüben[410]. Dieser Zustand wäre dann der Regelfall, weil den Eltern während der Ehe nach § 1626 BGB die elterliche Gewalt gemeinsam zusteht. Um dieses Ergebnis zu vermeiden, müssten von Amts wegen einstweilige Anordnungen des Vormundschaftsgerichts ergehen, welchem Elternteil bis zur endgültigen Entscheidung das Sorgerecht zustehen soll[411]. Aufgrund der Gefahr der Vorwegnahme der Hauptsache und den schwer wieder rückgängig zu machenden Folgen sind einstweilige Anordnungen auf dem Gebiet des Sorgerechts unüblich[412]. Mit der einstweiligen Anordnung wird eine Weichenstellung vorgenommen, die den Elternteil erheblich begünstigt, der einstweilen die elterliche Gewalt alleine übertragen bekommt. Das im Rahmen einer anschließenden Hauptsacheentscheidung zu berücksichtigende Kontinuitätsprinzip spricht zugunsten desjenigen, der die elterliche Gewalt für einen gewissen Zeitraum ausgeübt hat[413].

Nach der anderen Möglichkeit bleibt es bis zu der vom Vormundschaftsgericht zu treffenden Hauptsacheentscheidung bei dem Zustand, der während der Ehe bestand[414]. Dies ist in der Regel die gemeinsame elterliche Gewalt nach § 1626 BGB. Das BGB spricht sich selbst für diese Lösung aus. Es enthält keine Vorschrift mit dem Inhalt, dass das Recht der Personensorge mit der Auflösung der Ehe im Sinne der ersten Variante von selbst erlischt. Außerdem wurde durch § 39 DVO zum EheG 1938 der § 627a ZPO[415] neu eingefügt. Nach dieser Vorschrift blieb die nach § 627 ZPO vom Prozessgericht getroffene Anordnung zur Personensorge gemeinschaftlicher minderjähriger Kinder nach Auflösung der Ehe so lange wirksam, bis das Vormundschaftsgericht eine andere Anordnung getroffen hatte. Der Rechtszustand vor Rechtskraft der Ehescheidung sollte nach dem Willen des Gesetzgebers nach Rechtskraft fortbestehen.

Als Ergebnis bleibt festzuhalten, dass es nach der Ehescheidung bei einer gemeinsamen elterlichen Gewalt verblieb, wenn die Eltern zum Sorgerecht kei-

---

410 *Schlichting*, DR (A) 1939, 199.

411 Einstweilige Anordnungen können von Amts wegen in Rechtsanalogie zu §§ 24 Abs. 3, 50d, 53a Abs. 3, 69f FGG, 13 Abs. 4 HausrVO ergehen.

412 Ein Regelungsbedürfnis besteht nach *OLG Zweibrücken*, FamRZ 1983, 1162 beispielsweise nur dann, wenn ein Abwarten bis zur Hauptsacheentscheidung Nachteile für das Wohl des Kindes befürchten lässt, so wenn sich die Eltern die Kinder gegenseitig wegnehmen; vgl. im Übrigen die Beispiele bei *Zöller/Philippi*, ZPO, 23. Aufl. 2002; § 620 Rz. 39 und *Musielak/Borth*, ZPO, 3. Aufl. 2002, § 620 Rz. 44.

413 *Ebert*, Einstweiliger Rechtsschutz in Familiensachen (2002), § 3 Rz. 8.

414 So im Ergebnis auch *KG*, DR (A) 1939, 179; *Maßfeller/Reinicke*, Das Gleichberechtigungsgesetz (1958), § 1671 Anm. 5.

415 RGBl. I 1938, S. 923.

nen Vorschlag gemacht hatten und keine einstweiligen Anordnungen getroffen worden waren. Erst die Hauptsacheentscheidung des Vormundschaftsgerichts führte in der Regel zu einer Änderung der Rechtslage.

2. Gemeinsame elterliche Gewalt kraft Elternvereinbarung

Als § 1671 BGB in der Fassung des GleichberG in Kraft getreten war, stellte sich die Frage, ob die Eltern ein gemeinsames Sorgerecht nach der Scheidung vereinbaren könnten. Das zur Diskussion gestellte Problem entstand erst mit In-Kraft-Treten des GleichberG am 1. Juli 1958[416]. Solange während der Ehe die Personensorge in ihren wesentlichen Bestandteilen dem Vater alleine zustand, war es selbstverständlich, nach der Scheidung die Personensorge ebenfalls nur einem der beiden Elternteile zu übertragen. Nachdem die Eltern jetzt während der Ehe die elterliche Gewalt gemeinsam ausübten, hätte die theoretisch denkbare Möglichkeit bestanden, diesen Zustand aufrecht zu erhalten. Auslöser der in diese Richtung zielenden Diskussion war die beim Richterrecht beschriebene Entscheidung des *OLG Hamburg*[417].

Diese Entscheidung veranlasste vor allem die Literatur, sich für ein gemeinsames Sorgerecht nach der Scheidung einzusetzen, falls die Eltern einen dahingehenden übereinstimmenden Elternvorschlag machten und um Genehmigung des Vormundschaftsgerichts nachsuchten[418].

Das stärkste Argument war der Wortlaut des Gesetzes. Die Formulierung in § 1671 Abs. 4 Satz 1 BGB, „*Die elterliche Gewalt soll in der Regel einem Elternteil allein übertragen werden*", stand nach der in der Literatur vertretenen Meinung einer solchen Vereinbarung nicht entgegen. Dass die elterliche Gewalt immer einem Elternteil übertragen werden müsse, sei dieser Formulierung nicht zu entnehmen. Daneben ginge § 1626 BGB seit 1. Juli 1958 von einer gemeinsamen elterlichen Gewalt während der Ehe aus. Die gemeinsame

---

416 *Schwoerer*, FamRZ 1956, 242.

417 *OLG Hamburg*, FamRZ 1956, 241 = NJW 1956, 995; vgl. oben 3. Kapitel C.IV, S. 51 ff.

418 *Schwoerer*, FamRZ 1956, 242; *ders.*, FamRZ 1960, 122; *Staudinger/Schwoerer*, BGB, Bd. IV/3a, 10./11. Aufl. 1966, § 1671 Rz. 79; *Lüderitz/Lenzen*, FamRZ 1971, 625; *Treitz*, Die Verteilung der elterlichen Gewalt bei Auflösung der Elternehe und bei dauerndem Getrenntleben der Eltern (1974), S. 52; *Evans-von Krbek*, FamRZ 1975, 20 ff. (23); *Knieper*, JZ 1976, 158 (159 f.); **a.A.** *OLG Hamburg*, FamRZ 1956, 241; *OLG Celle*, NJW 1960, 151; *LG Stade*, MDR 1960, 147; *LG Tübingen*, FamRZ 1960, 121 (122); *OLG Stuttgart*, FamRZ 1960, 365 (LS); *OLG Bremen*, FamRZ 1961, 534 (535); *OLG Neustadt/W.*, FamRZ 1964, 91 (92); *BayObLG*, FamRZ 1964, 523; *Dölle*, Familienrecht, Band 2 (1965), § 97 III 5, S. 289; *Soergel/Siebert/Lange*, BGB, Bd. 5, 10. Aufl. 1971, § 1671 Rz. 21; *Palandt/Lauterbach*, BGB, 30. Aufl. 1971, § 1671 Rz. 1, 2; *Gernhuber*, Familienrecht, 2. Aufl. 1970, § 56 II; *Erman/ Ronke*, BGB, 2. Bd., 5. Aufl. 1972, § 1671 Rz. 11, 12.

elterliche Gewalt während der Ehe stehe mit einer gemeinsamen elterlichen Gewalt nach der Ehescheidung nach § 1671 BGB und dessen Wortlaut nicht in Widerspruch.
Außerdem setzte sich Rechtsprechung und Literatur mit den bei § 1671 BGB gemachten Ausnahmen auseinander. So lasse die h.M.[419] bei Vereinbarungen über die elterliche Gewalt vielfältige Modifizierungen zu[420]. Und auch der *BGH* habe die Frage offen gelassen und ausgeführt, es könne dahingestellt bleiben, ob sich die Eltern im Rahmen des § 74 EheG 1946 auf eine Teilung des Sorgerechts einigen könnten[421].
Ferner gingen die Befürworter des gemeinsamen Sorgerechts davon aus, dass die Rechtsbeziehungen der Eltern zu ihren Kindern durch die Scheidung nicht unmittelbar berührt werden, da sie nicht auf der Ehe, sondern auf der Elternschaft beruhten. Deshalb sei die Behauptung falsch, die Scheidung beende rechtlich die Einheit der Familie und erfordere eine Alleinsorge. Vielmehr erforderten in der Regel tatsächliche Gründe, nämlich das Uneinigsein der Eltern die Kinder einvernehmlich zu erziehen, die Übertragung des Sorgerechts auf einen Elternteil. Seien sich die Eltern aber einig, das Sorgerecht gemeinsam auszuüben, müsse nur der Vorschlag der Eltern mit dem Wohl des Kindes zu vereinbaren sein. Zu berücksichtigen sei dabei, dass die Eltern von dem ihnen beiden durch Art. 6 Abs. 2 GG eingeräumten Elternrecht Gebrauch machten, wenn sie die Pflege und Erziehung ihrer Kinder nach der Scheidung gemeinsam ausüben wollten.
In der von der h.M.[422] geforderten *„klaren Entscheidung“* sah dieser Teil der Literatur ebenfalls keinen Grund, der gegen ein gemeinsames Sorgerecht sprach. Falle das anfängliche Einverständnis später weg, könne das Vormundschaftsgericht immer noch aus Gründen des Kindeswohls eine abändernde Entscheidung nach § 1696 BGB treffen. Eine solche Entscheidung wirke sich nicht mehr belastend auf die Beziehung der Eltern aus, da eine Ehe nicht mehr bestehe.
Der Einwand, den Eltern sei möglich, bei Übertragung des Sorgerechts auf einen Elternteil durch interne Absprachen dieses Ergebnis zu erreichen, überzeugte die Literatur nicht. Die stärkere Rechtsposition des allein entscheidungsberechtigten Elternteils wirke sich von vorneherein beim Versuch einer

---

419 *Hoffmann/Stephan*, Ehegesetz, 1. Aufl. 1950, § 74 Rz. 5 B b; *Schwoerer*, JZ 1951, 709 (710); *ders.*, FamRZ 1958, 433 (434); *Soergel/Vogel*, BGB, Bd. 3, 8. Aufl. 1955, § 74 EheG Rz. 5; *Palandt/Lauterbach*, BGB, 35. Aufl. 1976, § 1671 Rz. 2; *OLG Frankfurt/M.*, FamRZ 1955, 146.

420 Befristung, Bedingung, zeitliche Aufteilung, vgl. dazu auch *Staudinger/Schwoerer*, BGB, Bd. IV/3a, 10./11. Aufl. 1966, § 1671 Rz. 75 ff. m.w.N.

421 *BGHZ* 3, 220 (226).

422 *OLG Hamburg*, FamRZ 1956, 241 = NJW 1956, 995; *LG Stade*, MDR 1960, 147; *BayObLG*, FamRZ 1964, 523.

gemeinsamen Entscheidung psychologisch zugunsten dieses Elternteils aus, da beide nicht gleiche Rechte hätten.

Das *LG Mannheim* schloss sich als erstes Gericht der in der Literatur vertretenen Auffassung an und übertrug die elterliche Gewalt beiden Eltern gemeinsam[423]. Es folgte der Argumentation der Literatur, wonach der Wortlaut des § 1671 BGB einer Übertragung auf beide Elternteile nicht entgegenstehe, die zu berücksichtigenden verwandtschaftlichen Bindungen zwischen den Eltern und dem Kind nach der Scheidung fortbestünden und bei späteren Differenzen gegebenenfalls nach § 1696 BGB eingegriffen werden könnte. Die Rechtsprechung des *LG Mannheim* hatten später noch zwei Gerichte bekräftigt[424]. Bis zum In-Kraft-Treten des 1. EheRG gab es in der veröffentlichten Rechtsprechung also nur drei Entscheidungen, in denen den Eltern das Sorgerecht gemeinsam belassen worden war.

Die Entscheidung des *LG Mannheim* setzte die Literatur in modifizierter Form fort. Die Literatur sprach sich für eine analoge Anwendung des § 1671 Abs. 2 BGB auf die Fälle aus, bei denen die Eltern dem Vormundschaftsgericht ein gemeinsames Sorgerecht vorschlugen. Mit einer analogen Anwendung des § 1671 Abs. 2 BGB setzte sich vor allem *Evans-von Krbek* auseinander[425]. Ihrer Auffassung nach dürfe das Vormundschaftsgericht von einem gemeinsamen Vorschlag der Eltern nur abweichen, wenn dies zum Wohl des Kindes erforderlich sei. Diese Grundsätze bekräftigte sie mit einem dreistufigen Modell.

(1) Der Wille des historischen Gesetzgebers gebe keinen Aufschluss darüber, ob den Eltern bei einem übereinstimmenden Vorschlag das Sorgerecht gemeinsam belassen werden könne[426]. Die Materialien zum GleichberG erwähnten das aufgeworfene Problem nicht. Vielmehr betonte der Regierungsentwurf in seiner Begründung, die elastische Regelung des § 74 EheG 1946, die es dem Richter erlaube eine den Umständen des Einzelfalls am besten entsprechende Entscheidung zu treffen, habe sich bewährt[427]. Aus diesem Grund nahm der Regierungsentwurf gegenüber der Rechtslage zum EheG 1946 keine Änderungen vor. Lediglich um Art. 3 Abs. 2 GG gerecht zu werden, wurde ausgeführt, der Richter entscheide nunmehr über die gesamte elterliche Gewalt, d.h. über Personen- und Vermögenssorge einschließlich der Vertretung auf diesem Gebiet.

---

423 *LG Mannheim* v. 11.12.1970, FamRZ 1971, 185; befürwortend *Knieper*, JZ 1976, 158 (160).
424 *AmtsG Tübingen*, DAVorm 1976, 424; *LG Wiesbaden*, FamRZ 1977, 60.
425 *Evans-von Krbek*, FamRZ 1975, 20.
426 *Evans-von Krbek*, FamRZ 1975, 20 (22).
427 BT-Drucks. 2/224, S. 62.

(2) Nachdem der Gesetzgeberwille nicht zu ergründen war, versuchte *Evans-von Krbek* über eine ergänzende Auslegung ein gemeinsames Sorgerecht zu erreichen[428]. Aber auch mit einer ergänzenden Auslegung des § 1671 BGB ließ sich kein gemeinsames Sorgerecht begründen. Eine ergänzende Auslegung müsse immer ihre Grenze im Wortsinn der auszulegenden Norm finden. § 1671 BGB in der Fassung des GleichberG sei aus den §§ 1635 BGB a.F., 81 EheG 1946 und 74 EheG 1946 entstanden. Diese Vorschriften regelten nur die Personensorge. Wenn unter der Geltung des GleichberG zum ersten Mal nach § 1671 Abs. 1 und Abs. 4 Satz 1 BGB die gesamte elterliche Gewalt einem Elternteil übertragen wird, könne aus der Ausnahmevorschrift des § 1671 Abs. 4 Satz 2 BGB nicht die Zulässigkeit der Übertragung der elterlichen Gewalt auf beide Eltern entnommen werden. Eine solche Ausnahme sei mit dem Wortsinn des Grundsatzes aus § 1671 Abs. 4 Satz 1 BGB nicht vereinbar.

(3) Weil eine ergänzende Auslegung kein gemeinsames Sorgerecht begründen konnte, war dies ihrer Meinung nach über Analogie zu § 1671 Abs. 2 BGB möglich[429]. Ausgangspunkt einer Analogie war der Umstand, dass eine Übertragung der elterlichen Gewalt auf beide Eltern nur aufgrund des übereinstimmenden Elternvorschlages erfolgen dürfe. Eine eigene Anordnungsbefugnis des Vormundschaftsgerichts bestand nicht. Um einen Analogieschluss ziehen zu können, verglich sie den gesetzlich nicht geregelten Fall mit dem gesetzlich geregelten Fall. Der gesetzlich geregelte Fall sehe ein Vorschlagsrecht der Eltern vor, entweder dem Vater oder der Mutter die gesamte elterliche Gewalt zu übertragen. Der nicht von der gesetzlichen Regelung erfasste Fall weise einen Vorschlag auf, beiden Eltern die gemeinsame elterliche Gewalt zu belassen. Die Übereinstimmung mit dem Gesetz – der gemeinsame Elternvorschlag – und der Unterschied – der Inhalt des Elternvorschlags – müssten jetzt gegeneinander abgewogen werden. Anhaltspunkte dafür gebe das Gesetz selbst. Die *ratio legis* des § 1671 BGB sei darauf ausgerichtet den Elternvorschlag zu bevorzugen und unter Abkehr einer schematischen Regelung eine am Wohl des Kindes orientierte Entscheidung zu treffen. Mit dieser *ratio legis* sei der oben genannte Elternvorschlag vergleichbar und eine rechtliche Gleichbehandlung der Sachverhalte sinnvoll.

Eine analoge Anwendung des § 1671 Abs. 2 BGB in der Fassung des GleichberG ließ nach dieser Ansicht also eine gemeinsame elterliche Gewalt bei einem übereinstimmenden Elternvorschlag zu, wenn der Vorschlag mit dem Wohl des Kindes vereinbar war.

---

428 *Evans-von Krbek*, FamRZ 1975, 20 (22).

429 *Evans-von Krbek*, FamRZ 1975, 20 (22, 23).

IV. Einflussnahme des 1. EheRG auf das GleichberG über eine Vorwirkung von Gesetzen

Bei der Regelung der elterlichen Gewalt berücksichtigte das Vormundschaftsgericht den Schuldspruch[430] nach § 1671 Abs. 3 BGB in der Fassung des GleichberG. Das Erste Eherechtsreformgesetz (1. EheRG) vom 14. Juni 1976, welches das Verschuldensprinzip aus sämtlichen Vorschriften des Familienrechts eliminierte, trat erst ein Jahr nach seiner Verkündung am 1. Juli 1977 in Kraft.

Diese Situation ließ die Frage aufkommen, ob der Umstand, dass das Verschuldensprinzip ab 1. Juli 1977 keine gesetzliche Grundlage mehr hatte, bei einer Entscheidung nach § 1671 BGB in der Fassung des GleichberG in der Zeit vom 14. Juni 1976 bis zum 30. Juni 1977 berücksichtigt werden konnte. Die Berücksichtigung des noch nicht in Kraft getretenen Rechts begründete die Rechtswissenschaft über die Grundsätze der Voranwendung bzw. Vorberücksichtigung von Gesetzen.

1. Voranwendung von Gesetzen

Bei der Voranwendung von Gesetzen wird das künftige Gesetz als eigenständige Rechtsgrundlage angewandt, obwohl es formal nicht verbindlich, vielleicht noch nicht einmal verkündet, zustande gekommen oder im Parlament eingebracht worden ist[431]. Eine Voranwendung scheitert nur bei straftatbegründenden oder –verschärfenden Strafgesetzen aufgrund des Rückwirkungsverbotes des Art. 103 Abs. 2 GG, § 2 Abs. 2 StGB[432]. Da sich bei der Voranwendung von Gesetzen der Voranwender über die bestehende Rechtslage hinwegsetzt, ist die Voranwendung aus Rechtsstaatsgesichtspunkten in sehr engen Grenzen zulässig. Als Voraussetzung wird zum einen das Einbringen in das Parlament und zum anderen die Verkündung des erwarteten Gesetzes verlangt. Die Verkündung muss spätestens ein Jahr[433] nach der Voranwendungsentscheidung, auf jeden Fall innerhalb der jeweils laufenden Legislaturperiode

---

[430] Der Schuldspruch des Scheidungsurteils war verbindlich und unabhängig seiner Richtigkeit vom Vormundschaftsgericht nicht mehr nachzuprüfen, vgl. die Nachweise oben Fn. 106; **a.A.** *Beitzke*, Familienrecht, 13. Aufl. 1966, § 29 III 3, S. 183.

[431] *Kloepfer*, Vorwirkung von Gesetzen (1974), S. 95; *Kloepfer*, JuS 1976, 436 (440); **ähnlich**: *Kramer*, FamRZ 1974, 8 (10); **strenger**: *Pulch*, ZRP 1969, 150, der das Problem dadurch zu lösen versucht, dass der Richter Kraft seiner Autorität materielle Gerechtigkeit walten lässt.

[432] Aufgrund des strafrechtlichen Sondercharakters kann aus der Unzulässigkeit der Voranwendung in diesen Fällen kein Rückschluss für die Voranwendung in anderen Fällen gezogen werden, vgl. *Kloepfer* [Fn. 431] S. 101.

[433] Für diese zeitliche Begrenzung soll § 76 VwGO sprechen. Erfolgt das In-Kraft-Treten des vorangewendeten Gesetzes bis zu diesem Zeitpunkt nicht, dann muss der Fall so entschieden werden, als ob das Gesetz endgültig gescheitert ist, vgl. *Kloepfer* [Fn. 431] S. 108.

erfolgen. Der Grund dafür wird in der hohen Wahrscheinlichkeit der Realisierung des vorangewendeten Gesetzes gesehen[434].

2. Vorberücksichtigung von Gesetzen

Neben der Voranwendung von Gesetzen gibt es noch eine abgeschwächte, in der Praxis wesentlich bedeutendere Form der Vorwirkung von Gesetzen. Es handelt sich dabei um die Vorberücksichtigung von Gesetzen. Im Gegensatz zur Voranwendung von Gesetzen, die sich über die Geltung des bestehenden Rechts hinwegsetzt, bewegt sich die Vorberücksichtigung im Rahmen des zum Entscheidungszeitpunkt geltenden Altrechts. Die Vorberücksichtigung legt das Altrecht aus und wendet es im Lichte des künftigen Rechts an[435]. Das Altrecht bleibt die maßgebliche Rechtsgrundlage; das künftige Recht dient als unselbstständige Richtlinie für die Auslegung oder die Anwendung des Altrechts. Diese Form der Vorwirkung von Gesetzen vertritt die Rechtsprechung[436]. Dass rechtspolitischer Druck auf den Gesetzgeber ausgeübt werde und Unsicherheit über die Realisierung des Gesetzgebungsverfahrens bestünde, spricht nach dieser Meinung nicht gegen die Vorberücksichtigung. Die Vorberücksichtigung bewegt sich ohnehin nur in den Grenzen und den Möglichkeiten des Altrechts und bedeutet keinen Unterschied zu einer sonstigen ständigen Rechtsprechungsentwicklung oder Verwaltungsübung, die sich im Laufe der Zeit herauskristallisiert[437].

3. Rechtsprechungsbeispiele zur Vorwirkung von Gesetzen

Die Vorberücksichtigung der dem 1. EheRG zugrunde liegenden Wertungen hatte das *LG Berlin* in einer Entscheidung aus dem Jahr 1970 überzeugend dargelegt[438]. Es gab in dieser Entscheidung die Rechtsprechung des übergeordneten *KG*[439] zu den besonderen Gründen auf. Das *LG Berlin* hielt unter Berufung auf die einhellige Auffassung[440] das Verschuldensprinzip als nicht mit den geltenden Vorstellungen vereinbar, welche die Einführung des Zerrüttungsprinzips allgemein befürworte. Die Entscheidung verkannte zwar nicht, dass es sich dabei um Vorschläge *de lege ferenda* handelte. Doch konnten nach Ansicht des *LG Berlin* die den bekannten Gesetzesvorschlägen (d.h. Diskussionsentwurf und Referentenentwurf zum 1. EheRG) zu Grunde liegenden

---

434 Bestehen keine Zweifel mehr am In-Kraft-Treten eines Gesetzes, so z.B. wenn es den Bundesrat durchlaufen hat, ist die Voranwendung regelmäßig geboten.

435 *Kloepfer* [Fn. 431] S. 161 ff.

436 *Kloepfer* [Fn. 431] dort Fn. 773 bis 780 mit zahlreichen Nachweisen aus der Rechtsprechung.

437 *Kloepfer* [Fn. 431] S. 180 ff.

438 *LG Berlin* v. 7.10.1970, FamRZ 1971, 36.

439 *KG*, FamRZ 1959, 509 (510); *KG*, FamRZ 1964, 641 (643); *KG*, FamRZ 1968, 263 (264).

440 Vgl. die Nachweise unten in Fn. 455.

Überlegungen bei der Auslegung des § 1671 BGB in der Fassung des GleichberG nicht außer Betracht bleiben[441]. Jede Auslegung eines Gesetzes habe sich nach dem objektiven Willen des Gesetzgebers zu richten und das Gesetz zeitgemäß, d.h. nach den gegenwärtigen und nicht nach den zurzeit seines Erlasses geltenden Vorstellungen auszulegen. Das *LG Berlin* stellte das Wohl des Kindes in den Vordergrund. Es übertrug der für allein schuldig erklärten Mutter die elterliche Gewalt, da dies dem Wohl des Kindes erheblich besser entsprach als eine Übertragung auf den schuldlosen Vater.

Dem Weg des *LG Berlin* verschloss sich das *BayObLG* mit dem Hinweis auf rein formale Gesichtspunkte[442]. Der § 1671 Abs. 3 Satz 2 BGB in der Fassung des GleichberG enthielt nach Meinung des *BayObLG* nach wie vor geltendes Recht. Die durch das 1. EheRG vom 14. Juni 1976 vorgenommene Änderung – Aufgabe des Verschuldensprinzips im Scheidungsrecht und fehlende Berücksichtigung eines Vorrechts des nicht schuldigen Ehegatten bei der Sorgerechtsregelung – trete erst am 1. Juli 1977 in Kraft. Der Schuldspruch sei daher weiterhin verbindlich. Das *BayObLG* sah sich im Übrigen an einer Anwendung des neuen Rechts gehindert, weil der Gesetzgeber das In-Kraft-Treten der neuen Bestimmungen bewusst um ein Jahr hinausgeschoben habe[443].

4. Kritische Anmerkung zu den Rechtsprechungsbeispielen

Den Entscheidungen des *BayObLG* begegnen zum Teil grundsätzliche Bedenken. Eine Vorberücksichtigung des 1. EheRG hätte ab dessen Verkündung, dem 14. Juni 1976 erfolgen können.

Die Argumentation des *BayObLG* vermag für die Entscheidungen vom 19. November 1974 und 19. März 1975 überzeugen, nicht aber für die vom 29. Juni 1976. Bestimmte Gesetze sind einer Voranwendung in besonderer Weise eröffnet. So werden grundsätzliche Reformgesetze und umfassende Kodifikationen, die neuen Gerechtigkeitsvorstellungen, politischen Wertungen oder wissenschaftlichen Erkenntnissen entsprechen, einer Vorwirkung besonders zugänglich sein. Gerade die Einführung des Zerrüttungsprinzips und die Eliminierung des Schuldgedankens aus sämtlichen Vorschriften des Familienrechts entsprachen den gewandelten gesellschaftlichen Verhältnissen und neuen Gerechtigkeitsvorstellungen. Einer Vorberücksichtigung bei der Auslegung des Altrechts stand nichts im Wege. In der Zeit vom 14. Juni 1976 bis zum 30. Juni 1977 fand eine Vorwirkung von Gesetzen keine größere Beachtung. Dies verwundert, da diese Problematik schon im Zusammenhang mit dem GleichberG aufgetreten war. Die Verkündung des GleichberG erfolgte am

441 *LG Berlin*, FamRZ 1971, 36 (37, 38).

442 *BayObLG* v. 19.11.1974, FamRZ 1975, 169 (170); *BayObLG* v. 19.3.1975, FamRZ 1976, 38 (39) und *BayObLG* v. 29.6.1976, FamRZ 1976, 532 (533).

443 *BayObLG*, FamRZ 1976, 532 (533).

18. Juni 1957, es trat jedoch nach Art. 8 Abs. 2 Nr. 4 GleichberG erst am 1. Juli 1958 in Kraft. Zwischen Verkündung und In-Kraft-Treten lag eine ähnlich lange Zeitspanne wie beim 1. EheRG. In Rechtsprechung und Literatur herrschte zur damaligen Zeit nahezu einhellig die Auffassung, die Normen des GleichberG seien als Richtlinien für die Auslegung des geltenden Rechts heranzuziehen[444].

Bei der Entscheidung des *LG Berlin* handelte es sich streng genommen nicht um eine Vorwirkung des 1. EheRG, sondern um eine Auslegung eines *„gealterten"* Gesetzes, weil das zukünftige Recht noch nicht feststand. Seit Verkündung des GleichberG stand die Zeit nicht still. Die tatsächlichen Verhältnisse und Gepflogenheiten, die der Gesetzgeber vor Augen hatte, hatten sich gewandelt. Nicht jeder Wandel der Verhältnisse zieht sogleich eine Änderung des Norminhalts nach sich. Das Spannungsverhältnis drängt dann nach einer veränderten Auslegung oder richterlichen Rechtsfortbildung, wenn die Unzulänglichkeiten evident[445] oder untragbar[446] geworden sind.

Unter Berücksichtigung dieser Voraussetzungen überzeugt die Entscheidung des *LG Berlin*, denn 1970 galt das Zerrüttungsprinzip nach ganz h.M. als das im Familienrecht einzuführende Rechtsinstitut[447]. Nachdem das *LG Berlin* allein dem Wohl des Kindes Rechnung trug, setzte es sich nicht über den Zweck des § 1671 BGB in der Fassung des GleichberG hinweg.

E. Schlussbetrachtung und Stellungnahme

Die familienrechtlichen Reformen der nationalsozialistischen Epoche hatten vor allem ein Instrumentarium für das Eindringen des Staates in die verschiedenen Bereiche des Familienlebens geschaffen[448]. Das EheG 1946 hatte die meisten Vorschriften aus dem EheG 1938 fast ausnahmslos und wortgetreu übernommen. Befreit wurde das Familienrecht lediglich von typisch nationalsozialistischem Gedankengut, so etwa von Bezugnahmen auf den Rassegedanken[449]. So blieb ein Familienrecht erhalten, das eine weitgehende staatliche

---

444 *OLG Frankfurt/M.*, FamRZ 1957, 323; *OLG Frankfurt/M.*, FamRZ 1957, 374; *LG Wiesbaden*, FamRZ 1957, 374; *LG Wiesbaden*, FamRZ 1957, 425; *OLG Düsseldorf*, NJW 1957, 1324; *LG Hamburg*, FamRZ 1957, 271; *LG Berlin*, FamRZ 1957, 378; *Bosch*, FamRZ 1957, 189; *Scheyhing*, JZ 1957, 741; *Beitzke*, FamRZ 1958, 7 (11); a.A. *OLG Stuttgart*, NJW 1957, 1807; *Schwoerer*, Die Justiz 1957, 321; *Donau*, NJW 1958, 250; *Staudinger/Donau*, BGB, Bd. IV/3a, 10./11. Aufl. 1966, Vorb. § 1626 Rz. 30.

445 *Larenz/Canaris*, Methodenlehre der Rechtswissenschaft, 3. Aufl. 1995, S. 171.

446 *Diederichsen*, Die „reductio ad absurdum" in der Jurisprudenz, in: FS für Larenz (1973), S. 155 ff. (S. 177).

447 Vgl. die Literaturangaben unten in Fn. 455.

448 *Ramm*, Eherecht und Nationalsozialismus, in: FS für Fraenkel (1973), S. 151 ff.

449 So z.B. §§ 4, 5, 29, 48, 53 EheG 1938.

Einmischung in die Bereiche des Ehe- und Familienlebens ermöglichte. Dieses Familienrecht bildete die Grundlage des GleichberG.

Das Bonner Grundgesetz verankerte wie die Weimarer Reichsverfassung die Gleichheit von Mann und Frau (Art. 3 GG). Dieser Artikel wurde als Bestandteil des Grundrechtskataloges gemäß Art. 1 Abs. 3 GG bindendes Recht, unabhängig davon, inwieweit sich der Gesetzgeber bis 31. März 1953 (Art. 117 Abs. 1 GG) mit der Materie befasst haben würde. Dem GleichberG kam die Aufgabe zu, diesen Grundsatz umzusetzen. Bei der Vorschrift des § 1671 BGB gelang dies[450]. Für den Fall der Scheidung stärkte das Gesetz die elterliche Einigung bei der Verteilung der Kinder. Von einem gemeinsamen Vorschlag der Eltern durfte das Vormundschaftsgericht nur abweichen, wenn dies zum Wohl des Kindes erforderlich war. Das GleichberG schwächte das Schuldprinzip ab, weil der Vormundschaftsrichter lediglich die Alleinschuld berücksichtigen durfte, nicht dagegen die überwiegende Schuld. War ein Ehegatte allein für schuldig erklärt worden, konnte ihm die elterliche Gewalt nur aus schwerwiegenden Gründen übertragen werden. Bei einer überwiegenden Schuld erfolgte bei fehlendem Elternvorschlag die Übertragung der elterlichen Gewalt nach Gesichtspunkten des Kindeswohls. Insgesamt zeigte das GleichberG damit eine starke Tendenz zum Schutz der Familie vor dem Staat[451]. Die eheliche Mutter erreichte im Hinblick auf § 1671 BGB einen dem Vater ebenbürtigen Status. Dessen Sonderstatus, insbesondere bei der Vermögenssorge wurde auf dem Gebiet des § 1671 BGB zugunsten gleicher Rechte und gleicher Pflichten ersetzt[452].

Das GleichberG verbesserte daneben die inhaltliche Systematik des BGB. Die Vorschriften über die Regelung der elterlichen Gewalt bei Ehescheidung wurden nicht als §§ 1635 bis 1637 BGB eingefügt, wo dieser Sachverhalt noch vor dem EheG 1938 geregelt war, sondern als §§ 1664ff. BGB. Die §§ 1626 bis 1649 BGB enthielten somit zusammenhängend die Vorschriften über die Grundsätze der Personen- und Vermögenssorge während bestehender Ehe. In

---

450 Anders dagegen noch die §§ 1356 und 1360 BGB in der Fassung des GleichberG, die der Ehefrau immer noch die Rolle der Hausfrau zuordneten.

451 *Zitscher*, Elterlicher Status in Richterrecht und Gesetzesrecht (1996), S. 301.

452 Soweit es um die Einheit der Ehe und Familie ging, hat der Gesetzgeber auf eine Gleichbehandlung verzichtet und am Entscheidungsrecht des Vaters festgehalten (Stichentscheid). Diese Benachteiligung der Frau im Kindschaftsrecht wurde schon ein Jahr nach In-Kraft-Treten des GleichberG vom Bundesverfassungsgericht behoben, das diese Bestimmungen am 29.7.1959 für verfassungswidrig und deshalb für nichtig erklärte, vgl. *BVerfGE* 10, 59 = NJW 1959, 1483. Ausführlich zu dieser Entscheidung *Brokamp*, Die Verrechtlichung der Eltern-Kind-Beziehung in hundert Jahren BGB (2001), S. 122 ff.

den §§ 1664ff. BGB waren jetzt ebenfalls zusammenhängend die Fragen geregelt, die aus einer Störung des Familiengefüges entstehen[453].

Wünschenswert wäre gewesen, den Eltern die Möglichkeit einer gemeinsamen elterlichen Gewalt zu gewähren. Kraft Gesetz war dies zum Teil für eine Dauer von mindestens zwei Monaten denkbar[454]. Ein gemeinsames Sorgerecht durch die Rechtsprechung zu ermöglichen, hätte lediglich die logische Fortführung einer durch das Gesetz eingeräumten gemeinsamen elterlichen Gewalt bedeutet. Weshalb diese Gesetzeslücke in Rechtsprechung und Literatur nicht konsequenter ausgenutzt wurde, vermag heute nicht mehr festgestellt werden. Aller Wahrscheinlichkeit nach war die durch den Zweiten Weltkrieg geprägte Gesellschaft nicht reif für solche Ideen.

---

453 *Zitscher* [Fn. 451] S. 264.
454 Vgl. oben 4. Kapitel D.III.1, S. 88 ff.

5. Kapitel Das Erste Eherechtsreformgesetz von 1976 (1. EheRG)

A. Einführung

Im Bereich des Ehe- und Familienrechts vertrat die Bundesregierung die Meinung, die Gleichberechtigung der Frau sei noch immer nicht voll verwirklicht. Im Scheidungsrecht hielt die h.M. das Schuldprinzip inzwischen für überholt[455]. Das Zerrüttungsprinzip galt als das anzustrebende Ziel im Familienrecht. Die rechtlichen Wirkungen der Ehe, die Ehescheidung und die Scheidungsfolgen sollten aus diesem Grund auf eine neue Grundlage gestellt werden[456].

Die angestrebte Reform löste nach den Ausführungen des Bundesjustizministers *Vogel*[457] die 1961 erfolgte Änderung des § 48 Abs. 2 EheG aus[458], nach der eine Scheidung aufgrund dreijährigen Getrenntlebens gegen den Widerspruch des nicht oder minderschuldigen Teils in der Regel ausgeschlossen war[459]. Nachdem sich die Ansicht[460] durchgesetzt hatte, dass es mit einer Wiederherstellung der ursprünglichen Fassung des § 48 Abs. 2 EheG nicht getan

---

455 1. Teilbericht der Eherechtskommission beim BMJ, FamRZ 1970, 213; *Held*, FamRZ 1970, 298 (299); *Bosch*, FamRZ 1970, 109 (**a.A.** noch zum GleichberG: *Bosch*, Familienrechtsreform (1952), S. 43 ff.; *ders.*, Neue Rechtsordnung in Ehe und Familie (1954), S. 50); *Wüstenberg*, DRiZ 1970, 252 (253); *Wolf*, JZ 1970, 441 (447); *Giesen*, Aktuelle Probleme einer Reform des Scheidungsrechts (1971), S. 7; Deutsche Richterakademie, DRiZ 1973, 237.

456 BT-Drucks. 7/650, S. 1.

457 *Vogel*, FamRZ 1976, 481.

458 Familienrechtsänderungsgesetz v. 11.8.1961, BGBl. I 1961, S. 1221; durch diese Gesetzesänderung sollte die Rechtsprechung des *BGH* zu § 48 EheG zementiert werden, vgl. BT-Drucks. 3/2812, S. 9; *Schwarzhaupt*, FamRZ 1961, 329 (332); *Scheld*, FamRZ 1961, 332; *Schneider*, Zur Rechtsprechung des 4. Zivilsenats des Bundesgerichtshofs zu § 48 des Ehegesetzes und die Reform des Scheidungsrechts, in: FS für Kern (1968), S. 439 ff. (S. 445); *Müller-Freienfels*, Ehe und Recht (1962), S. 159; Zur Reform des § 48 EheG vgl. *Klose*, Ehescheidung und Ehescheidungsrecht in der DDR – ein ostdeutscher Sonderweg? (1994), S. 85 ff; *Graehl*, Die geschichtliche Entwicklung des § 48 Ehegesetz (1966), S. 112 ff. Zu den Reformen des EheG in Österreich vgl. *Mader*, Ehebruch als Scheidungstatbestand (2002), S. 126 ff.

459 Nach *Deubner*, NJW 1969, 1645; *ders.*, Zerrüttungsprinzip und Streitträchtigkeit, in: Eherechtsreform (1971), S. 62 wurde das dem § 48 EheG enthaltene Zerrüttungsprinzip nach 1945 durch die Rechtsprechung, insbesondere durch den 4. Zivilsenat des *BGH*, zu einer Scheidung wegen Verschuldens umgeformt; **ähnlich**: *Lauterbach*, NJW 1969, 897 (898).

460 Vgl. den Antrag der FDP-Bundestagsfraktion aus dem Jahr 1967 auf Wiederherstellung des § 48 Abs. 2 EheG in seiner ursprünglichen Fassung, BT-Drucks. 5/1444; *Schneider* [Fn. 458] S. 439 ff. (S. 455).

sei, fasste der Bundestag am 8. November 1967 auf Initiative der SPD-Fraktion[461] ohne Gegenstimmen bei zwei Enthaltungen folgenden Beschluss[462]:

„Die Bundesregierung wird ersucht, eine Kommission zur Vorbereitung einer Reform des Ehe- und Scheidungsrechts zu berufen. Der Kommission sollen u.a. Wissenschaftler aller in Betracht kommenden Fachrichtungen, Richter, Rechtsanwälte, Vertreter der Kirchen sowie weitere Sachverständige angehören. Die Kommission soll das Ehe- und Scheidungsrecht überprüfen und Änderungsvorschläge ausarbeiten. In den Kreis der Erörterungen sind (...) einzubeziehen."

Die aus 16 Fachleuten (davon fünf Frauen) verschiedener Berufe und Wissenszweige zusammengesetzte Kommission nahm im Sommer 1968 ihre Beratungen auf und legte ihre Ergebnisse in drei Teilberichten vor[463]; am 8. Mai 1970 zum Scheidungs- und Unterhaltsrecht, am 18. September 1970 zum Verfahrensrecht und am 13. Juni 1972 zur sozialen Sicherung der Ehegatten.
Das 1. EheRG wurde am 11. Dezember 1975 vom Bundestag mit den Stimmen der Koalition gegen die der Opposition angenommen (228 gegen 192 Stimmen)[464]. In einer Sondersitzung rief der Bundesrat den Vermittlungsausschuss an. Darauf kam es später zu einem Vermittlungsvorschlag, der jedoch umstrittene Regelungen außerhalb der elterlichen Gewalt betraf. Das 1. EheRG wurde am 14. Juni 1976 verkündet und trat am 1. Juli 1977 in Kraft. Am Ende des Gesetzgebungsverfahrens erhielt § 1671 BGB die vom Rechtsausschuss empfohlene Fassung[465]:

---

461 BT-Drucks. 5/2162; *Beitzke*, ZfRV 1972, 1.

462 Vgl. stenographische Protokolle des Bundestages, 5. Wahlperiode, 131. Sitzung v. 8.11. 1967, S. 6704; Bulletin des Presse- und Informationsamt der Bundesregierung 1968, S. 256. Dagegen wurde der Antrag der FDP BT-Drucks. 5/1444 vom Koalitionspartner SPD nicht unterstützt, vgl. stenographische Protokolle des Bundestages, 5. Wahlperiode, 103. Sitzung v. 14.4.1967, S. 4804 ff.

463 Zu den Mitgliedern vgl. Bulletin des Presse- und Informationsamt der Bundesregierung 1968, S. 256.

464 Vgl. stenographische Protokolle des Bundestages, 7. Wahlperiode, 209. Sitzung v. 11.12.1975, S. 14403 ff. Der Debatte entspringt der Satz *Mikats*, *„die Ehe sei leichter kündbar als ein Mietverhältnis"*, vgl. stenographische Protokolle des Bundestages, 7. Wahlperiode, 209. Sitzung v. 11.12.1975, S. 14414 (C) und (D).

465 BGBl. I 1976, S. 1421. Die Hervorhebungen erfolgten durch den Verfasser und machen die Abweichungen gegenüber den Änderungsvorschlägen des Bundesrats deutlich. *Fischer*, Die Novellierung des Familienrechts unter besonderer Berücksichtigung der Rechtsstellung der Ehefrau und Mutter in der Zeit von 1945 bis 1983 (1989), S. 218 übersieht in diesem Zusammenhang die Ersetzung des Begriffs *„Gericht"* durch den Begriff *„Familiengericht"*.

Beschlüsse des 6. Ausschusses

(1) Wird die Ehe der Eltern geschieden, so bestimmt das Familiengericht, welchem Elternteil die elterliche Gewalt über ein gemeinschaftliches Kind zustehen soll.

(2) Von einem gemeinsamen Vorschlag der Eltern soll das ***Familiengericht*** *nur abweichen, wenn dies zum Wohle des Kindes erforderlich ist.*

(3) Haben die Eltern keinen Vorschlag gemacht oder billigt das ***Familiengericht*** *ihren Vorschlag nicht, so trifft es die Regelung, die unter Berücksichtigung der gesamten Verhältnisse dem Wohle des Kindes am besten entspricht.*

(4) [1]Die elterliche Gewalt soll in der Regel einem Elternteil allein übertragen werden. [2]Erfordert es das Wohl des Kindes, so kann einem Elternteil die Sorge für die Person, dem anderen die Sorge für das Vermögen des Kindes übertragen werden.

(5) Das ***Familiengericht*** *kann die Sorge für die Person und das Vermögen des Kindes einem Vormund oder Pfleger übertragen, wenn dies erforderlich ist, um eine Gefahr für das geistige oder leibliche Wohl oder für das Vermögen des Kindes abzuwenden.*

(6) [1]Die vorstehenden Vorschriften gelten entsprechend, wenn die Ehe der Eltern für nichtig erklärt oder aufgehoben worden ist. [2]Haben die Eltern innerhalb von zwei Monaten nach Rechtskraft des Urteils, durch das die Ehe für nichtig erklärt oder aufgehoben worden ist, keinen Vorschlag gemacht, so trifft das Familiengericht die Regelung, die unter Berücksichtigung der gesamten Verhältnisse dem Wohle des Kindes am besten entspricht.

B. Änderungen und Gemeinsamkeiten von 1. EheRG und GleichberG

Das 1. EheRG hatte den § 1671 BGB nicht stärker verändert, als es aufgrund des neuen Scheidungsrechts erforderlich war[466].

Im Ehescheidungsrecht ersetzte das Zerrüttungsprinzip das Schuldprinzip. Als Folge davon konnte das Vormundschaftsgericht bei der Regelung der elterlichen Gewalt im Falle einer Ehescheidung nicht mehr an den Schuldausspruch anknüpfen[467]. Alleiniger Entscheidungsmaßstab wurde das Wohl des Kindes. Das Verfahrensrecht fasste die Zuständigkeiten für Ehesachen und die damit zusammenhängenden Verfahren (Folgesachen) im Verbund zusammen und bündelte sie nach dem Grundsatz der Entscheidungskonzentration beim Amtsgericht[468] als Familiengericht. Das Sorgerechtsverfahren fiel von Amts wegen in den Ehescheidungsverbund[469].

---

466 *Dittmann*, ZblJugR 1977, 187 (189); *Braga*, Reformgesetze und Zukunftsforschung – Zur Frage der Verfassungsmäßigkeit des 1. EheRG, in: FS für Beitzke (1979), S. 145 ff. (S. 150) hält das 1. EheRG für verfassungswidrig, weil es aufgrund seiner Neuerungen Veränderungen im Verhalten der Bevölkerung hervorrufen könnte.

467 *Kissel*, Ehe und Ehescheidung, Band 1 (1977), S. 162.

468 Die Eherechtskommission beim BMJ wollte noch 1970 die mit drei Berufsrichtern besetzte Zivilkammer entscheiden lassen, vgl. Thesen 7 und 8, FamRZ 1970, 429 (430).

469 Kritisch *Roestel*, Unsere Jugend 1973, 106 (110).

Materiell-rechtlich bedeutete die Gleichzeitigkeit von Scheidungsausspruch und Sorgerechtsregelung vor allem, dass es im Gegensatz zur Rechtslage vor dem 1. Juli 1977 kraft Gesetz keinen Fortbestand gemeinsamer elterlicher Gewalt nach der Scheidung mehr gab[470]. Es fehlte jetzt die Frist, binnen der dem Familiengericht nach der Ehescheidung ein gemeinschaftlicher Vorschlag der Eltern vorliegen musste. Nachdem das Familiengericht im Verbundverfahren regelmäßig eine Entscheidung zusammen mit dem Scheidungsurteil trifft, war eine besondere Frist für den gemeinsamen Vorschlag entbehrlich geworden.

§ 1671 BGB in der Fassung des 1. EheRG ging wie seine Vorgängervorschrift weiterhin vom Alleinsorgerecht eines Elternteils aus. Ein gemeinsames Sorgerecht war vom Gesetzgeber des 1. EheRG nicht vorgesehen.

C. Das Gesetzgebungsverfahren zum 1. EheRG[471]

Die in den Einzelheiten teilweise umstrittenen[472] Errungenschaften des 1. EheRG führten zur Abschaffung des Verschuldensprinzips bei der Ehescheidung, das damit seine Bedeutung bei der Regelung des Sorgerechts verlor und zur Einführung des Ehescheidungsverbundes. Die Beweggründe des Gesetzgebers zu diesen Schritten und die einschneidenden Auswirkungen auf das Sorgerecht bedürfen der genaueren Untersuchung.

I. Sechste Wahlperiode[473]

1. 1. EheRG-E und 2. EheRG-E

Der Entscheidungsfindungsprozess zum 1. EheRG zog sich von der sechsten bis in die siebte Wahlperiode hin. Direkt im Anschluss an die Konstituierung des sechsten Bundestages nahm Bundeskanzler *Willy Brandt* in seiner Regierungserklärung vom 28. Oktober 1969 zur Eherechtsreform wie folgt Stellung[474]:

---

470 Vgl. zur gemeinsamen elterlichen Gewalt kraft Gesetz oben 4. Kapitel D.III.1, S. 88 ff.

471 Eine ausführliche Gesetzesdokumentation zum Gesetzgebungsverfahren befindet sich im Parlamentsarchiv des Deutschen Bundestages, Band VII/415-1 und VII/415-2.

472 Vgl. aus dem Bereich der Kirchen die Stellungnahme des Kommissariats der deutschen Bischöfe, FamRZ 1977, 699 und der Evangelischen Kirche in Deutschland, FamRZ 1977, 700.

473 20. Oktober 1969 – 22. September 1972; die Mehrheitsverhältnisse im Deutschen Bundestag stellten sich wie folgt dar: CDU/CSU 46,1% = 242 (+8) Sitze, SPD 42,7 % = 224 (+13) Sitze, FDP 5,8% = 30 (+1) Sitze. Die Regierung wurde durch eine Sozialliberale Koalition (SPD/FDP) gebildet. Vgl. *Schindler,* Datenhandbuch zur Geschichte des Deutschen Bundestages 1949 bis 1999, Band 1 (1999), S. 167 und 1144.

474 Vgl. stenographische Protokolle des Bundestages, 6. Wahlperiode, 5. Sitzung v. 28.10. 1969, S. 26 (A).

„(...) Im Zivilrecht ist die Reform des Eherechts dringend. Die Bundesregierung wird auf der Grundlage der Empfehlungen der eingesetzten Kommission im kommenden Jahr eine Reformnovelle vorlegen. Weltanschauliche Meinungsverschiedenheiten dürfen uns nicht daran hindern, eine Lösung zu finden, um die Not der in heillos zerrütteten Ehen lebenden Menschen zu beseitigen. Dabei muss verhindert werden, daß im Falle der Scheidung Frau und Kinder die sozial Leidtragenden sind. (...)"

Die Evangelische Kirche in Deutschland lieferte mit ihrer Denkschrift vom 27. November 1969 den ersten Diskussionsbeitrag zur Eherechtsreform[475]. In dieser Denkschrift plädierte die Evangelische Kirche für das Zerrüttungsprinzip als Grundlage des Scheidungsrechts[476]. Die Vorschläge der Evangelischen Kirche enthielten keine konkrete Stellungnahme zur Frage der elterlichen Gewalt. Gleiches galt für den Diskussionsentwurf des Bundesministeriums der Justiz (BMJ)[477] vom August 1970 und den zweiten Referentenentwurf des BMJ[478] vom März 1971, die sich nur in Randbereichen mit der elterlichen Gewalt beschäftigten.

Die Bundesregierung hatte am 20. September 1971 den Entwurf eines 1. EheRG-E[479] vorgelegt, der das Recht der Ehewirkungen, der Ehescheidung und der Scheidungsfolgen umfasste. Gegenüber § 1671 BGB in der Fassung des GleichberG nahm dieser Entwurf nur die Anpassungen vor, die infolge des Wegfalls des Schuldprinzips erforderlich wurden, d.h. eine Streichung des Absatzes 3 Satz 2 und des Absatzes 6 Satz 2[480]. Im Übrigen blieb § 1671 BGB in der Fassung des GleichberG unverändert.

Der erste Entwurf zielte auf die Hervorhebung des Kindeswohls und die Abkehr von den Verschuldensgrundsätzen. Der amtliche Bericht des 1. EheRG-E begründete die Änderungen entsprechend den allgemeinen Zielvorstellungen im Vorblatt des Regierungsentwurfs. Die Änderung beabsichtige, dass alleine auf eine am Wohl des Kindes zu treffende Regelung abgestellt werde. Demnach wäre es sachlich nicht gerechtfertigt, die Übertragung der elterlichen Gewalt von einem schuldhaften Verhalten eines Elternteils in der Ehe abhängig zu machen. Trotzdem war der Entwurf nicht konsequent, denn bei der Prüfung, ob ein Elternteil in der Lage sei, das Kind zu erziehen, sollte sein Verhalten in und außerhalb der Ehe Bedeutung haben. Dieses Verhalten wäre für sich alleine nicht ausschlaggebend für die Entscheidung des Vormundschafts-

---

[475] *Manthei*, Die Scheidungsrechtsreform von 1976 im Spiegel der Presse (1998), S. 20.

[476] Auszüge in *v. Münch*, Reform des Ehescheidungsrechts (1971), dort: Evangelische Familienrechtskommission, Denkschrift v. 27.11.1969, S. 29 ff.

[477] *V. Münch* [Fn. 476], dort: Diskussionsentwurf, S. 61 ff.

[478] *V. Münch* [Fn. 476], dort: Referentenentwurf, S. 80 ff.

[479] BT-Drucks. 6/2577.

[480] BT-Drucks. 6/2577, S. 11, 115. **Ebenso**: *v. Münch* [Fn. 476], dort: Eherechtskommisson beim BMJ, Thesen zum Ehescheidungsrecht vom 8.5.1970, S. 44 ff. (S. 49).

gerichts[481]. Welche Gründe daneben berücksichtigungswürdig schienen, nennt der Entwurf nicht.
Der Bundestag behandelte den Gesetzentwurf am 13. Oktober 1971 in erster Lesung. Während der Debatte spielte die elterliche Gewalt keine Rolle[482].

Am 25. Mai 1972 brachte die Bundesregierung den Entwurf eines 2. EheRG-E in den Bundestag ein, der die Änderungen der Zuständigkeitsregeln und des Verfahrensrechts in familienrechtlichen Angelegenheiten enthielt. Der 2. EheRG-E[483] übernahm im Wesentlichen den Vorschlag des 1. EheRG-E:

1. EheRG-E	*2. EheRG-E*
(1) Ist die Ehe der Eltern geschieden, so bestimmt das Vormundschaftsgericht, welchem Elternteil die elterliche Gewalt über ein gemeinschaftliches Kind zustehen soll.	*(1)* ***Wird*** *die Ehe der Eltern geschieden, so bestimmt das* ***Familiengericht****, welchem Elternteil die elterliche Gewalt über ein gemeinschaftliches Kind zustehen soll.*
(2) Von einem gemeinsamen Vorschlag der Eltern soll das Vormundschaftsgericht nur abweichen, wenn dies zum Wohle des Kindes erforderlich ist.	*(2) Von einem gemeinsamen Vorschlag der Eltern soll das* ***Gericht*** *nur abweichen, wenn dies zum Wohle des Kindes erforderlich ist.*
(3) Haben die Eltern innerhalb von zwei Monaten nach Rechtskraft des Scheidungsurteils keinen Vorschlag gemacht oder billigt das Vormundschaftsgericht ihren Vorschlag nicht, so trifft es die Regelung, die unter Berücksichtigung der gesamten Verhältnisse dem Wohle des Kindes am besten entspricht.	*(3) Haben die Eltern (...) keinen Vorschlag gemacht oder billigt das* ***Gericht*** *ihren Vorschlag nicht, so trifft es die Regelung, die unter Berücksichtigung der gesamten Verhältnisse dem Wohle des Kindes am besten entspricht.*
(4) [1]Die elterliche Gewalt soll in der Regel einem Elternteil allein übertragen werden. [2]Erfordert es das Wohl des Kindes, so kann einem Elternteil die Sorge für die Person, dem anderen die Sorge für das Vermögen des Kindes übertragen werden.	*(4) (unverändert)*
(5) Das Vormundschaftsgericht kann die Sorge für die Person und das Vermögen des Kindes einem Vormund oder Pfleger übertragen, wenn dies erforderlich ist, um eine Gefahr für das geistige oder leibliche Wohl oder für das Vermögen des Kindes abzuwenden.	*(5) Das* ***Gericht*** *kann die Sorge für die Person und das Vermögen des Kindes einem Vormund oder Pfleger übertragen, wenn dies erforderlich ist, um eine Gefahr für das geistige oder leibliche Wohl oder für das Vermögen des Kindes abzuwenden.*
(6) Die vorstehenden Vorschriften gelten	*(6) [1]Die vorstehenden Vorschriften gelten*

[481] BT-Drucks. 6/2577, S. 115.
[482] Vgl. stenographische Protokolle des Bundestages, 6. Wahlperiode, 140. Sitzung v. 13.10.1971, S. 8090 ff.
[483] BT-Drucks. 6/3453, S. 16.

auch, wenn die Ehe der Eltern für nichtig erklärt worden ist.	*auch, wenn die Ehe der Eltern für nichtig erklärt worden ist.* ***²Haben die Eltern innerhalb von zwei Monaten nach Rechtskraft des Urteils, durch das die Ehe für nichtig erklärt oder aufgehoben worden ist, keinen Vorschlag gemacht, so trifft das Familiengericht die Regelung, die unter Berücksichtigung der gesamten Verhältnisse dem Wohle des Kindes am besten entspricht.***

Die Veränderungen bei § 1671 BGB betrafen die verfahrensrechtlichen Neuerungen, weil künftig das Familiengericht über die elterliche Gewalt entscheiden und das Sorgerechtsverfahren gleichzeitig mit dem Ehescheidungsverfahren durchgeführt werden sollte[484]. Trotzdem wurde in dem Entwurf nicht einheitlich der Begriff „*Familiengericht*“ verwendet, sondern teilweise der Begriff „*Gericht*“. Unterschiede ergaben sich auch beim Vorschlagsrecht der Eltern in Bezug auf die Zweimonatsfrist. Während Absatz 3 die Frist im Falle der Scheidung im Hinblick auf die Entscheidungskonzentration nicht mehr enthielt, war in Absatz 6 im Falle der Aufhebung oder der Nichtigerklärung der Ehe eine Zweimonatsfrist neu in den zweiten Entwurf aufgenommen worden. Dies hing damit zusammen, dass diese Verfahren nicht der Entscheidungskonzentration des § 623 ZPO unterstellt worden waren. Die amtliche Begründung verwies auf die noch nicht abgeschlossene Reform des materiellen Rechts zur Aufhebung und Nichtigerklärung der Ehe[485].
Der Bundesrat machte keine Änderungsvorschläge. Beide Entwürfe konnten in der sechsten Wahlperiode wegen der vorzeitigen Neuwahl nicht mehr verabschiedet werden[486].

2. Außerparlamentarische Diskussion zur Reform des Sorgerechts

Auf dem 48. Deutschen Juristentag vom 22. bis 25. September 1970 in Mainz befasste sich die zivilrechtliche Abteilung des Deutschen Juristentages mit der geplanten Neufassung des Ehescheidungsrechts. Die Vertreter des 48. Deutschen Juristentages nahmen mit großer Mehrheit (196 gegen 2 Stim-

[484] BT-Drucks. 6/3453, S. 92.
[485] BT-Drucks. 6/3453, S. 51.
[486] Bundeskanzler *Willy Brandt* hatte am 22.9.1972 die Vertrauensfrage gestellt, die nicht die erforderliche Mehrheit fand. Daraufhin schlug der Bundeskanzler dem Bundespräsidenten vor, den Bundestag aufzulösen und Neuwahlen anzuordnen. Grund für die schwindende Mehrheit der Regierung war der Fraktionswechsel einzelner Abgeordneter wegen der Ostverträge, weshalb die Regierung *Brandt* statt wie bisher über 254 nur noch über 249 stimmberechtigte Abgeordnete verfügte, während die Opposition von 242 auf 247 gewachsen war.

men bei 10 Enthaltungen) das Zerrüttungsprinzip als Grundlage der Ehescheidung an[487].
In den Gutachten und Referaten ging es darum, Gründe und Folgen der Ehescheidung neu zu regeln. Gutachten und Referat waren bei ihren Ausführungen zur Regelung der elterlichen Gewalt aber uneinheitlich[488].
Das Gutachten orientierte sich an den Vorschriften des GleichberG und des EheG 1946. *Meier-Reimer*, die das Gutachten erstellte, empfahl für die Verteilung der elterlichen Gewalt in erster Linie den übereinstimmenden Elternvorschlag maßgeblich sein zu lassen[489]. Vom Elternvorschlag dürfe dann abgewichen werden, wenn er das Wohl des Kindes gefährde. Komme eine Vereinbarung der Eltern nicht zustande oder widerspreche eine getroffene Vereinbarung dem Wohl des Kindes, so habe das Gericht die Regelung zu treffen, die dem Wohl des Kindes am besten entspreche[490]. Dabei könnten alle Gesichtspunkte eine Rolle spielen und müssten gegeneinander abgewogen werden: äußere Verhältnisse, wirtschaftliche Sicherheit, Möglichkeit der Unterbringung, Verpflegung und Beaufsichtigung und die Fähigkeit die Kinder gut zu erziehen. Wenn beide Eltern zur Erziehung gleich gut geeignet seien, sollte nach Auffassung von *Meier-Reimer* der Elternteil bevorzugt werden, auf dessen Verhalten die Zerrüttung der Ehe nicht zurückzuführen sei. Im Vergleich zur Regelung des GleichberG wäre eine solche Lösung eine Abmilderung des Schuldprinzips, weil nicht mehr auf subjektives Verschulden, sondern auf die objektiven Ursachen der Zerrüttung abgestellt werde[491]. Außerdem brauchten nicht mehr schwerwiegende Gründe für die Übertragung der elterlichen Gewalt an den für die Zerrüttung Verantwortlichen zu sprechen, sondern dies sei schon dann möglich, wenn er unter irgendeinem Gesichtspunkt bevorzugt werden könnte. In ihrem Gutachten schlug sie die Einführung einer Altersregel vor, die eine Bevorzugung der Mutter bewirkt hätte und sich stark nach dem formalistisch nach Alter und Geschlecht urteilenden § 1635 BGB a.F. richtete. Bei gleicher Eignung von Vater und Mutter sollte die elterliche Gewalt für Kinder, die jünger als 12 Jahre sind der Mutter zugesprochen werden. Ältere Kinder dürften selbst entscheiden, bei welchem Elternteil sie aufwachsen wollten. Eine solche Vorschrift könnte den Vätern eine vom Gericht getroffene Entscheidung zu erklären erleichtern, Streitigkeiten vermeiden und

---

487 Beschlussempfehlungen des 48. DJT, FamRZ 1970, 535; für das Zerrüttungsprinzip auch *Riedel*, Das Recht der Kinder aus geschiedenen Ehen (1960), S. 125 ff.

488 Einerseits *Meier-Reimer*, Gutachten zum 48. DJT (1970), Band 1 (Gutachten), A 1 ff. (A 64 ff.); andererseits *Müller-Freienfels*, Referat zum 48. DJT (1970), Band 2 (Sitzungsberichte), M 9 ff.

489 *Meier-Reimer* [Fn. 488] A 1 ff. (A 64 ff.); a.A. *Riedel*, Das Recht der Kinder aus geschiedenen Ehen (1960), S. 125 ff.

490 *Meier-Reimer* [Fn. 488] A 1 ff. (A 66).

491 *Meier-Reimer* [Fn. 488] A 1 ff. (A 67).

die Beziehung zu dem geschiedenen Ehegatten entlasten, was dem Kind zugute komme[492].
Keine ausdrückliche Bevorzugung der Mutter bei der Neuregelung des Scheidungsfolgenrechts vertrat *Müller-Freienfels* im Referat zum selben Themenkreis. Seine Thesen zur elterlichen Gewalt lauteten wie folgt[493]:

„25. Die Sorgerechtsregelung richtet sich nach dem Wohl des Kindes.
Das Gesetz hat keine festen Regeln über die Zuweisung an die Mutter oder Vater - etwa unter Berücksichtigung bestimmter Altersgrenzen oder nach dem Geschlecht des Kindes – aufzustellen.
26. Grundsätzlich ist die elterliche Sorge einem Elternteil allein zu übertragen. In Ausnahmefällen kann die elterliche Sorge für bestimmte Einzelbereiche gesondert geregelt werden.
Kinder vom 7. Lebensjahr ab können, Kinder vom 12. Lebensjahr ab sollen bei Meinungsverschiedenheiten der Eltern im Sorgerechtsverfahren angehört werden.
Scheidet der Elternteil, dem die Sorge übertragen ist, als Inhaber der Sorge aus, so soll die elterliche Sorge nicht ohne Prüfung durch das Gericht dem anderen Elternteil zufallen."

Die Diskussionen des 48. Deutschen Juristentages endeten mit der einstimmig beschlossenen Empfehlung, bei der Übertragung des Sorgerechts allein das Wohl des Kindes maßgeblich sein zu lassen[494]. Im Übrigen enthielten die in der bisher skizzierten juristischen Reformdiskussion dargestellten Stellungnahmen noch keinen erwähnenswerten Meinungsaustausch über die Zulässigkeit einer gemeinsamen elterlichen Sorge. Die Äußerungen zeigen nur, dass das Schuldprinzip in Frage gestellt worden war.

II. Siebte Wahlperiode[495]

Die Bundesregierung hatte am 1. Juni 1973 einen 2. Entwurf vorgelegt, der die beiden vorhergehenden Entwürfe des 1. EheRG-E und des 2. EheRG-E zusammenfasste und die eigentliche Grundlage des 1. EheRG bildete.
In diesem Kapitel wird auf eine getrennte Darstellung des zweiten Regierungsentwurfs[496] und der Beschlussempfehlung des Rechtsausschusses[497] verzichtet, da in beiden Drucksachen im Wesentlichen auf dieselben Argumente zurückgegriffen worden war und der Rechtsausschuss den Empfehlungen des

---

492 *Meier-Reimer* [Fn. 488] A 1 ff. (A 68).
493 *Müller-Freienfels* [Fn. 488] M 9 ff. (M 43).
494 Abstimmungsergebnisse des 48. DJT, FamRZ 1970, 535 (536).
495 13. Dezember 1972 – 13. Dezember 1976; die Mehrheitsverhältnisse im Deutschen Bundestag stellten sich wie folgt dar: CDU/CSU 44,9% = 225 (+9) Sitze, SPD 45,8% = 230 (+12) Sitze, FDP 8,4% = 41 (+1) Sitze. Die Regierung bildete eine sozialliberale Koalition von SPD/FDP. Vgl. *Schindler*, Datenhandbuch zur Geschichte des Deutschen Bundestages 1949 bis 1999, Band 1 (1999), S. 168 und 1144.
496 BT-Drucks. 7/650.
497 BT-Drucks. 7/4361.

Bundesrates keine Änderungen entgegensetzt hatte. In den Fußnoten wird im Einzelnen darauf verwiesen, welcher Drucksache die Begründung entnommen worden ist.

2. EheRG-E	*2. Entwurf*
(1) Wird die Ehe der Eltern geschieden, so bestimmt das Familiengericht, welchem Elternteil die elterliche Gewalt über ein gemeinschaftliches Kind zustehen soll.	*(1) [1]Wird die Ehe der Eltern geschieden, so bestimmt das Familiengericht, welchem Elternteil die elterliche Gewalt über ein gemeinschaftliches Kind zustehen soll. [2]**Es trifft die Regelung, die unter Berücksichtigung der gesamten Verhältnisse dem Wohle des Kindes am besten entspricht.***
(2) Von einem gemeinsamen Vorschlag der Eltern soll das Gericht nur abweichen, wenn dies zum Wohle des Kindes erforderlich ist.	*(2) Von einem **übereinstimmenden** Vorschlag der Eltern soll das Gericht nur abweichen, wenn dies zum Wohle des Kindes erforderlich ist.*
(3) Haben die Eltern keinen Vorschlag gemacht oder billigt das Gericht ihren Vorschlag nicht, so trifft es die Regelung, die unter Berücksichtigung der gesamten Verhältnisse dem Wohle des Kindes am besten entspricht.	***(3) Begehrt ein Kind, welches das vierzehnte Lebensjahr vollendet hat, die Übertragung der elterlichen Gewalt auf einen Elternteil, so soll das Familiengericht diesem Wunsche entsprechen, es sei denn, daß eine andere Regelung zum Wohle des Kindes erforderlich ist.***
(4) [1]Die elterliche Gewalt soll in der Regel einem Elternteil allein übertragen werden. [2]Erfordert es das Wohl des Kindes, so kann einem Elternteil die Sorge für die Person, dem anderen die Sorge für das Vermögen des Kindes übertragen werden.	*(4) [1]Die elterliche Gewalt soll in der Regel einem Elternteil allein übertragen werden. [2]Erfordert es das Wohl des Kindes, so kann die Vermögenssorge **ganz oder teilweise** dem anderen Elternteil übertragen werden.*
(5) Das Gericht kann die Sorge für die Person und das Vermögen des Kindes einem Vormund oder Pfleger übertragen, wenn dies erforderlich ist, um eine Gefahr für das geistige oder leibliche Wohl oder für das Vermögen des Kindes abzuwenden.	*(5) [1]Das **Familiengericht** kann die Personensorge und die Vermögenssorge einem Vormund oder Pfleger übertragen, wenn dies erforderlich ist, um eine Gefahr für das Wohl oder das Vermögen des Kindes abzuwenden. [2]**Es soll dem Kind für die Geltendmachung von Unterhaltsansprüchen einen Pfleger bestellen, wenn dies zum Wohle des Kindes erforderlich ist.***
(6) [1]Die vorstehenden Vorschriften gelten auch, wenn die Ehe der Eltern für nichtig erklärt worden ist. [2]Haben die Eltern innerhalb von zwei Monaten nach Rechtskraft des Urteils, durch das die Ehe für nichtig erklärt oder aufgehoben worden ist, keinen Vorschlag gemacht, so trifft das Familiengericht die Regelung, die unter Berücksichtigung der gesamten Verhältnisse dem Wohle des Kindes am besten entspricht.	*(6) Die vorstehenden Vorschriften gelten entsprechend, wenn die Ehe der Eltern für nichtig erklärt worden ist.*

Der Bundestag behandelte den von der Bundesregierung am 1. Juni 1973 eingebrachten Entwurf des 1. EheRG am 8. Juni 1973, nachdem dessen Vorgänger, der 2. EheRG-E, durch die Auflösung des Bundestages gegenstandslos geworden war. Er überwies ihn an den Rechtsausschuss als federführenden Ausschuss und mitberatend an weitere Ausschüsse[498]. Die elterliche Gewalt spielte bei der parlamentarischen Diskussion erneut keine Rolle. Gegenüber dem sich immer noch an der Fassung des GleichberG orientierenden 2. Entwurf machte der Bundesrat in seiner 394. Sitzung am 25. Mai 1973 sprachliche und inhaltliche Änderungsvorschläge[499]:

2. Entwurf	*Vorschläge Bundesrat*
(1) [1]Wird die Ehe der Eltern geschieden, so bestimmt das Familiengericht, welchem Elternteil die elterliche Gewalt über ein gemeinschaftliches Kind zustehen soll. [2]Es trifft die Regelung, die unter Berücksichtigung der gesamten Verhältnisse dem Wohle des Kindes am besten entspricht.	*(1) Wird die Ehe der Eltern geschieden, so bestimmt das Familiengericht, welchem Elternteil die elterliche Gewalt über ein gemeinschaftliches Kind zustehen soll. (...)*
(2) Von einem übereinstimmenden Vorschlag der Eltern soll das Gericht nur abweichen, wenn dies zum Wohle des Kindes erforderlich ist.	*(2) Von einem **gemeinsamen** Vorschlag der Eltern soll das Gericht nur abweichen, wenn dies zum Wohle des Kindes erforderlich ist.*
(3) Begehrt ein Kind, welches das vierzehnte Lebensjahr vollendet hat, die Übertragung der elterlichen Gewalt auf einen Elternteil, so soll das Familiengericht diesem Wunsche entsprechen, es sei denn, daß eine andere Regelung zum Wohle des Kindes erforderlich ist.	*(3) **Haben die Eltern keinen Vorschlag gemacht oder billigt das Gericht ihren Vorschlag nicht, so trifft es die Regelung, die unter Berücksichtigung der gesamten Verhältnisse dem Wohl des Kindes am besten entspricht.***
(4) [1]Die elterliche Gewalt soll in der Regel einem Elternteil allein übertragen werden. [2]Erfordert es das Wohl des Kindes, so kann die Vermögenssorge ganz oder teilweise dem anderen Elternteil übertragen werden.	*(4) [1]Die elterliche Gewalt soll in der Regel einem Elternteil allein übertragen werden. [2]Erfordert es das Wohl des Kindes, so kann **einem Elternteil die Sorge für die Person, dem anderen die Sorge für das Vermögen** des Kindes übertragen werden.*
(5) [1]Das Familiengericht kann die Personensorge und die Vermögenssorge einem Vormund oder Pfleger übertragen, wenn dies erforderlich ist, um eine Gefahr für das Wohl oder das Vermögen des Kindes abzuwenden. [2]Es soll dem Kind für die Geltendmachung von Unterhaltsansprüchen einen	*(5) Das **Gericht** kann die Sorge für die Person und das Vermögen des Kindes einem Vormund oder Pfleger übertragen, wenn dies erforderlich ist, um eine Gefahr für das **geistige oder leibliche** Wohl oder für das Vermögen des Kindes abzuwenden.*

498 Vgl. stenographische Protokolle des Bundestages, 7. Wahlperiode, 40. Sitzung v. 8.6. 1973, S. 2226 ff.; vgl. die Rede des Bundesjustizministers Jahn zu diesem Entwurf, abgedruckt in Jugendwohl 1973, 299 ff.

499 BT-Drucks. 7/650, Anlage 2, S. 273; BR-Drucks. 260/1/73, S. 47.

Pfleger bestellen, wenn dies zum Wohle des Kindes erforderlich ist.	
(6) Die vorstehenden Vorschriften gelten entsprechend, wenn die Ehe der Eltern für nichtig erklärt worden ist.	*(6) [1]Die vorstehenden Vorschriften gelten entsprechend, wenn die Ehe der Eltern für nichtig erklärt* ***oder aufgehoben worden ist.*** ***[2]Haben die Eltern innerhalb von zwei Monaten nach Rechtskraft des Urteils, durch das die Ehe für nichtig erklärt oder aufgehoben worden ist, keinen Vorschlag gemacht, so trifft das Familiengericht die Regelung, die unter Berücksichtigung der gesamten Verhältnisse dem Wohle des Kindes am besten entspricht.***

Auch der Bundesrat beschränkte sich auf die Anpassungen, die durch den Wegfall des Verschuldensprinzips und die Einführung des Familiengerichts erforderlich wurden.

Eine detaillierte Begründung des Regierungsentwurfs und des Gegenvorschlags des Bundesrats erfolgte nicht. Die in der Reformdiskussion befindlichen Fragen, so z.B. die Berücksichtigung des Kindeswillens bei der Regelung der elterlichen Gewalt, sollten dem Gesetz zur Neuregelung der elterlichen Sorge (SorgeRG) vorbehalten bleiben[500]. Erstaunlich ist, dass der Entwurf der Bundesregierung in Absatz 6 Satz 2 die Zweimonatsfrist bei Aufhebungsverfahren oder Verfahren auf Nichtigerklärung unter Hinweis auf den Umstand, das Familiengericht habe hier über die elterliche Gewalt zu entscheiden, wieder fallen gelassen hatte. Die Entscheidungskonzentration war auf diese Verfahren nicht erweitert worden. Der Bundesrat hatte ohne Begründung Absatz 6 Satz 2 wieder aufgenommen.

Die Bundesregierung stimmte den vom Bundesrat vorgenommenen Änderungen zu[501]. Der Rechtsausschuss machte keine inhaltlichen Änderungsvorschläge mehr.

1. Ablösung des Schuldprinzips durch das Zerrüttungsprinzip

Bis 1977 lag dem Ehescheidungsrecht das teilweise mit Zerrüttungselementen durchsetzte Schuldprinzip zugrunde. Eine Ehe konnte geschieden werden, wenn ein Ehegatte schuldhaft die ehelichen Pflichten verletzt hatte und ihm diese Eheverfehlung nachgewiesen werden konnte. Das Verschuldensprinzip galt seit Anfang der siebziger Jahre im Ehescheidungsrecht und im Scheidungsfolgenrecht als überholt und wurde nicht mehr als tragfähige Grundlage für die Scheidung einer Ehe und die Regelung der Scheidungsfolgen angese-

---

500 BT-Drucks. 7/650, Anlage 2, S. 273; BR-Drucks. 260/1/73, S. 47.

501 BT-Drucks. 7/650, Anlage 3, S. 291, 292.

hen[502]. Das 1. EheRG ersetzte das Verschuldensprinzip durch das Zerrüttungsprinzip. Nach dem Zerrüttungsprinzip des BGB kann eine Ehe geschieden werden, wenn sie gescheitert ist. Die Ehe ist gescheitert, wenn die Lebensgemeinschaft der Ehegatten nicht mehr besteht und nicht erwartet werden kann, dass die Ehegatten sie wiederherstellen, § 1565 BGB[503]. Die Einführung und Ausgestaltung des Zerrüttungsprinzips war der zentrale Streitpunkt beim 1. EheRG. Nachdem noch unter der Geltung des § 74 EheG 1946 und des § 1671 BGB in der Fassung des GleichberG der Schuldspruch des Ehescheidungsurteils die Regelung des Sorgerechts (mit-) bestimmte, wird an dieser Stelle kurz auf die Geschichte Zerrüttungsprinzips und die Motive des Gesetzgebers des 1. EheRG zur Einführung des Zerrüttungsprinzips eingegangen.

a. Zerrüttungsprinzip in der Weimarer Republik und im Dritten Reich

Das Zerrüttungsprinzip als eigenständiges Element des Ehescheidungsrechts ist eine Rechtsfigur, deren Ausbildung der Neuzeit angehört[504].

Dem Zerrüttungsgedanken vergleichbare Tatbestände gab es bereits im 18. Jahrhundert, so z.B. in Österreich im Ehepatent vom 18. Jänner 1783 oder im französischen Gesetz vom 20. September 1792[505]. Die Möglichkeit der Ehescheidung aufgrund Zerrüttung der ehelichen Lebensverhältnisse, die im starken Gegensatz zum kirchlichen Eheverständnis der Unauflöslichkeit der Ehe stand, war durch die Zeit der Aufklärung, insbesondere durch naturrechtliche Vorstellungen beeinflusst[506]. In Deutschland führte die Entwicklung von einem teilweise großzügigen Scheidungsrecht zu Beginn des 19. Jahrhunderts (z.B. §§ 668 bis 718b Teil II PrALR 1794[507]), das wie *Mikat*[508] ausdrückt, den Zerrüttungsgedanken in beinahe reiner Form enthielt, zu den

---

502 Vgl. die Literaturangaben oben in Fn. 455; für die Aufgabe des Verschuldensprinzips traten selbst die Evangelische Kirche, vgl. *v. Münch*, [Fn. 476], dort: Evangelische Familienrechtskommission, Denkschrift v. 27.11.1969, S. 29 ff. (S. 34 ff.); *Wilkens*, FamRZ 1969, 57 (61) und die Katholische Kirche, vgl. *v. Münch* [Fn. 476], dort: Zentralkomitee der deutschen Katholiken, Erklärung v. 12.11.1970, S. 120 ein. Schon vorher hatte sich eine vom Erzbischof von Canterbury eingesetzte Studiengruppe der Anglikanischen Kirche in einem Gutachten aus dem Jahr 1966 zum Zerrüttungsprinzip bekannt.

503 Die Unwiderlegbarkeit der gesetzlichen Vermutung des Scheiterns stieß zunächst bei den Kritikern auf starken Widerstand, da sie zu einer Fristenscheidung führen würde, so *Mikat* stenographische Protokolle des Bundestages, 7. Wahlperiode, 209. Sitzung v. 11.12.1975, S. 14414 (B und C).

504 *Mikat*, FamRZ 1962, 273.

505 *Mikat*, FamRZ 1962, 497 (499).

506 *Giesen*, Jura 1979, 590 (591). Nach *Schwab*, Geschichtliches Recht und moderne Zeiten (1995), S. 223 ff. liegt die Ursache dafür in der Verbreitung des personalistischen Ehebegriffs.

507 Das PrALR ist abgedruckt z.B. bei *Hattenhauer/Bernert*, Allgemeines Landrecht für die Preußischen Staaten, 3. Aufl. 1996.

508 *Mikat*, FamRZ 1962, 497 (499).

strengen scheidungsrechtlichen Bestimmungen des BGB von 1896[509], die sich am protestantischen Eherecht orientiert hatten[510] und der „*christlichen Gesamtanschauung des deutschen Volkes*" entsprechen sollten[511].
Ein größeres Interesse am Zerrüttungsprinzip entstand in der Weimarer Republik und im Dritten Reich[512]. In dieser Zeit liegen die Wurzeln des heute geltenden Zerrüttungsprinzips des § 1565 BGB, nämlich die Berücksichtigung ausschließlich objektiver Gesichtspunkte bei den Ursachen der Zerrüttung[513]. Nach dem Ersten Weltkrieg verstärkte sich die Forderung nach einer freieren Gestaltung des Scheidungsrechts[514]. *Graehl* sprach in diesem Zusammenhang sogar von einer Reformbewegung in Anbetracht der Vielzahl der juristischen Stimmen[515]. So gab es beispielsweise im Jahr 1921 eine kleine Anfrage der DDP[516] zur Neuregelung des Ehescheidungsrechts. Im Januar 1922 stellte Reichsjustizminister *Radbruch* (SPD) vorläufige unverbindliche Grundlinien eines Gesetzes zur Änderung der Vorschriften des Bürgerlichen Gesetzbuches über die Ehescheidung den Landesregierungen zur Diskussion[517]. Entwürfe folgten ein Jahr später durch die USPD[518], die DDP[519] und die SPD[520]. Aufgrund vorzeitiger Auflösungen des Reichstages oder des Widerstandes einzel-

509 Das BGB von 1896 sah als einzigen verschuldensunabhängigen Scheidungsgrund denjenigen wegen Geisteskrankheit vor, § 1569 BGB a.F.

510 Vgl. Motive zu dem Entwurfe eines Bürgerlichen Gesetzbuches für das Deutsche Reich, Band 4, Familienrecht (1888), S. 567; *Schwab* [Fn. 506] S. 229.

511 Vgl. Motive zu dem Entwurfe eines Bürgerlichen Gesetzbuches für das Deutsche Reich, Band 4, Familienrecht (1888), S. 562. Zur Kritik vgl. *Jacobi*, Gutachten für den 20. DJT (1889), 2. Band (Gutachten), S. 110 ff. (S. 113 ff.).

512 Im Ergebnis ebenso für die Umgestaltung des Scheidungs- und Scheidungsfolgenrechtes *Willutzki*, FamRZ 1997, 777.

513 Selbstverständlich kommt man auch heute nicht ohne subjektive Elemente aus, da sich die Prüfung, ob eine Ehe gescheitert ist, wie folgt darstellt: erstens ist zu prüfen, ob die Trennungsfrist abgelaufen ist (Diagnose). Zweitens ist zu prüfen, ob eine Wiederherstellung der ehelichen Lebensgemeinschaft zu erwarten ist (Prognose). Diese Prognose ergibt sich daraus, ob die Ehegatten die Ehe ablehnen (subjektives Element).

514 *Erhardt*, Ein Neues Ehescheidungsrecht (1919); *Traumann*, Das Ehescheidungsrecht der Zukunft (1920); *Pieper*, Ehescheidung oder Zwangsehe (1921); *Neubecker*, DJZ 1921, 555; *Hachenburg*, JW 1922, 5; *May*, JW 1922, 5; *Winkler*, JW 1922, 1500; *Schmidt*, DJZ 1922, 214 (216); *Vogt*, JW 1925, 334; *Erler*, DJZ 1927, 348; *Kahl*, DJZ 1927, 553 (558 f.); sowie *Schubert*, Die Projekte der Weimarer Republik zur Reform des Nichtehelichen-, des Adoptions- und des Ehescheidungsrechts (1986), S. 21 ff. m.w.N. **A.A** *Wurzer*, JW 1922, 1000; *Henle*, JW 1922, 1501; *Hoyer*, LZ 1922, 21.

515 *Graehl*, Die geschichtliche Entwicklung des § 48 Ehegesetz (1966), S. 26. **Ebenso**: *Grimme*, Die Entwicklung der Emanzipation der Frau in der Familienrechtsgeschichte bis zum GleichberG 1957 (2002), S. 119.

516 RT-Drucks. 1/2938 v. 7.11.1921.

517 Abgedruckt bei *Schubert* [Fn. 514] S. 455 f.

518 RT-Drucks. 1/4580 v. 24.6.1922.

519 RT-Drucks. 1/4649 v. 30.6.1922.

520 RT-Drucks. 1/4847 v. 17.7.1922.

ner Regierungsparteien scheiterten alle Reformversuche der Weimarer Zeit. Ein Träger der demokratischen Ordnung war die Zentrumspartei, das politische Sprachrohr der Katholischen Kirche[521]. Ohne die Mitwirkung dieser Partei war in den Jahren 1920 bis 1933 kaum eine Regierungsbildung und ohne ihre Duldung keine Reform des Scheidungsrechts möglich[522].

Während des Nationalsozialismus begann die Erörterung dieser Materie in dem 1934 gegründeten Familienrechtsausschuss der Akademie für Deutsches Recht[523]. Ab 1933 machte die nationalsozialistische Ideologie eine Befürwortung des Zerrüttungsprinzips erforderlich[524]. Schnell fand sich eine große Anhängerschaft der Auffassung, allein die objektive Zerrüttung der ehelichen Verhältnisse bilde den eigentlichen Scheidungsgrund[525]. Der Verschuldensgrundsatz des BGB ließ nach dieser Ansicht zwar die Scheidung von Ehen zu, die durch Verschulden eines Teils zerrüttet seien, sehe aber an der Tatsache vorbei, dass es Ehen gebe, die durch „*Schicksal*" und nicht durch Schuld zerbrechen[526]. Die Folge davon sei die Aufrechterhaltung „*kranker Ehen*", die für die Volksgemeinschaft wertlos seien, d.h. keinen Nachwuchs zeugen[527]. Entwürfe zur Reform des Ehe- und Familienrechts legten der Familienrechtsausschuss der Akademie für Deutsches Recht 1936[528], der Reichsjustizministerium 1937[529] und der Nationalsozialistische Rechtswahrerbund 1937[530] vor[531].

---

521 *Blasius*, Ehescheidung in Deutschland 1794-1945 (1987), S. 165.

522 *Graehl* [Fn. 515] S. 43; *Beitzke*, ZfRV 1972, 1 (4); *Ramm*, Familienrecht Bd. 1 (1985), S. 81; 1 (4); *Gruchmann*, ZNR 1989, 63 (64); *Wolf*, FamRZ 1988, 1217 (1219); *Giesen*, FamRZ 1984, 1188 (1190); *Zitscher*, Elterlicher Status in Richterrecht und Gesetzgebung (1996), S. 204; eine ausführliche Darstellung der Reformversuche der Weimarer Zeit findet sich bei *Schubert* [Fn. 514] S. 82 ff. und *Klose*, Ehescheidung und Ehescheidungsrecht in der DDR – ein ostdeutscher Sonderweg? (1994), S. 41 ff.

523 Die Akademie für Deutsches Recht wurde am 26.6.1933 im Bayerischen Justizministerium gegründet, siehe dazu *Hattenhauer*, JuS 1986, 680.

524 Zur nationalsozialistischen Ideologie im Familienrecht oben 2. Kapitel C.II.2.a, S. 9 ff.

525 *Gförer*, DR (A) 1934, 151; *Haff*, DR (A) 1935, 84; *Scholz*, ZAkDR 1936, 317; *Larenz*, DR (A) 1937, 184; *Schneider*, DR (A) 1937, 142; NSRB, DR (A) 1937, 251 ff.; *Wieacker*, DR (A) 1937, 178, *Mößmer*, DR (A) 1935, 86 (87); *Mößmer*, Neugestaltung des deutschen Ehescheidungsrechts der Akademie für Deutsches Recht (1936), S. 26; *ders.*, ZAkDR 1938, 493.

526 *Mößmer*, JW 1936, 353 nennt beispielsweise rassische Verschiedenheit, charakterliche oder weltanschauliche Gegensätzlichkeit, geistige oder körperliche Gebrechen.

527 *Mößmer*, JW 1936, 353. Im Übrigen habe die Volksgemeinschaft ein Interesse an glücklich geführten Ehen, vgl. die amtliche Begründung in DJ 1938, 1102, 1107; *Zitscher* [Fn. 522] S. 206. **Ebenso** später *OGZ* 1, 72.

528 *Mößmer*, Neugestaltung des deutschen Ehescheidungsrechts der Akademie für Deutsches Recht (1936).

529 Referentenentwurf v. 18.1.1937, in: Schubert (Hrsg.), Das Familien- und Erbrecht unter dem Nationalsozialismus (1993), S. 191 ff.

530 NSRB, Entwurf eines neuen Ehescheidungsrechts, DR (A) 1937, 251 ff.

Mit der nationalsozialistischen Machtergreifung trat eine Veränderung des Zerrüttungsbegriffs ein[532]. Während in der Weimarer Republik die Zerrüttung als ein Zustand verstanden wurde, der die persönlichen Beziehungen der Eheleute zueinander betraf und nicht die Ehegemeinschaft als gesellschaftliche Institution, sahen nach 1933 die Nationalsozialisten die Ehe ohne Rücksicht auf die individuelle Auffassung der Ehegatten als eine die Volksgemeinschaft betreffende Angelegenheit an[533].
Des Weiteren standen die an die Schuld im Scheidungsfolgenrecht anknüpfenden Unbilligkeiten der nationalsozialistischen Ideologie entgegen. Im Scheidungsfolgenrecht sei ihrer Ansicht nach allein der Gedanke der Strafe und Sühne vorherrschend. Diese Grundsätze verstießen gegen vernunftgemäße Lösungen, vor allem gegen das Wohl des Kindes. Die Regelung der elterlichen Gewalt sollte von anderen Gesichtspunkten, so z.B. allein von der Eignung zur Pflege und Erziehung der Kinder abhängig sein[534].

Die Forderung von nationalsozialistischen Organisationen nach der Schaffung einer großzügigen Generalklausel[535] und dem Verzicht auf jegliche Feststellung der Schuld[536] vermochte sich nicht durchzusetzen. Das EheG 1938 hatte den Verschuldensgrundsatz nicht durch das Zerrüttungsprinzip ersetzt. Stattdessen wurde als Ergebnis der Sitzung des Familienrechtsausschusses der Akademie für Deutsches Recht am 11. und 12. Juni 1937 ein Kompromiss gefunden, in dem Scheidungsgründe aus Verschulden neben solchen aus objek-

---

531 *Hoffmann-Steudner*, Die Rechtsprechung des Reichsgerichts zu dem Scheidungsgrund des § 49 EheG 1938 in den Jahren 1938-1945 (1998), S. 29 ff.

532 *Gordon*, Die wechselnde Auffassung vom Wesen der Ehe im Wandel der Verfassungsepochen des 20. Jahrhunderts (1978), S. 203.

533 DJ 1938, 1102 (1107).

534 *Webler*, DR (A) 1935, 89 (90); *Eben-Servaes*, ZAkDR 1936, 11; *dies.*, DR (A) 1938, 90 (91); *Freisler*, Vom alten zum neuen Ehescheidungsrecht (1937), S. 257; *Mößmer* [Fn. 528] S. 77; NSRB, DR (A) 1937, 251 (253); *Schneider*, DR (A) 1937, 142.

535 Arbeitsgemeinschaft bei der Reichsgeschäftsstelle des NSRB (1937), Entwurf eines neuen Ehescheidungsrechts, in: *Schubert* (Hrsg.), Akademie für Deutsches Recht 1933-1945 Protokolle der Ausschüsse, Band III/2 (Familienrecht) S. 410 f. und DR (A) 1937, 251:
§ 1 (I) Die Ehe kann geschieden werden, wenn sie so tief zerrüttet ist, daß die Wiederherstellung einer dem Wesen der Ehe entsprechende Lebensgemeinschaft nicht mehr erwartet werden kann.
(II) Die Ehe soll jedoch nicht geschieden werden, wenn die Zerrüttung ausschließlich auf ehrlosem oder unsittlichem Verhalten des Ehegatten beruht, der die Scheidung begehrt, und der andere der Scheidung widerspricht.

536 Arbeitsgemeinschaft bei der Reichsgeschäftsstelle des NSRB [Fn. 535] S. 425; *Mößmer* [Fn. 525] S. 77.

tiver Zerrüttung standen[537]. Das reine Zerrüttungsprinzip wäre nach der amtlichen Begründung des EheG 1938 nur dann annehmbar gewesen, wenn die große Anzahl der Volksgenossen von der nationalsozialistischen Weltanschauung schon so tief durchdrungen gewesen wäre, wie dies nach einer fünfjährigen nationalsozialistischen Erziehungsarbeit aber noch nicht erwartet werden konnte[538]. Deshalb ergäben sich im gegenwärtigen Augenblick gegen diese Lösung erhebliche Bedenken[539]. Dem Gedanken der objektiven Zerrüttung kam allein der § 55 EheG 1938 entgegen[540].

b. Argumente des 1. EheRG gegen das Verschuldensprinzip – Plagiat nationalsozialistischer Gedanken?

Der Regierungsentwurf und die Beschlussempfehlung des Rechtsausschusses zum 1. EheRG lehnten übereinstimmend das Verschuldensprinzip des BGB ab. In beiden Drucksachen befürwortete man die Einführung des Zerrüttungsprinzips nicht mit dessen Vorteilen, sondern mit den Nachteilen des Verschuldensprinzips.
Ein überaus interessanter Punkt, der in der Rechtswissenschaft noch nicht gewürdigt wurde, ist dabei die Parallelität der Argumentation der siebziger und der dreißiger Jahre. Die Gründe, die zahlreiche Nationalsozialisten gegen das Verschuldensprinzip vortrugen, überschnitten sich inhaltlich mit den vom 1. EheRG genannten. In einem ersten Schritt werden daher die Argumente des Gesetzgebers des 1. EheRG dargestellt, bevor in einem zweiten Schritt zum Vergleich auf die in den dreißiger Jahren vorgebrachten Argumente eingegangen wird. Zur Verdeutlichung werden Schlüsselbegriffe kursiv hervorgehoben.

Die Ablehnung des Verschuldensprinzips stützte der Gesetzgeber des 1. EheRG im Einzelnen darauf, dass die einwandfreie Feststellung selten gelinge, welcher der beiden Ehegatten die Zerrüttung der Ehe schuldhaft verursacht habe. Die Zerrüttung einer Ehe sei *ein lange Zeit währender Prozess*, in dem die Beziehung zwischen den Ehegatten sich so verschlechtere, dass die eheli-

---

537 *Hoffmann-Steudner* [Fn. 531] S. 56; *Schubert*, Die Stellung der Frau im Familienrecht der NS-Zeit, in: Gerhard (Hrsg.), Frauen in der Geschichte des Rechts (1997), S. 828 ff. (S. 846).

538 DJ 1938, 1102 (1107).

539 DJ 1938, 1102 (1107). Dagegen dürften steigende Scheidungszahlen kein Grund für die Aufrechterhaltung des Schuldprinzips gewesen sein, denn, wie der Vorsitzende des Familienrechtsausschusses der Akademie für Deutsches Recht *Mößmer*, DR (A) 1935, 86 ausführte, sei eine Rechtsnorm, durch die die Aufrechterhaltung der ehelichen Lebensgemeinschaft erzwungen wird, ernsthaft nicht vorstellbar. **Ebenso**: *Schulze*, DR (A) 1935, 94 (95).

540 Zu § 55 EheG 1938 vgl. oben 2. Kapitel D.III, S. 22 ff.

che Lebensgemeinschaft schließlich zerstört werde[541]. Die Ursachen dafür seien vielgestaltig und bildeten häufig ein unentwirrbares Geflecht, infolgedessen die Eheleute selbst nicht in der Lage seien, alle Zerrüttungstatsachen zu erkennen und ihre Gewichtung richtig einzuschätzen. Aufgrund des subjektiven Parteivortrages entziehe es sich richterlicher Erkenntnis, ob eine Eheverfehlung die erste Ursache für die Zerrüttung oder nur die Folge vorhergehender Handlungen gewesen sei[542]. Dies gelte umso mehr, als dem Richter außer der Parteivernehmung in der Regel keine weiteren Beweismittel vorlägen.
Auf diesem Umstand baute der zweite Gesichtspunkt auf. Anhand des Parteivortrages müsse der Richter abwägen, welches Verhalten die Zerrüttung verursacht habe. Dazu wäre erforderlich, den inneren Lebensbereich der Ehegatten *auszuforschen*, nachdem die Anhörung durch den Richter selten zu brauchbaren Ergebnissen führe. Diese Eingriffe seien nicht gerechtfertigt und ein solches gerichtliches Vorgehen unerwünscht[543]. Die Achtung der Persönlichkeit der Ehegatten erfordere es, ihre Privat- und Intimsphäre gerichtlichen Nachforschungen nur zu unterwerfen, wenn dies unvermeidlich werde.
Ferner dränge das Verschuldensprinzip die Ehegatten im Scheidungsverfahren und bei der Regelung der Scheidungsfolgen in eine Situation, sich gegenseitig viele und schwere *Eheverfehlungen vorzuwerfen* und diese zu übertreiben[544]. Der Streit zwischen den Ehegatten werde dadurch unnötig verschärft. Dies wirke sich zu Lasten der Kinder aus, weil diese Art von Scheidungsverfahren nicht selten dazu führe, dass die Interessen der Kinder missachtet und ihnen Schäden zugefügt werden[545]. Durch die Verschärfung des Ehescheidungsprozesses werde die Beziehung zwischen den Ehegatten weiter *vergiftet* und eine faire Regelung der Scheidungsfolgen verhindert. Vom Zerrüttungsprinzip, bei dem der Richter allein den objektiven Zustand einer Ehe würdigt, erwartete der Gesetzgeber eine Versachlichung des Ehescheidungsverfahrens und die Wiederherstellung der Wahrhaftigkeit im Prozess[546].
Außerdem werde dem Schuldausspruch hinsichtlich der Scheidungsfolgen im geltenden Recht eine viel zu große Bedeutung beigemessen, obwohl der Richter nicht in der Lage sei, die wahren Ursachen der Zerrüttung einer Ehe und das Verschulden eindeutig zu klären. Die Überbewertung des Schuldausspruches zeige sich besonders deutlich an der Regelung des Sorgerechts. Dem für

541 BT-Drucks. 7/4361, S. 8; Bundesministerium der Justiz (Hrsg.), Diskussionsentwurf eines Gesetzes über die Neuregelung des Rechts der Ehescheidung und der Scheidungsfolgen (1970), S. 30.
542 BT-Drucks. 7/650, S. 72; BT-Drucks. 7/4361, S. 8; Diskussionsentwurf [Fn. 541] S. 30.
543 BT-Drucks. 7/650, S. 72; BT-Drucks. 7/4361, S. 9; Diskussionsentwurf [Fn. 541] S. 31. Zustimmend: Deutsche Richterakademie, DRiZ 1973, 237.
544 BT-Drucks. 7/650, S. 72; BT-Drucks. 7/4361, S. 9; Diskussionsentwurf [Fn. 541] S. 31.
545 BT-Drucks. 7/4361, S. 9.
546 BT-Drucks. 7/650, S. 60; **ebenso**: *Jahn*, stenographische Protokolle des Bundestages, 7. Wahlperiode, 40. Sitzung v. 8.6.1973, S. 2229 (A).

allein schuldig erklärten Ehegatten solle das Sorgerecht nur übertragen werden, wenn schwerwiegende Gründe zu seinen Gunsten sprechen. Für die Zuteilung der elterlichen Gewalt könne jedoch lediglich das *Wohl des Kindes* entscheidend sein[547].

Neben diesen aus der Zeit des Nationalsozialismus übernommenen Argumenten sprachen noch weitere, neu hinzugekommene Gründe gegen das Verschuldensprinzip. Es gebe keinen allgemein gültigen Erfahrungssatz, wann ein als schwere Eheverfehlung gewertetes Verhalten auf die Ehe tatsächlich zerstörend einwirke[548]. Wenn die für die Zerrüttung ursächliche Handlung ermittelt werde, könne oft nicht festgestellt werden, ob sie von dem einen oder dem anderen Ehegatten zu verantworten ist[549]. In diesem Zusammenhang fehlten dem Richter ausreichende und für jeden Fall verbindliche Maßstäbe für das Vorliegen einer Eheverfehlung, denn die Einstellung der Eheleute müsse an ihren eigenen sittlichen Vorstellungen gemessen werden. Sie brauchten ihr Verhalten nicht an von der Mehrheit anerkannten oder einer einflussreichen Minderheit gesetzten Maßstäben zu orientieren[550].

Den dargestellten Mängeln des Verschuldensprinzips konnte nach Auffassung des Gesetzgebers des 1. EheRG nur durch einen Übergang zum Zerrüttungsprinzip begegnet werden[551]. Als einziger Vorteil des Zerrüttungsprinzips wurde dabei die Versachlichung des Ehescheidungsprozesses genannt[552].

Zum Vergleich werden noch einmal die Argumente zusammengefasst, die während der Zeit des Nationalsozialismus gegen das Verschuldensprinzip vorgetragen wurden. Bereits in den dreißiger Jahren sah vor allem die Literatur nicht in einer einzelnen Verfehlung, die das Scheidungsverlangen rechtfertigen soll, den eigentlichen Scheidungsgrund. Eine Eheverfehlung sei vielmehr der Ausdruck einer *lange währenden Entwicklung*. Das Verschuldensprinzip zwinge die Parteien dazu, sich gegenseitig *Fehlverhalten vorzuwerfen*. Nur durch die Abkehr vom Verschuldensgrundsatz könne folglich die im Allgemeininteresse dringend gebotene *Entgiftung der Ehescheidungen* erreicht werden. Der Richter brauche dann nicht den Lebensbereich der Ehegatten *auszuforschen* und nach den Ursachen der Zerrüttung zu suchen. Damit werde

---

547 BT-Drucks. 7/4361, S. 22.

548 Als schwere Eheverfehlungen gelten z.B. grobe oder fortwährende Beschimpfungen (*OLG Frankfurt/M.*, NJW 1948, 267), Böswilliges Verlassen (*BayObLG*, NJW 1949, 221), Vernachlässigung des Hauswesens (*KG*, FamRZ 1969, 421), Trunksucht (*OLG Frankfurt/M.*, FamRZ 1972, 566).

549 Diskussionsentwurf [Fn. 541] S. 30.

550 BT-Drucks. 7/650, S. 72; Diskussionsentwurf [Fn. 541] S. 30 f.

551 BT-Drucks. 7/4361, S. 9.

552 BT-Drucks. 7/650, S. 60.

viel unnötige Aufregung, Ärger, Nervenkraft und der Rechtspflege viel unnötige Arbeit erspart[553]. Im Scheidungsfolgenrecht, insbesondere beim Sorgerecht dürfte nicht die Schuld, sondern ausschließlich das *Wohl des Kindes* entscheiden[554].

Der Gesetzgeber des 1. EheRG machte nicht deutlich, dass er bei der Begründung zur Einführung des Zerrüttungsprinzips auf dieselben Argumente zurückgegriffen hatte. Vielmehr sparte er die Zeit des Nationalsozialismus in seiner geschichtlichen Berücksichtigung aus. Erwähnung fand lediglich der Umstand, dass bereits im EheG 1938 ein Zerrüttungstatbestand enthalten war[555]. Bei der Darstellung der Reformen des Ehescheidungsrechts beschränkte sich der Gesetzgeber des 1. EheRG auf die Zeit von 1920 bis 1930 und von 1950 bis 1961[556]. Auf die umfangreiche Reformdiskussion während des Nationalsozialismus ging er nicht ein[557].
Vermutlich hatte der Gesetzgeber des 1. EheRG 28 Jahre nach Ende des Zweiten Weltkriegs Berührungsängste mit dem Nationalsozialismus. Das Bedürfnis nach einer Reform des Ehescheidungsrechts wollte er wohl nicht mit Argumenten zahlreicher Nationalsozialisten darstellen. Ob er Widerstand aus der Bevölkerung und aus den eigenen politischen Reihen befürchtete, lässt sich heute nicht mehr aufklären. Die Gründe für die Verwendung der gleichen Argumente eröffnen ein weites Feld für Spekulationen. Kann es sich bei der Vielzahl gleicher Argumente, sogar identischer Formulierungen um einen Zufall handeln?

c. Bedenken im Rechtsausschuss gegen das Zerrüttungsprinzip

Die Minderheit im Rechtsausschuss hatte Bedenken gegen ein reines Zerrüttungsprinzip. Bei nach dem Zerrüttungsprinzip geschiedenen Ehen fehle es an einem Anknüpfungspunkt für die Scheidungsfolgenregelung, die bisher das Verschulden erlaubte. In Fällen, in denen ein Ehegatte durch ein außergewöhnliches Fehlverhalten oder einen schwerwiegenden Pflichtverstoß die Zerrüttung der Ehe alleine verursacht habe, würden Vergünstigungen im Scheidungsfolgenrecht das Gerechtigkeitsgefühl der Bürger zutiefst verletzen. Die Minderheit wollte deshalb das Zerrüttungsprinzip durch Ausnahmetatbestände in Form von negativen Ausnahmeklauseln - zumindest im Unterhaltsrecht und im Versorgungsausgleich - durchbrechen[558]. Die sich in den Gesetzgebungsberatungen durchsetzende Mehrheit im Rechtsausschuss hielt diesen Argumenten jedoch entgegen, mit der Ersetzung des Schuldprinzips könne bei den

[553] Vgl. statt vieler *Schneider*, DR (A) 1937, 142 (143); *Larenz*, DR (A) 1937, 184 (185).
[554] Vgl. die Literaturangaben oben in Fn. 534.
[555] BT-Drucks. 7/650, S. 64 und S. 67.
[556] BT-Drucks. 7/650, S. 49 (Inhaltsverzeichnis) und S. 65 ff.
[557] Vgl. die Literaturangaben oben in Fn. 525.
[558] BT-Drucks. 7/4361, S. 10.

Scheidungsfolgen wieder an sachbezogene Kriterien angeknüpft werden. Der Rechtsausschuss folgte in seiner Mehrheit dem Zerrüttungsprinzip und den oben dargestellten Argumenten.

d. Varianten des Zerrüttungsprinzips

Im Laufe der öffentlichen Reformdiskussion waren insgesamt drei Wege zur Verwirklichung des Zerrüttungsprinzips vorgeschlagen worden[559]: Der erste Vorschlag sah die Einführung des Zerrüttungsprinzips in Form einer Generalklausel vor[560]. Eine solche Generalklausel würde es dem Richter erlauben, jede Ehe individuell zu beurteilen und sie an Maßstäben zu messen, die den Erfordernissen der Einzelfallgerechtigkeit am besten entsprechen. Der zweite Vorschlag wollte, von unbestimmten Rechtsbegriffen ganz absehen und stattdessen an den Ablauf fest umrissener Trennungsfristen eine unwiderlegliche Zerrüttungsvermutung anknüpfen[561]. Der dritte Vorschlag kombinierte die Vorschläge eins und zwei[562]. Danach sollten sowohl eine Generalklausel als auch Fristentatbestände in das Gesetz aufgenommen werden. Der Gesetzgeber des 1. EheRG hatte sich für die dritte Variante entschieden[563].

2. Ehemodelle und Sorgerecht

Bis zum In-Kraft-Treten des 1. EheRG stand dem BGB die Überlegung zugrunde, eine verheiratete Frau habe primär den Haushalt zu versorgen und erst sekundär komme eine außerhäusliche Berufstätigkeit in Betracht. Sie war nach § 1356 Abs. 1 BGB in der Fassung des GleichberG erst dann berechtigt berufstätig zu sein, wenn dies mit ihren Pflichten in Ehe und Familie vereinbar war.

Die Neugestaltung der allgemeinen Ehewirkungen stand unter dem erklärten Ziel, das in § 1356 Abs. 1 BGB in der Fassung des GleichberG normierte Leitbild der Hausfrauenehe zu beseitigen, ohne die Eheleute an seiner Stelle an ein anderes Lebensmodell zu binden[564]. Die Ehegatten haben bei der Gestaltung ihrer Lebensbeziehungen seit der Geltung des § 1356 in der Fassung

---

559 *Giesen*, Aktuelle Probleme einer Reform des Scheidungsrechts (1971), S. 8.

560 *Mikat*, FamRZ 1970, 333 (338); Denkschrift EKD, in: Herder-Korrespondenz 1970, 65 (67); Katholische Kirche, in: Herder-Korrespondenz 1970, 173 (175).

561 *Lüderitz*, Gutachten zum 48. DJT (1970), Band 1 (Gutachten), B 1 ff. (B 96 ff.); *Müller-Freienfels*, Referat zum 48. DJT (1970), Band 2 (Sitzungsberichte), M 9 ff. (M 39 ff).

562 1. Teilbericht der Eherechtskommission, FamRZ 1970, 213.

563 BT-Drucks. 7/4361, S. 8 ff., S. 27 ff.

564 BT-Drucks. 7/650, S. 71 und 75; BT-Drucks. 7/4361, S. 8; *Diederichsen*, NJW 1977, 217; *Kemper*, ZblJugR 1977, 411; *Lüke*, AcP 1978, 1 (4); *Hahne*, Vertragsfreiheit im Familienrecht, in: Schwab, Dieter/Hahne, Meo-Micaela (Hrsg.), Familienrecht im Brennpunkt (2004), S. 181 ff. (S. 184).

des 1. EheRG die Wahl zwischen verschiedenen Leitbildern[565]. Die Ehegatten können außer einer Haushaltsführungsehe die Doppelverdienerehe oder die bloße Zuverdienstehe wählen[566]. Zwar sah der Gesetzgeber des 1. EheRG bewusst von einer gesetzlichen Regelung ab[567], gleichwohl sprach er sich für die Hausfrauenehe (nicht: Haushaltsführungsehe) aus, wenn Kleinkinder oder heranwachsende Kinder vorhanden sind[568]. Ein Ehegatte kann aber nicht allein über die Gestaltung der Ehe entscheiden. Seine Gestaltungsfreiheit bezüglich der Eheführung ist immer abhängig von der Gestaltungsfreiheit seines Ehepartners.
Es fragt sich, ob die Gestaltungsfreiheit der Ehegatten bei der Eheführung für das Familiengericht von Bedeutung ist, als sie Auswirkungen auf die Regelung der elterlichen Gewalt nach § 1671 BGB hat. Das Familiengericht wird darauf zu achten haben, dass bei aller Gestaltungsfreiheit der Eltern die Kinder zu ihrem Recht kommen, da eine am Wohl des Kindes orientierte Entscheidung zu treffen ist. Unmittelbar hat die Wahl der Eltern keinen Einfluss auf die Entscheidung des Familiengerichts. Nach Auffassung des Rechtsausschusses war die Ausgestaltung des Scheidungs- und Scheidungsfolgenrechts unabhängig von der Berufstätigkeit der Frau[569]. Eine unmittelbare Benachteiligung des berufstätigen Elternteils gibt es zumindest nach der amtlichen Begründung nicht.

3. Familiengericht und Verbund als verfahrensrechtliche Neuerungen

Die Gesetzeslage nach dem GleichberG und den vorangegangenen Rechten kannte keine einheitliche sachliche Zuständigkeit für Familiensachen. Für Ehesachen war bis 1977 das Landgericht zuständig gewesen. Die Regelung der Scheidungsfolgen, zu denen das Sorgerecht für minderjährige gemeinschaftliche Kinder gehört, oblag dem Amtsgericht als Vormundschaftsgericht[570]. Das 1. EheRG wies zur Vereinheitlichung alle Familiensachen dem

---

565 Es entsprach allerdings bereits vor dem 1. EheRG der h.M., dass diese Vorschrift dispositiv war, so dass die Ehegatten die Haushaltsführung auch anders regeln konnte, vgl. *BVerfG*, NJW 1975, 919; *Soergel/Lange*, BGB, Bd. 5, 10. Aufl. 1971, § 1356 Rz. 1; *Gernhuber*, Familienrecht, 2. Aufl. 1970, § 19 I 4; *Staudinger/Hübner*, BGB, Bd. IV/1, 10./11. Aufl. 1975, § 1356 Rz. 17; *Ramm*, JZ 1975, 505 (509); *Palandt/Diederichsen*, BGB, 34. Aufl. 1975, § 1356 Rz. 1; **a.A.** *Palandt/Lauterbach*, BGB, 21. Aufl. 1962, § 1356 Rz. 1.

566 *Diederichsen*, NJW 1977, 217 (219); *Kemper*, ZblJugR 1977, 411 nennt daneben die Nichtverdienerehe, die sich Ehegatten bei entsprechendem Vermögen leisten können.

567 BT-Drucks. 7/650, S. 75.

568 BT-Drucks. 7/650, S. 98.

569 BT-Drucks. 7/4361, S. 8.

570 Andere Familiensachen waren je nach Streitwert zwischen Amtsgericht und Landgericht verteilt.

Amtsgericht als Familiengericht zu[571]. Über das Scheidungsbegehren und die Regelung der Scheidungsfolgen sollte gemeinsam verhandelt und zur selben Zeit entschieden werden[572]. § 623 ZPO schaffte die Grundlage für den Verbund der Scheidungssache und der sonstigen Familiensachen, die zu Folgesachen werden. Nach § 623 ZPO ist eine Familiensache eine Folgesache, wenn von einem Ehegatten eine Regelung für den Fall der Scheidung begehrt und rechtzeitig genug, d.h. bis zum Schluss der mündlichen Verhandlung anhängig gemacht wird[573]. Das Sorgerechtsverfahren und das Verfahren über den Versorgungsausgleich leitete das Familiengericht ohne besonderen Antrag von Amts wegen ein[574]. Die gleichzeitige Verhandlung aller mit der Scheidung zusammenhängenden Fragen und die Entscheidungskonzentration sollte nach den Vorstellungen des Gesetzgebers[575] zu einer rationaleren und sachgerechteren Regelung führen und den Parteien durch die damit zusammenhängende abschließende Streitschlichtung unnötige Belastungen ersparen[576]. Das Interesse der Kinder, welche die Hauptleidtragenden bei einer Scheidung seien, verlange, dass sie nach der Scheidung schnell zur Ruhe kommen und wissen, wo sie in Zukunft hingehören[577]. Daneben wollte man übereilten Scheidungen vorbeugen, indem sich die Ehegatten bereits im Scheidungsverfahren darüber klar werden, welche Folgen, insbesondere hinsichtlich der Kinder eine Ehescheidung mit sich bringt[578].

---

571 Die Forderung, die Ehesachen den Amtsgerichten zu übertragen und in einem besonderen Verfahren gemeinsam mit den wichtigsten Scheidungsfolgen durch den Vormundschaftsrichter als Familienrichter erledigen zu lassen, geht auf einen Vorstoß von *Schiffer* und *Lehmann* auf dem 35. Deutschen Juristentag im Jahre 1928 zurück; vgl. Verhandlungen des 35. Deutschen Juristentages, Band 1 (Gutachten), S. 395 ff. und Band 2 (Stenographische Berichte) S. 98 ff.

572 BT-Drucks. 7/4361, S. 24; BT-Drucks. 7/650, S. 86.

573 BT-Drucks. 7 /650, S. 86. Das Gesetz sah keine Rechtsnachteile vor, wenn eine rechtzeitige Antragstellung unterblieb und das Verfahren später isoliert betrieben wurde, *Schwab*, FamRZ 1976, 658. Objektiv bestehende Ansprüche werden nicht präkludiert, wie dies beispielsweise die Eherechtskommission beim BMJ, These 3b, FamRZ 1970, 429 vorgeschlagen hatte.

574 *Diederichsen*, NJW 1977, 649 (651) nennt dies „*Minimalverbund*".

575 Ausführlich zu den Gründen des Gesetzgebers zur Einführung des Verbunds: *Bruns*, Das Sorgerechtsverfahren innerhalb und außerhalb des Scheidungsverbundverfahrens (2003), S. 33 ff. Kritisch zur Koppelung von Ehescheidung und Sorgerechtsverfahren *Roestel*, Unsere Jugend 1973, 106 (110).

576 So ausdrücklich BT-Drucks. 7/650, S. 61; **ebenso**: *Brox*, FamRZ 1963, 105 (106); *Deinhardt*, FamRZ 1972, 236 (238); *Pinger*, FamRZ 1974, 238; *Hagena*, FamRZ 1975, 379 (388 f.).

577 *Grunsky*, Verfahrensrechtliche Probleme einer Ehescheidungsreform, in: Eherechtsreform (1971), S. 134 (S. 142); *Nolte*, JR 1973, 353 (356); *Blomeyer*, ZRP 1974, 118 (119); *Hagena*, FamRZ 1975, 379 (388 f.).

578 BT-Drucks. 7/4361, S. 24; BT-Drucks. 7/650, S. 86; krit. *Göhmann*, AnwBl 1972, 141 (144) und *Nolte*, JR 1973, 353 (355).

Mit der Eingliederung des Sorgerechtsverfahrens in den Zwangsverbund versuchte der Gesetzgeber des 1. EherG also durch seine Rechtsetzung Einfluss auf die Gesellschaft zu nehmen, dass es zu weniger Ehescheidungen kommt.

D. Analyse der Rechtsprechung und Literatur zu § 1671 BGB idF des 1. EheRG

§ 1671 BGB in der Fassung des 1. EheRG galt lediglich 2 ½ Jahre, und zwar vom 1. Juli 1977 bis zum 31. Dezember 1979. Eine Analyse der Rechtsprechung und Literatur ist für diese kurze Zeit schwierig, da sich die wesentliche Änderung beim materiellen Recht auf die Eliminierung der Scheidungsschuld bei der Regelung der elterlichen Gewalt beschränkte.

I. Abschaffung des Schuldprinzips als Abänderungsgrund

Das in § 1671 Abs. 3 Satz 2 BGB in der Fassung des GleichberG vorhandene Vorrecht des an der Scheidung schuldlosen Elternteils hatte das 1. EheRG zum 1. Juli 1977 beseitigt. Aber auch dem vor dem 1. Juli 1977 nicht schuldig geschiedenen Ehegatten stand bei einer gerichtlichen Regelung der elterlichen Gewalt über ein gemeinschaftliches Kind ab 1. Juli 1977 kein Vorrecht mehr zu[579]. Nachdem Art. 12 Nr. 3 des 1. EheRG als Sondervorschrift für ganz bestimmte Scheidungsfolgen die Fortgeltung der Vorschriften in der Fassung des GleichberG angeordnet hatte, wenn die Ehe vor dem 1. Juli 1977 geschieden worden war, kam für die anderen Scheidungsfolgen im Umkehrschluss das neue Recht zur Anwendung[580]. Der nicht schuldig geschiedene Ehegatte konnte sich nach dem In-Kraft-Treten des 1. EheRG nicht auf seine „*Nichtschuld*" berufen[581]. Bei der erstmaligen Regelung der elterlichen Gewalt fand nach dem 30. Juni 1977 also § 1671 BGB in der Fassung des 1. EheRG Anwendung.

Für den Fall, dass eine Regelung der elterlichen Gewalt schon erfolgt war, bedeutete die Änderung der Rechtslage durch das 1. EheRG keinen Umstand, der zu einer Abänderung dieser Entscheidung nach § 1696 BGB berechtigt hätte[582]. Bereits die Frage, ob eine Gesetzesänderung bei § 1696 BGB eine

---

579 *BGH*, NJW 1978, 1260.

580 *BVerfG*, NJW 1978, 629 (630).

581 Trotz Schuldausspruch konnte für eine Entscheidung nur das Kindeswohl maßgeblich sein, vgl. *BGH*, NJW 1978, 1260 (1261).

582 BT-Drucks. 7/650, S. 232 f.; *Erman/Ronke*, BGB, Bd. 2, 7. Aufl. 1981, § 1671 Rz. 60 und § 1696 Rz. 4; **a.A.** *Ehring*, Die Abänderung der Sorgeentscheidung und die Wünsche des Kindes (1996), S. 38 und 39; *Palandt/Diederichsen*, BGB, 38. Aufl. 1979, § 1696 Rz. 2.

Änderungsbefugnis begründete, war in der Rechtswissenschaft umstritten[583]. Der Regierungsentwurf nannte in seinen Erläuterungen zur Übergangsvorschrift des Art. 12 des 1. EheRG diese Konstellation als einen Fall, bei dem es in der Regel dem Kindeswohl aufgrund der Erziehungskontinuität besser entspreche, die bestehende Sorgerechtsentscheidung nicht abzuändern. Die Änderung der Rechtslage sah er als unerheblich an[584]. Erforderlich waren wie sonst bei § 1696 BGB triftige, das Wohl des Kindes nachhaltig berührende Gründe[585]. Der schuldig geschiedene Ehegatte, der gegebenenfalls vor dem 1. Juli 1977 das Nachsehen hatte, konnte folglich keine Überprüfung der Sorgerechtsentscheidung unter dem Gesichtspunkt Nichtbeachtlichkeit des Schuldausspruchs erreichen.

II. Abgrenzung Familiengericht - Vormundschaftsgericht

Nach In-Kraft-Treten der Normen des 1. EheRG trat das Problem auf, dass trotz der Einführung des Familiengerichts teilweise das Vormundschaftsgericht über die elterliche Gewalt zu entscheiden hatte.

Sorgerechtsverfahren sind gemäß § 23b Abs. 1 Satz 2 Nr. 2 GVG Familiensachen, für die die ausschließliche Zuständigkeit des Familiengerichts gegeben ist. Diese Zuständigkeitsregelung galt nicht für Familiensachen, die vor dem 1. Juli 1977 rechtshängig oder anhängig waren. Für die Beibehaltung der vor dem 1. Juli 1977 begründeten Zuständigkeit sprachen die Übergangs- und Schlussbestimmungen des Art. 12 des 1. EheRG. Lediglich für die in erster Instanz anhängigen Scheidungssachen legte Art. 12 Nr. 7a des 1. EheRG eine andere Zuständigkeit kraft gesetzlich vorgeschriebener Verweisung fest[586]. Dies bedeutete, dass die Familiengerichte über die Ehesache und die Vormundschaftsgerichte über die elterliche Gewalt entschieden, dabei aber § 1671 BGB in der Fassung des 1. EheRG anwendeten, vgl. Art. 13 des 1. EheRG.

Der Ehescheidungsverbund erfasste also nicht alle Verfahren. Vielmehr entschied in der genannten Konstellation wie vor dem 1. Juli 1977 kein einheitliches Gericht über Ehesache und elterliche Gewalt.

---

[583] **Dafür**: *Staudinger/Schwoerer*, BGB, Bd. IV/3a, 10./11. Aufl. 1966, § 1696 Rz. 20; *MünchKomm/Hinz*, BGB, Bd. 5, 1. Aufl. 1978, § 1696 Rz. 6; **dagegen**: *Erman/Ronke*, BGB, Bd. 2, 7. Aufl. 1981, § 1671 Rz. 60 und § 1696 Rz. 4; **offengelassen**: OLG Zweibrücken, FamRZ 1975, 172 (176).

[584] BT-Drucks. 7/650, S. 232 f.; *Erman/Ronke*, BGB, Bd. 2, 7. Aufl. 1981, § 1671 Rz. 60 und § 1696 Rz. 4.

[585] *OLG Stuttgart*, FamRZ 1978, 827 (828).

[586] *Brüggemann*, FamRZ 1977, 1 (23).

III. Gemeinsame elterliche Gewalt

Seit den siebziger Jahren beließen einige Gerichte den Eltern nach der Scheidung die elterliche Gewalt gemeinsam[587]. Das 1. EheRG ließ die Vorschrift des § 1671 Abs. 4 Satz 1 BGB in der Fassung des GleichberG unverändert, nach der die elterliche Gewalt *„in der Regel“* einem Elternteil zu übertragen war. Der unverändert gebliebene Wortlaut führte dazu, dass die Rechtswissenschaft in den Jahren von 1977 bis 1980 die zu § 1671 BGB in der Fassung des GleichberG vertretene Meinung fortsetzte, den Eltern nach der Ehescheidung die elterliche Gewalt gemeinsam zu belassen. In der Rechtsprechung schlossen sich dieser Ansicht, wie *Luthin*[588] ausdrückt, ganze dreieinhalb Oberlandesgerichte[589] von insgesamt 19 an.

Auch bei der Auslegung des § 1671 BGB in der Fassung des 1. EheRG diente der Wortlaut des Gesetzes als Grundlage der Argumentation. Die Befürworter des gemeinsamen Sorgerechts sahen in der Übertragung der elterlichen Gewalt auf beide Eltern keinen Widerspruch zum Wortlaut des Gesetzes[590]. Zwar sei nach § 1671 Abs. 1 und Abs. 4 Satz 1 BGB vorgesehen, die elterliche Gewalt einem Elternteil zu übertragen. Die in § 1671 Abs. 4 Satz 1 BGB enthaltenen Worte *„in der Regel“* ließen unter grammatikalischen Gesichtspunkten Ausnahmen zu. Die noch h.M. in Literatur und Rechtsprechung lasse zwar als einzige Ausnahmeregelung die nach § 1671 Abs. 4 Satz 2 BGB vorgesehene Aufteilung zwischen Personen- und Vermögenssorge zu[591]. Dabei handelte es sich aber nicht um die einzig mögliche Ausnahme. Weitere gesetzliche Ausnahmeregelungen seien ausdrücklich in § 1671 Abs. 5 BGB vorgesehen. Nach dieser Vorschrift könnten beispielsweise einzelne Befugnisse, wie das Recht zur Vertretung des Kindes in persönlichen Angelegenheiten, das Aufenthaltsbestimmungsrecht und das Recht zur religiösen Kindererziehung von der Übertragung ausgenommen und einem Pfleger zugeteilt werden. Hätte eine Beschränkung auf den Fall des § 1671 Abs. 4 Satz 2 BGB vorgenommen werden sollen, hätte das Gesetz folgende Formulierung haben müssen: *„Die elterliche*

---

587 Vgl. oben 4. Kapitel D.III.2, S. 90 ff.

588 *Luthin*, Gemeinsames Sorgerecht nach der Scheidung (1987), S. 21.

589 *OLG Düsseldorf*, FamRZ 1978, 266; *OLG Schleswig*, DAVorm 1978, 796; *KG* (18. ZS), FamRZ 1979, 340 (**a.A.** *KG*, 15. ZS, FamRZ 1979, 539); *OLG Hamburg*, DAVorm 1979, 299; **a.A.** *OLG München*, FamRZ 1978, 620.

590 So *OLG Düsseldorf*, FamRZ 1978, 266 (267); *OLG Schleswig*, DAVorm 1978, 796; *KG*, FamRZ 1979, 340; *OLG Hamburg*, DAVorm 1979, 299 (301).

591 *Soergel/Siebert/Lange*, BGB, Bd. 5, 10. Aufl. 1971, § 1671 Rz. 21; *Erman/Ronke*, BGB, 2. Bd., 5. Aufl. 1972, § 1671 Rz. 17; *Kissel*, Ehe und Ehescheidung, Band 1 (1977), S. 162; *Palandt/Diederichsen*, BGB, 36. Aufl. 1977, § 1671 Rz. 2; *Münch-Komm/Hinz*, BGB, Bd. 5, 1. Aufl. 1978, § 1671 Rz. 16; *Bastian/Roth-Stielow/Schmeiduch*, 1. EheRG (1978), § 1671 Rz. 17; *LG Tübingen*, FamRZ 1960, 121; *LG München*, FamRZ 1972, 378; *LG Köln*, FamRZ 1974, 99.

*Sorge ist einem Elternteil allein zu übertragen. Erfordern es die Vermögensinteressen des Kindes, so kann **nur** die Vermögenssorge ganz oder teilweise dem anderen Elternteil übertragen werden.* "
Diesen Wortlaut wählte der erste Regierungsentwurf[592] zum SorgeRG, den der zweite Regierungsentwurf wieder ohne Begründung fallen gelassen hatte. Dieser Umstand sprach nach den Befürwortern des gemeinsamen Sorgerechts gegen eine Beschränkung auf den Ausnahmefall des § 1671 Abs. 4 Satz 2 BGB[593]. Nachdem der von den Fraktionen der SPD und der FDP vorgelegte Gesetzentwurf zum SorgeRG in § 1671 Abs. 2 Satz 1 BGB später erneut den Wortlaut aufwies, „*Die elterliche Sorge **ist** einem Elternteil allein zu übertragen*"[594], deute die beabsichtigte Änderung darauf hin, dass nach der gegenwärtigen Gesetzeslage eine gemeinsame Übertragung der elterlichen Gewalt auf beide Elternteile gerade zulässig sei[595]. Andernfalls wäre eine Gesetzesänderung nicht erforderlich.
Ein Vergleich zwischen § 1626 BGB und § 1671 BGB spreche ebenfalls für ein gemeinsames Sorgerecht. Der Grundsatz der elterlichen Gewalt gehe in § 1626 BGB von einer gemeinsamen elterlichen Gewalt aus[596]. Auch bei § 1671 BGB sei der Grundsatz deshalb die gemeinsame elterliche Gewalt.
Außerdem könne die Behauptung, im Falle einer Scheidung entstünden üblicherweise Spannungen und Streit, nicht im Sinne einer unwiderleglichen Vermutung verstanden werden. Liege kein Konfliktfall vor und seien sich die Eltern über das gemeinsame Sorgerecht über die Scheidung hinaus einig, so bedürfe es keines Alleinsorgerechts. Durch das Alleinsorgerecht würden Spannungen, die zwischen den Ehegatten in Bezug auf die Kinder nicht vorhanden gewesen waren, erst provoziert[597].
Die Voraussetzung eines dauerhaften Konsenses forderten die Befürworter eines gemeinsamen Sorgerechts nicht. Änderten sich die beiderseitigen Verhältnisse in der Zukunft wider Erwarten und falle das Einvernehmen weg, könne das Familiengericht jederzeit anderweitige Anordnungen nach § 1696 BGB treffen[598].

---

592 BT-Drucks. 7/2060, S. 6, 32.

593 *KG*, FamRZ 1979, 340; **a.A.** *Kumme*, ZblJugR 1980, 85 unter II, der dem Wegfall des Wortes „*nur*" keine Bedeutung beimisst.

594 Vgl. unten 6. Kapitel C.I.1, S. 135 ff.

595 *OLG Hamburg*, DAVorm 1979, 299 (303).

596 *OLG Düsseldorf*, FamRZ 1978, 266 (267); *OLG Hamburg*, DAVorm 1979, 299 (302).

597 *OLG Düsseldorf*, FamRZ 1978, 266 (267).

598 *OLG Schleswig*, DAVorm 1978, 796 (797); *OLG Hamburg*, DAVorm 1979, 299 (303); *Schwoerer*, FamRZ 1960, 122; **a.A.** *Treitz*, Die Verteilung der elterlichen Gewalt bei Auflösung der Elternehe und bei dauerndem Getrenntleben der Eltern (1974), S. 53 unter Hinweis auf § 1674 Abs. 1 BGB.

Daneben bezogen sie sich auf eine in der Literatur und in der Rechtsprechung im Vordringen befindliche Meinung[599], nach der die Verhältnisse geschiedener Eheleute die Übertragung der elterlichen Gewalt auf sie beide zulassen könne. Diesem Gedanken habe sich nicht einmal der *BGH* verschlossen, der in der Entscheidung vom 8. November 1978 diese Frage offen ließ[600].
Ein kurioses Argument für das gemeinsame Sorgerecht lieferte *Knieper*[601]. Die Alleinsorge und die ausschließliche Identifikation mit diesem Elternteil könne Homosexualität fördern. Aus diesem Grund sei das gemeinsame Sorgerecht zu bevorzugen.

Die Rechtswissenschaft teilte bei der Frage nach der Zulässigkeit eines gemeinsamen Sorgerechts im Wesentlichen die Argumente aus der Zeit von 1958 bis 1977[602]. Dies hing damit zusammen, dass § 1671 Abs. 4 BGB in der Fassung des 1. EheRG wörtlich den § 1671 Abs. 4 BGB in der Fassung des GleichberG übernommen hatte.

E. Schlussbetrachtung und Stellungnahme

Bosch wies darauf hin, dass sich dieses Gesetz anmaßend als *„Erstes Gesetz zur Reform des Ehe- und Familienrechts"* bezeichnete[603]. Dieser angeblichen ersten Reform vom 14. Juni 1976 seien die folgenden exemplarisch genannten Reformgesetze vorangegangen: Gesetz gegen die Missstände bei Eheschließung und Adoption vom 23.11.1933[604], FamilienrechtsänderungsG vom 12.4.1938[605], Ehegesetz vom 6.7.1938[606], FamilienrechtsangleichungsVO vom

599 *Schwoerer*, FamRZ 1960, 122; *Staudinger/Schwoerer*, BGB, Bd. IV/3a, 10./11. Aufl. 1966, § 1671 Rz. 79; *Lüderitz/Lenzen*, FamRZ 1971, 625; *Treitz* [Fn. 598] S. 52; *Evans-von Krbek*, FamRZ 1975, 20; *Knieper*, JZ 1976, 158 (159 f.); *Göppinger*, Vereinbarungen anlässlich der Ehescheidung, 3. Aufl. 1978, Rz. 618; *Diederichsen*, FamRZ 1978, 461 (473); *Giesen*, JR 1980, 316 (324); *LG Mannheim*, FamRZ 1971, 185; *AmtsG Tübingen*, DAVorm 1976, 424; *LG Wiesbaden*, FamRZ 1977, 60; **a.A.** *Soergel/Siebert/Lange*, BGB, Bd. 5, 10. Aufl. 1971, § 1671 Rz. 14; *Dittmann*, ZblJugR 1977, 187; *Dieckmann*, AcP 1978, 298 (304 ff.); *Beitzke*, FamRZ 1979, 8 ff.; *KG*, FamRZ 1979, 539.

600 *BGH*, ZblJugR 1979, 83 = NJW 1979, 419.

601 *Knieper*, JZ 1976, 158 (160).

602 Vgl. zum GleichberG oben 4. Kapitel D.III.2, S. 90 ff.

603 *Bosch*, FamRZ 1976, 401; *ders.*, FamRZ 1977, 569; *ders.*, NJW 1987, 2617 (2620); **ebenso**: *Schwab*, FamRZ 1995, 513, der für den Zeitraum 1953 bis 1995 vierzehn speziell dem Familienrecht gewidmete Reformgesetze nennt; *ders.*, JuS 1997, 587 (588); *Lüke*, AcP 1978, 1.

604 RGBl. I 1933, S. 979.

605 RGBl. I 1938, S. 380.

606 RGBl. I 1938, S. 807.

6.2.1943[607], Ehegesetz vom 20.2.1946[608], GleichberechtigungsG vom 18.6.1957[609], FamilienrechtsänderungsG vom 18.8.1961[610], NichtehelichenG vom 19.8.1969[611], AdoptionsrechtsänderungsG vom 14.8.1973[612] und das VolljährigkeitsG vom 31.7.1974[613]. Im Hinblick auf die Vielzahl an Gesetzen, die in der Vergangenheit das Familienrecht reformierten, wird der erhobenen Kritik Recht gegeben. Zwar hatten viele der eben genannten Gesetze nicht die einschneidenden Veränderungen wie das 1. EheRG mit sich gebracht. Das erste Reformgesetz zum Familienrecht seit dem 1. Januar 1900 war das 1. EheRG jedoch nicht.

Begrüßenswert war die Eliminierung des Schuldprinzips im Ehescheidungsrecht und im Scheidungsfolgenrecht. Trotzdem fanden sich in der Einzelbegründung zu § 1671 BGB noch vom Verschuldensprinzip geprägte Formulierungen. So einmütig der Gesetzgeber das Verschuldensprinzip durch das Zerrüttungsprinzip ersetzen wollte, ließ er durch die Formulierung, „*das Verhalten innerhalb und außerhalb der Ehe müsse bei der Zuteilung der elterlichen Gewalt berücksichtigt werden*“, in gewisser Weise Schuldgesichtspunkte weiterhin gelten. Die amtliche Begründung war hier nicht konsequent genug, nachdem sie an einer anderen Stelle dafür eintrat, allein das Wohl des Kindes maßgeblich sein zu lassen[614].

Die Änderungen, die das 1. EheRG bei § 1671 BGB vornahm, beschränkten sich auf eine Eliminierung des Verschuldensprinzips in Absatz 3 Satz 2 und Absatz 6 Satz 2. Die Argumente, die den Gesetzgeber zu diesem Schritt bewogen, deckten sich mit Argumenten aus dem Dritten Reich. Schon damals war die Abschaffung des Verschuldensprinzips erwogen worden. Die weiteren Probleme des Sorgerechts beabsichtigte der Gesetzgeber des 1. EheRG dem SorgeRG vorzubehalten.

Nachdem § 1671 BGB in der Fassung des 1. EheRG nur 2 ½ Jahre galt und schnell durch die Fassung des Sorgerechtsreformgesetzes (SorgeRG) abgelöst wurde, gab es keine speziell dem 1. EheRG zuzuschreibenden Rechtsprechungstendenzen und Literaturmeinungen. Im Wesentlichen wurden die von 1958 bis 1977 zugunsten eines gemeinsamen Sorgerechts vorgetragenen Argumente aufgegriffen.

---

[607] RGBl. I 1943, S. 80.
[608] KRABl. 1946, S. 77.
[609] BGBl. I 1957, S. 609.
[610] BGBl. I 1961, S. 1221.
[611] BGBl. I 1969, S. 1243.
[612] BGBl. I 1973, S. 1013.
[613] BGBl. I 1974, S. 1713.
[614] BT-Drucks. 7/650, S. 176. Ähnlich inkonsequent bereits das EheG 1938, vgl. oben 2. Kapitel D.IV, S. 24 ff.

6. Kapitel Das Sorgerechtsreformgesetz von 1979 (SorgeRG)

A. Einführung

Nachdem sich die Auslegung des Art. 6 Abs. 2 GG in den sechziger Jahren verändert hatte, trat ein Wandel in der Anschauung über die Eltern-Kind-Beziehung ein, die im Kindschaftsrecht weitere Reformen verlangte[615]. Das *BVerfG* hatte sich 1968 eingehend zu der Frage geäußert, in welcher Weise Grundrechte des Kindes gegenüber den Eltern wirken und in welcher Weise das Elternrecht durch Rechte des Kindes eingeschränkt wird[616]. Das *BVerfG* definierte das Elternrecht von der Position des Kindes als „*Elternverantwortung*"[617]. Recht und Pflicht wurden miteinander verknüpft[618]. Vier Jahre später entschied das *BVerfG*, es sei Sache der Eltern, das Wohl des Kindes zu konkretisieren[619].

Diesen Veränderungen hielt das geltende Recht nicht stand, denn der Gesetzgeber hatte die elterliche Gewalt seit dem In-Kraft-Treten des BGB, abgesehen von § 1671 BGB in der Fassung des GleichberG, nur in Randbereichen geändert[620]. Als Ergebnis der bisherigen Rechtsentwicklung war, so die amtliche Begründung des ersten Regierungsentwurfs, die rechtliche Stellung des Kindes als Objekt im BGB stärker ausgeprägt, als in Gesetzgebungswerken vor dem 1. Januar 1900[621]. Das *BVerfG* sah das Kind nach seiner neueren Rechtsprechung nicht mehr als Objekt elterlicher Fremdbestimmung, sondern als Grundrechtsträger an[622]. Aus diesem Grund fachte die im Vorblatt des Re-

---

615 BT-Drucks. 7/2060, S. 13.

616 Beschluss des *BVerfG* v. 29.7.1968, *BVerfGE* 24, 119 = FamRZ 1968, 578.

617 *Fehnemann*, AöR 105, 529 (533), *Giesen*, JZ 1982, 817 (821).

618 *BVerfGE* 24, 119 (143) = *BVerfG*, FamRZ 1968, 578 (584); **ebenso**: *BGH*, FamRZ 1979, 225 (227).

619 Urteil des *BVerfG* v. 6.12.1972, *BVerfGE* 34, 165 (184). Nach *Ossenbühl*, FamRZ 1977, 533 (534) und *Fegeler*, Der Maßstab des Wohls des Kindes, des Mündels, des Pfleglings und des Betreuten bei der gerichtlichen Kontrolle ihrer Interessenvertreter (2000), S. 47 ff. m.w.N., S. 186 ist die Festlegung der Eltern als Interpretationsprimat dabei letztverbindlich; **a.A.** *Erichsen/Reuter*, Elternrecht – Kindeswohl – Staatsgewalt (1985), S. 52.

620 So *Zenz*, AcP 173, 527; *Brokamp*, Die Verrechtlichung der Eltern-Kind-Beziehung in hundert Jahren BGB (2001), S. 131.

621 So zum PrALR II 2 §§ 109-114 *Ramm*, JZ 1973, 179 (180).

622 Beschluss des *BVerfG* v. 29.7.1968, *BVerfGE* 24, 119 = FamRZ 1968, 578 sowie *BGHZ* 66, 334 (337); *Gernhuber*, FamRZ 1962, 89; *ders.*, Familienrecht, 2. Aufl. 1970, § 2 II 4, § 49 III 2; *Dölle*, Familienrecht, Band 2 (1965), § 91 I, S. 138; *Beitzke*, Familienrecht, 19. Aufl. 1977, § 26 II 4, S. 188; *Palandt/Diederichsen*, BGB, 37. Aufl. 1978, Vorb. zu § 1626 Rz. 5; *Erman/Ronke*, BGB, 2. Bd., 7. Aufl. 1981, § 1626 Rz. 3; *Simon*, ZfJ 1984, 14.

gierungsentwurfs enthaltene Formulierung, das Kind sei ein „*Objekt*" die Kritik[623] an diesem Gesetz an[624]. Es wurde die Befürchtung geäußert, mit dem Reformvorhaben solle die Familienautonomie untergraben und staatlichen Stellen ermöglicht werden, leichter als bisher in die Familien hineinzuregieren, sei beabsichtigt die Eltern zu entrechten und ihre Rechtsstellung zu Gunsten der Kinder entscheidend abzuschwächen[625].

Um eine breitere Akzeptanz des SorgeRG zu erreichen, ließen der Fraktionsentwurf und der schriftliche Bericht des Rechtsausschusses die eben genannte Formulierung im Vorblatt des Regierungsentwurfs später fallen und stellten auf verfassungsrechtliche Erwägungen ab.

Der Bundestag nahm das SorgeRG am 10. Mai 1979 nach einer Vorbereitungszeit von fast zehn Jahren mit der Mehrheit der Stimmen der Abgeordneten von SPD und FDP in 2. und 3. Lesung an[626]. Das abschließende „*Nein*" der CDU/CSU-Fraktion bei der Schlussabstimmung galt als überraschend, weil die Koalition auf Drängen der FDP Änderungsanträge vorgelegt hatte, die inhaltlich den Vorstellungen der Union entgegenkamen[627]. Ein Vermittlungsbegehren des Bundesrates blieb letztendlich erfolglos. Der Bundestag wies den Einspruch des Bundesrates in namentlicher Abstimmung nach Art. 77 Abs. 2 GG zurück (250 gegen 196 Stimmen)[628]. Das SorgeRG wurde am 24. Juli 1979 verkündet und trat am 1. Januar 1980 in Kraft. Am Ende des Ge-

---

623 *Zenz*, AcP 1973, 527 (536 ff.); *Quambusch*, ZblJugR 1974, 138 (144 ff.); *Giesen*, FamRZ 1977, 594; *Coester-Waltjen*, ZRP 1977, 177 ff.; *Schwerdtner*, ZblJugR 1980, 149 (153); *Finger*, JA 1981, 641 (642).

624 *Schultz*, MDR 1980, 20.

625 Stellungnahme des Zentralkomitees der deutschen Katholiken vom 23.4.1977, abgedruckt in FamRZ 1977, 610; *Dr. Stark* stenographische Protokolle des Bundestages, 8. Wahlperiode, 18. Sitzung v. 17.3.1977, S. 1088 (A). Gegen diese Kritik *Knöpfel*, FamRZ 1977, 600 (602). Die Notwendigkeit einer Neuregelung generell bestritten die CDU/CSU, Vorblatt BT-Drucks. 8/2788; BACDJ, Pressemitteilung v. 20.12.1977, Aktenbestände bei der Konrad-Adenauer-Stiftung e.V. in Sankt Augustin, Dokument Nr. 2/201/14-7; *Giesen*, FamRZ 1977, 594 (596); Zentralkomitee deutscher Katholiken, FamRZ 1977, 610; *Diederichsen*, FamRZ 1978, 461; *Lüderitz*, AcP 178, 263 ff.; *Schmitt-Glaeser*, DÖV 1978, 629 (aus verfassungsrechtlicher Sicht).

626 Vgl. stenographische Protokolle des Bundestages, 8. Wahlperiode, 151. Sitzung v. 10.5. 1979, S. 12050 (D) ff.

627 *Schulz*, ZRP 1979, 73 (74).

628 Vgl. stenographische Protokolle des Bundestages, 8. Wahlperiode, 162. Sitzung v. 22.6. 1979, S. 12938 (A) ff.; angesichts des Abstimmungsergebnisses insoweit missverständlich *Gross*, Das Recht der elterlichen Sorge, 2. Aufl. 1980, S. 15, wonach für die Mehrheit 249 Stimmen erforderlich seien. Ausreichend ist die Mehrheit der anwesenden stimmberechtigten Abgeordneten, sog. einfache Abstimmungsmehrheit, vgl. Art. 42 Abs. 2 Satz 1 GG.

setzgebungsverfahrens erhielt § 1671 BGB nach zahlreichen Änderungsvorschlägen durch den Bundesrat und den Rechtsausschuss folgende Fassung[629]:

1. EheRG	SorgeRG
(1) Wird die Ehe der Eltern geschieden, so bestimmt das Familiengericht, welchem Elternteil die elterliche Gewalt über ein gemeinschaftliches Kind zustehen soll.	(1) Wird die Ehe der Eltern geschieden, so bestimmt das Familiengericht, welchem Elternteil die **elterliche Sorge für** ein gemeinschaftliches Kind zustehen soll.
(2) Von einem gemeinsamen Vorschlag der Eltern soll das Familiengericht nur abweichen, wenn dies zum Wohle des Kindes erforderlich ist.	**(2) Das Gericht trifft die Regelung, die dem Wohle des Kindes am besten entspricht; hierbei sind die Bindungen des Kindes, insbesondere an seine Eltern und Geschwister, zu berücksichtigen.**
(3) Haben die Eltern keinen Vorschlag gemacht oder billigt das Familiengericht ihren Vorschlag nicht, so trifft es die Regelung, die unter Berücksichtigung der gesamten Verhältnisse dem Wohle des Kindes am besten entspricht.	(3) [1]Von einem **übereinstimmenden** Vorschlag der Eltern soll das **Gericht** nur abweichen, wenn dies zum Wohle des Kindes erforderlich ist. [2]**Macht ein Kind, welches das vierzehnte Lebensjahr vollendet hat, einen abweichenden Vorschlag, so entscheidet das Gericht nach Absatz 2.**
(4) [1]Die elterliche Gewalt soll in der Regel einem Elternteil allein übertragen werden. [2]Erfordert es das Wohl des Kindes, so kann einem Elternteil die Sorge für die Person, dem anderen die Sorge für das Vermögen des Kindes übertragen werden.	(4) [1]Die elterliche Sorge **ist** einem Elternteil allein zu übertragen. [2]Erfordern es die Vermögensinteressen des Kindes, so kann die Vermögenssorge **ganz oder teilweise** dem anderen Elternteil übertragen werden.
(5) Das Familiengericht kann die Sorge für die Person und das Vermögen des Kindes einem Vormund oder Pfleger übertragen, wenn dies erforderlich ist, um eine Gefahr für das geistige oder leibliche Wohl oder für das Vermögen des Kindes abzuwenden.	(5) [1]Das **Gericht** kann die Personensorge und die Vermögenssorge einem Vormund oder Pfleger übertragen, wenn dies erforderlich ist, um eine Gefahr für das Wohl des Kindes abzuwenden. [2]Es soll dem Kind für die Geltendmachung von Unterhaltsansprüchen einen Pfleger bestellen, wenn dies zum Wohle des Kindes erforderlich ist.
(6) [1]Die vorstehenden Vorschriften gelten entsprechend, wenn die Ehe der Eltern für nichtig erklärt oder aufgehoben worden ist. [2]Haben die Eltern innerhalb von zwei Monaten nach Rechtskraft des Urteils, durch das die Ehe für nichtig erklärt oder aufgehoben worden ist, keinen Vorschlag gemacht, so trifft das Familiengericht die Regelung, die unter Berücksichtigung der gesamten Verhältnisse dem Wohle des Kindes am besten entspricht.	(6) Die vorstehenden Vorschriften gelten entsprechend, wenn die Ehe der Eltern für nichtig erklärt worden ist.

629 BGBl. I 1979, S. 1061. Hervorhebungen durch den Verfasser.

B. Änderungen und Gemeinsamkeiten von SorgeRG und 1. EheRG

Ziel des SorgeRG war trotz aller Kontroversen, das Wohl des Kindes besser zur Geltung zu bringen und § 1671 BGB in dieser Weise umzugestalten[630]. Dem Kind standen weder nach den Vorschriften des GleichberG noch nach denjenigen des 1. EheRG Anhörungsrechte zu, selbst wenn Entscheidungen im Bereich der elterlichen Sorge zu treffen gewesen waren[631]. Die Bundesregierung wollte daher den Kindeswillen und das Mitspracherecht[632] der Jugendlichen bei der Sorgerechtsverteilung im Ehescheidungsverfahren stärken. Aus diesem Grund berücksichtigte das Gesetz in § 1671 Abs. 2 BGB die Bindungen des Kindes an seine Eltern und Geschwister. Das den Kindern ab der Vollendung des 14. Lebensjahres eingeräumte Mitspracherecht war ebenfalls in die Vorschrift neu aufgenommen worden. Die umstrittenste Neuerung stellte die zwingende Anordnung der Übertragung der Alleinsorge auf einen Elternteil dar. Die dem SorgeRG vorangegangenen Fassungen des GleichberG und des 1. EheRG hatten in den siebziger Jahren als Grundlage einer gemeinsamen elterlichen Sorge gedient[633]. Der Gesetzgeber des SorgeRG wollte sich durch den gewählten Wortlaut gegen diese Rechtsprechung stellen und das gemeinsame Sorgerecht ausschließen.

C. Das Gesetzgebungsverfahren zum SorgeRG[634]

Vorausgegangen war dem Gesetzgebungsverfahren eine vom Bundesministerium der Justiz (BMJ) eingeleitete Befragung der Praxis, die eine Reformbedürftigkeit einer Vielzahl von Bestimmungen ergab. Bereits anlässlich der Be-

---

[630] *Belchaus*, ZblJugR 1979, 325 (326); *MünchKomm/Hinz*, BGB, Bd. 5/1, 2. Aufl. 1987, § 1671 Rz. 3.

[631] BT-Drucks. 7/2060, S. 13; aus diesem Grund sind im Zuge des SorgeRG umfängliche Anhörungsrechte des Kindes in §§ 50a ff. FGG aufgenommen worden.

[632] Zu der Frage, ob das Mitspracherecht des Jugendlichen nicht zu einem Antragsrecht ausgestaltet werden soll, vgl. *Franz*, FamRZ 1974, 571 (572); **a.A.** *Becker*, Die Eigenentscheidung des jungen Menschen, in: FS für Bosch (1976), S. 37 ff. (62).

[633] *LG Mannheim*, FamRZ 1971, 185; *AmtsG Tübingen*, DAVorm 1976, 424; *LG Wiesbaden*, FamRZ 1977, 60; **ebenso** die Literatur: *Schwoerer*, FamRZ 1956, 242; *ders.*, FamRZ 1958, 433; *ders.*, FamRZ 1960, 122; *Staudinger/Schwoerer*, BGB, Bd. IV/3a, 10./11. Aufl. 1966, § 1671 Rz. 79; *Lüderitz/Lenzen*, FamRZ 1971, 625; *Treitz*, Die Verteilung der elterlichen Gewalt bei Auflösung der Elternehe und bei dauerndem Getrenntleben der Eltern (1974), S. 52; *Evans-von Krbek*, FamRZ 1975, 20; *Knieper*, JZ 1976, 158 (159 f.). Vgl. oben zum GleichberG 4. Kapitel D.III.2, S. 90 ff. und zum 1. EheRG 5. Kapitel D.III, S. 126 ff.

[634] Eine ausführliche Gesetzesdokumentation zum Gesetzgebungsverfahren befindet sich im Parlamentsarchiv des Deutschen Bundestages, Band VIII/176.

ratungen zum Nichtehelichengesetz hatte der Bundesrat[635] 1967 Änderungen des Sorgerechts angeregt, nachdem seit der Entscheidung des *BVerfG*[636] aus dem Jahr 1959 zum Stichentscheid zu §§ 1628, 1629 BGB a.F. noch keine Reform des Sorgerechts in Angriff genommen worden war.

I. Siebte Wahlperiode[637]

1. Erster Regierungsentwurf BT-Drucks. 7/2060

Im Jahre 1972 legte die Bundesregierung einen Referentenentwurf vor, der die vom BMJ eingeleitete Umfrage berücksichtigte[638]. Ein Jahr später folgte ein Regierungsentwurf eines Gesetzes zur Neuregelung der elterlichen Sorge. Der Bundestag beschäftigte sich am 8. November 1974 erstmalig mit dem Regierungsentwurf[639]. Der Entwurf zu § 1671 BGB enthielt folgende Änderungen gegenüber dem Referentenentwurf[640]:

Referentenentwurf	*Entwurf 7/2060*
(1) [1]Wird die Ehe der Eltern geschieden, so bestimmt das Vormundschaftsgericht, welchem Elternteil die elterliche Sorge über ein gemeinschaftliches Kind zustehen soll. [2]Es trifft die Regelung, die unter Berücksichtigung der gesamten Verhältnisse dem Wohle des Kindes am besten entspricht.	*(1) [1]Wird die Ehe der Eltern geschieden, so bestimmt das Vormundschaftsgericht, welchem Elternteil die elterliche Sorge* ***für*** *die* ***gemeinschaftlichen Kinder*** *zustehen soll. [2]Es trifft die Regelung, die (...) dem Wohle jedes Kindes am besten entspricht.*
(2) Von einem übereinstimmenden Vorschlag der Eltern soll das Gericht nur abweichen, wenn dies zum Wohle des Kindes erforderlich ist.	*(2) [1]Die elterliche Sorge* ***ist einem Elternteil allein zu übertragen****. [2]Erfordern es die Vermögensinteressen des Kindes, so kann* ***nur*** *die Vermögenssorge ganz oder teilweise dem anderen Elternteil übertragen werden.*
(3) Begehrt ein Kind, welches das vierzehnte Lebensjahr vollendet hat, die Übertragung der elterlichen Sorge auf einen Elternteil, so soll das Vormundschaftsgericht diesem Wunsche entsprechen, es sei denn, daß eine	*(3) [1]Unterbreiten die Eltern einen übereinstimmenden Vorschlag oder begehrt ein Kind, welches das 14. Lebensjahr vollendet hat oder das nach seinem Entwicklungsstand zu einer selbständigen Beurteilung fä-*

635 BT-Drucks. 5/2370, S. 104; *Belchaus*, ZblJugR 1979, 325.

636 *BVerfG* v. 29.7.1959, FamRZ 1959, 416.

637 13. Dezember 1972 – 13. Dezember 1976; die Mehrheitsverhältnisse im Deutschen Bundestag stellten sich wie folgt dar: CDU/CSU 44,9% = 225 (+9) Sitze, SPD 45,8% = 230 (+12) Sitze, FDP 8,4% = 41 (+1) Sitze. Die Regierung bildete eine sozialliberale Koalition von SPD/FDP. Vgl. *Schindler*, Datenhandbuch zur Geschichte des Deutschen Bundestages 1949 bis 1999, Band 1 (1999), S. 168 und 1144.

638 Der Referentenentwurf ist abgedruckt in DAVorm 1973, 3 ff. Vor allem die Überbewertung des Kindeswillens, die später schließlich auf Initiative des Rechtsausschusses wegfiel, stieß bei *Kuntze*, JR 1973, 273 (276) und *Beitzke*, ZblJugR 1973, 121 (124) auf Ablehnung.

639 Vgl. stenographische Protokolle des Bundestages, 7. Wahlperiode, 129. Sitzung v. 8.11. 1974, S. 8727 (D) ff.

640 BT-Drucks. 7/2060, S. 6 f. Hervorhebungen durch den Verfasser.

andere Regelung zum Wohle des Kindes erforderlich ist. *(4) [1]Die elterliche Sorge soll in der Regel einem Elternteil allein übertragen werden. [2]Erfordert es das Wohl des Kindes, so kann die Vermögenssorge ganz oder teilweise dem anderen Elternteil übertragen werden.*	*hig ist, die Übertragung der elterlichen Sorge auf einen Elternteil, so soll das Vormundschaftsgericht* ***eine davon abweichende Entscheidung*** *nach Absatz 1 und 2 nur* ***treffen, wenn*** *dies dem Wohle des Kindes* ***dient****. [2]Stimmen Elternvorschlag und Kindeswille nicht überein, so entscheidet das Vormundschaftsgericht nach Absatz 1 und 2.*
(5) [1]Das Vormundschaftsgericht kann die Personensorge und die Vermögenssorge einem Vormund oder Pfleger übertragen, wenn dies erforderlich ist, um eine Gefahr für das Wohl oder das Vermögen des Kindes abzuwenden. [2]Es soll dem Kind für die Geltendmachung von Unterhaltsansprüchen einen Pfleger bestellen, wenn dies zum Wohle des Kindes erforderlich ist.	*(4) [1]Das Vormundschaftsgericht kann die Personensorge und die Vermögenssorge einem Vormund oder Pfleger übertragen, wenn dies erforderlich ist, um eine Gefahr für das Wohl (...) des Kindes abzuwenden. [2]Es soll dem Kind für die Geltendmachung von Unterhaltsansprüchen einen Pfleger bestellen, wenn dies zum Wohl des Kindes erforderlich ist.*
(6) Die vorstehenden Vorschriften gelten entsprechend, wenn die Ehe der Eltern für nichtig erklärt worden ist.	*(5) (unverändert)*

a. Einführung des Begriffs „elterliche Sorge"

Der Regierungsentwurf ersetzte den Begriff „*elterliche Gewalt*" durch den Begriff „*elterliche Sorge*"[641]. Kritik am „*Gewaltbegriff*" erhob auf parlamentarischer Ebene erstmals die Abg. *Strohbach* (KPD) im Bundestag am 27. November 1952 im Zusammenhang mit der Diskussion um das GleichberG[642]. Diese Kritik griff später der *BGH* auf, der dazu folgendes ausführte[643]:

„*Das Gesetz bezeichnet den Inbegriff der elterlichen Befugnisse zwar auch heute noch als elterliche Gewalt. Darin liegt aber nur eine Reminiszenz an das römische Recht; den derzeitigen Rechtszustand (§ 1631 BGB) gibt dieser Ausdruck in einer wenig passenden Weise wieder.*"

Der Begriff der elterlichen Sorge ging auf einen Vorschlag der Eherechtskommission beim Bundesministerium der Justiz (BMJ) im Jahre 1971 zu-

---

641 Zur Geschichte des Begriffs „*elterliche Gewalt*" *Haibach*, Familienrecht in der Rechtssprache (1990), S. 283 ff.

642 Vgl. stenographische Protokolle des Bundestages, 1. Wahlperiode, 239. Sitzung vom 27.11.1952, S. 11068 (B). Für die DDR: vgl. *Benjamin*, Vorschläge zum neuen deutschen Familienrecht (1949), S. 28. *Rothe*, Die elterliche Gewalt der Mutter nach dem BGB (1905), S. 57 wollte schon 1905 den Begriff elterliche Sorge einführen.

643 *BGHZ* 66, 334 (337); **ähnlich**: *BVerfGE* 24, 119 (143), wonach Recht und Pflicht von vorneherein unlöslich miteinander verbunden sind und das Elternrecht treffender als „*Elternverantwortung*" bezeichnet werden kann.

rück[644]. Nach den Ausführungen des Bundesjustizministers *Vogel* in der ersten Lesung des Regierungsentwurfs war dies keine Begriffsspielerei, sondern eine Klarstellung, die den Kern der Rechtsbeziehungen zwischen den Eltern und ihren Kindern deutlicher hervortreten lässt und dadurch die Bewusstseinslage der Beteiligten im Sinne des Grundgesetzes und seiner Wertentscheidungen beeinflussen wird[645]. Diesem Vorschlag stimmte in der parlamentarischen Debatte auch die CDU/CSU-Opposition zu[646].
Für den Begriff „*elterliche Sorge*" sprach, dass er Personen- und Vermögenssorge erfasst. Das Wort „*Erziehungsrecht*", wie es im Familiengesetzbuch der DDR[647] vorkam, erschien der Eherechtskommission zu eng[648]. Das Wort „*Sorge*" lasse gleichzeitig den Pflichtcharakter der Rechtsbeziehungen anklingen und sei anders als der ebenfalls vorgeschlagene Begriff „*elterliches Sorgerecht*" nicht der Missdeutung ausgesetzt, als handele es sich nur um Rechte, nicht auch um Pflichten. Gegenüber dem Ausdruck „*elterliches Sorgerecht*" und „*elterliche Fürsorgeverpflichtung*" habe der gewählte Begriff den Vorzug der Kürze. Die Begriffe „*Elternrecht und Elternpflicht*" seien demgegenüber zu umständlich.
Um den Pflichtcharakter der elterlichen Sorge besonders hervorzuheben, sollte abweichend vom üblichen Sprachgebrauch bei der Legaldefinition der elterlichen Sorge in § 1626 BGB der Ausdruck Pflicht dem Recht vorangestellt werden[649]. Den Anstoß, die beiden Begriffe zu vertauschen, gab ebenfalls die Eherechtskommission beim BMJ[650].

b. Sonstige Änderungen

Der Regierungsentwurf enthielt keine Regelung, nach der die elterliche Sorge für mehrere Kinder wie in § 81 Abs. 2 EheG 1938 grundsätzlich einem Elternteil übertragen wird. Der Grund dafür lag darin, dass das Familiengericht seine Entscheidung ohnehin an den Gesichtspunkten ausrichten musste, die dem Wohl des Kindes am besten entsprachen[651].

644 Eherechtskommission beim BMJ (Hrsg.), Vorschläge zur Neuregelung des Rechts der Kinder geschiedener und getrennt lebender Eltern (1971), S. 75.
645 Vgl. stenographische Protokolle des Bundestages, 7. Wahlperiode, 129. Sitzung v. 8.11. 1974, S. 8728 (A).
646 Vgl. stenographische Protokolle des Bundestages, 7. Wahlperiode, 129. Sitzung v. 8.11. 1974, S. 8730 (C) und 8. Wahlperiode, 151. Sitzung v. 10.5.1979, S. 12012 (C).
647 §§ 25, 26, 27 und 42-53 FGB vom 20.12.1965, GBl. DDR I 1966, S. 1.
648 BT-Drucks. 7/2060, S. 13, 14.
649 BT-Drucks. 7/2060, S. 15; **dafür** auch *Knöpfel*, FamRZ 1977, 600 (603); **dagegen** *Bosch*, FamRZ 1973, 489 (506) und *Kuntze*, JR 1973, 273, welche dies als „*Spielerei*" bezeichneten.
650 Eherechtskommission beim BMJ (Hrsg.) [Fn. 644] S. 76; BT-Drucks. 7/2060, S. 15.
651 BT-Drucks. 7/2060, S. 31; BT-Drucks. 8/2788, S. 62.

Eine Regelung, die dem schuldlosen Elternteil ein Vorrecht auf Übertragung des Sorgerechts einräumte, sah der Entwurf nicht vor[652]. Die Bezugnahme des Entwurfs auf das Schuldprinzip mag zwar verwundern, nachdem durch die §§ 1565ff. BGB in der Fassung des 1. EheRG das Verschuldensprinzip bei der Ehescheidung durch das Zerrüttungsprinzip ersetzt worden war[653]. Allerdings darf nicht übersehen werden, dass das Gesetzgebungsverfahren des 1. EheRG und des SorgeRG teilweise parallel verliefen. Der Regierungsentwurf zum SorgeRG wurde zwei Jahre vor Verkündung des 1. EheRG in den Bundestag eingebracht. Zu diesem Zeitpunkt galt noch das Schuldprinzip des GleichberG.

Absatz 3 regelte das Vorschlagsrecht der Eltern zum Sorgerecht. Die Befristung des Vorschlagsrecht auf zwei Monate nach Rechtskraft der Scheidung in der Fassung des GleichberG konnte durch den durch das 1. EheRG eingeführten Zwangsverbund[654] sowie die Gleichzeitigkeit von Scheidungsurteil und Regelung der Scheidungsfolgen nicht mehr aufrechterhalten werden[655]. Der Vorschlag, der nach dem 1. EheRG unverändert ein *„gemeinsamer"* geblieben war, änderte der Regierungsentwurf in einen *„übereinstimmenden"*. Gründe für diese sprachliche Änderung nennt der Entwurf nicht. Es entsprach allerdings schon der h.M. zu § 1671 BGB in der Fassung des GleichberG, dass die bloße äußerliche und inhaltliche Übereinstimmung genügte und es auf eine gemeinsame zeitgleiche Abgabe nicht ankam[656]. Insoweit erfolgte lediglich eine Klarstellung.

Der Gesetzgeber des SorgeRG plante außerdem, trotz Übereinstimmung zwischen Elternvorschlag und Wunsch des Kindes dem Gericht nach § 1671 Abs. 3 Satz 1 BGB die Möglichkeit zu geben, eine abweichende Entscheidung zu treffen, wenn dies dem Wohl des Kindes diente. Das Gericht sollte die Befugnis bekommen, den Elternvorschlag auf seine Vereinbarkeit mit dem Wohl des Kindes zu überprüfen[657]. Die Bundesregierung wollte dem Gericht also die Gelegenheit einräumen, gegen den Willen der Eltern die elterliche Sorge einem Elternteil zu übertragen, da die von den Eltern vereinbarte Aufteilung der Kinder häufig nicht dem Kindeswohl entspricht, sondern Ausdruck der Elterninteressen ist[658].

---

652 BT-Drucks. 7/2060, S. 32.

653 Vgl. oben 5. Kapitel C.II.1, S. 112 ff.

654 Vgl. oben 5. Kapitel C.II.3, S. 122 ff.

655 1. Teilbericht der Eherechtskommission beim BMJ, These 6, FamRZ 1970, 213; BT-Drucks. 7/2060, S. 33.

656 *BGHZ* 33, 54 (57); *Dölle*, Familienrecht, Band 2 (1965), § 97 III 2, S. 286, 287; *Jans/Happe*, Gesetz zur Neuregelung des Rechts der elterlichen Sorge (1980), S. 180.

657 BT-Drucks. 7/2060, S. 33.

658 BT-Drucks. 7/2060, S. 33.

Der Entwurf behielt den Grundsatz der Übertragung der Alleinsorge auf einen Elternteil bei[659]. Die geplante Vorschrift erlaubte den geschiedenen Ehegatten kein gemeinsames Sorgerecht. Bei einem gemeinsamen Sorgerecht bestanden nach Ansicht der Bundesregierung zu viele Streit- und Berührungspunkte zwischen den Eltern, die dazu führen könnten, das Kind in den Streit der Eltern zu verwickeln. Der Regierungsentwurf sprach die zentralen Probleme des gemeinsamen Sorgerechts nicht an. Eine Erörterung der Vor- und Nachteile des gemeinsamen Sorgerechts fand nicht statt. Die Bundesregierung beließ es im Wesentlichen bei einem Hinweis, ein gemeinsames Sorgerecht sei nach der überwiegenden Meinung in Rechtsprechung und Literatur zu § 1671 Abs. 4 BGB in der Fassung des GleichberG unzulässig[660].

2. Änderungsvorschläge des Bundesrates

Der Bundesrat hatte in seiner 400. Sitzung am 20. Dezember 1973[661] den Regierungsentwurf 7/2060 beraten und folgende Änderungsvorschläge gemacht[662]:

Entwurf 7/2060	*Änderungsvorschläge Bundesrat*
(1) [1]Wird die Ehe der Eltern geschieden, so bestimmt das Vormundschaftsgericht, welchem Elternteil die elterliche Sorge für die gemeinschaftlichen Kinder zustehen soll. [2]Es trifft die Regelung, die dem Wohle jedes Kindes am besten entspricht.	*(1) [1]Wird die Ehe der Eltern geschieden, so bestimmt das Vormundschaftsgericht, welchem Elternteil die elterliche Sorge für die gemeinschaftlichen Kinder zustehen soll. [2]Es trifft die Regelung, die **unter Berücksichtigung eines gemeinsamen Vorschlags der Eltern und der Willensäußerung des Kindes dessen Wohl am besten entspricht.***
(2) [1]Die elterliche Sorge ist einem Elternteil allein zu übertragen. [2]Erfordern es die Vermögensinteressen des Kindes, so kann nur die Vermögenssorge ganz oder teilweise dem anderen Elternteil übertragen werden.	*(2) [1]Die elterliche Sorge **für jedes Kind** ist einem Elternteil allein zu übertragen. [2]Erfordern es die Vermögensinteressen des Kindes, so kann nur die Vermögenssorge ganz oder teilweise dem anderen Elternteil übertragen werden.*
(3) [1]Unterbreiten die Eltern einen übereinstimmenden Vorschlag oder begehrt ein Kind, welches das 14. Lebensjahr vollendet hat oder das nach seinem Entwicklungsstand zu einer selbständigen Beurteilung fähig ist, die Übertragung der elterlichen Sorge auf einen Elternteil, so soll das Vormundschaftsgericht eine davon abweichende	***(3) weggefallen***

[659] BT-Drucks. 7/2060, S. 32; BT-Drucks. 8/2788, S. 63.
[660] Vgl. die Literaturangaben oben in Fn. 418.
[661] Vgl. stenographische Protokolle des Bundesrates, 400. Sitzung v. 20.12.1973, S. 418 (D) ff.
[662] BT-Drucks. 7/2060, Anlage 2, S. 55; BR-Drucks. 690/1/73, S. 22 f.

Entscheidung nach Absatz 1 und 2 nur treffen, wenn dies dem Wohle des Kindes dient. [2]Stimmen Elternvorschlag und Kindeswille nicht überein, so entscheidet das Vormundschaftsgericht nach Absatz 1 und 2.	
(4) [1]Das Vormundschaftsgericht kann die Personensorge und die Vermögenssorge einem Vormund oder Pfleger übertragen, wenn dies erforderlich ist, um eine Gefahr für das Wohl des Kindes abzuwenden. [2]Es soll dem Kind für die Geltendmachung von Unterhaltsansprüchen einen Pfleger bestellen, wenn dies zum Wohl des Kindes erforderlich ist.	*(4) [1]Das Vormundschaftsgericht kann die Personensorge und die Vermögenssorge einem Vormund oder Pfleger übertragen, wenn dies erforderlich ist, um eine Gefahr für das Wohl des Kindes abzuwenden. [2]Es soll dem Kind für die Geltendmachung von Unterhaltsansprüchen einen Pfleger bestellen, wenn dies zum Wohl des Kindes erforderlich ist. [3]**Die Pflegschaft oder Vormundschaft bleibt in den Fällen des § 1681 bestehen, bis sie vom Vormundschaftsgericht aufgehoben wird.***
(5) Die vorstehenden Vorschriften gelten entsprechend, wenn die Ehe der Eltern für nichtig erklärt worden ist.	*(5) (unverändert)*

Der Bundesrat beanstandete das nicht hinreichend zum Ausdruck kommende Kriterium des Wohls des Kindes im Entwurf der Bundesregierung[663].
Nach Auffassung des Bundesrates waren der Wille der Eltern und der Wunsch des Kindes dem Wohl des Kindes unterzuordnen. Aus diesem Grund reiche es nicht aus, wenn das Gericht ohne nähere Prüfung einem gemeinsamen Elternvorschlag folge. Der Richter müsse sich davon überzeugen, ob der Elternvorschlag dem Wohl des Kindes diene. Ebenso dürfe dem Gericht keine zu strenge Bindung an den vom Kind geäußerten Willen auferlegt werden, da sonst eine Übertragung der Entscheidungsbefugnis auf das Kind erfolge. Das Kind wäre durch die ihm zukommende Rolle überfordert und würde in den Streit der Eltern mehr als unbedingt erforderlich hineingezogen. Infolgedessen entfiel im Entwurf des Bundesrates die Einbindung des Kindes in das Sorgerechtsverfahren. Eine Willensäußerung des Kindes konnte das Familiengericht nach eigenem Ermessen berücksichtigen.
Die Bundesregierung widersprach den Änderungsvorschlägen zu Absatz 1 und Absatz 3[664]. Der Bundesrat messe dem Elternwillen und dem Willen älterer Kinder nicht die ihnen zukommende Bedeutung bei. Er gehe insofern von falschen Voraussetzungen aus, nachdem der Vormundschaftsrichter nach den Vorstellungen der Bundesregierung gerade keinen strengen Bindungen an den Kindeswillen unterworfen sein solle. Die Bundesregierung bezweckte mit der Erwähnung des Vorschlags eines 14 Jahre alten Kindes lediglich die Pflicht des Richters, den Wunsch älterer Kinder besonders sorgfältig zu prüfen.

---

663 BT-Drucks. 7/2060, Anlage 2, S. 55; BR-Drucks. 690/1/73, S. 22 f.
664 BT-Drucks. 7/2060, Anlage 3, S. 66.

3. Außerparlamentarische Diskussion zum Sorgerecht

Das Bundesministerium für Familie und Jugend hatte im Jahr 1968 die Fachorganisationen und Verbände der Jugendhilfe aufgefordert, Vorschläge zur Neuregelung der elterlichen Gewalt vorzulegen. Exemplarisch werden an dieser Stelle diejenigen der Bundesarbeitsgemeinschaft der Freien Wohlfahrtspflege e.V. (BdFW) und von *Schau* dargestellt. 1973 machte die BdFW einen Vorschlag zur Neuregelung des § 1671 BGB, der gegenüber dem Referentenentwurf folgende Abweichungen enthielt[665]:

BdFW

*(1) [1]Wird die Ehe der Eltern geschieden, so bestimmt das Vormundschaftsgericht, welchem Elternteil die elterliche Sorge über ein gemeinschaftliches Kind zustehen soll. [2]Es trifft eine Regelung, die unter Berücksichtigung der gesamten Verhältnisse dem Wohl des Kindes am besten entspricht. [3]**Insbesondere sind auch die Wünsche des Kindes zu berücksichtigen**.*

*(2) Einem übereinstimmenden Vorschlag der Eltern soll das Gericht **berücksichtigen**, wenn dies dem Wohl des Kindes **dient**.*

(3) (weggefallen)

(4) [1]Die elterliche Sorge soll in der Regel einem Elternteil allein übertragen werden. [2]Erfordert es das Wohl des Kindes, so kann die Vermögenssorge ganz oder teilweise dem anderen Elternteil übertragen werden.

*(5) [1]Das Vormundschaftsgericht kann die Personensorge und die Vermögenssorge einem Vormund oder Pfleger übertragen, **wenn kein Elternteil zur Ausübung der elterlichen Sorge geeignet erscheint**. [2]Zur Geltendmachung von Unterhaltsansprüchen soll dem Kind ein Pfleger bestellt werden, wenn dies zum Wohle des Kindes erforderlich ist.*

(6) Die vorstehenden Vorschriften gelten entsprechend, wenn die Ehe der Eltern für nichtig erklärt worden ist.

Wie der Bundesrat wollte die BdFW dem Kindeswillen eine geringere Bedeutung zukommen lassen. Alle Änderungen hingen damit zusammen.

Die Erwähnung des Wunsches des Kindes in Absatz 1 Satz 3 sollte den gestrichenen Absatz 3 kompensieren. Die Streichung von Absatz 3 erfolgte, da nicht angenommen werden könne, dass ein Kind nach Vollendung des 14. Lebensjahres generell einen Entwicklungsstand erreicht habe, der ihm ein objektives Urteilsvermögen verleihe. Dem Wunsch des Kindes sei durch Absatz 1 Satz 3 genügend Rechnung getragen, weshalb alle anderen sich mit dem Kindeswillen befassende Vorschriften entbehrlich würden. Außerdem hatte die BdFW Bedenken gegen Absatz 2. Der Richter könnte sich an einen übereinstimmenden Vorschlag der Eltern gebunden fühlen und lediglich bei Bekanntwer-

665 Hervorhebungen durch den Verfasser. An dieser Stelle erfolgt eine Gegenüberstellung mit dem Referentenentwurf aus dem Jahr 1973, da der Regierungsentwurf zu diesem Zeitpunkt noch nicht veröffentlicht war. Bundesarbeitsgemeinschaft der Freien Wohlfahrtspflege e.V., Jugendwohl, 1973, 169 (175); ähnlich der Vorschlag des Deutschen Caritasverbandes (DCV), FamRZ 1970, 517 (519).

den anderweitiger Tatsachen bei einer Kindeswohlgefährdung zu einer abweichenden Entscheidung gelangen. Diese missliche Beweissituation sei dem Richter erspart, wenn er von einem Vorschlag der Eltern unter erleichterten Voraussetzungen abweichen könne. Abweichende Vorschläge und Überlegungen zu Absatz 4, vor allem zu der Frage der Alleinsorge und der gemeinsamen Sorge machte die BdFW nicht.

Schau[666] (Bundesministerium für Jugend, Familie und Gesundheit) wollte seine Vorschläge nicht als Stellungnahme des Bundesministeriums für Jugend, Familie und Gesundheit, sondern als „*private Äußerung*" zur Bereicherung der allgemeinen Diskussion verstehen. Ziel seines Vorschlags war, die Inhalte verschiedener internationaler Erklärungen umzusetzen, vor allem der Charta der Vereinten Nationen[667], der Allgemeinen Erklärung der Menschenrechte[668], der Europäischen Konvention zum Schutze der Menschenrechte und Grundfreiheiten[669] und der Erklärung der Rechte des Kindes der Vereinten Nationen[670]. *Schau* erweiterte die Vorschrift des § 1671 BGB auf insgesamt zwölf Absätze. Sein Entwurf enthielt materielle Grundsätze des BGB, zivilprozessuale Regelungen, solche der freiwilligen Gerichtsbarkeit und der Jugendhilfe. Auf die Begründung zu den einzelnen Absätzen wird aufgrund des Umfangs dieses Vorschlags nicht näher eingegangen.

(1) Wird die Ehe geschieden, so entscheidet der Familienrichter welchem Elternteil die elterliche Fürsorge über ein gemeinschaftliches Kind zustehen soll, nach dem Wohl des Kindes in Verbindung mit folgenden Vorschriften.
(2) [1]Der Familienrichter prüft von Amts wegen die Lebensverhältnisse beider Ehegatten, soweit sie für die Zuteilung der elterlichen Fürsorge erheblich sind, insbesondere die für die Fragen der Versorgung, Betreuung, Wohnung, Ausbildung erheblichen Tatsachen. [2]Hierbei bedient er sich neben der Darlegung der Elternteile der Ermittlungen des Jugendamtes bzw. anderer von ihm ersuchten Stellen.
(3) [1]Der Familienrichter nimmt die Vorschläge der Eltern über die Zuteilung der elterlichen Fürsorge entgegen. [2]Er prüft, ob die Vorschläge dem Wohl des Kindes entsprechen. [3]Er erörtert mit den Eltern die Vorschläge und etwaige Bedenken gegen ihre Verwirklichung.
(4) [1]Der Familienrichter unterrichtet sich über die Situation des Kindes durch Aufklärung des Jugendamtes und durch eigene Feststellungen. [2]Hierbei sind Jugendliche über 13 Jah-

---

666 *Schau*, RdJB 1973, 257.

667 Gesetz zum Beitritt der Bundesrepublik Deutschland zur Charta der Vereinten Nationen v. 6.6.1973 (BGBl. II 1973, S. 430). Die Charta der Vereinten Nationen ist für die Bundesrepublik mit deren Aufnahme am 18.9.1973 in Kraft getreten (BGBl. II 1974, S. 1397).

668 Resolution 217 A (III) v. 10. Dezember 1948, abgedruckt z.B. in: Sartorius II (Stand: März 2003): Nr. 19 oder *Meyer-Ladewig/Uhink*, Völkerrechtliche Übereinkommen (1988), S. 116 ff.

669 BGBl. II 1952, S. 685, 953.

670 Yearbook of the United Nations 1959, S. 192 ff. (Resolution 1386 IV).

ren persönlich zu hören, wenn nicht ausnahmsweise Bedenken bestehen, daß die Jugendlichen hierdurch zu sehr belastet werden. [3]Der Familienrichter kann zu dieser Frage und zur Anhörung auch Sachverständige, insbesondere Kinderpsychologen, beiziehen. [4]Von der Situation eines unter 13 Jahre alten Kindes hat sich der Familienrichter in geeigneter Weise, die seinem Ermessen überlassen bleibt, Kenntnis zu verschaffen. [5]Der persönliche Kontakt mit einem Kind soll zumindest zeitweise unter Ausschluss der Elternteile stattfinden.

(5) [1]Die elterliche Fürsorge soll in der Regel einem Elternteil allein übertragen werden. [2]Erfordert es das Wohl des Kindes, so kann die Vermögenssorge ganz oder teilweise dem anderen Elternteil übertragen werden.

(6) [1]In der Regel sollen Geschwister nicht voneinander getrennt werden. [2]In Ausnahmefällen kann entschieden werden, Geschwistergruppen zwischen den Elternteilen aufzuteilen; die Trennung eines Einzelkindes von den Geschwistern kann nur durch besondere Umstände ausnahmsweise gerechtfertigt sein.

(7) [1]Je jünger das Kind um so stärker ist die Verpflichtung des Familienrichters, die Zuteilung an die Mutter vorzunehmen. [2]In der Regel soll die Personensorge für Mädchen mit Vorrang der Mutter zugeteilt werden. [3]Jungens in normaler Entwicklung ab etwa acht Jahren können auf den besonderen Schutz des Satzes 1 verzichten. [4]Hier bleibt es bei den allgemeinen Regeln.[671]

(8) [1]Das Kind ab Vollendung des 12. Lebensjahres kann gegenüber dem Vormundschaftsgericht dazu Stellung nehmen, welchem Elternteil es folgen will. [2]Absatz 4 Satz 2 bis 3 ist anzuwenden. [3]Begehrt ein Kind, welches das 13. Lebensjahr vollendet hat, die Übertragung der elterlichen Sorge auf einen Elternteil, so soll das Vormundschaftsgericht diesem Wunsche entsprechen, es sei denn, daß eine andere Regelung zum Wohl des Kindes erforderlich ist.

(9) [1]Der Familienrichter gibt den Eltern in persönlicher Aussprache Gelegenheit, seine Entscheidung zur Kenntnis zu nehmen und etwaige Gegenargumente vorzubringen. [2]Die dann folgende Entscheidung des Familienrichters darf nicht vor Ablauf von 48 Stunden ergehen. [3]Der Familienrichter soll hierbei den von den Eltern gemachten Vorschlag soweit berücksichtigen, wie dies mit dem Kindeswohl vereinbar ist.

(10) [1]Der Familienrichter kann die elterliche Fürsorge ganz oder teilweise einem Vormund oder Pfleger übertragen, wenn die für das Kindeswohl erheblichen Lebensverhältnisse der Eltern und des Kindes dieses an Stelle der an sich gebotenen Zuteilung an einen Elternteil gebieten. [2]Vor einer derartigen Entscheidung sind die Eltern, das Jugendamt und das Kind, dies nach Maßgabe der Absätze 4 Satz 2 bis 3, Absatz 8 hierzu zu hören. [3]Das Familiengericht kann auch eine vorläufige Regelung treffen und den Elternteilen auferlegen, innerhalb einer dem Wohle des Kindes angemessenen Frist Vorkehrungen zu treffen, die eine andere Beurteilung der Lebensumstände der Kinder erlauben können. [4]Das Familiengericht entscheidet nach Ablauf der Frist neu unter Berücksichtigung der jetzt vorhandenen Lebensverhältnisse.

(11) Die vorstehenden Vorschriften gelten entsprechend, wenn die Ehe der Eltern für nichtig erklärt worden ist.

(12) § 1666 Abs. 4 und 5 sind sinngemäß anwendbar.

---

[671] Einen ähnlichen Vorschlag machte *Belke* (Landgerichtsrat aus Detmold), jedoch mit der Maßgabe, dass Kinder bis zu 7 Jahren in der Regel bei der Mutter bleiben sollten. Er wollte damit das „*natürliche Vorrecht der Mutter*" auf das Kleinkind, wie es früher im BGB von 1896 kodifiziert war, wieder einführen, vgl. *Belke*, FamRZ 1969, 72; zustimmend *Klemm*, FamRZ 1969, 311.

II. Achte Wahlperiode[672]

1. Fraktionsentwurf der SPD/FDP BT-Drucks. 8/111

Der Rechtsausschuss konnte aufgrund seiner starken Inanspruchnahme durch die Verabschiedung der Eherechtsreform[673] und der Adoptionsreform[674] den Gesetzentwurf BT-Drucks. 7/2060 in der siebten Wahlperiode nicht mehr behandeln[675]. Die Fraktionen von SPD und FDP brachten knapp drei Jahre nach dem ersten Entwurf in der achten Wahlperiode einen neuen Entwurf (sog. Fraktionsentwurf) im Bundestag ein, der an denjenigen aus der siebten Wahlperiode anknüpfte. Durch diese unmittelbare Einbringung in den Bundestag unterblieb die Einholung einer erneuten Stellungnahme des Bundesrates nach Art. 76 Abs. 2 GG[676]. Dadurch trat seine Mitwirkung im gesamten Verfahren bis zur Beschlussfassung im Bundestag stark zurück. Der Fraktionsentwurf übernahm § 1671 BGB und dessen Begründung aus dem Regierungsentwurf inhaltsgleich, ohne die Vorschläge des Bundesrates zu berücksichtigen[677]. Der Bundestag behandelte den Fraktionsentwurf am 17. März 1977 und überwies ihn federführend an den Rechtsausschuss[678].

2. Außerparlamentarische Diskussion zum Sorgerecht

Während der langen Vorbereitungszeit des SorgeRG kam es immer wieder zu Auseinandersetzungen in der Öffentlichkeit, die auch nach Vorlage des Fraktionsentwurfs nicht abrissen. In dieser Diskussion traten die Bedenken deutlicher hervor als der Zuspruch[679]. Entsprechendes wird aus einem Gegenentwurf

---

[672] 14. Dezember 1976 – 4. November 1980; die Mehrheitsverhältnisse im Deutschen Bundestag stellten sich wie folgt dar: CDU/CSU 48,6% = 243 (+11) Sitze, SPD 42,6% = 214 (+10) Sitze, FDP 7,9% = 39 (+1) Sitze. Die Regierung bildete eine sozialliberale Koalition von SPD/FDP. Vgl. *Schindler,* Datenhandbuch zur Geschichte des Deutschen Bundestages 1949 bis 1999, Band 1 (1999), S. 168 und 1144.

[673] BGBl. I 1976, S. 1421, vgl. oben 5. Kapitel C, S. 104 ff.

[674] BGBl. I 1973, S. 1013 und BGBl. I 1976, S. 1749.

[675] Vgl. stenographische Protokolle des Bundestages, 8. Wahlperiode, 18. Sitzung v. 17.3. 1977, S. 1083 (A).

[676] *Jans/Happe* [Fn. 656] S. 4 f.; Wird ein Gesetzentwurf der Bundesregierung von einer Fraktion des Bundestages eingebracht, liegt darin keine unzulässige Umgehung des Art. 76 Abs. 2 GG, da das Initiativrecht des Bundestages unbegrenzt ist; *Stern*, Staatsrecht (1980), Band II, § 37 III 4b, S. 621; *v. Münch/Kunig/Bryde*, GG, Bd. 3, 3. Aufl. 1996, Art. 76 Rz. 13; *Nolte/Tams*, Jura 2000, 158 (160); *Degenhart*, Staatsrecht I (2002), Rz. 675.

[677] Abweichungen ergaben sich in der Weise, dass an Stelle des Begriffs „*Vormundschaftsgericht*" der Begriff „*Familiengericht*" gesetzt wurde sowie die singuläre Formulierung „*Kind*" in Absatz 1.

[678] Vgl. stenographische Protokolle des Bundestages, 8. Wahlperiode, 18. Sitzung v. 17.3. 1977, S. 1083 (A) ff. (S. 1097 B).

[679] *Jans/Happe* [Fn. 656] S. 7.

des Bundesarbeitskreises Christlich-Demokratischer Juristen (BACDJ)[680] deutlich. Die vorgeschlagene Fassung des BACDJ wich gegenüber dem Fraktionsentwurf in Absatz 3 ab:

Entwurf 8/111	*Vorschlag BACDJ*
*(3) [1]Unterbreiten die Eltern einen übereinstimmenden Vorschlag **oder begehrt ein Kind, welches das vierzehnte Lebensjahr vollendet hat oder das nach seinem Entwicklungsstand zu einer selbständigen Beurteilung fähig ist, die Übertragung der elterlichen Sorge auf einen Elternteil,** so soll das Familiengericht eine davon abweichende Entscheidung nach Absatz 1 und 2 nur treffen, wenn dies dem Wohle des Kindes dient. [2]**Stimmen Elternvorschlag und Kindeswille nicht überein, so entscheidet das Familiengericht nach Absatz 1 und 2.***	*(3) Unterbreiten die Eltern einen übereinstimmenden Vorschlag **(...)**, so soll das Gericht eine davon abweichende Entscheidung nach Abs. 1 und Abs. 2 nur treffen, wenn dies dem Wohl des Kindes dient. **(...)***

Ebenso wie der Bundesrat und die BdFW wandte sich der BACDJ gegen die Berücksichtigung des Kindeswillens. Der BACDJ befürchtete, das Kind könne im Hinblick auf den Betreuungsunterhalt nach § 1570 BGB sachwidrig beeinflusst werden, da in der Regel der Sorgeberechtigte das Kind betreut und ihm deshalb ein Unterhaltsanspruch nach § 1570 BGB zusteht[681]. Die Möglichkeit, dass das Sorgerechtsverfahren mit dem Unterhaltsrecht verknüpft wird, sah der BACDJ als besonders gefährlich an. Das Kind wäre überfordert, wenn es durch seinen Willen beim Unterhaltsrecht und beim Sorgerecht den Ausschlag geben könnte.

Der BACDJ machte sich außerdem die Besorgnisse der Kirchen- und Familienverbände zu Eigen und empfahl eine Neuregelung, die dazu beitrage, mögliche Konflikte in der Familie zu lösen, nicht dagegen zusätzlichen Streitstoff von außen in die Familie hineinzutragen[682].

3. Beschlussempfehlung BT-Drucks. 8/2788

Der Rechtsausschuss hatte sich in 24 Sitzungen mit dem Entwurf befasst und dabei die Stellungnahme des Bundesrates zum Regierungsentwurf aus der vo-

680 Entwurf des BACDJ v. 20.12.1977, Aktenbestände bei der Konrad-Adenauer-Stiftung e.V. in Sankt Augustin, Dokument Nr. 2/201/14-7; dagegen ohne Stellungnahme zur elterlichen Sorge: BACDJ, FamRZ 1970, 301 und Familienrechtskommission des Juristinnenbundes: *Cuny*, Regelung des elterliche Sorge nach Scheidung und Trennung der Ehe, in: Neues elterliches Sorgerecht (1977), S. 169 ff.

681 BACDJ [Fn. 680] S. 7.

682 BACDJ [Fn. 680] Beschluss v. 20.12.1977, S. 2.

rangegangenen Wahlperiode in seine Überlegungen miteinbezogen. Er empfahl § 1671 BGB folgende Fassung zu geben[683]:

Entwurf 8/111	*Beschlüsse des 6. Ausschusses*
(1) [1]Wird die Ehe der Eltern geschieden, so bestimmt das Familiengericht, welchem Elternteil die elterliche Sorge für ein gemeinschaftliches Kind zustehen soll. [2]Es trifft die Regelung, die dem Wohle des Kindes am besten entspricht.	*(1) Wird die Ehe der Eltern geschieden, so bestimmt das Familiengericht, welchem Elternteil die elterliche Sorge für ein gemeinschaftliches Kind zustehen soll.* ***(2) Das Gericht** trifft die Regelung, die dem Wohle des Kindes am besten entspricht; **hierbei sind die Bindungen des Kindes, insbesondere an seine Eltern und Geschwister, zu berücksichtigen.***
(2) [1]Die elterliche Sorge ist einem Elternteil allein zu übertragen. [2]Erfordern es die Vermögensinteressen des Kindes, so kann nur die Vermögenssorge ganz oder teilweise dem anderen Elternteil übertragen werden.	
(3) [1]Unterbreiten die Eltern einen übereinstimmenden Vorschlag oder begehrt ein Kind, welches das vierzehnte Lebensjahr vollendet hat oder das nach seinem Entwicklungsstand zu einer selbständigen Beurteilung fähig ist, die Übertragung der elterlichen Sorge auf einen Elternteil, so soll das Familiengericht eine davon abweichende Entscheidung nach Absatz 1 und 2 nur treffen, wenn dies dem Wohle des Kindes dient. [2]Stimmen Elternvorschlag und Kindeswille nicht überein, so entscheidet das Familiengericht nach Absatz 1 und 2.	*(3) [1]**Von einem** übereinstimmenden Vorschlag **der** Eltern **soll das Gericht nur abweichen**, wenn dies **zum** Wohle des Kindes erforderlich ist. [2]**Macht ein Kind**, welches das vierzehnte Lebensjahr vollendet hat, **einen abweichenden Vorschlag**, so entscheidet das **Gericht** nach Absatz 2.*
	(4) [1]Die elterliche Sorge ist einem Elternteil allein zu übertragen. [2]Erfordern es die Vermögensinteressen des Kindes, so kann die Vermögenssorge ganz oder teilweise dem anderen Elternteil übertragen werden.
(4) [1]Das Familiengericht kann die Personensorge und die Vermögenssorge einem Vormund oder Pfleger übertragen, wenn dies erforderlich ist, um eine Gefahr für das Wohl des Kindes abzuwenden. [2]Es soll dem Kind für die Geltendmachung von Unterhaltsansprüchen einen Pfleger bestellen, wenn dies zum Wohl des Kindes erforderlich ist.	*(5) [1]Das **Gericht** kann die Personensorge und die Vermögenssorge einem Vormund oder Pfleger übertragen, wenn dies erforderlich ist, um eine Gefahr für das Wohl des Kindes abzuwenden. [2]Es soll dem Kind für die Geltendmachung von Unterhaltsansprüchen einen Pfleger bestellen, wenn dies zum Wohle des Kindes erforderlich ist.*
(5) Die vorstehenden Vorschriften gelten entsprechend, wenn die Ehe der Eltern für nichtig erklärt worden ist.	*(6) (unverändert)*

[683] BT-Drucks. 8/2788, S. 11. Hervorhebungen durch den Verfasser.

a. Keine gemeinsame elterliche Sorge

In den siebziger Jahren hatte sich die Rechtswissenschaft verstärkt für ein gemeinsames Sorgerecht nach der Ehescheidung ausgesprochen[684]. Gleichwohl fand dieses Anliegen während des Gesetzgebungsverfahrens zum SorgeRG weniger Beachtung als man annehmen möchte. Eine Umfrage der Landesjustizverwaltungen zum gemeinsamen Sorgerecht wird in den Gesetzesmaterialien nicht erwähnt. Veröffentlichte Quellen existieren zu dieser Umfrage nicht. In den Entscheidungsfindungsprozess stellte der Gesetzgeber lediglich die am 12. September 1977 durchgeführte öffentliche Anhörung von Sachverständigen ein, welche sich nur am Rande mit einem gemeinsamen Sorgerecht beschäftigte. Trotzdem ist eine Darstellung der Umfrage der Landesjustizverwaltungen und der öffentlichen Anhörung erforderlich, da beide Quellen generelle Erwägungen zum gemeinsamen Sorgerecht enthalten, die ein repräsentatives Bild über die Einstellung zur gemeinsamen elterlichen Sorge aus dieser Zeit geben und die Entscheidung des Gesetzgebers für das Alleinsorgerecht leichter nachvollziehen lassen.

aa. Umfrage der Landesjustizverwaltungen

In den Jahren 1976/77 führten die Landesjustizverwaltungen einen Meinungsaustausch durch, ob eine gemeinsame elterliche Sorge nach Scheidung zugelassen werden sollte, und hörten zu dieser Frage die Gerichte an[685].

Die Initiative zu diesem Meinungsaustausch ging vom Hessischen Justizminister aus. Dieser forderte am 12. August 1976 die Präsidenten der größten Amtsgerichte in Darmstadt, Frankfurt/M., Gießen, Kassel, Offenbach/M. und Wiesbaden auf, zu der geplanten Neufassung *„Die elterliche Sorge ist einem Elternteil allein zu übertragen“* Stellung zu nehmen[686]. Das Ergebnis der Umfrage fiel bei diesen Gerichten geteilt aus.

Zur Hälfte sprachen sich die vorgelegten Berichte für diese Regelung aus[687]. Die Gerichte verwiesen zur Begründung darauf, dass eine gemeinsame elterliche Sorge eine gemeinsame Lebensführung voraussetze. Durch die Scheidung sei die gemeinsame Lebensführung als Grundlage für ein gemeinsames Sorgerecht weggefallen. Zur Befriedung des Verhältnisses zwischen den Eltern seien klare Verhältnisse notwendig, wofür die Alleinsorge die erforderlichen Voraussetzungen schaffe. Außerdem seien die Eltern bei einer Alleinsorge

684 Vgl. die Literaturangaben oben in Fn. 589 und Fn. 599.

685 Gesetzes-Akten Hessisches Ministerium der Justiz, AZ: 1030c/3097, Band 2.

686 Gesetzes-Akten Hessisches Ministerium der Justiz [Fn. 685] Schreiben v. 12.8.1976, S. 1 ff.

687 Gesetzes-Akten Hessisches Ministerium der Justiz [Fn. 685] *AmtsG Frankfurt am Main* Stellungnahme v. 30.8.1976, S. 4 ff.; Gesetzes-Akten Hessisches Ministerium der Justiz [Fn. 685] *AmtsG Kassel* Stellungnahme v. 14.9.1976, S. 6 ff.; Gesetzes-Akten Hessisches Ministerium der Justiz [Fn. 685] *AmtsG Gießen* Stellungnahme v. 4.11.1976, S. 15 ff.

nicht daran gehindert, in Bezug auf die gemeinsamen Kinder Gemeinsamkeit zu praktizieren und gemeinsam Entscheidungen zu treffen.
Diese Ansicht hatten die anderen Gerichte abgelehnt und sich für ein gemeinsames Sorgerecht ausgesprochen, wenn die Eltern einen übereinstimmenden Antrag bei Gericht stellten und diese Sorgerechtsform dem Wohl des Kindes nicht widersprach[688].
Nachdem die Umfrage in Hessen zu der aufgeworfenen Frage uneinheitlich beantwortet worden war, regte der Hessische Justizminister beim Bundesjustizministerium an, einen bundesweiten Meinungsaustausch über die Zulässigkeit einer gemeinsamen elterlichen Sorge über die jeweiligen Landesjustizverwaltungen zu führen[689].

Ein gemeinsames Sorgerecht lehnten alle anderen Landesjustizverwaltungen geschlossen ab[690]. Argumentiert wurde hier, dass die Beziehungen zwischen den Eltern sowie zwischen dem Kind und dem nicht betreuenden Elternteil im Laufe der Zeit immer lockerer werden[691]. Ein gemeinsames Sorgerecht könne diesen Prozess nicht verhindern, da sich die natürlichen Beziehungen des Kindes zu seinen Eltern entsprechend den tatsächlichen Lebensverhältnissen entwickelten ohne Rücksicht auf die Rechtlichen. Nachdem sich die Eltern im Laufe der Zeit immer mehr von einander entfremdeten, werde eine Einigung zwischen ihnen immer schwieriger, was sich zum Nachteil des Kindes auswirke.
Die Übertragung der elterlichen Sorge auf beide Elternteile hätte außerdem den Nachteil, dass sie aller Voraussicht nach eine vorübergehende Regelung sei, weil nach Rechtskraft der Scheidung die hohe Wahrscheinlichkeit eines

---

688 Gesetzes-Akten Hessisches Ministerium der Justiz [Fn. 685] *AmtsG Wiesbaden* Stellungnahme v. 15.9.1976, S. 8 ff.; Gesetzes-Akten Hessisches Ministerium der Justiz [Fn. 685] *AmtsG Darmstadt* Stellungnahme v. 16.9.1976, S. 13; Gesetzes-Akten Hessisches Ministerium der Justiz [Fn. 685] *AmtsG Offenbach am Main* Stellungnahme v. 9.9.1976, S. 14. Insbesondere das *AmtsG Wiesbaden* folgte damit seiner Rechtsprechung gemäß der Entscheidung vom 8. September 1976, FamRZ 1977, 60, welche es eine Woche vor seiner Stellungnahme gefällt hatte.

689 Gesetzes-Akten Hessisches Ministerium der Justiz [Fn. 685] Schreiben v. 19.11.1976, S. 22 ff.

690 Vgl. dazu auch die Zusammenstellung von *Knöpfel*, NJW 1983, 905 (906).

691 Gesetzes-Akten Hessisches Ministerium der Justiz [Fn. 685] Stellungnahme v. 1.2.1977 des Senators für Rechtspflege und Strafvollzug in Bremen (dortiges AZ: 3470), S. 42 ff.; Gesetzes-Akten Hessisches Ministerium der Justiz [Fn. 685] Stellungnahme v. 11.3.1977 der Justizbehörde der freien Hansestadt Hamburg (dortiges AZ: 3470/2 – 8), S. 55 ff.; Gesetzes-Akten Hessisches Ministerium der Justiz [Fn. 685] Stellungnahme v. 24.3.1977 des Bayerischen Staatsministeriums der Justiz (dortiges AZ: 3470 – I – 1021/76), S. 64 ff.; Gesetzes-Akten Hessisches Ministerium der Justiz [Fn. 685] Stellungnahme v. 22.4.1977 des Justizministers des Landes Nordrhein-Westfalen (dortiges AZ: 3470 – II B. 17), S. 79 ff.

Antrages auf Übertragung der Alleinsorge bzw. ein Abänderungsantrag nach § 1696 BGB bestehe[692].

Eine gesetzliche Vorschrift, nach der zwingend die Alleinsorge eines Elternteils angeordnet wird, hindere die Eltern nicht das gemeinschaftliche Kind nach der Scheidung einvernehmlich zu erziehen und sich in wichtigen Angelegenheiten abzusprechen[693]. Die Eltern könnten das Sorgerecht in der Weise handhaben, als sei eine gerichtliche Entscheidung nicht ergangen und so die Rechtswirkungen eines gemeinsamen Sorgerechts erzielen.

Ferner spreche gegen ein gemeinsames Sorgerecht die Gefahr von Missbräuchen. Die Eltern könnten im Scheidungsverfahren eine Scheinvereinbarung treffen und eine Einigung vortäuschen, damit das Scheidungsverfahren nicht verzögert werde und dadurch den Ehescheidungsverbund unterlaufen[694].

Nur die Alleinsorge schaffe nach der Scheidung für das Kind klare Verhältnisse und Kontinuität in der Erziehung[695].

Die größten Bedenken gegen ein Alleinsorgerecht hatte der Justizminister des Landes *Niedersachsen*[696]. Im Ergebnis plädierte er für die Alleinsorge, weil diese dem Wohl des Kindes eher entspreche als das gemeinsame Sorgerecht. Er sah vor allem verfassungsrechtliche Bedenken an einer zwingenden Anordnung der Alleinsorge. Das Alleinsorgerecht beraube den nicht sorgeberechtigten Elternteil seines Elternrechtes nach Art. 6 GG und verweise ihn auf das Umgangsrecht. Fraglich sei insoweit, ob die geplante Neuregelung Art. 6 GG gerecht werde, wenn sie ohne Ausnahme ausschließlich einem Elternteil das Personensorgerecht überträgt. Bei einer Abwägung zwischen den Grundrechten des Kindes aus Art. 1 Abs. 1, 2 Abs. 1 GG und dem Grundrecht der Eltern

692 Stellungnahme Bremen [Fn. 691] S. 42 ff.; Stellungnahme Hamburg [Fn. 691] S. 55 ff.; Stellungnahme Nordrhein-Westfalen [Fn. 691] S. 79 ff.

693 Gesetzes-Akten Hessisches Ministerium der Justiz [Fn. 685] Stellungnahme v. 31.3. 1977 des Justizministers des Landes Schleswig-Holstein (dortiges AZ: V/340/3450 – 35 SH), S. 70; Gesetzes-Akten Hessisches Ministerium der Justiz [Fn. 685] Stellungnahme v. 13.5.1977 des Ministeriums der Justiz des Landes Rheinland-Pfalz (dortiges AZ: 3470/1 – 3 -1), S. 103 ff.; Stellungnahme Bremen [Fn. 691] S. 42 ff.

694 Gesetzes-Akten Hessisches Ministerium der Justiz [Fn. 685] Stellungnahme v. 25.2. 1977 des Senators für Justiz in Berlin (dortiges AZ: 3470 – III/A. 8), S. 45 ff.; Stellungnahme Hamburg [Fn. 691] S. 55 ff.; Stellungnahme Bayern [Fn. 691] S. 64 ff.; Stellungnahme Nordrhein-Westfalen [Fn. 691] S. 79 ff.; Stellungnahme Rheinland-Pfalz [Fn. 693] S. 103 ff.

695 Gesetzes-Akten Hessisches Ministerium der Justiz [Fn. 685] Stellungnahme v. 10.6. 1977 der Minister für Rechtspflege des Saarlandes (dortiges AZ: A 3470 – 3/V), S. 109 ff.; Gesetzes-Akten Hessisches Ministerium der Justiz, Stellungnahme Hamburg [Fn. 691] S. 55 ff.; Stellungnahme Bayern [Fn. 691] S. 64 ff.; Stellungnahme Schleswig-Holstein [Fn. 693] S. 70; Stellungnahme Rheinland-Pfalz [Fn. 693] S. 103 ff.

696 Gesetzes-Akten Hessisches Ministerium der Justiz [Fn. 685] Stellungnahme v. 31.3. 1977 des Niedersächsischen Ministers der Justiz (dortiges AZ: 3470 – 204.6), S. 67 ff.

aus Art. 6 GG müssten im Hinblick auf das Kindeswohl aber Gefahren für das Kind ausgeschlossen werden. Aus diesem Grund sprach sich auch Niedersachsen für die Alleinsorge aus, weil sie die klare Abgrenzung zwischen den Rechtspositionen der Eltern und bessere Voraussetzungen für eine gedeihliche Entwicklung des Kindes schaffe. Eine andere Beurteilung ergebe sich nicht daraus, dass die Eltern nach der Scheidung gegebenenfalls weiter zusammenlebten bzw. sich eine Versöhnung abzeichne. Dann könne der Familienrichter die Entscheidung aussetzen.
Auch *Bayern*[697] und das *Saarland*[698] wandten sich gegen den Vorschlag von Hessen. Zwar gab es in diesen Bundesländern Befürworter des gemeinsamen Sorgerechts, weil die Bindungen des Kindes zu beiden Eltern erhalten blieben. Beide Landesjustizverwaltungen sprachen sich trotzdem gegen diese Möglichkeit aus, da die Gefahren des gemeinsamen Sorgerechts schwerwiegender als der in wenigen Ausnahmefällen zu erzielende Vorteil seien.
Nordrhein-Westfalen[699] wollte es bei der Fassung des 1. EheRG („*in der Regel*“) belassen, da nach Auffassung der in diesem Bundesland angehörten Gerichte schon nach dieser Regelung ausschließlich die Übertragung auf einen Elternteil zulässig sei. Gegen ein gemeinsames Sorgerecht wurden außerdem Fälle aus der Vergangenheit angeführt, in denen den Eltern das gemeinsame Sorgerecht belassen wurde, aber alle Entscheidungen später nach § 1696 BGB abgeändert worden waren.
Als letztes Bundesland lehnte *Baden-Württemberg*[700] in einer fünfzeiligen Mitteilung ohne eigene Begründung unter Bezugnahme auf die Stellungnahmen der anderen Landesjustizverwaltungen ein gemeinsames Sorgerecht ab. Darüber hinaus gab Baden-Württemberg seine Stellungnahme nicht fristgemäß erst im November 1977, zwei Monate nach der öffentlichen Anhörung der Sachverständigen im September 1977 ab.

Am Ende des Meinungsaustausches hatte Hessen keine weiteren Befürworter für ein gemeinsames Sorgerecht gefunden, weswegen es seinen Vorschlag nicht weiter verfolgte. Gleichwohl wies Hessen das Bundesjustizministerium darauf hin, dass das gemeinsame Sorgerecht eine erwägenswerte Variante sei[701].

---

697 Stellungnahme Bayern [Fn. 691] S. 64 ff.
698 Stellungnahme Saarland [Fn. 695] S. 109 ff.
699 Stellungnahme Nordrhein-Westfalen [Fn. 691] S. 79 ff.
700 Gesetzes-Akten Hessisches Ministerium der Justiz [Fn. 685] Stellungnahme v. 15.11. 1977 des Justizministeriums Baden-Württemberg (dortiges AZ: 3470 – III/14), S. 151.
701 Gesetzes-Akten Hessisches Ministerium der Justiz [Fn. 685] Schreiben v. 15.12.1977, S. 152 ff.

bb. Sachverständigenanhörung zur gemeinsamen elterlichen Sorge

Am 12. September 1977 führten der Rechtsausschuss und der mitberatende Ausschuss für Jugend, Familie und Gesundheit eine öffentliche Anhörung von Sachverständigen aus den Bereichen Rechtswissenschaft, Kinderpsychologie und –medizin, Sozialarbeit und Justiz durch. Im Zusammenhang mit der Zusatzfrage Nr. III[702] der Fraktion von CDU/CSU, die erst nachträglich mit der Einladung an die Sachverständigen zum Anhörungstermin gestellt wurde[703], war die Frage erörtert worden, ob nach der Scheidung die elterliche Sorge beiden Elternteilen gemeinsam belassen werden soll, wenn ein entsprechender gemeinsamer Antrag vorliegt[704].

Für eine gemeinsame elterliche Sorge haben sich in der Sachverständigenanhörung *Diederichsen* (Professor an der Universität Göttingen, Rechtswissenschaftler), *Baer* (Vertreterin der Arbeitsgemeinschaft für Jugendhilfe), *Lempp* (Professor an der Universität Tübingen, Kinderpsychiater), *Beitzke* (Professor an der Universität Bonn, Mitglied des Deutschen Instituts für Vormundschaftswesen und Mitglied des Internationalen Sozialdienstes) und *Remschmidt* (Professor an der Universität Berlin, Kinderpsychiater und Kinderpsychologe) ausgesprochen.

Die Befürworter des gemeinsamen Sorgerechts wiesen darauf hin, dass entgegen der gängigen Rechtspraxis einzelne Gerichte[705] die elterliche Gewalt beiden Eltern gemeinsam belassen hätten. Diese Sorgerechtsform entspreche Art. 6 GG am besten, wenn keine praktischen Schwierigkeiten vorhanden seien[706]. Auf den Willen der Eltern müsse dabei Rücksicht genommen werden. Sei die

---

702 *„Soll in § 1671 BGB die Möglichkeit eröffnet werden, bei den geschiedenen Elternteilen die elterliche Gewalt zur gemeinsamen Ausübung zu belassen, wenn ein entsprechender gemeinsamer Antrag vorliegt?*
Welche Möglichkeiten bietet das geltende Recht, um vor einer solchen Entscheidung zu prüfen, ob sich im konkreten Fall eine gemeinsame Ausübung der elterlichen Gewalt durch beide geschiedene Elternteile auf Dauer bewähren wird?
Wie würde sich eine solche Regelung auf das übrige Ehescheidungsfolgenrecht auswirken? Wäre zu befürchten, daß ein solcher Antrag nur gestellt wird, um einen schnelleren Abschluss des Ehescheidungsverfahrens zu erreichen?"

703 *Röchling*, ZfJ 1992, 417 (421).

704 Schwerpunkte der Anhörung bildeten allerdings die Fragen nach der Berücksichtigung des Kindeswillens bei der Ausübung des Sorgerechts, insbesondere bei der Ausbildungs- und Berufswahl, bei der Übertragung des Sorgerechts nach der Scheidung der Eltern und bei Entscheidungen über den Umgang mit dem nicht sorgeberechtigten Elternteil. Erörtert wurden weiter das Problem der Gewaltanwendung bei der Erziehung, die Verbesserung des Schutzes gefährdeter Kinder bei gleichzeitiger Wahrung des Elternrechts und v.a. der Entzug der elterlichen Sorge nach § 1666 BGB.

705 *LG Wiesbaden*, FamRZ 1977, 60; *AmtsG Tübingen*, DAVorm 1976, 424.

706 *Diederichsen*, Elterliches Sorgerecht – Sachverständigenanhörung: Zur Sache 1/78, S. 46.

gemeinsame Sorge hingegen gesetzlich ausgeschlossen, sei dies für die einigungsbereite Eltern nicht verständlich. Man müsse insoweit Vertrauen in die Vernunft der Eltern setzen, die gemeinsam die Verantwortung für das Kind behalten wollten. Das Vertrauen in ein gemeinsames Sorgerecht wäre gerechtfertigt, weil sonst das „*Kindeswohl*" leer laufen und im Vergleich zum 1. EheRG weniger zu leisten vermöge als vorher[707]. Ein gemeinsames Sorgerecht ermögliche, die Trennung der Ehegatten friedlich zu gewährleisten. Dies komme dem Kind zugute. Diese Meinung wurde im Wesentlichen von *Diederichsen* vertreten, der uneingeschränkt das gemeinsame Sorgerecht befürwortete: *„Ich bin ein Verfechter der Meinung, daß man das zulassen sollte. (...) Ich mache mich also in diesem Punkt für die Regelung der Belassung der elterlichen Gewalt bei beiden Eltern stark"*.[708]

Ferner sahen die Sachverständigen die Voraussetzungen eines gemeinsamen Sorgerechts als erfüllt an, *„wenn beide Elternteile voll erziehungsfähig sind, gleich starke emotionale Bindungen an das Kind haben und die Verantwortung weiter tragen möchten, sollte man den Eltern diese Möglichkeit geben, die Verantwortung im Interesse des Kindes gemeinsam weiter zu tragen"*[709]. Diese Formulierung griff später das *BVerfG* in einer Entscheidung zu § 1671 BGB auf[710]. Lägen diese Voraussetzungen vor, könne durch die Möglichkeit eines gemeinsamen Sorgerechts Konfliktstoff zwischen den Eltern ausgeräumt werden. Zum Regelfall sollte das gemeinsame Sorgerecht dadurch nicht werden. Vielmehr habe der Richter das Recht, ohne Bindung an den Elternvorschlag die Entscheidung zu treffen, die dem Wohl des Kindes am besten entspricht[711].

Daneben äußerten die Befürworter des gemeinsamen Sorgerechts Bedenken gegenüber dem Zwangsverbund und traten dafür ein, Sorgerechtsverfahren erst auf Antrag eines Elternteils einzuleiten, da für das Kind schädliche Auseinandersetzungen der Eltern vermieden werden könnten[712]. Die Gefahr einer Konfliktverschleppung sahen sie in diesem Zusammenhang nicht, da jeder Elternteil jederzeit einen Antrag auf Übertragung der Alleinsorge stellen könne. Außerdem wiesen sie auf den Umstand hin, dass viele Eltern in der Phase zwischen Trennung und Scheidung die Sorge ohne Probleme gemeinsam ausübten[713]. Es bestünden keine Gründe, weshalb dies für die Zeit nach der Schei-

---

707 *Diederichsen* [Fn. 706] S. 46; **ebenso**: *Dieckmann*, AcP 178, 298 (304).

708 *Diederichsen* [Fn. 706] S. 158.

709 *Baer*, Elterliches Sorgerecht – Sachverständigenanhörung: Zur Sache 1/78, S. 87.

710 *BVerfGE* 61, 358 = FamRZ 1982, 1179 = NJW 1983, 101. Vgl. zu dieser Entscheidung unten 6. Kapitel D.II.3, S. 168 ff.

711 *Baer* [Fn. 709] S. 87 und 107; *dies.*, ZblJugR 1977, 516.

712 Unter Bezugnahme auf *Briegleb*, ZblJugR 1971, 33: *Lempp*, Elterliches Sorgerecht – Sachverständigenanhörung: Zur Sache 1/78, S. 56 und 117.

713 *Beitzke*, Elterliches Sorgerecht – Sachverständigenanhörung: Zur Sache 1/78, S. 152.

dung nicht auch der Fall sein könne, da sich die Verhältnisse in Bezug auf das Kind nicht mit der Scheidung, sondern mit der Trennung änderten. Für den Fall, dass sich das gemeinsame Sorgerecht nicht bewährt, bestehe die Möglichkeit, die Entscheidung nach § 1696 BGB abzuändern.
Als Zwischenergebnis lässt sich keine Befürwortung der gemeinsamen Sorge als Regelfall feststellen. Vielmehr sollte die gemeinsame Sorge als Ausnahme[714] nach einer Einzelfallprüfung durch das Familiengericht angeordnet werden. Übereinstimmend wurde die Auffassung vertreten, dass die gemeinsame elterliche Sorge nur bei einem sehr kleinen Prozentsatz der Eltern in Frage komme.

Auf der anderen Seite standen die Gegner des gemeinsamen Sorgerechts. Ausdrücklich gegen eine gemeinsame elterliche Sorge ohne Einschränkungen stellten sich *Becker* (Leiter a.D. des Jugendamtes Hamburg, Präsident a.D. des Deutschen Kinderschutzbundes) und *Brändlein* (Präsident des *AmtsG* Nürnberg) sowie teilweise mit Bedenken *Peschel-Gutzeit* (Vorsitzende des Deutschen Juristinnenbundes).

Ausgangspunkt ihrer Überlegungen war, dass es für ein Kind besser sei, eine klare Entscheidung zu treffen, anstatt weitere Streitigkeiten über Jahre fortzusetzen mit der Folge, nach einigen Jahren wieder neu entscheiden zu müssen[715]. In Fällen, in denen die Eltern dem Familiengericht einen Vorschlag unterbreiteten ihnen die gemeinsame elterliche Sorge zu belassen, könne das Familiengericht konsequenterweise die Scheidungsklage abweisen, da die Ehe im Grunde genommen gar nicht gescheitert sei. Eine Zerrüttung der Ehe liege in einem solchen Fall nicht vor, weil die Eltern noch zusammenleben könnten und in einer der wichtigsten Fragen sogar eine Übereinstimmung bestehe[716]. Das Ergebnis einer gemeinsamen Sorge ließe sich durch interne Absprachen der Eltern und ein großzügiges Besuchs- und Umgangsrecht herbeiführen.
Die Gegner des gemeinsamen Sorgerechts argumentierten außerdem mit verfassungsrechtlichen Erwägungen. Das Grundgesetz verlange kein gemeinsames Sorgerecht nach der Ehescheidung[717]. Die Gemeinsamkeit des Art. 6 GG ginge von einer bestehenden Ehe- und Familiengemeinschaft aus, die nach der Ehescheidung nicht mehr vorhanden sei. Vielmehr bilde das Kind eine alleinige Familiengemeinschaft mit dem Elternteil, in dessen Obhut es sich nunmehr befinde.

---

[714] *Remschmidt*, Elterliches Sorgerecht – Sachverständigenanhörung: Zur Sache 1/78, S. 125.

[715] *Becker*, Elterliches Sorgerecht – Sachverständigenanhörung: Zur Sache 1/78, S. 91 und 107 f.; *ders.*, ZblJugR 1978, 300.

[716] *Becker* [Fn. 715] S. 91 und 107 f.; **ähnlich**: *Dieckmann*, AcP 178, 298 (305, 306).

[717] *Brändlein*, Elterliches Sorgerecht – Sachverständigenanhörung: Zur Sache 1/78, S. 148.

Im Übrigen wurde die Argumentation der Landesjustizverwaltungen aufgegriffen, eine gemeinsame elterliche Sorge könnte zur Verfahrensbeschleunigung vorgetäuscht werden und den Ehescheidungsverbund unterlaufen[718].
Zwar hatten die Gegner eines gemeinsamen Sorgerechts auch Bedenken gegen eine ausschließliche Alleinsorge, da es Fälle gebe, in denen beide Elternteile so vernünftig seien, die gemeinsame elterliche Sorge nach der Scheidung zum Wohl des Kindes auszuüben[719]. Es lag außerhalb ihrer Vorstellungskraft, geschiedene Eheleute blieben über einen längeren Zeitraum wirklich einig. Eine gemeinsame elterliche Sorge könne das Familiengericht dann nur bei älteren Kindern anordnen. Für eine Differenzierung zwischen jüngeren und älteren Kindern sprach sich keiner der Sachverständigen aus.

Bei näherer Betrachtung der Stellungnahmen ergibt sich im Vergleich zu den anderen Themen der Anhörung eine unverhältnismäßig geringe Beachtung der gemeinsamen elterlichen Sorge. Die Absätze 2 und 3 der Zusatzfrage wurden überhaupt nicht angeschnitten. Einige Sachverständige gaben keine Stellungnahme ab, teilweise beschränkten sie sich auf die Darstellung von Zweckmäßigkeits- und Zuordnungsgesichtspunkten. Gleichwohl hatte sich die Mehrheit der Sachverständigen, die sich zu der Zusatzfrage äußerte, aus grundlegenden Kindeswohlerwägungen bei geeigneten Elternpaaren für die gemeinsame elterliche Sorge ausgesprochen.

cc. Entscheidung des Rechtsausschusses gegen eine gemeinsame elterliche Sorge

Der Rechtsausschuss wies darauf hin, dass sich die Sachverständigen während der Anhörung teilweise dafür ausgesprochen hätten, den Eltern die elterliche Sorge gemeinsam zu belassen[720]. Der Rechtsausschuss folgte dieser Empfehlung nicht, sondern wollte durch § 1671 Abs. 4 Satz 1 BGB die alleinige Übertragung auf einen Elternteil festschreiben und das gemeinsame Sorgerecht ausschließen.
Ausschlaggebend für den Rechtsausschuss war die Überlegung, dass die Übertragung der elterlichen Sorge auf einen Elternteil diesen nicht hindere, den anderen Elternteil an der elterlichen Sorge so teilnehmen zu lassen, als ob diese Entscheidung nicht ergangen wäre. Entstehe Streit oder verhindere die räumliche Entfernung zwischen den Eltern eine Teilnahme an der Sorge für das Kind, bestünden klare Verhältnisse. Im Übrigen würde die gemeinsame elterliche Sorge die eines Tages doch notwendig werdende Entscheidung zugunsten eines der beiden Elternteile hinauszögern, das Kind unnötig lange in unklaren Verhältnissen lassen und zur Umgehung der Vorschriften über den

[718] *Brändlein* [Fn. 717] S. 148.
[719] *Peschel-Gutzeit*, Elterliches Sorgerecht – Sachverständigenanhörung: Zur Sache 1/78, S. 143.
[720] BT-Drucks. 8/2788, S. 61 ff.

Verbund missbraucht werden[721]. § 1671 Abs. 4 Satz 1 BGB müsse deshalb eine Fassung erhalten, welche das gemeinsame Sorgerecht ausschließe[722].

dd. Kritische Anmerkung zur Entscheidung des Rechtsausschusses

Im Ergebnis hat der Rechtsausschuss die Auffassungen der Sachverständigen nicht objektiv erfasst[723]. Die Mehrheit der Sachverständigen (5 gegen 3) hatte gegen eine gemeinsame elterliche Sorge keine generellen Bedenken. Die Argumente der Befürworter fanden nicht dieselbe Beachtung wie die der Gegner. Auch der Verweis auf die h.M. in Rechtsprechung und Literatur war falsch, da zum Zeitpunkt der Abgabe der Beschlussempfehlung am 27. April 1979 zahlreiche Stimmen in Rechtsprechung und Literatur[724] eine gemeinsame Sorge befürworteten.

b. Berücksichtigung der Bindungen des Kindes

Auf Initiative des Rechtsausschusses nahm das Gesetz die Berücksichtigung der Bindungen des Kindes, insbesondere an seine Eltern und Geschwister, neu in Absatz 2 Satz 2 auf[725].

Dieses Ergebnis beruhte vor allem auf entwicklungspsychologischen und kinderpsychologischen Erkenntnissen über die psychischen Bedürfnisse von (Scheidungs-) Kindern[726]. Der Regierungsentwurf aus dem Jahr 1974 war über diese Erkenntnisse kommentarlos hinweggegangen. Der Rechtsausschuss sah fünf Jahre später dieses Defizit und bezog die psychologischen Forschungsergebnisse in seine Überlegungen mit ein.

Die Verankerung der Bindungen des Kindes in § 1671 Abs. 2 BGB war dabei keine Selbstverständlichkeit gewesen. Bedeutung und Gewicht des Bindungsaspekts waren seit den sechziger und siebziger Jahren umstritten. In Deutschland wurde dieser sozialwissenschaftliche Zweikampf durch den Tübinger Kinderpsychiater *Lempp* und den Münchener Pädagogen *Fthenakis* ausgetra-

---

721 BT-Drucks. 8/2788, S. 41.

722 BT-Drucks. 8/2788, S. 63.

723 Im Ergebnis so auch *Kropholler*, JR 1984, 89 (90), der die Entscheidung des Gesetzgebers als Kraftakt bezeichnet, der gegen den Rat der Sachverständigen zustande kam. **Ebenso**: *Bartels*, Die vollständigen und die unvollständigen Familien im Kindschaftsrecht (1986), S. 260.

724 Vgl. die Literaturangaben oben in Fn. 589 und Fn. 599.

725 Als direkter Vorläufer dieser Vorschrift kann § 81 Abs. 2 EheG 1938 angesehen werden, der vorschrieb, die elterliche Gewalt für mehrere Kinder in der Regel demselben Elternteil zu übertragen. Denn diese Norm sollte Störungen des Sippenbewusstseins und des Zusammengehörigkeitsgefühls unter den Geschwistern vermeiden, vgl. DJ 1938, 1102 (1112). Nach *Belchaus*, Elterliches Sorgerecht (1980), § 1671 Rz. 14 war aus diesem Grund eine Regelung entbehrlich, die eine Trennung der Geschwister im Regelfall ausschloss.

726 *Lempp*, FamRZ 1984, 741 m.w.N.; die Ursprünge dieser Forschung liegen bereits in den 1950er Jahren in den USA.

gen[727]. Dabei haben sich die Bindungstheorie und die systemische Auffassung gegenüber gestanden, deren Vertreter unter anderem bei der Frage der Alleinsorge und des gemeinsamen Sorgerechts verschiedener Ansicht waren. Der so genannte Bindungsstreit wurde durch das SorgeRG aus der Psychologie in die Jurisprudenz übertragen[728].

Frühe psychoanalytische Anfänge der Bindungstheorie[729] lehnten eine gemeinsame elterliche Sorge ab[730]. Die Grundlage dieser Theorie ging davon aus, dass sich die Bindungen eines Kleinkindes hauptsächlich auf einen Menschen beziehen, die so genannte Bezugsperson, welche die Pflege, Erziehung und Betreuung des Kindes übernommen hat, d.h. die Mutter. Anlass dieser These waren in Kinderheimen vorgenommene Untersuchungen vom Anfang und aus der Mitte des 20. Jahrhunderts, die Entwicklungsstörungen als Mutterdeprivation (Deprivation = Entzug von Liebe) interpretierten[731]. Die Forscher hatten entdeckt, Kinder in Heimen entwickelten sich nicht so gut wie Kinder, die in Familien aufwuchsen. Zu der Zeit, in der diese Theorie entwickelt wurde, war die familiäre Situation in den westlichen Industrieländern regelmäßig durch Berufstätigkeit des Mannes und Haushalts- und Kinderbetreuung der Frau gekennzeichnet[732]. Aus diesem Grund schenkten die Forschungsansätze der Mutter-Kind-Bindung mehr Aufmerksamkeit.
Später lösten sich die Vertreter der Bindungstheorie vom Muttervorrang[733] und richteten ihr Interesse allgemein auf die Bezugsperson[734]. Lassen sich die Eltern scheiden, zerfalle die bisherige Beziehungsgemeinschaft und für das Kind gebe es nur noch *„Elterntrümmer“*[735]. Angesichts des für das Kind traumatischen Erlebnisses stünden Klarheit, Sicherheit und Stetigkeit der Bin-

[727] *Derleder*, FuR 1994, 144 (146).
[728] *Hansen*, Das Recht der elterlichen Sorge nach Trennung und Scheidung (1993), S. 16 f.
[729] *Bowlby*, Bindung. Eine Analyse der Mutter-Kind-Beziehung (1975).
[730] Ausführlich dazu *Bretherton*, Die Geschichte der Bindungstheorie, in: Spangler/Zimmermann, (Hrsg.), Die Bindungstheorie, 2. Aufl. 1997, S. 27 ff.
[731] *Bretherton* [Fn. 730] S. 27 ff. (S. 31/32).
[732] *Claessens*, Familie und Wertsystem (1962), S. 51; *Lehr*, Die Bedeutung der Familie im Sozialisationsprozess (1970), S. 48; *Ell*, ZfJ 1988, 436 (438); *Hansen* [Fn. 728] S. 21.
[733] A.A. in der Rechtsprechung noch *OLG Karlsruhe*, FamRZ 1978, 270; *KG*, FamRZ 1978, 826 (827); *KG*, FamRZ 1978, 829 (830).
[734] *Lempp*, NJW 1963, 1659 (1662); *ders.*, Die Ehescheidung und das Kind (1976), S. 13; *ders.*, FamRZ 1984, 741; *Goldstein/Freud/Solnit*, Jenseits des Kindeswohls (1974, Nachdruck 1991), S. 37; *Dittmann*, ZblJugR 1977, 187 (191); *Arntzen*, Elterliche Sorge und persönlicher Umgang mit Kindern aus gerichtspsychologischer Sicht (1980), S. 18; *Klußmann*, Das Kind im Rechtsstreit der Erwachsenen (1981), S. 25 ff.; *ders.*, FamRZ 1982, 118 ff.; *Simitis*, Kindschaftsrecht – Elemente einer Theorie des Familienrechts, in: FS für Müller-Freienfels (1986), S. 579 (S. 602); *Bartels*, Die vollständigen und die unvollständigen Familien im Kindschaftsrecht (1986), S. 244; *Kaltenborn*, FamRZ 1987, 990 (999); *Mottl*, Die Sorge der Eltern für ihre Kinder (1991), S. 131.
[735] *Lempp*, Die Ehescheidung und das Kind (1976), S. 10.

dungen im Vordergrund. Eine Neuordnung des Umfeldes müsse durch eine Konstituierung einer neuen und dauerhaften Restfamilie als für das Kind am wenigsten schädlichen Alternative erfolgen[736]. Ohne diese Voraussetzungen sei das für eine gesunde Entwicklung und Erziehung erforderliche Vertrauensverhältnis zwischen Kind und Elternteil nicht gewährleistet. Aus diesem Grund spielten Art, Umfang und Intensität der gegenseitigen emotionalen Bindungen zwischen dem Kind und seinen Eltern für die Sorgerechtsentscheidung eine besonders wichtige Rolle. Den Ausschlag bei einer Sorgerechtsregelung müsse der Umstand geben, zu welchem Elternteil das Kind die stärkeren Bindungen aufweise[737]. Diesem Elternteil sei dann die Alleinsorge zu übertragen.

Vor allem die Vertreter der systemischen Auffassung kritisierten aufgrund neuerer Ergebnisse der Familienforschung diesen Bindungsbegriff als zu eng[738]. Bindungen seien nicht starr, sondern entwickelten und veränderten sich ständig. Sie bildeten keine Garantie für eine bestimmte weitere Entwicklung, sondern wachsen und entfalteten sich im Zusammenhang mit anderen Bedingungen. Die systemische Auffassung verstand die Familie und die sonstige Umwelt des Kindes als ein Beziehungsgeflecht, das sich bei Trennung und Scheidung der Eltern nicht auflöse, sondern einschneidende Veränderungen erfahre. Nachdem das Kind bei einer Scheidung seine beiden Elternteile behalte, müsse mit Blick auf die zukünftige Entwicklung des Kindes möglichst viel von seinem bisherigen Beziehungsgeflecht unter Anpassung an die veränderten Lebensumstände aufrechterhalten werden[739]. Die Konstituierung einer Restfamilie aus den Trümmern der bisherigen Gemeinschaft unter Fixierung auf eine Hauptbezugsperson dürfe nicht der Maßstab für die Sorgerechtsentscheidung sein. Die Vertreter der systemischen Auffassung erkennen zwar an, dass es eine primäre Bezugsperson gibt. Sie halten aber die emotionalen Bindungen des Kindes zu einer oder mehreren anderen Personen für ebenso wichtig[740]. Deshalb könne die Trennung von der Hauptbezugsperson im Falle der Erhaltung des übrigen Beziehungsgeflechts und die Übernahme der Betreuung durch eine vertraute Person für das Kind erträglich und zumutbar, im Einzel-

---

736 *Goldstein/Freud/Solnit* [Fn. 734] S. 82; *Lempp* [Fn. 735] S. 7 ff.; *Lempp*, FamRZ 1984, 741.

737 *Lempp*, ZfJ 1984, 305.

738 *Ell*, ZblJugR 1982, 76; *Fthenakis*, FamRZ 1985, 662 m.w.N.; *Koechel*, FamRZ 1986, 637; *Ullmann*, Elterliche Sorge und Menschenrechte (1986), S. 11 ff. (S. 37 ff.); *Jopt*, FamRZ 1987, 875; *Proksch*, FamRZ 1989, 916; *Klenner*, FamRZ 1989, 804.

739 *OLG Frankfurt/M.*, FamRZ 1982, 531.

740 Vgl. dazu den anschaulichen Fall bei *Ell*, ZblJugR 1982, 76, (79).

fall sogar die bessere Lösung sein[741]. Nach der systemischen Auffassung gibt es keinen gesicherten Erfahrungssatz dafür, dass die Auswechslung der Hauptbezugsperson in der Regel mit negativen Langzeitfolgen für die Entwicklung des Kindes verbunden ist, weshalb ein solches Risiko nur bei gewichtigen Gründen eingegangen werden dürfe[742]. Die Sorgerechtsregelung muss sich nach der systemischen Theorie demnach an folgenden Aspekten orientieren[743]: Ausgangspunkt ist die gleichwertige Eignung beider Elternteile (Mutter/Vater) zur Kinderbetreuung. Unter Beachtung der aktuellen und zukünftigen Lebensverhältnisse wird der günstigste Lebensmittelpunkt für das Kind gewählt. Dabei hat die Aufrechterhaltung des Beziehungsnetzes Vorrang vor der Suche nach der besten Bezugsperson. Im Ergebnis muss die Sorgerechtsregelung ausreichend stabil und berechenbar sein, um dem Kind einen sicheren Bezugsrahmen zu gewährleisten und soll flexibel sein, um auf entwicklungsbedingte Veränderungen den Betreuungsbedürfnissen entsprechend reagieren zu können.

Zusammenfassend wird nach der Bindungstheorie dem Kindeswohl dann am besten entsprochen, wenn das Kind einer bestimmten Person zugeordnet wird, während die systemische Auffassung den Blick auf das gesamte familiäre Beziehungsgefüge richtet, das sie dem Kind erhalten will.

Welche dieser Theorien der gesetzlichen Regelung des § 1671 Abs. 2 BGB zugrunde lag, ist nicht eindeutig zu beantworten. Den untersuchten Quellen ist zu dieser Frage eine eindeutige Stellungnahme nicht zu entnehmen.

Die Minderheit im Rechtsausschuss vertrat den Standpunkt von *Lempp*, welche die Betonung der Bindungen des Kindes an seine Eltern und die Geschwister durch die Streichung des Wortes „*insbesondere*" verdeutlichen wollte[744]. Ansonsten bestünde die Gefahr, den *familiären* Bindungen nicht genügend Gewicht beizumessen. Die sich im Gesetzgebungsverfahren durchsetzende Mehrheit lehnte diese Forderung ab. Sie favorisierte nicht ausdrücklich, aber vom Ergebnis her den systemischen Bindungsbegriff, indem sie die Argumente der systemischen Auffassung in die Beschlussempfehlung integrierte. Die Ausschussmehrheit nahm auf den Grundsatz Bezug, dass neben starken Bindungen zu Vater und Mutter *außerfamiliäre* Bindungen, etwa an die Schu-

741 Allein der Umstand der länger dauernden Betreuung durch einen Elternteil, der die soziale Mutterrolle übernommen habe, sage nichts über die Qualität der Bindungen und Beziehungen des Kindes aus. Der Vater, der nicht dauernd das Kind betreue, könne die tieferen Bindungen an sein Kind im Vergleich zur Mutter haben, welche das Kind ständig betreue.

742 *Ell*, ZblJugR 1982, 76; *Fthenakis*, FamRZ 1985, 662.

743 Vgl. dazu *Gründel*, Gemeinsames Sorgerecht (1993), S. 23.

744 BT-Drucks. 8/2788, S. 62.

le, an den Freundeskreis oder an die Großeltern wichtig sind[745]. Trotz dieser Begründung war der Rechtsausschuss nicht konsequent. An einer anderen Stelle berief er sich auf die Bindungstheorie, weil einem bei einer Ehescheidung psychisch stark belasteten Kind seine von Geburt an gewachsenen Bindungen nicht weiter zerstört werden sollten, als dies nach den Umständen vermeidbar ist. Der Rechtsausschuss sprach hier ausdrücklich den Kontinuitätsgrundsatz an, den die Bindungstheorie besonders hervorhebt[746].

Durch die Vermischung der unterschiedlichen Argumente ist eine Fürsprache zugunsten der systemischen Auffassung oder der Bindungstheorie nicht eindeutig. In der Literatur wird darauf hingewiesen, der Gesetzgeber habe die Bindungen des Kindes nicht in einem wissenschaftlich vorgeprägten Sinn verstanden, sondern umgangssprachlich als emotionale Verbundenheit, Verbundenheitsgefühl oder gute Beziehung[747]. Gegen diese Ansicht spricht, dass Begründungsansätze der beiden Theorien verwendet wurden. Das gewichtigste Argument für die systemische Auffassung wird die Tatsache sein, dass sich die Ausschussminderheit mit der Streichung des Wortes *„insbesondere“* nicht durchsetzen konnte und die Beschlussempfehlung in diesem Zusammenhang die außerfamiliären Bindungen betonte. Die Bezugnahme auf den Kontinuitätsgrundsatz befindet sich systematisch an einer anderen Stelle und wird insoweit zu vernachlässigen sein.

Angefügt sei, dass Bindungsgesichtspunkte bei der Reform des Kindschaftsrechts in der DDR in § 25 FGB keinen Niederschlag gefunden hatten. Vielmehr bestimmte insbesondere Ziffer 9 der Richtlinie Nr. 25 zu Erziehungsentscheidungen[748], bei kleineren Kindern sei die Bindung zu den Eltern kein für die Entscheidung besonders zu beachtender Umstand, weil kleinere Kinder zu jedem Elternteil ein enges Verhältnis hätten.

---

745 BT-Drucks. 8/2788, S. 62; **a.A.** *Eckert-Schirmer*, FuR 1996, 205 (206), die allein auf die Formulierung im Gesetzestext abstellt und daher zu einem dominanten Einfluss der Bindungstheorie kommt. Im Zusammenhang mit der Einführung des KJHG/SGB VIII (BT-Drucks. 11/5948, S. 87) im Jahr 1989 neigte die Bundesregierung ebenso zu dem systemischen Ansatz, ohne ihn ausdrücklich zu nennen, da nach der amtlichen Begründung der Kindeswohlbegriff nicht statisch, sondern dynamisch zu verstehen sei. In der psychoanalytischen Forschung hat der dynamische Bindungsbegriff den Sieg davongetragen, vgl. dazu *Suess/Scheurer-Englisch/Grossman*, FPR 1999, 148 (152 ff.).

746 BT-Drucks. 8/2788, S. 33, 40, 61; *BGH*, FamRZ 1985, 169; *Johansen/Henrich/Jaeger*, Eherecht, 2. Aufl. 1992, § 1671 Rz. 36.

747 *Koechel*, FamRZ 1986, 637 (640); *Staudinger/Coester*, BGB, Bd. IV, 12. Aufl. 1992, § 1671 Rz. 102.

748 GBl. DDR II 1968, S. 847 = NJ 1968, 651 und *OG*, NJ 1979, 513.

c. Der Kindeswille als Entscheidungsmaßstab

Ebenso wie die Bindungen fand der Kindeswille auf Veranlassung des Rechtsausschusses im Gesetz Berücksichtigung. Der Kindeswille erreichte jedoch nicht die herausragende Bedeutung der Bindungen.

Der Gesetzgeber hatte als einen Schwerpunkt des SorgeRG den Willen des Kindes stärker als bisher beachten wollen[749]. Dementsprechend hatten der Regierungsentwurf und der Fraktionsentwurf vorgesehen, dem Wunsch eines 14 Jahre alten Kindes den gleichen Stellenwert wie dem Elternvorschlag einzuräumen. Eine abweichende Willensäußerung eines mindestens 14 Jahre alten Kindes sollte die Beseitigung der Vorrangstellung eines übereinstimmenden Elternvorschlags erreichen können. Nach der Anhörung der Sachverständigen am 12. September 1977 war der Rechtsausschuss den Vorstellungen des Regierungsentwurfs nicht gefolgt, weil das mit Entscheidungskompetenz ausgestattete Kind überfordert gewesen wäre, sich Beeinflussungen ausgesetzt gesehen hätte und die Feststellung der Urteilsfähigkeit eines noch nicht 14 Jahre alten Kindes Anlass zu langwierigen gerichtlichen Auseinandersetzungen führen würde[750]. Der Rechtsauschuss schlug deshalb vor, das Gericht bei einem Widerspruch des Kindes nicht an den Elternvorschlag zu binden, sondern unabhängig davon die Regelung treffen zu lassen, die dem Wohl des Kindes am besten entspricht. Der Rechtsausschuss hatte sich in diesem Punkt den Vorbehalten angeschlossen, die auf den Ergebnissen der Sachverständigenanhörung beruhten[751].

Hintergrund der Einführung des Kindeswillens in das Gesetz waren wie bei der Berücksichtigung der Bindungen entwicklungspsychologische und kinderpsychologische Erkenntnisse. Für die Beachtlichkeit des Kindeswillens hatte sich in Deutschland als erster *Lempp* im Jahre 1963 ausgesprochen[752]. Er verkannte dabei nicht, dass der Wille kleiner Kinder in der Regel unvernünftig ist, betonte jedoch dessen Beachtlichkeit bei älteren Kindern.

---

[749] BT-Drucks. 8/2788, S. 33.

[750] BT-Drucks. 8/2788, S. 40; **ebenso**: *Strätz*, FamRZ 1975, 541 (543); *Zenz*, Kindeswohl und Selbstbestimmung, in: Evelyn Kühn/Ingrid Tourneau (Hrsg.), Familienrechtsreform – Chance einer besseren Wirklichkeit? (1978), S. 169 ff. (S. 177).

[751] Vgl. Elterliches Sorgerecht – Sachverständigenanhörung: Zur Sache 1/78, S. 85, 90, 94, 116, 124, 139, 147, 168.

[752] *Lempp*, NJW 1963, 1659; *ders.*, NJW 1964, 440; **a.A.** *Schwoerer*, NJW 1964, 5.

Für die Altersgrenze von 14 Jahren[753] als Grundlage der gerichtlichen Sorgerechtsregelung waren für den Rechtsausschuss vergleichbare Altersgrenzen in anderen Vorschriften ausschlaggebend, so z.B. § 5 RelKEG, § 59 FGG, § 1 JGG (14 Jahre), §§ 2229 Abs. 1, Abs. 2, 2233, 2247 Abs. 4 BGB (16 Jahre)[754]. Der Kindeswille war kein Vetorecht, indem der Vorschlag der Eltern zu Fall gebracht werden konnte, sondern bloßer Maßstab für die Gerichtsentscheidung.

d. Der Begriff „elterliche Sorge"

Der Rechtsausschuss empfahl, wie fünf Jahre zuvor durch den Regierungsentwurf geschehen, die Ersetzung des Begriffs *„elterliche Gewalt"* durch den Begriff *„elterliche Sorge"*[755]. Der Rechtsausschuss machte sich die Auffassung des *BVerfG* aus dem Jahr 1968[756] zu Eigen, indem er das Kind als Grundrechtsträger bezeichnete und infolgedessen in der elterlichen Gewalt kein unbeschränktes Herrschaftsrecht der Eltern sah[757]. Der Begriff *„elterliche Gewalt"* war nach Auffassung des Rechtsausschusses dementsprechend keine zutreffende Bezeichnung des pflichtgebundenen Rechts der Eltern[758]. Um den vom *BVerfG* konkretisierten Inhalt der Elternverantwortung gegenüber dem Kind zu verdeutlichen, schloss sich der Rechtsausschuss dem Ausdruck *„elterliche Sorge"* an.
Die Forderung, in § 1626 BGB die Begriffe Recht und Pflicht umzustellen, hatte der Rechtsausschuss abgelehnt, da die Pflichtgebundenheit der elterlichen Sorge durch die neue Bezeichnung hinreichend zum Ausdruck komme und eine Umstellung der sonst üblichen Reihenfolge nicht notwendig erschien[759].

---

753 Für die starre Altersgrenze von 14. Jahren haben sich in der Sachverständigenanhörung ausgesprochen: *Brändlein*, Elterliches Sorgerecht – Sachverständigenanhörung: Zur Sache 1/78, S. 36 und 147; *Baer*, a.a.O., S. 20 und 22; *Schink*, a.a.O., S. 99; *Nitsch*, a.a.O., S. 133; *Peschel-Gutzeit*, a.a.O., S. 142; **a.A.** *Diederichsen*, a.a.O., S. 157; *Junge*, a.a.O., S. 51 f; *Beitzke*, a.a.O., S. 31; *Thauer*, a.a.O., S. 76 und 102 (generelles pädagogisches Gespräch); *Becker*, a.a.O., S. 89 (Einsichts- und Beurteilungsfähigkeit); *Lempp*, a.a.O., S. 53 f. (für eine Grenze von 12 Jahren). Dagegen auch *Cuny*, Regelung des elterliche Sorge nach Scheidung und Trennung der Ehe, in: Neues elterliches Sorgerecht (1977), S. 169 ff. (171).

754 Katalog nach BT-Drucks. 7/2060, S. 15 und Eherechtskommission beim BMJ (Hrsg.) [Fn. 644] S. 81.

755 BT-Drucks. 8/2788, S. 36. Vgl. oben 6. Kapitel C.I.1.a, S. 136 ff.

756 *BVerfG* v. 29.7.1968, *BVerfGE* 24, 119 = FamRZ 1968, 578. Früher schon in diesem Sinne *Schwoerer*, FamRZ 1956, 242; *ders.*, FamRZ 1958, 433; *ders.*, FamRZ 1960, 122.

757 BT-Drucks. 7/2060, S. 14; *Palandt/Diederichsen*, BGB, 37. Aufl. 1978, Vorb. zu § 1626 Rz. 5.

758 So auch die Eherechtskommission beim BMJ (Hrsg.) [Fn. 644] S. 75.

759 BT-Drucks. 8/2788, S. 36.

D. Analyse der Rechtsprechung und Literatur zu § 1671 BGB idF des SorgeRG

I. Rechtsprobleme der Wiedervereinigung

Die Herstellung der Einheit Deutschlands vollzog sich während der Geltung des § 1671 BGB in der Fassung des SorgeRG[760]. Bis zum Ablauf des 2. Oktobers 1990 galt in der DDR das Familiengesetzbuch (FGB) vom 20. Dezember 1965[761]. Die Rechtseinheit war mit dem 3. Oktober 1990 nicht vollkommen. Die Rechtsfolgen auf dem Gebiet des Familienrechts regelte mit ausführlichen Bestimmungen der Einigungsvertrag[762]. Übergangsvorschriften sind durch den Einigungsvertrag in das EGBGB eingefügt worden. Sie stehen dort im 6. Teil in Art. 230ff. EGBGB. Die Fragen der elterlichen Sorge enthält Art. 234 § 11 EGBGB.

Mit dem 3. Oktober 1990 trat keine unmittelbare Änderung des Rechtszustandes beim Sorgerecht ein. Das Erziehungsrecht, wie die elterliche Sorge in der DDR genannt wurde, stand weiterhin demjenigen Elternteil zu, der es vor dem 3. Oktober 1990 innehatte. Änderungen waren nach Maßgabe der §§ 1674 Abs. 2, 1696 BGB vorzunehmen. Nachdem nach § 25 Abs. 1 FGB in der Fassung des 1. Familienrechtsänderungsgesetzes[763] vom 20. Juli 1990 bei einer Ehescheidung nur auf Antrag eines Elternteils über das Erziehungsrecht entschieden wurde, musste in Fällen, in denen eine Entscheidung über das Erziehungsrecht mangels Antrag unterblieb, nach Art. 234 § 11 Abs. 3 EGBGB die Sorgerechtsentscheidung nach § 1671 BGB nachgeholt werden[764]. Ob Art. 234 § 11 Abs. 3 EGBGB auf die Norm des § 25 FGB in der Fassung des 1. Familienrechtsänderungsgesetzes abzielte, die am 1. Oktober 1990 in Kraft trat und lediglich zwei Tage (!) bis zum 2. Oktober 1990 galt, ist umstritten[765]. Unabhängig von dieser Streitfrage bewahrte die Überleitungsvorschrift des Art. 234 § 11 EGBGB den westdeutschen Grundsatz des Zwangsverbundes, bei einer Scheidung stets von Amts wegen über die elterliche Sorge zu entscheiden. Im Übrigen galt ab 3. Oktober 1990 der § 1671 BGB in der Fassung des SorgeRG uneingeschränkt.

---

760 Zu den Auswirkungen des Einigungsvertrages auf das Familienrecht vgl. *Böhmer*, StAZ 1990, 357; *Henrich*, FamRZ 1991, 873; *Bosch*, FamRZ 1991, 749; *Lemke*, FuR 1991, 29; *Siehr*, IPRax 1991, 20.

761 GBl. DDR I 1966, S. 1; in Kraft seit 1.4.1966.

762 BT-Drucks. 11/7760; BT-Drucks. 11/7817; Einigungsvertrag v. 31.8.1990, BGBl. II 1990, S. 889; die Zustimmung zum Einigungsvertrag erfolgte durch Gesetz v. 23.9. 1990, BGBl. II 1990, S. 885; der Einigungsvertrag ist in Kraft seit 29.9.1990, BGBl. II 1990, S. 1360.

763 GBl. DDR I 1990, S. 1038.

764 *Adlerstein/Wagenitz*, FamRZ 1990, 1169 (1175).

765 **Dagegen**: *Wolf*, DtZ 1995, 386; **dafür:** *MünchKomm/Hinz*, Bd. 11, 3. Aufl. 1999, Art. 234 § 11 EGBGB, Rz. 12.

II. Gemeinsame elterliche Sorge

Der Gesetzgeber des SorgeRG hatte durch die Neufassung in § 1671 Abs. 4 Satz 1 BGB ein gemeinsames Sorgerecht ausgeschlossen. Gleichwohl gab es in der Literatur und in der Rechtsprechung eindrucksvolle Versuche, das gemeinsame Sorgerecht zu erzielen.

1. Verfassungskonforme Auslegung

Teilweise hielt die Literatur die zwingende Anordnung des Alleinsorgerechts nach § 1671 Abs. 4 Satz 1 BGB in der Fassung des SorgeRG für verfassungswidrig[766]. Das *LG Bremen* hatte diese Ansicht sogar zu § 1671 Abs. 4 Satz 1 BGB in der Fassung des 1. EheRG vertreten und diese Vorschrift dem *BVerfG* vorgelegt[767]. Das Verfahren hatte sich letztendlich durch einen Alleinsorgeantrag der Mutter erledigt. Um nicht den Weg einer Normenkontrolle nach Art. 100 GG wegen Verfassungswidrigkeit dieser Regelung gehen zu müssen, wurde die Frage einer verfassungskonformen Auslegung des § 1671 Abs. 4 Satz 1 BGB diskutiert[768]. Eine Bestimmung ist erst dann verfassungswidrig und ungültig, wenn sie nicht als verfassungskonform ausgelegt werden kann[769].

a. Begründungsversuche durch Moritz

Den Anfang einer verfassungskonformen Auslegung des § 1671 Abs. 4 Satz 1 BGB machte *Moritz* (Soziologe, Universität Bielefeld)[770]. Seiner Meinung nach erlaubte diese Vorschrift trotz des entgegenstehenden Wortlauts nach der Scheidung ein gemeinsames Sorgerecht.

---

766 *Evans-von Krbek*, FamRZ 1977, 371; *Diederichsen*, FamRZ 1978, 461 (473); *ders.*, NJW 1980, 1; *Palandt/Diederichsen*, BGB, 39. Aufl. 1980, § 1671 Rz. 2b; *Fehmel*, FamRZ 1980, 758; Die Empfehlung B. I des 3. DFGT (Arbeitskreis 12) v. 18.10.1980, FamRZ 1980, 1173, (1175) bzw. 3. DFGT, Brühler Schriften zum Familienrecht, S. 109 ging daher dahin, § 1671 BGB wie folgt zu ergänzen: „*Die elterliche Sorge kann auch den Eltern gemeinsam belassen werden.*" Eine Minderheit auf dem 3. DFGT war darüber hinaus der Meinung, dass die Gesetzesänderung den Zusatz „*auf gemeinsamen Vorschlag der Eltern*" enthalten müsse. Weshalb sich der 3. DFGT für diese Empfehlungen aussprach, ist den Materialien allerdings nicht zu entnehmen. A.A. *Belchaus*, ZblJugR 1979, 325 (336); *Kumme*, ZblJugR 1980, 85 (86); *Dieckmann*, NJW 1981, 668 (669); *Holzhauer*, FamRZ 1982, 109 (115); *Klußmann*, FamRZ 1982, 118 (122).

767 *LG Bremen*, FamRZ 1977, 402.

768 Zur verfassungskonformen Auslegung allgemein *Schack*, JuS 1961, 269 ff. und *Michel*, JuS 1961, 274 ff.

769 *BVerfGE* 2, 266; 8, 28; 16, 306; 49, 148; 59, 350; 85; 329; *Ipsen*, Richterrecht und Verfassung (1975), S. 167 f.

770 *Moritz*, ZblJugR 1981, 11.

Dass § 1671 Abs. 4 Satz 1 BGB als einzig zulässige Sorgerechtsform das Alleinsorgerecht bestimmte, ließ sich seiner Auffassung nach nicht durch die Gesetzgebervorstellung herleiten. Die Begründung des Rechtsausschusses und des Regierungsentwurfs, die elterliche Sorge solle „*grundsätzlich*" einem Elternteil übertragen werden[771] bzw. eine gemeinsame Wahrnehmung durch beide Elternteile sei „*grundsätzlich*" unzulässig[772], spreche nicht gegen eine Auslegung des Gesetzestextes zugunsten einer gemeinsamen elterlichen Sorge. Eine ausschließliche Fürsprache zugunsten des Alleinsorgerechts könne der Formulierung „*grundsätzlich*" nicht entnommen werden[773]. Im Übrigen bezog sich nach *Moritz* der Regierungsentwurf[774] auf die in Rechtsprechung und Literatur überwiegende Meinung. Die h.M. soll zum Zeitpunkt des Abschlusses des Gesetzgebungsverfahrens der Möglichkeit einer gemeinsamen elterlichen Sorge nach der Scheidung positiv gegenüber gestanden haben. Der Gesetzgeber habe sich deshalb die Zulässigkeit einer gemeinsamen elterlichen Sorge zu Eigen gemacht.

Moritz wies zwar darauf hin, dass § 1671 Abs. 4 Satz 1 BGB unter grammatikalischen Gesichtspunkten einen eindeutigen Wortlaut habe. Allerdings bestehe zwischen § 1671 Abs. 3 Satz 1 BGB, der den übereinstimmenden Elternvorschlag regle, von dem nur zum Wohl des Kindes abgewichen werden soll und § 1671 Abs. 4 Satz 1 BGB, der die Übertragung auf einen Elternteil zwingend anordne, ein Widerspruch[775]. Es lasse sich nicht klären, ob der Vorbehalt der Soll-Vorschrift aus Absatz 3 Satz 1 um des Absatzes 4 Satz 1 Willen erfolgte, der eine Muss-Vorschrift sei[776].

Ferner ergebe sich aus logisch-systematischen Überlegungen keine Beschränkung des Elternvorschlags nach § 1671 Abs. 3 Satz 1 BGB durch § 1671 Abs. 4 Satz 1 BGB. Über den Inhalt des Elternvorschlags sage das Gesetz nichts aus. Eine Abweichung vom Elternvorschlag sei nach § 1671 Abs. 3 Satz 1 BGB nur aus Kindeswohlüberlegungen möglich[777]. Das Kindeswohl könne in geeigneten Fällen die gemeinsame elterliche Sorge gerade erfordern. Nachdem die Verfassung in Art. 6 GG nicht untersage, die gemeinsame Sorge nach der Scheidung aufrechtzuerhalten, solange das Wohl des Kindes nicht gefährdet sei[778], ergebe sich im Wege einer verfassungskonformen Auslegung die Möglichkeit der gemeinsamen elterlichen Sorge nach der Scheidung.

771 BT-Drucks. 8/2788, S. 63.
772 BT-Drucks. 7/2060, S. 32.
773 *Moritz*, ZblJugR 1981, 11 (14).
774 BT-Drucks. 7/2060, S. 32.
775 **Ebenso**: *Kumme*, ZblJugR 1980, 85.
776 *Moritz*, ZblJugR 1981, 11 (13).
777 *Moritz*, ZblJugR 1981, 11 (13).
778 **Ebenso**: *BGH*, FamRZ 1979, 113.

Der Auffassung, dass sich das gemeinsame Sorgerecht über eine verfassungskonforme Auslegung des § 1671 Abs. 4 Satz 1 BGB ergab, schlossen sich zwei Gerichte an[779]. Sie begründeten ihre Meinung mit Art. 6 GG, der den Eltern ein natürliches Recht verleihe, das durch die Zerrüttung der Ehe nicht tangiert werde und die Rolle der geschiedenen Eheleute als Eltern unberührt lasse[780]. Daneben verpflichte der Gleichheitsgrundsatz des Art. 3 GG Eltern gleich zu behandeln, wenn sie zur Erziehung von Kindern gleich gut befähigt seien und zum Wohl des Kindes gemeinsam die elterliche Sorge ausüben wollten. In Fällen, in denen die Eltern übereinstimmend die gemeinsame Sorge anstrebten und sich einigten, sei der Ausschluss des einen Elternteils eine willkürliche Benachteiligung[781]. Aus diesem Grund dürften die Grundrechte der Art. 3 und 6 GG nur eingeschränkt werden, soweit dies unbedingt erforderlich sei. Wenn einem Elternteil das Recht der elterlichen Sorge entzogen werde, obwohl er für die Erziehung und Pflege des Kindes genau so gute Voraussetzungen biete wie der andere, seien diese Grundsätze nicht gewahrt. Außerdem nahmen die Gerichte Bezug auf die Argumentation von *Moritz*, nach der es eine verfassungskonforme Auslegung des § 1671 Abs. 4 Satz 1 BGB im Zusammenhang mit Absatz 2 und Absatz 3 zulasse, beiden Eltern die gemeinsame elterliche Sorge zu übertragen. Bei jeder Entscheidung habe sich das Gericht letztendlich am Kindeswohl zu orientieren.

b. Kritische Anmerkung zur verfassungskonformen Auslegung

Die Konstruktionsversuche einer verfassungskonformen Auslegung des § 1671 Abs. 4 Satz 1 BGB waren verfassungsrechtlich unhaltbar. Vergegenwärtigen wir uns noch einmal die Rechtslage: *„Die elterliche Sorge ist einem Elternteil allein zu übertragen"*. Der aus Wortlaut und Entstehungsgeschichte eindeutig zu folgernde Wille des Gesetzgebers des SorgeRG lässt für eine ergänzende verfassungskonforme Auslegung keinen Raum. Die verfassungskonforme Auslegung darf sich nicht über die Grenzen hinwegsetzen, die sich aus

---

[779] *AmtsG Groß-Gerau*, NJW 1981, 1279 (1280); *AmtsG Lübeck*, FamRZ 1982, 428; a.A. *KG*, FamRZ 1980, 821 = NJW 1980, 2419 mit zust. Anm. v. *Diederichsen* für das Land Berlin aufgrund des so genannten *„govern"* Vorbehalts Nr. 4 des Genehmigungsschreibens der Alliierten Militärgouverneure vom 12. Mai 1949. Dieser *„govern"*-Vorbehalt besagt, dass Berlin *„auch nicht durch den Bund regiert werden wird" („nor be governed by the Federation")*, womit nach einhelliger Auffassung (vgl. *BVerfGE* 7, 1; *Hauck*, Das richterliche Prüfungsrecht in Berlin (1967), S. 62 ff.) auch die Tätigkeit der Gerichte gemeint ist. Das *KG* hatte die für verfassungswidrig gehaltene Vorschrift aufgrund seiner eigenen Verwerfungskompetenz nicht angewendet und den Eltern die gemeinsame elterliche Sorge übertragen.

[780] *AmtsG Lübeck*, FamRZ 1982, 428.

[781] *AmtsG Groß-Gerau*, NJW 1981, 1279.

dem Wortsinn und dem Bedeutungszusammenhang des Gesetzes ergeben[782]. Die Mehrdeutigkeit einer Norm ist die Voraussetzung der verfassungskonformen Auslegung[783]. Wenn § 1671 Abs. 4 Satz 1 BGB unter grammatikalischen Gesichtspunkten – so *Moritz* – eine eindeutig anwendbare Textstelle ist, verschließt sich eine verfassungskonforme Auslegung von selbst. Der Normtext ist eindeutig. § 1671 Abs. 4 Satz 1 BGB stellt eine eindeutige Regelung auf, ausschließlich einem Elternteil die elterliche Sorge zu übertragen. Da der Gesetzgeber das gemeinsame Sorgerecht bewusst und in Kenntnis seiner Existenz und Möglichkeit ausgeschlossen hat, enthält die Regelung des § 1671 BGB keine Lücke, die im Wege der verfassungskonformen Auslegung geschlossen werden kann.
Eine verfassungskonforme Auslegung würde dem klaren Gesetzeswortlaut einen geradezu entgegengesetzten Sinn geben. Der Gesetzgeber hatte seinen dahingehenden Willen unmissverständlich zum Ausdruck gebracht. Seiner Auffassung nach entsprach es dem Wohl des Kindes am besten, nach der Scheidung schnell klare Verhältnisse zu schaffen und das Kind einem Elternteil zuzuweisen.
Erst wenn Wortlaut, Sinn und Zweck der zu prüfenden Norm mehrere Interpretationsmöglichkeiten zulassen und eine davon mit der Verfassung vereinbar ist, kann die Vorschrift mit diesem Inhalt aufrechterhalten werden[784]. Der klare Wortlaut und der gesetzgeberische Wille lassen eine verfassungskonforme Auslegung des § 1671 Abs. 4 Satz 1 BGB aber nicht zu[785].

2. Typologieüberlegungen zum gemeinsamen Sorgerecht

Der Gesetzgeber hatte die gemeinsame elterliche Sorge ausgeschlossen. Unabhängig von der Verfassungsmäßigkeit des § 1671 Abs. 4 Satz 1 BGB war die Frage aufgeworfen worden, ob Eltern in tatsächlicher Hinsicht aufgrund der Konfliktsituation einer Ehescheidung die elterliche Sorge überhaupt gemeinsam ausüben könnten[786]. Anlass für diese Überlegung sei der Umstand, dass die Eltern sich scheiden ließen, weil sie nicht mehr miteinander leben wollten. Diese Unwilligkeit und Unfähigkeit zur Kooperation müsse sich auf die Ausübung der gemeinsamen elterlichen Sorge auswirken[787]. Zur Beant-

---

782 *Umbach/Clemens/Klein*, Bundesverfassungsgerichtsgesetz (1992), § 80 Rz. 53; *Park*, Die verfassungskonforme Auslegung als richterliche Verfassungskonkretisierung (2000), S. 204; *Schlaich/Korioth*, Das Bundesverfassungsgericht, 5. Aufl. 2001, Rz. 414; *dies.*, 6. Aufl. 2004, Rz. 449; *BVerfGE* 8, 28 (33); 54, 277; 77, 65.

783 *Isensee/Kirchhof/Battis*, Handbuch des Staatsrechts, Band VII (1992), § 165 Rz. 39.

784 *Heußner*, NJW 1982, 257 (262).

785 **Ebenso**: *Troje*, NDV 1981, 17 (18).

786 *Troje*, NDV 1981, 17 ff. Nach *Mockenhaupt*, ZblJugR 1981, 337 (338, 348) ist für ein gemeinsames Sorgerecht eine bestehende Ehe erforderlich. Aus diesem Grund können weder nicht verheiratete Eltern als auch geschiedene Eltern das Sorgerecht gemeinsam ausüben.

787 *Troje*, NDV 1981, 17 (18).

wortung dieser Frage müsse man eine Typologie von Ehen und Ehescheidungen einführen und analytisch verschiedene Sozialmodelle unterscheiden. Jedem Ehemodell entspreche ein Scheidungsmodell[788]. Herangezogen wurde dazu eine von dem französischen Familienforscher *Louis Roussel*[789] entwickelte Typologie. Nach dessen Untersuchungen gibt es vier Ehemodelle: die Ehe als Institution, als Bündnis, als Verschmelzung und als Partnerschaft[790].

Die Institutionsehe versteht *Roussel* im Sinne einer Überlebensgemeinschaft. Sie sollte das Überleben garantieren und Erben hervorbringen[791]. In der Bündnisehe tritt an die Stelle des Überlebens die Liebe. Diese Ehe gründet auf der Vorstellung, dass Männer und Frauen heiraten, weil sie es wollen und weil sie sich lieben. Scheitert die Ehe, weil in der Regel die eheliche Treue nicht respektiert wurde, muss eine Scheidung gesetzlich zugelassen werden[792]. Der Verschmelzungsehe liegt ebenfalls der Gedanke von Harmonie, Liebe und Glück zugrunde. Doch werden Scheidungen nicht mehr moralisch sanktioniert. Bei der Verschmelzungsehe ist die Scheidung emotional schwierig, wenn hohe Verschmelzungsansprüche gestellt und eingelöst wurden, weil dann bei Trennung Aggression, Depression und lange Trauer dominieren. In der Partnerschaftsehe verstehen sich die Ehegatten als eine gut zusammenpassende Gemeinschaft. Die Bindungen sind von Anfang an locker und sachlich, weshalb dieses Modell die gegenwärtige Form der Vernunftehe ist[793]. Die Eheleute leben zusammen, solange es gut geht. Da die Auflösung der Ehe durch eine Scheidung bereits bei deren Eingehung als eine Möglichkeit der Beendigung mit einkalkuliert wurde, verliert die Scheidung das Dramatische und Traumatisierende.
Ob die Voraussetzungen für eine gemeinsame elterliche Sorge vorliegen, ist die Unterscheidung der vier Ehemodelle bezogen auf den Zeitpunkt der Beendigung der Ehe entscheidend. Lediglich in zwei Fallgruppen soll eine gemeinsame elterliche Sorge denkbar sein[794]. Zum einen bei Ehen, die sich von Anfang an am Partnerschaftsmodell orientiert haben oder im Laufe der Entwicklung dahin umwandelten. Zum anderen bei Institutions-, Bündnis- und Verschmelzungsehen, in denen nach der Trennung durch Zeitablauf die Gefühle

788 **Ebenso**: *Duss-von Werdt*, ZfJ 1984, 17 (20).
789 *Roussel*, Familiendynamik 1980, 186 ff.
790 Im Gegensatz dazu stehen die Ehemodelle des § 1356 BGB, nämlich die Hausfrauenehe, die Doppelverdienerehe, die Zuverdienstehe und die Mitarbeitsehe. Diese Ehemodelle bezeichnen lediglich die Rollenverteilung (Berufstätikeit/Haushaltsführung) in der Ehe, vgl. dazu *Ramm*, JZ 1975, 505 ff.; *Gernhuber*, FamRZ 1979, 193 ff.
791 In historischem Sinne versteht man unter der Ehe als Institution den Gegensatz zur „*Ehe als Vertrag*".
792 *Troje*, NDV 1981, 17 (18).
793 *Troje*, NDV 1981 ,17 (19).
794 *Troje*, NDV 1981, 17 (19); **ebenso**: *Duss-von Werdt*, ZfJ 1984, 17 (21).

der Aggression, Depression und der Trauer erloschen sind. Allerdings werden der zweiten Variante lediglich geringe Chancen eingeräumt. Zum Zeitpunkt der Scheidung sei entweder die erforderliche Distanz zwischen den Ehegatten noch nicht eingetreten oder bereits so groß, dass sie kein Interesse mehr an der gemeinsamen Ausübung der elterlichen Sorge hätten.

Für die in der Gesellschaft vorkommende Partnerschaftsehe biete der § 1671 Abs. 4 Satz 1 BGB keine sachgerechte Lösung[795]. Die Eltern könnten bei diesem Ehemodell nach der Scheidung die elterliche Sorge problemlos gemeinsam ausüben, weil eine gute Zusammenarbeit zu erwarten sei. Der Wortlaut des § 1671 Abs. 4 Satz 1 BGB schließe eine solche Möglichkeit aus. Eine gesetzlich zugelassene gemeinsame Sorge sei zum notwendigen Interessenausgleich der mit dem Partnerschaftsmodell häufig vorprogrammierten Scheidung erforderlich. Vor allem *Troje* (Professor an der Universität Frankfurt/M., Rechtswissenschaftler) sprach sich zur Verwirklichung dieser Überlegungen für eine Ergänzung des § 1671 Abs. 4 Satz 1 BGB wie folgt aus[796]:

„Die elterliche Sorge ist in der Regel einem Elternteil allein zu übertragen, kann aber ausnahmsweise in geeigneten Fällen beiden Eltern gemeinsam übertragen werden."

3. Verfassungswidrigkeit der zwingenden Alleinsorge

Die Vorschrift des § 1671 Abs. 4 Satz 1 BGB in der Fassung des SorgeRG, welche die gemeinsame elterliche Sorge im Falle der Ehescheidung ausschloss, hatte das *BVerfG* auf Vorlage vier amtsgerichtlicher Verfahren[797] durch Urteil vom 3. November 1982 für nichtig erklärt[798]. Für die Zulässigkeit des gemeinsamen Sorgerechts hatte das *BVerfG* in diesem Urteil neue Maßstäbe gesetzt, indem es unter bestimmten Voraussetzungen das gemeinsame Sorgerecht billigte.
Im verfassungsgerichtlichen Verfahren nahm das Bundesministerium der Justiz (BMJ) zu der Frage der Verfassungswidrigkeit Stellung und sprach sich erneut gegen ein gemeinsames Sorgerecht aus. Das BMJ wiederholte im We-

---

[795] *Troje* betrachtet die Frage der Verfassungsmäßigkeit des § 1671 Abs. 4 Satz 1 BGB von der Seite der Ehemodelle aus. Für die Verschmelzungsehe sei die getroffene Regelung sachgerecht, da die Eltern in der Regel nicht miteinander kooperieren könnten.

[796] *Troje*, NDV 1981, 17 (20).

[797] *AmtsG Königstein*, FamRZ 1980, 483; *AmtsG Bergisch-Gladbach*, FamRZ 1980, 1156; *AmtsG Bielefeld* 1 BvL 38/80 (unveröffentlicht); *AmtsG Waiblingen* 1 BvL 12/81 (unveröffentlicht).

[798] *BVerfGE* 61, 358 = FamRZ 1982, 1179 = NJW 1983, 101. In diesem Zusammenhang wird auf die ausführlichen Besprechungen des Urteils bei *Balloff*, Alleinerziehung und gemeinsame elterliche Sorge nach Trennung und Scheidung – Eine theoretische und empirische Vergleichsstudie (1990), S. 288 ff.; *Köster*, Sorgerecht und Kindeswohl (1996), S. 21 ff. und *Braun*, Die elterliche Sorge nach Auflösung der ehelichen Lebensgemeinschaft gemäß §§ 1671, 1672 BGB (1998), S. 161 ff. verwiesen.

sentlichen die Argumente aus dem Gesetzgebungsverfahren[799]; im Einzelnen wird auf die Entscheidungsgründe des Urteils verwiesen[800].

Das *BVerfG* verwarf die vom BMJ vorgebrachten Einwände, da das ausnahmslose Verbot dieser Regelung gegen die gemäß Art. 6 Abs. 2 GG primär fortbestehende Elternverantwortung verstoße. In das Elternrecht als Freiheitsrecht im Verhältnis zum Staat dürfe nur eingegriffen werden, wenn dies durch das nach Art. 6 Abs. 2 GG bestehende Wächteramt geboten sei[801]. Der Staat sei insoweit nur sekundär zum Handeln berechtigt. Ein rechtfertigender Grund für § 1671 Abs. 4 Satz 1 BGB sei nicht erkennbar[802]. Diesen sah das *BVerfG* erst, wenn die Eltern nicht bereit oder aufgrund fehlender Erziehungsfähigkeit nicht in der Lage seien, die Verantwortung gegenüber ihrem Kind wahrzunehmen. Im umgekehrten Fall bedürfe es dort keiner Schlichtung, wo sich keine widerstreitenden Interessen gegenüber stünden[803]. Die gemeinsame Sorge geschiedener Eltern erlaube dann für das Kind Stetigkeit bzw. Kontinuität in einem Höchstmaß[804]. Sachfremde Motive, welche die Eltern veranlassten das gemeinsame Sorgerecht zu wählen, könnte das Gericht ausscheiden. Das Gericht prüfe ohnehin, welcher Elternteil für das Kind sorgen solle, unabhängig davon, ob ein Elternteil oder beide als Sorgeberechtigte in Betracht kämen[805]. Allein private Gestaltungsmöglichkeiten, über die das Ergebnis eines gemeinsamen Sorgerechts zu erzielen wäre, seien für die Verfassungsmäßigkeit ohne Bedeutung[806]. Einer Sogwirkung bzw. einer Aushöhlung der gesetzlichen Regelungen könne durch eine Erklärung des Gesetzgebers, die gemeinsame Sorge solle die Ausnahme sein, begegnet werden[807].

Das *BVerfG* erkannte die Kriterien der Stetigkeit in der Erziehung und Entwicklung des Kindes und die Kontinuität seiner Bindungen als entscheidungsrelevant an[808]. Dieser Interpretationswandel wird von der Literatur auf den Einfluss des Gutachtens von *Fthenakis* zurückgeführt, weshalb die Entscheidung vom 3. November 1982 als *Paradigmenwechsel* bezeichnet wird[809]. Das *BVerfG* hatte sich in seiner Entscheidung auf die Erwägungen von *Fthenakis*

---

799 Vgl. oben 6. Kapitel C.II.3, S. 145 ff.
800 *BVerfG*, FamRZ 1982, 1179 (1181).
801 *BVerfG*, FamRZ 1982, 1189 (1182).
802 *BVerfG*, FamRZ 1982, 1179 (1183); a.A noch die *„Verkehrsrechtsentscheidung“ BVerfGE* 31, 194 = NJW 1971, 1447 (1448).
803 *BVerfG*, FamRZ 1982, 1179 (1183).
804 *BVerfG*, FamRZ 1982, 1179 (1183).
805 *BVerfG*, FamRZ 1982, 1179 (1183).
806 *BVerfG*, FamRZ 1982, 1179 (1184).
807 *BVerfG*, FamRZ 1982, 1179 (1184).
808 *Eckert-Schirmer*, FuR 1996, 205 (208).
809 *Coester*, FamRZ 1992, 617 (618); *Röchling*, ZfJ 1992, 516 (521); *Eckert-Schirmer*, FuR 1996, 205 (209).

berufen, die dieser in seinem Gutachten in diesem Verfahren am 8. Juni 1982 aufgestellt hatte. Nunmehr galt es, dem Kind primär beide Elternteile zu erhalten (entspricht der systemischen Auffassung) an Stelle der Suche nach der besser geeigneten Hauptbezugsperson (entspricht der Bindungstheorie). Insoweit schloss sich das *BVerfG* der systemischen Auffassung an, welche die Scheidungsfamilie als ein sich veränderndes und entwickelndes System ansieht[810].

Seit dieser Entscheidung ist es möglich, dass die Eltern das gemeinsame Sorgerecht ausüben. Das *BVerfG*[811] nannte (1) die uneingeschränkte Eignung beider Eltern zur Pflege und Erziehung des Kindes, (2) den gemeinsamen Willen, die Verantwortung nach der Trennung bzw. Scheidung zusammen mit dem anderen Elternteil zu tragen (Kooperationsbereitschaft) und (3) das Vorliegen keiner sonstigen Gründe, die es im Interesse des Kindes gebieten, das Sorgerecht einem Elternteil zu übertragen.
Im Anschluss an die Entscheidung des *BVerfG* entstand ein Streit, ob das gemeinsame Sorgerecht an eine vierte Voraussetzung geknüpft sei[812]. Genannt wurde die Überzeugung des Richters, die Ehegatten werden die Pflege und Erziehung des Kindes weiterhin, wenn auch in einer durch die Scheidung modifizierten Form gemeinschaftlich zum Wohl des Kindes wahrnehmen können. Dieser Auffassung wurde schnell widersprochen[813]. Dass das *BVerfG* keine vierte Voraussetzung aufgestellt habe, ließe sich aus den Urteilsgründen ableiten. Die ersten drei Voraussetzungen seien in Teil B II geschlossen aufgeführt, die *„vierte"* finde sich in einem anderen Zusammenhang in Teil B III 3c.
Im Streit darüber, welche Voraussetzungen das *BVerfG* für eine gemeinsame elterliche Sorge verlangte, ging unter, dass allein der Gesetzgeber diese Fest-

---

810 Vgl. oben 6. Kapitel C.II.3.b, S. 155 ff.

811 *BVerfG*, FamRZ 1982, 1179 (1182). Diesen Voraussetzungen entsprechen die vom Hoge Raad 1984/1986 genannten Kriterien inhaltlich im Wesentlichen, auch wenn der Hoge Raad ausdrücklich die Einigungsfähigkeit der Eltern als Voraussetzung für das nacheheliche gemeinsame Sorgerecht aufgestellt hat; vgl. dazu *Tenbieg*, Gemeinsames elterliches Sorgerecht (1991), S. 240.

812 Für eine 4. Voraussetzung *Knöpfel*, NJW 1983, 905 (907); *Schmidt-Ränsch*, FamRZ 1983, 17; *Luthin*, FamRZ 1983, 420; *Fehmel*, FamRZ 1983, 971 (972); *Kropholler*, NJW 1984, 271 (274); *Puls*, ZblJugR 1984, 8 (12); *Finger*, DRiZ 1985, 91 (92); *Bartels*, Die vollständigen und die unvollständigen Familien im Kindschaftsrecht (1986), S. 266; *RGRK/Adelmann*, BGB, Bd. IV/3, 12. Aufl. 1999, § 1671 Rz. 24; *OLG Frankfurt/M.*, FamRZ 1983, 758 (759); *KG*, FamRZ 1983, 1055 (1057).

813 *Hinz*, ZfJ 1984, 529; *MünchKomm/Hinz*, BGB, Bd. 5/1, 2. Aufl. 1987, § 1671 Rz. 72; *Luthin*, Gemeinsames Sorgerecht nach der Scheidung (1987), S. 64 f; *Balloff* [Fn. 798] S. 293; *Staudinger/Coester*, BGB, Bd. IV, 12. Aufl. 1992, § 1671 Rz. 171; *Johannsen/Henrich/Jaeger*, Eherecht, 2. Aufl. 1992, § 1671 Rz. 79; **a.A.** *Schwab*, Handbuch des Scheidungsrechts, 3. Aufl. 1995, Teil III Rz. 97, der lediglich von zwei Voraussetzungen ausgeht.

stellungen treffen kann. Dabei erkannte als einziger *Kropholler*[814], dass das *BVerfG* kein *„Supergesetzgeber“* ist. Das *BVerfG* hatte darüber zu entscheiden, ob § 1671 Abs. 4 Satz 1 BGB in der Fassung des SorgeRG gegen das Grundgesetz verstieß und keinen Kriterienkatalog für ein gemeinsames Sorgerecht aufzustellen. Gleichwohl wurden die vom *BVerfG* aufgestellten Voraussetzungen in Rechtsprechung und Literatur unwidersprochen übernommen. Ob dies auf der Beantwortung der mündlichen Anfragen in der Fragestunde des Bundestages am 24. November 1982 durch den Parlamentarischen Staatssekretär *Klein* beruhte, mag dahinstehen. Jedenfalls gewährleisteten die Kriterien des *BVerfG* eine einheitliche Rechtsprechung.
Die Entscheidung des *BVerfG* wurde am 19. November 1982 im Bundesgesetzblatt[815] veröffentlicht. Sie hatte nach §§ 31 Abs. 2 Satz 1 und 2, 13 Nr. 11 BVerfGG Gesetzeskraft. § 1671 BGB war daraufhin ohne Absatz 4 Satz 1 zu lesen und anzuwenden. Das gemeinsame Sorgerecht trat als dritte Möglichkeit neben das Alleinsorgerecht der Mutter oder des Vaters[816].

4. Verwirklichung der gemeinsamen elterliche Sorge in der Praxis

Die Eltern können die gemeinsame elterliche Sorge nach der Scheidung auf unterschiedliche Weise ausüben. Dabei sind drei Modelle denkbar, wenn Vater und Mutter nicht mehr zusammen wohnen. In Betracht kommen das Nestmodell, das Wechsel- oder Pendelmodell und das Residenzmodell[817].

a. Nestmodell

Beim Nestmodell wird das Kind abwechselnd vom Vater und der Mutter in der bisherigen Elternwohnung betreut. Die Eltern unterhalten jeweils noch eine andere Wohnung, weswegen insgesamt drei Haushalte geführt werden müssen. Bei diesem Modell kann die Betreuung der Kinder gerecht zwischen beiden Eltern aufgeteilt werden und den Kindern häufige Wohnungswechsel und Wechsel ihrer übrigen sozialen Bezüge erspart bleiben[818]. Gegen das Nestmodell wird eingewandt, dass es sich in vielen Fällen langfristig nicht durchführen lasse. Nach der Scheidung können sowohl private als auch berufliche Veränderungen eintreten, die nicht vorhersehbar sind, beispielsweise ein

---

814 *Kropholler*, JR 1984, 89 (96).

815 BGBl. I 1982, S. 1596.

816 *KG*, FamRZ 1983, 1055 (1056); *Fehmel*, FamRZ 1983, 971 (972); **a.A.** *Kropholler*, JR 1984, 89 (96), der die gemeinsame Sorge nicht als gleichberechtigt ansieht, sondern nur als eine Alternative mit besonderen Voraussetzungen.

817 *Luthin* [Fn. 813] S. 51; *Schütz*, ZfJ 1987, 189 (190); *Staudinger/Coester*, BGB, Bd. IV, 12. Aufl. 1992, § 1671 Rz. 179; *Oelkers/Kasten*, FamRZ 1993, 18 (20); *Wirz*, Gemeinsame elterliche Gewalt geschiedener und nicht verheirateter Eltern (1995), S. 27 f.; *Sluka*, Das gemeinsame Sorgerecht – Ein Modell für die Zukunft? (1996), S. 33; *Schwab/Motzer*, Handbuch des Scheidungsrechts, 4. Aufl. 2000, Teil III Rz. 42; *Krolczyk*, Die Scheidung (2001), S. 92.

818 *Sluka* [Fn. 817] S. 33.

Umzug in eine andere Stadt. Im Übrigen bedarf es für dieses Modell ausreichender finanzieller Mittel, weil jeder Elternteil eines weiteren Wohnsitzes bedarf. In Deutschland bildet das Nestmodell deshalb die Ausnahme[819].

b. Wechselmodell

Beim Wechselmodell lebt das Kind für eine gewisse Dauer jeweils bei einem Elternteil, der in dieser Zeit die Betreuung haupt- und eigenverantwortlich gewährleistet. Dabei wird darauf geachtet, dass das Kind die gleiche Zeit abwechselnd bei jedem Elternteil verbringt. Über die Handhabung und Auswirkungen des sehr zurückhaltend praktizierten Wechselmodells liegen kaum aktuelle wissenschaftliche Erkenntnisse vor[820]. Die letzte Studie stammt aus dem Jahr 1989[821]. Für dieses Modell spricht, dass das Kind einen intensiveren und zeitlich längeren Kontakt zu beiden Eltern aufrechterhalten kann[822], beide Eltern in der Verantwortung für das Kind bleiben, ein außergewöhnliches Maß an Kooperation und Kommunikation aufbringen müssen und von der Mehrbelastung eines Alleinerziehenden teilweise entlastet werden. Trotz der behaupteten Vorzüge wird das Wechselmodell in Deutschland selten ausgeübt[823] und von Rechtsprechung und Literatur in der Regel abgelehnt, da die mit dem Wechsel verbundenen Belastungen für das Kind zu groß seien[824]. Aber auch praktische Schwierigkeiten, wie die Geltendmachung von Kindesunterhalt nach § 1601 BGB oder von Betreuungsunterhalt nach § 1570 BGB seien mit diesem Modell verbunden[825].

---

819 *Limbach*, Rechtstatsachenstudie (1989), S. 26; anders scheint dies in den USA zu sein, vgl. *Hansen*, Das Recht der elterliche Sorge nach Trennung und Scheidung (1993), S. 116 m.w.N.

820 *OLG Dresden*, FamRZ 2005, 125 = FPR 2004, 619 m.w.N; *AmtsG Hannover*, FamRZ 2001, 846 = DAVorm 2000, 991.

821 *Wallerstein/Blakeslee*, Gewinner und Verlierer (1989).

822 *Rakete-Dombek* FF 2002, 16; *OLG Dresden*, FamRZ 2005, 125; *AmtsG Hannover*, FamRZ 2001, 846 = DAVorm 2000, 991.

823 Nach einer Studie von *Oelkers/Kasten/Oelkers*, FamRZ 1994, 1080 (1082) wählten lediglich 11% der Eltern mit gemeinsamem Sorgerecht das Wechselmodell.

824 *AmtsG Hannover*, FamRZ 2001, 846 (847) = DAVorm 2000, 991; *OLG München*, FamRZ 2002, 1210 (LS.); *Coester*, EuGRZ 1982, 256 (260); *Staudinger/Coester*, BGB, Bd. IV, 12. Aufl. 1992, § 1671 Rz. 179; *Rakete-Dombek*, FF 2002, 16; **a.A.** *OLG Dresden* FPR 2004, 619.

825 Nach *Rakete-Dombek*, FF 2002, 16 (18) ist beim Kindesunterhalt bei einem Wechselmodell mit im Wesentlichen gleichen Anteilen der Bedarf des Kindes konkret nach den Einkommens- und Vermögensverhältnissen beider Eltern unter Berücksichtigung der Mehrkosten des Wechselmodells zu ermitteln. Für den so ermittelten Bedarf haften die Eltern anteilig nach ihren Einkommensverhältnissen unter Berücksichtigung ihrer Anteile bei der Betreuung. Beim Betreuungsunterhalt können sich beide auf § 1570 BGB berufen.

c. Residenzmodell

Das Residenzmodell steht statistisch mit Abstand im Vordergrund[826]. Bei diesem Modell lebt das Kind ständig mit einem Elternteil zusammen. Der andere wird auf das Umgangsrecht verwiesen, das sich auf regelmäßige Besuche, gemeinsame Ferien und Beratung in wichtigen Angelegenheiten beschränkt. Aufgrund des Kontinuitätsprinzips wird das Residenzmodell für das Wohl des Kindes besonders günstig gehalten[827]. So kann dem Kind ohne ständigen Wohnungswechsel ein fester Bezugspunkt und eine Integration in seinem sozialen Umfeld gewährleistet werden.

d. Kritische Anmerkung zu den Sorgerechtsmodellen

Die Argumente um die Vor- und die Nachteile des Residenz- und Wechselmodells haben ihren Ursprung in der Auseinandersetzung zwischen Bindungstheorie und systemischer Auffassung[828]. Dabei wurde von der Bindungstheorie die Notwendigkeit einer Hauptbezugsperson für das Kind nach einer Trennung oder Scheidung hervorgehoben. Dieser Aspekt entspricht dem Residenzmodell. Demgegenüber sieht die systemische Auffassung in der Bindung nur einen Aspekt einer komplexen Eltern-Kind-Beziehung, wobei möglichst viel von dem bisherigen Beziehungsgeflecht erhalten werden muss. Dieser Gesichtspunkt entspricht dem Wechselmodell.
Wird beim gemeinsamen Sorgerecht die rechtliche Gleichstellung der Eltern als eine Gleichstellung auf der Betreuungsebene verstanden, muss konsequenterweise das Nest- oder das Wechselmodell gewählt werden. Unabhängig von der Gleichstellung der Rechtspositionen wird im Normalfall eine Wahrnehmung von der internen Aufgabenverteilung zwischen den Eltern vorgenommen und die Betreuung von demjenigen Elternteil übernommen, der beruflich besser dazu in der Lage ist[829]. Gemeinsames Sorgerecht bedeutet nämlich nicht gemeinsame Betreuung, sondern gemeinsame Verantwortung.

III. Zielvorstellung gemeinsames Sorgerecht im KJHG/SGB VIII

Die Diskussion über das gemeinsame Sorgerecht hatte nach In-Kraft-Treten des KJHG/SGB VIII[830] neue Impulse erhalten[831].
Das KJHG/SGB VIII löste zum 1. Januar 1991 das aus dem Jahr 1922 stammende Jugendwohlfahrtsgesetz[832] ab, das den Art. 122 WRV konkretisiert hat-

826 *Limbach* [Fn. 819] S. 25; *Balloff/Walter*, FamRZ 1990, 445 (451).
827 *Hinz*, ZfJ 1984, 529 (535); *Luthin* [Fn. 813] S. 59; *OLG Karlsruhe*, FamRZ 1987, 89.
828 Vgl. oben 6. Kapitel C.II.3.b, S. 155 ff.
829 Vgl. *Limbach* [Fn. 819] S. 25 f.
830 BGBl. I 1990, S. 1163.
831 *Ollmann*, FamRZ 1993, 869.

te. Es führte in § 17 KJHG/SGB VIII verschiedene beratende und unterstützende Leistungen in Fragen der Partnerschaft, Trennung und Scheidung ein, um die Erziehungssituation der Kinder zu verbessern. Durch eine frühzeitige Einschaltung des Jugendamtes sollten nach der amtlichen Begründung die Voraussetzungen dafür geschaffen werden, dass sich Eltern in größerem Umfang für ein gemeinsames Sorgerecht entscheiden oder bei einer anderen Gestaltung der elterlichen Sorge möglichst einvernehmlich handeln und ihrer fortbestehenden Elternverantwortung gerecht werden[833]. Eine gemeinsame Elternverantwortung bestünde bei einem gemeinsamen Sorgerecht am weitestgehenden[834]. Daneben bezog sich die amtliche Begründung auf die Entscheidung des *BVerfG* vom 3. November 1982 und die dort aufgestellten Voraussetzungen des gemeinsamen Sorgerechts. Aus diesem Grund vertrat die Literatur teilweise die Meinung, Zielvorstellung des KJHG/SGB VIII sei das gemeinsame Sorgerecht[835].

Dieser Auffassung wird Recht gegeben, weil der amtlichen Begründung ein Dreistufenmodell zu Grunde liegt, das folgendermaßen aufgebaut ist:

(1) An erster Stelle steht das gemeinsame Sorgerecht gemäß den Anforderungen des *BVerfG* vom 3. November 1982. (2) Alternativ steht neben dem gemeinsamen Sorgerecht die Förderung von einvernehmlichem Handeln zwischen den Eltern bei einer Alleinsorge. (3) Das gemeinsame Sorgerecht ist das weitestgehende Modell einer gemeinsamen Elternverantwortung.
Es ist zwar richtig, dass die Punkte eins und zwei in der amtlichen Begründung gleichberechtigt nebeneinander genannt werden. Aus dem Zusammenspiel mit Punkt drei ergibt sich jedoch ein Vorrang des gemeinsamen Sorgerechts. Wozu sollte der Gesetzgeber zu erkennen geben, dass elterliche Kooperation nach der Scheidung kindeswohlfördernd ist und als optimaler Ausdruck dieser Kooperation das gemeinsame Sorgerecht angesehen wird? Die Wahrnehmung der fortbestehenden Elternverantwortung, auf die § 17 Abs. 1 Nr. 3 KJHG/SGB VIII abzielt, ist in der Regel nur bei einem gemeinsamen Sorgerecht möglich[836]. Allein über das Umgangsrecht, auf das der nicht sorge-

---

[832] RGBl. I 1922, S. 633; es trat zusammen mit der Reichsfürsorgepflichtverordnung, RGBl. I 1924, S. 100 (der Vorgängerin des BSHG) am 14.2.1924, RGBl. I 1924, S. 110, in Kraft. Zur Entstehung des RJWG *Potrykus*, RdJ 1958, 7 ff.

[833] BT-Drucks. 11/5948, S. 58; BR-Drucks. 503/89, S. 55.

[834] BT-Drucks. 11/5948, S. 58; *Wiesner*, FuR 1990, 325 (330); *Rauscher*, NJW 1991, 1087; *Coester*, FuR 1991, 70; *Röchling*, ZfJ 1992, 557 (558); *Wend*, FPR 1999, 137, (138); *Balloff*, FPR 1999, 164.

[835] *Rauscher*, NJW 1991, 1187; **ähnlich**: *Dörr*, NJW 1992, 529 (531); **a.A.** *Wiesner*, FuR 1990, 325, 330; *Münder u.a.*, in: Frankfurter Kommentar zum KJHG, 1. Aufl. 1991, § 17 Rz. 3; *Kuckertz-Schramm*, DAVorm 1992, 1029 (1031); *Coester*, FamRZ 1992, 617 (621).

[836] **A.A.** *Ollmann*, FamRZ 1993, 869 (871).

berechtigte Elternteil beschränkt ist, lässt sich eine gemeinsame Elternverantwortung nicht verwirklichen. Rechtlich ist der Elternteil ohne Sorgerecht von allen Fragen der Personen- und Vermögenssorge ausgeschlossen. Entscheidungen trifft alleine der Sorgeberechtigte. Auch das *BVerfG* stellte in seinem Urteil vom 3. November 1982 klar, private Gestaltungen, die im Ergebnis ein gemeinsames Sorgerecht bedeuten, seien unbeachtlich. Diese können jederzeit ohne Rechtsfolgen widerrufen werden. Daneben kommt durch die Vorschrift des § 17 KJHG/SGB VIII zum Ausdruck, dass es nicht um die Frage geht, den geeigneteren Elternteil zur Betreuung des Kindes zu suchen. Vielmehr sollen die Eltern unterstützt werden, ein einvernehmliches Konzept zur Ausübung der gemeinsamen elterlichen Sorge zu erarbeiten.

IV. Das Kindeswohl bei § 1671 BGB

Der Rechtsausschuss hatte davon abgesehen, mit Ausnahme der Erwähnung der Bindungen des Kindes an seine Eltern und Geschwister, die Merkmale aufzuzählen, die geeignet sind, den Begriff des Kindeswohls zu konkretisieren[837]. Im Zusammenhang mit der Sorgerechtsverteilung kommen dem Begriff „*Kindeswohl*" zwei Funktionen zu[838]. Das Kindeswohl bildet die Grundlage für den staatlichen Eingriff und den Entscheidungsmaßstab für die gerichtliche Entscheidung. Dogmatisch handelt es sich um einen unbestimmten[839], schwer objektivierbaren generalklauselartigen[840] Rechtsbegriff.

---

837 *RGRK/Adelmann*, BGB, Bd. IV/3, 12. Aufl. 1999, § 1671 Rz. 44; durch Art. 3 der UN-Kinderrechtskonvention aus dem Jahr 1989 (BGBl. II 1992, S. 122) wurde die herausragende Rolle des Kindeswohls erneut bestätigt, vgl. zur UN-Kinderrechtskonvention unten 7. Kapitel C.I, S. 184 ff.

838 *Coester*, Das Kindeswohl als Rechtsbegriff (1983), S. 134 ff.; *Staudinger/Coester*, BGB, Bd. IV, 12. Aufl. 1992, § 1671 Rz. 18; *Hinz*, ZfJ 1984, 529; *Luthin* [Fn. 813] S. 71; *ders.*, Sorge- und Umgangsrecht bei Trennung und Scheidung der Eltern, in: Schwab, Dieter/Hahne, Meo-Micaela (Hrsg.), Familienrecht im Brennpunkt (2004), S. 241 ff. (S. 246); *Gernhuber/Coester-Waltjen*, Familienrecht, 4. Aufl. 1994, § 65 IV 3, S. 1050.

839 *BayObLG*, FamRZ 1976, 43 (45); *BayObLG*, FamRZ 1980, 1064; *Bastian/Roth-Stielow/Schmeiduch*, 1. EheRG (1978), § 1671 Rz. 4; *Soergel/Strätz*, BGB, Bd. 8, 12. Aufl. 1987, § 1666 Rz. 32; *Mottl*, Die Sorge der Eltern für ihre Kinder (1991), S. 35; **a.A.** *OLG Bremen*, FamRZ 1962, 209; *BayObLG*, Rpfleger 1977, 304 (305); *OLG Hamm* BB 1983, 791, die den Begriff „*Wohl*" als Ermessen ansehen; **a.A.** *Fegeler*, Der Maßstab des Wohls des Kindes, des Mündels, des Pfleglings und des Betreuten bei der gerichtlichen Kontrolle ihrer Interessenvertreter (2000), S. 35 und 41, die danach unterscheidet, ob der Begriff des Wohls der Tatbestands- oder der Rechtsfolgenseite der Norm zuzuordnen ist, sich im Ergebnis aber für den unbestimmten Rechtsbegriff ausspricht.

840 *Kemper*, ZblJugR 1976, 478 (479); *Münder*, RdJB 1977, 358 (367); **a.A.** *Willutzki*, DAVorm 2000, 377 (383), der das Kindeswohl als Generalklausel im Doppelsinne bezeichnet, als Generalklausel und unbestimmten Rechtsbegriff.

Die zum SorgeRG verwendeten Definitionen[841] ähneln inhaltlich den alten. In der Rechtsprechung wird dabei überwiegend eine positive Abgrenzung vorgenommen[842]. Das *OLG Düsseldorf* hatte erstmals vier Grundsätze für die Regelung der elterlichen Gewalt im Leitsatz seiner Entscheidung wiedergegeben[843]: Förderungsprinzip, Kontinuitätsprinzip, Kindeswillen und Geschwisterbindung.

Eine Rangordnung der Kriterien und allgemeine Regeln für die Gewichtung der für die Sorgerechtsregelung in Betracht kommenden Faktoren im jeweiligen Einzelfall gibt es grundsätzlich nicht[844]. Vielmehr stehen alle diese Kriterien in einer inneren Beziehung zueinander und können sich gegenseitig verstärken oder aufheben[845].

In der Literatur finden sich andere Versuche, das Kindeswohl begrifflich zu erfassen. Teilweise wird versucht, das Kindeswohl als die am günstigsten erscheinende Lösung fest zu machen[846] oder die am wenigsten schädliche Alternative herauszustellen[847]. Trotz der in der Literatur vorgenommenen Definitionsversuche kann dem Gericht die Konkretisierungsverantwortung nicht abgenommen werden[848]. Gesetzliche Vorschriften geben dabei Anhaltspunkte, insbesondere Art. 6 Abs. 2 Satz 2 GG, § 1 Abs. 1 KJHG/ SGB VIII, §§ 1671 Abs. 2 Satz 2 und Abs. 3 Satz 2 BGB.

Nachdem auf die im Gesetz ausdrücklich erwähnten Kriterien der Bindungen und den Kindeswillen im Zusammenhang mit dem Gesetzgebungsverfahren[849]

---

841 Z.B. *OLG Hamm*, FamRZ 1980, 484; 1980, 487; 1980, 488. Aus der älteren Rechtsprechung: *BayObLGZ* 61, 349; 61, 383; 70, 6; 74, 95; *BayObLG*, NJW 1976, 2017.

842 *OLG Hamm*, FamRZ 1980, 484 f., 487 und 488 f.; *BVerfG*, FamRZ 1981, 124 (126); *BGH*, FamRZ 1985, 169; *BVerfG*, FamRZ 1994, 223; *Braun* [Fn. 798] S. 82.

843 *OLG Düsseldorf*, FamRZ 1979, 631. Vgl. auch die zwölf Kriterien von *Steffen*, ZblJugR 1979, 129 (151) oder die zehn Kriterien bei *Becker*, ZblJugR 1978, 300 (302).

844 BT-Drucks, 8/2788, S. 61; *Staudinger/Coester*, BGB, Bd. IV, 12. Aufl. 1992, § 1671 Rz. 51; *Johannsen/Henrich/Jaeger*, Eherecht, 2. Aufl. 1992, § 1671 Rz. 51; *RGRK/ Adelmann*, BGB, Bd. IV/3, 12. Aufl. 1999, § 1671 Rz. 48; *BGH*, FamRZ 1985, 169; *BGH*, FamRZ 1990, 392 (393).

845 *BGH*, FamRZ 1985, 169 (170).

846 *Lüderitz*, FamRZ 1975, 605 (607); *Becker*, ZblJugR 1978, 300 (302).

847 *Lempp*, ZblJugR 1974, 124 (127); *Goldstein/Freud/Solnit*, Jenseits des Kindeswohls (1974, Nachdruck 1991), S. 49 ff.; *Becker*, Die Eigenentscheidung des jungen Menschen, in: FS für Bosch (1976), S. 37 ff. (S. 46); *Schwab*, Handbuch des Scheidungsrechts, 3. Aufl. 1994, Teil III Rz. 135.

848 *Beres*, ZblJugR 1982, 449; *Coester* [Fn. 838] S. 163, 173, 365; *Hinz*, ZfJ 1984, 529; *Kropholler*, JZ 1984, 164; *Kaltenborn*, FamRZ 1987, 990; *Balloff* [Fn. 798] S. 192; *Braun* [Fn. 798] S. 81, 85; *Mottl*, Die Sorge der Eltern für ihre Kinder (1991), S. 36.

849 Vgl. zur Bindungstheorie oben 6. Kapitel C.II.3.b, S. 155 ff. und zum Kindeswillen oben 6. Kapitel C.II.3.c, S. 160 ff.

eingegangen worden ist, werden an dieser Stelle das Förderungsprinzip und das Kontinuitätsprinzip erläutert.

Nach dem Förderungsprinzip soll die Ausübung der elterlichen Sorge demjenigen Elternteil anvertraut werden, der nach seiner Persönlichkeit, seiner Beziehung zum Kind und nach den äußeren Verhältnissen eher in der Lage ist, das Kind zu betreuen und seine seelische und geistige Entfaltung zu begünstigen und der dem Kind voraussichtlich die besseren Entwicklungsmöglichkeiten vermitteln und ihm die meiste Unterstützung für den Aufbau seiner Persönlichkeit sowie eine gleichmäßige und stetige Betreuung und Erziehung geben kann[850]. Im Laufe der Zeit wurden umfangreiche Gesichtspunkte herausgearbeitet, welche die Entscheidung des Gerichts beeinflussen können. Es seien an dieser Stelle beispielhaft die charakterliche Veranlagung und Persönlichkeitsstruktur der Eltern[851], die Erziehungseignung ausschließende Krankheiten wie Alkoholismus und Depressionen[852], zweifelhafte Vaterschaft[853] oder Homosexualität[854] genannt. Dagegen spielen keine Rolle z.B. die Religionszugehörigkeit[855] oder die Minderjährigkeit eines Elternteils[856].

Nach dem Kontinuitätsprinzip ist diejenige Entscheidung zu treffen, die dem Kind eine gewisse Stetigkeit seiner Lebensverhältnisse ermöglicht und es vor schwer zu verkraftenden Veränderungen bewahrt[857]. Dieser Grundsatz vereinigt unterschiedliche Aspekte, die nicht immer scharf unterschieden werden können[858]. Das SorgeRG hat die Rücksicht auf die Bindungen des Kindes als Unterkriterium des Kindeswohls in den Gesetzestext aufgenommen. Daher besteht die Tendenz, die Bindungen unabhängig vom Kontinuitätsgrundsatz zu berücksichtigen[859]. Das Kontinuitätsinteresse des Kindes verlangt gewöhnlich eine gewisse Stabilität bezüglich der betreuenden Person und des sozialen

---

850 *OLG Hamm*, FamRZ 1979, 853; *BVerfG*, FamRZ 1981, 124; *OLG Frankfurt/M.*, FamRZ 1983, 758; *BGH*, FamRZ 1985, 169.

851 *OLG Köln*, FamRZ 1982, 1233.

852 *OLG Köln*, FamRZ 1971, 186; *Buschmann*, RdJB 1983, 408; **a.A.** für HIV *OLG Stuttgart*, NJW 1988, 2620.

853 *Schwab*, Handbuch des Scheidungsrechts, 2. Aufl. 1989, Teil III Rz. 144.

854 *Wacke*, FamRZ 1990, 347; *AmtsG Mettmann*, FamRZ 1985, 529.

855 *BayObLG*, FamRZ 1976, 43; *Soergel/Strätz*, BGB, Bd. 8, 12. Aufl. 1987, § 1671 Rz. 32; *RGRK/Adelmann*, BGB, Bd. IV/3, 12. Aufl. 1999, § 1671 Rz. 68.

856 *LG Stuttgart*, FamRZ 1965, 335; *BayObLG*, FamRZ 1968, 95; *Schwab* [Fn. 853] Teil III Rz. 138.

857 *OLG Hamm*, FamRZ 1986, 715.

858 *Schwab* [Fn. 853] Teil III Rz. 145; *Johannsen/Henrich/Jaeger*, Eherecht, 2. Aufl. 1992, § 1671 Rz. 32.

859 *BGH*, FamRZ 1985, 169.

Umfelds. Deshalb ist ein Wechsel in der Person des Sorgeberechtigten im Allgemeinen zu vermeiden. Es muss durch triftige Gründe gerechtfertigt sein[860].

Obwohl eine Rangordnung der einzelnen Kriterien nicht besteht[861], neigen Juristen[862] dazu, das Förderungsprinzip und das Kontinuitätsprinzip hervorzuheben, während Psychologen den Kindeswillen und den Bindungen Vorrang einräumen[863].

E. Schlussbetrachtung und Stellungnahme

Gemäß § 1671 Abs. 2 BGB in der Fassung des SorgeRG hatte bei einer Ehescheidung das Familiengericht die Sorgerechtsentscheidung zu treffen, die dem Wohl des Kindes am besten entsprach. Dem Wohl des Kindes entsprach nach den Vorstellungen des Gesetzgebers des SorgeRG am besten die Alleinsorge. Zur Verwirklichung dieses Ziels führte er die zwingende Anordnung der Alleinsorge in § 1671 Abs. 4 Satz 1 BGB ein. Er ließ sich davon leiten, klare Verhältnisse für das Kind zu schaffen, da nach der Scheidung eine Gemeinsamkeit zwischen den Eltern für längere Zeit nicht möglich wäre. Eine überzeugende Auseinandersetzung mit der Möglichkeit eines gemeinsamen Sorgerechts fehlte während des Gesetzgebungsverfahrens. Ein Meinungsaustausch der Landesjustizverwaltungen nahm keine positive Einflussnahme auf den Gesetzgeber. Vielmehr lehnten alle Bundesländer, mit Ausnahme von Hessen, das gemeinsame Sorgerecht ab. Zwar diskutierten noch Sachverständige die Möglichkeit des gemeinsamen Sorgerechts in einer öffentlichen Anhörung des Rechtsausschusses. Die Mehrheit der Sachverständigen befürwortete das gemeinsame Sorgerecht. Unverständlicherweise behielten die Gegner die Oberhand, denen sich der Rechtsausschuss angeschlossen hatte.

---

860 *OLG Köln*, FamRZ 1976, 32; *OLG Stuttgart*, FamRZ 1978, 827; *OLG Düsseldorf*, FamRZ 1983, 293; *BayObLG*, DAVorm 1985, 701.

861 *BGH*, FamRZ 1990, 392 (393); *Kropholler*, JZ 1984, 164; *Coester* [Fn. 838] S. 476; *Staudinger/Coester*, BGB, Bd. IV, 12. Aufl. 1992, § 1671 Rz. 68; *Oelkers*, DAVorm 1995, 801 (803); *RGRK/Adelmann*, BGB, Bd. IV/3, 12. Aufl. 1999, § 1671 Rz. 48.

862 *OLG Hamm*, FamRZ 1979, 853; *KG*, FamRZ 1983, 1159; *OLG Stuttgart*, NJW 1988, 2620; *Coester* [Fn. 838] S. 483 m.w.N.; *Fegeler*, Der Maßstab des Wohls des Kindes, des Mündels, des Pfleglings und des Betreuten bei der gerichtlichen Kontrolle ihrer Interessenvertreter (2000), S. 142. Daneben will *Schwab*, Familienrecht, 8. Aufl. 1995, Rz. 524 Schuldgesichtspunkte an der Zerrüttung, obwohl es eine Schuld als solche nicht mehr gibt, ergänzend berücksichtigen.

863 *Ell*, ZblJugR 1980, 319 (322); *ders.*, ZfJ 1986, 289 (294); *Lempp*, FamRZ 1984, 741 (744); *ders.*, FamRZ 1986, 530 (531); *Jopt*, FamRZ 1987, 875 (877); *Kaltenborn*, FamRZ 1987, 990 (998).

Nachdem das SorgeRG am 1. Januar 1980 in Kraft getreten war, wurden vor allem in der Literatur verfassungsrechtliche Bedenken gegenüber der Regelung des SorgeRG erhoben[864]. Vereinzelt wurde das gewünschte Ergebnis des gemeinsamen Sorgerechts über eine verfassungskonforme Auslegung zu erreichen versucht[865].

Die Vorschrift des § 1671 Abs. 4 Satz 1 BGB, nach der die elterliche Sorge immer einem Elternteil allein zu übertragen ist, erklärte das *BVerfG* mit Urteil vom 3. November 1982 wegen Unvereinbarkeit mit Art. 6 Abs. 2 Satz 1 GG für nichtig. Mehrere Jahre vor dieser Entscheidung hatte sich das *BVerfG* noch dazu geäußert, Art. 6 GG besage nichts darüber, wie Elternrechte und Elternpflichten zu verteilen sind, wenn die Ehe durch Scheidung aufgelöst wird und eine gemeinsame Wahrnehmung der Elternverantwortung durch beide Eltern in der bisherigen Weise nicht mehr möglich ist[866]. Das Urteil des *BVerfG* aus dem Jahr 1982 erlaubte dem Familiengericht fortan, bei Scheidung der Ehe beiden Elternteilen die elterliche Sorge für die aus der Ehe stammenden Kinder gemeinsam zu übertragen. Diese Sorgerechtsentscheidung stellte nach dem *BVerfG* weder einen Ausnahmefall[867] dar noch bestand ein genereller verfassungsrechtlicher Vorrang einer gemeinsamen elterlichen Sorge gegenüber der Alleinsorge[868].

Das *BVerfG* schloss mit seiner Entscheidung die Lücken, welche die nachlässige Behandlung des Gesetzgebers zum gemeinsamen Sorgerecht mit sich gebracht hatte. Seine Entscheidung stellte den entscheidenden Schritt in Richtung der gemeinsamen elterlichen Sorge dar, die später das KindRG 1997 verwirklichte.

---

864 *Evans-von Krbek*, FamRZ 1977, 371; *Diederichsen*, FamRZ 1978, 461 ff. und 473 ff.; *ders.*, NJW 1980, 1 (9); *Palandt/Diederichsen*, BGB, 39. Aufl. 1980, § 1671 Rz. 2b; *Fehmel*, FamRZ 1980, 758 (761).

865 *Moritz*, ZblJugR 1981, 11; *AmtsG Groß-Gerau*, NJW 1981, 1279; *AmtsG Lübeck*, FamRZ 1982, 428. Vgl. oben 6. Kapitel D.II.1, S. 163 ff.

866 *BVerfG*, FamRZ 1968, 578; *BVerfG*, FamRZ 1971, 421.

867 A.A. *KG*, FamRZ 1989, 654; *Soergel/Strätz*, BGB, Bd. 8, 12. Aufl. 1987, § 1671 Rz. 19; *Palandt/Diederichsen*, BGB, 57. Aufl. 1997, § 1671 Rz. 6.

868 *Johannsen/Henrich/Jaeger*, Eherecht, 2. Aufl. 1992, § 1671 Rz. 85a; **a.A.** *Münch-Komm/Hinz*, BGB, Bd. 8, 3. Aufl. 1992, § 1671 Rz. 63; *Staudinger/Coester*, BGB, Bd. IV, 12. Aufl. 1992, § 1671 Rz. 164 ff.

7. Kapitel Das Kindschaftsrechtsreformgesetz von 1997 (KindRG)

A. Einführung

Das KindRG[869] wurde am 25. September 1997 mit den Stimmen der Koalitionsfraktionen (CDU/CSU und FDP) und von Teilen der SPD in zweiter und dritter Lesung verabschiedet[870]. 91 Abgeordnete der SPD enthielten sich der Stimme[871]. Der Bundesrat stimmte dem Gesetz am 17. Oktober 1997 gemäß Art. 84 Abs. 1 GG zu, womit das KindRG am 16. Dezember 1997 verkündet werden konnte und seit 1. Juli 1998 in Kraft ist. Die Regelung der elterlichen Sorge nach Trennung und Scheidung der Eltern wurde unverändert aus dem Regierungsentwurf übernommen[872]:

§ 1671 BGB Getrenntleben bei gemeinsamer elterlicher Sorge[873]

(1) Leben Eltern, denen die elterliche Sorge gemeinsam zusteht, nicht nur vorübergehend getrennt, so kann jeder Elternteil beantragen, dass ihm das Familiengericht die elterliche Sorge oder einen Teil der elterlichen Sorge allein überträgt.
(2) Dem Antrag ist stattzugeben, soweit
1. der andere Elternteil zustimmt, es sei denn, dass das Kind das vierzehnte Lebensjahr vollendet hat und der Übertragung widerspricht, oder
2. zu erwarten ist, dass die Aufhebung der gemeinsamen Sorge und die Übertragung auf den Antragsteller dem Wohl des Kindes am besten entspricht.
(3) Dem Antrag ist nicht stattzugeben, soweit die elterliche Sorge auf Grund anderer Vorschriften abweichend geregelt werden muss.

Die Vorschrift des § 1671 BGB in der Fassung des KindRG löste die seit dem 1. Januar 1980 in der Fassung des SorgeRG geltenden §§ 1671, 1672 BGB ab. Die neue Norm stellt die heute geltende Rechtslage für die Regelung der elterlichen Sorge bei dauerndem Getrenntleben dar. Unerheblich für eine Sorgerechtsregelung ist eine Ehescheidung[874]. § 1671 BGB ist Anspruchsgrundlage

---

[869] Das KindRG wurde in einem Gesamtpaket mit vier weiteren familienrechtlichen Gesetzen verabschiedet: dem BeistandsschaftsG, BGBl. I 1997, S. 2846; dem KindUG, BGBl. I 1998, S. 666; dem EheSchlRG, BGBl. I 1998, S. 833 und dem ErbGleichG, BGBl. I 1997, S. 2968.

[870] Vgl. stenographische Protokolle des Bundestages, 13. Wahlperiode, 192. Sitzung v. 25.9.1997, S. 17344 (B) ff.

[871] Zur Stellungnahme der Abgeordneten, die nicht mit der übrigen Fraktion gestimmt hatten: vgl. stenographische Protokolle des Bundestages, 13. Wahlperiode, 192. Sitzung v. 25.9.1997, S. 17365, (C) ff. und S. 17421 Anlage 2 und Anlage 3.

[872] BT-Drucks. 13/8511, S. 15, BT-Drucks. 13/4899, S. 10; BGBl. I 1997, S. 2941.

[873] Amtliche Überschrift seit 1.1.2002. Diese ergibt sich aus Art. 1 Abs. 2 des Schuldrechtsmodernisierungsgesetzes (BGBl I 2001, S. 3138) mit der zugehörigen Anlage.

[874] *Schwab*, DNotZ 1998, 437 (440).

für verheiratete Eltern und für Eltern nichtehelicher Lebensgemeinschaften[875]. Will ein Elternteil nicht nur vorübergehend von dem anderen getrennt leben und mit dem gemeinschaftlichen Kind die gemeinsame Wohnung verlassen, ist nicht § 1671 BGB sondern § 1628 BGB anzuwenden[876]. In diesem Fall muss sich der Elternteil das Aufenthaltsbestimmungsrecht gemäß § 1628 BGB übertragen lassen[877].

B. Änderungen und Gemeinsamkeiten von KindRG und SorgeRG

Eine gesetzliche Grundlage für die gemeinsame Sorge miteinander verheirateter Eltern gibt es nicht mehr[878]. Die gemeinsame Sorge ergab sich vor dem KindRG aus der Legaldefinition der elterlichen Sorge des § 1626 Abs. 1 Satz 1 BGB und der unmittelbar davor stehenden Überschrift des 5. Titels „*elterliche Sorge für eheliche Kinder*“. Durch die Verallgemeinerung der Titelüberschrift für alle Eltern und die Enumeration der Entstehungsgründe für die gemeinsame Sorge in § 1626a Abs. 1 BGB[879], fehlt eine ausdrückliche gesetzliche Regelung der gemeinsamen Sorge verheirateter Eltern. Dass diese die gemeinsame elterliche Sorge haben, lässt sich lediglich aus § 1626 Abs. 1 Satz 1 BGB und aus § 1626a Abs. 1 Nr. 2 BGB im Wege des *argumentum a minore ad minus* schließen.

Um die Gemeinsamkeit der elterlichen Sorge[880] zu verdeutlichen, wird der Begriff „*Eltern*“ gebraucht und die bisherige Bezeichnung „*der Vater und die*

---

875 *Diederichsen*, NJW 1998, 957 ff.; *ders.*, NJW 1998, 1977 (1978).

876 *Haibach/Haibach*, Das Neue Kindschaftsrecht in der anwaltlichen Praxis (1998), Rz. 31, 63; *von Luxburg*, Das Neue Kindschaftsrecht (1998), Rz. 55; *FamRefK/Rogner*, BGB (1998), § 1671 Rz. 6; *Oelkers*, Sorge- und Umgangsrecht – in der Praxis (2000), § 1 Rz. 9, 185; *MünchKomm/Finger*, BGB, Bd. 8, 4. Aufl. 2002, § 1671 Rz. 11; *Johannsen/Henrich/Jaeger*, Eherecht, 4. Aufl. 2003, § 1671 Rz. 15; *Jauernig/Berger*, BGB, 10. Aufl. 2003, § 1671 Rz. 3; *HK-BGB/Kemper*, 3. Aufl. 2003, § 1671 Rz. 4; wenn sich die Anwendungsbereiche von § 1671 BGB und § 1628 BGB überschneiden, weil die Eltern bereits getrennt iSv § 1567 BGB leben, soll nach *Rauscher*, Familienrecht (2001), Rz. 998 § 1628 BGB vorgehen.

877 BT-Drucks. 13/4899, S. 98.

878 *Diederichsen*, NJW 1998, 1977 (1983); *ders.*, Der Weg der gemeinsamen elterlichen Sorge in die Eindimensionalität, in: FS für Rolland (1999), S. 87 ff. (89); *Palandt/Diederichsen*, 58. Aufl. 1999, § 1626 Rz. 12; **Ähnlich**: *Rauscher*, Familienrecht (2001), Rz. 971; *Schwab*, Familienrecht, 12. Aufl. 2003, Rz. 522.

879 Durch die Terminologie des § 1626a BGB, d.h. die Unterscheidung zwischen Eltern, die bei der Geburt des Kindes verheiratet waren oder nicht, hat sich letztendlich die Systematik des FGB der DDR durchgesetzt, *Hinz*, FPR 1998, 76 (77).

880 Die Forderung von *Willutzki*, Rpfleger 1997, 336 (337) und *Dickmeis*, ZfJ 1998, 193 (196) diesen Begriff in „*Elternverantwortung*“ abzuändern, wurde nicht umgesetzt, da der 1980 in elterliche Sorge geänderte Begriff nicht schon wieder geändert werden sollte, BT-Drucks. 13/4899, S. 93.

Mutter" aufgegeben[881]. Neu ist in verfahrensrechtlicher Hinsicht die Herausnahme einer gerichtlichen Entscheidung über das Sorgerecht aus dem Zwangsverbund. Als Konsequenz davon verbleibt es nach der Trennung ohne Antrag bei der gemeinsamen elterlichen Sorge, weshalb eine obligatorische Anhörung des Kindes entfällt[882].

Wie das SorgeRG spricht § 1671 BGB in der Fassung des KindRG von „*Übertragung*" der Sorge. Diese Formulierung stieß bereits in der Vergangenheit auf Kritik[883]. Tatsächlich wird dem Antragsgegner im Falle einer Alleinsorge sein Sorgerecht entzogen. Die förmliche Ausgestaltung als Sorgeentzug würde die Konflikte zwischen den Ehegatten verschärfen, ohne gewinnbringend für einen der Beteiligten zu sein. Aus diesem Grund verblieb es bei der alten Formulierung[884].

Seit dem KindRG ergibt sich das Kindeswohl aus § 1697a BGB in Gestalt einer Generalklausel[885]. Der Verzicht des Gesetzgebers, abweichend von § 1671 Abs. 2 BGB in der Fassung des SorgeRG die „*Bindungen des Kindes*"[886] in § 1671 Abs. 2 Nr. 2 BGB zu erwähnen, bedeutet nicht, dass sich der Begriff „*Kindeswohl*" verändert hat und die Bindungen unbeachtlich sind[887]. Die alte Definition[888] hat weiterhin Geltung, wie sich aus der Übernahme des Wortlautes aus § 1671 Abs. 2 BGB in der Fassung des SorgeRG „*dem Wohl des Kindes am besten entspricht*" in § 1671 Abs. 2 Nr. 2 BGB ergibt.

Die Befugnis des Familiengerichts nach § 1671 Abs. 3 BGB in der Fassung des SorgeRG von dem übereinstimmenden Elternwillen abzuweichen, wenn dies zum Wohl des Kindes erforderlich gewesen war, hat das KindRG abgeschafft. Das Familiengericht muss bei einem übereinstimmenden Elternvor-

---

[881] *Schwab/Wagenitz*, FamRZ 1997, 1377 (1379); *Greßmann*, Neues Kindschaftsrecht (1998), Rz. 82; *Kopper-Reifenberg*, Kindschaftsrechtsreform und Schutz des Familienlebens nach Art. 8 EMRK (2001), S. 211. *Keller*, Das gemeinsame Sorgerecht nach der Kindschaftsrechtsreform (1998), S. 34 hält diese Änderung für nebensächlich.

[882] Nach *Johannsen/Henrich/Jaeger*, Eherecht, 3. Aufl. 1998 und 4. Aufl. 2003, jeweils § 1671 Rz. 7 verstößt Deutschland damit gegen Art. 9 Abs. 2, 12 Abs. 2 der UN-Kinderrechtskonvention; ebenfalls kritisch: *Balloff*, ZfJ 1996, 269; *Bergmann/Gutdeutsch*, FamRZ 1996, 1187 (1188); Bundeskonferenz für Erziehungsberatung e.V., ZfJ 1996, 509; DFGT, FamRZ 1996, 337 (339); *Tauche*, FuR 1996, 213 (216); *MünchKomm/Finger*, BGB, Bd. 8, 4. Aufl. 2002, § 1671 Rz. 148; a.A. *Lipp/Wagenitz*, Das neue Kindschaftsrecht (1999), § 1671 Rz. 11.

[883] *Schwoerer*, FamRZ 1958, 433; *Dölle*, Familienrecht, Band 2 (1965), § 97 II 3b, S. 285; *Staudinger/Schwoerer*, BGB, Bd. IV/3a, 10./11. Aufl. 1966, § 1671 Rz. 40; *Staudinger/Göppinger*, BGB, Bd. IV/3a, 10./11. Aufl. 1966, § 1626 Rz. 38; *Briegleb*, ZblJugR 1971, 33; *Schwab*, Handbuch des Scheidungsrechts, 3. Aufl. 1995, Teil III Rz. 29.

[884] BT-Drucks. 13/4899, S. 99.

[885] BT-Drucks. 13/4899, S. 111.

[886] Vgl. oben 6. Kapitel C.II.3.b, S. 155 ff.

[887] *Brokamp*, Die Verrechtlichung der Eltern-Kind-Beziehung in hundert Jahren BGB (2001), S. 226; *OLG Zweibrücken*, FamRZ 2001, 186.

[888] Vgl. oben 6. Kapitel D.IV, S. 175 ff.

schlag die beantragte Übertragung der Alleinsorge sogar dann aussprechen, wenn es erkannt hat, dies werde dem Kindeswohl nicht dienen[889]. Das Gesetz macht eine Ausnahme, wenn das mindestens 14 Jahre alte Kind der Übertragung der Alleinsorge widerspricht[890]. Dann müssen die Aufhebung der gemeinsamen elterlichen Sorge und die Übertragung auf den Antragsteller dem Kindeswohl besser entsprechen. Konsequenz davon ist die Aufrechterhaltung der gemeinsamen Sorge ohne übereinstimmenden Willen der Eltern im Gegensatz zu § 1671 BGB in der Fassung des SorgeRG[891].

C. Gründe für die Neuregelung

Ein nicht mehr zeitgemäßes Kindschaftsrecht war Anlass, die elterliche Sorge neu zu regeln. Es galt internationale Übereinkommen und Vorgaben des *BVerfG* umzusetzen. Außerdem wurde außerparlamentarisch übereinstimmend die Einführung eines gemeinsamen Sorgerechts gefordert[892].

I. UN-Kinderrechtskonvention

Internationale Vereinbarungen übten auf den Gesetzgeber Reformdruck aus[893]. Dabei hatte vor allem die UN-Kinderrechtskonvention vom 20. November 1989 Einfluss auf das KindRG[894]. Dieses Übereinkommen steht in der Traditi-

---

889 *Büdenbender*, AcP 197, 197 (210); unterhalb der durch § 1666 BGB vorgegebenen Schwelle gibt es keine Möglichkeit einer abweichenden Entscheidung über die Sorgerechtsgestaltung. Der Regierungsentwurf (BT-Drucks. 13/4899, S. 99) geht davon aus, dass § 1666 BGB eine ausreichende Rechtsgrundlage für die Abweichung vom Elternvorschlag ist; **a.A.** *Schwab*, FamRZ 1998, 457 (461), der auf die Generalklausel des § 1697a BGB zurückgreifen will.

890 Das Widerspruchsrecht ist kein Vetorecht: BT-Drucks. 13/4899, S. 99; *Erman/Michalski*, BGB, 2. Bd., 10. Aufl. 2000, § 1671 Rz. 32; *MünchKomm/Finger*, BGB, Bd. 8, 4. Aufl. 2002, § 1671 Rz. 68; *Palandt/Diederichsen*, BGB, 61. Aufl. 2002, § 1671 Rz. 15; *Bamberger/Roth/Veit*, BGB (2003), Bd. 3, § 1671 Rz. 23; **a.A.** *Lipp/Wagenitz*, Das Neue Kindschaftsrecht (1999) § 1671 Rz. 4.

891 So im Ergebnis auch BT-Drucks. 13/4899, S. 99 re. Sp.; zur Kritik vgl. *Staudinger/Coester*, BGB, Bd. IV, 13. Aufl. 2000, § 1671 Rz. 120; Deutscher Anwaltverein, FamRZ 1996, 1401; *Balloff*, ZfJ 1996, 269.

892 *Zimmermann*, DNotZ 1998, 404 (405).

893 Nach *Brötel*, DAVorm 1996, 843 spielte das Völkerrecht bei der Diskussion um die Novellierung des Familien- und Kindschaftsrechts keine nennenswerte Rolle, da der Entwurf der Bundesregierung völkerrechtliche Vorgaben lediglich fragmentarisch und an einer Stelle (BT-Drucks. 13/4899, S. 29) nennt.

894 Ratifiziert am 17. Februar 1992, BGBl. II 1992, S. 121 = FamRZ 1992, 253 = FuR 1990, 199; In Kraft seit 5. April 1992, BGBl. II 1992, S. 990; bis 31.12.2003 sind der Konvention 191 Staaten – mit Ausnahme der USA und Somalia – beigetreten, vgl. dazu BGBl. II 2003, Fundstellennachweis B, S. 702.

on der 1924 von der die 5. Versammlung des Völkerbundes verabschiedete Genfer Erklärung[895]. Direkter Vorläufer der UN-Kinderrechtskonvention war die genau 30 Jahre zuvor als Resolution 1386 (IV) erfolgte Erklärung der Vereinten Nationen über die Rechte des Kindes vom 20. November 1959[896].
In der UN-Kinderrechtskonvention wird den Vertragsstaaten in Art. 18 Abs. 1 Satz 1 aufgegeben, eine gemeinsame Verantwortung beider Elternteile für die Erziehung und Entwicklung des Kindes sicherzustellen[897]. Die Bundesregierung plante im Hinblick auf diese Vorschrift, eine Vorbehaltserklärung abzugeben[898]. Diese Vorbehaltserklärung erwähnte die Vereinbarkeit der Vorschriften über die elterliche Sorge bei Ehescheidung mit den Vorgaben der Konvention[899]. Die Bundesregierung hatte den Standpunkt eingenommen, Art. 18 Abs. 1 Satz 1 räume den Konventionsstaaten das Recht ein zu regeln, inwieweit beide Elternteile gemeinsam für die Erziehung und Entwicklung des Kindes verantwortlich sind. Eine Verpflichtung zur Einführung einer gemeinsamen Elternverantwortung im Falle der Ehescheidung sah sie nicht[900]. Nachdem die erste Fassung dieser völkerrechtlichen Erklärung innerstaatlich kritisiert worden war, ist die Ratifikationsurkunde mit einem überarbeiteten Wortlaut hinterlegt worden. In dieser zweiten Vorbehaltserklärung schloss die Bundesregierung eine innerstaatliche unmittelbare Anwendung des Übereinkommens aus und wies auf anstehende Reformen beim elterlichen Sorgerecht hin[901]. Die geplanten Reformen zur Neuordnung des Rechts der elterlichen

---

895 Genfer Erklärung vom 26.9.1924; mit der Auflösung des Völkerbundes 1946 verlor sie ihre Grundlage. Abgedruckt bei *Dorsch*, Die Konvention der Vereinten Nationen über die Rechte des Kindes (1992), Anhang, S. 329 ff.; eine deutsche Übersetzung findet sich in BT-Drucks. 12/42, S. 29.

896 Eine englische Originalfassung findet sich z.B. im Yearbook of the United Nations (1959), S. 192 ff. und bei *Dorsch* [Fn. 895] Anhang, S. 331 ff.; eine deutsche Übersetzung in BT-Drucks. 12/42, S. 30.

897 *Gerstein*, ZfJ 1995, 527 bezeichnet die UN-Kinderrechtskonvention als das einzige umfassende internationale Vertragswerk, das ausschließlich Rechts- und Schutzansprüche von Kindern behandelt.

898 Die Vorbehaltserklärung geht nicht auf Bedenken der Bundesregierung zurück, sondern auf diejenigen der süddeutschen Bundesländer Bayern und Baden-Württemberg, welche sich auf das sog. Lindauer Abkommen (abgedruckt z.B. bei *Maunz/Dürig*, GG, Band 2, Art. 32, Rz. 45) berufen hatten, vgl. stenographische Protokolle, 12. Wahlperiode, 9. Sitzung v. 21.2.1991, S. 444 (C) und 448 (D). Vorbehalte wurden allerdings schon während der Entstehung dieser Konvention durch den Vertreter der Bundesrepublik in Aussicht gestellt, da man durch die Konvention keine Elternrechte festschreiben wollte, vgl. dazu insgesamt *Dorsch* [Fn. 895] S. 92 ff.

899 BT-Drucks. 12/42, S. 54; der Wortlaut der Erklärung ist auch abgedruckt in FamRZ 1992, 266. Die SPD-Fraktion hatte demgegenüber die vorbehaltlose Ratifikation gefordert, vgl. BT-Drucks. 12/1547, dort unter Nr. 3. Zur Kritik vgl. *Steindorff*, FuR 1991, 214 (215); *Koeppel*, ZfJ 1991, 355; *Ullmann*, FamRZ 1991, 898 (899).

900 BT-Drucks. 12/42, S. 44.

901 BT-Drucks. 12/1535, S. 4.

Sorge seien allein in das Ermessen des deutschen Gesetzgebers gestellt. Darüber hinaus erfüllten die innerstaatlichen Regelungen die Anforderungen der Konvention. Hintergrund dieser Vorbehaltserklärung war, dass § 1671 BGB in der Fassung des SorgeRG mit In-Kraft-Treten der UN-Kinderrechtskonvention nicht ungültig, unanwendbar oder inhaltlich verändert werden sollte[902]. Der Streit um die Vorbehaltserklärung war deshalb bedeutend, weil Art. 18 *self-executing*[903] ist. Ohne die Erklärung der Bundesregierung wäre § 1671 BGB in der Fassung des SorgeRG mit In-Kraft-Treten der Konvention unanwendbar geworden. Auch der gemäßigte Vorbehalt der Bundesregierung stieß in der Literatur auf Kritik[904]. Zum einen war umstritten, ob diese Vorbehalte und Interpretationserklärungen völker- und staatsrechtlich zulässig, vor allem ob sie mit Art. 51 Abs. 2 des Übereinkommens vereinbar seien. Zum anderen wich nach Auffassung der Kritiker das geltende deutsche Recht von Art. 18 und 9 und dem Grundsatz der Verantwortung beider Eltern für die Erziehung und Entwicklung des Kindes nach der Scheidung einzustehen, erheblich ab[905]. Eine Beschränkung dieser Anforderungen auf eine bestehende Ehe lasse sich dem Wortlaut des Art. 18 nicht entnehmen. Eine gesetzliche Rechtsgrundlage für ein gemeinsames Sorgerecht nach der Scheidung existiere nicht, nachdem § 1671 Abs. 4 Satz 1 BGB in der Fassung des SorgeRG für verfassungswidrig erklärt worden war. Es stünden lediglich die vom *BVerfG*[906] aufgestellten Voraussetzungen zur Verfügung[907].

Im Hinblick auf die abgegebene Vorbehaltserklärung stellten die Regierungsfraktionen von CDU/CSU und FDP am 14. November 1991 einen Entschließungsantrag[908]. In diesem wurde die Bundesregierung aufgefordert, die innerstaatlichen Gesetze auf ihre Vereinbarkeit mit der UN-Kinderrechtskonvention

---

902 *Stöcker*, FamRZ 1992, 245 (250).

903 Vgl. dazu *Bleckmann*, Begriff und Kriterien der innerstaatlichen Anwendbarkeit völkerrechtlicher Verträge (1970), S. 20, 21.

904 *Wolf*, ZRP 1991, 374 (378); *Mottl*, Die Sorge der Eltern für ihre Kinder (1991), S. 60; *Finger*, JR 1992, 177 (178); *Stöcker*, FamRZ 1992, 245 (250); *Wirz*, Gemeinsame elterliche Gewalt geschiedener und nicht verheirateter Eltern (1995), S. 80 f; **a.A.** *Meng* in Koeppel (Hrsg.), Kindschaftsrecht und Völkerrecht (1996), S. 5 ff. (S. 27); *Baer*, NJW 1993, 2209 (2210), die den Vorbehalt als eine völkerrechtliche Erklärung ansieht, welche der Wiener Konvention unterfällt; *Herdegen*, FamRZ 1993, 374 (379), der die Vorschriften der UN-Kinderrechtskonvention als *„weiche"*, bloße Bemühensverpflichtung ansieht; *Münning*, ZfJ 1992, 553 (555), der nach subjektiv öffentlichen Rechten der einzelnen Vorschriften unterscheidet.

905 *Brötel*, DAVorm 1996, 843 (853).

906 Vgl. oben 6. Kapitel D.II.3, S. 168 ff.

907 Aus diesem Grund wurde von *Ullmann*, FamRZ 1991, 898 die Frage aufgeworfen, ob nicht der Richter unter Berufung auf das Völkerrecht entweder durch unmittelbare Anwendung oder durch völkerrechtskonforme Interpretation diejenigen Teile des deutschen Kindschaftsrechts überspielen dürfe, welche den internationalen Verpflichtungen widersprechen.

908 BT-Drucks. 12/1579 und BT-Drucks. 12/4168.

zu überprüfen und einen Entwurf zur Neuregelung der elterlichen Sorge vorzulegen.

II. Verfassungsrechtliche Vorgaben

1. Neuregelung verfassungswidriger Normen

Das *BVerfG* hatte verschiedene Vorschriften des SorgeRG für verfassungswidrig erklärt, welche das Recht der elterlichen Sorge betrafen.

Im Urteil vom 3. November 1982 sah das *BVerfG* den zwingenden Ausschluss der gemeinsamen elterlichen Sorge für verfassungswidrig an[909]. Nachdem eine gesetzliche Neuregelung in der Folgezeit unterblieben war, bestand in der Reformdiskussion Einigkeit darüber, die gemeinsame elterliche Sorge nach der Scheidung ausdrücklich im Gesetz zu regeln[910].

Anstöße zu einer Reform gab daneben eine Entscheidung aus dem Jahr 1991[911]. Darin bestimmte das *BVerfG*, nicht miteinander verheirateten Eltern müsse die gemeinsame elterliche Sorge ebenfalls eingeräumt werden. Die konkrete Ausgestaltung der gemeinsamen elterlichen Sorge für ein nichteheliches Kind hatte das *BVerfG* dem Gesetzgeber überlassen, d.h. die entgegenstehenden Normen nicht aufgehoben. Der Gesetzgeber könne die gemeinsame elterliche Sorge für nicht miteinander verheiratete Eltern z.B. durch Ehelicherklärung vorsehen oder Regelungen schaffen, durch die nichteheliche Kinder den ehelichen rechtlich gleichgestellt werden. Das *BVerfG* war damit von seiner Auffassung aus dem Jahr 1981 abgerückt[912]. Damals hatte es die Alleinsorge der nichtehelichen Mutter für verfassungsgemäß erachtet, weil ein nichteheliches Kind nicht in den Streit seiner Eltern geraten sollte.

Am 7. März 1995 hatte das *BVerfG* ausgesprochen, auch Väter nichtehelicher Kinder seien Träger des verfassungsrechtlich geschützten Elternrechts[913]. Sie seien bei jedem Adoptionsverfahren des nichtehelichen Kindes zu beteiligen, was aufgrund der damaligen Gesetzeslage gem. § 1747 Abs. 2 BGB a.F. nicht erfolgen musste. Es war möglich, das Kind gegen den Willen des Vaters *„wegzuadoptieren"*[914].

---

909 *BVerfGE* 61, 358 = FamRZ 1982, 1179 = NJW 1983, 101; vgl. oben 6. Kapitel D.II.3, S. 168 ff.

910 *Beres*, DAVorm 1983, 16 (17); *Jopt*, FamRZ 1987, 875; BT-Drucks. 13/4899, S. 46.

911 Beschluss vom 7. Mai 1991, *BVerfGE* 84, 168 = NJW 1991, 1944 = FamRZ 1991, 913 = EuGRZ 1991, 244; Urteilsformel veröffentlicht in BGBl. I 1991, S. 1509; ausführlich zu diesem Urteil: *Bosch*, FamRZ 1991, 1121 ff.; *Pawlowski/Deichfuß*, FuR 1991, 205; *Stein-Hilbers*, FuR 1991, 198 ff.; *Dickmeis*, DAVorm 1991, 705; *Schwab*, Wertewandel und Familienrecht (1993), S. 27 f.; *Heil*, Das Personensorgerecht der Eltern nichtehelicher Kinder (1993), S. 127 ff.

912 *BVerfGE* 56, 363 = NJW 1981, 1201.

913 *BVerfGE* 92, 158 = FamRZ 1995, 789 = NJW 1995, 2155; Urteilsformel veröffentlicht in BGBl. I 1995, S. 884; ausführlich zu diesem Urteil: *Buhr*, FamRZ 1995, 1268 ff.

914 *Rehberg*, FuR 1998, 65.

Diese Entscheidungen gaben dem Gesetzgeber im Wesentlichen auf, bis zum Ablauf der 13. Wahlperiode eine Neuregelung vorzulegen[915].

2. Das Grundrecht des Art. 6 Abs. 2 GG

Bei einer Reform des Kindschaftsrechts ist das Grundrecht des Art. 6 Abs. 2 Satz 1 GG zu beachten. Gemäß Art. 6 Abs. 2 Satz 1 GG ist die Pflege und Erziehung der Kinder das natürliche Recht der Eltern und die ihnen zuvörderst obliegende Pflicht. Dabei handelt es sich nicht um ein schrankenloses Grundrecht[916]. Vielmehr ist das Kindeswohl Grenze des Elternrechts[917]. Allerdings besteht ein Elternvorrang vor staatlichen Eingriffen[918]. Folge davon ist die Verpflichtung des Staates, den Eltern einen umfassenden Freiraum zu gewähren, innerhalb dessen sie nach eigenen Vorstellungen entscheiden können, wie sie die Erziehung ihres Kindes gestalten wollen[919]. Dies bedeutet kein Verbot für den Gesetzgeber, für den Fall des Konflikts bei Ehescheidung zwischen den Eltern Regelungen zur Verfügung zu stellen. Aufgrund der Institutsgarantie ist er dazu sogar verpflichtet[920]. Der Gesetzgeber muss einen Ausgleich zwischen den beiden eigenständigen Rechtspositionen der Eltern schaffen (Schlichtungsauftrag)[921]. Bei der Ausübung des Schlichteramts kommt dem Gesetzgeber ein weiter Gestaltungsspielraum zu.

III. Gesellschaftliche Veränderungen

Die Normalität geht davon aus, dass nach § 1353 Abs. 1 Satz 1 BGB die Ehe auf Lebenszeit geschlossen wird[922]. Die Unauflöslichkeit der Ehe ist kein absolutes Dogma, sondern ein Grundsatz, zu dem die Möglichkeit der Ehescheidung nicht in Widerspruch steht[923]. In der gesellschaftlichen Realität war noch zu Beginn des 20. Jahrhunderts eine Ehescheidung die Ausnahme und eine

---

915 *BVerfGE* 92, 158 („*höchstens bis zum Ende der 13. Legislaturperiode*") zu § 1747 Abs. 2 BGB a.F.; *BVerfGE* 90, 263, 277 („*bis zum Ablauf der nächsten Legislaturperiode*") zu §§ 1596 Abs. 1, 1598, 1593 BGB; *BVerfGE* 84, 168 („*unverzüglich*") zu § 1738 BGB a.F.

916 Zu der Qualität des Art. 6 Abs. 2 Satz 1 GG als echtem Grundrecht: *BVerfGE* 4, 52 (57); 24, 119 (138); 74, 102 (124); *Willutzki*, DAVorm 2000, 377 (378).

917 *BVerfGE* 60, 79 (88, 94); 59, 360 (376); 72, 155 (172).

918 *BVerfGE* 4, 52 (56); 24, 119 (135); 31, 194 (204); 33, 236 (238); 60, 79 (88).

919 *Scholz*, FPR 1998, 62 (69).

920 *V. Münch/Kunig/Coester-Waltjen*, GG, Bd. 1, 5. Aufl. 2000, Art. 6 Rz. 78; *BVerfGE* 61, 358.

921 *BVerfGE* 61, 358 (374).

922 Diese Formulierung wurde im Zusammenhang mit dem 1. EheRG auf Antrag des Bundestags-Rechtsausschusses aufgenommen, vgl. BT-Drucks. 7/4361, S. 6; *Diederichsen*, NJW 1977, 217 (218).

923 *MünchKomm/Wacke*, BGB, Bd. 7, 4. Aufl. 2000, § 1353 Rz. 10; *BVerfG*, FamRZ 1980, 319 (323).

schwerwiegende moralische Verfehlung. Die Realität hat sich inzwischen verschoben. Heute ist eine Ehescheidung nichts Ungewöhnliches mehr[924]. Dies belegen die neueren Scheidungszahlen. Im Jahr 1994 lag die Scheidungsquote in den alten Bundesländern bei 35% und in den neuen bei 37%. Acht Jahre später lag die Scheidungsquote in Gesamtdeutschland bei 52%[925]. In 50% der Fälle waren minderjährige Kinder betroffen[926].
Dieser zunehmenden Instabilität in der ehelichen Beziehung entsprach ein deutliches Anwachsen der nichtehelichen Lebensgemeinschaften. In nichtehelichen Lebensgemeinschaften wuchsen immer häufiger Kinder auf. Der Gesetzgeber des SorgeRG war in den siebziger Jahren noch davon ausgegangen, es sei legitim, zwischen ehelichen und nichtehelichen Lebensgemeinschaften zu unterscheiden[927]. Demgegenüber mussten jetzt die rechtlichen Unterschiede zwischen ehelichen und nichtehelichen Kindern so weit wie möglich abgebaut werden. Die Gleichstellung forderte das *BVerfG* aufgrund Art. 6 Abs. 5 GG[928]. Daneben präsentierten rechtstatsächliche Untersuchungen in den Jahren 1983 bis 1995 Ergebnisse, nach denen die gemeinsame elterliche Sorge nach Ehescheidung die Ausnahme bildete. So ergab die von *Limbach*[929] 1983 bis 1985 durchgeführte Studie zum gemeinsamen Sorgerecht eine Quote von 1-2%, eine am *AmtsG Hamburg-Mitte* 1992 durchgeführte Erhebung eine Quote von 9%[930] und eine justizstatistische Sondererhebung von Juli 1994 bis Juni 1995 bundesweit eine Quote von 17%[931]. Zur Gewährleistung einer einheitlichen Rechtsprechung wurde eine gesetzliche Regelung des gemeinsamen Sorgerechts gefordert, dessen Bedürfnis die justizstatistische Sondererhebung durch Unterschiede zwischen den einzelnen Bundesländern offenbarte[932].
Reformdruck ging daneben von der deutschen Wiedervereinigung aus, nachdem das ZGB der DDR eine Unterscheidung von ehelichen und nichtehelichen Kindern nicht kannte und der Einigungsvertrag das Nichtehelichenrecht in den neuen Bundesländern wieder eingeführt hatte[933].

---

924 Die Scheidungsvorschriften der heute immer noch geltenden §§ 1565ff. BGB idF des 1. EheRG sind verfassungsgemäß, vgl. *BVerfGE* 53, 224 (245 ff.).

925 Statistisches Jahrbuch (2004), Tabelle 2.34, S. 57, Tabelle 2.24.1, S. 49.

926 BT-Drucks. 13/4899, S. 35; *Brokamp*, Die Verrechtlichung der Eltern-Kind-Beziehung in hundert Jahren BGB (2001), S. 200.

927 *Schimke*, Das neue Kindschaftsrecht (1998), S. 6.

928 BT-Drucks. 13/4899, S. 29; *BVerfGE* 84, 168 = FamRZ 1991, 913.

929 *Limbach*, Rechtstatsachenstudie (1989), S. 14.

930 *Oelkers/Kasten/Oelkers*, FamRZ 1994, 1080 (1083).

931 BT-Drucks. 13/4899, S. 37.

932 *Limbach*, Rechtstatsachenstudie (1989), S. 77; *Michalski*, FamRZ 1992, 128 (137); *Dethloff*, NJW 1992, 2200 (2202).

933 *Zimmermann*, DNotZ 1998, 404 (405); Unterschiede gab es bei der Amtspflegschaft und beim Erbrecht des nichtehelichen Kindes, vgl. *Coester*, JZ 1992, 809.

D. Das Gesetzgebungsverfahren[934]

Auf Grund der Veränderungen in den achtziger und neunziger Jahren enthielt die Koalitionsvereinbarung für die 13. Wahlperiode[935] in Bezug auf die Reform des Kindschaftsrechts und speziell für das Sorgerecht folgende Aussage[936]:

„Das Wohl der Kinder, die einen Anspruch auf eine gute rechtliche Absicherung haben, steht im Mittelpunkt der Reform des Kindschaftsrechts. ***Gemeinsame Sorge*** *(...) sind dabei wichtige Bereiche."*

Im Gegensatz zu den Reformgesetzen des 1. EheRG und des SorgeRG verabschiedete der Gesetzgeber das KindRG zügig. Das Gesetzgebungsverfahren[937] konnte innerhalb einer Wahlperiode abgeschlossen werden, nachdem im Juli 1995 der Referentenentwurf[938] eines KindRG den Landesjustizverwaltungen und den beteiligten Verbänden zur Stellungnahme übersandt worden war.
Das wesentliche Ergebnis des KindRG sind der Fortbestand der gemeinsamen elterlichen Sorge über die Scheidung hinaus bei fehlendem Antrag und die Stärkung der gemeinsamen elterlichen Sorge durch verfahrensrechtliche Normen. Die zentrale Frage während des Gesetzgebungsverfahrens rankte sich deshalb um das Problem, welche Voraussetzungen an die Umsetzung des gemeinsamen Sorgerechts gestellt werden sollen und wie das gemeinsame Sorgerecht funktionieren wird. Hintergründe und Motive des Gesetzgebers, die

---

934 Die Mehrheitsverhältnisse im Deutschen Bundestag stellten sich wie folgt dar: CDU/CSU 41,5% = 294 Sitze, SPD 36,4 % = 252 Sitze, FDP 6,9% = 47 Sitze, Bündnis90/Die Grünen = 7,3% = 49 Sitze und PDS 4,4% = 30 Sitze. Die Regierungskoalition bildeten die CDU/CSU und die FDP. Vgl. *Schindler*, Datenhandbuch zur Geschichte des Deutschen Bundestages 1949 bis 1999, Band 1 (1999), S. 172 und 1145.

935 Zahlreiche Politiker bekundeten die Bedeutung der Reform des Kindschaftsrechts, so u.a. *Kinkel*, ZRP 1991, 409 (412); *Leutheuser-Schnarrenberger*, ZRP 1995, 81 f; *Eylmann*, ZRP 1995, 161 (163 ff.); *Beck*, ZRP 1995, 281 (283); *Alm-Merk*, RdJB 1996, 400 ff.; *Schmidt-Jortzig*, FPR 1996, 207; *von Renesse*, FPR 1996, 208 ff.; *Grießhaber*, FPR 1996, 211; *Heuer*, FPR 1996, 212; *Schubert*, NJ 1997, 232 ff.

936 BT-Drucks. 13/4899, S. 29. Hervorhebungen durch den Verfasser.

937 Eine ausführliche Gesetzesdokumentation zum Gesetzgebungsverfahren befindet sich im Parlamentsarchiv des Deutschen Bundestages, Band XIII/314.

938 Der Referentenentwurf ist nicht öffentlich erschienen und nicht in der Gesetzesdokumentation des Parlamentsarchivs enthalten. Zum Referentenentwurf vom 29.5.1995 vgl. die Stellungnahmen der Verbände der Arbeitsgemeinschaft für Jugendhilfe, ZfJ 1996, 94; Deutsche Liga für das Kind in Familie und Gesellschaft, DAVorm 1996, 321; Deutscher Verein für öffentliche und private Fürsorge, NDV 1996, 241 und die Äußerungen von *Walter*, FamRZ 1995, 1538 ff.; *Coester*, FamRZ 1995, 1245 ff.; *Articus*, NDV 1996, 112 ff.; *Baer*, ZfJ 1996, 123 ff.; *Jopt*, ZfJ 1996, 203 ff.; *Wesche*, Rpfleger 1996, 53 ff.; *Wichmann*, FuR 1996, 161 ff.

ihn bewogen hatten, den Eltern das gemeinsame Sorgerecht einzuräumen, werden im Folgenden dargestellt.

I. Regierungsentwurf BT-Drucks. 13/4899

1. Beschlussfassung des Regierungsentwurfs: Rechtsstellung der Kinder verbessern

Das Bundeskabinett hatte den Regierungsentwurf eines Gesetzes zur Reform des Kindschaftsrechts in seiner Sitzung vom 28. Februar 1996 beschlossen. Der Bundesjustizminister *Schmidt-Jortzig* nahm in einer Presseerklärung vom selben Tag zu dem Regierungsentwurf der Bundesregierung wie folgt Stellung[939]:

(...) „Hauptmotiv der Reform des Kindschaftsrechts ist es, die Rechtsstellung der Kinder zu verbessern. Deshalb stehen konsequent die Interessen der Kinder im Mittelpunkt des Regierungsentwurfs. (...) Nach Trennung und Scheidung wird es künftig ebenfalls keinen automatischen Eingriff in die gemeinsame Sorge der Eltern mehr geben. Bisher sind Eltern im Scheidungsverfahren automatisch dazu gezwungen, sich nicht nur über ihre eigenen Interessen, sondern auch über das Sorgerecht auseinanderzusetzen. Der Entwurf appelliert jetzt an die Eltern, vorrangig die Interessen ihrer Kinder zu berücksichtigen, die Elternverantwortung einvernehmlich wahrzunehmen und möglichst die gemeinsame elterliche Sorge weiter auszuüben, wie dies schon während des Trennungsjahres vor der Ehescheidung der Fall ist. (...)
Gewandelte soziale Verhältnisse und Anschauungen, die Interessen der Kinder und rechtliche Vorgaben etwa des Bundesverfassungsgerichts erfordern ein modernes Kindschaftsrecht aus einem Guß. Die Bundesregierung hat jetzt den Entwurf dafür vorgelegt."

2. Gemeinsames Sorgerecht kein Regelfall

Der umstrittenste Punkt während des Gesetzgebungsverfahrens war das Verhältnis zwischen gemeinsamer elterlicher Sorge und Alleinsorge. Dies hing mit der Verknüpfung zwischen materiellem Recht und Verfahrensrecht zusammen. Das gemeinsame Sorgerecht besteht fort, soweit kein Antrag auf Übertragung der Alleinsorge gestellt wird. *Salgo* nennt dies eine *„Negativerklärung"*[940]. Das Alleinsorgerecht kann ein Elternteil im Gegensatz zum gemeinsamen Sorgerecht nur auf Antrag erhalten.
Trotz dieser Systematik enthält die gesetzliche Regelung nach Auffassung der Bundesregierung keine Entscheidung, die gemeinsame Sorge als Regelfall zu bevorzugen und der Alleinsorge die Rolle einer Ausnahme zuzuschreiben[941]. Vielmehr wollte sie den Eltern überlassen, welche Form des Sorgerechts sie wählen. Auch der Umstand, dass früher das Sorgerechtsverfahren von Amts wegen in den Zwangsverbund fiel, heute ein Sorgerechtsverfahren auf Übertragung der Alleinsorge nur noch auf Antrag eingeleitet wird, macht die Al-

---

[939] „recht" 2/96 S. 23 f.
[940] *Salgo*, FamRZ 1996, 449 (452).
[941] BT-Drucks. 13/4899, S. 61 und S. 63.

leinsorge gegenüber der gemeinsamen Sorge nicht zur Ausnahme. Stellt ein Elternteil einen Sorgerechtsantrag, prüft das Gericht, ob die Aufhebung der gemeinsamen Sorge und die Übertragung auf den Antragsteller unter den Voraussetzungen des § 1671 Abs. 2 Nr. 2 BGB dem Wohl des Kindes am besten entsprechen. Daraus dürfe nicht der Schluss gezogen werden, der gemeinsamen Sorge werde ein Vorrang vor der Alleinsorge eingeräumt, denn es bestehe keine gesetzliche Vermutung, nach der für das Kind die gemeinsame elterliche Sorge die beste Form der Wahrnehmung elterlicher Verantwortung sei[942]. Die gemeinsame Sorge sei für Kinder nämlich nur dann das Beste, wenn sich beide Eltern nach der Scheidung um deren Angelegenheiten kümmern wollten. Sollten sich die Eltern über die Bedürfnisse ihrer Kinder uneins sein und fortwährend streiten, so bedeute dieser Zustand eine Belastung für das Kind, das dem Kindswohl zum Nachteil gereiche. In diesen Fällen sei die Alleinsorge die zu bevorzugende Alternative.
Ferner sah der Regierungsentwurf aufgrund kinderpsychologischer Forschungen keinen Grund, das gemeinsame Sorgerecht zum Regelfall zu erklären. Deren Erkenntnisse waren in den vergangenen Jahrzehnten zwischen den Vorzügen der Alleinsorge und der gemeinsamen elterlichen Sorge geschwankt. So wurde bis in die siebziger Jahre überwiegend vertreten[943], der Alleinsorge sei der Vorzug zu geben, während in den achtziger Jahren[944] ein Wandel hin zur gemeinsamen Sorge eintrat. Demgegenüber sah die psychologische Forschung seit den neunziger Jahren die Vor- und Nachteile der gemeinsamen elterlichen Sorge wieder differenzierter[945]. Nachdem keine gesicherten wissenschaftlichen Erkenntnisse darüber vorgelegen hätten, ob die gemeinsame elterliche Sorge gegenüber der Alleinsorge grundsätzlich die bessere Alternative darstelle, wollte die Bundesregierung keiner Sorgerechtsform einen Vorrang einräumen[946].

Aus diesem Grund war es für die Bundesregierung wichtig, beide Sorgerechtsmodelle selbständig nebeneinander zuzulassen, ohne Präferenz zugunsten des einen oder des anderen.
Die mit der gemeinsamen elterlichen Sorge verbundenen Probleme bei der Vertretung des Kindes durch den betreuenden Elternteil löste der Regierungsentwurf durch eine Alleinentscheidungsbefugnis nach § 1687 BGB in Angele-

942 BT-Drucks. 13/4899, S. 63.
943 Vgl. die Literaturangaben oben in Fn. 418.
944 *Fthenakis*, Väter I (1985), S. 287.
945 *Furstenberg/Cherlyn*, Geteilte Familien (1993), S. 119, 165; *Maccoby/Mnookin*, FamRZ 1995, 1.
946 BT-Drucks. 13/4899, S. 63.

genheiten des täglichen Lebens[947]. Lediglich bei Entscheidungen von grundsätzlicher Bedeutung, wie z.B. schulischer oder gesundheitlicher Bereich sollte dem nicht betreuenden Elternteil ein Mitspracherecht in Form einer gemeinsamen Zuständigkeit verbleiben.

3. Kein Zwangsverbund zwischen Ehescheidungs- und Sorgerechtsverfahren

Das Gelingen der Kindschaftsrechtsreform hing wesentlich von der Ausgestaltung des zukünftigen Verfahrens ab. Aus diesem Grund wird auf die gesetzgeberischen Erwägungen zu den Änderungen des Verfahrensrechts eingegangen. Die Verpflichtung des Familiengerichts von Amts wegen, d.h. ohne Antrag über die elterliche Sorge im Zwangsverbund nach § 623 Abs. 1 Satz 3 ZPO a.F. zu entscheiden, entfiel mit der Neufassung des KindRG[948]. Ebenso wie bei den anderen Folgesachen Unterhalt, Hausrat, Ehewohnung, Zugewinn, Umgang u.a. kommt es zu einem Sorgerechtsverfahren nur im Falle eines Antrages[949] eines Elternteils[950]. Ein eigenes Antragsrecht des Jugendamts oder

---

947 Nach *Schwab*, Wandlungen der „gemeinsamen elterlichen Sorge", in: FS für Gaul (1997), S. 717 ff. (726), soll eine gemeinsame Erziehung stattfinden ohne ständige Kommunikation. Und der Mangel an ständiger Kommunikation soll konfliktvermeidend wirken.

948 Nach *Johannsen/Henrich/Jaeger*, Eherecht, 4. Aufl. 2003, § 1671 Rz. 20 ist der Antrag iSv § 1671 echter Sachantrag. Das Familiengericht muss dem Antrag daher stattgeben, wenn die Voraussetzungen erfüllt sind, darf nicht davon abweichen und nicht über den Antrag hinausgehen, darf deshalb dem Elternteil, der keinen Antrag gestellt hat, die Sorge nicht übertragen. **Ebenso**: *Schwab/Motzer*, Handbuch des Scheidungsrechts, 4. Aufl. 2000, Teil III Rz. 77; *Bamberger/Roth/Veit*, BGB (2003), Bd. 3, § 1671 Rz. 10; **a.A.** *Oelkers*, FuR 1999, 349 (Verfahrensantrag).

949 Der Antrag stellt sowohl eine Erwirkungs- als auch eine Bewirkungshandlung dar, vgl. *Bumiller/Winkler*, FGG, 7. Aufl. 1999, § 12 Rz. 1, 2, 8, 9; *Bloch*, Die Übertragung der elterlichen Sorge (2002), S. 146.

950 *Büdenbender*, AcP 197, 197 (209); *Büttner*, FamRZ 1998, 585 (591); *Mühlens/Kirchmeier/Greßmann/Knittel*, Kindschaftsrecht, 2. Aufl. 1999, S. 59; *Musielak-Borth*, ZPO, 3. Aufl. 2002, § 623 Rz. 2. *Baer*, DAVorm 1996, 855 (861) sieht als Vorläufer dieser Regelung die Empfehlung Nr. R (84) 4 des Komitees der Mitgliedstaaten des Europarats vom 28.2.1984 an. Dort heißt es im Prinzip 6:
„*Im Falle einer Auflösung der ehelichen Gemeinschaft oder Trennung der Eltern sollte die zuständige Behörde, bei der eine Regelung beantragt wurde, das elterliche Sorgerecht bestimmen. Sie sollte die geeigneten Maßnahmen treffen, z.B. durch Aufteilung oder Ausübung des elterlichen Sorgerechts zwischen beiden Eltern oder wo die Eltern einwilligen durch die Regelung der gemeinsamen elterlichen Sorge. Bei der Entscheidung sollte die Behörde jedem Übereinkommen, das die Eltern getroffen haben Rechnung tragen, sofern es nicht den Interessen des Kindes entgegensteht.*"

des Kindes gibt es nicht[951]. Ein Verbund des Sorgerechtsverfahrens mit dem Scheidungsverfahren ist mit dem KindRG nicht obsolet geworden. Wird von einem Ehegatten rechtzeitig, d.h. bis zum Schluss der mündlichen Verhandlung erster Instanz in der Scheidungssache ein Sorgerechtsverfahren anhängig gemacht, dann fällt dieses in den Entscheidungs- und Verhandlungsverbund des Ehescheidungsverfahrens, §§ 623 Abs. 2 Nr. 1, 621 Abs. 2 Satz 1 Nr. 1, 623 Abs. 4 Satz 1 ZPO. Ein Sorgerechtsverfahren ist bei Anhängigkeit eines Ehescheidungsverfahrens immer als Verbundverfahren zu führen[952].

a. Argumente für die Beibehaltung des Zwangsverbundes zwischen Ehescheidungs- und Sorgerechtsverfahren

Die Absicht, den Zwangsverbund zwischen Ehescheidungs- und Sorgerechtsverfahren abzuschaffen und durch das eben beschriebene Antragssystem zu ersetzen, war in der Kindschaftsrechtsreform ein sehr umstrittener Punkt und stieß verstärkt auf Ablehnung[953]. Zahlreiche Argumente wurden für die Aufrechterhaltung des Zwangsverbundes vorgetragen.

Nach den Befürwortern des amtswegigen Sorgerechtsverfahrens sind geschiedene Eltern aufgrund der mit der Trennung und der Scheidung zusammenhängenden Konflikte nicht in der Lage, die erforderliche Gemeinsamkeit und Kooperationsfähigkeit fortzusetzen. Mit der Scheidung ändern sich ihrer Auffassung nach die Voraussetzungen für eine gemeinsame elterliche Sorge grundlegend, da die Eltern im Normalfall zerstritten sind. Deshalb könne nicht mehr davon ausgegangen werden, die Eltern werden wie vor der Scheidung das gemeinsame Sorgerecht zum Wohl des Kindes ausüben[954]. Aus diesem Grund müsse das Familiengericht die Eignung und Bereitschaft der Eltern zur Wahrnehmung der gemeinsamen elterlichen Sorge zum Schutz des Kindes in einem Sorgerechtsverfahren überprüfen[955].

---

[951] BT-Drucks. 13/4899, S. 98, da man die allgemeine Eingriffsschwelle nicht herabsetzen wollte, solange die Eltern selbst keinen Antrag auf Übertragung der Alleinsorge stellen; krit. zum fehlenden Antragsrecht: *Coester*, FamRZ 1992, 617 (624); *Schwenzer*, Gutachten für den 59. DJT (1992), Band 1 (Gutachten), A 9 (A 77); DFGT, FamRZ 1993, 1164 (1165); Deutscher Verein, NDV 1995, 477 (478); *Baer*, ZfJ 1996, 123; *Bergmann/Gutdeutsch*, FamRZ 1996, 1187 (1188); *Tauche*, FuR 1996, 213 (216); *Willutzki*, Rpfleger 1997, 336 (338); *Rehberg*, FuR 1998, 65 (67).

[952] *Zöller/Philippi*, ZPO, 23. Aufl. 2002, § 623 Rz. 23b; *Thomas/Putzo/Hüsstege*, ZPO, 25. Aufl. 2003, § 623 Rz. 10; *OLG München*, FamRZ 2000, 166; *OLG Brandenburg*, FamRZ 2000, 1291; *OLG Stuttgart*, FamRZ 2001, 166 mzT. abl. Anm. *Maurer*, FamRZ 2001, 1225; *OLG Brandenburg*, FamRZ 2003, 388.

[953] *Schlüter*, FuR 1994, 341 (345), *Oelkers*, DAVorm 1995, 921 (925); *Tauche*, FuR 1996, 213; *Bergmann/Gutdeutsch*, FamRZ 1996, 1187 (1188 ff.); *Salgo*, FamRZ 1996, 449 (453); Deutscher Familiengerichtstag, FamRZ 1997, 337; *Rehberg*, FuR 1998, 65 ff.

[954] *Salgo*, FamRZ 1996, 449 (451).

[955] Stellungnahme des Deutschen Vereins NDV 1996, 241 (242).

Das Sorgerechtsverfahren im Zwangsverbund zu halten diene vor allem dem Schutz der Mütter. Diese würden durch einen Antrag auf Übertragung der Alleinsorge in die Rolle eines Störenfriedes gedrängt, weil sie darlegen müssten, weshalb sie die Alleinsorge geltend machten und nicht die gemeinsame elterliche Sorge beibehalten wollten[956]. Einen Alleinsorgeantrag zu stellen werde ihnen erschwert, wenn propagiert wird, die gemeinsame elterliche Sorge entspreche dem Wohl des Kindes am besten. Dadurch gerate jede Mutter zwangsläufig in den Verdacht, für das Kind nur die zweitbeste Lösung zu wollen[957].
Falle das Sorgerechtsverfahren in den Zwangsverbund, habe das Familiengericht außerdem die Möglichkeit, die elterliche Sorge mit den Eltern zu erörtern und eine Entscheidung zu treffen, die dem Wohl des Kindes am besten entspricht. Demgegenüber fehle bei dem Antragsmodell die Möglichkeit, die elterliche Sorge im Gerichtsverfahren zu verhandeln. Das Familiengericht wird in diesen Fällen häufig keine Informationen über die zwischen den Eltern getroffene Vereinbarung bekommen[958].
Ferner habe das minderjährige Kind keine Möglichkeit, auf die Entscheidung der Eltern Einfluss zu nehmen, obwohl nach den Zielen des Gesetzentwurfs die Bedürfnisse des Kindes im Vordergrund stünden. § 50b FGG, der die persönliche Anhörung des Kindes in Sorgerechtsverfahren vorschreibt, sei nicht mehr anwendbar, weil die elterliche Sorge ohne Antrag kein Verfahrensgegenstand des Scheidungsverbundes ist[959]. Eine Einflussmöglichkeit sei erforderlich, weil die Eltern unter Umständen ihre eigenen Interessen in den Vordergrund stellten ohne auf die Bedürfnisse des Kindes zu achten[960].
Letztendlich komme die Auflösung des Zwangsverbundes vor allem konfliktscheuen, in Wirklichkeit einigungsunfähigen Eltern entgegen und berge die Gefahr der Konfliktverschleppung durch verordnete Gemeinsamkeit in sich[961].

Wie aus den geltend gemachten Argumenten deutlich wird, kritisierten die Gegner der geplanten Änderung vor allem die fehlende Anhörung der Eltern und des Kindes. Dies war darauf zurückzuführen, dass die Anhörungspflicht der Eltern in § 613 ZPO erst auf Veranlassung des Bundesrats eingefügt und später vom Rechtsausschuss übernommen wurde[962]. Der Regierungsentwurf hatte keine dahingehende Regelung vorgeschlagen.

---

956 *Salgo*, FamRZ 1996, 449 (452).
957 *Willutzki*, KindPrax 1998, 8 (9).
958 *Baltz/Faltenmeier/Fuchs*, NDV 1996, 167 (169).
959 *Johannsen/Henrich/Jaeger*, Eherecht, 3. Aufl. 1998, § 1671 Rz. 7.
960 *Klußmann*, FamRZ 1982, 118 (121); *Coester*, RdJB 1996, 430 (435).
961 *Zenz*, Referat zum 59. DJT (1992), Band 2 (Sitzungsberichte), M 9 (M 15 ff.); *Salgo*, FamRZ 1996, 449.
962 Vgl. unten 7. Kapitel D.I.4.b, S. 200 ff.

b. Argumente gegen den Zwangsverbund zwischen Ehescheidungs- und Sorgerechtsverfahren

Der Regierungsentwurf hatte sich mit den geltend gemachten Einwänden auseinandergesetzt. Er entschied sich trotzdem für die Abschaffung des Zwangsverbundes zwischen Ehescheidungs- und Sorgerechtsverfahren und die Einführung eines Antragsmodells.

Die Bundesregierung vertrat die Meinung, dass der Zwang, über die Kinder ein Verfahren führen zu müssen, zur Konfliktverschärfung beitrage und die Chance verringere, die bisherige gemeinsame Sorge beizubehalten[963]. Demgegenüber eröffne das Antragsmodell den Eltern die Möglichkeit, in eigener Verantwortung zu prüfen, inwieweit sie für eine gemeinsame elterliche Sorge geeignet sind[964].

Die Abschaffung des obligatorischen Sorgerechtsverfahrens erleichtere die Beibehaltung der gemeinsamen elterlichen Sorge und biete größere Chancen für das Kind, den Kontakt zu beiden Eltern zu behalten. Die Alleinsorge entfremdet das Kind dem anderen Elternteil – meist dem Vater. So hätten rechtstatsächliche Studien ergeben, dass mehr als die Hälfte der Väter bei einer Alleinsorge der Mutter schon nach einem Jahr kaum noch ihr Umgangsrecht wahrnähmen[965].

Es bestünden keine stichhaltigen Gründe, anlässlich der Scheidung ein Zwangsverfahren durchzuführen, in der besonders konfliktträchtigen Zeit unmittelbar nach der Trennung der Ehegatten (§ 1672 BGB a.F.) jedoch nicht, in der eine Kindeswohlbeeinträchtigung eher zu befürchten sei[966].

Auch verfassungsrechtliche Gründe sprachen nach Auffassung des Gesetzgebers gegen das obligatorische Sorgerechtsverfahren. So finde beim Scheitern einer nichtehelichen Partnerschaft kein Scheidungsverfahren statt. Folglich fehle es beim Scheitern einer nichtehelichen Partnerschaft an einem Anknüpfungspunkt für ein von Amts wegen einzuleitendes Sorgerechtsverfahren. Eltern ehelicher Kinder würden infolgedessen bei der Scheidung stärker staatlich überwacht als die Eltern nichtehelicher Kinder beim Scheitern einer nichtehelichen Lebensgemeinschaft. Dies habe eine ungerechtfertigte Besserstellung nichtehelicher Lebensgemeinschaften zur Folge, die verfassungsrechtlich bedenklich sei[967].

Der Regierungsentwurf gab das von Amts wegen zu führende Sorgerechtsverfahren auf, weil es in Fällen, in denen die Eltern die gemeinsame elterliche

---

963 BT-Drucks. 13/4899, S. 62; *Dickmeis*, ZfJ 1989, 57 (58); *Baer*, ZRP 1989, 344 (348).

964 BT-Drucks. 13/4899, S. 74.

965 BT-Drucks. 13/4899, S. 62; *Maccoby/Mnookin*, FamRZ 1995, 1.

966 BT-Drucks. 13/4899, S. 62; *Röchling*, ZfJ 1992, 556 (561).

967 BT-Drucks. 13/4899, S. 64; *Johannsen/Henrich/Jaeger*, Eherecht, 4. Aufl. 2003, § 1671 Rz. 4.

Sorge beibehalten wollen, keiner gerichtlichen Entscheidung bedarf[968]. Die Zielsetzung der verfahrensrechtlichen Änderungen war, die eigenverantwortliche Konfliktlösung durch die Eltern zu fördern, an dessen Ende eine bewusste Entscheidung für die gemeinsame elterliche Sorge steht[969].

4. Stellungnahme des Bundesrates

Der Regierungsentwurf wurde am 22. März 1996 gemäß Art. 77 Abs. 2 GG dem Bundesrat zugeleitet, der dazu in seiner 696. Sitzung am 3. Mai 1996 Stellung bezog. Verschiedene Ausschüsse sprachen dem Bundesrat gegenüber Empfehlungen zum Regierungsentwurf aus. Sie wollten vor allem der Subjektstellung der Kinder durch weitergehende Mitbestimmungs-, Widerspruchs- und Anhörungsrechte sowie durch eine stärkere persönliche Beteiligung des Kindes konsequenter Rechnung tragen[970].

a. Materiell-rechtliche Änderungsvorschläge des Bundesrates

Der Rechtsausschuss, der Ausschuss für Frauen und Jugend, der Ausschuss für Familie und Senioren und der Ausschuss für Innere Angelegenheiten hatten dem Bundesrat umfangreiche Ergänzungen zu § 1671 BGB empfohlen. Diese Vorschläge enthielten folgende Abweichungen gegenüber dem Regierungsentwurf BT-Drucks. 13/4899[971]:

§ 1671 BGB

(1) Leben Eltern, denen die elterliche Sorge gemeinsam zusteht, nicht nur vorübergehend getrennt, so kann jeder Elternteil beantragen, dass ihm das Familiengericht die elterliche Sorge oder einen Teil der elterlichen Sorge allein überträgt. ***Der Antrag auf alleinige oder teilweise Übertragung der elterlichen Sorge auf einen Elternteil kann auch von dem Kind gestellt werden, wenn es das 12. Lebensjahr vollendet hat.***

(2) Dem Antrag ist stattzugeben, soweit

1. der andere Elternteil zustimmt, es sei denn, dass das Kind das vierzehnte Lebensjahr vollendet hat und der Übertragung widerspricht, oder

1.a. der Antragsteller die tatsächliche Personensorge ausübt und die Übertragung auf den Antragsteller dem Kindeswohl nicht widerspricht, oder

2. zu erwarten ist, dass die Aufhebung der gemeinsamen Sorge und die Übertragung auf den Antragsteller dem Wohl des Kindes am besten entspricht.

(3) Dem Antrag ist nicht stattzugeben, soweit die elterliche Sorge auf Grund anderer Vorschriften abweichend geregelt werden muss.

---

968 Gegen den Zwangsverbund auch *Müller-Alten*, ZfJ 1989, 443 (447); *Balloff/Walter*, FuR 1991, 63; *Schwenzer* [Fn. 951] A 9 (A 75 ff.); *Röchling*, ZfJ 1992, 557 (560); *Coester*, FamRZ 1996, 1181. *Mühlens*, KindPrax 1998, 3 (5) sieht in der Verfassungswidrigkeit des § 1671 Abs. 4 Satz 1 BGB a.F. einen Grund für den Wegfall des Zwangsverbundes.

969 *Mühlens/Kirchmeier/Greßmann/Knittel*, Kindschaftsrecht, 2. Aufl. 1999, S. 59.

970 BR-Drucks. 180/1/96, Empfehlungen, S. 2.

971 Hervorhebungen durch den Verfasser.

§ 1671a BGB

(1) Wird die Ehe der Eltern geschieden, so entscheidet das Familiengericht über die elterliche Sorge.
(2) Die Eltern unterbreiten dem Familiengericht einen übereinstimmenden Vorschlag zur Regelung der elterlichen Sorge für ein gemeinschaftliches Kind und über die Regelung des Umgangs, des Aufenthalts und des Unterhalts des Kindes.
(3) Das Familiengericht soll von einem Vorschlag nach Absatz 2 nur abweichen, wenn begründete Zweifel bestehen, dass der Elternvorschlag dem Kindeswohl entspricht. Unterbreitet ein Kind, welches das 12. Lebensjahr vollendet hat einen eigenen Vorschlag, so entscheidet das Gericht dem Kindeswohl entsprechend.
(4) Können sich die Eltern nicht auf einen Vorschlag nach Absatz 2 einigen, bestimmt das Familiengericht dem Kindeswohl entsprechend, welchem Elternteil die elterliche Sorge für das gemeinschaftliche Kind zustehen soll.

Die Empfehlung zu § 1671 Abs. 1 Satz 2 BGB stammte vom Ausschuss für Frauen und Jugend und vom Ausschuss für Familie und Senioren. Diese Ausschüsse wollten dem Kind die Möglichkeit geben, selbst eine gerichtliche Entscheidung zu erwirken. Dies entspreche dem Reformansatz, die Subjektstellung des Kindes hervorzuheben. Schon die Begründung[972] des Regierungsentwurfs weise darauf hin, die Aufgabe des Entscheidungsverbundes könne dazu führen, dass die elterliche Entscheidung im Widerspruch zum Kindeswohl stehe, weil viele Eltern ihre persönlichen Gefühle gegenüber dem anderen Elternteil nicht von der Eltern-Kind-Beziehung trennen könnten[973]. Richterliche Hilfe solle das Kind also nicht erst bei Vorliegen der Voraussetzungen des § 1666 BGB in Anspruch nehmen, sondern unterhalb dieser Schwelle selbst beantragen können.
Daneben befürwortete der Ausschuss für Frauen und Jugend die Ergänzung durch § 1671 Abs. 2 Nummer 1a BGB. Ein gemeinsames Sorgerecht wäre dann nicht sachgerecht, wenn die Voraussetzungen des Absatzes 2 Nr. 1 und 2 nicht vorlägen, obwohl das Alleinsorgerecht vom betreuenden Elternteil beantragt worden sei. Stelle der betreuende Elternteil einen Antrag auf Übertragung der Alleinsorge, werde die offensichtlich fehlende Verständigung der Eltern deutlich. Diese Regelung diene dazu, das gemeinsame Sorgerecht gegen den Willen eines Elternteils zu vermeiden[974]. Der Ausschuss für Frauen und Jugend wollte folglich eine Bevorzugung des betreuenden Elternteils erreichen. Ob damit eine Bevorzugung der Mutter angestrebt war, die in der Regel die Betreuung übernimmt[975], lässt sich der Empfehlung nicht entnehmen.
Der Empfehlung zu § 1671 Abs. 2 Nummer 1a BGB widersprach der Rechtsausschuss, weil er diese Ergänzung für verfassungsrechtlich bedenklich hielt.

---

972 BT-Drucks. 13/4899, S. 62.
973 BR-Drucks. 180/1/96, Empfehlungen, S. 22.
974 BR-Drucks. 180/1/96, Empfehlungen, S. 23.
975 *Limbach*, Rechtstatsachenstudie (1989), S. 25.

Dem nicht betreuenden Elternteil werde sein Sorgerecht genommen, ohne dass er Veranlassung dazu gegeben habe, und deshalb werde unzulässig in sein Elternrecht nach Art. 6 Abs. 2 GG eingegriffen. Nach der vorgeschlagenen Regelung sei dies sogar dann möglich, wenn die Sorgerechtsübertragung auf ihn dem Kindeswohl besser entspreche. Allein der zufällige Umstand, wer im Zeitpunkt der Antragsstellung das Kind betreue, könne für die Übertragung der elterlichen Sorge nicht ausschlaggebend sein[976]. Das Antragsrecht widerspreche der Vorstellung des Gesetzentwurfs vom Fortbestand der gemeinsamen elterlichen Sorge, dessen Bestehen durch diese Änderung ins Belieben des betreuenden Elternteils gestellt sei.
Der Ausschuss für Frauen und Jugend und der Ausschuss für Familie und Senioren sprachen sich für den neuen § 1671a BGB aus. Nach Auffassung dieser Ausschüsse setze diese Regelung die Entscheidung des *BVerfG* vom 3. November 1982 um[977]. Voraussetzung des gemeinsamen Sorgerechts sei nach dieser Entscheidung der Wille und die Eignung der Eltern, die Elternverantwortung weiterhin gemeinsam auszuüben. Man könne nicht von einer gemeinsamen Sorge als Regelfall ausgehen, ohne den Eltern einen bekundeten gemeinsamen Willen abzuverlangen, der eine Übereinstimmung in den wesentlichen Punkten dokumentiere[978]. Eine gemeinsam erklärte Sorgerechtsregelung belege die bestehende Kommunikations- und Konsensfähigkeit. Widerspreche ein gemeinsamer Elternvorschlag dem Kindeswohl, dann müsse dem Familiengericht die Möglichkeit eingeräumt werden, davon abweichend das Alleinsorgerecht anzuordnen. Unterbreiteten die Eltern keinen Vorschlag, dann habe das Familiengericht wie bisher nach § 1671 Abs. 2 BGB in der Fassung des SorgeRG unter Berücksichtigung des Wohls des Kindes und der Bindungen des Kindes an Eltern und Geschwister zu bestimmen, welchem Elternteil die elterliche Sorge zustehen solle[979]. Als verfahrensrechtliche Folge des § 1671a BGB blieb nach diesem Vorschlag das Sorgerechtsverfahren im Zwangsverbund, welches eine Anhörung des Kindes nach § 50b FGG sicherte.
Auch dieser Empfehlung widersprach der Rechtsausschuss. Er verwies auf die Begründung des Regierungsentwurfs, nach der ein Verfahren über das Sorgerecht nicht gesetzlich erzwungen und zusätzlich durch das Erfordernis eines qualifizierten übereinstimmenden Vorschlag angereichert werden sollte. Daneben sprachen verfassungsrechtliche Bedenken gegen diesen Vorschlag, da das Wächteramt aus Art. 6 Abs. 2 Satz 2 GG den Staat erst dann zum Eingreifen berechtigt, wenn dem Kind Schaden droht. Daneben erkannte der Rechtsausschuss eine Ungleichbehandlung zwischen verheirateten Eltern und nicht miteinander verheirateten Eltern. Verheiratete Eltern seien einer gericht-

976 BR-Drucks. 180/1/96, Empfehlungen, S. 23.
977 Vgl. oben 6. Kapitel D.II.3, S. 168 ff.
978 BR-Drucks. 180/1/96, Empfehlungen, S. 25.
979 BR-Drucks. 180/1/96, Empfehlungen, S. 26.

lichen Kontrolle unterworfen, was einer Rechtfertigung nach Art. 3 Abs. 1 GG bedürfe[980]. Eine solche Rechtfertigung sah der Rechtsausschuss nicht.
In der Schlussabstimmung des Bundesrats am 3. Mai 1996 fanden die Empfehlungen zu § 1671 BGB und § 1671a BGB keine Mehrheit[981]. Änderungsvorschläge zum Regierungsentwurf erfolgten aus diesem Grund nicht.

b. Verfahrensrechtliche Änderungsvorschläge zu Beratungshilfe und Anhörungspflichten

Allein mit der Neufassung des § 1671 BGB konnte der Gesetzgeber seiner Aufgabe nicht genügen, das gemeinsame Sorgerecht bestmöglich umzusetzen[982]. Im Hinblick auf die gemeinsame elterliche Sorge sollten die Eltern durch verfahrensrechtliche Neuerungen unterstützt werden.
Das Kinder- und Jugendhilfegesetz KJHG/SGB VIII[983] aus dem Jahr 1991 war der erste Schritt des Gesetzgebers gewesen, die vorhandenen Defizite des geltenden Rechts aufzuarbeiten und den Weg zu einem gemeinsamen Sorgerecht vorzubereiten[984]. Das KJHG/SGB VIII ist der Nachfolger des JWG[985] aus dem Jahre 1961. Im Zusammenhang mit § 1671 BGB ist aus dem Bereich der Jugendhilfe die zentrale Vorschrift des § 17 KJHG/SGB VIII zu beachten, die den Eltern ein umfassendes Beratungshilfeangebot in Fragen der Trennung und Scheidung zusichert. Der Bundesrat gab den Sollcharakter dieser Norm auf und gestaltete Absatz 1 als Anspruchsleistung aus[986].
Nachdem das Familiengericht nur noch auf Antrag über die elterliche Sorge entscheidet, sah der Bundesrat die Gefahr, die Eltern könnten die Gestaltung des Sorgerechts aus vordergründigen Motiven ausklammern. Um dies zu verhindern, setzte er sich für eine Anhörungspflicht der Eltern in § 613 Abs. 1 Satz 2 ZPO ein, die vom Familiengericht sogar dann durchzuführen ist, wenn kein Antrag gestellt wird[987]. Das Gericht prüft in dieser Anhörung, ob sich die Eltern bewusst für das gemeinsame Sorgerecht entschieden haben und weist gegebenenfalls auf die Beratungsmöglichkeit des § 17 KJHG/SGB VIII hin.

---

980 BR-Drucks. 180/1/96, Empfehlungen, S. 26.

981 Vgl. stenographische Protokolle des Bundesrates, 696. Sitzung v. 3.5.1996, S. 201 (B).

982 *Coester*, FamRZ 1991, 253 (260); *Coester/Hansen*, in: Steindorff (Hrsg.), Vom Kindeswohl zu den Kindesrechten (1994), S. 21 ff.

983 Verkündet am 26.6.1990; in Kraft seit 1. Januar 1991, BGBl. I 1990, S. 1163; zur Kritik an diesem Gesetz: *Oberloskamp*, ZfJ 1990, 260 (268 f.); *Preis*, ZRP 1990, 90 (91, 94); a.A. *Wabnitz/Wiesner*, ZfJ 1992, 497.

984 Vgl. oben 6. Kapitel D.III, S. 173 ff.

985 BGBl. I 1961, S. 1193; BGBl. I 1961, S. 1205.

986 BT-Drucks. 13/4899, S. 163.

987 BT-Drucks. 13/4899, Anlage 2, S. 160; *Greßmann*, KindPrax 1998, 35.

II. Alternativvorschläge der Oppositionsparteien

Alle während der 13. Wahlperiode im Bundestag vertretenen Oppositionsparteien brachten eigene Anträge zum KindRG ein. Diese lohnen sich darzustellen, weil sie inhaltliche Alternativen zum Regierungsentwurf des KindRG enthalten. Alternativanträge stellten die Fraktion der SPD, die Fraktion von Bündnis 90/Die Grünen und die Gruppe der PDS. Sie wurden später zusammen mit dem Entwurf zum KindRG zur federführenden Beratung dem Rechtsausschuss und zur Mitberatung an den Ausschuss für Familie, Senioren, Frauen und Jugend überwiesen.

1. Antrag der Fraktion der SPD

Die SPD-Fraktion[988] versuchte bei einer Reform des Kindschaftsrechts bei den Bedürfnissen des Kindes anzusetzen und das Kind und seine Rechtspersönlichkeit in den Vordergrund zu stellen. In ihren Vorschlägen forderte sie, § 1671 BGB wie folgt zu fassen:

BT-Drucks. 13/1752	*BT-Drucks. 13/8558*
*(1) Leben Eltern mit gemeinsamer **elterlicher Verantwortung** nicht nur vorübergehend getrennt, so regeln sie gemeinsam unter Berücksichtigung der Bindungen und Entwicklungsinteressen des Kindes, wo das Kind seinen gewöhnlichen Aufenthalt haben soll, wie sein weiterer Umgang mit dem getrennt lebenden Elternteil gepflegt wird und welche Beiträge die Eltern zur weiteren Pflege, Erziehung und Versorgung des Kindes erbringen werden.*	*(1) Leben Eltern, denen die gemeinsame **elterliche Sorge** zusteht, nicht nur vorübergehend getrennt, so regeln sie gemeinsam unter Berücksichtigung der Bindungen und Entwicklungsinteressen des Kindes, wo das Kind seinen gewöhnlichen Aufenthalt haben soll, wie sein weiterer Umgang mit dem getrennt lebenden Elternteil gepflegt wird und welche Beiträge die Eltern zur weiteren Pflege, Erziehung und Versorgung des Kindes erbringen werden.*
*(2) Stellen Eltern hinsichtlich der **elterlichen Verantwortung** übereinstimmende Anträge an das Familiengericht, **so soll das Gericht dem Antrag folgen,** wenn dies dem Wohl des Kindes nicht widerspricht.*	*(2) Stellen Eltern hinsichtlich der **elterlichen Sorge** übereinstimmende Anträge an das Familiengericht, **so ist dem Antrag stattzugeben,** wenn dies dem Wohl des Kindes nicht widerspricht.*
*(3) Beantragt nur ein Elternteil die Zuweisung der **alleinigen Ausübung der elterlichen Verantwortung,** so ist diesem Antrag **zu entsprechen,** wenn dies zur Wahrung des Kindeswohls angezeigt ist.*	*(3) Beantragt nur ein Elternteil die Zuweisung der **elterlichen Sorge,** so ist diesem Antrag **stattzugeben**, wenn dies zur Wahrung des Kindeswohls angezeigt ist.*

In Anlehnung an die Terminologie des *BVerfG* wollte die SPD ursprünglich den Begriff *„Sorgerecht"* durch den der *„elterlichen Verantwortung"* erset-

[988] BT-Drucks. 13/1752; dieser Antrag basiert auf dem ursprünglichen Antrag aus der 12. Legislaturperiode, vgl. BT-Drucks. 12/4024; BT-Drucks. 13/8558.

zen[989]. In den Mittelpunkt aller materiell-rechtlichen Vorschriften stellte sie eine *„Elternvereinbarung"*, die Vorrang vor staatlicher Intervention genoss. Selbstverständlich hatten die Eltern das Recht, die gemeinsame elterliche Sorge oder die Alleinsorge zu vereinbaren. In der Elternvereinbarung mussten die Eltern die tatsächlichen Lebensbedingungen eines Kindes nach der Trennung umfassend regeln: Aufenthalt, Umgang mit dem nicht betreuenden Elternteil, Pflege und Erziehung, Unterhaltsansprüche des Kindes[990]. Bei einer Billigung der Elternvereinbarung als *„unbedenklich"* durch das Familiengericht, wäre die Elternvereinbarung nach Belehrung der Eltern über die rechtliche Tragweite durch konstitutiven Akt in das Scheidungsurteil aufgenommen worden. Ein amtswegiges Sorgerechtsverfahren fand in diesen Fällen nicht statt[991]. Soweit bis zum Schluss des Scheidungsverfahrens eine Elternvereinbarung nicht vorgelegt, lückenhaft gewesen oder aus Gründen des Kindeswohls problematisch erschienen wäre, hätte das Familiengericht von Amts wegen ein Verfahren einzuleiten und eine Entscheidung unter Berücksichtigung des Wohls des Kindes unter Beratung durch das Jugendamt zu treffen gehabt. Ab Vollendung des zwölften Lebensjahres wären Kinder vom Gericht über den Inhalt der Elternvereinbarung unterrichtet worden.
Der Antrag der SPD wurde mit den Stimmen der Koalitionsfraktionen gegen die Stimmen der Fraktion der SPD bei Enthaltung der Fraktion von Bündnis 90/Die Grünen und der Gruppe der PDS abgelehnt[992].

2. Antrag der Fraktion von Bündnis 90/Die Grünen

Bündnis 90/Die Grünen passten den geltenden § 1671 BGB in der Fassung des SorgeRG an die Vorgaben des *BVerfG* aus dem Urteil vom 3. November 1982 an. Demgemäß lautete § 1671 BGB wie folgt[993]:

(1) [1]Wird die Ehe der Eltern geschieden, entscheidet das Familiengericht über die elterliche Sorge für ein gemeinsames Kind. [2]Das Gericht trifft die Regelung, die dem Wohle des Kindes insbesondere unter Berücksichtigung seiner Bindungen an seine Eltern und Geschwister am besten entspricht.

(2) [1]Von einem übereinstimmenden Antrag der Eltern soll das Gericht nur abweichen, wenn dies zum Wohle des Kindes erforderlich ist. [2]Auf die gemeinsame elterliche Sorge

---

[989] BT-Drucks. 1752, S. 4 f.; **ebenso**: Deutscher Familiengerichtstag, FamRZ 1997, 337; **abgelehnt** von *Pofalla* (CDU/CSU), vgl. stenographische Protokolle, 13. Wahlperiode, 55. Sitzung v. 21.9.1995, S. 4711 (B): denn wer von elterlicher Verantwortung spricht, entlässt im Falle der Alleinzuweisung der elterlichen Sorge an einen Elternteil den anderen Elternteil aus seiner Verantwortung, was die Regierungsparteien nicht wollen.

[990] BT-Drucks. 13/1752, S. 5 und 15; **ebenso**: Deutscher Juristinnenbund (DJB), FamRZ 1992, 912 und FamRZ 1996, 597.

[991] BT-Drucks. 13/1752, S. 19; BT-Drucks. 13/8558, S. 3.

[992] BT-Drucks. 13/8511, S. 63.

[993] BT-Drucks. 13/3341, S. 3; Entschließungsantrag BT-Drucks. 13/8570.

erkennt das Gericht nur dann, wenn ein entsprechender Antrag der Eltern gestellt wurde. ³Stellt das Kind einen abweichenden Antrag, entscheidet das Gericht nach Absatz 1.
(3) Absatz 1 gilt entsprechend, wenn ein nicht verheirateter Elternteil, welcher mit dem anderen Elternteil die gemeinsame elterliche Sorge innehat, oder das Kind einen Antrag auf Übertragung der Alleinsorge stellt.

Das Sorgerechtsverfahren über ein mit einem eigenen Antragsrecht ausgestatteten Kind wurde von Amts wegen eingeleitet[994]. Bündnis90/Die Grünen wollten die Eltern in einem obligatorischen Sorgerechtsverfahren bewusst mit der Frage nach einem gemeinsamen Sorgerecht konfrontieren. Das Antragserfordernis für eine gemeinsame Sorge stellte ihrer Ansicht nach einen minimalen Eingriff in das Elternrecht des Art. 6 Abs. 2 GG dar und diene dem Schutz des Kindes[995]. Ein reines Antragsverfahrens hieße, dass das Kind staatlichen Schutz erst bei einer Kindeswohlgefährdung nach § 1666 BGB erhalte[996]. In den Fällen, in denen die Eltern nach der Scheidung eine gemeinsame elterliche Sorge auszuüben beabsichtigten, müsse ihre Entscheidung von derart rechtlicher und persönlicher Tragweite durch eine gerichtliche Entscheidung im Zwangsverbund beurkundet werden. Eine Rangfolge oder Wertigkeit zwischen der Alleinsorge und der gemeinsamen Sorge dürfe die Neufassung nicht enthalten, damit nicht für eine Alleinsorge erhöhte Begründungserfordernisse erforderlich seien. Einen Sorgeplan, der eine staatliche Kontrolle darstelle, lehnten Bündnis 90/Die Grünen ab[997].

3. Antrag der Gruppe der PDS

Einem gemeinsamen Sorgerecht stand die Gruppe der PDS wesentlich kritischer gegenüber als die anderen Parteien. Insbesondere US-amerikanische Studien hätten den Nachweis erbracht, dass das gemeinsame Sorgerecht nur dann dem Wohl des Kindes besser entspreche, wenn die Eltern über die notwendige Kommunikations- und Kooperationsfähigkeit verfügten[998]. Trotzdem sprach sich die PDS für ein gemeinsames Sorgerecht neben dem Alleinsorgerecht als gleichberechtigte Variante aus. Jedoch sollte dem Familiengericht in streitigen Verfahren im Interesse des Kindes nur möglich sein, das Alleinsorgerecht anzuordnen. Die Sorgerechtsregelung im Zusammenhang mit einer Ehescheidung müsse das Kind vor den Konflikten der Eltern schützen und es

---

[994] BT-Drucks. 13/3341, S. 14; für eigenes Antragsrecht auch *Schwenzer* [Fn. 951] A 9 (A 77); **a.A.** zum Zwangsverbund: *Diederichsen*, Referat zum 59. DJT (1992), Band 2 (Sitzungsberichte), M 62 ff. (M 81); DJB, FamRZ 1996, 597.

[995] Vgl. stenographische Protokolle, 13. Wahlperiode, 55. Sitzung v. 21.9.1995, S. 4651 (B).

[996] BT-Drucks. 13/3341, S. 9.

[997] BT-Drucks. 13/3341, S. 14; vgl. stenographische Protokolle, 13. Wahlperiode, 55. Sitzung v. 21.9.1995, S. 4651 (B); **ebenso**: *Zimmermann*, DNotZ 1998, 404 (416).

[998] BT-Drucks. 13/7899, S. 3 und 9; **ähnlich**: *Schenk*, vgl. stenographische Protokolle, 13. Wahlperiode, 55. Sitzung v. 21.9.1995, S. 4653 (C).

diesen nicht schutzlos ausliefern. Ein gemeinsames Sorgerecht gegen den Willen eines Elternteils schloss die PDS folglich aus[999]. Die PDS grenzte sich von den anderen Parteien durch die Möglichkeit von *„Mischformen"* des Sorgerechts ab[1000]. Diese Mischformen gestatten den Eltern, bestimmte Entscheidungsbefugnisse untereinander aufzuteilen. Im Einklang mit Bündnis 90/Die Grünen bzw. der SPD trat die PDS für die Aufrechterhaltung des Zwangsverbundes zwischen Ehescheidungs- und Sorgerechtsverfahren und die Einführung eines *„Sorgeplans"* ein, in welchem die Eltern dem Gericht eine detaillierte Aufstellung über Aufenthaltsort, Unterhalt, Umgang, Teilung der Aufgaben im Alltag sowie Konfliktlösungsmodelle zu unterbreiten hatten[1001]. Einen eigenen Gesetzesvorschlag zu § 1671 BGB machte die PDS nicht.

Festzuhalten bleibt, dass die Oppositionsparteien wie die Bundesregierung das gemeinsame Sorgerecht befürworteten[1002]. Bei der Frage nach einer obligatorischen gerichtlichen Entscheidung im Zwangsverbund und der Elternvereinbarung bzw. dem Sorgeplan vertraten sie überwiegend den gegenteiligen Standpunkt.

In der außerparlamentarischen Diskussion spielte das Verhältnis zwischen von Amts wegen zu erfolgender Sorgerechtsregelung und Antragsverfahren ebenfalls die herausragende Rolle[1003]. Zu beiden Alternativen machte die Literatur zahlreiche Vorschläge[1004], die in ihrem Umfang in dieser Arbeit nicht dargestellt werden können.

III. Beschlussempfehlung BT-Drucks. 13/8511

1. Beratung über § 1671 BGB in der 77. Sitzung des Rechtsausschusses

Am 20. Juni 1996 hatte der Bundestag den Regierungsentwurf federführend an den Rechtsausschuss und mitberatend an weitere Ausschüsse überwiesen. Der Rechtsausschuss befasste sich in der 77. Sitzung am 24. Februar 1997 in einer öffentlichen Anhörung mit den Aspekten der elterlichen Sorge. An dieser An-

---

999 Vgl. stenographische Protokolle 13. Wahlperiode, 55. Sitzung v. 21.9.1995, S. 4654 (A) und (B); **ebenso**: *Schwenzer* [Fn. 951] A 9 (A 78); Deutscher Anwaltverein e.V., FamRZ 1996, 1401; DFGT, FamRZ 1997, 337 (340).

1000 BT-Drucks. 13/7899, S. 4 und 9.

1001 **Ebenso**: *Rehberg*, FuR 1998, 65 (69).

1002 Vor diesem Hintergrund lässt sich die breite Zustimmung in der SPD zum KindRG bei der Verabschiedung des Gesetzes erklären, vgl. oben 7. Kapitel A, S. 181 ff.

1003 59. DJT: *Schwenzer* [Fn. 951] A 1 (A 64 ff.); *Zenz*, Referat für den 59. DJT (1992), Band 2 (Sitzungsberichte), M 9 ff.; *Diederichsen*, Referat für den 59. DJT (1992), Band 2 (Sitzungsberichte), M 62 ff.; *Willutzki*, Referat für den 59. DJT (1992), Band 2 (Sitzungsberichte), M 33 ff.

1004 *Tenbieg*, Gemeinsames elterliches Sorgerecht (1991), S. 246; *Röchling*, ZfJ 1992, 557 (561); *Prestien*, ZfJ 1992, 237 (239); *Hansen*, Das Recht der elterlichen Sorge nach Trennung und Scheidung (1993), S. 101 ff.

hörung hatten 14 Sachverständige teilgenommen. Die wichtigsten Empfehlungen, namentlich diejenigen, die konkrete Vorschläge zu § 1671 BGB enthalten, werden exemplarisch dargestellt. Im Übrigen wird hinsichtlich der Ergebnisse der Anhörung auf das stenographische Protokoll der 77. Sitzung mit den jeweils anliegenden schriftlichen Stellungnahmen verwiesen[1005].

Der Deutsche Anwaltverein (DAV) bemängelte, dass nach § 1671 BGB in der Fassung des Regierungsentwurfs die elterliche Sorge nicht in gleichem Umfang beibehalten werden könne, wie sie während der Ehe nach §§ 1626ff. BGB bestanden habe. Der Entwurf stünde hinter der gegenwärtigen Rechtslage zurück[1006]. Die Kritik des DAV richtete sich gegen die Alleinentscheidungsbefugnis in Angelegenheiten des täglichen Lebens nach § 1687 BGB. Er verkannte dabei jedoch, dass die Eltern Vereinbarungen treffen können, um die Wirkungen des § 1687 BGB abzubedingen. Eine gemeinsame elterliche Sorge nach Trennung und Scheidung ohne übereinstimmenden Willen der Eltern lehnte der DAV ab[1007]. Fehle ein Minimalkonsens müsse das gemeinsame Sorgerecht verhindert und bei Widerspruch eines Elternteils gegen die gemeinsame elterliche Sorge auf eine Alleinsorge erkannt werden. Widersprüchlich war die Stellungnahme des DAV zum Zwangsverbund. Der DAV begrüßte in seiner schriftlichen Stellungnahme vom August 1996 die Abschaffung des Zwangsverbunds zwischen Ehescheidungs- und Sorgerechtsverfahren, da die staatliche Kontrolle auf Eingriffe bei einer Kindeswohlgefährdung nach § 1666 BGB beschränkt werde[1008]. Dagegen sprach sich die für den DAV anwesende Sachverständige *Groß* in der öffentlichen Anhörung dafür aus, den Zwangsverbund aufrechtzuerhalten, weil der Staat ansonsten sein Wächteramt aus Art. 6 Abs. 2 GG nicht erfülle[1009]. Des Weiteren trat der DAV für eine Elternvereinbarung ein, die entweder im Verfahren zu protokollieren, notariell zu beurkunden oder durch Anwaltsvergleich zu schließen sei[1010].

Der Deutsche Juristinnenbund (DJB) kritisierte, dass § 1671 BGB in der Fassung des Regierungsentwurfs den Fall widerstreitender Sorgerechtsanträge

1005 Protokoll Nr. 77 und dazugehörige Stellungnahmen in: Deutscher Bundestag - Parlamentsarchiv, 13. Wahlperiode, KindRG, Band XIII/314, veröffentlichte Materialien.

1006 Protokoll Nr. 77 und dazugehörige Stellungnahmen [Fn. 1005] Stellungnahme des DAV v. August 1996, S. 169 und 170.

1007 Protokoll Nr. 77 und dazugehörige Stellungnahmen [Fn. 1005] S. 9; Protokoll Nr. 77 und dazugehörige Stellungnahmen [Fn. 1005] Stellungnahme des DAV v. August 1996, S. 170.

1008 Protokoll Nr. 77 und dazugehörige Stellungnahmen [Fn. 1005] Stellungnahme des DAV v. August 1996, S. 170.

1009 Protokoll Nr. 77 und dazugehörige Stellungnahmen [Fn. 1005] S. 9.

1010 Protokoll Nr. 77 und dazugehörige Stellungnahmen [Fn. 1005] Stellungnahme des DAV v. August 1996, S. 171.

nicht berücksichtigt[1011]. Das Gesetz gebe keinen Aufschluss, wie diese Fälle zu behandeln seien. Das gesetzlich vorgesehene Regelfallmodell zwinge den Richter dazu, unter Umständen die gemeinsame Sorge zu oktroyieren. Da § 1666 BGB für diese Konstellationen keine befriedigende Lösung biete, ergänzte der DJB § 1671 BGB durch einen Absatz 4. Der DJB sprach sich auch gegen einen Sorgeplan bzw. eine Elternvereinbarung aus, da das Wächteramt des Staates verbiete, den Eltern zu gestatten, das weitere Schicksal der Kinder durch privatschriftliche Vereinbarungen im „*stillen Kämmerlein*" allein zu bestimmen. Die Ergänzungen des DJB in § 1671 BGB gegenüber dem Regierungsentwurf sahen wie folgt aus[1012]:

(1) [1]Leben Eltern, denen die elterliche Sorge gemeinsam zusteht, nicht nur vorübergehend getrennt, so kann jeder Elternteil beantragen, dass ihm das Familiengericht die elterliche Sorge oder einen Teil der elterlichen Sorge allein überträgt. ***[2]Dem Kind über 12 Jahren steht ein entsprechendes Antragsrecht zu.***

(2) [1]Dem Antrag ist stattzugeben, soweit

1. der andere Elternteil zustimmt, es sei denn, dass das Kind das ***zwölfte*** *Lebensjahr vollendet hat und der Übertragung widerspricht, oder*

2. zu erwarten ist, dass die Aufhebung der gemeinsamen Sorge und die Übertragung auf den Antragsteller dem Wohl des Kindes am besten entspricht.

[2]Andernfalls bleibt es bei der gemeinsamen Sorge.

(3) Dem Antrag ist nicht stattzugeben, soweit die elterliche Sorge auf Grund anderer Vorschriften abweichend geregelt werden muss.

(4) Bei widerstreitenden Anträgen der Eltern trifft das Gericht die Regelung, die dem Kindeswohl am besten entspricht.

Die Bundesrechtsanwaltskammer (BRAK) befürwortete einen Vorrang von Vereinbarungen der Eltern gegenüber gesetzlichen Maßnahmen, da diese auf eine höhere Akzeptanz treffen und Kooperation förderten. Als Leitbild wäre von Gesetzes wegen die bleibende elterliche Verantwortung hervorzuheben, wodurch sich eine Rangfolge ergebe[1013]. An erster Stelle stünden Vereinbarungen der Eltern, ob sie zukünftig das Sorgerecht gemeinsam oder allein ausüben. Falls keine Vereinbarung getroffen werde, stünde an zweiter Stelle das gemeinsame Sorgerecht in der Ausgestaltung des von der Bundesregierung vorgeschlagenen § 1687 BGB. Erst danach komme ein Antragsrecht von jedem Elternteil - auch widerstreitend - auf Übertragung der Alleinsorge in Betracht. In gesetzlicher Hinsicht fänden diese Grundsätze folgenden Ausdruck:

1011 Protokoll Nr. 77 und dazugehörige Stellungnahmen [Fn. 1005] S. 11; Protokoll Nr. 77 und dazugehörige Stellungnahmen [Fn. 1005] Stellungnahme DJB, S. 19.

1012 Protokoll Nr. 77 und dazugehörige Stellungnahmen [Fn. 1005] Stellungnahme DJB, S. 20 ff. Hervorhebungen durch den Verfasser.

1013 Protokoll Nr. 77 und dazugehörige Stellungnahmen [Fn. 1005] S. 27; Protokoll Nr. 77 und dazugehörige Stellungnahmen [Fn. 1005] Stellungnahme Sv. *Mähler*, S. 84 und Stellungnahme BRAK, S. 96.

(1) Leben Eltern, denen die elterliche Sorge gemeinsam zusteht, nicht nur vorübergehend getrennt, bleiben sie beide für die Sorge ihres Kindes verantwortlich.

(2) [1]Treffen Eltern in diesem Fall Vereinbarungen zur Form und Ausgestaltung des Sorgerechtes, gehen diese der gesetzlichen Regelung nach § 1687 BGB vor. [2]Die Vereinbarungen bedürfen der Schriftform. [3]In die Vereinbarung soll aufgenommen werden, wie die Obhut für das Kind ausgeübt und wie der Kindesunterhalt aufgebracht wird.

(3) [1]Jeder Elternteil kann im Falle des nicht nur vorübergehenden Getrenntlebens beim Familiengericht beantragen, dass ihm die elterliche Sorge oder ein Teil der elterlichen Sorge allein zusteht. [2]Dem Antrag ist stattzugeben, soweit zu erwarten ist, dass die Übertragung auf den Antragsteller dem Wohl des Kindes am besten entspricht. [3]Bei widerstreitenden Anträgen trifft das Gericht die Regelung, die dem Kindeswohl am besten entspricht.

(4) Dem Antrag ist nicht stattzugeben, soweit die elterliche Sorge auf Grund anderer Vorschriften abweichend geregelt werden muss.

Der Deutsche Familiengerichtstag (DFGT) hatte sich bereits 1993auf dem 10. Deutschen Familiengerichtstag mit einer Reform des Kindschaftsrechts beschäftigt und eine Sorgerechtskommission gebildet. Der DFGT vertrat wie das *BVerfG* die Auffassung, bei einer Scheidung werde die elterliche Verantwortung gegenüber den Kindern nicht aufgehoben. Aus diesem Grund wollte der DFGT lediglich die Ausübung der elterlichen Verantwortung regeln, nicht aber die gesamte elterliche Verantwortung einem Elternteil übertragen[1014]. Damit die psychische und soziale Situation des Kindes verbessert werde, dürfe das Gesetz weder die gemeinsame Sorge noch die Alleinsorge bevorzugen. Eine gerichtliche Regelung solle abgesehen vom Fall einer Kindeswohlgefährdung entfallen, wenn die Eltern einen übereinstimmenden Vorschlag in Form eines Sorgeplans über die Ausübung der elterlichen Verantwortung vorlegen. Auf der Basis dieser Überlegungen schlug die Sorgerechtskommission des DFGT folgenden Gesetzestext vor[1015]:

(1) Leben die Eltern nicht nur vorübergehend getrennt oder wird die Ehe der Eltern geschieden, so regeln sie im gegenseitigen Einvernehmen die weitere Ausübung der elterlichen Verantwortung.

(2) [1]Eine gerichtliche Regelung zur Ausübung der elterlichen Verantwortung oder zu deren Übertragung ergeht nur, soweit dies im Hinblick auf das Kindeswohl erforderlich ist. [2]Eine Regelung ist nicht erforderlich, soweit ein übereinstimmender Vorschlag der Eltern unterbreitet wird, mit dem die Art und Weise der elterlichen Verantwortung geregelt ist.

(3) [1]Erforderlich ist eine Regelung, wenn dies von einem Eltern- oder Stiefelternteil, dem Kind oder dem Jugendamt beantragt wird. [2]Das Gericht entscheidet von Amts wegen, wenn das Wohl des Kindes gefährdet ist.

(4) Wird die Ausübung der elterlichen Verantwortung ganz oder überwiegend einem Elternteil übertragen, ist damit die Vertretung des Kindes in den Geschäften des täglichen Lebens verbunden.

[1014] DFGT, FamRZ 1993, 1164.

[1015] DFGT, FamRZ 1993, 1164 (1165).

Im Anschluss an die Thesen zur Reform des Kindschaftsrechts aus dem Jahr 1993 entwickelte der DFGT seine Vorschläge weiter. Die neuen Standpunkte vertrat der DFGT in der öffentlichen Anhörung. Der DFGT gab seine Forderung nach einem detaillierten Sorgeplan auf und verlangte in abgeschwächter Form eine „*Elternvereinbarung*“. Diese Elternvereinbarung müsse autonom und rechtsverbindlich durch die Eltern selbst geändert werden dürfen, ohne ein Verfahren nach § 1696 BGB anzustrengen zu müssen[1016]. Dass die Elternvereinbarung Streit unter den Eltern erzeugen oder verschärfen könnte, sah der DFGT nicht. Die Aufgabe des Zwangsverbundes und der Übergang zum Antragsprinzip lehnte der DFGT ab, da sich der Staat ansonsten seiner Verpflichtung aus Art. 6 GG entziehe[1017]. Zumindest der Verhandlungsverbund müsse aufrechterhalten werden, um die Antragsscheu der Mütter zu überwinden[1018]. Die Sorgerechtskommission des DFGT sprach sich 1997 aufgrund der fortentwickelten Gedanken für folgende Fassung des § 1671 BGB aus:

(1) [1]Eltern können bisherige Sorgerechtsregelungen der Sorgezuweisung nach § 1626a BGB durch gemeinsame Sorgeerklärungen ändern. [2]Die Wirksamkeitsvoraussetzungen der §§ 1626b I, 1626c, 1626d und 1626e gelten entsprechend.

(2) Leben Eltern, denen die elterliche Sorge gemeinsam zusteht oder die durch Sorgeerklärungen nach Abs. 1 eine andere Regelung der elterlichen Sorge vereinbart haben, nicht nur vorübergehend getrennt, so kann jeder Elternteil beantragen, dass ihm die elterliche Sorge insgesamt oder teilweise allein zusteht.

(3) Dem Antrag ist stattzugeben, soweit zu erwarten ist, dass die Aufhebung der gemeinsamen elterlichen Sorge und die Übertragung auf den Antragsteller ganz oder teilweise dem Wohl des Kindes am besten entspricht.

(4) Dem Antrag ist nicht stattzugeben, soweit die elterliche Sorge auf Grund anderer Vorschriften abweichend geregelt werden muss.

(5) [1]Im Scheidungsverfahren der Eltern entscheidet das Familiengericht über die elterliche Sorge auch ohne Antrag, wenn gemeinsame Sorgeerklärungen nach Abs. 1 nicht vorgelegt werden. [2]Das Gericht trifft dabei die Regelung, die dem Wohl des Kindes am besten entspricht; hierbei sind die Bindungen des Kindes, insbesondere an seine Eltern und Geschwister, zu berücksichtigen.

Wie sich aus der Zusammenstellung der einzelnen Auffassungen ergibt, begrüßten alle Sachverständigen die Möglichkeit der gemeinsamen elterlichen Sorge. Lediglich deren Umsetzung, d.h. die Meinungen über eine obligatorische Entscheidung im Zwangsverbund und die gemeinsame Sorge als Regelfall gingen auseinander.

Obwohl das gemeinsame Sorgerecht in der öffentlichen Anhörung eine umstrittene Frage gewesen war und zahlreiche Alternativvorschläge gemacht

---

1016 DFGT, FamRZ 1997, 337; Stellungnahme des DFGT [Fn. 1005] S. 144.

1017 Protokoll Nr. 77 und dazugehörige Stellungnahmen [Fn. 1005] S. 43; **a.A.** Deutscher Anwaltverein e.V., FamRZ 1996, 1401.

1018 Protokoll Nr. 77 und dazugehörige Stellungnahmen [Fn. 1005] S. 108 f.

worden waren, sah der Rechtsausschuss keine Veranlassung zu § 1671 BGB Änderungs- oder Ergänzungsvorschläge zu machen. Der Rechtsausschuss entschied sich letztendlich für die Beibehaltung der gemeinsamen Sorge ohne Antrag in der Fassung des Regierungsentwurfs, weil eine gerichtliche Entscheidung im Falle des Einvernehmens der Eltern nicht erforderlich sei. In einer solchen Situation entspreche diese Lösung dem Kindeswohl am besten, da sie die besten Bedingungen für den Erhalt der Beziehungen des Kindes zu beiden Eltern biete[1019]. Nachdem die gerichtliche Entscheidung zu Gunsten der Alleinsorge zugleich das Ende der gemeinsamen Sorge bedeute, müsse dies im Wortlaut des § 1671 BGB zum Ausdruck kommen.

2. Verfahrensrechtliche Empfehlungen: Anhörung und Beratungshilfe

In verfahrensrechtlicher Hinsicht waren die Ergänzungen des Rechtsausschusses von größerer Tragweite.

Der Rechtsausschuss griff den Vorschlag des Bundesrates zu § 613 Abs. 1 Satz 2 ZPO auf, den die Bundesregierung abgelehnt hatte[1020]. Aufgrund der Verpflichtung des Gerichts, die Eltern zum Sorgerecht nach § 613 Abs. 1 Satz 2 ZPO anzuhören und sie auf die Beratungsmöglichkeiten hinzuweisen, sollten sich die Eltern bewusst für die gemeinsame elterliche Sorge entscheiden[1021]. Durch die Anhörung werde der Elternwille, das gemeinsame Sorgerecht fortzuführen, gerichtlich kontrolliert. Außerdem habe das Familiengericht die Möglichkeit, den Eltern die rechtliche Bedeutung der Alleinsorge und den Fortbestand der gemeinsamen elterlichen Sorge, vor allem die praktische Ausgestaltung des gemeinsamen Sorgerechts nach § 1687 BGB zu erläutern[1022]. Als Rest des Zwangsverbunds blieb ein Erörterungsverbund erhalten[1023].

Aufgrund der Empfehlung des Rechtsausschusses wurde § 17 KJHG/SGB VIII durch einen Absatz 3 ergänzt[1024]. Nach dieser Vorschrift haben die Gerichte, wenn gemeinschaftliche minderjährige Kinder betroffen sind, Namen und Anschrift der Parteien dem Jugendamt mitzuteilen, damit das Jugendamt

---

1019 BT-Drucks. 13/8511, S .66.

1020 BT-Drucks. 13/4899, Anlage 3, S. 171.

1021 BT-Drucks. 13/8511, S. 66 und 78; *Mühlens*, KindPrax 1998, 3; zur Kritik an § 613 ZPO in dieser Form: *Kilbinger*, ZfJ 2001, 39 (40).

1022 *Mühlens*, KindPrax 1998, 3; *Willutzki*, KindPrax 1998, 18; *Schimke*, Das neue Kindschaftsrecht (1998), S. 58.

1023 *Willutzki*, KindPrax 1998, 37; *FamRefK/Rogner*, BGB (1998), § 1671 Rz. 11.

1024 BT-Drucks. 13/8511, S. 50. Nach *Rehberg*, FuR 1998, 65 (69) genügt diese Vorschrift im Zusammenhang mit der Aufgabe des Zwangsverbundes dem staatlichen Wächteramt des Art. 6 Abs. 2 Satz 2 GG nicht.

die Eltern über sein Leistungsangebot unterrichten kann[1025]. Damit wird sichergestellt, dass Anspruchsberechtigte den Anspruch geltend machen können[1026]. Die frühe Einschaltung des Jugendamtes erschien im Hinblick auf dessen versöhnungsfördernde und konfliktvermeidende Tätigkeit erfolgreicher als zum Zeitpunkt der mündlichen Verhandlung[1027]. Eine Verpflichtung zur Wahrnehmung des Beratungsangebots besteht nicht[1028].

Die Hintergründe zur Einführung der Vorschriften über die umfangreichen Beratungsmöglichkeiten, die auf das gemeinsame Sorgerecht abzielen, lagen in sozialwissenschaftlichen Erkenntnissen. An Stelle des Desorganisationsmodells befürwortete der Rechtsausschuss ein Reorganisationsmodell[1029]. Das Desorganisationsmodell geht davon aus, dass sich mit der Ehescheidung die Familie auflöse und deshalb das Ende der familiären Entwicklung erreicht sei. Das Kind entwickle sich fortan in einer Restfamilie[1030]. Demgegenüber ist das Reorganisationsmodell von der Erkenntnis geprägt, dass neben dem bestehenden Rechtssystem ein System begleitender Beratungsangebote zur besseren Bewältigung der mit einer Scheidung zusammenhängenden Probleme erforderlich ist. Das Beratungsangebot soll helfen, durch Intervention auf das Scheidungsgeschehen einzuwirken, damit es den Beteiligten gelingt, die scheidungsbedingte Neuorganisation ihrer Beziehungen untereinander und das Scheidungsgeschehen insgesamt zu bewältigen[1031].
Zusammenfassend lässt sich noch einmal festhalten: vom Gesetzgeber waren Alleinsorge und gemeinsames Sorgerecht gleichberechtigt nebeneinander gestellt worden. Durch materiell-rechtliche und verfahrensrechtliche Ergänzungen und Neuerungen sollte den Eltern das gemeinsame Sorgerecht attraktiv gemacht werden. Das Wächteramt des Staates wurde durch die Abkehr vom Zwangsverbund eingeschränkt.

1025 Ähnlich bereits die AV des RJM vom 16.5.1935 (III a 18688), DJ 1935, 766, „*Zusammenarbeit zwischen den Justizbehörden und der Hitlerjugend*". Nach Ziffer C II 1 soll der Vormundschaftsrichter der Hitlerjugend Mitteilung machen, wenn im Interesse eines Angehörigen der Hitlerjugend ein Verfahren des Sorgerechts eingeleitet wird, damit die Hitlerjugend Gelegenheit zur Stellungnahme hat.

1026 BT-Drucks. 13/8511, S. 82; *Greßmann*, Neues Kindschaftsrecht (1998), Rz. 227; *Johannsen/Henrich/Jaeger*, Eherecht, 4. Aufl. 2003, § 1671 Rz. 6.

1027 *Baltz*, NDV 1997, 306 (311); *Bissmeier*, JAmt 2001, 168 (169); *Bamberger/Roth/Veit*, BGB (2003), Bd. 3, § 1671 Rz. 63.

1028 *Oelkers*, Sorge- und Umgangsrecht – in der Praxis (2000), § 1 Rz. 379.

1029 *Fthenakis*, FPR 1998, 84 (85); *Schimke* [Fn. 1022] S. 31.

1030 *Fthenakis*, FPR 1998, 84 (85).

1031 *Fthenakis*, FPR 1998, 84 (85); nicht eingegangen wird an dieser Stelle auf die Kritik am Reorganisationsmodell, das durch das sog. Transitionsmodell als überholt gelten soll. In diesem Zusammenhang wird auf *Fthenakis*, FPR 1998, 84 ff. und auf die in diesem Aufsatz angesprochene Literatur verwiesen.

E. Analyse der Rechtsprechung und Literatur zu § 1671 idF des KindRG

I. Wechsel von der Alleinsorge zur gemeinsamen Sorge

Normalerweise sind Sorgerechtsfälle so konzipiert, dass die gemeinsame Sorge aufgehoben und einem Elternteil das Alleinsorgerecht übertragen werden soll. An dieser Stelle wird die umgekehrte Konstellation genauer untersucht: der Übergang von der Alleinsorge zur gemeinsamen Sorge. Gerichtliche Sorgerechtsregelungen treten grundsätzlich nicht durch eine Änderung der tatsächlichen Lebensverhältnisse außer Kraft. Ausnahmen davon bilden die tatsächliche Verhinderung nach § 1678 BGB, der Tod eines Elternteils nach § 1680 und die Todeserklärung eines Elternteils nach § 1681 BGB[1032]. Aus diesem Grund reicht ein geänderter übereinstimmender Wille beider Eltern nicht aus, ab sofort die elterliche Sorge gemeinsam ausüben zu wollen. Es bedarf einer Gerichtsentscheidung. Welche speziellen Voraussetzungen nach dem neuen Kindschaftsrecht erforderlich sind, die Alleinsorge wieder in eine gemeinsame Sorge *„abzuändern"* und welche rechtlichen Probleme dabei auftreten, wird im Folgenden dargestellt. Dies ist nicht nur eine Frage des § 1696 BGB, sondern auch des § 1671 BGB.

1. Erstentscheidung beruht auf § 1671 BGB n.F.

Ist nach § 1671 Abs. 2 Nr. 1 oder Nr. 2 BGB n.F. die Alleinsorge einem Elternteil übertragen worden, kann die gemeinsame elterliche Sorge nur durch eine gerichtliche Änderungsentscheidung nach § 1696 BGB oder durch Heirat wieder herbeigeführt werden, wie sich aus § 1626b Abs. 3 BGB ergibt.

Nach § 1696 Abs. 1 BGB hat das Familiengericht Anordnungen zu ändern, wenn dies aus triftigen, das Wohl des Kindes nachhaltig berührenden Gründen angezeigt ist. Diese Formulierung wurde erst durch das KindRG in das Gesetz aufgenommen. Die alte Fassung stellte darauf ab, ob das Gericht die Änderung im Interesse des Kindes für angezeigt hielt. Inhaltlich hält sich die Neuerung in Grenzen, weil die jetzige Fassung der von der Rechtsprechung zur alten Vorschrift entwickelten Formel entspricht[1033]. Die Schwierigkeit liegt in diesen Fällen darin, dass der Inhalt der Abänderungsentscheidung nach h.M. nur

---

[1032] *Schwab*, FamRZ 1998, 457 (471); für die alte Rechtslage: *BayObLG*, FamRZ 1971, 192 (193); *KG*, FamRZ 1994, 119 (120); *MünchKomm/Hinz*, BGB, Bd. 8, 3. Aufl. 1992, § 1672 Rz. 9.

[1033] *Greßmann* [Fn. 1026] Rz. 312; *Huber*, FamRZ 1999, 1625; *Palandt/Diederichsen*, BGB, 58. Aufl. 1999, § 1696 Rz. 21; *AmtsG Würzburg*, FamRZ 1999, 1448; BT-Drucks. 13/4899, S. 109; der Wortlaut der alten Formel geht auf die Rechtsprechung zum EheG 1946 zurück: *OLG Celle*, JR 1949, 155 (156); *OLG Hamm*, ZfJ 1955, 138; zum Inhalt der alten Formel: *BGH*, NJW-RR 1986, 1130.

sein kann, was als Erstentscheidung hätte ergehen können[1034]. Nach In-Kraft-Treten des KindRG ist dies äußerst problematisch geworden, da die gemeinsame elterliche Sorge nach Scheidung der Eltern fortzuführen keine gerichtliche Anordnung voraussetzt. Demgegenüber muss das Familiengericht die gemeinsame elterliche Sorge nach § 1696 Abs. 1 BGB anordnen, obwohl § 1671 BGB n.F. eine Anordnung nicht vorsieht. Hieraus darf jedoch nicht der Schluss gezogen werden, dass im Rahmen einer Abänderung einer Sorgerechtsentscheidung die Wiederherstellung der gemeinsamen Sorge unzulässig ist. Die h.M. lässt jede Gestaltung des Sorgerechtsverhältnisses zu, die nach materiellem Recht möglich ist[1035]. Zwar rechtfertigt ein geänderter gemeinsamer Elternwille für sich alleine nicht die Änderung der Sorgerechtsregelung. Dies ergibt sich aus der amtlichen Begründung, nach der kein Wiederaufrollen des alten Verfahrens erlaubt, sondern nur aus triftigen Gründen des Kindeswohls möglich sein soll[1036]. Die Wertung im neuen Kindschaftsrecht, nach der einem übereinstimmenden Elternwillen Vorrang vor staatlichen Eingriffen zukommt, sprechen für diese Möglichkeit, wenn das mindestens 14 Jahre alte Kind nicht widerspricht[1037]. Anders ist die Situation, wenn lediglich der nicht sorgeberechtigte Elternteil wieder die gemeinsame Sorge erreichen will. Da nach dem Wortlaut des § 1696 Abs. 1 BGB eine Abänderung bestandskräftiger Sorgerechtsentscheidungen nicht schon zum Wohl des Kindes zulässig, sondern triftige, das Wohl des Kindes nachhaltig berührende Gründe erfordert, müssen die Vorteile einer Neuregelung die mit der Änderung verbundenen Nachteile deutlich überwiegen[1038]. Der Antragsteller muss die von § 1696 BGB geforderten Voraussetzungen erfüllen, wenn er gegen den Willen des anderen Elternteils die gemeinsame Sorge durchsetzen will[1039].

1034 *BayObLG*, FamRZ 1964, 640 (641); *BayObLG*, FamRZ 1971, 467 (471); *BayObLG*, FamRZ 1976, 41 (43); *MünchKomm/Hinz*, BGB, Bd. 8, 3. Aufl. 1992, § 1696 Rz. 6; *Gernhuber/Coester-Waltjen*, Familienrecht, 4. Aufl.1994, § 65 VI 1, S. 1054.

1035 *Büdenbender*, AcP 197, 197 (218); *Schwab*, FamRZ 1998, 457 (471); *ders.*, DNotZ 1998, 437 (441); *Huber*, FamRZ 1999, 1625 (1626); *AmtsG Würzburg*, FamRZ 1999, 1448; *OLG Dresden*, FamRZ 2002, 632. *MünchKomm/Hinz*, BGB, Bd. 8, 3. Aufl. 1992, § 1696 Rz. 9 verweist in diesem Zusammenhang (zu § 1671 BGB a.F.) auf die Entscheidung des *BVerfG* vom 3.11.1982, wonach das Änderungsziel des gemeinsamen Sorgerechts Vorrang vor der Alleinsorge habe. Allerdings dürfte sich nach dem 1.7.1998 daran nichts geändert haben.

1036 BT-Drucks. 13/4899, S. 109.

1037 *Büdenbender*, AcP 197, 197 (218); *FamRefK/Rogner*, BGB (1998), § 1696 Rz. 4; *Palandt/Diederichsen*, BGB, 58. Aufl. 1999, § 1696 Rz. 26; *Huber*, FamRZ 1999, 1625 (1626); *AmtsG Würzburg*, FamRZ 1999, 1448; *OLG Dresden*, FamRZ 2002, 632.

1038 *OLG Braunschweig*, FamRZ 2002, 121 (122); *Palandt/Diederichsen*, BGB, 60. Aufl. 2001, § 1696 Rz. 21.

1039 *Huber*, FamRZ 1999, 1625 (1629); a.A. *Ewers*, FamRZ 1999, 477 (478), der danach unterscheidet, auf welcher Grundlage die Erstentscheidung ergangen ist (§ 1671 Abs. 2 Nr. 1 oder Nr. 2 BGB).

2. Erstentscheidung beruht auf § 1671 BGB a.F.

Das KindRG hat die gemeinsame elterliche Sorge nach der Scheidung kraft Gesetz ausdrücklich zugelassen. Von Bedeutung war, ob die Neuregelung einen Abänderungsgrund im Sinne von § 1696 BGB darstellt[1040]. Dies würde bedeuten, dass zu § 1671 BGB in der Fassung des SorgeRG getroffene Sorgerechtsentscheidungen abänderbar wären, um von der Möglichkeit der gemeinsamen elterlichen Sorge Gebrauch zu machen[1041]. Ohne nähere Begründung vertritt dies *Diederichsen*[1042]. Die überwiegende Meinung differenziert bei einem übereinstimmenden Vorschlag, die elterliche Sorge fortan gemeinsam ausüben zu wollen, welcher Bindungswirkung diesem Vorschlag zukommt. Eine Meinung will den übereinstimmenden Elternvorschlag den § 1696 BGB überlagern lassen[1043]. Für eine Abänderung einer zu § 1671 BGB in der Fassung des SorgeRG ergangenen Entscheidung seien keine triftigen, das Wohl des Kindes nachhaltig berührende Gründe erforderlich, sondern es reiche aus, wenn sie dem gemeinsamen Sorgerecht nicht im Wege stünden. Die andere Meinung misst dem übereinstimmenden Elternvorschlag dieselbe Bedeutung wie bei § 1671 Abs. 2 Nr. 1 BGB bei[1044]. Ist die elterliche Sorge einem Elternteil übertragen worden und beantragt der andere Elternteil das gemeinsame Sorgerecht, so ist die Rechtslage mit derjenigen zu § 1671 BGB a.F. vergleichbar. Die Vorteile der Neuregelung müssen dann die mit der Änderung verbundenen Nachteile deutlich überwiegen[1045].

3. Erstentscheidung beruht auf § 1672 BGB a.F.

Beruhte die gerichtliche Anordnung der Alleinsorge auf § 1672 BGB a.F., stellte sich das Problem, ob Sorgerechtsverfahren für die Zeit nach Rechtskraft der Ehescheidung ab 1. Juli 1998 Erstverfahren nach § 1671 BGB n.F. oder Abänderungsverfahren nach § 1696 BGB n.F. sind.

Die Ursache dieses Problems liegt in Art. 15 § 2 Abs. 4 KindRG, der lediglich eine verfahrensrechtliche Übergangsregelung enthält. Eine Folgesache elterliche Sorge ist nach dieser Vorschrift nur fortzuführen, wenn innerhalb von drei Monaten nach dem 1. Juli 1998 ein Sorgerechtsantrag gestellt wird. Ist dies nicht der Fall, wird das alte Verfahren von Gesetzes wegen in der Hauptsache

---

1040 Vgl. zu dem ähnlichen Problem beim 1. EheRG oben 5. Kapitel D.I, S. 124 ff.

1041 *Schwab/Motzer*, Handbuch des Scheidungsrechts, 4. Aufl. 2000, Teil III Rz. 86.

1042 *Palandt/Diederichsen*, BGB, 59. Aufl. 2000, § 1696 Rz. 25; **ebenso**: *Ehring*, Die Abänderung der Sorgeentscheidung und die Wünsche des Kindes (1996), S. 38 und 39; **a.A.** *OLG Düsseldorf*, FamRZ 2000, 1596 (LS); *OLG Braunschweig*, FamRZ 2002, 121.

1043 *Schwab*, FamRZ 1998, 457 (471); *Huber*, FamRZ 1999, 1625 (1629); *FA-FamR/Oelkers*, 3. Aufl. 2001, § 4 Rz. 441; *AmtsG Würzburg*, FamRZ 1999, 1448.

1044 *Büdenbender*, AcP 1997, 197 (218); *Johannsen/Henrich/Büte*, Eherecht, 4. Aufl. 2003, § 1696 Rz. 16; *OLG Dresden*, JAmt 2002, 35 (36).

1045 *OLG Braunschweig*, FamRZ 2002, 121 (122); *Schwab*, FamRZ 1998, 457 (471).

als erledigt angesehen (Art. 15 § 2 Abs. 4 KindRG). Für das materielle Recht ist keine Regelung enthalten. Eine einheitliche Linie hat sich zur Abgrenzung von § 1671 BGB und § 1696 BGB in Literatur und Rechtsprechung nicht herausgebildet.

Wird die Ansicht vertreten, einer Sorgerechtsentscheidung nach § 1672 BGB a.F. komme für die Dauer des Getrenntlebens keine über die Rechtskraft der Scheidung hinaus fortwirkende Bedeutung zu, ist § 1671 BGB n.F. anzuwenden[1046]. Vor In-Kraft-Treten des KindRG unterschied das Gesetz bei Sorgerechtsentscheidungen ehelicher Kinder die Zeitspanne zwischen Trennung der Eltern bis Rechtskraft der Scheidung (§ 1672 BGB a.F.) und die Zeit ab Rechtskraft der Scheidung (§ 1671 BGB a.F.). Es handelte sich um zwei unterschiedliche Verfahrensgegenstände. Dadurch war die Entscheidung zum Sorgerecht während des Getrenntlebens in der Wirkungsdauer bis zur Rechtskraft der Scheidung begrenzt. Der Begriff des *„Getrenntlebens"* hat nach den Vertretern dieser Ansicht mit der gesetzlichen Neuregelung einen anderen Inhalt bekommen, da nicht mehr zwischen diesen beiden Zeiträumen unterschieden wird. Aus diesem Grund könne einer Entscheidung nach § 1672 BGB a.F. kein endgültiger Charakter zukommen. Eine abzuändernde Entscheidung liege nicht vor, weshalb eine *„Erstentscheidung"* nach § 1671 BGB n.F. zu treffen sei.

Gegen die Anwendung von § 1671 BGB spricht nach der anderen Auffassung, dass § 1671 BGB die bestehende gemeinsame Sorge als Tatbestandsmerkmal für die Übertragung der elterlichen Sorge auf einen Elternteil voraussetzt[1047]. Diese Voraussetzung ist nicht gegeben, wenn eine Regelung nach § 1672 BGB a.F. getroffen und einem Elternteil das Alleinsorgerecht übertragen wor-

---

[1046] *OLG Hamm*, FamRZ 1998, 1136 und 1315 (1316); *AmtsG Groß-Gerau*, FamRZ 1998, 1465; *OLG Köln*, FamRZ 1999, 613 (614); *OLG Nürnberg*, FamRZ 1999, 614 (615); *OLG Hamm*, FamRZ 1999, 803 (804) und 1159 (1160); *OLG Bamberg*, FamRZ 1999, 805; *OLG Karlsruhe*, FamRZ 2000, 508; *OLG Oldenburg*, FamRZ 2000, 1596 (1597 f.); *OLG Stuttgart*, FamRZ 2001, 435 (436); *Ewers*, MDR 1999, 941; *Wend*, FPR 1999, 137 (142); *Schwab/Maurer* [Fn. 1041] Teil I Rz. 414; *MünchKomm/Finger*, BGB, Bd. 8, 4. Aufl. 2002, § 1696 Rz. 17; *Bamberger/Roth/Veit*, BGB (2003), Bd. 3, § 1696 Rz. 2.

[1047] *OLG Frankfurt/M.*, FamRZ 1999, 612 und FamRZ 2000, 510; *OLG Stuttgart*, FamRZ 1999, 804; *AmtsG Freyung*, FamRZ 1999, 806; *OLG Zweibrücken*, FamRZ 1999, 807 (808); *OLG Braunschweig*, FamRZ 1999, 1006; *AmtsG Bad Schwalbach*, FamRZ 1999, 1158; *OLG Karlsruhe*, FamRZ 2000, 1595; *OLG Düsseldorf*, FamRZ 2000, 1596 (LS); *FamRefK/Rogner*, BGB (1998), § 1671 Rz. 50; *Hagelstein*, FuR 1998, 404; *Johannsen/Henrich/Jaeger*, Eherecht, 3. Aufl. 1998, § 1671 Rz. 16; *Huber*, FamRZ 1999, 1625 (1630); *Motzer*, FamRZ 1999, 1101 (1105); *ders.*, Handbuch des Scheidungsrechts, 4. Aufl. 2000, Teil III Rz. 80; *Palandt/Diederichsen*, BGB, 59. Aufl. 2000, Einf. § 1626 Rz. 36.

den ist. Nachdem keine materiell-rechtlichen Übergangsregelungen getroffen wurden, wirke die Entscheidung aus § 1672 BGB a.F. ungeachtet der ursprünglich für die Dauer der Trennung der Eltern bestimmten Entscheidung über die Rechtskraft der Ehescheidung hinaus fort. Liege eine gerichtliche Sorgerechtsregelung vor, so sei eine Abänderung der Sorgerechtsentscheidung nur nach § 1696 BGB möglich. Da § 1696 BGB als Abänderungsvoraussetzungen triftige, das Wohl des Kindes nachhaltig berührende Gründe verlangt und damit einen strengeren Maßstab gegenüber § 1671 BGB aufstellt, soll der Inhalt und Rechtsgedanke des § 1671 BGB bei der abzuändernden Entscheidung herangezogen werden[1048].

Ist einem Elternteil nach altem oder nach neuem Recht die Alleinsorge übertragen worden, kann also in der Regel nur über § 1696 BGB wieder das gemeinsame Sorgerecht begründet werden. Lediglich der Maßstab der Entscheidung ist gegebenenfalls den Wertungen des § 1671 BGB zu entnehmen. Daneben ist das In-Kraft-Treten des KindRG für sich alleine gesehen kein Grund, die gemeinsame elterliche Sorge zu beanspruchen und eine Altentscheidung nach § 1696 BGB abzuändern.

II. Der Streit um das gemeinsame Sorgerecht als Regelfall

Während bis 1998 vom Familiengericht über das Sorgerecht von Amts wegen im Zwangsverbund entschieden wurde, ist seit 1998 die Scheidung der Eltern nicht mehr hinreichender Grund für eine gerichtliche Sorgerechtsentscheidung. Das gemeinsame Sorgerecht wird heute automatisch beibehalten, wenn nicht zumindest ein Elternteil einen Antrag auf das Alleinsorgerecht stellt, § 1671 Abs. 1 BGB iVm § 623 Abs. 2 Satz 1 Nr. 1 ZPO. Die vom Gesetzgeber eingeführte Systematik stellte einen der umstrittensten Punkte der Reform dar[1049] und riss nach In-Kraft-Treten des KindRG nicht ab[1050]. Dass das Alleinsorgerecht im Gegensatz zum gemeinsamen Sorgerecht eines Antrages bedarf, führte zu der Annahme, das gemeinsame Sorgerecht sei der gesetzliche Regelfall. Der Streit um die gemeinsame elterliche Sorge als Regelfall hat

---

1048 *OLG Frankfurt/M.*, FamRZ 2000, 510; *Bloch*, Die Übertragung der elterlichen Sorge gemäß § 1671 BGB (2002), S. 169 Fn. 701.

1049 *Johannsen/Henrich/Jaeger*, Eherecht, 3. Aufl. 1998, § 1671 Rz. 4; *Greßmann* [Fn. 1026] Rz. 202; *Schwab/Motzer* [Fn. 1041] Teil III Rz. 17; *Sellmer*, Auseinandersetzungen unter den Eltern im Rahmen des gemeinsamen Sorgerechts (2002), S. 46; vgl. oben 7. Kapitel D.I.2, S. 191 ff.

1050 Die Diskussion über das Regel-Ausnahme-Verhältnis wurde teilweise als überflüssig bezeichnet, da in der Praxis ohnehin zu prüfen sei, ob und unter welchen Voraussetzungen die gemeinsame elterliche Sorge beibehalten werden könne, vgl. *Proksch*, FPR 1996, 229; *Greßmann* [Fn. 1026] Rz. 202; *Schwab/Motzer* [Fn. 1041] Teil III Rz. 125.

deshalb erhebliche praktische Bedeutung, weil sie den Entscheidungsmaßstab mitbestimmt[1051].

1. Gemeinsame Sorge als Regelfall

Zahlreiche Stimmen sehen seit 1998 das gemeinsame Sorgerecht als den gesetzlichen Regelfall an[1052]. Die Argumente entnehmen sie der Entscheidung des *BVerfG* vom 3. November 1982, der Begründung des Entwurfs des KindRG und dem Gesetzestext.

Die Entscheidung des *BVerfG* vom 3. November 1982 trete für einen Vorrang des gemeinsamen Sorgerechts ein. Zum Beleg werden die in der Entscheidung geschilderten Vorteile der gemeinsamen Sorge für das Wohl des Kindes angeführt[1053]. Des Weiteren sei die Begründung des Regierungsentwurfs zum KindRG, die sich zwar gegen den Regelfall ausgesprochen habe, in sich widersprüchlich und lediglich als Absichtserklärung zu werten[1054]. Die Begründung stehe im Gegensatz zum Wortlaut des allein maßgeblichen Gesetzestextes. Da die Alleinsorge eines Antrages bedürfe, sei dies eine Ausnahme von einer ansonsten bestehenden Regel. In allen anderen Rechtsbereichen – insbesondere dem FGG-Verfahren gut vergleichbaren Verwaltungsrecht – begründe der Eintritt einer bestimmten Rechtsfolge auf Antrag eine Ausnahme von einer ansonsten bestehenden Regel. Außerdem seien in streitigen Sorgerechtsverfahren nach § 1671 Abs. 2 Nr. 2 BGB besondere Feststellungen in zweifacher Hinsicht erforderlich, welche die Alleinsorge zu einer begründungsbedürftigen Ausnahme machten[1055]. Die Aufhebung der gemeinsamen Sorge und die Übertragung auf den Antragsteller müssten dem Kindeswohl am besten entsprechen. Der Amtsermittlungsgrundsatz des § 12 FGG bewahre den Antragsteller nicht vor der Zurückweisung seines Antrages, wenn diese Voraussetzungen nicht vorliegen mit der Folge, dass es bei einem gemeinsamen Sorgerecht ver-

---

1051 *Rauscher*, Familienrecht (2001), Rz. 995.

1052 *Eckert-Schirmer*, FuR 1996, 205; *Coester*, RdJB 1996, 430 (433); *Schwab*, FamRZ 1998, 457 (463); *Zimmermann*, DNotZ 1998, 404 (423); *Salzgeber*, KindPrax 1998, 43; *Motzer*, FamRZ 1999, 1101 (1103); *Keller*, Das gemeinsame Sorgerecht nach der Kindschaftsrechtsreform (1999), S. 76; *Suess/Scheurer-Englisch/Grossman*, FPR 1999, 148 (149); *Runge*, FPR 1999, 142 ff.; *Schwab/Motzer* [Fn. 1041] Teil III Rz. 124; *Willutzki*, KindPrax 2000, 45 f.; *ders.*, RdJB 2000, 398 (403); *Wolf*, FPR 2002, 173; *Bamberger/Roth/Veit*, BGB (2003), Bd. 3, § 1671 Rz. 2; *OLG Hamm*, FamRZ 1999, 38 (39); *OLG Stuttgart*, FamRZ 1999, 39; *AmtsG Chemnitz*, FamRZ 1999, 321 (322); *OLG Nürnberg*, FamRZ 1999, 1160; *OLG Hamm*, FamRZ 1999, 1597; *OLG Köln*, FamRZ 2000, 1041 (LS).

1053 Vgl. oben 6. Kapitel D.II.3, S. 168 ff.

1054 *„Kein Vorrang der gemeinsamen Sorge vor der Alleinsorge"* im Gegensatz zu *„die Alleinsorge entfremdet das Kind dem anderen Elternteil – meist dem Vater"*.

1055 *Mühlens*, KindPrax 1998, 3; *Salzgeber*, KindPrax 1998, 43; *Schwab*, FamRZ 1998, 457 (463); *Liermann*, FamRZ 1999, 809; *OLG Hamm*, FamRZ 1999, 38 (39); *OLG Stuttgart* 1999, 39; *AmtsG Chemnitz*, FamRZ 1999, 321 (322).

bleibt. Die im FGG geforderte Feststellungslast habe eine der Beweislast vergleichende Wirkung. Dagegen bedürfe es in diesem Fall nicht der Feststellungen, das Fortbestehen der gemeinsamen elterlichen Sorge entspreche dem Kindeswohl am besten.
Weil die Vertreter dieser Auffassung das gemeinsame Sorgerecht als Regelfall ansehen, verlangen sie von den Eltern, damit das gemeinsame Sorgerecht verwirklicht wird, eine Konsensverpflichtung. Eine einseitige Ablehnung der Kooperation durch einen Elternteil lassen sie nicht ohne weiteres ausreichen und legen den Eltern eine Pflicht zur Kooperation auf[1056].

2. Gleichrang zwischen gemeinsamer Sorge und Alleinsorge

Die andere Auffassung entnimmt der Reform des Kindschaftsrechts keine Leitbildfunktion oder Präferenz zugunsten der gemeinsamen elterlichen Sorge und beruft sich auf die nach der Gesetzesbegründung gewollte Gleichrangigkeit von gemeinsamer Sorge und Alleinsorge[1057]. Lediglich gesetzestechnisch habe der Gesetzgeber ein Regel-Ausnahme-Verhältnis geschaffen. Dies sei Ursache des verwirklichten Antragsmodells und nicht Wille des Gesetzgebers. Ein Argument für eine Gleichrangigkeit sieht man in § 1626a BGB. Nach dieser Vorschrift haben grundsätzlich nur verheiratete Eltern die gemeinsame Sorge während bei nichtehelichen Lebensgemeinschaften zur Begründung der gemeinsamen elterlichen Sorge eine Sorgerechtserklärung erfolgen muss. Nachdem die Anwendung des § 1671 BGB die gemeinsame elterliche Sorge voraussetzt, sei das gemeinsame Sorgerecht nur für einen Teil der Eltern Regelfall. Insoweit stünde der Grundsatz der Gleichbehandlung von ehelichen und nichtehelichen Kindern entgegen.
Ferner entnahmen die Vertreter dieser Auffassung dem Prüfungsmaßstab des Familiengerichts ein Argument für die Gleichrangigkeit. Bei einem streitigen Sorgerechtsverfahren nach § 1671 Abs. 2 Nr. 2 BGB sei eine Abwägung vorzunehmen, welche der in Betracht kommenden Regelungsmöglichkeiten dem Kindeswohl am besten entspreche. Es reiche nicht aus, wenn die nach Trennung und Scheidung fortbestehende gemeinsame elterliche Sorge das Kindeswohl nicht beeinträchtige. Vielmehr sei eine positive Feststellung erforderlich,

---

1056 *Schwab*, FamRZ 1998, 457 (462 f.); *Liermann*, FamRZ 1999, 809; *Bode*, FamRZ 1999, 1400 (1402); *OLG Bamberg*, FamRZ 1999, 805 (806); *OLG Hamm*, FamRZ 1999, 1159 (1160); *OLG Nürnberg*, FamRZ 1999, 1160; *OLG Hamm*, FamRZ 2000, 26 (27); *OLG Köln*, FamRZ 2000, 499. Vgl. unten 7. Kapitel E.III, S. 220 ff.

1057 *Johannsen/Henrich/Jaeger*, Eherecht, 3. Aufl. 1998, § 1671 Rz. 35; *Greßmann* [Fn. 1026] Rz. 202; *Willutzki*, KindPrax 1998, 8; *Scholz*, FPR 1998, 62 (64); *Oelkers*, FPR 1999, 132 (133); *ders.*, ZfJ 1999, 263; *Wend*, FPR 1999, 137 (138); *Sittig/Störr*, FuR 2000, 199 (200); *dies.*, ZfJ 2000, 368 ff.; *Motzer*, FamRZ 2001, 1034 (1036); *MünchKomm/Finger*, BGB, Bd. 8, 4. Auf. 2002, § 1671 Rz. 13; *OLG Frankfurt/M.*, FamRZ 1999, 392; *OLG Dresden*, FamRZ 1999, 1156; *OLG Rostock*, FamRZ 1999, 1599; *KG*, FamRZ 2000, 502 (503).

welche der möglichen Regelungen die bessere sei. Dies bedeute, dass sich bei einem Streit der Eltern über den Fortbestand der gemeinsamen elterlichen Sorge hinsichtlich des Beurteilungsmaßstabes keinerlei Änderungen gegenüber dem früheren Rechtszustand ergäben, als die gemeinsame elterliche Sorge ebenfalls nicht als Regelfall angesehen wurde[1058].
In Konsequenz dieser Auffassung wird zur Aufrechterhaltung des gemeinsamen Sorgerechts die uneingeschränkte beiderseitige Kooperationsbereitschaft und –fähigkeit der Eltern gefordert[1059]. Eine gemeinsame elterliche Sorge wird abgelehnt, wenn ein Elternteil die Kooperation verweigert. Schon dann, wenn es an einer gemeinsamen Kommunikationsebene fehle, sei ein gegenseitiges Einvernehmen nicht zu erwarten und eine Alleinsorge erforderlich[1060].

3. Stellungnahme des BGH zum Regelfallstreit

In einem *obiter dictum* stellte der *BGH* fest, dass die gemeinsame elterliche Sorge nicht als Regelfall anzusehen ist[1061]. Der *BGH* nahm in dieser Entscheidung auf die Gesetzesbegründung Bezug und betonte den Gleichrang von Alleinsorge und gemeinsamer elterlicher Sorge.
Die Vorschrift des § 1671 BGB in der Fassung des KindRG enthalte kein Regel-Ausnahme-Verhältnis im Sinne einer Priorität zugunsten der gemeinsamen elterlichen Sorge und einer Alleinsorge in Ausnahmefällen als *ultima ratio.* Ziel des KindRG wäre die Einführung eines zum Teil modifizierten Antragsverfahrens unter Abschaffung des Zwangsverbundes bei weitgehender Gleichbehandlung des elterlichen Sorgerechts bei verheirateten und nicht miteinander verheirateten Eltern gewesen. Eine gesetzliche Vermutung, die gemeinsame elterliche Sorge sei im Zweifel die für das Kind beste Form der Wahrnehmung elterlicher Verantwortung, bestehe nicht[1062]. Nur weil die Alleinsorge die Sorgerechtsform sei, die gerichtlich bestimmt werde, mache sie nicht zur Ausnahmeregelung oder *ultima ratio.*

1058 *BVerfG*, FamRZ 1982, 1179 (1184).
1059 So schon zum SorgeRG: *BGH*, FamRZ 1993, 314 (315).
1060 *Born*, FamRZ 2000, 396 (398).
1061 *BGH*, FamRZ 1999, 1646 = NJW 2000, 203 = MDR 2000, 31.
1062 Einschränkend aber *BGH*, FamRZ 2004, 802 (803), wonach die gemeinsame Sorge besser geeignet sei, die Kommunikation und die Kooperation der Eltern positiv zu beeinflussen, den Kontakt des Kindes zu beiden Elternteilen aufrechtzuerhalten und die Beeinträchtigungen des Kindes durch die Trennung zu mindern.

Der Beschluss des *BGH* ließ die kontrovers geführte Diskussion abklingen[1063]. In der Literatur stieß die Entscheidung des *BGH* auf geteiltes Echo. Teilweise weckte der Beschluss die Hoffnung, der erschreckenden Tendenz einiger Gerichte, die Eltern zum gemeinsamen Sorgerecht zu zwingen (sog. Konsensverpflichtung[1064]), werde jetzt Einhalt geboten[1065]. Der *BGH* sei in diesem Beschluss wie die bisher h.M.[1066] davon ausgegangen, dass Kooperationsfähigkeit und Kooperationsbereitschaft zur Aufrechterhaltung der gemeinsamen elterlichen Sorge unverzichtbar seien. Aus diesem Grund wird diese Entscheidung als *„Absage an die verordnete Harmonie"* begriffen, da die Auffassung gestützt worden sei, die höhere Anforderungen an das gemeinsame Sorgerecht stellte[1067]. Die Entscheidung des *BGH* wurde in der Literatur auch kritisiert, da es der *BGH* versäumt habe, sich mit den Argumenten zahlreicher Oberlandesgerichte auseinander zu setzen, wenn er grundsätzliche Erwägungen zur Auslegung des § 1671 BGB anstellte[1068]. Im Übrigen habe der *BGH* unterlassen, sich mit dem Beschluss des *BVerfG* vom 31. August 1999 auseinanderzusetzen, in welchem das *BVerfG* die gemeinsame elterliche Sorge als Regelfall ansah[1069].

Das *BVerfG* schloss sich in einer neueren Entscheidung der Auffassung des *BGH* an[1070]. Die beim *BVerfG* anhängige Verfassungsbeschwerde richtete sich gegen die Übertragung der Alleinsorge auf einen Elternteil. Die angegriffene Entscheidung verstieß nach Meinung des *BVerfG* gegen Art. 6 Abs. 2 GG, weil die gemeinsame Ausübung der Elternverantwortung ein Mindestmaß an Übereinstimmung zwischen den Eltern erfordere. Unter Berufung auf die Entscheidung des *BGH* werde weder von verfassungsrechtlicher Seite noch von

---

1063 Gegen Regelfall: *KG*, FamRZ 2000, 502 (503); *OLG Zweibrücken*, FamRZ 2001, 182 (LS); *OLG Köln*, FamRZ 2001, 183 (LS); *OLG Hamm*, FamRZ 2001, 183 (Nr. 154-156, LSe); *OLG Brandenburg*, FamRZ 2001, 1021; *OLG Brandenburg*, FamRZ 2002, 120; *OLG München*, FamRZ 2002, 189 (190); *OLG Frankfurt/M.*, FamRZ 2002, 1727; *OLG Köln*, FamRZ 2003, 1036; *OLG Köln*, JAmt 2004, 46 (47); *Schwab*, JAmt 2004, 117 (118); **a.A.** immer noch *OLG Frankfurt/M.*, FamRZ 2002, 187; *Bode*, FamRZ 2000, 478; *Kaiser*, FPR 2003, 573 (577); *Palandt/Diederichsen*, BGB, 62. Aufl. 2003, § 1671 Rz. 17.

1064 Vgl. unten 7. Kapitel E.III, S. 220 ff.

1065 *Oelkers*, MDR 2000, 32.

1066 *OLG Dresden*, FamRZ 1999, 1156; *OLG Hamburg*, MDR 1999, 748 (749); *OLG Düsseldorf*, MDR 1999, 1329; *Johannsen/Henrich/Jaeger*, Eherecht, 3. Aufl. 1998, § 1671 Rz. 36; **a.A.** *Bode*, FamRZ 1999, 1400; *Wend*, FPR 1999, 137 (139).

1067 *Born*, FamRZ 2000, 396 (398).

1068 *Haase/Kloster-Harz*, FamRZ 2000, 1003; *Luthin*, FF 2002, 80 (82).

1069 *BVerfG*, FamRZ 1999, 1577 (1578).

1070 Beschluss v. 18.12.2003, *BVerfG*, FamRZ 2004, 354 = FPR 2004, 260 = NJW-RR 2004, 577 = JAmt 2004, 92 = FF 2004, 77; **ebenso**: *BVerfG*, FamRZ 2004, 1015 (1016) = FPR 2004, 393.

§ 1671 BGB der gemeinsamen Sorge ein Vorrang eingeräumt. Daneben bestünde keine Vermutung, dass die gemeinsame Sorge im Zweifel für das Kind die beste Alternative sei.
Ein wichtiges Ergebnis dieser Entscheidung war, dass das *BVerfG* die Schwelle für den Übergang von der gemeinsamen elterlichen Sorge während der Ehe zur Alleinsorge nach der Ehescheidung absenkte[1071]. Die Ausübung der gemeinsamen Sorge nach der Ehescheidung setze eine tragfähige soziale Beziehung der Eltern und ein Mindestmaß an Übereinstimmung voraus[1072]. Dadurch wird es schwieriger, über eine verordnete Gemeinsamkeit die Eltern zu einem gemeinsamen Sorgerecht zu zwingen.

III. Gemeinsames Sorgerecht aufgrund verordneter Gemeinsamkeit

Der Gesetzgeber ging davon aus, dass sich Gemeinsamkeit nicht verordnen lässt[1073]. Die Voraussetzungen des § 1671 Abs. 2 Nr. 2 BGB verleiten in streitigen Sorgerechtsfällen die Familiengerichte trotzdem dazu, Gemeinsamkeit zu verordnen. Dies liegt am Prüfungsmaßstab dieser Vorschrift. Der Antrag auf Übertragung der Alleinsorge ist nur dann begründet, wenn die Aufhebung der gemeinsamen Sorge und die Übertragung auf den Antragsteller dem Wohl des Kindes am besten entsprechen. Erachtet das Familiengericht diese Voraussetzungen als nicht erfüllt, muss es den Antrag ablehnen und es bleibt bei der gemeinsamen elterlichen Sorge[1074]. Nach neuem Recht gibt es im Unterschied zur bisherigen Gesetzeslage[1075] die gemeinsame Sorge ohne übereinstimmenden Willen der Eltern. Dem Gericht ist nur verwehrt, die elterliche Sorge gem. § 1671 Abs. 1 BGB auf den Elternteil zu übertragen, der keinen eigenen Antrag gestellt hat[1076], denn der Antrag bestimmt den Verfahrensgegenstand[1077].

1071 *Motzer*, FamRZ 2004, 1145 (1146).

1072 *BVerfG*, FamRZ 2004, 354 (355); zust. *Weber*, NJW 2004, 3084 (3087); krit. *Motzer*, FamRZ 2004, 1145 (1155).

1073 BT-Drucks. 13/4899, S. 63.

1074 *Schwab/Wagenitz*, FamRZ 1997, 1377 (1380); *Schwab*, FamRZ 1998, 457 (462); *Pieper*, FuR 1998, 1; *Niepmann*, MDR 1998, 565 (567); krit. *Staudinger/Coester*, BGB, Bd. IV, 13. Aufl. 2000, § 1671 Rz. 120; *Kostka*, FamRZ 2004, 1924.

1075 *BGH*, FamRZ 1993, 314 (315); *Schwab*, Handbuch des Scheidungsrechts, 3. Aufl. 1995, Teil III Rz. 99.

1076 **A.A.** *FamRefK/Rogner*, BGB, 1998, § 1671 Rz. 11.

1077 *Haibach/Haibach*, Das Neue Kindschaftsrecht in der anwaltlichen Praxis (1998), Rz. 69; *Staudinger/Coester*, BGB, Bd. IV, 13. Aufl. 2000, § 1671 Rz. 44. Während der Geltung des alten Rechts entsprach es der h.M., dass das Familiengericht die elterliche Sorge auf den von einem Elternteil gestellten Antrag hin auch dem anderen Elternteil übertragen kann, der keinen Antrag gestellt hatte, vgl. *Johansen/Henrich/Jaeger*, Eherecht, 2. Aufl. 1992, § 1672 Rz. 6; *OLG Celle*, FamRZ 1978, 622 f.; *OLG Frankfurt/M.*, FamRZ 1979, 178.

Vor allem im Zusammenhang mit dem Streit um das gemeinsame Sorgerecht als Regelfall stellte die Rechtswissenschaft verschiedene Anforderungen an die Kooperationsbereitschaft[1078]. Unverzichtbares Erfordernis für das gemeinsame Sorgerecht waren nach der Entscheidung des *BVerfG*[1079] vom 3. November 1982 Kooperationsfähigkeit und Kooperationsbereitschaft. Diese Voraussetzungen haben nach In-Kraft-Treten des KindRG weiterhin Geltung[1080].

1. Gemeinsames Sorgerecht aufgrund Konsensverpflichtung

Seit In-Kraft-Treten des § 1671 BGB in der Fassung des KindRG hält vor allem die Rechtsprechung getrennt lebende Eltern für verpflichtet an, alle Anstrengungen zu unternehmen, um in Angelegenheiten der elterlichen Sorge einen Konsens zu suchen und zu finden[1081]. Die Vertreter dieser Auffassung wollen damit dem Leitbild des gemeinsamen Sorgerechts gerecht werden. Aus dieser Pflicht könnten die Eltern nicht entlassen werden, solange ihnen ein gemeinsames Erziehungshandeln zum Wohl des Kindes zumutbar sei. Zumutbar sei den Eltern in wichtigen Sorgerechtsangelegenheiten eine Einigung mit dem anderen Elternteil zu erzielen, auch wenn ihnen dies nach der Trennung möglicherweise schwer falle. Formelhafte Äußerungen wie, sie könnten nicht miteinander reden oder nur noch über Anwälte kommunizieren, seien nicht ausreichend[1082], ebenso wenig eine große räumliche Entfernung[1083]. Ansonsten hätte es ein Elternteil in der Hand, durch schlichte und einseitige Verweige-

---

[1078] Zu den Rechtsprechungstendenzen im KindRG allgemein: *Motzer*, FamRZ 1999, 1101, *ders.*, FamRZ 2001, 1034; *ders.*, FamRZ 2003, 793; *ders.*, FamRZ 2004, 1145; *Sellmer* [Fn. 1049] S. 71 ff.

[1079] *BVerfG*, FamRZ 1982, 1179 = NJW 1983, 101 = MDR 2000, 31; vgl. oben 6. Kapitel D.II.3, S. 168 ff. *Bode*, FamRZ 1999, 1400 will diese Kriterien durch die Merkmale der objektiven und subjektiven Erziehungseignung ersetzen.

[1080] *Liermann*, FamRZ 1999, 809; *MünchKomm/Finger*, BGB, Bd. 8, 4. Aufl. 2002, § 1671 Rz. 73.

[1081] *OLG Zweibrücken*, FamRZ 1999, 40 (41); *AmtsG Chemnitz*, FamRZ 1999, 321 (323); *OLG München*, FamRZ 1999, 1006 (1007); *OLG Hamm*, FamRZ 2000, 26 (27); *OLG Karlsruhe*, FamRZ 2000, 111 (112); *OLG Köln*, FamRZ 2000, 499; *OLG Zweibrücken*, FamRZ 2000, 1042 (1043); *OLG Frankfurt/M.*, FamRZ 2002, 187; *OLG Naumburg*, FamRZ 2002, 564 (565); *OLG Köln*, FamRZ 2003, 1036 (1037); *OLG Celle*, FamRZ 2003, 1488. Vgl. *BVerfG*, FamRZ 2003, 285 zur Kooperationsbereitschaft bei ne. Kindern.

[1082] *OLG Naumburg*, FamRZ 2002, 564 (565); *OLG Köln*, FamRZ 2003, 1492 (1493).

[1083] *KG*, FamRZ 1983, 1055; *OLG Celle*, FamRZ 1985, 527; *OLG Dresden*, FamRZ 2000, 501; *OLG Nürnberg*, FamRZ 2000, 1603; *OLG Naumburg*, FamRZ 2002, 564 (565); *OLG Hamm*, FamRZ 2002, 565 (566); *OLG Köln* FamRZ 2003, 1036; *BVerfG*, FamRZ 2004, 1015 (1016); *OLG Köln*, JAmt 2004, 46 (47); **a.A.** *OLG Hamm*, FamRZ 1999, 320 (NRW – Wales).

rung, sich mit dem anderen Elternteil zu verständigen, die Übertragung der Alleinsorge auf sich zu erreichen[1084].

Gegen diese Auslegung des § 1671 BGB wird eingewandt, dass die gemeinsame elterliche Sorge weiterhin eine objektive und subjektive Kooperationsbereitschaft voraussetzt und sich Gemeinsamkeit entsprechend der Begründung im Regierungsentwurf nicht verordnen lässt[1085]. Daran ändere das vom Gesetzgeber vorgesehene Leitbild des gemeinsamen Sorgerechts nichts. Infolgedessen werden die Eltern nicht unter allen erdenklichen Gesichtspunkten für verpflichtet angesehen, Konsens zu suchen und zu finden[1086]. Fehlt die Kooperationsbereitschaft zwischen den Eltern, dann entspricht es nach dieser Auffassung dem Kindeswohl selbstverständlich nicht, durch eine gemeinsame elterliche Sorge die Eltern in ständige, von ihnen nicht zu bewältigende Konfliktsituationen zu zwingen, die zwangsläufig nachteilige Auswirkungen auf das Kind haben. In diesen Fällen sei der Alleinsorge der Vorzug zu geben.

Das Fehlen der objektiven Kooperationsfähigkeit und der subjektiven Kooperationsbereitschaft rechtfertigt die Anordnung der Alleinsorge aber nur dann, wenn die Haltung des betreffenden Elternteils auf nachvollziehbaren Gründen beruht und nicht willkürlich ist[1087]. Es reicht nicht aus, dass Kooperationsbereitschaft und -fähigkeit fehlen, sondern die Entscheidung des die Alleinsorge begehrenden Elternteils muss an Kindesinteressen ausgerichtet sein. Ist dies der Fall, rechtfertigt die fehlende Kooperationsbereitschaft und –fähigkeit auf Seiten eines Elternteils die Anordnung der Alleinsorge.

Diese Meinung wird vor allem von denjenigen vertreten, welche die gemeinsame elterliche Sorge und die Alleinsorge als gleichberechtigt ansehen.

1084 *OLG Zweibrücken*, FamRZ 2000, 506 (507); *OLG Karlsruhe*, FamRZ 2002, 1209; *Rummel*, DAVorm 1998, 753 (764); **ähnlich**: *OLG Celle*, FamRZ 2004, 1667.

1085 Nach *Kaiser*, FPR 2003, 573 ist seit dem Urteil des *BGH* vom 29.9.1999 eine Rückkehr an die zu § 1671 BGB a.F. gebräuchliche Formulierung der subjektiven Kooperationsbereitschaft und der objektiven Kooperationsfähigkeit zu verzeichnen.

1086 *OLG Dresden*, FamRZ 1999, 324 (325); *KG*, FamRZ 1999, 808 (809); *OLG Düsseldorf*, FamRZ 1999, 1157; *KG*, FamRZ 2000, 504 und FamRZ 2000, 504 (505); *OLG Hamm*, FamRZ 2000, 1602 (1603); *OLG Brandenburg*, FamRZ 2001, 1021; Deutscher Familiengerichtstag, FamRZ 1997, 337; *Johannsen/Henrich/Jaeger*, Eherecht, 3. Aufl. 1998, § 1671 Rz. 36; *Oelkers*, FuR 1999, 349 (352); *ders.*, ZfJ 1999, 263 (266); *Niepmann*, MDR 1999, 653; *Sittig/Störr*, ZfJ 2000, 368 (370).

1087 *OLG Dresden*, FamRZ 2000, 109 (110).

2. Gemeinsames Sorgerecht nach Ablehnung des Beratungsangebots des § 17 KJHG/SGB VIII

Ein anderer Weg zur Begründung einer Konsensverpflichtung geht dahin, die Wertungen des KJHG/SGB VIII heranzuziehen[1088]. Eine Beratung durch die Jugendämter und andere Organisationen habe vor einer gerichtlichen Intervention Vorrang. Folglich sei vor einer gerichtlichen Entscheidung festzustellen und zu begründen, ob und aus welchen Gründen Eltern nicht kooperierten. Dies lasse sich erst beurteilen, wenn die nach § 17 KJHG/SGB VIII angebotenen Hilfen nicht gegriffen hätten. Das Familiengericht müsse die Beteiligten über ihre Elternpflichten und das ihnen eröffnete Beratungsangebot aufklären sowie deren Motivation und Bereitschaft zu deren Inanspruchnahme fördern. Demjenigen Elternteil, welcher die gemeinsame elterliche Sorge verweigere, solle aufgezeigt werden, dass seine Haltung vom Staat und dessen Wächteramt nicht hingenommen werde. Dadurch ergibt sich eine Verpflichtung, die angebotenen Hilfen im Elternkonflikt unter dem Gesichtspunkt der elterlichen Verantwortung anzunehmen[1089]. Die beharrliche Ablehnung der in § 17 KJHG/ SGB VIII geschaffenen Hilfen ohne ersichtlichen Grund, könne auf eine mangelnde Erziehungsfähigkeit schließen[1090]. Hätten die Eltern das Beratungsangebot wahrgenommen und ein gemeinschaftliches Konzept nach § 17 KJHG/ SGB VIII[1091] erarbeitet, müsse nicht notwendigerweise das gemeinsame Sorgerecht beibehalten werden. § 17 KJHG/SGB VIII sei eine dahingehende Wertung nicht zu entnehmen.

Lehnt ein Elternteil das Beratungsangebot nach § 17 KJHG/SGB VIII ab, verbleibt es unter dem Gesichtspunkt der Konsensverpflichtung beim gemeinsamen Sorgerecht[1092].

3. Gemeinsames Sorgerecht bei Streitigkeiten über Nebenfragen

Sind sich die Eltern in Grundfragen der Erziehung einig und bestehen lediglich in Nebenfragen Differenzen, liegen nach dieser Ansicht die Voraussetzungen der Alleinsorge nicht vor[1093]. Eine Uneinigkeit der Eltern über relativ untergeordnete Angelegenheiten gebe keinen Anlass, das gemeinsame Sorge-

---

1088 *OLG Zweibrücken*, FamRZ 2000, 627 (628); *Jopt*, ZfJ 1996, 203 (208); **a.A.** *OLG Hamm*, FamRZ 1996, 1098 (1099); *Maccoby/Mnookin*, FamRZ 1995, 1 (13); *Motzer*, FamRZ 1999, 1101 (1104).

1089 *Weisbrodt*, DAVorm 2000, 617 (625).

1090 *Runge*, FPR 1999, 142 (144).

1091 Vgl. hierzu krit. *Kaufmann*, ZfJ 1991, 18.

1092 **Ähnlich**: *Rummel*, DAVorm 1998, 753 (765) und *Mrozynski*, KJHG, 3. Aufl. 1998, § 17 Rz. 6, der die Jugendhilfe seit dem KindRG für verpflichtet hält, auf das gemeinsame Sorgerecht hinzuwirken, da dieses der Regelfall sei.

1093 *OLG Bamberg*, FamRZ 1999, 803; **ähnlich**: *OLG Oldenburg*, FamRZ 1998, 1464; *OLG Bamberg*, FamRZ 1999, 1005; *OLG Stuttgart*, FamRZ 1999, 1596; **ebenso**: *Kaiser*, FPR 2003, 573 (576); *Palandt/Diederichsen*, BGB, 62. Aufl. 2003, § 1671 Rz. 17.

recht aufzuheben. Diese Auffassung zieht die den §§ 1687 und 1628 BGB zugrunde liegenden Wertungen heran. Meinungsverschiedenheiten zwischen den Eltern in einer einzelnen Angelegenheit könnten mit Hilfe des § 1628 BGB gelöst werden, indem das Familiengericht den zur Entscheidung berechtigten Elternteil bestimmt. Nach § 1687 BGB trifft der Elternteil, bei dem sich die Kinder aufhalten, in alleiniger Kompetenz die Entscheidungen über Angelegenheiten des täglichen Lebens. Nachdem diese Angelegenheiten die im Vordergrund stehenden Fragen der täglichen Betreuung des Kindes, Fragen der Schul- und der Berufsausbildung und der gewöhnlichen medizinischen Versorgung[1094] betreffen, entstehen in diesen Angelegenheiten regelmäßig keine Berührungspunkte und damit keine Konflikte zwischen den Eltern. Gemeinsame Entscheidungen sind nur in Angelegenheiten von erheblicher Bedeutung erforderlich[1095].

Deshalb verlangt diese Meinung[1096] eine Kooperationsfähigkeit in Fragen von erheblicher Bedeutung iSv § 1687 Abs. 1 Satz 1 BGB[1097]. Bei Nebenfragen besteht keine Konsensverpflichtung der Eltern. Können hier keine Einigungen erzielt werden, bleibt das gemeinsame Sorgerecht trotzdem bestehen.

4. Gemeinsames Sorgerecht bei positiver Prognose

Eine andere Möglichkeit, Eltern zu Konsens verpflichtet anzusehen, bieten Prognoseentscheidungen. Kooperieren Eltern im Zeitpunkt der Entscheidung nicht, soll es nach dieser Meinung darauf ankommen, ob dies in der Zukunft

---

1094 BT-Drucks. 13/4899, S. 107 f.

1095 Der Regierungsentwurf hatte noch *„gegenseitiges Einverständnis"* bei grundsätzlichen Entscheidungen vorgesehen. Allerdings hat sich der Rechtsausschuss mit der an § 1628 BGB anknüpfenden Formulierung durchgesetzt, BT-Drucks. 13/4899, S. 107; BT-Drucks. 13/8511, S. 74.

1096 *OLG Oldenburg*, FamRZ 1998, 1464; *OLG Düsseldorf*, FamRZ 1999, 1157; *OLG Nürnberg*, FamRZ 1999, 1160 (1161); *OLG Hamm*, FamRZ 2000, 26 (27); *OLG Frankfurt/M.*, FamRZ 2001, 1636; *AmtsG Hannover*, FamRZ 2001, 846 (848); *OLG Hamm*, FamRZ 2002, 1208; *OLG Köln*, FamRZ 2003, 1036; *OLG Hamm*, FamRZ 2004, 1668; *Bamberger/Roth/Veit*, BGB (2003), Bd. 3, § 1671 Rz. 29; **a.A.** *Born*, FamRZ 2000, 396 (399); *OLG Hamm*, FamRZ 2000, 1039, wonach gegen ein gemeinsames Sorgerecht spricht, wenn Streit in alltäglichen Fragen besteht.

1097 Als Angelegenheiten von erheblicher Bedeutung gelten insbesondere das Aufenthaltsbestimmungsrecht (*OLG Frankfurt/M.*, FamRZ 1961, 125; *LG Stuttgart*, FamRZ 1961, 273), die Berufsausbildung (*OLG Celle*, FamRZ 1955, 213; *OLG Hamm*, FamRZ 1966, 209), die Auswahl der Schule (*LG Berlin*, FamRZ 1982, 839; *OLG München*, FamRZ 1999, 111; *Schwab*, FamRZ 1998, 457, 469), die religiöse Erziehung (*Palandt/Diederichsen*, BGB, 61. Aufl. 2002, § 1626 Rz. 11; *Jauernig/Berger*, BGB, 10. Aufl. 2003, § 1687 Rz. 3), medizinische Eingriffe (*Schwab*, FamRZ 1998, 457, 469; *Greßmann* [Fn. 1026] Rz. 249) oder die Wahl des Vornamens (*OLG Frankfurt/M.*, FamRZ 1957, 55).

ebenfalls der Fall sein wird[1098]. Die Alleinsorge wird dann als gerechtfertigt angesehen, wenn zwischen den Eltern erhebliche Streitigkeiten bestehen und aufgrund der mangelnden Kooperationsbereitschaft zu erwarten ist, dass sich diese Konflikte nach der Scheidung fortsetzen werden. In diesem Zusammenhang ist eine Prognose vorzunehmen, die anhand des bisherigen Verhaltens der Eltern erfolgt[1099]. Eine positive Prognose ergibt sich, wenn ein Elternteil beispielsweise den Antrag auf Übertragung des Aufenthaltsbestimmungsrechts nicht weiterverfolgt und den gewöhnlichen Aufenthalt beim anderen Elternteil akzeptiert[1100]. Wurden in der Vergangenheit eine Anzahl von tragfähigen Einigungen erzielt, spricht dies ebenfalls für eine positive Prognose. Demgegenüber führt die Tatsache fehlender Kommunikation und Kooperation zwischen den Eltern bezüglich der Belange des Kindes zum Alleinsorgerecht, da die Prognose besteht, dies werde in Zukunft so bleiben[1101]. Eine negative Prognose mit der Folge der Aufhebung der gemeinsamen Sorge soll erst recht dann begründet sein, wenn beide Elternteile für sich die Alleinsorge beantragen[1102]. In diesen Fällen ist jedoch zu beachten, ob Fragen von grundsätzlicher Bedeutung iSv § 1687 Abs. 1 Satz 1 BGB erst in einigen Jahren zur Entscheidung anstehen[1103]. Nach verstrichener Zeit kann eine Versachlichung der Beziehung erwartet werden, welche die Eltern dann in die Lage versetzt, eine Einigung zu erzielen.

Die aufgeführten Fallgruppen zeigen, dass die Rechtsprechung, unterstützt von der Literatur, alles versucht, das gemeinsame Sorgerecht aufrecht zu erhalten. Gemeinsamkeit wird vielfach verordnet. Eltern werden für verpflichtet gehalten, (1) alle Anstrengungen zu unternehmen, um sich zu einigen oder (2) das Beratungsangebot des § 17 KJHG/SGB VIII wahrzunehmen. (3) Ein Alleinsorgerecht soll es erst bei Meinungsverschiedenheiten über Angelegenheiten von erheblicher Bedeutung nach § 1687 Abs. 1 Satz 1 BGB geben. (4) Haben die Eltern in der Vergangenheit gemeinsam eine Reihe von Entscheidungen in Bezug auf das Kind getroffen, besteht für die Zukunft eine positive Prognose und das gemeinsame Sorgerecht bleibt aufrecht erhalten.

1098 *OLG Hamm*, FamRZ 1999, 38 (39); *OLG Karlsruhe*, FamRZ 2000, 111 (112); *OLG Karlsruhe*, FamRZ 2000, 1041; *OLG Köln*, JAmt 2004, 46 (47); *Liermann*, FamRZ 1999, 809; *Runge*, FPR 1999, 142 (145); *Luthin*, FF 2004, 78 (79).

1099 *OLG Nürnberg*, FamRZ 2002, 188 (189).

1100 *OLG Köln*, FamRZ 2003, 1036 (1037).

1101 *OLG München*, FamRZ 2002, 189 (190).

1102 *OLG Nürnberg*, FamRZ 1999, 614 (615); *Staudinger/Coester*, BGB, Bd. IV, 13. Aufl. 2000, § 1671 Rz. 124 und 134.

1103 *OLG Hamm*, FamRZ 1999, 1159 (1160); *OLG Nürnberg*, FamRZ 1999, 1160 (1161); *KG*, FamRZ 2000, 504; *OLG Brandenburg*, FamRZ 2002, 567 (568); a.A. *OLG Karlsruhe*, FamRZ 2000, 1041 (1042): Entscheidungen von wesentlicher Bedeutung können bei Jugendlichen entwicklungsbedingt unversehens auftreten.

IV. Benachteiligung des Alleinsorgerechts durch Anwaltszwang

Nach dem Willen des Gesetzgebers besteht kein Vorrang der gemeinsamen elterlichen Sorge gegenüber der Alleinsorge im Sinne eines Regelfalls. Diese Gleichbehandlung bezieht sich nur auf das materielle Recht des § 1671 BGB, denn die Alleinsorge wird gegenüber der gemeinsamen Sorge verfahrensrechtlich erschwert.

Wollen die Eltern das gemeinsame Sorgerecht beibehalten, genügt es, wenn ein Elternteil einen Scheidungsantrag stellt und die Eltern im Übrigen untätig bleiben. Beim Alleinsorgerecht ist dagegen zu differenzieren. Nach § 1671 Abs. 1 BGB kann jeder Elternteil beantragen, ihm die elterliche Sorge zu übertragen; dem ist nach § 1671 Abs. 2 Nr. 1 BGB stattzugeben, wenn der andere Elternteil zustimmt. Ein Elternteil kann entsprechend dem keinen Zweifel zulassenden Wortlaut nicht beantragen, dem anderen Elternteil die elterliche Sorge zu übertragen[1104]. Derjenige Elternteil, der die Alleinsorge begehrt, muss selbst einen eigenen Antrag stellen. Nach § 623 Abs. 2 Satz 1 Nr. 1 ZPO iVm § 621 Abs. 2 Satz 1 Nr. 1 ZPO ist das Verfahren nach § 1671 BGB eine Folgesache. In einer Folgesache muss sich der betreffende Ehegatte nach § 78 Abs. 2 Satz 1 Nr. 1 ZPO für die Stellung eines Antrages im Sorgerechtsverfahren anwaltlich vertreten lassen. Dadurch werden *de facto* Einigungen über das Sorgerecht nach § 1671 Abs. 2 Nr. 1 BGB erschwert. Bei der Beibehaltung der gemeinsamen Sorge im Scheidungsverfahren reicht die anwaltliche Vertretung einer Partei aus. Demgegenüber erfordert die Vereinbarung der Alleinsorge eine beiderseitige anwaltliche Vertretung, wenn der die Alleinsorge begehrende Ehegatte nicht den Scheidungsantrag gestellt hat.

Die anwaltliche Vertretung für das Verfahren erster Instanz führte das 1. EheRG ein. Sie dient dem Schutz der rechtsunkundigen Partei[1105]. Dieser Schutzzweck ist dann nicht erforderlich, wenn beide Eltern mit der Übertragung des Sorgerechts auf einen Elternteil einverstanden sind und der das Sorgerecht erhaltende Elternteil anwaltlich nicht vertreten ist. Die Übertragung des Sorgerechts ist für diesen von rechtlichem Vorteil.

In der amtlichen Begründung findet sich zu diesem Problem weder bei § 78 ZPO noch bei § 1671 BGB eine Stellungnahme. Der Regierungsentwurf beschränkt sich auf Ausführungen zur theoretischen Gleichberechtigung von Alleinsorge und gemeinsamer elterlichen Sorge ohne auf die Umsetzung in der Praxis einzugehen. Das Sorgerechtsverfahren war zwar bereits vor dem KindRG Folgesache, weshalb schon früher in Sorgerechtsverfahren der Antragsteller anwaltlich vertreten sein musste. Allerdings traf weder das 1. EheRG noch das SorgeRG eine Aussage dahingehend, gemeinsames Sorgerecht

---

1104 *Schüller*, FamRZ 1998, 1287 (1288).

1105 *MünchKomm/Mettenheim*, ZPO (1992), Bd. 1, § 78 Rz. 4; *Johannsen/Henrich/Sedemund-Treiber*, Eherecht, 4. Aufl. 2003, § 78 Rz. 1.

und Alleinsorge seien gleichberechtigt. Vielmehr schloss der Gesetzgeber des SorgeRG das gemeinsame Sorgerecht nach der Ehescheidung sogar aus.
Diese Situation bedeutet für den anwaltlich nicht vertretenen Elternteil, auf ein isoliertes Sorgerechtsverfahren nach Abschluss des Scheidungsverfahrens ausweichen zu müssen. Für selbständige Familiensachen der freiwilligen Gerichtsbarkeit gilt der Anwaltszwang erst für die dritte Instanz, § 78 Abs. 3 ZPO. § 625 ZPO, der die Beiordnung eines Anwalts von Amts wegen vorsieht, ist nicht anwendbar, da dieser die Beiordnung für den Antragsgegner erfasst. Der Anwaltszwang nach § 78 ZPO behindert also in der beschriebenen Konstellation das Alleinsorgerecht.

Ein mit dem Anwaltszwang zusammenhängendes Problem betrifft die anwaltliche Tätigkeit als solche. Bei strikter Vertretung der subjektiven Interessen seines Mandanten beeinträchtigt der Anwalt die Kindesbelange, wenn die Übertragung der Alleinsorge auf seinen Mandanten dem Kindeswohl nicht am besten entspricht. Er muss dem Wunsch seines Mandanten nachkommen, ansonsten fördert er nicht dessen Interessen. Aus diesem Grund wird die Anwaltstätigkeit in Sorgerechtsverfahren kritisch gesehen. In streitigen Fällen sei sie aufgrund der vom Zivilprozess geprägten Art der Interessenwahrnehmung für das Kindeswohl nicht förderlich, sondern hinderlich[1106]. Es wird eingewandt, Anwälten fehle die fachpsychologische Kompetenz, sie wirkten durch ihre *„Schwarz-Weiß-Malerei"* konfliktverschärfend, was seine Ursache auf finanziellem Gebiet habe, weil streitige Verfahren nach der Gebührenordnung lohnender seien[1107].
Das Argument, den Anwälten fehle es an der psychologischen Kompetenz, um in Sorgerechtsverfahren angemessen mitwirken zu können, verkennt die tatsächliche Aufgabe des Anwalts. Ein Anwalt soll keine Konfliktlösung unter psychologischen, sondern unter rechtlichen Gesichtspunkten suchen[1108]. Gleiches gilt für den Vorwurf, Anwälte wirkten konfliktverschärfend. Vielmehr ist das Gegenteil richtig. Nicht Anwälte erzeugen Streit, sondern Streit erzeugt Anwälte[1109]. Der Einwand der finanziellen Interessen ist ebenfalls nicht stichhaltig, da sich ein Sorgerechtsverfahren gebührenmäßig im Verbund minimal gemäß §§ 46 Abs. 1 Satz 1, 48 Abs. 3 Satz 3 GKG durch eine Erhöhung des Gesamtstreitwertes von € 900,00 auswirkt. Entgegen diesen Vorwürfen kann der Anwalt auf seinen Mandanten eingehen und ihn positiv zu beeinflussen versuchen.

1106 *Schade/Schmidt*, FamRZ 1991, 649; a.A. *Zillich*, FamRZ 1992, 509.

1107 *Zillich*, FamRZ 1992, 509; *Finke*, Funktion und Bedeutung der anwaltlichen Tätigkeit bei Auseinandersetzungen um die elterliche Sorge sowie den Umgang, in: FS für Groß (2004), S. 85 ff. (S. 88 f.).

1108 *Finke* [Fn. 1107] S. 85 ff. (S. 90).

1109 *Zillich*, FamRZ 1992, 509 (510).

Ausführungen des Gesetzgebers, weshalb trotz der Herausnahme des Sorgerechtsverfahrens aus dem Zwangsverbund an einem Anwaltszwang festgehalten wurde, fehlen. Diesbezüglich wird er stillschweigend an den zum 1. EheRG vorgetragenen Gründen festgehalten haben.

V. Zusammenhänge zwischen Umgangsrecht und Sorgerecht

Bindungstoleranz und Parental Alienation Syndrom (PAS) haben entscheidende Auswirkungen auf das Umgangsrecht und das Sorgerecht. Die Folgen für das Sorgerecht werden hier genauer dargestellt.

1. Bindungstoleranz als Kriterium des Alleinsorgerechts

Der Begriff der Bindungstoleranz spielte schon vor In-Kraft-Treten des KindRG in der Rechtsprechung zu § 1671 BGB in der Fassung des SorgeRG eine große Rolle[1110]. Er hat nunmehr deutlich an Bedeutung gewonnen[1111]. Durch den auf Vorschlag der Arbeitsgruppe „*Nichtehelichenrecht*" neu gefassten § 1626 Abs. 3 BGB fand das Kriterium der Bindungstoleranz Eingang in das Gesetz, ohne ausdrücklich genannt zu werden. Nach dieser Vorschrift ist die Gewährung eines reibungslosen Umgangs mit dem anderen Elternteil ein Maßstab dafür, ob sich der betreuende Elternteil dem Wohl des Kindes entsprechend verhält. Unter Bindungstoleranz versteht man in Anlehnung an diese Norm die Fähigkeit des allein sorgeberechtigten bzw. des betreuenden Elternteils zuzulassen, dass das Kind einen regelmäßigen und spannungsfreien Kontakt mit dem anderen Elternteil pflegt[1112]. Ein persönlicher Umgang mit dem anderen Elternteil muss vom betreuenden/sorgeberechtigten Elternteil nicht nur vorbehaltlos ermöglicht werden, sondern das Kind ist von ihm hierzu gegebenenfalls in pädagogisch geeigneter Form zu motivieren[1113]. Das Krite-

---

1110 *OLG Schleswig*, FamRZ 1990, 433 (435); *BezG Erfurt*, FamRZ 1994, 921; *OLG Celle*, FamRZ 1994, 924 (925); *OLG Bamberg*, NJW 1995, 1684; *OLG München*, FamRZ 1997, 45; *OLG Frankfurt/M.*, FamRZ 1997, 573 (574).

1111 *Motzer*, FamRZ 1999, 1101 (1103); *Staudinger/Coester*, BGB, Bd. IV, 13. Aufl. 2000, § 1671 Rz. 207.

1112 *Motzer*, FamRZ 1999, 1101 (1103); *FA-FamR/Oelkers*, 3. Aufl. 2001, 4. Kapitel Rz. 208; *Weinreich/Klein/Ziegler*, Familienrecht, 2002, § 1671 Rz. 60; *Heumann*, JAmt 2004, 14 (16); *OLG Frankfurt/M.*, FamRZ 1999, 612 (613); *OLG Hamm*, FamRZ 2000, 1039 (1040); *OLG Saarbrücken*, FamRZ 2001, 369; *OLG Brandenburg*, FamRZ 2001, 1021 (1022).

1113 Eine extreme Spielart den Umgang zu dem anderen Elternteil zu verhindern sind Kindesentführungen. Eine Entführung liegt auch vor, wenn bei gemeinsamem Sorgerecht ein Elternteil das Kind eigenmächtig mitnimmt, vgl. *Gutdeutsch/Rieck*, FamRZ 1998, 1488; Art. 3 HKÜ [Widerrechtlichkeit des Verbringens oder Zurückhaltens] (BGBl. II 1990, S. 207):
„*Das Verbringen oder Zurückhalten eines Kindes gilt als widerrechtlich, wenn*

rium der Bindungstoleranz dient als wesentliches Reformziel des KindRG dazu, die Entfremdung des Kindes von dem Elternteil, mit dem es nicht zusammen lebt (in der Regel dem Vater), besser zu verhindern[1114]. Der Elternteil, welcher dies eher gewährleistet, wird unter dem Gesichtspunkt der Bindungstoleranz als besser geeignet zur Übernahme der Alleinsorge angesehen[1115]. Streitentscheidend für die Zuordnung des Sorgerechts ist die Bindungstoleranz, wenn beide Elternteile gleich erziehungsfähig und die Bindungen des Kindes zu beiden Eltern gleich stark sind[1116]. Dies führt im Ergebnis so weit, einem Elternteil mit ungünstigeren Betreuungsmöglichkeiten, das Sorgerecht zu übertragen, wenn dadurch gewährleistet ist, dass das Kind die Bindungen zum anderen Elternteil bewahren und fortentwickeln kann[1117]. Demgegenüber wird einem Elternteil das Sorgerecht nicht übertragen, wenn ungeachtet sonst günstiger Umstände das Kind durch Behinderung oder Zerstörung der natürlichen Bindungen zum anderen Elternteil Schaden nimmt[1118].

Die Bindungstoleranz ist folglich als weiteres Kriterium neben den fünf klassischen Kriterien Kontinuitätsprinzip, Förderungsprinzip, Kindeswille, Elternbindung und Geschwisterbindung bei einer Sorgerechtsentscheidung zu berücksichtigen[1119].

2. Parental Alienation Syndrom (PAS)

Erstmals wurde der Begriff des PAS von dem New Yorker Kinderpsychiater *Gardner* im Jahr 1984 benutzt, um seine klinischen Eindrücke zu beschreiben,

---

dadurch das Sorgerecht verletzt wird, das einer Person, einer Behörde oder sonstigen Stelle allein oder gemeinsam nach dem Recht des Staates zusteht, in dem das Kind unmittelbar vor dem Verbringen oder Zurückhalten seinen gewöhnlichen Aufenthalt hatte, und

dieses Recht im Zeitpunkt des Verbringens oder Zurückhaltens allein oder gemeinsam tatsächlich ausgeübt wurde oder ausgeübt worden wäre, falls das Verbringen oder Zurückhalten nicht stattgefunden hätte."

Da Kindesentführungen Kinder seelisch stark belasten, deuten sie auf eine mangelnde Kindeswohlorientiertheit des entführenden Elternteils hin und damit auf eine mangelnde Erziehungseignung, vgl. *KG*, FamRZ 1983, 1159 (1160); *OLG Hamm*, FamRZ 1988, 1198 (1199 f.); *Siehr*, FamRZ 1976, 255.

1114 BT-Drucks. 13/4899, S. 62; *OLG München*, FamRZ 1999, 1006.

1115 *Weisbrodt*, DAVorm 2000, 617 (620)

1116 *OLG Frankfurt/M.*, ZfJ 1998, 343 (344); *OLG Frankfurt/M.*, FamRZ 1999, 612 (613); *OLG Zweibrücken*, FamRZ 2000, 627 (628); *AmtsG Hamburg*, FamRZ 2000, 499 (500).

1117 *OLG Celle*, FamRZ 1994, 924 (925); **ebenso**: *OLG Frankfurt/M.*, ZfJ 1998, 343 (344).

1118 *OLG Hamm*, FamRZ 2000, 1239.

1119 *Heinke*, FF 2002, 54 (58).

in denen es um falsche Beschuldigungen von Kindesmissbrauch ging[1120]. In der Folgezeit wurde der Begriff PAS auf alle Fallkonstellationen ausgeweitet, in denen sich ein Kind weigerte, den anderen Elternteil zu besuchen[1121]. In Deutschland wurde PAS erstmals von *Klenner* erwähnt[1122]. Eingang in die rechtswissenschaftliche Debatte hat das PAS durch einen Aufsatz von *Kodjoe/Koeppel* gefunden[1123]. Im Anschluss an deren Darstellung setzte eine rege Diskussion über das PAS, seine Voraussetzungen und seine Beachtlichkeit in Sorgerechtsfällen ein[1124].

Ausgangspunkt der Überlegungen, PAS bei Sorgerechtsverfahren zu berücksichtigen, ist, dass der Umgang mit beiden Elternteilen in der Regel dem Kindeswohl dient, vgl. §§ 1626 Abs. 3, 1684 Abs. 1 BGB. PAS bedeutet die aufgrund von Manipulation beruhende kompromisslose Zuwendung eines Kindes zu einem, dem guten Elternteil, mit dem es zusammenlebt und die ebenso kompromisslose Abwendung vom anderen, dem bösen Elternteil, mit dem es nicht zusammen lebt[1125]. Das PAS steht in unmittelbarem Zusammenhang mit der Bindungstoleranz, die eine Voraussetzung für die Alleinsorge ist. Die ablehnende Haltung des Kindes soll auf mangelnder Bindungstoleranz des betreuenden Elternteils beruhen.

Der beeinflussten Ablehnung des anderen Elternteils durch das Kind Krankheitswert zu verleihen, war in der Rechtsprechung bis vor kurzer Zeit nicht anerkannt[1126]. Gleichwohl haben frühere Entscheidungen die Symptome von

---

1120 *Gardner*, The Parental Alienation Syndrome, Creative Therapeutics, Cresskill, New Jersey (1992).

1121 *Andritzki*, Kinder- und Jugendarzt 2002, 885 ff. weist in diesem Zusammenhang auf die Probleme von Psychotherapeuten und Kinderärzten hin. In vielen Fällen wünscht ein Elternteil Atteste und Bescheinigungen darüber, dass Verhaltensauffälligkeiten oder funktionelle Symptome (Einnässen, Depressionen, Schlafstörungen usw.) auf negative Einwirkungen des anderen Elternteils zurückzuführen seien und/oder der Kontakt abgebrochen werden sollte.

1122 *Klenner*, FamRZ 1995, 1529 (1532).

1123 *Kodjoe/Koeppel*, DAVorm 1998, 9.

1124 *Kodjoe/Koeppel*, DAVorm 1998, 9; *dies.*, KindPrax 1998, 138; *Leitner/Schoeler*, DAVorm 1998, 849; *Gerth*, KindPrax 1998, 171; *Stadler/Salzgeber*, KindPrax 1998, 167; *dies.*, FPR 1999, 231; *dies.*, FF 2001, 85; *Rexilius*, KindPrax 1999, 149; *Schröder*, FamRZ 2000, 592; *Jopt/Behrens*, ZfJ 2000, 223, 258; *Fegert*, KindPrax 2001, 3, 39; *Klenner*, ZfJ 2002, 48; *Krause*, JAmt 2002, 2; *Bruch*, FamRZ 2002, 1304; *Dettenborn*, FamRZ 2002, 1320; Bericht des Arbeitskreises 9 des 14. Deutschen Familiengerichtstags, FamRZ 2002, 1317 *Salzgeber*, FF 2003, 232.

1125 *Kodjoe/Koeppel*, DAVorm 1998, 9; *Fischer*, NDV 1998, 306; *Schröder*, FamRZ 2000, 592; *Opdenhövel-Bötel/Weber*, PAS - Referat im Rahmen des Arbeitskreises Familienpsychologie am 16.6.2000, Sozialarbeiterinnen beim ASD des KJA Marburg-Biedenkopf; *Luthin*, Sorge- und Umgangsrecht bei Trennung und Scheidung der Eltern, in: Schwab, Dieter/Hahne, Meo-Micaela (Hrsg.), Familienrecht im Brennpunkt (2004), S. 241 ff. (S. 249); *AmtsG Rinteln*, ZfJ 1998, 344 (345).

1126 *Schwamb*, Vortrag im Arbeitskreis Familienpsychologie am 16.6.2000.

PAS berücksichtigt, ohne sie als PAS zu bezeichnen[1127]. Angefügt sei, dass Symptome des PAS in der öffentlichen Anhörung in der 77. Sitzung des Rechtsausschusses diskutiert wurden. Vor allem der Sachverständige *Braune* vom Interessenverband Unterhalt und Familienrecht e.V. nahm zu der nachhaltigen und vorsätzlichen Umgangsverweigerung Stellung[1128]. Er hegte die Hoffnung, mit der Möglichkeit der gemeinsamen elterlichen Sorge werde dieses Problem entschärft. Werde der Umgang durch Beeinflussung eines Elternteils vereitelt, müsse man an eine Zwangsberatung denken; als *ultima ratio* stünde der Entzug der elterlichen Sorge.

Als erstes Gericht hat in Deutschland das *AmtsG Rinteln* auf PAS Bezug genommen[1129]. In der Folgezeit wurde das PAS teilweise mit den unterschiedlichsten Ergebnissen gewürdigt[1130]. Brauchbare Lösungsmöglichkeiten für besonders lange und gravierende Konflikte bieten Beschlüsse des *AmtsG Ettlingen*[1131] und des *OLG Frankfurt/M.*[1132]. Das Thema PAS hat in der Zwischenzeit unerwartete Brisanz erhalten durch ein Urteil des *EuGHMR*[1133]. Der *EuGHMR* verurteilte die Bundesrepublik Deutschland aufgrund einer Verletzung des Rechts auf Achtung des Privat- und Familienlebens nach Art. 8 EMRK zum Ersatz immateriellen Schadens in Höhe von DM 30.000,00, weil sämtliche Gerichte es unterlassen hatten, trotz deutlicher Anzeichen für ein

---

1127 Aufgrund mangelnder Bindungstoleranz (wegen Umgangsvereitelung) eines Elternteils wurde dessen Erziehungsfähigkeit in Frage gestellt, *OLG Bamberg*, FamRZ 1985, 1175 (1176); *OLG München*, FamRZ 1991, 1343 (1344); **ähnlich**: *OLG Frankfurt/M.*, FamRZ 1993, 729 (730); *BezG Erfurt*, FamRZ 1994, 921 (922); *OLG Celle*, FamRZ 1994, 924 (925); *OLG Hamburg*, FamRZ 1996, 422 (423); *OLG München*, FamRZ 1997, 45.

1128 Protokoll Nr. 77 und dazugehörige Stellungnahmen [Fn. 1005] S. 8 und 67.

1129 *AmtsG Rinteln*, ZfJ 1998, 344; im Folgenden: *KG*, FamRZ 2000, 1606 (1607); *OLG Zweibrücken*, FamRZ 2001, 638 (639); *AmtsG Fürstenfeldbruck*, FamRZ 2002, 118; *OLG Brandenburg*, FamRZ 2002, 975 (977); *OLG Dresden*, FPR 2003, 140; *AmtsG Korbach*, FPR 2003, 142.

1130 *OLG Hamburg*, FamRZ 2002, 566; **ähnlich**: *BayObLG*, FamRZ 1998, 1044, wonach eine Entziehung des Sorgerechts für ein Kleinkind nicht allein darauf gestützt werden kann, dass die Mutter beeinflusst durch eine neurotische Fehlhaltung dem Vater den Umgang verwehrt. *AmtsG Fürstenfeldbruck*, FamRZ 2002, 118, das eine Verpflichtung zum Eingreifen beim Vorliegen eines PAS annimmt.

1131 *AmtsG Ettlingen*, AZ 1 F 5/98 – v. 25. Mai 1998; der Tenor und die Entscheidungsgründe kann abgerufen werden unter www.pappa.com/recht/pas/kodj9811.htm.; **ähnlich**: *OLG Karlsruhe*, JAmt 2002, 135.

1132 *OLG Frankfurt/M.*, AZ 1 UF 103/00 – v. 3. September 2002; der Tenor kann abgerufen werden unter www.hefam.de/urteile/1UF10300.html. Die Entscheidungsgründe sind auch abgedruckt in: FamRZ 2002, 1585.

1133 Elsholz/Bundesrepublik Deutschland, Urteil v. 13.7.2000, DAVorm 2000, 679 mit Anm. v. *Koeppel*, DAVorm 2000, 639 und *Kodjoe*, DAVorm 2000, 641; **ebenso**: *OLG Zweibrücken*, DAVorm 2000, 998; **ähnlich**: Sommerfeld/Bundesrepublik Deutschland, Urteil v. 11.10.2001, FamRZ 2002, 381.

PAS ein Sachverständigengutachten in Auftrag zu geben, um der Behauptung des Klägers nachzugehen, es liege ein Fall von PAS vor.
Die von *Gardner* ins Leben gerufene Lehre des PAS und seine Berücksichtigung in Sorgerechtsfällen geriet trotz des Urteils des *EuGHMR* vermehrt in die Kritik[1134]. Dieser Theorie wurde die fehlende wissenschaftliche Begründung vorgeworfen. Die von *Gardner* als PAS beschriebenen Fälle kennzeichneten ein Verhalten, das jedes Kind in einer Trennungssituation zeige. Außerdem sei bei kleinen Kindern ein PAS nicht möglich, da diese nicht unrechtsfähig seien. Eine Entscheidung des *OLG Dresden*[1135], das den Entzug der elterlichen Sorge wegen mangelnder Bindungstoleranz aufgrund eines PAS anordnete, führte zu einer kritischen Auseinandersetzung mit PAS[1136]. Die Rechtsprechung versucht seitdem die Symptome als solche zu würdigen ohne sich ausdrücklich auf diese Theorie zu stützen[1137].
Das Schlagwort PAS führte seit seiner „*Entdeckung*" in Deutschland 1998 dazu, jeglicher Ablehnung von Umgang durch das Kind als manipuliertes Verhalten anzusehen. Bevor nicht stichhaltige wissenschaftliche Studien zu diesem Syndrom vorliegen, sollte die Rechtsprechung künftig mit äußerster Vorsicht damit umgehen[1138]. Das *BVerfG* trifft mit seiner Einschätzung am ehesten den Punkt[1139]. Durch Beeinflussung kann eine echte und damit schützenswerte Bindung entstehen und deshalb die Disqualifizierung beeinflussten Kindeswillens nur dann gerechtfertigt sein, wenn die manipulierten Äußerungen des Kindes die wirklichen Bindungsverhältnisse nicht zutreffend bezeichnen.

F. Rechtstatsächliche Untersuchungen zum KindRG

Um die Auswirkungen des KindRG untersuchen zu lassen und Erkenntnisse für eventuelle notwendige Anpassungen zu erhalten, hatte das Bundesministerium der Justiz (BMJ) im September 1998 eine Begleitforschung zur Umsetzung des KindRG in Auftrag gegeben. Auftragnehmer war Prof. Dr. *Roland Proksch* von der Evangelischen Fachhochschule in Nürnberg[1140].

1134 *Stadler/Salzgeber* FF 2001, 85; *Balloff*, FPR 2002, 240; *Bruch*, FamRZ 2002, 1304; *Gardner*, FamRZ 2002, 1689; *Bruch*, FamRZ 2003, 348; *Salzgeber*, FF 2003, 232; *Peschel-Gutzeit*, FPR 2003, 271.
1135 *OLG Dresden*, FPR 2003, 140 = NJW 2003, 147.
1136 *Peschel-Gutzeit*, FPR 2003, 271.
1137 *OLG Schleswig*, FamRZ 2003, 1494; *AmtsG Frankfurt/M.*, FamRZ 2004, 1595 (1596).
1138 **Ebenso**: *Peschel-Gutzeit*, FPR 2003, 271 (276).
1139 *BVerfG*, FamRZ 2001, 1057.
1140 *Proksch*, Rechtstatsächliche Untersuchung zur Reform des Kindschaftsrechts (2002); zur Kritik an dieser Studie: VAMV, JAmt 2004, 20.

Im Hinblick auf die Ausübung des gemeinsamen Sorgerechts nach der Ehescheidung ergibt diese Untersuchung kombiniert mit der Studie von *Limbach* aus den Jahren 1983 bis 1985 und der justizstatistischen Sondererhebung 1994/95 folgende Situation:

Tabelle 2: Gemeinsames Sorgerecht in Prozent

	Gemeinsames Sorgerecht, weil kein Antrag Alleinsorge	**Gemeinsames Sorgerecht nach Antrag Alleinsorge**	**Gemeinsames Sorgerecht insgesamt**	**Alleinsorgerecht insgesamt**
1983/85[1141]	-	-	1,00-2,00%	98,00-99%
1994/95[1142]	-	-	17,07%	82,93%
1999	51,22%	18,88%	70,10%	29,10%
2000	69,35%	6,19%	75,54%	24,46%
2001	77,80%	3,88%	80,68%	19,32%
2002	81,29%	2,71%	84,00%	16,00%

Tabelle 3: Balkendiagramm gemeinsames Sorgerecht

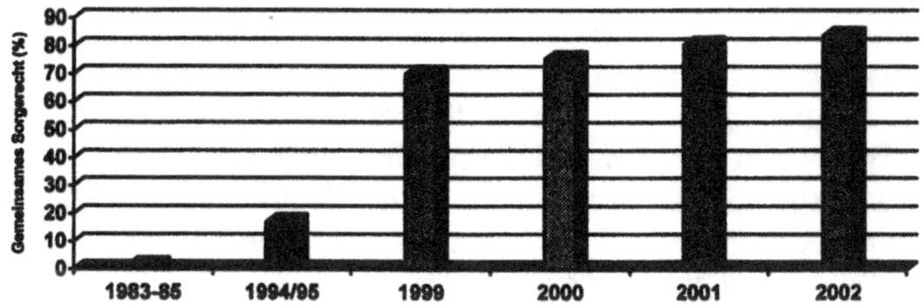

Die gemeinsame elterliche Sorge hat in den letzten 20 Jahren zunehmende Akzeptanz gefunden. Sie ist unmittelbar nach In-Kraft-Treten des KindRG in den Jahren 1999 und 2000 das nach der Scheidung übliche Sorgerechtsmodell geworden. Bundesweit erhöhte sich diese von 1999 bis 2000 von 51,22% auf 69,35%, soweit allein auf den fehlenden Sorgerechtsantrag abgestellt wird. Zusammen mit den Fällen, in denen der Antrag auf Übertragung der Alleinsorge abgelehnt wurde, ergibt sich eine Verteilung der gemeinsamen elterlichen Sorge bundesweit für 1999 von 70,10% und für 2000 von 75,54%. Nach neueren Zahlen für die Jahre 2001 und 2002 besteht das gemeinsame Sorgerecht sogar in 80,68% bzw. in 84,00% der Fälle[1143]. Die Befürchtung, die Regelung des § 1671 BGB werde verstärkt zu Anträgen von Eltern mit gemeinsamer elterlicher Sorge nach rechtskräftiger Scheidung bzw. die Neuregelung

---

1141 Nur alte Bundesländer. Nur Werte zur dritten Spalte vorhanden.
1142 Nur Werte zur dritten Spalte vorhanden.
1143 *Proksch*, JAmt 2004, 1 (4).

der elterliche Sorge zu einer Erhöhung von Umgangskonflikten bei Eltern mit gemeinsamer elterlicher Sorge führen, kann nicht bestätigt werden. Weder ergibt sich dies aus den Antworten der Eltern innerhalb ihrer zweiten Befragung noch aus den amtlichen statistischen Zahlen[1144].

G. Vorschlag für eine Reform des § 1671 BGB

Die Bundesregierung antwortete auf eine Kleine Anfrage[1145] nach den aus der Begleitforschung zu ziehenden Schlussfolgerungen, dass auf der Grundlage dieser Studie kein weiterer gesetzlicher Handlungsbedarf besteht[1146]. Sie bezeichnete die Abschaffung des Zwangsverbundes von Scheidungs- und Sorgerechtsverfahren und deren Ersetzung durch ein modifiziertes Antragsprinzip als gelungen.

Gleichwohl stellt der Verfasser an dieser Stelle Überlegungen an, die gesetzliche Regelung des § 1671 BGB zu verbessern. Eine sehr hohe Zufriedenheit bezüglich der Sorgerechtsform ist nur bei den allein sorgeberechtigten Elternteilen festzustellen, und die Kooperation zwischen den Sorgerechtsgruppen ist nicht wirklich gut[1147]. Die Wunschvorstellung der Bundesregierung von einer harmonischen Eltern-Kind-Beziehung bei einer gemeinsamen elterlichen Sorge nach der Scheidung hat sich nicht voll verwirklicht. Auch die Anwendung des § 1671 BGB ist in der Rechtswissenschaft uneinheitlich. Der Streit um das gemeinsame Sorgerecht als Regelfall oder die Konsensverpflichtung geben dafür eindrucksvolle Belege[1148]. Dieser Umstand veranlasst, über eine Änderung des § 1671 BGB in der Fassung des KindRG nachzudenken. Um die nach In-Kraft-Treten des KindRG von der Rechtswissenschaft angeprangerten Mängel zu beheben, ließe sich § 1671 BGB wie folgt ändern:

§ 1671 BGB [Elterliche Sorge nach Trennung der Eltern]

(1) Eltern, denen die elterliche Sorge gemeinsam zusteht und die nicht nur vorübergehend getrennt leben, regeln gemeinsam die weitere Ausübung der elterlichen Sorge. Vereinbarungen bedürfen der Schriftform.

(2) Jeder Elternteil kann beantragen, dass ihm das Familiengericht die elterliche Sorge oder einen Teil der elterlichen Sorge allein überträgt. Dem Antrag ist stattzugeben, soweit zu erwarten ist, dass die Aufhebung der gemeinsamen Sorge und die Übertragung auf den Antragsteller dem Wohl des Kindes am besten entspricht. Es wird vermutet,

---

1144 *Proksch* [Fn. 1140] S. 51 f.; *ders.*, JAmt 2004, 1 (4).

1145 BT-Drucks. 15/2340.

1146 BT-Drucks. 15/2399, S. 3; davon ausgenommen sind die Regelungen über die elterliche Sorge nicht miteinander verheirateter Eltern.

1147 *Kostka*, FamRZ 2004, 1924 (1928).

1148 Vgl. oben 7. Kapitel E.II, S. 215 ff. und 7. Kapitel E.III, S. 220 ff.

dass die Alleinsorge dem Wohl des Kindes entspricht, soweit eine tragfähige soziale Beziehung der Eltern fehlt.
(3) Dem Antrag ist nicht stattzugeben, sofern die elterliche Sorge auf Grund anderer Vorschriften abweichend geregelt werden muss.

Für das gemeinsame Sorgerecht fordert das *BVerfG* nach seiner neusten Rechtsprechung eine tragfähige soziale Beziehung der Eltern und ein Mindestmaß an Übereinstimmung[1149]. Sind diese Voraussetzungen erfüllt, spricht nichts dagegen, Eltern einvernehmlich Regelungen über die elterliche Sorge treffen zu lassen, da ein Elternvorrang vor staatlichen Eingriffen besteht[1150]. Schließlich wissen Eltern am besten, was dem Wohl des Kindes dient[1151]. Diese Rechtsprechung setzt der Vorschlag in Absatz 1 um. Können Eltern ohne Hinzuziehung des Familiengerichts das Sorgerecht regeln, lässt sich der Streit ausräumen, ob das gemeinsame Sorgerecht nach der Scheidung der Regelfall oder gleichberechtigte Alternative neben dem Alleinsorgerecht ist. Ein Gerichtsverfahren findet nicht mehr statt. Die individuell nach Absatz 1 Satz 1 getroffenen Absprachen stellen eine Gleichberechtigung zwischen Alleinsorge und gemeinsamer elterlicher Sorge her. Zur Verdeutlichung der Gleichrangigkeit wird darauf verzichtet, im Gesetz verschiedene Sorgerechtsmodelle zu nennen, da die Eltern nach ihrer eigenen Einschätzung zwischen Alleinsorge, gemeinsamer Sorge oder Mischformen wählen dürfen.
Treffen die Eltern im Zusammenhang mit einem Scheidungsverfahren eine Vereinbarung, ist eine gerichtliche Genehmigung oder eine Protokollierung nicht vorgesehen, da dies eine Ungleichbehandlung gegenüber nichtehelichen Lebensgemeinschaften bedeutet, bei denen ein solches Verfahren nicht stattfindet. Aus diesem Grund soll eine Schriftform genügen.
Wie bisher findet bei einem streitigen Sorgerechtsverfahren bei Übertragung der Alleinsorge eine doppelte Prüfung statt. Aufhebung der gemeinsamen Sorge und Übertragung auf den Antragsteller müssen dem Kindeswohl am besten entsprechen. Entsprechend den vom *BVerfG* aufgestellten Voraussetzungen wird in Absatz 2 Satz 2 vermutet, dass die Alleinsorge bei Fehlen einer tragfähigen sozialen Beziehung der Eltern dem Wohl des Kindes dient. Insoweit entfällt das Problem der „*Konsensverpflichtung*".

H. Schlussbetrachtung und Stellungnahme

Die Regelung des § 1671 BGB in der Fassung des KindRG bietet den Eltern zum ersten Mal eine gesetzliche Grundlage, das gemeinsame Sorgerecht nach der Ehescheidung fortzuführen. Die statistischen Zahlen zeigen, dass das ge-

1149 *BVerfG*, FamRZ 2004, 354 (355).
1150 Vgl. die Literaturangaben oben in Fn. 918.
1151 So bereits der Bundesrat zum GleichberG, vgl. oben 4. Kapitel C.I.2, S. 60 ff.

meinsame Sorgerecht der normative Regelfall geworden ist. Dieses Ergebnis erzwingt die Rechtsprechung teilweise, indem sie die Eltern zu Konsens verpflichtet. Vor allem die Gerichte, welche das gemeinsame Sorgerecht als gesetzlichen Regelfall ansehen, stellen höhere Anforderungen an die Alleinsorge. Zwar hatte sich der *BGH* in der Entscheidung vom 29. September 1999 auf den Gesetzgeberwillen berufen, wonach sich Gemeinsamkeit nicht verordnen lasse[1152]. Gleichwohl sehen die Gerichte die Eltern unter allen erdenklichen Gesichtspunkten dazu verpflichtet an, Konsens aufrechtzuerhalten bzw. herzustellen. Abzuwarten bleibt, ob die Entscheidung des *BVerfG* vom 18. Dezember 2003, die für das gemeinsame Sorgerecht eine tragfähige soziale Beziehung und ein Mindestmaß an Übereinstimmung fordert, die Wogen glättet.

Die Ursache der Konsensverpflichtung liegt in einer konsequenten Differenzierung zwischen Elterninteressen und Kindesinteressen. Dass Vater und Mutter in Kontakt bleiben und den Dialog suchen, ist notwendiger und unverzichtbarer Bestandteil ihrer Verantwortung den Kindern gegenüber und Folge ihrer Elternpflicht. Verantwortliches Elternverhalten erfordert Aufrechterhaltung der Kommunikation, Verhandlungsbereitschaft und die Bereitschaft, Kompromisse zu schließen[1153]. Die Alleinsorge wird diesen Anforderungen nicht gerecht. Der Antrag auf Übertragung der Alleinsorge wird von einem Elternteil in der Regel gestellt, weil er mit dem anderen Elternteil nichts mehr zu tun haben will, weil er sich mit dem anderen Elternteil künftig nicht mehr auseinandersetzen und ohne den anderen entscheiden oder weil er vermeiden will, dass sich der andere Elternteil künftig in das eigene Leben einmischen kann[1154]. Dabei handelt es sich um Elterninteressen, die nichts mit den Kindesinteressen zu tun haben. Sie müssten bei einer Sorgerechtsentscheidung grundsätzlich unberücksichtigt bleiben.

Die Behauptung, es komme für das Wohl des Kindes nicht darauf an, ob die Eltern das gemeinsame Sorgerecht ausüben, wird durch die Proksch-Studie widerlegt[1155]. Die gemeinsame Sorge ist besser als das Alleinsorgerecht geeignet, Kommunikation und Kooperation der Eltern positiv zu beeinflussen, den Kontakt des Kindes zu beiden Eltern aufrecht zu erhalten, Konfliktpotential abzubauen und unterhaltsrechtlich zufrieden stellende Regelungen zu treffen[1156].

1152 BT-Drucks. 13/4899, S. 63.
1153 *Fischer*, ZfJ 1997, 235.
1154 *Fischer*, ZfJ 1997, 235.
1155 *Heumann*, JAmt 2004, 14 (17).
1156 *Kostka*, FamRZ 2004, 1924 (1934).

8. Kapitel Schluss

Die Übertragung der elterlichen Sorge bei Ehescheidung in seiner heutigen Fassung steht am Ende einer Entwicklung, die seit dem Ende des Zeiten Weltkrieges durch sechs Stufen gekennzeichnet ist[1157]:

(1) Der Entnazifizierung des Familienrechts.
(2) Der rechtlichen Gleichstellung von Mann und Frau.
(3) Dem Wechsel vom Schuld- zum Zerrüttungsprinzip bei der Ehescheidung.
(4) Der verstärkten Beachtung und Sicherung der individuellen Kindesinteressen und der Ablösung starrer Zuteilungsschemata und –kriterien durch das Prinzip der Einzelfallgerechtigkeit.
(5) Der Einführung des gemeinsamen Sorgerechts.
(6) Der Gleichstellung nichtehelicher und ehelicher Kinder.

(1) Entnazifizierung des Familienrechts
Die Entnazifizierung des Familienrechts erfolgte durch die alliierten Besatzungsmächte, da diese nach Ende des Zweiten Weltkrieges vorerst die Gesetzgebungshoheit übernommen hatten. Die Entnazifizierung des Ehegesetzes 1938 führte zum Ehegesetz 1946, das in seinen wesentlichen Grundzügen mit seinem Vorgänger übereinstimmte.

(2) Gleichstellung von Mann und Frau
Die Gleichberechtigung von Mann und Frau führte das Bonner Grundgesetz in Art. 3 Abs. 2 GG ein. Demgegenüber hatte die Weimarer Reichsverfassung in Art. 109 Abs. 2 WRV lediglich eine staatsbürgerliche Gleichstellung vorgesehen. Das Ehegesetz aus dem Jahr 1946 hatte den Gleichberechtigungsgrundsatz nicht verwirklicht, da Art. 3 Abs. 2 GG noch nicht existierte. Vielmehr bestanden im Sorgerecht rechtliche Unterschiede zwischen Mann und Frau. Während bestehender Ehe war die Mutter auf Nebenrechte beschränkt. Nach der Ehescheidung konnte sie allenfalls das Personensorgerecht erhalten; die Vermögenssorge verblieb grundsätzlich dem Vater. Die rechtliche Gleichstellung von Mann und Frau war aber auch mit In-Kraft-Treten des Grundgesetzes am 24. Mai 1949 nicht vollkommen. Um dem Gesetzgeber die Möglichkeit zu geben, das entgegenstehende Familienrecht der Vorschrift des Art. 3 Abs. 2 GG anzupassen, blieb dieses gemäß Art. 117 Abs. 1 GG bis zu einer Neuregelung in Kraft, jedoch nicht länger als bis zum 31. März 1953. Der Gesetzgeber ließ diese Frist auf fast allen Rechtsgebieten ungenutzt verstreichen. Vor allem für Ehe und Familie erfüllte der Gesetzgeber seinen Auf-

---

[1157] Für vier Voraussetzungen von 1900 bis 1992 *Staudinger/Coester*, BGB, Bd. IV, 12. Aufl. 1992, § 1671 Rz. 6; für sechs Voraussetzungen von 1900 bis 1998 *Gericke*, Elterliches Erziehungsrecht und die Religion des Kindes (2001), S. 39.

trag erst mit dem Gleichberechtigungsgesetz, das über fünf Jahre nach diesem Termin am 1. Juli 1958 in Kraft trat. Bis zu diesem Zeitpunkt war es Aufgabe der Gerichte, die entstandenen Gesetzeslücken zu füllen.

(3) Wandel vom Schuldprinzip zum Zerrüttungsprinzip
Das Erste Eherechtsreformgesetz von 1976 hatte mit Wirkung zum 1. Juli 1977 im Ehescheidungsrecht das Schuldprinzip durch das Zerrüttungsprinzip ersetzt und aus allen anderen familienrechtlichen Vorschriften eliminiert. Bis zu diesem Zeitpunkt hatte die Scheidungsschuld gravierende Auswirkungen auf die Übertragung des Sorgerechts. So konnte das Sorgerecht unter der Geltung des § 74 EheG 1946 der allein oder überwiegend schuldige Ehegatte nur erhalten, wenn zu seinen Gunsten besondere Gründe sprachen. Eine leichte Abschwächung dieser Grundsätze war unter der Geltung des § 1671 BGB in der Fassung des Gleichberechtigungsgesetzes erfolgt, weil hier eine überwiegende Schuld keine Auswirkungen mehr auf die Regelung des Sorgerechts hatte. Nur die Alleinschuld eines Ehegatten gab dem schuldlosen Ehegatten ein Vorrecht auf die gemeinschaftlichen Kinder.

(4) Sicherung der individuellen Kindesinteressen und Ablösung starrer Zuteilungsschemata durch Einzelfallgerechtigkeit
Insbesondere bei der Einführung des BGB von 1896 fanden Kindesinteressen bei der Regelung des Sorgerechts keine Berücksichtigung. Das „*Wohl des Kindes*" war lange Zeit eine leere Worthülse. Die Scheidungsschuld und starre Zuteilungsschemata nach Alter und Geschlecht des Kindes dominierten die Regelung des Sorgerechts. Erst mit dem Ehegesetz aus dem Jahr 1938 trat das Wohl des Kindes stärker in den Vordergrund. Recht und Interessen des Kindes waren aber immer noch unbeachtlich, auch wenn das Wohl des Kindes ausdrücklich im Gesetz genannt worden war. Erst durch das Erste Eherechtsreformgesetz von 1976 ist das Wohl des Kindes der alleinige Entscheidungsmaßstab bei der Übertragung des Sorgerechts geworden. Das Wohl des Kindes, das bis heute gesetzlich nicht näher definiert ist, wurde durch die Rechtswissenschaft durch die Kindeswohlkriterien Förderungsprinzip, Kontinuitätsprinzip, Bindungen und Kindeswille genauer konkretisiert. Individuelle Kindesinteressen wurden durch das Sorgerechtsreformgesetz von 1979 durch umfangreiche Anhörungsrechte des Kindes und ein eigenes Vorschlagsrecht des mindestens 14 Jahre alten Kindes erweitert.

(5) Das gemeinsame Sorgerecht
Vater und Mutter übten seit dem Gleichberechtigungsgesetz von 1957 während bestehender Ehe das Sorgerecht mit gleichen Rechten und Pflichten gemeinsam aus. Dagegen gab es keine gesetzliche Regelung für ein gemeinsames Sorgerecht nach der Ehescheidung. Trotzdem ließ die Rechtsprechung

das gemeinsame Sorgerecht seit dem Jahr 1970 vereinzelt zu[1158]. Erst eine Entscheidung des *BVerfG* aus dem Jahre 1982, in der das *BVerfG* die zwingende Anordnung des Alleinsorgerechts für verfassungswidrig erklärte, rückte das gemeinsame Sorgerecht verstärkt in den Blick des Interesses. Vom *BVerfG* aufgestellte Voraussetzungen galten seitdem als Anforderungen an ein gemeinsames Sorgerecht. Das Ziel einer gemeinsamen elterlichen Sorge nach Scheitern der Ehe verwirklichte schließlich das Kindschaftsrechtreformgesetz von 1997. Das gemeinsame Sorgerecht muss vom Familiengericht nicht mehr angeordnet werden, sondern es besteht fort, wenn kein Elternteil einen Antrag auf Übertragung des Alleinsorgerechts stellt. Gesetzlicher Regelfall ist das gemeinsame Sorgerecht nicht. Es ist aber normativer Regelfall, da schon im Jahr 2002 84% der Eltern das Sorgerecht nach der Ehescheidung gemeinsam ausübten.

(6) Gleichstellung ehelicher und nichtehelicher Kinder
Erst die Sorgerechtsregelungen des Kindschaftsrechtsreformgesetzes von 1997 brachten die Gleichstellung zwischen ehelichen und nicht ehelichen Kindern. Das Kindschaftsrechtsreformgesetz verschaffte nicht miteinander verheirateten Eltern die Möglichkeit, durch beiderseitige Abgabe von Sorgeerklärungen die gemeinsame elterliche Sorge für ihre gemeinsamen Kinder mit demselben rechtlichen Status zu begründen, wie er bei ehelich geborenen Kindern ab der Geburt besteht. Damit wird dem Gebot des Art. 6 Abs. 5 GG Rechnung getragen, den Kindern von nicht miteinander verheirateten Eltern durch positive Regeln die gleichen Bedingungen zu verschaffen wie ehelichen Kindern. Das Gesetz unterscheidet nicht mehr zwischen Trennung und Scheidung. Es gibt nur noch eine einheitliche Regelung für die Eltern, denen das Sorgerecht gemeinsam zusteht, unabhängig davon, ob sie miteinander verheiratet sind oder nicht.

Am Ende der Reformen der letzten 60 Jahre zum Kindschaftsrecht steht heute ein Sorgerecht, welches dem Stellenwert des Kindes als Träger von Grundrechten gerecht wird. Diese Entwicklung schließt damit einen Kreis, der vom Kind als Objekt zum Kind als Subjekt führte und damit nur dessen Interessen beachtet.

[1158] *Bartels*, Die vollständigen und die unvollständigen Familien im Kindschaftsrecht (1986), S. 255 sieht die Trendwende zum gemeinsamen Sorgerecht in den Jahren 1978/79.

Schrifttum

Abendroth, Wolfgang: Die Haftung des Reiches, Preußens, der Mark Brandenburg und der Gebietskörperschaften des öffentlichen Rechts für Verbindlichkeiten, die vor der Kapitulation vom 8.5.1945 entstanden sind, in: NJ **1947**, 73

Adlerstein, Wolfgang/Wagenitz, Thomas: Das Verwandtschaftsrecht in den neuen Bundesländern, in: FamRZ **1990**, 1169

Alm-Merk, Heidrun: Kinderrechte stärken, in: RdJB **1996**, 400

Andritzki, Walter: Parental Alienation Syndrom: Nicht instrumentalisieren lassen, in: Kinder- und Jugendarzt **2002**, 885

Arbeitsgemeinschaft für Jugendhilfe: Zum Referentenentwurf des Bundesministeriums der Justiz zum Kindschaftsrecht – Juli 1995, in: ZfJ **1996**, 94

Arnold, Egon: Angewandte Gleichberechtigung im Familienrecht, Berlin und Frankfurt (**1954**)

Arnold, Egon: Die neue Rechtslage im Familienrecht, in: MDR **1953**, 258

Arnold, Egon: Ist die Durchführung des Art. 3 Abs. 2 GG nunmehr eine richterliche Aufgabe? (dort Teil I), in: DRiZ **1953**, 117

Arnold, Egon: Verfassungsunmittelbares Familienrecht, in: AnwBl **1953**, 169

Arnold, Egon: Zur Auslegung des Grundsatzes der Gleichberechtigung (dort Teil I), in: DRiZ **1953**, 81

Arntzen, Friedrich: Elterliche Sorge und persönlicher Umgang mit Kindern aus gerichtspsychologischer Sicht, München (**1980**)

Articus, Stephan: Die Reform des Kindschaftsrechts, in: NDV **1996**, 112

Artzt, Werner: Die elterliche Sorge, in: NJ **1955**, 75

Bach (ohne Vornamen): Zur Anwendung des § 74 des Ehegesetzes, in: DRZ **1950**, 77

Bacher, Isolde: Sind Männer und Frauen gleichberechtigt? Verfassungsänderung und Verfassungswandel am Beispiel des Artikel 3 II des Grundgesetzes, Neuwied (**1996**)

Bachof, Otto: Anmerkung zum Beschluss des OLG Frankfurt v. 22.4.1953 – 3 U 51/53, in: DVBl **1953**, 601

Bachof, Otto: Anmerkung zum Urteil des BVerwG v. 3.11.1955 – I C 176/53, in: MDR **1956**, 314

Bachof, Otto: Bemerkungen zur „verfassungswidrigen Verfassungsnorm", in: DÖV **1961**, 927

Bachof, Otto: Verfassungswidrige Verfassungsnormen? Tübingen (**1951**)

Bachof, Otto: Zum richterlichen Prüfungsrecht gegenüber Verfassungsnormen, in: NJW **1952**, 242

Baer, Ingrid: Der Entwurf eines Gesetzes zur Reform des Kindschaftsrechtes im Lichte der Entwicklung in anderen europäischen Ländern und in internationalen Konventionen, in: DAVorm **1996**, 855

Baer, Ingrid: Elterliches Sorgerecht, Sachverständigenanhörung im Deutschen Bundestag vom 12.9.1977, in: Zur Sache 1/78, Bonn (**1978**)

Baer, Ingrid: Neue Lösungen im Kindschaftsrecht. Rechtsvergleichende Betrachtungen und Anregungen zu einer Reform, in: ZRP **1989**, 344

Baer, Ingrid: Stellungnahme zum Entwurf eines Gesetzes zur Neuregelung des Rechts der elterlichen Sorge, in: ZblJugR **1977**, 516

Baer, Ingrid: Stellungnahme zum Referentenentwurf zur Reform des Kindschaftsrechtsreformgesetzes (KindRG) vom Juli 1995, in: ZfJ **1996**, 123

Baer, Ingrid: Übereinkommen der Vereinten Nationen über die Rechte des Kindes, in: NJW **1993**, 2209

Balloff, Rainer/Walter, Eginhard: Gemeinsame elterliche Sorge als Regelfall? Einige theoretische und empirische Grundannahmen, in: FamRZ **1990**, 445

Balloff, Rainer/Walter, Eginhard: Konzeptionelle Gedanken zur Trennungs- und Scheidungsintervention, in: FuR **1991**, 63

Balloff, Rainer: Alleinerziehung und gemeinsame elterliche Sorge nach Trennung und Scheidung – Eine theoretische und empirische Vergleichsstudie (Teil A), Diss. Berlin (**1990**)

Balloff, Rainer: Kindeswille, Grundbedürfnisse des Kindes und Kindeswohl in Umgangsrechtsfragen, in: FPR **2002**, 240

Balloff, Rainer: Regelungen der elterlichen Sorge, wenn jeder der beiden Elternteile allein mit den Betreuungs-, Versorgungs- und Erziehungsaufgaben überfordert ist, in: FPR **1999**, 164

Balloff, Rainer: Zusammenfassende Thesen zur gemeinsame elterliche Sorge in Anlehnung an die Stellungnahmen der Sorgerechtskommission des Deutschen Familiengerichtstags e.V. vom 9.7.1995 und des Berufsverbandes Deutscher Psychologen (BDP) e.V. vom 26.9.1995 zur geplanten Reform des Kindschaftsrechts nach dem Referentenentwurf des Bundesministeriums der Justiz vom Mai 1995, in: ZfJ **1996**, 269

Baltz, Jochem/Faltenmeier, Josef/Fuchs, Petra: Jugendhilfe und Kindschaftsrechtsreform. Ergebnisse einer Fachtagung, in: **NDV** 1996, 167

Baltz, Jochem: Kindschaftsrechtsreform und Jugendhilfe – Ein Überblick über die vorgesehenen Änderungen im Kindschaftsrecht und ihre Bedeutung und Auswirkungen in der Praxis der Kinder- und Jugendhilfe (Teil 1), in: NDV **1997**, 306

Bamberger, Heinz Georg/Roth, Herbert: Kommentar zum Bürgerlichen Gesetzbuch, Band 3 (§§ 1297-2385, EGBGB, CISG), München (**2003**)

Bartels, Torsten: Die vollständigen und die unvollständigen Familien im Kindschaftsrecht. Eine vergleichende Betrachtung der familienrechtlichen Regelungen in der Bundesrepublik Deutschland, der DDR, Österreich und der Schweiz, Diss. Hamburg (**1986**)

Bastian, Günther/Roth-Stielow, Klaus/Schmeiduch, Dietmar: 1. EheRG. Das neue Ehe- und Scheidungsrecht, Stuttgart Berlin Köln Mainz (**1978**)

Baur (ohne Vornamen): Anmerkung zum Beschluss des OLG Freiburg v. 5.12.1949 – 2 W 93/49, in: DRZ **1950**, 209

Beck, Volker: Bürgerrechtspolitik von Bündnis90/Die Grünen in der 13. Legislaturperiode, in: ZRP **1995**, 281

Becker, Walter: Die Eigenentscheidung des jungen Menschen, in: Festschrift für Friedrich Wilhelm Bosch zum 65. Geburtstag, hrsg. von Walther J. Habscheid, Hans Friedhelm Gaul und Paul Mikat, Bielefeld (**1976**), S. 37 ff.

Becker, Walter: Elterliches Sorgerecht, Sachverständigenanhörung im Deutschen Bundestag vom 12.9.1977, in: Zur Sache 1/78, Bonn (**1978**)

Becker, Walter: Neues elterliches Sorgerecht, in: ZblJugR **1978**, 300

Beitzke, Günther: Anmerkung zum Urteil des KG v. 1.8.1947 – II 66/47/26 – in: SJZ **1948**, 263

Beitzke, Günther: Betrachtungen zum neuen Kindschaftsrecht, in: FamRZ **1958**, 7

Beitzke, Günther: Elterliches Sorgerecht, Sachverständigenanhörung im Deutschen Bundestag vom 12.9.1977, in: Zur Sache 1/78, Bonn (**1978**)

Beitzke, Günther: Familienrecht – Ein Studienbuch, München, 13. Aufl. (**1966**) und 19. Aufl. (**1977**)

Beitzke, Günther: Gleichberechtigung und Familienrechtsreform, in: JZ **1952**, 744

Beitzke, Günther: Nochmals zur Reform elterlichen Sorgerechts, in: FamRZ, **1979**, 8

Beitzke, Günther: Sorgerechtsregelung bei Ausländerkindern, in: Festschrift für Heinrich Lehmann zum 80. Geburtstag, Band 2, hrsg. in Gemeinschaft mit den Mitarbeitern von H. C. Nipperdey, Berlin Tübingen und Frankfurt/M. (**1956**), S. 493 ff.

Beitzke, Günther: Zum Ehegesetz vom 20.2.1946, in: DRZ **1946**, 136

Beitzke, Günther: Zur deutschen Scheidungsrechtsreform, in: ZfRV **1972**, 1

Beitzke, Günther: Zur Reform des elterlichen Sorgerechts, in: ZblJugR **1973**, 121

Belchaus, Günter: Elterliches Sorgerecht, Kommentar zum Gesetz zur Neuregelung des Rechts der elterlichen Sorge (mit verfahrens- und kostenrechtlichen Hinweisen), Köln (**1980**)

Belchaus, Günter: Neuregelung des Rechts der elterlichen Sorge, in: ZblJugR **1979**, 325

Belke, Wolfgang: Gedanken zu einer Reform der Bestimmungen über die elterliche Gewalt (§§ 1626-1698b BGB), in: FamRZ **1969**, 72

Benjamin, Hilde: Vorschläge zum neuen deutschen Familienrecht, hrsg. vom Deutschen Frauen-Verlag, Berlin (Ost) **1949**

Benjamin, Hilde: Zur Geschichte der Rechtspflege der DDR 1945-1949, von einem Autorenkollektiv unter Leitung von Hilde Benjamin, Berlin (Ost) **1976**

Benjamin, Hilde: Zur Geschichte der Rechtspflege der DDR 1949-1961, von einem Autorenkollektiv unter Leitung von Hilde Benjamin, Berlin (Ost) **1980**

Berding, Dietrich: Elterliche Gewalt, Kindesrechte und Staat im deutschen Naturrecht um 1800, in: ZNR **2000**, 52

Beres, Martin: Das Kindeswohl – Ein Wunschtraum? Versuch einer Bilanz, in: ZblJugR **1982**, 449

Beres, Martin: Gemeinsames Sorgerecht nach Scheidung – Überlegungen zur Entscheidung des BVerfG vom 3.11.1982, in: DAVorm **1983**, 16

Bergmann, Margarete/Gutdeutsch, Werner: Der Anspruch des Kindes auf Beteiligung am Scheidungsverfahren – Anmerkung zur geplanten Auflösung des Zwangsverbundes zwischen Scheidung und Regelung der elterlichen Sorge, in: FamRZ **1996**, 1187

Bergmann, Walter: Die Scheidung sittlich nicht mehr gerechtfertigter Ehen (§ 55 des Ehegesetzes), in: DJ **1939**, 376

Bissmeier, Volker: Auswirkungen von Ehescheidungen auf Kinder – Der Gesichtspunkt der Kindesanhörung im familiengerichtlichen Verfahren – zugleich eine Anmerkung zu Wallerstein/Lewis, Langzeitstudien der elterlichen Ehescheidung auf Kinder, FamRZ 2001, 66, in: JAmt **2001**, 168

Blasius, Dirk: Ehescheidung in Deutschland 1794-1945, Diss. Göttingen (**1987**)

Bleckmann, Albert: Begriff und Kriterien der innerstaatlichen Anwendbarkeit völkerrechtlicher Verträge, Diss. Heidelberg (**1970**)

Bloch, Anke: Die Übertragung der elterlichen Sorge gemäß § 1671 BGB, Diss. Bochum (**2002**)

Blomeyer, Arwed: Zur Richtlinie des Obersten Gerichts der SBZ über die Voraussetzungen der Ehescheidung, in: ROW **1958**, 7

Blomeyer, Jürgen: Die Reform des Ehescheidungsverfahrens im Spiegel der Meinungen, in: ZRP **1974**, 118

Blötz (ohne Vornamen): Personensorgerecht des alleinschuldigen Ehegatten, in: DFG **1943**, 35

Blumenwitz, Dieter: Der Vertrag vom 12.9.1990 über die abschließende Regelung in Bezug auf Deutschland, in: NJW **1990**, 3041

Bode, Lutz: Die Fähigkeit zu Kooperation – und bist du nicht willig…, in: FamRZ **1999**, 1400

Bode, Lutz: Zur Aufhebung der gemeinsamen elterlichen Sorge und Übertragung des alleinigen Sorgerechts auf den antragstellenden Elternteil. Anmerkung zu BGH, FamRZ

1999, 1646ff., in: FamRZ **2000**, 478

Böhmer, Christof: Das Ehe- und Familienrecht im Einigungsvertrag mit IPR und Übergangsvorschriften, in: StAZ **1990**, 357

Borkmann, Gerhard/Daute, Rolf: Zur künftigen Regelung des persönlichen Umgangs des nicht sorgeberechtigten Elternteils mit dem Kinde, in: NJ **1964**, 267

Born, Winfried: Gemeinsames Sorgerecht: Ende der „modernen Zeiten"?, Besprechung von BGH, Urteil v. 29.9.1999 – XII ZB 3/99 – in: FamRZ **2000**, 396

Bosch, Friedrich Wilhelm: Anmerkung zum Beschluss des AmtsG Achern (Baden) v. 13.5.1959 – FR VII 264/49, in: FamRZ **1959**, 379

Bosch, Friedrich Wilhelm: Anmerkung zum Beschluss des BGH v. 14.7.1956 – IV ZB 147/55, in: FamRZ **1956**, 310

Bosch, Friedrich Wilhelm: Anmerkung zum Beschluss des OLG Frankfurt v. 5.7.1954 – 6 W 81/54, in: FamRZ **1954**, 113

Bosch, Friedrich Wilhelm: Anmerkungen zum Beschluss des LG München v. 18.2.1955 – 13 II T 1082/54, in: FamRZ **1955**, 106

Bosch, Friedrich Wilhelm: Bemerkungen zum „Gleichberechtigungsgesetz" (GlbG), in: FamRZ **1957**, 189

Bosch, Friedrich Wilhelm: Die Neuordnung des Eherechts ab 1. Juli 1977 – Eine grundsätzliche Betrachtung, in: FamRZ **1977**, 569

Bosch, Friedrich Wilhelm: Die Situation im Ehe- und Familienrecht, in: Rpfleger **1953**, 387 (Teil I), 482 (Teil II), 545 (Teil III)

Bosch, Friedrich Wilhelm: Ehe und Familie in der Rechtsordnung ab 1. April 1953, in: Rpfleger **1953**, 273

Bosch, Friedrich Wilhelm: Ehescheidung und ihre Folgen, in: FamRZ **1970**, 109

Bosch, Friedrich Wilhelm: Entwicklungslinien des Familienrechts in den Jahren 1947 bis 1987, in: NJW **1987**, 2617

Bosch, Friedrich Wilhelm: Familien- und Erbrecht als Themen der Rechtsangleichung nach dem Beitritt der DDR zur Bundesrepublik Deutschland, in: FamRZ **1991**, 749

Bosch, Friedrich Wilhelm: Familienrechtsreform, Siegburg (**1952**)

Bosch, Friedrich Wilhelm: Freiheit und Bindung im neuen deutschen Familienrecht, in: FamRZ **1958**, 81

Bosch, Friedrich Wilhelm: Gleichberechtigung im Bereich der elterlichen Gewalt, in: SJZ **1950**, 625

Bosch, Friedrich Wilhelm: Neue Rechtsordnung in Ehe und Familie, Siegburg (**1954**)

Bosch, Friedrich Wilhelm: Neues deutsches Familienrecht 1976/1977, in: FamRZ **1976**, 401

Bosch, Friedrich Wilhelm: Volljährigkeit – Ehemündigkeit – Elterliche Sorge, in: FamRZ **1973**, 489

Bosch, Friedrich Wilhelm: Zur Rechtsstellung der mit beiden Eltern zusammenlebenden nichtehelichen Kinder, in: FamRZ **1991**, 1121

Bowlby, John: Bindung. Eine Analyse der Mutter-Kind-Beziehung, München (**1975**)

Braga, Sevold: Reformgesetze und Zukunftsforschung – Zur Frage der Verfassungsmäßigkeit des 1. EheRG, in: Festschrift für Günther Beitzke zum 70. Geburtstag, hrsg. von Otto Sandrock, Berlin (**1979**), S. 145 ff.

Brändlein, Hans: Elterliches Sorgerecht, Sachverständigenanhörung im Deutschen Bundestag vom 12.9.1977, in: Zur Sache 1/78, Bonn (**1978**)

Braun, Oliver: Die elterliche Sorge nach Auflösung der ehelichen Lebensgemeinschaft gem. §§ 1671, 1672 BGB, Diss. Potsdam (**1998**)

Breetzke, Ernst: Zur Gleichberechtigung der Geschlechter bei der Zwangsvollstreckung gegen Eheleute, in: NJW **1953**, 734

Bretherton, Inge: Die Geschichte der Bindungstheorie, in: Spangler, Gotfried/Zimmermann, Peter (Hrsg.), Die Bindungstheorie – Grundlagen, Forschung und Anwendung, Stuttgart 2. Aufl. **1997**, S. 27 ff.

Breuer, Clemens: Recht und Moral – Eine Auseinandersetzung zwischen Naturrecht und Rechtspositivismus, in: Dem Staate, was des Staates – der Kirche, was der Kirche ist. Festschrift für Joseph Listl zum 70. Geburtstag, hrsg. von Josef Isensee, Wilhelm Rees und Wolfgang Rüfner, Berlin (**1999**), S. 935 ff.

Briegleb, Horst: Eherechtsreform zu Lasten der Kinder? in: ZblJugR **1971**, 33

Brinkmann, Werner: Das wohlverstandene Interesse der minderjährigen Kinder in § 48 Abs. 3 des Ehegesetzes, in: NJW **1948**, 575

Brokamp, Iris: Die Verrechtlichung der Eltern-Kind-Beziehung in hundert Jahren BGB, Diss. Würzburg (**2001**)

Brötel, Achim: Der Rechtsanspruch des Kindes auf seine Eltern – Positionsbeschreibung anhand der Europäischen Menschenrechtskonvention und der UN-Kinderrechtskonvention, in: DAVorm **1996**, 843

Brox, Hans: Die Vorschläge zur Reform der Zivilgerichtsbarkeit in Familienrechtssachen, in: FamRZ **1963**, 105

Bruch, Carol S.: Erwiderung auf Gardner FamRZ 2002, 1689 f., in: FamRZ **2003**, 348

Bruch, Carol S.: Parental Alienation Syndrom und Parental Alienation: Wie man sich in Sorgerechtsfällen täuschen kann, in: FamRZ **2002**, 1304

Brüggemann, Dieter: Familiengerichtsbarkeit – Verfahren in Ehesachen im allgemeinen – Verfahren in anderen Familiensachen, in: FamRZ **1977**, 1

Brümmer, Gisela: Die Entwicklung des elterlichen Sorge- und Erziehungsrechts in der DDR, Diss. Saarbrücken (**1978**)

Bruns, Katrin: Das Sorgerechtsverfahren innerhalb und außerhalb des Scheidungsverbundverfahrens, Diss. Bremen (**2003**)

Büdenbender, Ulrich: Elterliche Entscheidungsautonomie für die elterliche Sorge nach geltendem Recht und nach dem Entwurf eines Kindschaftsrechtsrefomgesetzes, in: AcP 197 (**1997**), 197

Bugla, Martin: Das Sorge- und Umgangsrecht bei nicht bzw. nicht mehr miteinander verheirateten Eltern und dessen Neuregelung durch die Kindschaftsrechtsreform, Diss. Würzburg (**1998**)

Bumiller, Ursula/Winkler, Karl: Gesetz über die Angelegenheiten der freiwilligen Gerichtsbarkeit, München, 7. Aufl. **1999**

Bundesarbeitsgemeinschaft der Freien Wohlfahrtspflege e.V.: Zum Entwurf eines Gesetzes zur Neuregelung des Rechts der elterlichen Gewalt, in: Jugendwohl **1973**, 169

Bundeskonferenz für Erziehungsberatung e.V.: Stellungnahme zur Neuregelung des Kindschaftsrechts, in: ZfJ **1996**, 509

Bünting, Karl-Dieter: Deutsches Wörterbuch, Chur/Schweiz (**1996**)

Buschmann, Walter: Sorgerechtsprobleme aus gerichtspsychologischer Sicht, in: RdJB **1983**, 408

Büttner, Helmut: Änderungen im Familienverfahrensrecht durch das Kindschaftsrechtsreformgesetz, in: FamRZ **1998**, 585

Canter, Karl: Gleichberechtigung und Richterrecht, in: NJW **1953**, 850

Claessens, Dieter: Familie und Wertsystem. Eine Studie zur zweiten, „soziokulturellen" Geburt des Menschen, Berlin (**1962**)

Coester, Michael/Hansen, Kirsten-Pia: Das UN-Übereinkommen über die Rechte des Kindes und das KJHG: Impulse zur Kindeswohlverwirklichung, in: Steindorff (Hrsg.), Vom Kindeswohl zu den Kindesrechten, Neuwied Kriftel und Berlin (**1994**), S. 21 ff.

Coester, Michael: Das Kindeswohl als Rechtsbegriff – Die richterliche Entscheidung über die elterliche Sorge beim Zerfall der Familiengemeinschaft, Frankfurt/M. (**1983**)

Coester, Michael: Die Bedeutung des Kinder- und Jugendhilfegesetzes (KJHG) für das Familienrecht, in: FamRZ **1991**, 253

Coester, Michael: Die Reform des Kindschaftsrechts - ein privatrechtlicher Überblick, in: RdJB **1996**, 430

Coester, Michael: Elternautonomie und Staatsverantwortung bei der Pflege und Erziehung von Kindern, in: FamRZ **1996**, 1181

Coester, Michael: Elternrecht des nichtehelichen Vaters und Adoption – Zur Entscheidung des Bundesverfassungsgerichts vom 7. März 1995, in: FamRZ **1995**, 1245

Coester, Michael: Gemeinsames Sorgerecht nach Scheidung? Verfassungsrechtliche Überlegungen und internationale Erfahrungen, in: EuGRZ **1982**, 256

Coester, Michael: Neue Aspekte zur gemeinsamen elterlichen Verantwortung nach Trennung und Scheidung, in: FuR **1991**, 70

Coester, Michael: Reform des Kindschaftsrechts, in: JZ **1992**, 809

Coester, Michael: Sorgerecht bei Elternscheidung und KJHG, in: FamRZ **1992**, 617

Coester-Waltjen, Dagmar: Von der elterlichen Gewalt zur elterlichen Sorge, in: ZRP **1977**, 177

Cohn, Charlotte: Gleichberechtigung der Geschlechter im künftigen Elternrecht (Reichsverfassung Artikel 119), Diss. Hamburg (**1932**)

Creifelds (ohne Vornamen): Die Gleichberechtigung der Frau im deutschen Recht. Ein gesetzgeberisches Problem der Gegenwart, in: JR **1950**, 449

Cuny, Annelise: Regelung der elterliche Sorge nach Scheidung und Trennung der Ehe, in: Neues elterliches Sorgerecht, Familienrechtskommission des Juristinnenbundes (Hrsg.), Bielefeld (**1977**), S. 169 ff.

Danielcik, Hans Peter: Die Scheidungsklage nach § 55 des Ehegesetzes, in: JW **1938**, 2866

Degenhart, Christoph: Staatsrecht I, Staatsorganisationsrecht, Heidelberg, 18. Auflage (**2002**)

Deines von (ohne Vornamen): Anmerkung zum Beschluss des OLG Frankfurt/M. v. 22.4. 1953 – 3 U 51/53, in: NJW **1953**, 946

Deinhardt, Kurt: Neuere Stimmen und Vorschläge zur Eherechtsreform, FamRZ **1972**, 236

Derleder, Peter: Das Jahrhundert des deutschen Familienrechts, in: KJ **2000**, 1

Derleder, Peter: Das Kindeswohl als Prinzip der Familiensteuerung, in: FuR **1994**, 144

Dethloff, Nina: Reform des Kindschaftsrechts, in: NJW **1992**, 2200

Dettenborn, Harry: Buchbesprechung: Richard A. Gardner, Das elterliche Entfremdungssyndrom (Parental Alienation Syndrom/PAS). Anregungen für gerichtliche Sorge- und Umgangsregelungen. Eine empirische Untersuchung. In: FamRZ **2002**, 1320

Deubner, Karl G.: Die Beweislastverteilung bei Anwendung des § 48 Abs. 2 EheG, in: NJW **1969**, 1645

Deubner, Karl G.: Zerrüttungsprinzip und Streitträchtigkeit, in: Eherechtsreform, hrsg. von Ernst Gessler, Roman Herzog, Reimut Jochimsen, Arthur Kaufmann, Bernd Rüthers, Horst Sanmann, Winfried Stefani, Fritz Werner, Frankfurt/M. (**1971**), S. 50 ff.

Deutsche Liga für das Kind in Familie und Gesellschaft: Die Position des Kindes stärken. Stellungnahme der Liga zur geplanten Reform des Kindschaftsrechts, in: DAVorm **1996**, 321

Deutsche Richterakademie: Entschließung der Richterakademie zur Reform des Ehe- und Familienrechts, in: DRiZ **1973**, 237

Deutscher Anwaltverein e.V.: Stellungnahme des Familienrechtsausschusses des Deutschen Anwaltvereins e.V. zum Entwurf eines Gesetzes zur Reform des Kindschaftsrechts vom 28.2.1996, in: FamRZ **1996**, 1401

Deutscher Caritasverband: Stellungnahme des Deutschen Caritasverbands zur Neuregelung der elterlichen Gewalt, in: FamRZ **1970**, 517

Deutscher Familiengerichtstag e.V.: Bericht des Arbeitskreises 9 des 14. Familiengerichtstages: PAS – ein Beitrag zur Lösung von Umgangsproblemen? In: FamRZ **2002**, 1317

Deutscher Familiengerichtstag e.V.: Empfehlungen des 3. Deutschen Familiengerichtstages vom 15.-18. Oktober 1980 in Brühl, in: FamRZ **1980**, 1173

Deutscher Familiengerichtstag e.V.: Stellungnahme des Deutschen Familiengerichtstages e.V. zu dem Entwurf eines Gesetzes zur Reform des Kindschaftsrechts (Kindschaftsrechtsreformgesetz –KindRG), in: FamRZ **1997**, 337

Deutscher Familiengerichtstag e.V.: Thesen zur Reform des Kindschaftsrechts Deutscher Familiengerichtstag e.V. – Sorgerechtskommission, in: FamRZ **1993**, 1164

Deutscher Juristinnenbund: Ergebnisse des Seminars des Deutschen Juristinnenbundes zu Gesetzentwürfen im Familienrecht, in: FamRZ **1996**, 597

Deutscher Juristinnenbund: Thesen des Deutschen Juristinnenbundes zur Neuregelung des Kindschaftsrechts, in: FamRZ **1992**, 912

Deutscher Verein für öffentliche und private Fürsorge: Stellungnahme des deutschen Vereins zum Gesetzentwurf der Bundesregierung zur Reform des Kindschaftsrechts und zur Stellungnahme des Bundesrats (Kindschaftsrechtsreformgesetz – KindRG), in: NDV **1996**, 241

Deutscher Verein für öffentliche und private Fürsorge: Stellungnahme des deutschen Vereins zum Referentenentwurf eines Gesetzes zur Reform des Kindschaftsrechts (Kindschaftsrechtsreformgesetz – KindRG), in: NDV **1995**, 477

Dickmeis, Franz: Das neue Kindschaftsrecht und seine Bedeutung für die sozialen Dienste, in: ZfJ **1998**, 193

Dickmeis, Franz: Die gemeinsame Sorge – ein engagiertes Plädoyer. Die Bewältigung der Scheidungskrise, Hilfe durch Gerichte und Jugendämter? In: ZfJ **1989**, 57

Dickmeis, Franz: Familienrecht im Wandel – Zur Aufwertung der Elternrechtsposition gegenüber dem Staat, in: DAVorm **1991**, 705

Dieckmann, Albrecht: Betrachtungen zum Recht der elterlichen Sorge - vornehmlich für Kinder aus gescheiterter Ehe, in: AcP 178 (**1978**) 298

Dieckmann, Albrecht: Fragwürdige Begründung im Streit um die Verfassungsgebotenheit einer gemeinsamen elterlichen Sorge nach Scheidung der Elternehe, in: NJW **1981**, 668

Diederichsen, Uwe: Anmerkung zum Beschluss des KG v. 28.5.1980 – 18 UF 1322/80, in: NJW **1980**, 2420

Diederichsen, Uwe: Das Verfahren vor den Familiengerichten nach dem 1. EheRG, NJW **1977**, 649

Diederichsen, Uwe: Der Weg der gemeinsamen elterlichen Sorge in die Eindimensionalität, in: Festschrift für Walter Rolland zum 70. Geburtstag, hrsg. von Uwe Diederichsen, Gerfried Fischer, Dieter Medicus, Jörg Pirrung, Thomas Wagenitz, Köln (**1999**), S. 87 ff.

Diederichsen, Uwe: Die „reductio ad absurdum" in der Jurisprudenz, in: Festschrift für Karl Larenz zum 70. Geburtstag, hrsg. von Gotthard Paulus, Uwe Diederichsen, Claus-Wilhelm Canaris, München (**1973**)

Diederichsen, Uwe: Die allgemeinen Ehewirkungen nach dem 1. EheRG und Ehevereinbarungen, in: NJW **1977**, 217

Diederichsen, Uwe: Die Neuregelung des Rechts der elterlichen Sorge, in: NJW **1980**, 1

Diederichsen, Uwe: Die Reform des Kindschafts- und Beistandschaftsrechts, in: NJW **1998**, 1977

Diederichsen, Uwe: Elterliches Sorgerecht, Sachverständigenanhörung im Deutschen Bundestag vom 12.9.1977, in: Zur Sache 1/78, Bonn (**1978**)

Diederichsen, Uwe: Kreuzzug – oder: Abschied vom Hochmittelalter im Kindschaftsrecht? in: NJW **1998**, 957

Diederichsen, Uwe: Referat zum 59. Deutschen Juristentag 1992, in: Verhandlungen des 59. Deutschen Juristentages Hannover 1992, Band 2, München (**1992**), M 62 ff.

Diederichsen, Uwe: Zur Reform des Eltern-Kind-Verhältnisses, in: FamRZ **1978**, 461

Diestelkamp, Bernhard: Rechts- und verfassungsgeschichtliche Probleme zur Frühgeschichte der Bundesrepublik Deutschland, in: JuS **1980**, 481

Dilcher, Hermann: Bürgerliches Recht in den Westzonen 1945 – 1949. Ein Beitrag zur Privatrechtsgeschichte der Nachkriegszeit, in: Staat, Kirche, Wissenschaft in einer pluralistischen Gesellschaft, Festschrift zum 65. Geburtstag von Paul Mikat, hrsg. von Dieter Schwab, Dieter Giesen, Joseph Listl, Hans-Wolfgang Strätz, Berlin (**1989**), S. 221 ff.

Dillhöfer, Gerhard/Wächtler, Herbert: Einige Fragen der neuen Eheverordnung, in: NJ **1956**, 87

Dirian, Hans W. : Anmerkung zum Beschluss des BGH v. 3.6.1953, IV ZB 39/53, in: NJW **1953**, 1787

Dittmann, Karl: Sonderfragen zur Regelung der elterlichen Gewalt während und nach der Ehescheidung unter Berücksichtigung des neuen Ehescheidungsrechts, in: ZblJugR **1977**, 187

Dölle, Hans: Die Gleichberechtigung von Mann und Frau im Familienrecht, in: JZ **1953**, 353

Dölle, Hans: Familienrecht, Darstellung des deutschen Familienrechts mit rechtsvergleichenden Hinweisen, Band 1, Karlsruhe (**1964**) und Band 2, Karlsruhe (**1965**)

Dölle, Hans: Grundsätzliches zum Ehescheidungsrecht, Tübingen (**1946**)

Dombois, Adolf/Schumann, Friedrich Karl: Familienrechtsreform – Dokumente und Abhandlungen, Witten-Ruhr (**1955**)

Donau, Helmut: Rückwirkende Kraft des Gleichberechtigungsgesetzes? In: NJW **1958**, 250

Dopffel, Peter H. : Die Gleichberechtigung von Mann und Frau im Familienrecht der Bundesrepublik Deutschland, in: ZfRV **1978**, 1

Dörr, Claus: Die Entwicklung des Familienrechts seit Ende 1990. Eherecht, elterliche Sorge, Kindesherausgabe, Umgangsbefugnis, Ehewohnung, Hausrat, Schlüsselgewalt, vermögensrechtliche Beziehungen, in: NJW **1992**, 529

Dorsch, Gabriele: Die Konvention der Vereinten Nationen über die Rechte des Kindes, Diss. München (**1992**)

Dritter Deutscher Familiengerichtstag vom 15. bis 18. Oktober 1980 in Brühl, in: Brühler Schriften zum Familienrecht, hrsg. vom Deutschen Familiengerichtstag, Bielefeld (**1981**)

Dronke, Ernst: Inwieweit bedürfen die familienrechtlichen Vorschriften des Bürgerlichen Gesetzbuchs mit Rücksicht auf den die Gleichberechtigung der Geschlechter aussprechenden Artikel 119 Absatz 1 Satz 2 der Reichsverfassung einer Änderung? Gutachten zum 36. Deutschen Juristentag, in: Verhandlungen des 36. Deutschen Juristentages in Lübeck 1930, Band 1, Berlin und Leipzig (**1931**), S. 592 ff.

Dürig, Günter: Art. 3 II GG – vom verfassungsrechtlichen Standpunkt gesehen, in: FamRZ **1954**, 2

Duss-von Werdt, Josef: Überlegungen zur gemeinsamen Typologie von Ehe, Scheidung und Elternschaft, in: ZfJ **1984**, 17

Eben-Servaes, Ilse: Das Kind in der Ehe, in: DR (A) **1935**, 91

Eben-Servaes, Ilse: Die Frau und Mutter im nationalsozialistischen Familienrecht, in: DR (A) **1938**, 90

Eben-Servaes, Ilse: Kinder aus geschiedenen Ehen, in: ZAkDR **1936**, 11

Eberhardt, Karl-Heinz: Zu einigen Ergebnissen der Diskussion über den FGB-Entwurf, in: NJ **1966**, 8

Ebert, Johannes: Einstweiliger Rechtsschutz in Familiensachen, Bonn (**2002**)

Eckert-Schirmer, Jutta: Gemeinsames Sorgerecht nach Scheidung: Leitbild oder soziale Realität? In: FuR **1996**, 205

Ehmke, Horst: Verfassungsänderung und Verfassungsdurchbrechung, in: AöR 79 (**1953**), 385

Ehring, Antonia: Die Abänderung der Sorgeentscheidung und die Wünsche des Kindes, Neuwied Kriftel und Berlin (**1996**)

Ell, Ernst: Anmerkungen aus psychologischer Sicht zur Regelung der Personensorge, in: ZblJugR **1980**, 319

Ell, Ernst: Psychologische Kriterien bei der Sorgerechtsregelung, in: ZfJ **1986**, 289

Ell, Ernst: Väter – Väter – Väter, in: ZfJ **1988**, 436

Ell, Ernst: Wie ist das mit der „Hauptbezugsperson"? in: ZblJugR **1982**, 76

Enneccerus, Ludwig/Kipp, Theodor/Wolf, Martin: Lehrbuch des Bürgerlichen Rechts. Zweiter Band, zweite Abteilung: Das Familienrecht, Marburg, 5. Aufl. **1925**

Erhardt, Kurt: Ein Neues Ehescheidungsrecht, Berlin München und Leipzig (**1919**)

Erichsen, Hans-Uwe/Reuter, Heidrun: Elternrecht – Kindeswohl – Staatsgewalt. Zur Verfassungsmäßigkeit staatlicher Einwirkungsmöglichkeiten auf die Kindeserziehung durch und aufgrund von Normen des elterlichen Sorgerechts und des Jugendhilferechts, Berlin (**1985**)

Erler (ohne Vornamen): Scheidung schuldlos zerrütteter Ehen, in: DJZ **1927**, 348

Erman, Walter: Bürgerliches Gesetzbuch, Handkommentar; Münster, 5. Aufl. **1972** (Band 2, §§ 854-2385); Münster, 7. Aufl. **1981** (Band 2, §§ 854-2385); Münster und Köln, 10. Aufl. **2000** (Band 2 §§ 854-2385)

Etzel, Matthias: Die Aufhebung von nationalsozialistischen Gesetzen durch den Alliierten Kontrollrat (1945-1948), Diss. Frankfurt/M. (**1992**)

Evangelische Kirche in Deutschland: Erklärung des Rates der Evangelischen Kirche in Deutschland zu Ehe und Ehescheidung vom 16. September 1977, in: FamRZ **1977**, 700

Evangelische Kirche in Deutschland: Stellungnahme der Eherechtskommission der Evangelischen Kirche in Deutschland v. 18.12.1953, in: Dombois, Adolf/Schumann, Friedrich Karl (Hrsg.), Familienrechtsreform. Dokumente und Abhandlungen, Witten-Ruhr **1955** (Nachdruck 1995), S. 28 ff.

Evangelische Kirche in Deutschland: Stellungnahme des Rats der Evangelischen Kirche in Deutschland zu den Fragen der Revision des Ehe- und Familienrechts v. 22.3.1952, in: Dombois, Adolf/Schumann, Friedrich Karl (Hrsg.), Familienrechtsreform. Dokumente und Abhandlungen, Witten-Ruhr **1955** (Nachdruck 1995), S. 9 ff.

Evangelische Kirche in Deutschland: Vorgänge und Entwicklungen – EKD-Denkschrift zur Reform des Ehescheidungsrechts, in: Herder-Korrespondenz **1970**, 65

Evans-von Krbek, Franziska-Sophie: Das „natürliche" Elternrecht – Störfaktor oder Hilfsmittel für eine familiengerechte Rechtsfindung und Rechtspolitik? In: ZblJugR **1976**, 45

Evans-von Krbek, Franziska-Sophie: Gemeinsame elterliche Gewalt über das Kind nach der Scheidung. Verfassungskonforme Auslegung, Rechtsfortbildung durch Analogie oder Verfassungswidrigkeit des § 1671 BGB? In: FamRZ **1977**, 371

Evans-von Krbek, Franziska-Sophie: Gemeinsame elterliche Gewalt über das Kind nach der Scheidung? Zum Beschluss des LG Köln vom 6. Juli 1973, in: FamRZ **1975**, 20

Ewers, Franz-Georg: Anmerkung zu OLG Zweibrücken, Beschluss vom 11.3.1999 – 2 UF

92/98 (MDR 1999, 940), in: MDR **1999**, 941

Ewers, Franz-Georg: Nachdenken über § 1696 BGB, neu? In: FamRZ **1999**, 477

Eylmann, Horst: Rechtspolitische Zielsetzungen der CDU/CSU in der 13. Legislaturperiode, in: ZRP **1995**, 161

FA-FamR: Handbuch des Fachanwalts Familienrecht, hrsg. von Peter Gerhardt, Bernd von Heintschel-Heinegg, Michael Klein; Neuwied und Kriftel, 3. Aufl. **2001**

Familienrechtsreformkommentar: Bearbeitet von Dieter Bäumel, Werner Bienwald, Rose Häußermann, Jörg Hoffmann, Hans-Ulrich Maurer, Klaus Meyer-Stolte, Jörg Rogner, Susanne Sonnenfeld und Peter Wax; Bielefeld (**1998**)

Faust, Fritz: Das Potsdamer Abkommen und seine völkerrechtliche Bedeutung, Frankfurt/M. und Berlin, 3. Aufl. **1964**

Fegeler, Susanne: Der Maßstab des Wohls des Kindes, des Mündels, des Pfleglings und des Betreuten bei der gerichtlichen Kontrolle ihrer Interessenvertreter, Diss. Münster (**2000**)

Fegert, Jörg M. : Parental Alienation oder Parental Accusation Syndrom? In: KindPrax **2001**, 3 (Teil 1), 39 (Teil 2)

Fehmel, Hans-Werner: Ist das Verbot des gemeinsamen elterlichen Sorgerechts nach der Scheidung (§ 1671 Abs. IV S. 1 BGB) verfassungswidrig? In: FamRZ **1980**, 758

Fehmel, Hans-Werner: Kindschaftsrecht und Gleichberechtigung – Zu einem Gutachten von Gisela Zenz und Ludwig Salgo, in: FamRZ **1983**, 971

Fehnemann, Ursula: Die Bedeutung des grundgesetzlichen Elternrechts für die elterliche Mitwirkung in der Schule, in: AöR 105 (**1980**), 529

Fellner, Walter: Bedenken gegen § 55 des Ehegesetzes, in: JBl **1946**, 303

FGB-Kommentar: Das Familienrecht der DDR, Kommentar zum Familiengesetzbuch der Deutschen Demokratischen Republik vom 20. Dezember 1965 und zum Einführungsgesetz zum Familiengesetzbuch der Deutschen Demokratischen Republik vom 20. Dezember 1965, hrsg. vom Ministerium der Justiz, Berlin (Ost), 3. Aufl. **1970**

Finger, Peter: Das neue Recht der elterlichen Sorge (SorgeRG), in: JA **1981**, 641

Finger, Peter: Das Übereinkommen über die Rechte des Kindes (UN-Kinderrechtskonvention) und sein Einfluss auf das deutsche Kindschafts- und Familienrecht, in: JR **1992**, 177

Finger, Peter: Gemeinsame elterliche Sorge nach der Ehescheidung – eine Umfrage bei hessischen Familiengerichten, in: DRiZ **1985**, 91

Finke, Franz-Josef: Das Rechtsverhältnis zwischen Eltern und Kindern unter dem Grundsatz der Gleichberechtigung von Mann und Frau, in: NJW **1953**, 606

Finke, Franz-Josef: Erläuterungen zum Gleichberechtigungsgesetz, in: MDR **1957**, 449

Finke, Franz-Josef: Probleme des Familienrechts nach dem Inkrafttreten des Grundsatzes der Gleichberechtigung am 1.4.1953, in: BB **1953**, 271

Finke, Fritz: Funktion und Bedeutung der anwaltlichen Tätigkeit bei Auseinandersetzungen um die elterliche Sorge sowie den Umgang, in: Festschrift für Ingrid Groß, hrsg. von Klaus Schnitzler und Ingeborg Rakete-Dombek, Bonn (**2004**), S. 89 ff.

Fischer, Paul: Die Novellierung des Familienrechts unter besonderer Berücksichtigung der Rechtsstellung der Ehefrau und Mutter in der Zeit von 1945 bis 1983. Eine Darstellung der Entwicklung an Hand einiger zentraler Bestimmungen bzw. Regelungen, Diss. Tübingen (**1989**)

Fischer, Wera: Das Parental Alienation Syndrom (PAS) und die Interessenvertretung des Kindes, in: NDV **1998**, 306

Fischer, Wera: Kindschaftsrechtsreform: Bemerkungen zum Kindeswohl aus sozialpolitischer Sicht, in: ZfJ **1997**, 235

Frankfurter Lehr- und Praxiskommentar zum KJHG/SGB VIII: bearbeitet von J. Münder, E.

Jordan, D. Kreft, Th. Lakies, H. Lauer, R. Proksch, K. Schäfer, Münster, 1. Aufl. **1991**
Frantz (ohne Vornamen): Änderung des Eherechts? In: SchlHA Teil A **1953**, 45
Frantz (ohne Vornamen): Anmerkung zum Urteil des OLGBrZ Köln v. 11.11.1949 – IIb ZS 96/49 – (Hamm), in: NJW **1950**, 383
Frantz (ohne Vornamen): Die Ehezerrüttung als Grundlage der Scheidung (Ein Beitrag zur Frage der Reform unseres Scheidungsrechts), in: FamRZ **1954**, 190
Frantz (ohne Vornamen): Zur Rechtsprechung des Reichsgerichts auf familienrechtlichem Gebiet. Eine Klarstellung, in: NJW **1949**, 448
Franz, Wolfgang: Zur Frage eines eigenen Antragsrechts des Jugendlichen gegenüber dem Vormundschaftsgericht, in: FamRZ **1974**, 571
Freisler, Roland: Reich, Richter und Recht, in: DR (A) **1942**, 145
Freisler, Roland: Vom alten zum neuen Ehescheidungsrecht. Kritik – Vorschlag – Begründung (Beiträge zur Rechtserneuerung, Band 6), Berlin (**1937**)
Fthenakis, Wassilios E.: Ta panta rei: Auf dem richtigen Weg zu einer Kindschaftsrechtsreform?, in: FPR **1998**, 84
Fthenakis, Wassilios E.: Väter, Band I, Zur Psychologie der Vater-Kind-Beziehung, München Wien und Baltimore (**1985**)
Fthenakis, Wassilios E.: Zum Stellenwert der Bindungen des Kindes als sorgerechtsrelevantes Kriterium gemäß § 1671 BGB – Eine Replik auf einen Beitrag von Lempp in FamRZ 1984, 741-744, in: FamRZ **1985**, 662
Fünfstück, O.: Die neue Rechtslage im Familienrecht (dort Teil VII), in: MDR **1953**, 258
Furstenberg, Frank F./Cherlyn, Andrew J.: Geteilte Familien, Stuttgart (**1993**)
Gardner, Richard A.: The Parental Alienation Syndrome, Creative Therapeutics, Cresskill, New Jersey (**1992**)
Gardner, Richard A.: Zu dem Beitrag von Bruch FamRZ 2002, 1304 ff., in: FamRZ **2002**, 1689
Gaul, H. F.: § 826 BGB und die Rechtskraft des Scheidungsurteils und des Schuldausspruchs, in: FamRZ **1957**, 237
Gericke, Cornelia: Elterliches Erziehungsrecht und die Religion des Kindes, Diss. Mainz (**2001**)
Gernhuber, Joachim/Coester-Waltjen, Dagmar: Lehrbuch des Familienrechts, München, 4. Aufl. **1994**
Gernhuber, Joachim: Die geordnete Ehe, in: FamRZ **1979**, 193
Gernhuber, Joachim: Elterliche Gewalt heute – Eine grundsätzliche Betrachtung, in: FamRZ **1962**, 89
Gernhuber, Joachim: Lehrbuch des Familienrechts, München, 2. Aufl. **1970** und 3. Aufl. **1980**
Gernhuber, Joachim: Neues Familienrecht. Eine Abhandlung zum Stil des jüngeren Familienrechts, Tübingen (**1977**)
Gerstein, Hartmut: Verwirklichung von Kindesrechten in der UN-Kinderrechtskonvention, in: ZfJ **1995**, 527
Gerth, Ulrich: Das Leben ist komplizierter, in: KindPrax **1998**, 171
Gförer (ohne Vornamen): Das Recht der Familie im Dritten Reich, in: DR (A) **1934**, 151
Giese, Fr.: Neue Rechtsordnung in Ehe und Familie, in: FamRZ **1954**, 132
Giesecke, Paul: Anmerkung zum Beschluss des LG Itzehoe v. 12.6.1947 – 1 T 89/47, in: MDR **1948**, 297
Giesen, Dieter: Aktuelle Probleme einer Reform des Scheidungsrechts, Frankfurt/M. (**1971**)
Giesen, Dieter: Das neue Scheidungsrecht auf dem Prüfstand der Rechtsprechung, in: JR

1980, 316 (2. Teil)
Giesen, Dieter: Die neuen Grundlagen des Scheidungsrechts und ihre praktische Bewährung, in: Jura **1979**, 590
Giesen, Dieter: Ehe und Familie in der Ordnung des Grundgesetzes, in: JZ **1982**, 817
Giesen, Dieter: Einzelfallgerechtigkeit als Problem – Zur Entwicklung des Scheidungs- und Scheidungsfolgenrechts in Deutschland – in: FamRZ **1984**, 1188
Giesen, Dieter: Familienrechtsreform zum Wohl des Kindes? Bemerkungen zum Sorgerechts-Entwurf BT-Drucks. 8/111 und zum Ehescheidungsfolgenrecht, in: FamRZ **1977**, 594
Godin, Reinhard Freiherr von/Godin, Hans Freiherr von: Ehegesetz vom 20.2.1946, Berlin, 2. Aufl. **1950**
Göhmann, Rudolf: Neues Verfahrensrecht in Ehesachen, in: AnwBl **1972**, 141
Goldstein, Joseph/Freud, Anna/Solnit, Albert Jay: Jenseits des Kindeswohls, Frankfurt/M. (1974, Nachdruck **1991**)
Göppinger, Horst: Ein BGB-Kommentar und die neuesten Wandlungen des Bürgerlichen Rechts (insbesondere im Familienrecht), in: FamRZ **1960**, 344
Göppinger, Horst: Eingriffe des Vormundschaftsgerichts in das Elternrecht (Art. 6 GG) – Betrachtungen zum Eheschließungs- und Adoptionsrecht, in: FamRZ **1959**, 397
Göppinger, Horst: Irrungen und Wirrungen im Unehelichenrecht – Einige Bemerkungen zu §§ 1707 II, 1709, 1727, 1738, 1747 III BGB sowie zu den Beschlüssen des 44. Deutschen Juristentages (FamRZ 1962, 401), in: FamRZ **1962**, 449
Göppinger, Horst: Vereinbarungen anlässlich der Ehescheidung, München, 3. Aufl. **1978**
Gordon, Michael: Die wechselnde Auffassung vom Wesen der Ehe im Wandel der Verfassungsepochen des 20. Jahrhunderts, Diss. Berlin (**1978**)
Graehl, Peter: Die geschichtliche Entwicklung des § 48 Ehegesetz, Diss. Freiburg i. Br. (**1966**)
Grandke, Anita: Familienrecht und Soziologie, StuR **1965**, 1054
Greßmann, Michael: Einführung in das neue Kindschaftsrecht (Teil II) – Verfahrensrechtliche Aspekte der Kindschaftsrechtsreform, in: KindPrax **1998**, 35
Greßmann, Michael: Neues Kindschaftsrecht, Bielefeld (**1998**)
Grießhaber, Rita: Statement der Gruppe Bündnis90/Die Grünen im Deutschen Bundestag, in: FPR **1996**, 211
Grimme, Mark-Alexander: Die Entwicklung der Emanzipation der Frau in der Familienrechtsgeschichte bis zum Gleichberechtigungsgesetz 1957, Diss. Göttingen (**2002**)
Gross, Helga: Das Recht der elterlichen Sorge, Neuregelungen ab 1.1.1980, Frankfurt/M., 2. Aufl. **1980**
Groß, Werner: Das Ende des Besatzungsregimes und die Gleichberechtigung der Geschlechter, in: FamRZ **1955**, 226
Gruchmann, Lothar: Das Ehegesetz vom 6. Juli 1938. Entstehung und Beurteilung, in: ZNR **1989**, 63
Gründel, Matthias: Gemeinsames Sorgerecht – Erfahrungen geschiedener Eltern, Diss. Göttingen (**1993**)
Grundmann, Siegfried: Ehe und Familie im Grundgesetz, in: Heckel, D. Th. (Hrsg.), Ehe- und Familienrecht, München (**1959**), S. 16 ff.
Grunsky, Wolfgang: Verfahrensrechtliche Probleme einer Ehescheidungsreform, in: Eherechtsreform, hrsg. von Ernst Gessler, Roman Herzog, Reimut Jochimsen, Arthur Kaufmann, Bernd Rüthers, Horst Sanmann, Winfried Stefani, Fritz Werner, Frankfurt/M. (**1971**), S. 134 ff.
Gutdeutsch, Werner/Rieck, Jürgen: Kindesentführung: ins Ausland verboten – im Inland erlaubt?, in: FamRZ **1998**, 1488

Gutjahr, Herbert: Vorschlag zur Änderung des § 1635 BGB, in: DR (A) **1938**, 290
Haase, Wolfgang/Kloster-Harz, Doris: Gemeinsame elterliche Sorge – Ein Schritt vorwärts und zwei Schritte zurück? In: FamRZ **2000**, 1003
Habscheid, Walther J.: Absolute oder relative Scheidungsgründe? In: FamRZ **1954**, 7
Habscheid, Walther J.: Die Rechtsprechung zum Eheauflösungsrecht. Ehenichtigkeit - Eheaufhebung – Ehescheidung – Schuldausspruch, in: FamRZ **1958**, 202
Hachenburg, Max: Reform der Ehescheidung, Teil A: Der Verband „Eherechtsreform", in: JW **1922**, 5
Haff, Karl: Anmerkung zum Urteil des OLG Braunschweig v. 10.12.1946, 1 U Z 8/46, in: MDR **1947**, 152
Haff, Karl: Der Sippengedanke im deutschen Recht, in: DR (A) **1935**, 84
Hagelstein, Klaus: Weitergeltung von Entscheidungen nach § 1672 (a.F.) für die Zeit nach einer Scheidung, in: FuR **1998**, 404
Hagemeyer, Maria: Das Familienrecht seit dem 1. April 1953, in: NJW **1953**, 601
Hagemeyer, Maria: Denkschrift über die zur Anpassung des geltenden Familienrechts an den Grundsatz der Gleichberechtigung von Mann und Frau (Art. 3 Abs. 2 GG) erforderlichen Gesetzesänderungen, III. Teil, Köln Bundesanzeiger (ohne Jahresangabe)
Hagemeyer, Maria: Zum Familienrecht in der Sowjetzone. Der Entwurf des Familiengesetzbuches und die Verordnung über Eheschließung und Eheauflösung, hrsg. vom Bundesministerium für gesamtdeutsche Fragen, Bonn, 3. Aufl. **1958**
Hagena, Walter: Die Zuständigkeitskonzentration und der Entscheidungsverbund beim Familiengericht, in: FamRZ **1975**, 379
Hahne, Meo-Micaela: Vertragsfreiheit im Familienrecht, in: Schwab, Dieter/Hahne, Meo-Micaela (Hrsg.), Familienrecht im Brennpunkt. Fachkongress zum 50-jährigen Bestehen der FamRZ vom 22. – 24. April 2004 in Bonn, Bielefeld (**2004**), S. 181 ff.
Haibach, Ulrike/Haibach, Rudolf: Das Neue Kindschaftsrecht - in der anwaltlichen Praxis, Bonn (**1998**)
Haibach, Ulrike: Familienrecht in der Rechtssprache, Diss. Gießen **1990**
Hansen, Kirsten-Pia: Das Recht der elterlichen Sorge nach Trennung und Scheidung, Neuwied Kriftel Berlin (**1993**)
Hattenhauer, Hans: Die Akademie für Deutsches Recht (1933-1944), in: JuS **1986**, 680
Hauck, Peter: Das richterliche Prüfungsrecht in Berlin, Diss. Berlin (**1967**)
Häusler, Gerhard: Zur Funktion des sozialistischen Rechtsanwalts im Eheverfahren, in NJ **1960**, 464
Heil, Renate Isabel: Das Personensorgerecht der Eltern nichtehelicher Kinder – Ein Beitrag zur Reform des Personensorgerechts unter Heranziehung der englischen Rechtslage, Diss. Regensburg (**1993**)
Heinke, Sabine: Gemeinsame Sorge um jeden Preis? In: FF **2002**, 54
Heinrich, Wilhelm/Göldner, Elfriede/Schilde, Horst: Die Rechtsprechung der Instanzgerichte in Familiensachen, in: NJ **1961**, 815
Heinze, Felix: Das neue Eherecht in der Sowjetzone, in: NJW **1956**, 658
Held, Philipp: Gedanken zur Reform des Ehescheidungsrechts, in: FamRZ **1970**, 298
Henkel, Heinrich: Die Unabhängigkeit des Richters in ihrem neuen Sinngehalt, Hamburg (**1934**), Nachdruck 1995
Henle, Rudolf: Zur Reform des Ehescheidungsrechts, in: JW **1922**, 1501 (Teil II)
Henrich, Dieter: Probleme der deutschen Rechtseinheit im Familienrecht, in: FamRZ **1991**, 873
Herdegen, Matthias: Die Aufnahme besonderer Rechte des Kindes in die Verfassung, in: FamRZ **1993**, 374
Herminghausen (ohne Vornamen): Zur Gleichberechtigung von Mann und Frau im Höfe-

recht für die britische Zone, in: NJW **1955**, 859

Heuer, Uwe-Jens: Statement der Gruppe der PDS im Deutschen Bundestag, in: FPR **1996**, 212

Heumann, Alexander: Recht und Gerechtigkeit in der Kindeswohl-Debatte, in: JAmt **2004**, 14

Heußner, Hermann: Folgen der Verfassungswidrigkeit eines Gesetzes ohne Nichtigerklärung, in: NJW **1982**, 257

Hill, Hermann: Einführung in die Gesetzgebungslehre, in: Jura **1986**, 57

Hill, Hermann: Impulse zum Erlass eines Gesetzes, in: DÖV **1981**, 487

Hinz, Manfred: Die gemeinsame Sorge, Sorgerechtsentscheidungen und ergänzende Normen nach dem neuen Recht, in: FPR **1998**, 76

Hinz, Manfred: Elternverantwortung und Kindeswohl – Neue Chancen zu ihrer Verwirklichung für die Rechtsprechung? Zur Diskussion um die gemeinsame elterliche Sorge nach der Scheidung, in: ZfJ **1984**, 529

HK-BGB: Handkommentar Bürgerliches Gesetzbuch, bearbeitet von Döner/Ebert/Eckert/Hoeren/Kemper/Saenger/Schulte-Nölke/Schulze/Staudinger, Baden-Baden, 2. Aufl. **2002**

Hoffmann, Edgar/Stephan, Walter: Ehegesetz, München, 1. Aufl. **1950**

Hoffmann, Edgar: Änderungsvorschläge zu den eherechtlichen Bestimmungen des geplanten Familienrechtsgesetzes, in: NJW **1953**, 127

Hoffmann, Herbert: Das Familienrecht in Berlin seit dem 1. April 1953, in: JR **1953**, 199

Hoffmann-Steudner, Vesta: Die Rechtsprechung des Reichsgerichts zu dem Scheidungsgrund des § 49 EheG 1938 in den Jahren 1938-1945, Diss. Kiel (**1998**)

Holzhauer, Heinz: Verwandtschaftliche Elternstellung, verfassungsmäßiges Elternrecht und elterliche Sorge, in: FamRZ **1982**, 109

Hoyer (ohne Vornamen): Eine befreiende Tat? In: LZ **1922**, 21

Hoyer, Viktor: Das deutsche Ehegesetz vom Jahre 1946, in: ÖJZ **1946**, 493

Huber, Peter: Die elterliche Sorge zwischen Veränderung und Kontinuität, in: FamRZ **1999**, 1625

Innerlohner, Josef: Die „Gleichberechtigung" von Mann und Frau, in: DNotZ **1953**, 308

Ipsen, Hans Peter: Verfassungsfragen zur Handwerksordnung, in: DVBl. **1956**, 358

Ipsen, Jörn: Richterrecht und Verfassung, Diss. Göttingen (**1975**)

Isensee, Josef/Kirchhof, Paul (Hrsg.): Handbuch des Staatsrechts der Bundesrepublik Deutschland, Band VII (Normativität und Schutz der Verfassung – Internationale Beziehungen), Heidelberg (**1992**)

Jacobi, Leonhard: Empfiehlt es sich, die Ehescheidungsgründe in der vom Entwurfe des bürgerlichen Gesetzbuchs beabsichtigten Weise zu beschränken? Gutachten für den 20. Deutschen Juristentag; in: Verhandlungen des 20. Deutschen Juristentages 1889, Band 2, Berlin (**1889**), S. 110 ff.

Jaenicke, Günther: Der Abbau der Kontrollratsgesetzgebung. Die Kompetenz alliierter und deutscher Organe zur Außerkraftsetzung von Kontrollratsgesetzen im Gebiet der Bundesrepublik Deutschland, Köln und Berlin (**1952**)

Jans, Karl-Wilhelm/Happe, Günter: Gesetz zur Neuregelung des Rechts der elterlichen Sorge – Kommentar mit Gesetzesmaterialien, Stuttgart Berlin und Mainz (**1980**)

Jauernig, Othmar: Bürgerliches Gesetzbuch, München, 10. Aufl. **2003**

Johannsen, Kurt/Henrich, Dieter: Eherecht – Trennung, Scheidung, Folgen - Kommentar, München, 2. Aufl. **1992**, 3. Aufl. **1998** und 4. Aufl. **2003**

Jopt, Uwe-Jörg/Behrens, Katharina: Das Parental Alienation Syndrom (PAS) – Ein Zwei-Phasen-Modell (Teil 1 und Teil 2), in: ZfJ **2000**, 223, 258

Jopt, Uwe-Jörg: Anmerkungen zum Referentenentwurf zur Reform des Kindschaftsrechts

aus psychologischer Sicht, in: ZfJ **1996**, 203
Jopt, Uwe-Jörg: Nacheheliche Elternschaft und Kindeswohl – Plädoyer für das gemeinsame Sorgerecht als anzustrebender Regelfall, in: FamRZ **1987**, 875
Kahl (ohne Vornamen): Zur Reform des Ehescheidungsrechts, in DJZ **1927**, 553
Kaiser, Dagmar: Elternwille und Kindeswohl – für das gemeinsame Sorgerecht geschiedener Eltern, in: FPR **2003**, 573
Kalkbrenner, Helmut: Verfassungsauftrag und Verpflichtung des Gesetzgebers, in: DÖV **1963**, 41
Kaltenborn, Karl-Franz: Die personalen Beziehungen des Scheidungskindes als sorgerechtsrelevantes Entscheidungskriterium – Eine katamnestische Untersuchung nach kinder- und jugendpsychiatrischer Begutachtung zur Regelung der elterlichen Sorge, in: FamRZ **1987**, 990
Katholische Kirche: Erklärung des Kommissariats der deutschen Bischöfe (Bonn) zum Inkrafttreten des neuen Ehescheidungsrechts vom 31. August 1977, in: FamRZ **1977**, 699
Katholische Kirche: Katholische Stellungnahme zur Reform des Scheidungsrechts, in: Herder-Korrespondenz **1970**, 173
Kaufmann, Arthur: Die Naturrechtsrenaissance der ersten Nachkriegsjahre – und was daraus geworden ist, in: Die Bedeutung der Wörter – Festschrift für Sten Gagnér zum 70. Geburtstag, hrsg. von Maximiliane Kriechbaum, München (**1991**), S. 105 ff.
Kaufmann, Ferdinand: Das Jugendamt: Helfer für die Betroffenen oder Helfer für das Gericht? – Aspekte der Anwendung des § 17 KJHG (Partnerschafts-, Trennungs- und Scheidungsberatung), in: ZfJ **1991**, 18
Keidel, Theodor: Art. 3 Abs. 2 GG und der Richter (Rechtspfleger) der freiwilligen Gerichtsbarkeit, in: FamRZ **1955**, 121
Keller, Tanja: Das gemeinsame Sorgerecht nach der Kindschaftsrechtsreform – Ein Leitfaden für die Praxis, Köln (**1999**)
Kemper, Roland: Die Aufgaben des Jugendamtes aufgrund der Eherechtsreform, insbesondere bei der Regelung der Scheidungsfolgen, in: ZblJugR **1977**, 411
Kemper, Roland: Konsequenzen aus der Reform des Ehe- und Familienrechts für die Jugendämter, in: ZblJugR **1976**, 421 (Teil 1), 478 (Teil 2)
Kilbinger, Reinhold: Die Umsetzung der Kindschaftsrechtsreform in der Arbeit der Familiengerichte, in: ZfJ **2001**, 39
Kinkel, Klaus: Liberale Rechtspolitik in der 12. Legislaturperiode, in: ZRP **1991**, 409
Kissel, Otto Rudolf: Ehe und Ehescheidung, Band 1, Kronberg/Ts. (**1977**)
Klemm, Gerold: Andere Gedanken zu einer Reform der Bestimmungen über die elterliche Gewalt (§§ 1626-1698b BGB), in: FamRZ **1969**, 311
Klenner, Wolfgang: Rituale der Umgangsvereitelung bei getrennt lebenden oder geschiedenen Eltern – Eine psychologische Studie zur elterlichen Verantwortung, in: FamRZ **1995**, 1529
Klenner, Wolfgang: Szenarien der Entfremdung im elterlichen Trennungsprozess, in: ZfJ **2002**, 48
Klenner, Wolfgang: Vertrauensgrenzen des psychologischen Gutachtens im Familienrechtsverfahren – Entwurf eines Fehlererkennungssystems, in: FamRZ **1989**, 804
Kloepfer, Michael: Entschädigung für Straßenverkehrslärm: Rückberücksichtigung und Vorberücksichtigung des Bundes-Immissionsschutzgesetzes – BGHZ 64, 220, in: JuS **1976**, 436
Kloepfer, Michael: Vorwirkung von Gesetzen, München (**1974**)
Klose, Bernhard: Ehescheidung und Ehescheidungsrecht in der DDR – ein ostdeutscher Sonderweg? Diss. Münster (**1994**)

Kluge, Friedrich: Etymologisches Wörterbuch der deutschen Sprache, Berlin und New York, 24. Aufl. **2002**

Klußmann, Rudolf W.: Das Kind im Rechtsstreit der Erwachsenen, München und Basel (**1981**)

Klußmann, Rudolf W.: Der verfassungsgemäße Ausschluss des gemeinsamen Sorgerechts geschiedener Eltern (§ 1671 IV S. 1 BGB), in: FamRZ **1982**, 118

Knieper, Rolf: Personensorge für Kinder und Scheidung der Eltern, in: JZ **1976**, 158

Knöpfel, Gottfried: Zum gemeinsamen Sorgerecht der Eltern nach Scheidung, in: NJW **1983**, 905

Knöpfel, Gottfried: Zur Neuordnung des elterlichen Sorgerechts, in: FamRZ **1977**, 600

Knopp, A.: Der Gewahrsam der Ehefrau in seiner Bedeutung für die Zwangsvollstreckung, in: NJW **1953**, 1210

Knur, Alexander: Ist der Gleichheitsgrundsatz im Familienrecht seit dem 1. April 1953 geltendes Recht? In: DNotZ **1953**, 345

Kodjoe, Ursula/Koeppel, Peter: Früherkennung von PAS – Möglichkeiten psychologischer und rechtlicher Intervention, in: KindPrax **1998**, 138

Kodjoe, Ursula/Koeppel, Peter: The Parental Alienation Syndrom (PAS), in: DAVorm **1998**, 9

Kodjoe, Ursula: Auswirkungen des Vater-Kind-Kontaktverlustes: der „immaterielle Schaden" aus psychologischer Sicht – Anmerkungen zur Elsholz-Entscheidung des Europäischen Gerichtshofes für Menschenrechte, in: DAVorm **2000**, 641

Koechel, Roland: Die Bindungen des Kindes – doch ein sorgerechtsrelevantes Kriterium - Gedanken zum Thema aus psychoanalytischer Sicht – in: FamRZ **1986**, 637

Koeppel, Peter: Die Stellungnahme von „Defence for Children International", Genf, zu der von der Bundesregierung geplanten Vorbehaltserklärung zur UN-Kinderrechtskonvention, in: ZfJ **1991**, 355

Koeppel, Peter: Zur Bedeutung der „Elsholz-Entscheidung" für die Fortentwicklung des deutschen Kindschaftsrechts – Anmerkung zum Minderheitsvotum aus Sicht des Verfahrensbevollmächtigten, in: DAVorm **2000**, 639

Koffka, Else: Anmerkungen zum Urteil des LG Gießen v. 18.4.1953 – 4 R 64/53, in: JR **1953**, 223

Koffka, Else: Zum Gesetzentwurf der Bundesregierung über die „Gleichberechtigung von Mann und Frau", in: JR **1953**, 3

Kopper-Reifenberg, Cornelia: Kindschaftsrechtsreform und Schutz des Familienlebens nach Art. 8 EMRK, Diss. Saarbrücken (**2001**)

Köster, Thomas: Sorgerecht und Kindeswohl, Diss. Frankfurt/M. (**1996**)

Kostka, Kerima: Die Begleitforschung zum Kindschaftsrechtsreform – eine kritische Betrachtung, in: FamRZ **2004**, 1924

Kramer, Helmut: Verfassungswidriges Vorrecht des schuldlos geschiedenen Ehegatten bei Übertragung der elterlichen Gewalt, in: FamRZ **1974**, 8

Krause, Martin: Parental Alienation Syndrom und seine Geschwister. Strukturell-systematische Überlegungen zur Gefährdung des Kindeswohls durch sechs verschiedene Muster pathologischer Trennungsbewältigung, in: JAmt **2002**, 2

Krauss, Maria: Zur Gleichberechtigung der Frau im Familienrecht, in: DNotZ **1950**, 327

Krolczyk, Carmen: Die Scheidung, Diss. Frankfurt/M. (**2001**)

Kropholler, Jan: Das Kindeswohl als Rechtsbegriff, in: JZ **1984**, 164

Kropholler, Jan: Gemeinsame elterliche Sorge nach der Ehescheidung im deutschen und ausländischen Recht, in: JR **1984**, 89

Kropholler, Jan: Gleichberechtigung durch Richterrecht: Erfahrungen im Familienrecht; Perspektiven im Internationalen Privatrecht, Bielefeld (**1975**)

Kropholler, Jan: Übereinstimmender Elternvorschlag und Sorgerecht, in: NJW **1984**, 271

Krüger, Hildegard/Breetzke, Ernst/Novack, Kuno: Gleichberechtigungsgesetz Kommentar, München und Berlin (**1958**)

Krüger, Hildegard: Die Nichtverwirklichung der Gleichberechtigung im Regierungsentwurf zur Familienrechtsreform, in: JZ **1952**, 613

Kuckertz-Schramm, Therese: Konzept zur Umsetzung der §§ 17 und 50 KJHG im Bereich der institutionellen Sozialarbeit, in: DAVorm **1992**, 1029

Kühl, Kristian: Rückblick auf die Renaissance des Naturrechts nach dem 2. Weltkrieg, in: Geschichtliche Rechtswissenschaft: ars tradendo innovandoque aequitatem sectandi, hrsg. v. G. Köbler/M. Heinze/J. Schapp, Gießen (**1990**), S. 331 ff.

Kumme, Werner: Zwei gegensätzliche familienrechtliche Entscheidungen des Kammergerichts über die Verteilung der elterlichen Sorge nach der Scheidung, in: ZblJugR **1980**, 85

Kuntze, Joachim: Anmerkungen zum neuen Sorgerechtsentwurf, in: JR **1973**, 273

Lang, Markus: Juristen unerwünscht? Karl Loewenstein und die (Nicht-) Aufnahme deutscher Juristen in der amerikanischen Rechtswissenschaft nach 1933, in: Jahrbuch politisches Denken **2003**, S. 55 ff.

Larenz, Karl/Canaris, Claus-Wilhelm: Methodenlehre der Rechtswissenschaft, Berlin Heidelberg New York, 3. Aufl. **1995**

Larenz, Karl: Grundsätzliches zum Ehescheidungsrecht, in: DR (A) **1937**, 184

Lauterbach, Wolfgang: Die Entwicklung der Rechtsprechung des Bundesgerichtshofes zu § 48 und § 47 EheG, in: NJW **1969**, 897

Lehmann, Heinrich: Deutsches Familienrecht, Berlin, 3. Aufl. (**1960**)

Lehmann, Heinrich: Empfiehlt sich eine grundsätzliche Änderung in der Behandlung von Ehestreitsachen nach Zuständigkeit und Verfahren? Gutachten zum 35. Deutschen Juristentag, in: Verhandlungen des 35. Deutschen Juristentages in Salzburg 1928, Band 1, Berlin und Leipzig (**1928**), S. 395 ff.

Lehr, Ursula: Die Bedeutung der Familie im Sozialisationsprozess, Schriftenreihe des Bundesministeriums für Jugend, Familie und Gesundheit, Band 5, Bonn (**1970**)

Leitner, Werner G.; Schoeler, Reinhold: Maßnahmen und Empfehlungen für das Umgangsverfahren im Blickfeld einer Differentialdiagnose bei Parental Alienation Syndrom (PAS) unterschiedlicher Ausprägung in Anlehnung an Gardner (1992/ 1997), in: DAVorm **1998**, 849

Lemke, Michael: Familienrecht nach dem Einigungsvertrag, in: FuR **1991**, 29

Lempp, Reinhart: Das gemeinsame Sorgerecht aus kinderpsychiatrischer Sicht, in: ZfJ **1984**, 305

Lempp, Reinhart: Das Wohl des Kindes in §§ 1666 und 1671 BGB, in: NJW **1963**, 1659

Lempp, Reinhart: Die Bindungen des Kindes und ihre Bedeutung für das Wohl des Kindes gemäß § 1671 BGB, in: FamRZ **1984**, 741

Lempp, Reinhart: Die Ehescheidung und das Kind. Ein Ratgeber für Eltern, München (**1976**)

Lempp, Reinhart: Elterliches Sorgerecht, Sachverständigenanhörung im Deutschen Bundestag vom 12.9.1977, in: Zur Sache 1/78, Bonn (**1978**)

Lempp, Reinhart: Kindeswohl und Kindesrecht, in: ZblJugR **1974**, 124

Lempp, Reinhart: Noch einmal: Kindeswohl und Kindeswille, in: NJW **1964**, 440

Lempp, Reinhart: Zur Bewertung des Kindeswillens bei Entscheidungen nach § 1671 BGB (zu KG, FamRZ 1978, 829), in: FamRZ **1986**, 530

Leutheuser-Schnarrenberger, Sabine: Liberale Rechtspolitik in der 13. Legislaturperiode, in: ZRP **1995**, 81

Liermann, Hans: Löslichkeit und Unlöslichkeit der Ehe im evangelischen Kirchenrecht, in:

Deutsche Landesreferate zum IV. Internationalen Kongress für Rechtsvergleichung in Paris 1954, hrsg. von Ernst Wolff, Düsseldorf (1954), S. 49 ff.

Liermann, Stephan: Anmerkung zu KG FamRZ 1999, 808; Beschluss vom 10.2.1999 – 19 UF 8972/98, in: FamRZ **1999**, 809

Limbach, Jutta: Die gemeinsame Sorge geschiedener Eltern in der Rechtspraxis. Rechtstatsachenforschung, hrsg. vom Bundesministerium der Justiz, Bonn (**1989**)

Lingemann (ohne Vornamen): Zur „Erbschaft des Reichsgerichts", in: DRZ **1948**, 426

Lipp, Martin/Wagenitz, Thomas: Das neue Kindschaftsrecht - Kommentar, Stuttgart Berlin und Köln (**1999**)

Loewenstein, Karl: Law and the legislative process in occupied Germany, in: The Yale Law Journal **1948**, 724, 994

Lüderitz, Alexander/Lenzen, Gerhard: Übertragung der elterlichen Gewalt an beide Elternteile nach der Scheidung?, in: FamRZ **1971**, 625

Lüderitz, Alexander: Die Rechtsstellung ehelicher Kinder nach Trennung ihrer Eltern im künftigen Recht der Bundesrepublik Deutschland, in: FamRZ **1975**, 605

Lüderitz, Alexander: Elterliche Sorge als privates Recht, in: AcP 178 (**1978**), 263

Lüderitz, Alexander: Empfiehlt es sich, Gründe und Folgen der Ehescheidung neu zu regeln? Gutachten für den 48. Deutschen Juristentag; in: Verhandlungen des 48. Deutschen Juristentages in Mainz 1970, Band 1, München (**1970**), B 1 ff.

Lüders, Carl-Heinz: Das Reichsgericht – keine Erbschaft, in: DRZ **1948**, 273

Lüke, Gerhard: Grundsätzliche Veränderungen im Familienrecht durch das 1. EheRG, in: AcP 178 (**1978**), 1

Luthin, Horst: Anmerkung zum Beschluss des Bundesverfassungsgerichts v. 18.12.2003 – 1 BvR 1140/03, in: FF **2004**, 78

Luthin, Horst: Anmerkungen zum Urteil des AmtsG Berlin-Charlottenburg vom 22.12.1982 - 144 F 13.420/80, in: FamRZ **1983**, 420

Luthin, Horst: Gemeinsames Sorgerecht nach der Scheidung, Bielefeld (**1987**)

Luthin, Horst: Sorge- und Umgangsrecht bei Trennung und Scheidung der Eltern, in: Schwab, Dieter/Hahne, Meo-Micaela (Hrsg.), Familienrecht im Brennpunkt. Fachkongress zum 50-jährigen Bestehen der FamRZ vom 22. – 24. April 2004 in Bonn, Bielefeld (**2004**), S. 241 ff.

Luthin, Horst: Zur Entwicklung der Sorgerechtsregelung aus Anlass von Trennung und Scheidung, in: FF **2002**, 80

Luxburg, Harro Graf von: Das Neue Kindschaftsrecht, München und Berlin (**1998**)

Maccoby, Eleanore E./Mnookin, Robert H. : Die Schwierigkeiten der Sorgerechtsregelung, in: FamRZ **1995**, 1

Mader, Karin: Ehebruch als Scheidungstatbestand. Von den Anfängen staatlicher Ehegesetzgebung zum Eherechts-Änderungsgesetz 1999, Linz (**2002**)

Majer, Diemut: Grundlagen des nationalsozialistischen Rechtssystems: Führerprinzip, Sonderrecht, Einheitspartei, Stuttgart Berlin Köln Mainz (**1987**)

Mallmann (ohne Vornamen): Anmerkungen zur Entscheidung des OVA Freiburg v. 18.7.1950 – Sp. J 208/49, in: DRZ **1950**, 409

Mangoldt, Hermann von/Klein, Friedrich/Starck, Christian: Das Bonner Grundgesetz, Kommentar, Bd. 1, München, 4. Aufl. **1999**; Bd. 3, München, 4. Aufl. **2001**

Manthei, Matthias: Die Scheidungsrechtsreform von 1976 im Spiegel der Presse, Diss. Münster (**1998**)

Maßfeller, Franz/Reinicke, Dietrich: Das Gleichberechtigungsgesetz, Köln (**1958**)

Maßfeller, Franz: Das neue Familienrecht. Gesetzentwurf über die Gleichberechtigung von Mann und Frau auf dem Gebiet des bürgerlichen Rechts und über die Wiederherstellung der Rechtseinheit auf dem Gebiet des Familienrechts, Frankfurt/M. und Berlin

(o.J.)
Maßfeller, Franz: Die Gleichberechtigung in der Praxis des Standesbeamten nach dem 1. April 1953, in: StAZ **1953**, 73
Maßfeller, Franz: Die Grundsätze der Erb- und Rassenpflege im deutschen Familienrecht, in: ZAkDR **1935**, 763
Maßfeller, Franz: Die Stellung der Ehefrau im Rechtsverkehr seit dem 1. April 1953 (Teil I), in: DB **1953**, 268
Maßfeller, Franz: Nationalsozialistische Neugestaltung des Eherechts, in: DRZ **1936**, 607
Mattern (ohne Vornamen): Ist die Durchführung des Art. 3 Abs. 2 GG nunmehr eine richterliche Aufgabe (dort Teil II), in: DRiZ **1953**, 117
Maurer, Hans-Ulrich: Anmerkungen zum Beschluss des OLG Stuttgart vom 26.6.2000 – 16 UF 148/00, in: FamRZ **2001**, 1225
May, Richard: Reform der Ehescheidung, Teil B, in: JW **1922**, 5
Meder, Stephan: Rechtsgeschichte, Köln Weimar Wien (**2002**)
Meier-Reimer, Hedwig: Die Gleichberechtigung der Frau, in: DRZ **1950**, 289
Meier-Reimer, Hedwig: Empfiehlt es sich, Gründe und Folgen der Ehescheidung neu zu regeln? Gutachten für den 48. Deutschen Juristentag; in: Verhandlungen des 48. Deutschen Juristentages in Mainz 1970, Band 1, München (**1970**), A 1 ff.
Meng, Werner: Anwendung völkerrechtlicher Konventionen über Kinderrechte im Deutschen Recht, in: Koeppel (Hrsg.), Kindschaftsrecht und Völkerrecht, Neuwied Kriftel und Berlin (**1996**), S. 5 ff.
Messerer, Richard: Streitfragen im Sorgerechtsverfahren nach Ehescheidung, in: Unsere Jugend **1951**, 251
Michalski, Lutz: Gemeinsames Sorgerecht geschiedener Eltern, in: FamRZ **1992**, 128
Michel, Helmut: Die verfassungskonforme Auslegung (B. Korreferat), in: JuS **1961**, 274
Mikat, Paul: Rechtsgeschichtliche und rechtspolitische Erwägungen zum Zerrüttungsprinzip, in: FamRZ **1962**, 81 (Teil I), 273 (Teil II), 497 (Teil III)
Mikat, Paul: Scheidungsrechtsreform in einer pluralistischen Gesellschaft, in: FamRZ **1970**, 333
Mitteis, Heinrich/Lieberich, Heinz: Deutsche Rechtsgeschichte, Ein Studienbuch, München 19. Aufl. **1988**
Mitteis, Heinrich: Die Anpassung des Familienrechts an das Bonner Grundgesetz, in: SJZ **1950**, 241
Möbs, Hans: Die elterliche Gewalt bei Scheidung und Trennung, Diss. Frankfurt/M. (**1965**)
Mockenhaupt, Ines-Maria: Die Ehe als ausschließlicher Garant für ein gemeinsames elterliches Sorgerecht? – Eine Untersuchung der Sorgerechtsregelungen für geschiedene und nichtverheiratete Eltern in 6 europäischen Ländern – in: ZblJugR **1981**, 337
Molitor, Erich: Die arbeitsrechtliche Bedeutung des Art. 3 des Bonner Grundgesetzes, in: AcP 151 (**1951**), 385
Molitor, Erich: Zur Frage der Gleichbehandlung von Männern und Frauen, in: BB **1952**, 203
Moritz, Heinz Peter: Gemeinsame elterliche Sorge beider Elternteile nach Scheidung im bisherigen und neuen Recht, in: ZblJugR **1981**, 11
Mörsdorf, Klaus: Die rechtliche Stellung von Mann und Frau in Ehe und Familie nach kanonischem Recht, in: FamRZ **1954**, 25
Mößmer, Ferdinand: Anmerkung zum Beschluss des KG v. 25.4.1941 – 1 a Wx 178/41, in: DR (A) **1941**, 1609
Mößmer, Ferdinand: Der Gemeinschaftsgedanke im Recht der Eheschließung und Ehescheidung, in: DR (A) **1935**, 86
Mößmer, Ferdinand: Neugestaltung des deutschen Ehescheidungsrechts. Vorschlag, vorge-

legt von dem Vorsitzenden des Familienrechtsausschusses der Akademie für Deutsches Recht, Schriften der Akademie für Deutsches Recht, hrsg. von Dr. Hans Frank, Berlin (**1936**)

Mößmer, Ferdinand: Neugestaltung des Ehescheidungsrechts – Eine Einführung in das Gedankengut der Vorschläge des Rechtsausschusses der Akademie für Deutsches Recht, in: JW **1936**, 353

Mößmer, Ferdinand: Verschuldens- oder Zerrüttungsgrundsatz im neuen Ehescheidungsrecht? In: ZAkDR **1938**, 493

Mottl, Ingeborg: Die Sorge der Eltern für ihre Kinder, Diss. Salzburg (**1991**)

Motzer, Stefan: Die Entwicklung des Rechts der elterlichen Sorge und des Umgangs seit 2002, in: FamRZ **2004**, 1145

Motzer, Stefan: Die gerichtliche Praxis der Sorgerechtsentscheidung seit der Neufassung des § 1671 BGB, in: FamRZ **1999**, 1101

Motzer, Stefan: Die neuste Entwicklung von Gesetzgebung und Rechtsprechung auf dem Gebiet von Sorgerecht und Umgangsrecht, in: FamRZ **2001**, 1034

Motzer, Stefan: Gesetzgebung und Rechtsprechung zur elterlichen Sorge und zum Umgangsrecht seit dem Jahr 2001, in: FamRZ **2003**, 793

Mrozynski, Peter: Kinder- und Jugendhilfegesetz (SGB VIII), München, 3. Aufl. **1998**

Mugdan, Benno: Die gesamten Materialien zum Bürgerlichen Gesetzbuch für das deutsche Reich, Band 4, Familienrecht, Neudruck der Ausgabe Berlin **1899**, (Nachdruck Aalen 1979)

Mühlens, Elisabeth: Einführung in das neue Kindschaftsrecht (Teil I) Elterliche Sorge, Erziehungs- und Umgangsrecht, in: KindPrax **1998**, 3

Mühlens/Kichmeier/Greßmann/Knittel: Kindschaftsrecht, Kommentierte Darstellung der Familienrechtsreform, Köln, 2. Aufl. **1999**

Müller, Friedrich: Rechtsfragen der vormundschaftlichen Praxis, in: DFG **1944**, 81

Müller-Alten, Lutz: Die Parameter der Sorgerechtsregelung bei Scheidung, in: ZfJ **1989**, 443

Müller-Freienfels, Wolfram: Der Einfluss der Schuldigerklärung auf die Regelung der elterlichen Gewalt – Zugleich eine Betrachtung zu einem Beschluss des OLG Karlsruhe v. 4.10.1958, in: JZ **1959**, 396

Müller-Freienfels, Wolfram: Ehe und Recht, Tübingen (**1962**)

Müller-Freienfels, Wolfram: Empfiehlt es sich, Gründe und Folgen der Ehescheidung neu zu regeln? Referat für den 48. Deutschen Juristentag; in: Verhandlungen des 48. Deutschen Juristentages in Mainz 1970, Band 2, München (**1970**), M 9 ff.

Müller-Freienfels, Wolfram: Kernfragen des Gleichberechtigungsgesetzes, in: JZ **1957**, 685

Müller-List, Gabriele: Eine Dokumentation zur Entstehung des Gleichberechtigungsgesetzes vom 18. Juni 1957, Düsseldorf (**1996**)

Müller-Römer, Dietrich: Zur Rechtnatur der Richtlinien des Obersten Gerichts der DDR, in: ROW **1968**, 151

Münch, Eva Marie von: Reform des Ehescheidungsrechts, Berlin und New York (**1971**)

Münch, Ingo von/Kunig, Philip: Grundgesetzkommentar, Band 1 (Präambel, Art. 1 – 19), München, 5. Aufl. **2000**; Band 3 (Art. 70 – 146), München, 3. Aufl. **1996**

Münchener Kommentar: Bürgerliches Gesetzbuch, München, 1. Aufl. **1978** (Band 5: Familienrecht: §§ 1297-1921, Ehegesetz); München, 2. Aufl. **1987** (Band 5, 2. Halbband: Familienrecht, §§ 1589-1921); München, 3. Aufl. **1992** (Band 8: Familienrecht II: §§ 1589-1921, KJHG); München, 3. Aufl. **1999** (Band 11, Internationales Handels- und Gesellschaftsrecht, Art. 50-237 EGBGB); München, 4. Aufl. **2000** (Band 7: Familienrecht I, §§1297-1588, VAHRG, VAÜG, HausratsV); München, 4. Aufl. **2002** (Band 8: Familienrecht II: §§ 1589-1921, SGB VIII)

Münchener Kommentar: Zivilprozessordnung mit Gerichtsverfassungsgesetz und Nebengesetzen, München (**1992**), Band 1, §§ 1-354

Münder, Johannes: Elterliche Gewalt und Wohl des Kindes, in: RdJB **1977**, 358

Münning, Matthias: Das Gesetz zu dem UN-Übereinkommen über die Rechte des Kindes, in: ZfJ **1992**, 553

Munzinger, Helmut: Das Sorgerechtsverfahren nach geschiedener Ehe, in: SJZ **1949**, 98 und SJZ **1950**, 401

Musielak, Hans-Joachim: Zivilprozessordnung, München, 3. Aufl. **2002**

Nathan, Hans: Die Gesetzgebung der Deutschen Demokratischen Republik, in: NJ **1956**, 145

Nehlert, Gerhard: Das Ehegesetz des Kontrollrats für Deutschland, in: JR **1947**, 69

Neubecker (ohne Vornamen): Zur Reform des Eherechts, in DJZ **1921**, 555

Neuhaus, H.: Die zivilrechtliche Gleichstellung der Ehefrau außerhalb des BGB, in: JZ **1952**, 523

Niepmann, Birgit: Aktuelle Entwicklung im Familienrecht, in: MDR **1999**, 653

Niepmann, Birgit: Die Reform des Kindschaftsrechts – Die wichtigsten Neuerungen für die Praxis – in: MDR **1998**, 565

Nolte, Hermann: Der Schuldausspruch bei der Heimtrennungsklage, in: Festschrift für Heinrich Lehmann zum 80. Geburtstag, Band 1, hrsg. in Gemeinschaft mit den Mitarbeitern von H. C. Nipperdey, Berlin, Tübingen und Frankfurt/M. (**1956**), S. 437 ff.

Nolte, Martin/Tams, Christian: Das Gesetzgebungsverfahren nach dem Grundgesetz, in: Jura **2000**, 158

Nolte, Peter: Bemerkungen zum Familiengericht, in: JR **1973**, 353

Oberloskamp, Helga: Die rechtliche Stellung von Kindern und Jugendlichen nach dem Regierungsentwurf eines Gesetzes zur Neuordnung des Kinder- und Jugendhilferechts, in: ZfJ **1990**, 260

Oelkers, Harald/Kasten, Hartwig/Oelkers, Anja: Das gemeinsame Sorgerecht nach Scheidung in der Praxis des Amtsgerichts Hamburg – Familiengericht, in: FamRZ **1994**, 1080

Oelkers, Harald/Kasten, Hartwig: Zehn Jahre gemeinsame elterliche Sorge nach der Scheidung, in: FamRZ **1993**, 18

Oelkers, Harald: Anmerkung zu BGH, Beschluss vom 29.9.1999 – XII ZB 3/99 (MDR 1999, 31), in: MDR **2000**, 32

Oelkers, Harald: Das neue Sorge- und Umgangsrecht – Grundzüge und erste Erfahrungen, in: ZfJ **1999**, 263

Oelkers, Harald: Das neue Sorgerecht in der familienrechtlichen Praxis, in: FuR **1999**, 349

Oelkers, Harald: Gründe für die Sorgerechtsübertragung auf einen Elternteil, in: FPR **1999**, 132

Oelkers, Harald: Materiell-rechtliche und formelle Fragen zur elterliche Sorge im Rahmen des § 1671 BGB, in: DAVorm **1995**, 801 (Teil I) 921 (Teil II)

Oelkers, Harald: Sorge- und Umgangsrecht – in der Praxis, Bonn (**2000**)

Offen, Jörg: Von der Verwaltungsgemeinschaft des BGB von 1896 zur Zugewinngemeinschaft des Gleichberechtigungsgesetzes von 1957, Diss. Kiel (**1993**)

Ollmann, Rainer: Das gemeinsame Sorgerecht nach der Scheidung und das KJHG, in: FamRZ **1993**, 869

Opdenhövel-Bötel, Brigitta/Weber, Barbara: PAS – „Parental Alienation Syndrom". Referat im Rahmen des Arbeitskreises Familienpsychologie am 16.6.**2000**, Sozialarbeiterinnen beim ASD des KJA Marburg-Biedenkopf

Ossenbühl, Fritz: Treuhänderische Wahrnehmung von Grundrechten der Kinder durch die Eltern, in: FamRZ **1977**, 533

Ostmann, Helmut: Die Verordnung über Eheschließung und Ehescheidung, in: NJ **1955**, 725

Palandt, Otto: Bürgerliches Gesetzbuch, München und Berlin, 7. Aufl. 1949, 9. Aufl. 1951, 14. Aufl. 1955, 15. Aufl. 1956, 16. Aufl. 1957, 21. Aufl. 1962, 25. Aufl. 1966; München, 29. Aufl. 1970, 30. Aufl. 1971, 34. Aufl. 1975, 35. Aufl. 1976, 36. Aufl. 1977, 37. Aufl. 1978, 39. Aufl. 1980, 57. Aufl. 1997, 58. Aufl. 1999, 59. Aufl. 2000, 60. Aufl. 2001, 61. Aufl. 2002, 62. Aufl. 2003

Park, Zin-Wan: Die verfassungskonforme Auslegung als richterliche Verfassungskonkretisierung, Diss. Berlin (**2000**)

Paulick, Heinz: Das Eltern-Kind-Verhältnis gemäß den Bestimmungen des Gleichberechtigungsgesetzes vom 18. Juni 1957, in: FamRZ **1958**, 1

Pawlowski, Hans-Martin/Deichfuß, Hermann: Gemeinsames Sorgerecht unverheirateter Eltern – Bemerkungen zum Beschluss des Ersten Senats des BVerfG vom 7. Mai 1991, in: FuR **1991**, 205

Peschel-Gutzeit, Lore Maria: Das missverstandene PAS – Wie Sorgerechtsentzug und Geschwisterkoppelung das Wohl der Kinder gefährden, in: FPR **2003**, 271

Peschel-Gutzeit, Lore-Maria: Elterliches Sorgerecht, Sachverständigenanhörung im Deutschen Bundestag vom 12.9.1977, in: Zur Sache 1/78, Bonn (**1978**)

Pfeifer, Wolfgang: Etymologisches Wörterbuch des Deutschen, Berlin (**1989**)

Piegler, Josef: Die praktische Bedeutung des § 55 EheG 1938 in Österreich, in: FamRZ **1956**, 293

Pieper, Klaus: Die wichtigsten Änderungen durch das neue Kindschaftsrecht, in: FuR **1998**, 1

Pieper, P. : Ehescheidung oder Zwangsehe, München (**1921**)

Pinger, W.: Der Entscheidungsverbund beim geplanten „Familiengericht", in: FamRZ **1974**, 238

Plischke, Elmer: Denazification law and procedure, in: American Journal of International Law **1947**, 807

Potrykus, Gerhard: Das Reichsjugendwohlfahrtsgesetz von 1921 bis 1953, in: RdJ **1958**, 7

Preis, Ulrich: Eine notwendige Reform ohne sozialpolitischen Fortschritt, in: ZRP **1990**, 90

Prestien, Hans-Christian: Reform des Kindschaftsrechts – Ein Diskussionsbeitrag, in: ZfJ **1992**, 237

Proksch, Roland: Die (Neu-) Regelung des Rechts der gemeinsamen elterlichen Sorge durch das Kindschaftsrechtsreformgesetz – Ein notwendiger Schritt zur Förderung des Wohl der Kinder und deren Eltern, in: FPR **1996**, 229

Proksch, Roland: Die Kindschaftsrechtsreform auf dem Prüfstand – Wirkungen für Kinder und Eltern, in: JAmt **2004**, 1

Proksch, Roland: Rechtstatsächliche Untersuchung zur Reform des Kindschaftsrechts, Rechtstatsachenforschung (herausgegeben vom BMJ), Berlin (**2002**)

Proksch, Roland: Scheidungsfolgenvermittlung (Divorce Mediation) – ein Instrument integrierter familiengerichtlicher Hilfe – Vorschläge zu einem kooperativen Entscheidungsmodell am Beispiel der Scheidungsfolgensache „elterliche Sorge", in: FamRZ **1989**, 916

Pulch, Otto Rudolf: Gerechtigkeit: Eine Frage des Datums? In: ZRP **1969**, 150

Puls, Jutta: Beteiligung von Psychologen und Psychiatern als Sachverständige in familiengerichtlichen Verfahren, in: ZblJugR **1984**, 8

Quambusch, Erwin: Für ein Personensorgerecht mit neuen Konturen, in: ZblJugR **1974**, 138

Rakete-Dombek, Ingeborg: Das „Wechselmodell" und die Folgen für wen auch immer, in FF **2002**, 16

Ramm, Thilo: Der Funktionswandel der Ehe und das Recht, in: JZ **1975**, 505

Ramm, Thilo: Eherecht und Nationalsozialismus, in: Klassenjustiz und Pluralismus, Festschrift für Ernst Fränkel zum 75. Geburtstag am 26.12.1973, hrsg. von Günther Doeker und Winfried Steffani unter redaktioneller Mitarbeit von Falk Esche, Hamburg (**1973**), S. 151 ff.

Ramm, Thilo: Familienrecht Bd. 1, Recht der Ehe, München (**1985**)

Ramm, Thilo: Rechtsgeschichte und Rechtspolitik, in: JZ **1973**, 179

Rauscher, Thomas: Familienrecht, Heidelberg (**2001**)

Rauscher, Thomas: Gemeinsames Sorgerecht nach Scheidung – Was bewirkt das Kinder- und Jugendhilfegesetz?, in: NJW **1991**, 1087

Rebstein-Metzger, Emmy: Inwieweit bedürfen die familienrechtlichen Vorschriften des Bürgerlichen Gesetzbuchs mit Rücksicht auf den die Gleichberechtigung der Geschlechter aussprechenden Artikel 119 Absatz 1 Satz 2 der Reichsverfassung einer Änderung? Gutachten zum 36. Deutschen Juristentag, in: Verhandlungen des 36. Deutschen Juristentages in Lübeck 1930, Band 1, Berlin und Leipzig (**1931**), S. 540 ff.

Rehberg, Jürgen: Kindeswohl und Kindschaftsrechtsreformgesetz, in: FuR **1998**, 65

Reich-Hilweg, Ines: Männer und Frauen sind gleichberechtigt, Art. 3 Abs. 2 GG, Diss. Gießen (**1979**)

Reichsgerichtsrätekommentar (BGB-RGRK): Kommentar zum Bürgerlichen Gesetzbuch mit besonderer Berücksichtigung der Rechtsprechung des Reichsgerichts und des Bundesgerichtshofs, Band IV/2, Berlin 10./11. Aufl. **1964** und 12. Aufl. **1999**

Reinicke, Dieter: Eheliches Güterrecht und Gleichberechtigung, in: NJW **1953**, 681

Reinicke, Dietrich/Schwarzhaupt, Elisabeth: Die Gleichberechtigung von Mann und Frau, Stuttgart **1957**

Remschmidt, Kurt: Elterliches Sorgerecht, Sachverständigenanhörung im Deutschen Bundestag vom 12.9.1977, in: Zur Sache 1/78, Bonn (**1978**)

Renesse, Margot von: Statement der SPD-Bundestagsfraktion, in: FPR **1996**, 208

Rexilius, Günter: Kindeswohl und PAS, in: KindPrax **1999**, 149

Rexroth, Ernst Ludwig: Das neue Recht der Ehescheidung, in: JW **1938**, 2080

Riedel, Hermann: Das Recht der Kinder aus geschiedenen Ehen, Berlin-Spandau Neuwied/Rh. und Darmstadt (**1960**)

Riedel, Hermann: Die Personensorge bei Kindern aus geschiedener Ehe, in: Unsere Jugend **1949**, 17

Riedel, Hermann: Personensorgerecht und Verschulden bei der Ehescheidung, in: JR **1950**, 353

Riedel, Hermann: Sorgerechtsregelung nach geschiedener Ehe, in: ZblJugR **1952**, 1

Riedel, Hermann: Unzuchtsbegriff, Jugendschutz und Naturrecht, in: JR **1950**, 202

Rilk, Otto: Das neue Eherecht, Leipzig (**1938**), Nachdruck 1995

Röchling, Walter: Nochmals: Gemeinsame elterliche Sorge bei Trennung und Scheidung. Entwicklung, Tendenzen und gesetzgeberische Möglichkeiten aus Anlass der Entscheidung des Bundesverfassungsgerichts vom 3.11.1982 und 7.5.1991, in: ZfJ **1992**, 417 (Teil 1), 516 (Teil 2), 557 (Teil 3)

Roestel, Günther: Die Personensorge in der Familienrechtsreform. Zum Entwurf des Zweiten Eherechtsreformgesetzes, in: Unsere Jugend **1973**, 106

Rohde, Ursula: Die gerichtliche Entscheidung über das elterliche Erziehungsrecht, in: NJ **1966**, 465

Rosenbaum, Wolf: Naturrecht und positives Recht. Rechtssoziologische Untersuchungen zum Einfluss der Naturrechtslehre auf die Rechtspraxis in Deutschland seit Beginn des 19. Jahrhunderts, Neuwied und Darmstadt (**1972**)

Rosenthal, Walter/Lange, Richard/Blomeyer, Arwed: Die Justiz in der Sowjetischen Besatzungszone Deutschlands, hrsg. vom Bundesministerium für gesamtdeutsche Fragen, Bonn und Berlin (**1959**)

Roßdeutscher, Gabi: Privatautonomie im Scheidungsrecht, Diss. Bielefeld (**1994**)

Roth, Alfons: Wirkungen der Verfassung der Deutschen Demokratischen Republik auf das Familienrecht, in: NJ **1949**, 245

Rothe, Georg: Die elterliche Gewalt der Mutter nach dem Bürgerlichen Gesetzbuch, Berlin (**1905**)

Rothenberger, Curt: Der Deutsche Richter, Hamburg (**1943**), Nachdruck 1995

Roussel, Louis: Ehen und Ehescheidungen, in: Familiendynamik **1980**, 186

Rüdel, Max: Die Reform des Familienrechts, in: JR **1951**, 744

Rummel, Carsten: Das Kindeswohl in der Neufassung des § 1671 II 2 BGB (Vom Entscheidungsmaßstab zur Eingriffslegitimation), in: DAVorm **1998**, 753

Runge, Annegret: Rechtliche Folgen für den die gemeinsame elterliche Sorge boykottierenden Elternteil, in: FPR **1999**, 142

Sacksofsky, Ute: Das Grundrecht auf Gleichberechtigung, 2. Aufl. 1996, zugleich Diss. Freiburg i. Br. (**1990**)

Salgo, Ludwig: Zur gemeinsamen elterlichen Sorge nach Scheidung als Regelfall – ein Zwischenruf, in: FamRZ **1996**, 449

Salzgeber, Joseph: Gedanken eines psychologischen Sachverständigen zur Kindschaftsrechtsreform, in: KindPrax **1998**, 43

Salzgeber, Joseph: Zum aktuellen Stand der PAS-Diskussion, in: FF **2003**, 232

Scanzoni, Gustav von: Das großdeutsche Ehegesetz vom 6. Juli 1938, Berlin, 3. Aufl. **1943**

Scanzoni, Gustav von: Scheidung ohne Verschulden, in: DR (A) **1940**, 753

Schack, Friedrich: Die verfassungskonforme Auslegung (A. Referat), in: JuS **1961**, 269

Schade, Burkhard/Schmidt, Anita: Position und Verhalten von Rechtsanwälten in strittigen Sorgerechtsverfahren, in: FamRZ **1991**, 649

Schau, Eberhard: Vorschläge zur Reform der Bestimmungen über die elterliche Gewalt, in: RdJB **1973**, 257

Scheffler, Erna: Der Familienname von Frau und Kind, in: MDR **1951**, 136

Scheffler, Erna: Die Gleichberechtigung der Frau. In welcher Weise empfiehlt es sich, gemäß Art. 117 GG das geltende Recht an Art. 3 II GG anzupassen? Referat für den 38. Deutschen Juristentag; in: Verhandlungen des 38. Deutschen Juristentages in Frankfurt/M. 1950, Band 1, Tübingen (**1951**), B 3 ff.

Scheffler, Erna: Noch einmal die Gleichberechtigung der Frau. Zum Grundsatzbeschluss der 1. Abteilung des 38. Deutschen Juristentages, in: DRiZ **1951**, 8

Scheffler, Erna: Zur Auslegung des Grundsatzes der Gleichberechtigung (dort Teil III), in: DRiZ **1953**, 81

Scheld, Rudolf: „Richterliche Gleichberechtigung"? in: JZ **1953**, 450

Scheld, Rudolf: Die Änderung des § 48 Abs. 2 EheG in richterlicher Sicht, in: FamRZ **1961**, 332

Scheld, Rudolf: Im Familienrecht hat sich am 1.4.1953 durch Gleichberechtigung nichts geändert - Zur Anmerkung von Koffka in JR 53, 224, in: JR **1953**, 294

Scheuner, Ulrich: Naturrechtliche Strömungen im heutigen Völkerrecht, ZaÖRV **1950**, 556

Scheyhing, Robert: Rückwirkende Kraft des Gleichberechtigungsgesetzes? In: JZ **1957**, 741

Schiffer (ohne Vornamen): Verhandlung über das Thema: Empfiehlt sich eine grundsätzliche Änderung in der Behandlung von Ehestreitsachen nach Zuständigkeit und Verfahren? in: Verhandlungen des 35. Deutschen Juristentages in Salzburg 1928, Band 2, Berlin und Leipzig (**1928**), S. 95 ff.

Schimke, Hans-Jürgen: Das neue Kindschaftsrecht. Eine Einführung mit den wichtigsten

Gesetzestexten, Neuwied (**1998**)
Schindler, Peter: Datenhandbuch zur Geschichte des Deutschen Bundestages 1949 bis 1999, Band 1, hrsg. von der Verwaltung des deutschen Bundestages, Abteilung Wissenschaftliche Dienste/Referat Parlamentsgeschichtliche Dokumentation, Baden-Baden (**1999**)
Schlaich, Klaus/Korioth, Stefan: Das Bundesverfassungsgericht, Stellung, Verfahren, Entscheidung, München, 5. Aufl. **2001** und München, 6. Aufl. **2004**
Schlicht (ohne Vornamen): Vertretungsbefugnis der ehelichen Mutter im Unterhaltsprozess des Kindes gegen seinen Vater, in: NJW **1954**, 140
Schlicht, Götz: Das Familien- und Familienverfahrensrecht der DDR, Tübingen und Basel (**1970**)
Schlicht, Götz: Das Recht zwischen Eltern und Kindern nach dem neuen FGB der SBZ, in: ROW **1966**, 59
Schlichting (ohne Vornamen): Die Sorge für die Person gemeinschaftlicher Kinder nach dem neuen Ehegesetz, in: DR (A) **1939**, 199
Schlochauer, Hans-Jürgen: Deutschlands völkerrechtliche Stellung und die zukünftige Friedensregelung, in: DRZ **1947**, 118
Schlüter, Harald: Der Richter und die Frage der Gleichberechtigung, in: NJW **1953**, 808
Schlüter, Wilfried: Elterliches Sorge- und Umgangsrecht bei nichtehelicher Elternschaft, in: FuR **1994**, 341
Schmidt, Arthur B.: Zur Reform des Ehescheidungsrechts, in DJZ **1922**, 214
Schmidt-Ernsthausen (ohne Vornamen): Die Erbschaft des Reichsgerichts, in: DRZ **1948**, 225
Schmidt-Jortzig, Edzard: Die Interessen der Kinder sind Maßstab für die Reform (Presseerklärung vom 28.2.1996), in: „recht" 2/**1996** S. 23
Schmidt-Jortzig, Edzard: Zum Entwurf eines Gesetzes zur Reform des Kindschaftsrechts, in: FPR **1996**, 207
Schmidt-Ränsch, Günther: Gemeinsame Sorge geschiedener Eltern – keine gesetzgeberischen Maßnahmen, in: FamRZ **1983**, 17
Schmidt-Rimpler, Walter/Gieseke, Paul/Friesenhahn, Ernst/Knur, Alexander: Die Lohngleichheit von Männer und Frauen. Zur Frage der unmittelbaren Einwirkung des Art. 3 Abs. 2 und 3 des Grundgesetzes auf Arbeits- und Tarifverträge, in AöR 76 (**1950/51**), 165
Schmitt, Carl: Der Führer schützt das Recht, in: DJZ **1934**, 945
Schmitt-Glaeser, Walter: Die Eltern als Fremde – Verfassungsrechtliche Erwägungen zum Entwurf eines Gesetzes zur Neuregelung der elterliche Sorge, in: DÖV **1978**, 629
Schneider, Hans: Verfassungsrechtliche Vorfragen zur Gleichberechtigung von Mann und Frau, in: NJW **1953, 889**
Schneider, Herbert: Die Rechtsprechung des BGH zu § 48 EheG, in: NJW **1953**, 281
Schneider, Herbert: Verschuldens- oder Zerrüttungsprinzip? In: DR (A) **1937**, 142
Schneider, Herbert: Zur Rechtsprechung des 4. Zivilsenats des Bundesgerichtshofs zu § 48 des Ehegesetzes und die Reform des Scheidungsrechts, in: Tübinger Festschrift für Eduard Kern, hrsg. von der Rechtswissenschaftlichen Abteilung der Rechts- und Wirtschaftswissenschafltlichen Fakultät der Universität Tübingen, Tübingen (**1968**), S. 439 ff.
Schnorr von Carolsfeld, Ludwig: Über das Problem der rechtlichen Gleichstellung von Mann und Frau nach der Bonner Bundesverfassung, in: JR **1950**, 417
Scholz (ohne Vornamen): Zur Neuregelung des Ehescheidungsrechts, in: ZAkDR **1936**, 317
Scholz, Rupert: Kindschaftsrechtsreform und Grundgesetz, in: FPR **1998**, 62
Schröder, Ursula: Umgangsrecht und falschverstandenes Wohlverhaltensgebot – Auswir-

kungen auf Trennungskinder und Entstehen des sog. PA-Syndroms, in: FamRZ **2000**, 592

Schubert, Karin: Zur Reform des Kindschaftsrechts, in: NJ **1997**, 232

Schubert, Werner: Die Projekte der Weimarer Republik zur Reform des Nichtehelichen- des Adoptions- und des Ehescheidungsrechts, Paderborn München Wien und Zürich (**1986**)

Schubert, Werner: Die Stellung der Frau im Familienrecht und in den familienrechtlichen Reformprojekten der NS-Zeit, in: Gerhard, Ute (Hrsg.), Frauen in der Geschichte des Rechts. Von der frühen Neuzeit bis zur Gegenwart, München (**1997**), S. 828 ff.

Schüller, Heribert: Zum Anwaltszwang für den Antrag auf Übertragung der alleinigen elterlichen Sorge, in: FamRZ **1998**, 1287

Schultz, Günther: Rundschau – Kurze Beiträge. Blick in die Zeit. Elterliche Sorge, in: MDR **1980**, 20

Schulz, Burkhard: Bericht aus Bonn, in: ZRP **1979**, 73

Schulze, Hans: Die Reform des Eheprozesses, in: DR (A) **1935**, 94

Schütz, Harald: Gemeinsame elterliche Sorge nach Scheidung, durch Gesetz zum Regelfall zu erhebende Chance für Eltern und Kind oder für die Praxis ungeeignetes Ausnahmemodell? in: ZfJ **1987**, 189

Schwab Dieter/Wagenitz, Thomas: Einführung in das neue Kindschaftsrecht, in: FamRZ **1997**, 1377

Schwab, Dieter: 20 Jahre „Erstes Eherechtsreformgesetz", in: JuS **1997**, 587

Schwab, Dieter: Elterliche Sorge bei Trennung und Scheidung der Eltern – Die Neuregelung des Kindschaftsrechtsreformgesetzes, in: FamRZ **1998**, 457

Schwab, Dieter: Familienrecht im Umbruch, in: FamRZ **1995**, 513

Schwab, Dieter: Familienrecht, München, 8. Aufl. **1995** und 12. Aufl. **2003**

Schwab, Dieter: Geschichtliches Recht und moderne Zeiten. Ausgewählte rechtshistorische Aufsätze, Heidelberg (**1995**)

Schwab, Dieter: Gleichberechtigung und Familienrecht im 20. Jahrhundert, in: Gerhard, Ute (Hrsg.), Frauen in der Geschichte des Rechts. Von der frühen Neuzeit bis zur Gegenwart, München (**1997**), S. 790 ff.

Schwab, Dieter: Grundlagen und Gestalt der staatlichen Ehegesetzgebung in der Neuzeit bis zum Beginn des 19. Jahrhunderts, Bielefeld (**1967**)

Schwab, Dieter: Handbuch des Scheidungsrechts, München, 2. Aufl. **1989**, 3. Aufl. **1995** und 4. Aufl. **2000**

Schwab, Dieter: Kindschaftsrechtsreform und notarielle Vertragsgestaltung, in: DNotZ **1998**, 437

Schwab, Dieter: Wandlungen der „gemeinsamen elterlichen Sorge", in: Festschrift für Hans Friedhelm Gaul zum 70. Geburtstag, hrsg. von Eberhard Schilken, Ekkehard Becker-Eberhard, Walter Gerhardt, Bielefeld (**1997**), S. 717 ff.

Schwab, Dieter: Wertewandel und Familienrecht, Hannover (**1993**)

Schwab, Edith: Zum Wohl des Kindes? Eine kritische Bilanz zur Wirkungsweise der Kindschaftsrechtsreform, in: JAmt **2004**, 117

Schwab, Karl Heinz: Der Verbund von Scheidungs- und Folgesachen, in: FamRZ **1976**, 658

Schwab, Karl Heinz: Ehe und Familie im Lichte des Gleichberechtigungsgesetzes, in: Heckel, D. Th. (Hrsg.), Ehe- und Familienrecht, München (**1959**), S. 48 ff.

Schwamb, Werner: Bedeutung des Parental Alienation Syndrom in der juristischen Praxis. Vortrag im Arbeitskreis Familienpsychologie am 16.6.**2000**

Schwarzhaupt, Elisabeth: Änderungen im Verwandtschaftsrecht: Unterhaltspflicht – Rechtliche Stellung der ehelichen Kinder – Adoption. Bericht über die Vorschläge des Fa-

milienrechts-Unterausschusses des Bundestags, in: FamRZ **1957**, 65
Schwarzhaupt, Elisabeth: Das Familienrechtsänderungsgesetz von 1961. Teil I: Änderungen des Bürgerlichen Rechts, in: FamRZ **1961**, 329
Schwenzer, Ingeborg: Empfiehlt es sich das Kindschaftsrecht neu zu regeln? Gutachten für den 59. Deutschen Juristentag; in: Verhandlungen des 59. Deutschen Juristentages in Hannover 1992, Band 1, München (**1992**), A 78 ff.
Schwerdtner, Eberhard: Das Persönlichkeitsrecht des Kindes – Theorie oder Wirklichkeit, in: ZblJugR **1980**, 149
Schwoerer, Julius: Anmerkung zum Beschluss des LG Tübingen v. 15.1.1960 – 3 Gr 16/59, in: FamRZ **1960**, 122
Schwoerer, Julius: Anmerkung zum Beschluss des OLG Hamburg v. 23.2.1956 – 2 W 45/56, in: FamRZ **1956**, 242
Schwoerer, Julius: Anmerkungen zum Beschluss des BGH v. 4.5.1957 – IV ZB 38/57, in: NJW **1957**, 1594
Schwoerer, Julius: Der Einfluss von Störungen in der elterliche Gewalt des einen Elternteils auf die elterliche Gewalt des anderen Elternteils nach altem Recht, Zwischenrecht und neuem Recht, in: FamRZ **1958**, 41 (Teil 1)
Schwoerer, Julius: Die elterliche Gewalt nach Scheidung der Ehe und bei Getrenntleben der Eltern (§§ 1671, 1672 BGB n.F.), in: FamRZ **1958**, 433
Schwoerer, Julius: Die Rechtsprechung des BGH zu § 74 EheG, in: JZ **1953**, 15
Schwoerer, Julius: Die Sorgerechtszuteilung bei Scheidung aus alleinigem oder überwiegendem Verschulden eines Elternteils, in: AcP 151 (**1950/1951**), 122
Schwoerer, Julius: Die Zuteilung der elterlichen Gewalt nach Scheidung der Ehe – Vorschläge für die geplante Neufassung des Gesetzes, in: JR **1952**, 269
Schwoerer, Julius: Gleichberechtigung und richterliche Praxis, in: Die Justiz **1957**, 321
Schwoerer, Julius: Kindeswohl und Kindeswille, in: NJW **1964**, 5
Schwoerer, Julius: Sorgerechtsregelung aufgrund Elternvorschlags, in: JZ **1951**, 709
Schwoerer, Julius: Zur Auslegung des § 74 IV EheG, in: DRZ **1950**, 352
Schwoerer, Julius: Zur Bedeutung des in Art. 6 GG den Eltern garantierten Grundrechts für Entscheidungen aus den §§ 1634, 1671, 1672, 1696 BGB, in: FamRZ **1969**, 367
Schwoerer, Julius: Zur Reform des § 74 Ehegesetz, in: ZblJugR **1953**, 11
Schwoerer, Julius: Zwischen- und Übergangslösungen der Sorgerechtsregelung nach geschiedener Ehe, in: NJW **1952**, 284
Seidl, Otto: Die elterliche Gewalt im Zeichen der Gleichberechtigung der Frau (unter besonderer Berücksichtigung der Sorge für die Person des Kindes), Diss. München **1960**
Sellmer, Carmen: Auseinandersetzungen unter den Eltern im Rahmen des gemeinsamen Sorgerechts, Diss. Regensburg (**2002**)
Siehr, Kurt: Das Kindschaftsrecht im Einigungsvertrag, in: IPRax **1991**, 20
Siehr, Kurt: Kindesentführungen ohne Ende – aber: Il y a des judges à Accra! In: FamRZ **1976**, 255
Simitis, Spiros: Kindschaftsrecht – Elemente einer Theorie des Familienrechts, in: Festschrift für Wolfram Müller-Freienfels, hrsg. von Albrecht Dieckmann, Rainer Frank, Hans Hanisch, Spiros Simitis, Baden-Baden (**1986**), S. 579 ff.
Simon, Dietrich: Neuere Entwicklungen im Kindschaftsrecht, in: ZfJ **1984**, 14
Simon, Helmut: Katholisierung des Rechtes? Göttingen (**1962**)
Sittig, Christina/Störr, André: Das gemeinsame Sorgerecht nach der Trennung – kein Regelfall? In: ZfJ **2000**, 368
Sittig, Christine/Störr, André: Das Ende einer Reform? Anm. zum Beschluss des BGH vom 29.9.1999 – XII ZB 3/99, in: FuR **2000**, 199
Sluka, Jasna: Das gemeinsame Sorgerecht – Ein Modell für die Zukunft? Eine Untersu-

chung zu den Auswirkungen des gemeinsamen Sorgerechts auf die Kinder nach einer Scheidung der Eltern, Eschborn (**1996**)

Soergel, Hs. Th.: Bürgerliches Gesetzbuch mit Einführungsgesetz und Nebengesetzen; Stuttgart und Köln, 8. Aufl. **1955** (III. Band: Sachenrecht, Familien- und Erbrecht: §§ 854 bis 2385); Stuttgart, 9. Aufl. **1963** (IV. Band: Familienrecht: §§ 1297-1921); Stuttgart, Berlin, Köln und Mainz, 10. Aufl. **1971** (Band 5: Familienrecht: §§ 1297-1921); Stuttgart, Berlin, Köln und Mainz, 12. Aufl. **1987** (Band 8: Familienrecht II, §§ 1589-1921, EheG, HausratsVO)

Stadler, Michael/Salzgeber, Joseph: Beziehung contra Erziehung – kritische Anmerkungen zur aktuellen Rezeption von PAS, in: KindPrax **1998**, 167

Stadler, Michael/Salzgeber, Joseph: Kontaktverweigerung bei Scheidungskindern – Was tun? In: FF **2001**, 85

Stadler, Michael/Salzgeber, Joseph: Parental Alienation Syndrom (PAS) – alter Wein in neuen Schläuchen? In: FPR **1999**, 231

Statistisches Bundesamt (Hrsg.): Statistisches Jahrbuch 2004 für die Bundesrepublik Deutschland, Wiesbaden (**2004**)

Staudinger, Julius von: Kommentar zum Bürgerlichen Gesetzbuch; München Berlin und Leipzig, 9. Aufl. **1926** (IV. Band: Familienrecht, 2. Teil: §§ 1589-1921); Berlin, 10./11. Aufl. **1966** (IV. Band: Familienrecht, Teil 3a: §§ 1589-1698b), Berlin, 10./11. Aufl. **1975** (IV. Band: Familienrecht, Teil 1: §§ 1297-1362, §§ 1-80 EheG); Berlin, 12. Auflage **1992** (Band IV: Familienrecht, §§ 1666-1772), Berlin, 13. Aufl. **2000** (Viertes Buch: Familienrecht, §§ 1638-1683)

Steffen, Gerhard: Lebensqualität und Persönlichkeitsentwicklung nach Ehescheidung, Sorgerechts- und Verkehrsregelung, in: ZblJugR **1979**, 129

Steidle (ohne Vornamen): Anmerkung zum Urteil des OLG Hamburg v. 15.2.1946, 5 U 7/45, in: SJZ **1946**, 117

Steindorff, Caroline: Die UN-Kinderrechtskonvention als Legitimationsgrundlage für Elternrechte? In: FuR **1991**, 214

Stein-Hilbers, Marlene: Männer und Kinder - Reale, ideologische und rechtliche Umstrukturierungen von Geschlechter- und Elternbeziehungen, in: FuR **1991**, 198

Stephan, Walter: Die Gleichberechtigung der Frau, in: NJW **1950**, **664**

Stern, Klaus: Das Staatsrecht der Bundesrepublik Deutschland, Band 2, München (**1980**) und Band 3/2 München (**1994**)

Stiefel, Ernst C./Mecklenburg, Frank: Deutsche Juristen im amerikanischen Exil (1933-1950), Tübingen (**1991**)

Stöcker, Hans A.: Die UNO-Kinderrechtskonvention und das deutsche Familienrecht, in: FamRZ **1992**, 245

Strätz, Hans-Wolfgang: Elterliche Personensorge und Kindeswohl, vornehmlich in der zerbrochenen Familie, in: FamRZ **1975**, 541

Strauß, Walter: Der Entwurf des Familienrechtsgesetzes, in: JZ **1952**, 449

Strecker, W.: Vorschläge für eine Reform des Eherechts, in: JR **1950**, 267

Strupp, Karl/Schlochauer, Hans-Jürgen: Wörterbuch des Völkerrechts, Band 2, Berlin (**1961**)

Suelmann, Heinz-Gerd: Die Horizontalwirkung des Art. 3 Abs. 2 GG, Diss. Münster (**1994**)

Suess, Gerhard J./Scheurer-Englisch, Hermann/Grossmann, Klaus: Das geteilte Kind – Anmerkungen zum gemeinsamen Sorgerecht aus Sicht der Bindungstheorie und – forschung, in: FPR **1999**, 148

Tauche, Almuth: Kindesrechte und Elternvereinbarung. „Ist die Forderung nach Elternvereinbarungen bei Trennung und Scheidung eine unverhältnismäßige Einmischung des Staates?“ in: FuR **1996**, 213

Tenbieg, Jochen: Gemeinsames elterliches Sorgerecht für nicht- und nicht mehr miteinander verheiratete Eltern. Entwicklungen in den Niederlanden, Anregungen für das deutsche Recht, Diss. Bonn (**1991**)

Thoma, Richard: Ungleichheit und Gleichheit im Bonner Grundgesetz, in: DVBl **1951**, 457

Thomas, Heinz/Putzo, Hans: Zivilprozessordnung, München, 25. Aufl. **2003**

Thomsen, W. v.: Zulässigkeit der Widerklage bei einer Klage aus § 55 Ehegesetz, in: JW **1939**, 132 (Teil B)

Traumann, Friedrich: Das Ehescheidungsrecht der Zukunft. Gedanken zur Umgestaltung des geltenden Ehescheidungsrechts, Berlin (**1920**)

Treitz, Georg: Die Verteilung der elterlichen Gewalt bei Auflösung der Elternehe und bei dauerndem Getrenntleben, Diss. Berlin (**1974**)

Troje, Hans Erich: Gemeinsame elterliche Sorge nach Scheidung? In: NDV **1981**, 17

Tschischgale, Max: Die Prozesskostenvorschusspflicht im Bundesgebiet und in Berlin im Zeichen der Gleichberechtigung, in: JR **1953**, 243

Uffelmann, Peter: Das Wohl des Kindes als Entscheidungskriterium im Sorgerechtsverfahren, Diss. Freiburg (**1977**)

Ullmann, Christian: Elterliche Sorge und Menschenrechte. Die Missachtung von Völkerrecht und Grundrechtsgeboten im Scheidungsfolgenrecht der Bundesrepublik Deutschland, München (**1986**)

Ullmann, Christian: Verfassungs- und völkerrechtliche Widersprüche bei der Ratifikation der UNO-Kinderrechtskonvention, in: FamRZ **1991, 898**

Umbach, Dieter C./Clemens, Thomas: Bundesverfassungsgerichtsgesetz, Mitarbeiterkommentar und Handbuch, Heidelberg (**1992**)

Vaupel, Heike: Die Familienrechtsreform in den fünfziger Jahren im Zeichen widerstreitender Weltanschauungen, Diss. Augsburg (**1998**)

Verband alleinerziehender Mütter und Väter e.V.: Kritik an der Begleitforschung zur Umsetzung der Kindschaftsrechtsreform, in: JAmt **2004**, 20

Vogel, Hans-Jochen: Das Erste Gesetz zur Reform des Ehe- und Familienrechts vom 14. Juli 1976 (1. EheRG), in: FamRZ **1976**, 481

Vogt, Paul: Zum Ehescheidungsproblem, in: JW **1925**, 334

Volkmar, Erich/Antoni, Hans/Rexroth, Ludwig/Ficker Hans/Anz, Heinrich: Großdeutsches Eherecht. Kommentar zum Ehegesetz vom 6. Juli 1938 mit sämtlichen Durchführungsvorschriften, München und Berlin (**1939**)

Volkmar, Erich: Das neue Eheschließungs- und Ehescheidungsrecht, in DJ **1938**, 1145

Wabnitz, Joachim/Wiesner, Reinhard: Zum gegenwärtigen Stand der Umsetzung des neuen Kinder- und Jugendhilfegesetzes in der Praxis, in: ZfJ **1992**, 497

Wacke, Andreas: Die Registrierung homosexueller Partnerschaften in Dänemark, in: FamRZ **1990**, 347

Wagner (ohne Vornamen): Die Neuregelung der elterlichen Gewalt für das Altreich nach dem neuen Ehegesetz, in: DJ **1939**, 412

Wallerstein, Judith/Blakeslee, Sandra: Gewinner und Verlierer. Frauen, Männer, Kinder nach der Scheidung; eine Langzeitstudie, München (**1989**)

Walter, Ute: Das Kindschaftsrechtsreformgesetz – Bericht über den Regierungsentwurf eines Gesetzes zur Reform des Kindschaftsrechts vom 24.7.1995, in: FamRZ **1995**, 1538

Weber, Albrecht: Die Entwicklung des Familienrechts seit Mitte 2003, in: NJW **2004**, 3084

Weber, Marianne: Ehefrau und Mutter in der Rechtsentwicklung: eine Einführung, Tübingen (**1907**)

Webler, Heinrich: Familie und Erziehung im Recht, in: DR (A) **1935**, 89

Wegner, Arthur: Die Stellung der Einzelperson im gegenwärtigen Völkerrecht, in: Gegenwartsprobleme des internationalen Rechts und der Rechtsphilosophie – Festschrift für Rudolf Laun zu seinem 70. Geburtstag, hrsg. von D. S. Constantopoulos und Hans Wehberg, Hamburg (**1953**), S. 341 ff.

Wegner, Arthur: Über Ehe im kirchlichen und weltlichen Recht, in: Festschrift für Wilhelm Sauer zu seinem 70. Geburtstag, Berlin (**1949**), S. 163 ff.

Weinkauff, Hermann: Der Naturrechtsgedanke in der Rechtsprechung des Bundesgerichtshofes, in: NJW **1960**, 1689

Weinreich, Gerd/Klein, Michael: Kompaktkommentar Familienrecht, Neuwied und Kriftel (**2002**)

Weisbrodt, Franz: Die Bindungsbeziehung des Kindes als Handlungsmaxime nach der Kindschaftsrechtsreform, in: DAVorm **2000**, 617

Welzel, Hans: Naturrecht und materiale Gerechtigkeit, Göttingen, 4. Aufl. **1990**

Wend, Tilo: Gemeinsames Sorgerecht ohne elterliche Kooperation? In: FPR **1999**, 137

Wesche, Otto: Geplante Reform des Kindschaftsrechts, in: Rpfleger **1996**, 53

Wichmann, Klaus: Die Reform des Kindschaftsrechts in der Diskussion, in: FuR **1996**, 161

Wieacker, Franz: Geschichtliche Ausgangspunkte der Ehereform, in: DR (A) **1937**, 178

Wiesner, Reinhard: Das Kinder- und Jugendhilfegesetz unter besonderer Berücksichtigung familienunterstützender und –ergänzender Leistungen, in: FuR **1990**, 325

Wilhelm (ohne Vornamen): Anmerkung zum Urteil des AmtsG Kaiserslautern v. 20.4.1953 – 2 C 92/52, in: NJW **1953**, 989

Wilkens, Erwin: Theologische Erwägungen zur Ehescheidung, in: FamRZ **1969**, 57

Willutzki, Siegfried: 20 Jahre Eherechtsreform, in: FamRZ **1997**, 777

Willutzki, Siegfried: Die Novellierung des deutschen Kindschaftsrechts – Entwicklung und Perspektiven, in: Rpfleger **1997**, 336

Willutzki, Siegfried: Kindeswohl zwischen Elternrecht und staatlichem Wächteramt, in: DAVorm **2000**, 377

Willutzki, Siegfried: Kindschaftsrechtsreform, Versuch einer wertenden Betrachtungsweise, in: KindPrax **1998**, **8** (Teil I), 37 (Teil II), 45 (Teil III)

Willutzki, Siegfried: Referat zum 59. Deutschen Juristentag, in: Verhandlungen des 59. Deutschen Juristentages in Hannover 1992, Band 2, München (**1992**), M 33 ff.

Willutzki, Siegfried: Umsetzung der Kindschaftsrechtsreform in der Praxis, in: KindPrax **2000**, 45

Willutzki, Siegfried: Zur Entwicklung des gemeinsamen Sorgerechts, in: RdJB **2000**, 398

Wilms, Heinrich: Dokumente zur neuesten deutschen Verfassungsgeschichte, Band III/2: Dokumente zur Entstehung des Grundgesetzes 1948 und 1949, Stuttgart Berlin und Köln (**2001**)

Winkler (ohne Vornamen): Zur Reform des Ehescheidungsrechts, in JW **1922**, 1500 (Teil I)

Wirz, Annatina: Gemeinsame elterliche Gewalt geschiedener und nicht verheirateter Eltern, Diss. Basel (**1995**)

Wolf, Alfred: Das Familienrecht der DDR und der Einigungsvertrag, in: DtZ **1995**, 386

Wolf, Alfred: Das Zerrüttungsprinzip im Ehescheidungsrecht und die Nationalsozialisten – Zur Entstehung des Ehegesetzes 1938 vor 50 Jahren – in: FamRZ **1988**, 1217

Wolf, Ernst/Lüke, Gerhard/ Hax, Herbert: Scheidung und Scheidungsrecht. Grundfragen der Ehescheidung in Deutschland, Tübingen (**1959**)

Wolf, Ernst: Dogmatische Grundlagen einer Reform des Ehescheidungsrechts, in: JZ **1970**, 441

Wolf, Joachim: Ratifizierung unter Vorbehalten: Einstieg oder Ausstieg der Bundesrepublik Deutschland aus der UN-Konvention über die Rechte des Kindes? In: ZRP **1991**, 374

Wolf, Marc: Die Verfassungsmäßigkeit von § 1626a BGB, in: FPR **2002**, 173

Wolff, Friedrich: Ehescheidung und Schuld, in: NJ **1965**, 416

Wurzer (ohne Vornamen): Zur Reform des Ehescheidungsrechts, in: JW **1922**, 1000 (Teil II)

Wüstenberg, Kurt: Überlegungen zu einer Reform des Ehescheidungsrechts, in: DRiZ **1970**, 252

Zentralkomitee deutscher Katholiken: Stellungnahme des Zentralkomitees der deutschen Katholiken zum Entwurf eines Gesetzes zur Neuregelung des Rechts der elterlichen Sorge, in: FamRZ **1977**, 610

Zenz, Gisela: Kindeswohl und Selbstbestimmung, in: Evelyn Kühn/Ingrid Tourneau (Hrsg.), Familienrechtsreform – Chance einer besseren Wirklichkeit? Bielefeld (**1978**)

Zenz, Gisela: Referat zum 59. Deutschen Juristentag, in: Verhandlungen des 59. Deutschen Juristentages in Hannover 1992, Band 2, München (**1992**), M 9 ff.

Zenz, Gisela: Zur Reform der Elterlichen Gewalt, in: AcP 173 (**1973**), 527

Zillich, Frank: Rechtsanwälte in streitigen Sorgerechtsverfahren – geldgierige kontraproduktive Hemmschuhe? (Eine Stellungnahme zu Schade/Schmidt in FamRZ 1991, 649), in: FamRZ **1992**, 509

Zimmermann, Stefan: Das neue Kindschaftsrecht, in: DNotZ **1998**, 404

Zitscher, Harriet Christiane: Elterlicher Status in Richterrecht und Gesetzesrecht. Über Rechtsfindung in Deutschland und England – Rechtsetzung und richterliche Methode seit 1800, Diss. Hamburg (**1996**)

Zöller, Richard: Zivilprozessordnung, Köln, 23. Aufl. (**2002**)

Zweigert, Konrad: Gleichberechtigung – judge made? In: JZ **1953**, 248

Gesetzesmaterialien

Allgemeine Erklärung der Menschenrechte [Resolution 217 A (III)] vom 10. Dezember 1948, in: Meyer-Ladewig, Jens/Uhink, Gerhard (Hrsg.), Völkerrechtliche Übereinkommen und andere Dokumente des Europarates und der Vereinten Nationen in deutscher Übersetzung, Köln (1988)

Allgemeines Landrecht für die Preußischen Staaten von 1794, in: Hattenhauer, Hans/Bernert, Günther, Neuwied Kriftel Berlin, 3. Aufl. 1996

Besatzungsstatut vom 12. Mai 1949, in: Reinhard Anders (Hrsg.), Gesetzgebung der Alliierten Hohen Kommission in Deutschland mit Gesetzgebung der drei Besatzungsmächte, Karlsruhe 1954, Band 1, dort: Abt. A/1 O.-Z. ½

BGBl. I 1949, S. 1: Grundgesetz für die Bundesrepublik Deutschland vom 23. Mai 1949

BGBl. I 1954, S. 10: Entscheidung des Bundesverfassungsgerichts zu Artikel 117 Abs. 1 des Grundgesetzes vom 21. Januar 1954

BGBl. I 1957, S. 609: Gesetz über die Gleichberechtigung von Mann und Frau auf dem Gebiete des bürgerlichen Rechts (Gleichberechtigungsgesetz – GleichberG) vom 18. Juni 1957

BGBl. I 1961, S. 1193: Gesetz zur Änderung und Ergänzung des Reichsjugendwohlfahrtsgesetzes vom 11. August 1961

BGBl. I 1961, S. 1205: Bekanntmachung der Neufassung des Reichsgesetzes für Jugendwohlfahrt vom 11. August 1961

BGBl. I 1961, S. 1221: Gesetz zur Vereinheitlichung und Änderung familienrechtlicher Vorschriften (Familienrechtsänderungsgesetz) vom 11. August 1961

BGBl. I 1969, S. 1243: Gesetz über die rechtliche Stellung der nichtehelichen Kinder vom 19. August 1969

BGBl. I 1973, S. 1013: Gesetz zur Änderung von Vorschriften des Adoptionsrechts vom 14. August 1973

BGBl. I 1974, S. 1713: Gesetz zur Neuregelung der Volljährigkeitsalters vom 31. Juli 1974

BGBl. I 1976, S. 1421: Erstes Gesetz zur Reform des Ehe- und Familienrechts (1. EheRG) vom 14. Juni 1976

BGBl. I 1976, S. 1749: Gesetz über die Annahme als Kind und zur Änderung anderer Vorschriften (Adoptionsgesetz) vom 2. Juli 1976

BGBl. I 1979, S. 1061: Gesetz zur Neuregelung des Rechts der elterlichen Sorge vom 18. Juli 1979

BGBl. I 1982, S. 1596: Entscheidung des Bundesverfassungsgerichts (zu § 1671 Abs. 4 Satz 1 des Bürgerlichen Gesetzbuches) vom 19. November 1982

BGBl. I 1990, S. 1163: Gesetz zur Neuordnung des Kinder- und Jugendhilferechts (Kinder- und Jugendhilfegesetz – KJHG) vom 26. Juni 1990

BGBl. I 1991, S. 1509: Entscheidung des Bundesverfassungsgerichts (zu § 1738 Absatz 1 des Bürgerlichen Gesetzbuches) vom 27. Juni 1991

BGBl. I 1995, S. 884: Entscheidung des Bundesverfassungsgerichts (zu § 1747 Absatz 2 des Bürgerlichen Gesetzbuches) vom 1. Juni 1995

BGBl. I 1997, S. 2846: Gesetz zur Abschaffung der gesetzlichen Amtspflegschaft und Neuordnung des Rechts der Beistandschaft (Beistandschaftsgesetz) vom 4. Dezember 1997

BGBl. I 1997, S. 2941: Gesetz zur Reform des Kindschaftsrechts (Kindschaftsrechtsreformgesetz – KindRG) vom 16. Dezember 1997

BGBl. I 1997, S. 2968: Gesetz zur erbrechtlichen Gleichstellung nichtehelicher Kinder

(Erbrechtsgleichstellungsgesetz – ErbGleichG) vom 16. Dezember 1997

BGBl. I 1998, S. 666: Gesetz zur Vereinheitlichung des Unterhaltsrechts minderjähriger Kinder (Kindesunterhaltsgesetz – KindUG) vom 6. April 1998

BGBl. I 1998, S. 833: Gesetz zur Neuordnung des Eheschließungsrechts (Eheschließungsrechtsgesetz – EheSchlRG) vom 4. Mai 1998

BGBl. I 2001, S. 3138: Gesetz zur Modernisierung des Schuldrechts vom 26. November 2001

BGBl. II 1952, S. 685, 953: Gesetz über die Konvention zum Schutze der Menschenrechte und Grundfreiheiten vom 7. August 1952; Berichtigung zum Gesetz vom 7. August 1952 über die Konvention zum Schutze der Menschenrechte und Grundfreiheiten (Bundesgesetzbl. II S. 685) vom 30. September 1952

BGBl. II 1973, S. 430: Gesetz zum Beitritt der Bundesrepublik Deutschland zur Charta der Vereinten Nationen vom 6. Juni 1973

BGBl. II 1974, S. 1397: Bekanntmachung über das Inkrafttreten der Charta der Vereinten Nationen vom 27. November 1974

BGBl. II 1990, S. 207: Übereinkommen über die zivilrechtlichen Aspekte internationaler Kindesentführungen vom 25. Oktober 1980

BGBl. II 1990, S. 885: Gesetz zu dem Vertrag vom 31. August 1990 zwischen der Bundesrepublik Deutschland und der Deutschen Demokratischen Republik über die Herstellung der Einheit Deutschlands – Einigungsvertragsgesetz – und der Vereinbarung vom 18. September 1990 vom 23. September 1990

BGBl. II 1990, S. 889: Vertrag zwischen der Bundesrepublik Deutschland und der Deutschen Demokratischen Republik über die Herstellung der Einheit Deutschlands – Einigungsvertrag – vom 28. September 1990

BGBl. II 1990, S. 1317: Gesetz zu dem Vertrag vom 12. September 1990 über die abschließende Regelung in Bezug auf Deutschland vom 11. Oktober 1990

BGBl. II 1990, S. 1318: Vertrag über die abschließende Regelung in Bezug auf Deutschland vom 12. September 1990

BGBl. II 1990, S. 1360: Bekanntmachung über das Inkrafttreten des Vertrages zwischen der Bundesrepublik Deutschland und der Deutschen Demokratischen Republik über die Herstellung der Einheit Deutschlands – Einigungsvertrag – und der Vereinbarung zwischen der Bundesrepublik Deutschland und der Deutschen Demokratischen Republik zur Durchführung und Auslegung des Einigungsvertrages vom 16. Oktober 1990

BGBl. II 1991, S. 587: Bekanntmachung über das Inkrafttreten des Vertrages über die abschließende Regelung in Bezug auf Deutschland vom 15. März 1991

BGBl. II 1992, S. 121: Gesetz zu dem Übereinkommen vom 20. November 1989 über die Rechte des Kindes vom 17. Februar 1992

BGBl. II 1992, S. 122: Übereinkommen über die Rechte des Kindes vom 20. November 1989

BGBl. II 1992, S. 990: Bekanntmachung über das Inkrafttreten des Übereinkommens über die Rechte des Kindes vom 10. Juli 1992

BR-Drucks. 180/1/96: Empfehlungen der Ausschüsse (federführender Rechtsausschuss, Ausschuss für Frauen und Jugend, Ausschuss für Familie und Senioren, Ausschuss für Innere Angelegenheiten) zur 696. Sitzung des Bundesrates am 3.5.1996 vom 23.4.1996

BR-Drucks. 220/52: Änderungsvorschläge des Bundesrats zu einem Gesetz über die Gleichberechtigung von Mann und Frau auf dem Gebiete des bürgerlichen Rechts und über die Wiederherstellung der Rechtseinheit auf dem Gebiete des Familienrechts (Familienrechtsgesetz) vom 26. September 1952

BR-Drucks. 260/1/73: Empfehlungen der Ausschüsse zum Entwurf eines Ersten Gesetzes zur Reform des Ehe- und Familienrechts vom 11. Mai 1973

BR-Drucks. 503/89: Stellungnahme des Bundesrates zum Entwurf eines Gesetzes zur Neuordnung des Kinder- und Jugendhilferechts (Kinder- und Jugendhilfegesetz – KJHG) vom 10. November 1989

BR-Drucks. 690/1/73: Empfehlungen der Ausschüsse zum Entwurf eines Gesetzes zur Neuregelung des Rechts der elterlichen Sorge vom 7. Dezember 1973

BT-Drucks. 1/176: Antrag der Fraktion der SPD betr.: Gleichberechtigung der Frauen vom 3.11.1949

BT-Drucks. 1/206: Antrag der Abgeordneten Renner und Genossen betr.: Rechtliche Gleichstellung der Frauen vom 15.11.1949

BT-Drucks. 1/3802: Entwurf eines Gesetzes über die Gleichberechtigung von Mann und Frau auf dem Gebiete des bürgerlichen Rechts und über die Wiederherstellung der Rechtseinheit auf dem Gebiet des Familienrechts (Familienrechtsgesetz) vom 23.10.1952

BT-Drucks. 1/4200: Antrag der Fraktionen der CDU/CSU, FDP, DP, FU (BP-Z) betr.: Entwurf eines Gesetzes zur Änderung des Artikels 117 des Grundgesetzes vom 19.3.1953

BT-Drucks. 1/4220: Antrag der Fraktion der SPD betr. Bildung eines Familienrechtsausschusses vom 24.3.1953

BT-Drucks. 1/4277: Mündlicher Bericht des Ausschusses für Rechtswesen und Verfassungsrecht (23. Ausschuss) über den von den Fraktionen der CDU/CSU, FDP, DP, FU (BP-Z) eingebrachten Entwurf eines Gesetzes zur Änderung des Artikels 117 des Grundgesetzes – Nr. 4200 der Drucksachen – und über den Antrag der Fraktion der SPD betr. die Bildung eines Familienrechtsausschusses – Nr. 4220 der Drucksachen – vom 15.4.1953

BT-Drucks. 2/82: Antrag der Fraktionen der CDU/CSU, GB/BHE, DP betr.: Entwurf eines Gesetzes zur Änderung des Artikels 117 des Grundgesetzes vom 23.11.1953

BT-Drucks. 2/83: Antrag der Fraktionen der CDU/CSU, GB/BHE, DP betr.: Entwurf eines Gesetzes zur Ausführung des Gesetzes zur Änderung des Artikels 117 des Grundgesetzes vom 23.11.1953

BT-Drucks. 2/112: Antrag der Fraktion der FDP betr.: Entwurf eines Gesetzes über die Gleichberechtigung von Mann und Frau auf dem Gebiete des bürgerlichen Rechts und über die Wiederherstellung der Rechtseinheit auf dem Gebiete des Familienrechts vom 2.12.1953

BT-Drucks. 2/178: Antrag der Fraktion der SPD betr.: Entwurf eines Gesetzes zur Anpassung des Familienrechts an Artikel 3 Abs. 2 des Grundgesetzes vom 13.1.1954

BT-Drucks. 2/224: Entwurf eines Gesetzes über die Gleichberechtigung von Mann und Frau auf dem Gebiete des bürgerlichen Rechts vom 29.1.1954

BT-Drucks. 2/3409: Schriftlicher Bericht des Ausschusses für Rechtswesen und Verfassungsrecht (16. Ausschuss) über den von der Fraktion der FDP eingebrachten Entwurf eines Gesetzes über die Gleichberechtigung von Mann und Frau auf dem Gebiete des bürgerlichen Rechts und über die Wiederherstellung der Rechtseinheit auf dem Gebiete des Familienrechts – Drucksache 112 – den von der Fraktion des SPD eingebrachten Entwurf eines Gesetzes zur Anpassung des Familienrechts an Artikel 3 Abs. 2 des Grundgesetzes – Drucksache 178 - Entwurf eines Gesetzes über die Gleichberechtigung von Mann und Frau auf dem Gebiete des bürgerlichen Rechts – Drucksache 224 – vom 25.4.1957

BT-Drucks. 3/2812: Schriftlicher Bericht des Rechtsausschusses (12. Ausschuss) über den von der Bundesregierung eingebrachten Entwurf eines Gesetzes zur Vereinheitlichung und Änderung familienrechtlicher Vorschriften (Familienrechtsänderungsgesetz) –

Drucksache 530 – vom 9.6.1961

BT-Drucks. 5/1444: Antrag der Fraktion der FDP betr.: Entwurf eines Gesetzes zur Änderung des Ehegesetzes vom 17.2.1967

BT-Drucks. 5/2162: Antrag der Fraktion der SPD betr.: Einsetzung einer Eherechtskommission vom 11.10.1967

BT-Drucks. 5/2370: Entwurf eines Gesetzes über die rechtliche Stellung der unehelichen Kinder vom 7.12.1967

BT-Drucks. 6/2577: Entwurf eines Ersten Gesetzes zur Reform des Ehe- und Familienrechts (1. EheRG) vom 20.9.1971

BT-Drucks. 6/3453: Entwurf eines zweiten Gesetzes zur Reform des Ehe- und Familienrechts – Gesetz zur Neuordnung der Zuständigkeiten und des Verfahrens in familienrechtlichen Angelegenheiten – (2. EheRG) vom 25. Mai 1972

BT-Drucks. 7/650: Gesetzentwurf der Bundesregierung eines Ersten Gesetzes zur Reform des Ehe- und Familienrechts (1. EheRG) vom 1. Juni 1973

BT-Drucks. 7/2060: Gesetzentwurf der Bundesregierung eines Gesetzes zur Neuregelung des Rechts der elterlichen Sorge vom 2.5.1974

BT-Drucks. 7/4361: Zweiter Bericht und Antrag des Rechtsausschusses (6. Ausschuss) zu dem von der Bundesregierung eingebrachten Entwurf eines Ersten Gesetzes zur Reform des Ehe- und Familienrechts (1. EheRG) – Drucksache 7/650 – vom 28.11.1975

BT-Drucks. 8/111: Gesetzentwurf der Fraktionen der SPD und FDP eines Gesetzes zur Neuregelung des Rechts der elterlichen Sorge vom 10.2.1977

BT-Drucks. 8/2788: Beschlussempfehlung und Bericht des Rechtsausschusses (6. Ausschuss) zu dem von den Fraktionen der SPD und FDP eingebrachten Entwurf eines Gesetzes zur Neuregelung des Rechts der elterlichen Sorge vom 27.4.1979

BT-Drucks. 11/5948: Gesetzentwurf der Bundesregierung eines Gesetzes zur Neuregelung des Kinder- und Jugendhilferechts (Kinder- und Jugendhilfegesetz – KJHG) vom 1.12.1989

BT-Drucks. 11/7760: Gesetzentwurf der Fraktionen der CDU/CSU und FDP eines Gesetzes zu dem Vertrag vom 31. August 1990 zwischen der Bundesrepublik Deutschland und der Deutschen Demokratischen Republik über die Herstellung der Einheit Deutschlands – Einigungsvertragsgesetz – vom 31.8.1990

BT-Drucks. 11/7817: Erläuterungen zu den Anlagen zwischen der Bundesrepublik Deutschland und der Deutschen Demokratischen Republik über die Herstellung der Einheit Deutschlands vom 31.8.1990 – Einigungsvertrag – vom 10.09.1990

BT-Drucks. 11/8024: Gesetzentwurf der Fraktionen der CDU/CSU, SPD und FDP eines Gesetzes zu dem Vertrag vom 12. September 1990 über die abschließende Regelung in Bezug auf Deutschland vom 1.10.1990

BT-Drucks. 12/42: Gesetzentwurf der Bundesregierung eines Gesetzes zu dem Übereinkommen vom 20. November 1989 über die Rechte des Kindes vom 24.1.1991

BT-Drucks. 12/1535: Beschlussempfehlung und Bericht des Rechtsausschusses (6. Ausschuss) zu dem Gesetzentwurf der Bundesregierung - Drucksache 12/42 - eines Gesetzes zu dem Übereinkommen vom 20. November 1989 über die Rechte des Kindes vom 12.11.1991

BT-Drucks. 12/1547: Antrag der Abgeordneten (...) und der Fraktion der SPD betr.: Ratifizierung der VN-Konvention über die Rechte des Kindes vom 13.11.1991

BT-Drucks. 12/1579: Entschließungsantrag der Fraktionen der CDU/CSU und FDP zum Gesetzentwurf der Bundesregierung – Drucksachen 12/42, 12/1535 – Entwurf eines Gesetzes zu dem Übereinkommen vom 20. November 1989 über die Rechte des Kindes vom 14.11.1991

BT-Drucks. 12/4024: Antrag der Abgeordneten (...) und der Fraktion der SPD betr.: Re-

form des Kindschaftsrechts vom 17.12.1992
BT-Drucks. 12/4168: Unterrichtung durch die Bundesregierung, Bericht der Bundesregierung über Maßnahmen im Zusammenhang mit dem Inkrafttreten des Übereinkommens über die Rechte des Kindes für die Bundesrepublik Deutschland vom 21.1.1993
BT-Drucks. 13/1752: Antrag der Abgeordneten (…) und der Fraktion der SPD betr.: Reform des Kindschaftsrechts vom 21.6.1995
BT-Drucks. 13/3341: Antrag der Abgeordneten (…) und der Fraktion Bündnis 90/Die Grünen betr.: Gesetzliche Neuregelung des Kindschaftsrechts vom 12.12.1995
BT-Drucks. 13/4899: Gesetzentwurf der Bundesregierung eines Gesetzes zur Reform des Kindschaftsrechts (Kindschaftsrechtsreformgesetz – KindRG) vom 13.6.1996
BT-Drucks. 13/7899: Antrag der Abgeordneten (…) und der Fraktion der PDS zur Reform des Kindschaftsrechts vom 11.6.1997
BT-Drucks. 13/8511: Beschlussempfehlung und Bericht des Rechtsausschusses (6. Ausschuss) zu dem a) Gesetzentwurf der Bundesregierung – Drucksache 13/4899 – Entwurf eines Gesetzes zur Reform des Kindschaftsrechts (Kindschaftsrechtsreformgesetz – KindRG) b) Antrag der Abgeordneten Dr. Herta Däubler-Gmelin, Christel Hanewinkel, Dr. Edith Niehuis, weiterer Abgeordneter und der Fraktion der SPD – Drucksache 13/1752 – Reform des Kindschaftsrechts c) Antrag der Abgeordneten Rita Grieshaber, Marieluise Beck (Bremen) Volker Beck (Köln) weiterer Abgeordneter und der Fraktion Bündnis 90/Die Grünen – Drucksache 13/3341 – Gesetzliche Neuregelung des Kindschaftsrechts – d) Antrag der Abgeordneten Christina Schenk, Heidemarie Lüth, Rosel Neuhäuser, weiterer Abgeordneter und der Gruppe der PDS – Drucksache 13/7899 – Zur Reform des Kindschaftsrechts vom 12.9.1997
BT-Drucks. 13/8558: Änderungsantrag der Fraktion der SPD zu der zweiten Beratung des Gesetzentwurfs der Bundesregierung – Drucksachen 13/4899, 13/8511 – Entwurf eines Gesetzes zur Reform des Kindschaftsrechts (Kindschaftsrechtsreformgesetz – KindRG) vom 24.9.1997
BT-Drucks. 13/8570: Entschließungsantrag der Abgeordneten (…) und der Fraktion Bündnis 90/Die Grünen zu dem Gesetzentwurf der Bundesregierung – Drucksachen 13/4899, 13/8511 – Entwurf eines Gesetzes zur Reform des Kindschaftsrechts (Kindschaftsrechtsreformgesetz – KindRG) vom 24.9.1997
BT-Drucks. 15/2340: Kleine Anfrage der Abgeordneten (…) zur Kindschafsrechtsreform vom 13.1.2004
BT-Drucks. 15/2399: Antwort der Bundesregierung auf die Kleine Anfrage der Abgeordneten Michaela Noll, Ute Granold, Maria Eichhorn, weiterer Abgeordneter und der Fraktion der CDU/CSU – Drucksache 15/2340 – vom 28.1.2004
Bulletin des Presse- und Informationsamt der Bundesregierung 1951, S. 2: Der Kriegszustand mit USA beendet – Erklärung des Kongresses und Proklamation der Regierung der Vereinigten Staaten vom 27. Oktober 1951
Bulletin des Presse- und Informationsamt der Bundesregierung 1968, S. 256: Impulse für neues Ehe- und Scheidungsrecht, Bulletin vom 9. März 1968
Deutscher Bundestag: Elterliches Sorgerecht (Zur Sache 1/78), Sachverständigenanhörung, Gesetzestexte, Bonn (**1978**)
Diskussionsentwurf eines Gesetzes über die Neuregelung des Rechts der Ehescheidung und der Scheidungsfolgen, hrsg. vom Bundesministerium der Justiz, Bonn (**1970**)
Eherechtskommission beim BMJ (Hrsg.): Vorschläge zur Neuregelung des Rechts der Kinder geschiedener und getrennt lebender Eltern, Bonn (**1971**)
Eherechtskommission beim BMJ (Hrsg.): Vorschläge zur Reform des Verfahrensrechts in Ehesachen. Vorgelegt von der Eherechtskommission beim Bundesministerium der Justiz, in: FamRZ **1970**, 429

Eherechtskommission beim BMJ (Hrsg.): Zur Reform des Ehescheidungsrechts und des Unterhaltsrechts nach der Ehescheidung. Erster Teilbericht der Eherechtskommission beim Bundesministerium der Justiz, in: FamRZ **1970**, 213

GBl. DDR I 1949, S. 4: Gesetz über die Verfassung der Deutschen Demokratischen Republik vom 7. Oktober 1949

GBl. DDR I 1955, S. 849: Verordnung über die Eheschließung und Eheauflösung (Eheverordnung) vom 24. November 1955

GBl. DDR I 1955, S. 918: Vertrag über die Beziehungen zwischen der Deutschen Demokratischen Republik und der Union der Sozialistischen Sowjetrepubliken vom 20. September 1955

GBl. DDR I 1963, S. 21: Erlass des Staatsrates der Deutschen Demokratischen Republik über die grundsätzlichen Aufgaben und die Arbeitsweise der Organe der Rechtspflege vom 4. April 1963

GBl. DDR I 1966, S. 1: Familiengesetzbuch der Deutschen Demokratischen Republik vom 20. Dezember 1965

GBl. DDR I 1990, S. 1038: Gesetz zur Änderung des Familiengesetzbuches der DDR (1. Familienrechtsänderungsgesetz) vom 20. Juli 1990

GBl. DDR II 1957, S. 235: Richtlinie des Plenums des Obersten Gerichts der Deutschen Demokratischen Republik über die Voraussetzungen der Ehescheidung nach § 8 Eheverordnung – Richtlinie Nr. 9 – (RPl. 2/57) – vom 1. Juli 1957

GBl. DDR II 1968, S. 847: Richtlinie Nr. 25 des Plenums des Obersten Gerichts der Deutschen Demokratischen Republik zu Erziehungsentscheidungen vom 25. September 1968

Grundregeln für das Volksgesetzbuch des großdeutschen Reiches, in: Schubert, Werner (Hrsg.), Akademie für Deutsches Recht 1933-1945 Protokolle der Ausschüsse: Volksgesetzbuch – Teilentwürfe, Arbeitsberichte und sonstige Materialien, Berlin und New York (**1988**), S. 45 ff.

Jahn, Gerhard: Reform des Ehe- und Familienrechts. Rede des Bundesministers der Justiz zur Einbringung des 1. Gesetzes zur Reform des Ehe- und Familienrechts im Deutschen Bundestag am 8. Juni 1973, in: Jugendwohl **1973**, 299

Kabinettsprotokolle der Bundesregierung, herausgegeben für das Bundesarchiv von Hans Booms, Band 5 (1952): bearbeitet von Kai von Jena, Boppard am Rhein (**1989**); Band 6 (1953): bearbeitet von Ulrich Enders und Konrad Riesen, Boppard am Rhein (**1990**)

KRABl. 1945, S. 4: Proklamation Nr. 1 des Kontrollrats – Aufstellung des Kontrollrats - vom 30. August 1945

KRABl. 1945, S. 6: Gesetz Nr. 1 des Kontrollrats – Aufhebung von Nazi-Gesetzen – vom 20. September 1945

KRABl. 1945, S. 22: Proklamation Nr. 3 des Kontrollrats – Grundsätze für die Umgestaltung der Rechtspflege vom 20. Oktober 1945

KRABl. 1945, S. 26: Gesetz Nr. 4 des Kontrollrats – Umgestaltung des Deutschen Gerichtswesens vom 30. Oktober 1945

KRABl. 1945, S. 39: Direktive Nr. 11 des Kontrollrats – Amtssprachen und Veröffentlichung der Gesetzgebung vom 22. September 1945

KRABl. 1945-1948, Ergänzungsblatt Nr. 1, S. 6: Militärische Kapitulationsurkunde vom 8. Mai 1945

KRABl. 1945-1948, Ergänzungsblatt Nr. 1, S. 7: Erklärung in Anbetracht der Niederlage Deutschlands und der Übernahme der obersten Regierungsgewalt hinsichtlich Deutschlands durch die Regierungen des Vereinigten Königreichs, der Vereinigten Staaten von Amerika und der Union der Sozialistischen Sowjet-Republiken und durch die Provisorische Regierung der Französischen Republik vom 5. Juni 1945

KRABl. 1945-1948, Ergänzungsblatt Nr. 1, S. 10: Feststellung seitens der Regierungen des Vereinigten Königreichs, der Vereinigten Staaten von Amerika und der Union der Sozialistischen Sowjet-Republiken sowie der Provisorischen Regierung der Französischen Republik über das Kontrollverfahren in Deutschland vom 5. Juni 1945

KRABl. 1946, S. 77: Gesetz Nr. 16 des Kontrollrats – Ehegesetz – vom 20. Februar 1946

Lindauer Abkommen vom 14.11.1957, in: Maunz-Dürig, Grundgesetz-Kommentar, Band 2, Art. 32, Rn 45

Londoner Abkommen vom 14. November 1944, in: März, Peter (Hrsg.), Dokumente zu Deutschland 1944-1994, München und Landsberg am Lech (**1996**)

Militärregierungsgesetz Nr. 1, in: Sammlung der vom Alliierten Kontrollrat und der amerikanischen Militärregierung erlassenen Proklamationen, Gesetze, Verordnungen, Befehle, Direktiven im englischen Originalwortlaut mit deutscher Übersetzung zusammengestellt von Dr. Ruth Hemken, Stuttgart, 3. Auflage vom 31. Oktober **1946**, Band 2, dort: M Gesetz Nr. 1

Militärregierungsgesetz Nr. 2, in: Sammlung der vom Alliierten Kontrollrat und der amerikanischen Militärregierung erlassenen Proklamationen, Gesetze, Verordnungen, Befehle, Direktiven im englischen Originalwortlaut mit deutscher Übersetzung zusammengestellt von Dr. Ruth Hemken, Stuttgart, 3. Auflage vom 31. Oktober **1946**, Band 2, dort: M Gesetz Nr. 2

Nationalsozialistischer Rechtswahrerbund: Entwurf eines neuen Ehescheidungsrechts der Arbeitsgemeinschaft bei der Reichsgeschäftsstelle des NSRB (1937), in: Schubert, Werner/Schmid, Werner/Regge, Jürgen (Hrsg.), Akademie für Deutsches Recht 1933-1945, Protokolle der Ausschüsse, Band III/2 (Familienrecht), Berlin (**1989**), S. 410 ff.

Nationalsozialistischer Rechtswahrerbund: Entwurf eines neuen Ehescheidungsrechts, in: DR (A) **1937**, 251

Parteiprogramm der NSDAP vom 24. Februar 1920, in: Kühnl, Reinhard (Hrsg.), Der deutsche Faschismus in Quellen und Dokumenten, Köln (**1975**), Dokument 61, S. 105

Protokolle des Entwurfs des Bürgerlichen Gesetzbuchs, Band IV (Familienrecht), bearbeitet von Achilles, Gebhard und Hahn, Berlin (**1897**)

Referentenentwurf eines Gesetzes zur Neuregelung des Rechts der elterlichen Sorge, in: DAVorm **1973**, 3

Referentenentwurf vom 18.1.1937 zu einem Gesetz über die Ehescheidung, in: Werner Schubert (Hrsg.), Das Familien- und Erbrecht unter dem Nationalsozialismus. Ausgewählte Quellen zu den wichtigsten Gesetzen und Projekten aus den Ministerialakten, Paderborn München Wien Zürich (**1993**), S. 191 ff.

RegBl. Thüringen 1945, S. 10: Gesetz zur Beseitigung des nationalsozialistischen Rechts vom 20. August 1945

RegBl. Thüringen 1945, S. 45: Gesetz zur Änderung des Ehegesetzes vom 6. Juli 1938 (RGBl. I S. 807) vom 18. Oktober 1945

RegBl. Thüringen 1945, S. 55: Ausführungsverordnung zum Gesetz zur Änderung des Ehegesetzes vom 5. November 1945

RGBl. 1910, S. 107: Abkommen, betreffend die Gesetze und Gebräuche des Landkrieges vom 18. Oktober 1907

RGBl. I 1922, S. 633: Reichsgesetz für Jugendwohlfahrt vom 9. Juli 1922

RGBl. I 1924, S. 100: Verordnung über die Fürsorgepflicht vom 13. Februar 1924

RGBl. I 1924, S. 110: Verordnung über das Inkrafttreten des Reichsgesetzes für Jugendwohlfahrt vom 14. Februar 1924

RGBl. I 1933, S. 479: Gesetz gegen die Neubildung von Parteien vom 14. Juli 1933

RGBl. I 1933, S. 979: Gesetz gegen Missstände bei der Eheschließung und der Annahme an Kindes statt vom 23. November 1933

RGBl. I 1935, S. 1146: Gesetz zum Schutze des Deutschen Blutes und der Deutschen Ehre vom 15. September 1935

RGBl. I 1935, S. 1146: Reichsbürgergesetz vom 15. September 1935

RGBl. I 1935, S. 1246: Gesetz zum Schutze der Erbgesundheit des deutschen Volkes (Ehegesundheitsgesetz) vom 18. Oktober 1935

RGBl. I 1935, S. 1333: Erste Verordnung zum Reichsbürgergesetz vom 14. November 1935

RGBl. I 1936, S. 993: Gesetz über die Hitlerjugend vom 1. Dezember 1936

RGBl. I 1938, S. 380: Gesetz über die Änderung und Ergänzung familienrechtlicher Vorschriften und über die Rechtstellung der Staatenlosen vom 12. April 1938

RGBl. I 1938, S. 807: Gesetz zur Vereinheitlichung des Rechts der Eheschließung und der Ehescheidung im Lande Österreich und im übrigen Reichsgebiet vom 6. Juli 1938

RGBl. I 1938, S. 923: Verordnung zur Durchführung und Ergänzung des Gesetzes zur Vereinheitlichung des Rechts der Eheschließung und der Ehescheidung im Lande Österreich und im übrigen Reichsgebiet (Ehegesetz) vom 27. Juli 1938

RGBl. I 1940, S. 1063: Verordnung über den Nachweis deutschblütiger Abstammung vom 1. August 1940

RGBl. I 1943, S. 80: Verordnung über die Angleichung familienrechtlicher Vorschriften vom 6. Februar 1943

Richterbrief, Aufruf an alle Richter vom 1. Oktober 1942, in: Recht, Verwaltung und Justiz im Nationalsozialismus. Ausgewählte Schriften, Gesetze und Gerichtsentscheidungen von 1933 bis 1945 mit ausführlichen Erläuterungen und Kommentierungen, hrsg. von Hirsch, Martin/Majer, Diemut/Meinck, Jürgen, Köln, 2. Aufl. **1997**, S. 358 ff.

RT-Drucks. 1/2938: Anfrage Nr. 1167 betr. ob und wann die Reichsregierung gedenkt, einen Gesetzentwurf zur Abänderung des Ehescheidungsrechts vorzulegen vom 7. November 1921

RT-Drucks. 1/4580: Entwurf eines Gesetzes zur Änderung der Vorschriften des Bürgerlichen Gesetzbuchs über die Ehescheidung vom 24. Juni 1922

RT-Drucks. 1/4649: Entwurf eines Gesetzes zur Änderung der Vorschriften des Bürgerlichen Gesetzbuchs über die Ehescheidung vom 30. Juni 1922

RT-Drucks. 1/4847: Entwurf eines Gesetzes zur Änderung der Vorschriften des Bürgerlichen Gesetzbuchs über Ehescheidung vom 17. Juli 1922

Schreiben des Justizministers Radbruch vom 12.1.1922 an sämtliche Länder betr. Entwurf eines Gesetzes zur Änderung der Vorschriften des BGB über die Ehescheidung (1922/23), in: Schubert, Werner: Die Projekte der Weimarer Republik zur Reform des Nichtehelichen-, des Adoptions- und des Ehescheidungsrechts, Paderborn München Wien und Zürich (**1986**)

Verhandlungen des Bundesrates, stenographische Berichte v. der 389.-400. Sitzung, Bonn 1973, hier: 400. Sitzung v. 20.12.1973

Verhandlungen des Bundesrates, stenographische Berichte v. der 693.-707. Sitzung, Bonn 1996, hier: 696. Sitzung v. 3.5.1996

Verhandlungen des Deutschen Bundestages, 1. Wahlperiode 1949, Band 1, stenographische Berichte, 1.-25. Sitzung, Bonn 1950, hier: 19. Sitzung v. 1.12.1949

Verhandlungen des Deutschen Bundestages, 1. Wahlperiode 1949, Band 13, stenographische Berichte, 228.-239. Sitzung, Bonn 1952, hier: 239. Sitzung v. 27.11.1952

Verhandlungen des Deutschen Bundestages, 1. Wahlperiode 1949, Band 15, stenographische Berichte, 250.-262. Sitzung, Bonn 1953, hier: 258. Sitzung v. 26.3.1953

Verhandlungen des Deutschen Bundestages, 2. Wahlperiode 1953, Band 18, stenographische Berichte, 1.-20. Sitzung, Bonn 1954, hier: 15. Sitzung v. 12.2.1954

Verhandlungen des Deutschen Bundestages, 2. Wahlperiode 1953, Band 36, stenographische Berichte, 201.-209. Sitzung, Bonn 1957, hier: 206. Sitzung v. 3.5.1957

Verhandlungen des Deutschen Bundestages, 5. Wahlperiode 1967, Band 64, stenographische Berichte, 103.-120. Sitzung, Bonn 1967, hier: 103. Sitzung v. 14.4.1967

Verhandlungen des Deutschen Bundestages, 5. Wahlperiode 1967, Band 65, stenographische Berichte, 121.-145. Sitzung, Bonn 1967, hier: 131. Sitzung v. 8.11.1967

Verhandlungen des Deutschen Bundestages, 6. Wahlperiode 1970, Band 71, stenographische Berichte, 1.-30. Sitzung, Bonn 1969/1970, hier: 5. Sitzung v. 28.10.1969

Verhandlungen des Deutschen Bundestages, 6. Wahlperiode 1970, Band 77, stenographische Berichte, 134.-152. Sitzung, Bonn 1971, hier: 140. Sitzung v. 13.10.1971

Verhandlungen des Deutschen Bundestages, 7. Wahlperiode 1973, Band 83, stenographische Berichte, 32.-47. Sitzung, Bonn 1973, hier: 40. Sitzung v. 8.6.1973

Verhandlungen des Deutschen Bundestages, 7. Wahlperiode 1974, Band 90, stenographische Berichte, 127.-139. Sitzung, Bonn 1974, hier: 129. Sitzung v. 8.11.1974

Verhandlungen des Deutschen Bundestages, 7. Wahlperiode 1975/76, Band 96, stenographische Berichte, 215.-219. Sitzung, Bonn 1975/76, hier: 209. Sitzung v. 11.12.1975

Verhandlungen des Deutschen Bundestages, 8. Wahlperiode 1977, Band 100, stenographische Berichte, 1.-19. Sitzung, Bonn 1977, hier: 18. Sitzung v. 17.3.1977

Verhandlungen des Deutschen Bundestages, 8. Wahlperiode 1979, Band 110, stenographische Berichte, 147.-162. Sitzung, Bonn 1979, hier: 151. Sitzung v. 10.5.1979

Verhandlungen des Deutschen Bundestages, 8. Wahlperiode 1979, Band 110, stenographische Berichte, 147.-162. Sitzung, Bonn 1979, hier: 162. Sitzung v. 22.6.1979

Verhandlungen des Deutschen Bundestages, 12. Wahlperiode 1991, Band 155, stenographische Berichte, 1.-19. Sitzung, Bonn 1990/1991, hier: 9. Sitzung v. 21.2.1991

Verhandlungen des Deutschen Bundestages, 13. Wahlperiode 1995, Band 180, stenographische Berichte, 50.-65. Sitzung, Bonn 1995, hier: 55. Sitzung v. 21.9.1995

Verhandlungen des Deutschen Bundestages, 13. Wahlperiode 1997, Band 189, stenographische Berichte, 183.-198. Sitzung, Bonn 1997, hier: 192. Sitzung v. 25.9.1997

VOBlBritZ 1948, S. 263: Verordnung Nr. 165: Verwaltungsgerichtsbarkeit in der britischen Zone vom 9. September 1948

VOBlBritZ 1949, S. 416: Genehmigungsschreiben zum Grundgesetz vom 12. Mai 1949

Vorlagen der Redaktoren für die erste Kommission zur Ausarbeitung des Entwurfs eines Bürgerlichen Gesetzbuchs von Gottlieb Planck, hrsg. von Werner Schubert, Nachdruck der als Manuskript vervielfältigten Ausgabe aus den Jahren 1875 bis 1888, Berlin und New York (**1983**), Teil 1: Familienrecht, Eingehung und Wirkungen der Ehe, Eheverträge; Teil 2: Beendigung der Ehe, Recht der Abkömmlinge, Vormundschaftsrecht

*Yearbook of the United Nations **1959**, S. 192*: Declaration of the Rights of the Child, 20.th. November 1959 (Resolution 1386 IV)

Zehn Gebote für die Gattenwahl, hrsg. vom Reichsausschuss für Volksgesundheitsdienst, in: Recht, Verwaltung und Justiz im Nationalsozialismus. Ausgewählte Schriften, Gesetze und Gerichtsentscheidungen von 1933 bis 1945 mit ausführlichen Erläuterungen und Kommentierungen, hrsg. von Hirsch, Martin/Majer, Diemut/Meinck, Jürgen, Köln, 2. Aufl. **1997**, S. 358 ff.

Archivalien

Aktenbestände bei der Konrad-Adenauer-Stiftung e.V. in Sankt Augustin, Dokument Nr. 2/201/14-7: Gegenentwurf des Bundesarbeitskreises Christlich-Demokratischer Juristen (BACDJ) vom 20. Dezember 1977 (Konrad-Adenauer-Stiftung, Rathausallee 12, 53757 St. Augustin)

Deutscher Bundestag – Parlamentsarchiv: Protokoll der 63. Sitzung des Unterausschusses Familienrechtsgesetz vom 25. Oktober 1956, AZ: DB 16347-10.56 (Deutscher Bundestag – Parlamentsarchiv, Platz der Republik 1, 11011 Berlin; www.bundestag.de/bic/archiv/)

Deutscher Bundestag – Parlamentsarchiv: Erstes Gesetz zur Reform des Ehe- und Familienrechts (1. EheRG) vom 14. Juni 1976 (BGBl. I 1976, S. 1421), Veröffentlichte Materialien, 7. Wahlperiode 1972, Band VII/415-1 und Band VII/415-2 (Deutscher Bundestag – Parlamentsarchiv, Platz der Republik 1, 11011 Berlin; www.bundestag.de/bic/archiv/)

Deutscher Bundestag – Parlamentsarchiv: Gesetz zur Neuregelung des Rechts der elterlichen Sorge vom 18. Juli 1979 (BGBl. I 1979, S. 1061), Veröffentlichte Materialien, 8. Wahlperiode 1976, Band VIII/176 (Deutscher Bundestag – Parlamentsarchiv, Platz der Republik 1, 11011 Berlin; www.bundestag.de/bic/archiv/)

Deutscher Bundestag – Parlamentsarchiv: Gesetz zur Reform des Kindschaftsrechts (Kindschaftsrechtsreformgesetz – KindRG) vom 16.12.1997 (BGBl. I 1997, S. 2941), Veröffentlichte Materialien, 13. Wahlperiode, Band XIII/314 (Deutscher Bundestag – Parlamentsarchiv, Platz der Republik 1, 11011 Berlin; www.bundestag.de/bic/archiv/)

Gesetzes-Akten des Hessischen Ministers der Justiz: Gesetz zur Neuregelung des Rechts der elterlichen Sorge BGBl. I Nr. 42/79, S. 1061, AZ: 1030c/3097, Band 2 (Justizministerium des Landes Hessen, Luisenstr. 13, 65185 Wiesbaden)

Institut für Zeitgeschichte München: OMGUS-Akten (Microfiche), RG 17/56-3/5 Blatt 3 Zeile 1 Seite 8, Schreiben vom 22. April 1944, Subject: Proposed General Clause (Institut für Zeitgeschichte, Leonrodstr. 46b, 80636 München; www.ifz-muenchen.de/)

Institut für Zeitgeschichte München: OMGUS-Akten (Microfiche), RG 17/56-3/5 Blatt 2 Zeile 2 Seite 8, Schreiben vom 13. Februar 1945, Subject: Implementation of General Clauses of SHAEF Law No. 1 (Institut für Zeitgeschichte, Leonrodstr. 46b, 80636 München; www.ifz-muenchen.de/)

Institut für Zeitgeschichte München: OMGUS-Akten (Microfiche), RG 17/199-2/21 Blatt 9 Zeile 1 Seite 7, Schreiben vom 26. September 1945: Subject: Denazification of the German Marriage Act of 1938 (Institut für Zeitgeschichte, Leonrodstr. 46b, 80636 München; www.ifz-muenchen.de/)

Institut für Zeitgeschichte München: OMGUS-Akten (Microfiche), RG 17/199-2/21 Blatt 9 Zeile 4, Schreiben vom 21. August 1945, Subject: Denazification of German Law, Comments of USFET's Mems of August 12, 1945 (Institut für Zeitgeschichte, Leonrodstr. 46b, 80636 München; www.ifz-muenchen.de/)

Stichwortverzeichnis

RECHTSHISTORISCHE REIHE

Band 1 Studien zu den germanischen Volksrechten. Gedächtnisschrift für Wilhelm Ebel. Vorträge gehalten auf dem Fest-Symposion anläßlich des 70. Geburtstages von Wilhelm Ebel am 16. Juni 1978 in Göttingen. Götz Landwehr (Hrsg.) 1982.

Band 2 Hans Poeschel: Die Statuten der Banken, Sparkassen und Kreditgenossenschaften in Hamburg und Altona von 1710 bis 1889. 1978.

Band 3 Thomas Kolbeck: Juristenschwemmen, Untersuchungen über den juristischen Arbeitsmarkt im 19. und 20. Jahrhundert. 1978.

Band 4 Norbert Hempel: Richterleitbilder in der Weimarer Republik. 1978.

Band 5 Rolf Stratmann: Die Scheinbußen im mittelalterlichen Recht. 1978.

Band 6 Martin C. Lockert: Die niedersächsischen Stadtrechte zwischen Aller und Weser. Vorkommen und Verflechtungen. Eine Bestandsaufnahme. 1979.

Band 7 Joachim Rückert/Wolfgang Friedrich: Betriebliche Arbeiterausschüsse in Deutschland, Großbritannien und Frankreich im späten 19. und frühen 20. Jahrhundert. Eine vergleichende Studie zur Entwicklung des kollektiven Arbeitsrechts. 1979.

Band 8 Peter Bender: Die Rezeption des römischen Rechts im Urteil der deutschen Rechtswissenschaft. 1979.

Band 9 Friedrich Karl Alsdorf: Untersuchungen zur Rechtsgestalt und Teilung deutscher Ganerbenburgen. 1980.

Band 10 Dietmar Willoweit/Winfried Schich (Hrsg.): Studien zur Geschichte des sächsisch-magdeburgischen Rechts in Deutschland und Polen (Sammelband). 1980.

Band 11 Brigitte Hempel: Der Entwurf einer Polizeiordnung für das Herzogtum Sachsen-Lauenburg aus dem Jahre 1591. 1980.

Band 12 Klaus-Detlev Godau-Schüttke: Rechtsverwalter des Reiches. Staatssekretär Dr. Curt Joël. 1981.

Band 13 Rainer Polley: Anton Friedrich Justus Thibaut (AD 1772-1840) in seinen Selbstzeugnissen und Briefen. Teil 1: Abhandlung. Teil 2: Briefwechsel. Teil 3: Register zum Briefwechsel. 1982.

Band 14 Michael Wettengel: Der Streit um die Vogtei Kelkheim 1275-1276. Ein kanonischer Prozeß.1981.

Band 15 Otto Wilhelm Krause: Naturrechtler des sechzehnten Jahrhunderts. Ihre Bedeutung für die Entwicklung eines natürlichen Privatrechts. 1982.

Band 16 Helga Spindler: Von der Genossenschaft zur Betriebsgemeinschaft. Kritische Darstellung der Sozialrechtslehre Otto von Gierkes. 1982.

Band 17 Holger Otte: Gustav Radbruchs Kieler Jahre 1919 - 1926. 1982.

Band 18 Rüdiger Teuner: Die fuldische Ritterschaft 1510 - 1656. 1982.

Band 19 Gerhard Dilcher/Rudolf Hoke/Gian Savino Pene Vidari/Hans Winterberg (Hrsg.): Grundrechte im 19. Jahrhundert. 1982.

Band 20 Karl-Hans Schloßstein: Die westfälischen Fabrikengerichtsdeputationen - Vorbilder, Werdegang und Scheitern. 1982.

Band 21 Birger Schulz: Der Republikanische Richterbund (1921-1933). 1982.

Band 22 Engelbert Krause: Die gegenseitigen Unterhaltsansprüche zwischen Eltern und Kindern in der deutschen Privatrechtsgeschichte. 1982.

Band 23 Meent W. Francksen: Staatsrat und Gesetzgebung im Großherzogtum Berg (1806-1813). 1982.

Band 24 Gerd von Sonnleithner: Bearbeitung des Handelsrechts durch Ignaz von Sonnleithner in seinem "Leitfaden über das österreichische Handels- und Wechselrecht". 1982.

Band 25 Rudolf Palme: Rechts-, Wirtschafts- und Sozialgeschichte der inneralpinen Salzwerke bis zu deren Monopolisierung. 1983.

Band 26 Helen Bosshard: Pestalozzis Staats- und Rechtsverständnis und seine Stellung in der Aufklärung. 1983.

Band 27 Jens Jessen: Die Selbstzeugnisse der deutschen Juristen. Erinnerungen, Tagebücher und Briefe. Eine Bibliographie. 1983.

Band 28 Günter Martin Jensen: Das Domanium Waldeck. Die rechtliche Zuordnung eines Fürstenvermögens. 1984.

Band 29 Johann Heinrich Kumpf: Petitionsrecht und öffentliche Meinung im Entstehungsprozeß der Paulskirchenverfassung 1848/49. 1983.

Band 30 Sabine Frey: Rechtsschutz der Juden gegen Ausweisungen im 16. Jahrhundert. 1983.

Band 31 Dietrich Joswig: Die germanische Grundstücksübertragung. 1984.

Band 32 Andreas Baryli: Konzessionssystem contra Gewerbefreiheit. Zur Diskussion der österreichischen Gewerberechtsreform 1835 bis 1860. 1984.

Band 33 Gerhard Oberkofler: Studien zur Geschichte der österreichischen Rechtswissenschaft. 1984.

Band 34 Rudolf Lauda: Kaufmännische Gewohnheit und Burgrecht bei Notker dem Deutschen. Zum Verhältnis von literarischer Tradition und zeitgenössischer Realität in der frühmittelalterlichen Rhetorik. 1984.

Band 35 Jens Jensen: Die Ehescheidung des Bischofs Hans von Lübeck von Prinzessin Julia Felicitas von Württemberg-Weiltingen AD 1648-1653. Ein Beitrag zum protestantischen Ehescheidungsrecht im Zeitalter des beginnenden Absolutismus. 1984.

Band 36 Horst Schröder: Friedrich Karl von Savigny. Geschichte und Rechtsdenken beim Übergang vom Feudalismus zum Kapitalismus in Deutschland. 1984.

Band 37 Andreas Hatzung: Dogmengeschichtliche Grundlagen und Entstehung des zivilrechtlichen Notstands. 1984.

Band 38 Matthias Klasen: Das Billwerder Landrecht. Landrecht und Landgericht in den Hamburger Elbmarschen. 1985.

Band 39 Rainer Jamin: Aufbau, Tätigkeit und Verfahren der Auseinandersetzungsbehörden bei der Durchführung der preußischen Agrarreformen. 1985.

Band 40 Henry Winter: Teilschuld, Gesamtschuld und unechte Gesamtschuld. Zur Konzeption der §§ 420 ff. BGB - Ein Beitrag zur Entstehungsgeschichte des BGB. 1985.

Band 41 Hermann Eichler: Verfassungsbewegung in Amerika und Europa. 1985.

Band 42 Dagmar Bandemer: Heinrich Albert Zachariae. Rechtsdenken zwischen Restauration und Reformation. 1985.

Band 43 Eva-Christine Frentz: Das Hamburgische Admiralitätsgericht (1623-1811). Prozeß und Rechtsprechung. 1985.

Band 44 Karl Lillig: Rechtsetzung im Herzogtum Pfalz-Zweibrücken während des 18. Jahrhunderts. Ein Beitrag zur Geschichte der territorialen Rechtsbildung. 1985.

Band 45 Walter Weber: Die Entwicklung der Sparkassen zu selbständigen Anstalten des öffentlichen Rechts. Ein Beitrag zur Entwicklung des Anstaltsbegriffs im 19. Jahrhundert. 1985.

Band 46 Bärbel Baum: Der Stabreim im Recht. Vorkommen und Bedeutung des Stabreims in Antike und Mittelalter. 1986.

Band 47 Hans Popp: Die nationalsozialistische Sicht einiger Institute des Zivilprozeß- und Gerichtsverfassungsrechts. 1986.

Band 48 John Karl-Heinz Montag: Die Lehrdarstellung des Handelsrechts von Georg Friedrich von Martens bis Meno Pöhls. Die Wissenschaft des Handelsrechts im ersten Drittel des 19. Jahrhunderts. 1986.

Band 49 Volker D. Anhäusser: Das internationale Obligationenrecht in der höchstrichterlichen Rechtsprechung des 19. Jahrhunderts. 1986.

Band 50 Udo Beer: Die Juden, das Recht und die Republik. Verbandswesen und Rechtsschutz 1919-1933. 1986.

Band 51 Herbert Grziwotz: Der moderne Verfassungsbegriff und die "Römische Verfassung" in der deutschen Forschung des 19. und 20. Jahrhunderts. 1986.

Band 52 Ralf Conradi: Karl Friedrich Eichhorn als Staatsrechtslehrer. Seine Göttinger Vorlesung über "Das Staatsrecht der deutschen Bundesstaaten" nach einer Kollegmitschrift aus dem Wintersemester 1821/22. 1987.

Band 53 Dieter Dannreuther: Der Zivilprozeß als Gegenstand der Rechtspolitik im Deutschen Reich 1871 - 1945. Ein Beitrag zur Geschichte des Zivilprozeßrechts in Deutschland. 1987.

Band 54 Stephan Felix Pauly: Organisation, Geschichte und Praxis der Gesetzesauslegung des (Königlich) Preußischen Oberverwaltungsgerichtes 1875 - 1933. 1987.

Band 55 Rüdiger Schulz: Die Entstehung des Seerechts des Allgemeinen Deutschen Handelsgesetzbuches unter besonderer Berücksichtigung der Bestimmungen über die Reederei, den Schiffer und die Schiffsmannschaft. 1987.

Band 56 Reinhold Reis: Deutsches Privatrecht in den Weistümern der Zenten Schriesheim und Kirchheim. 1987.

Band 57 Jürgen Christoph: Die politischen Reichsamnestien 1918 - 1933. 1987.

Band 58 Gerhard Oberkofler/Eduard Rabofsky: Hans Kelsen im Kriegseinsatz der k.u.k.-Wehrmacht. Eine kritische Würdigung seiner militärtheoretischen Angebote. 1988.

Band 59 Arne Wulff: Staatssekretär Prof. Dr. Dr. h.c. Franz Schlegelberger. 1876-1970. 1991.

Band 60 Gerhard Köbler (Hrsg.): Wege europäischer Rechtsgeschichte. Karl Kroeschell zum 60. Geburtstag. 1987.

Band 61 Rüdiger Hütte: Der Gemeinschaftsgedanke in den Erbrechtsreformen des Dritten Reichs. 1988.

Band 62 Markus Göldner: Politische Symbole der europäischen Integration. Fahne, Hymne, Hauptstadt, Paß, Briefmarke, Auszeichnungen. 1988.

Band 63 Wolfgang Kröner: Freiheitsstrafe und Strafvollzug in den Herzogtümern Schleswig, Holstein und Lauenburg von 1700 bis 1864. 1988.

Band 64 Werner Gaile: Die Norder Theelacht. 1988.

Band 65 Karl v. Kempis: Andreas Gaill (1526 - 1587). Zum Leben und Werk eines Juristen der frühen Neuzeit. 1988.

Band 66 Wolf-Rüdiger Osburg: Die Verwaltung Hamburgs in der Franzosenzeit. 1811-1814. 1988.

Band 67 Christian Schudnagies: Hans Frank. Aufstieg und Fall des NS-Juristen und Generalgouverneurs. 1988.

Band 68 Otmar Jung: Senatspräsident Freymuth. Richter, Sozialdemokrat und Pazifist in der Weimarer Republik. Eine politische Biographie. 1989.

Band 69 Joachim Lohner: Das landeshauptmannschaftliche Gericht in Oberösterreich zu Beginn der Neuzeit. Eine Darstellung des oberösterreichischen Prozeßrechts am obersten Territorialgericht des Landes anhand der oberösterreichischen Landtafel.1989.

Band 70 Bernd Klemann: Rudolf von Jhering und die Historische Rechtsschule. 1989.

Band 71 Adalbert Langer: Männer um die österreichische Zivilprozeßordnung 1895. Zusammenspiel / Soziales Ziel. 1990.

Band 72 Robert-Dieter Klee: Die Landessuperintendentur Lauenburg. Ursprung und Entwicklung sowie Ende der Sonderstellung des Kirchenkreises Herzogtum Lauenburg durch die nordelbische Kirchenvereinigung. 1989.

Band 73 Heinrich Herrmann: Die Gehöferschaften im Bezirk Trier. 1989.

Band 74 Wilhelm Brauneder, Franz Baltzarek (Hrsg.): Modell einer neuen Wirtschaftsordnung. Wirtschaftsverwaltung in Österreich 1914 - 1918. 1991.

Band 75 Thomas Dreyer: Die "Assecuranz- und Haverey-Ordnung" der Freien und Hansestadt Hamburg von 1731. 1990.

Band 76 Bernhard Sendler: Die Rechtssprache in den süddeutschen Stadtrechtsreformationen. 1990.

Band 77 Brigitte Lehmann: Ehevereinbarungen im 19. und 20. Jahrhundert. 1990.

Band 78 Michael Sunnus: Der NS-Rechtswahrerbund (1928-1945). Zur Geschichte der nationalsozialistischen Juristenorganisation. 1990.

Band 79 Stefan Schulz: Die historische Entwicklung des Rechts an Bienen. (§§ 961 - 964 BGB). 1990.

Band 80 Gerhard Lingelbach, Heiner Lück (Hrsg.): Deutsches Recht zwischen Sachsenspiegel und Aufklärung. Rolf Lieberwirth zum 70. Geburtstag dargebracht von Schülern, Freunden und Kollegen, herausgegeben von Gerhard Lingelbach und Heiner Lück. 1991.

Band 81 Manfred Krohn: Die deutsche Justiz im Urteil der Nationalsozialisten 1920 - 1933. 1991.

Band 82 Angelika Kühn: Privilegierung nationaler Minderheiten im Wahlrecht der Bundesrepublik Deutschland und Schleswig-Holsteins. 1991.

Band 83 Georg Brun: Leben und Werk des Rechtshistorikers Heinrich Mitteis unter besonderer Berücksichtigung seines Verhältnisses zum Nationalsozialismus. 1991.

Band 84 Wolfgang Simon: Claudius Freiherr von Schwerin. Rechtshistoriker während dreier Epochen deutscher Geschichte. 1991.

Band 85 Friedrich-Carl Wachs: Das Verordnungswerk des Reichsdemobilmachungsamtes. Stabilisierender Faktor zu Beginn der Weimarer Republik. 1991.

Band 86 Jens-Uwe Petersen: Die Vorgeschichte und die Entstehung des Mieterschutzgesetzes von 1923 nebst der Anordnung für das Verfahren vor dem Mieteinigungsamt und der Beschwerdestelle. 1991.

Band 87 Ulrike Haibach: Familienrecht in der Rechtssprache. Die historische Entwicklung zentraler Ausdrücke des geltenden Familienrechts. 1991.

Band 88 Joern Christian Nissen: Die Beratungen des Seeversicherungsausschusses der Akademie für Deutsches Recht zu einem neuen Seeversicherungsgesetz (1934-1939). Ein Beitrag zur Entwicklung der allgemeinen Lehren des Seeversicherungsrechts unter besonderer Berücksichtigung des Handelsgesetzbuchs und der Allgemeinen Deutschen Seeversicherungs-Bedingungen 1919. 1991.

Band 89 Diethard Bühler: Die Entstehung der allgemeinen Vertragsschluß-Vorschriften im Allgemeinen Deutschen Handelsgesetzbuch (ADHGB) von 1861. Ein Beitrag zur Kodifikationsgeschichte des Privatrechts im 19. Jahrhundert. 1991.

Band 90 Gerhard Oberkofler: Die Vertreter des Römischen Rechts mit deutscher Unterrichtssprache an der Karls-Universität in Prag. Vom Vormärz bis 1945. 1991.

Band 91 Ulrich Andermann: Ritterliche Gewalt und bürgerliche Selbstbehauptung. Untersuchungen zur Kriminalisierung und Bekämpfung des spätmittelalterlichen Raubrittertums am Beispiel norddeutscher Hansestädte. 1991.

Band 92 Heinz Marcus Hanke: Luftkrieg und Zivilbevölkerung. Der kriegsvölkerrechtliche Schutz der Zivilbevölkerung gegen Luftbombardements von den Anfängen bis zum Ausbruch des Zweiten Weltkrieges. 1991.

Band 93 Kirsten Kraglund: Familien- und Erbrecht. Materielles Recht und Methoden der Rechtsanwendung in der Rechtsprechung des Oberappellationsgerichts der vier Freien Städte Deutschlands zu Lübeck. 1991.

Band 94 Reinhard Lorenz: Die politische und rechtliche Stellung des Proletariats in Preußen in der Zeit zwischen den Reformen und der Revolution 1848/49. 1991.

Band 95 Eric Hilgendorf: Die Entwicklungsgeschichte der parlamentarischen Redefreiheit in Deutschland. 1991.

Band 96 Hans J. Reiter: Die Handelsgesellschaft Villeroy & Boch von der Gründung 1836 bis zum Jahr 1878. 1992.

Band 97 Martin Johannes Heller: Reform der deutschen Rechtssprache im 18. Jahrhundert. 1992.

Band 98 Michael Kotulla: Die Tragweite der Grundrechte der revidierten preußischen Verfassung vom 31.01.1850. 1992.

Band 99 Michael Siefener: Hexerei im Spiegel der Rechtstheorie. Das crimen magiae in der Literatur von 1574 bis 1608. 1992.

Band 100 Andreas Ebert-Weidenfeller: Hamburgisches Kaufmannsrecht im 17. und 18. Jahrhundert. Die Rechtsprechung des Rates und des Reichskammergerichtes. 1992.

Band 101 Enno Bommel: Die Entstehung der Verwirkungslehre in der Krise des Positivismus. 1992.

Band 102 Ralph Steppacher: Die Berücksichtigung der bäuerlichen Postulate bei der Entstehung des ZGB und der Revision des OR. Ein Beitrag zur schweizerischen Kodifikationsgeschichte (1893 - 1912). 1992.

Band 103 Martin Fleckenstein: Die Todesstrafe im Werk Carl Joseph Anton Mittermaiers (1787 - 1867). Zur Entwicklungsgeschichte eines Werkbereichs und seiner Bedeutung für Theorie- und Methodenbildung. 1992.

Band 104 Jörn Eckert: Der Kampf um die Familienfideikommisse in Deutschland. Studien zum Absterben eines Rechtsinstitutes. 1992.

Band 105 Jörg Grotkopp: Beamtentum und Staatsformwechsel. Die Auswirkungen der Staatsformwechsel von 1918, 1933 und 1945 auf das Beamtenrecht und die personelle Zusammensetzung der deutschen Beamtenschaft. 1992.

Band 106 Andreas Rohde: Die Garantiehaftung des Vermieters und ihr Verhältnis zum Unmöglichkeitsrecht in dogmengeschichtlicher und modernrechtlicher Sicht. 1992.

Band 107 Tjark Siefke Kunstreich: Gesamtvertretung. Eine historisch-systematische Darstellung. 1992.

Band 108 Jürgen Krüger: Blindheit und Königtum. Die Blindheit des Königs Georg V. von Hannover als verfassungsrechtliches Problem. 1992.

Band 109 Wolfgang Putschek: Ständische Verfassung und autoritäre Verfassungspraxis in Österreich 1933-1938 mit Dokumentenanhang. Verfassung und Verfassungswirklichkeit. Mit einem Anhang: Denkschriften von Rechtsanwalt Dr. Erich Führer 1936/37. 1993.

Band 110 Klaus Hofmann: Die Verdrängung der Juden aus öffentlichem Dienst und selbständigen Berufen in Regensburg 1933-1939. 1993.

Band 111 Franz Kilger: Die Entwicklung des Telegraphenrechts im 19. Jahrhundert mit besonderer Berücksichtigung der technischen Entwicklung. Telegraphenrecht im 19. Jahrhundert. 1993.

Band 112 Wilhelm Brauneder (Hrsg.): Heiliges Römisches Reich und moderne Staatlichkeit. 1993.

Band 113 Thomas Heinrich: Das preußische Nichtehelichenrecht: Von der Aufklärung zur Reaktion. 1993.

Band 114 Gerald Kohl: Jagd und Revolution. Das Jagdrecht in den Jahren 1848 und 1849. 1993.

Band 115 Christian Schudnagies: Der Kriegs- oder Belagerungszustand im Deutschen Reich während des Ersten Weltkrieges. Eine Studie zur Entwicklung und Handhabung des deutschen Ausnahmezustandsrechts bis 1918. 1994.

Band 116 Elisabeth Bellmann: Die Internationale Kriminalistische Vereinigung (1889-1933). 1994.

Band 117 Julia Pfannkuch: Volksrichterausbildung in Sachsen 1945-1950. 1993.

Band 118 Jörg Offen: Von der Verwaltungsgemeinschaft des BGB von 1896 zur Zugewinngemeinschaft des Gleichberechtigungsgesetzes von 1957. 1994.

Band 119 Dorothee Kohlhas-Müller: Untersuchungen zur Rechtsstellung Theoderichs des Großen. 1995.

Band 120 Monika Rose: Das Gerichtswesen des Herzogtums Pfalz-Zweibrücken im 18. Jahrhundert. Ein Beitrag zur territorialen Gerichtsbarkeit im Alten Reich. 1994.

Band 121 Jörn Eckert / Hans Hattenhauer (Hrsg.): Bibel und Recht. Rechtshistorisches Kolloquium 9. - 13. Juni 1992 an der Christian-Albrechts-Universität zu Kiel. 1994.

Band 122 Robert Martin Mizia: Der Rechtsbegriff der Autonomie und die Begründung des Privatfürstenrechts in der deutschen Rechtswissenschaft des 19. Jahrhunderts. 1995.

Band 123 Walther Graf von Plettenberg: Das Fortleben des Liber Iudiciorum in Asturien/León (8. - 13. Jh.). 1994.

Band 124 Wolfgang Schulz: Das deutsche Börsengesetz. Die Entstehungsgeschichte und wirtschaftlichen Auswirkungen des Börsengesetzes von 1896. 1994.

Band 125 Frank Hagemann: Der Untersuchungsausschuß Freiheitlicher Juristen. 1949 – 1969. 1994.

Band 126 Andreas Rethmeier: "Nürnberger Rassegesetze" und Entrechtung der Juden im Zivilrecht. 1995.

Band 127 Edith Grether: Die Poesie der Throne. Die Juristen in der Fruchtbringenden Gesellschaft. 1995.

Band 128 Anna Bartels-Ishikawa: Der Lippische Thronfolgestreit. Eine Studie zu verfassungsrechtlichen Problemen des Deutschen Kaiserreiches im Spiegel der zeitgenössischen Staats. 1995.

Band 129 Jörg Schmidt: Otto Koellreutter 1883-1972. Sein Leben, sein Werk, seine Zeit. 1995.

Band 130 Christian Hattenhauer: Wahl und Krönung Franz II. AD 1792. Das Heilige Reich krönt seinen letzten Kaiser - Das Tagebuch des Reichsquartiermeisters Hieronymus Gottfried von Müller und Anlagen. 1995.

Band 131 Jutta v. der Decken: Das Seearbeitsrecht im Hamburger Stadtrecht von 1301 bis 1603. 1995.

Band 132 Detlev Schmidt: Die Reform des Rechts der Handelsvertreter von 1953. 1995.

Band 133 Gabi Roßdeutscher: Privatautonomie im Scheidungsrecht. Scheidungsbezogene Vereinbarungen in den letzten 200 Jahren. 1995.

Band 134 Harald Kahlenberg: Leben und Werk des Rechtshistorikers Walther Merk. Ein Beispiel für das Verhältnis von Rechtsgeschichte und Nationalsozialismus. 1995.

Band 135 Michael Steitz: Adelbert Düringer am Reichsgericht (1902-1915). Seine aktienrechtlichen Entscheidungen und sein Einfluß auf das Aktienrecht in Deutschland. 1995.

Band 136 Christian Becker: Beata Justorum Translatio. Juristen in schleswig-holsteinischen Leichenpredigten. 1996.

Band 137 Christoph Seiler: Vom Allgemeinen Landrecht zum Bürgerlichen Gesetzbuch. Dargestellt am Beispiel der höchstrichterlichen Judikatur zum kaufrechtlichen Sachmängelgewährleistungsrecht. 1996.

Band 138 Bernd Mayer: Die Vertrauensmännerausschüsse auf den preußischen Steinkohlegruben an der Saar. Entstehung und Wirken. Eine rechtshistorische Untersuchung. 1996.

Band 139 Rochus Scholl: Juden und Judenrecht im Herzogtum Pfalz-Zweibrücken. Ein Beitrag zur Rechtsgeschichte eines deutschen Kleinstaates am Ende des alten Reiches. 1996.

Band 140 Meike Bursch: Judentaufe und frühneuzeitliches Strafrecht. Die Verfahren gegen Christian Treu aus Weener/Ostfriesland 1720-1728. 1996.

Band 141 Markus Hillenbrand: Fürstliche Eheverträge. Gottorfer Hausrecht 1544 - 1773. 1996.

Band 142 Ulf Häder: Das gemeinschaftliche Oberappellationsgericht thüringischer Staaten in Jena. Ein Beitrag zur Geschichte des Gerichtswesens im 19. Jahrhundert. 1996.

Band 143 Andreas Bauer: Das Gnadenbitten in der Strafrechtspflege des 15. und 16. Jahrhunderts. Dargestellt unter besonderer Berücksichtigung von Quellen der Vorarlberger Gerichtsbezirke Feldkirch und des Hinteren Bregenzerwaldes. 1996.

Band 144 Christian Wirth: Der Jurist Johann Andreas Georg Friedrich Rebmann zwischen Revolution und Restauration. 1996.

Band 145 Stefanie Müller: Die Rechtsprechung des Hanseatischen Oberlandesgerichts zum persönlichen Eherecht in Hamburgischen Gerichtsfällen von 1879 -1900. 1996.

Band 146 Jean-Nicolas Morisset: Der Frachtvertrag in der *Ordonnance de la marine* von 1681. 1996.

Band 147 Dirk Lentfer: Die Glogauer Landesprivilegien des Andreas Gryphius von 1653. 1996.

Band 148 Wencke Mull: Die Haftung für Einsturzschäden nach den §§ 836-838 BGB in der Rechtsprechung des Reichsgerichts. 1996.

Band 149 Renate Zelger: Teufelsverträge. Märchen, Sage, Schwank, Legende im Spiegel der Rechtsgeschichte. 1996.

Band 150 Guido Kraß: Das Arrestverfahren in Frankfurt am Main im Spätmittelalter. 1996.

Band 151 F. Benedict Heyn: Die Entwicklung des Eisenbahnfrachtrechts von den Anfängen bis zur Einführung des Allgemeinen Deutschen Handelsgesetzbuches (ADHGB). 1996.

Band 152 Thomas Lang: Die Staats- und Verfassungslehre Carl Salomo Zachariaes. 1996.

Band 153 Michael Hebeis: Karl Anton von Martini (1726-1800). Leben und Werk. 1996.

Band 154 Gerald Hubert: Die Diskussion um die rechtliche Natur der Bizone in den Jahren 1947-1949. 1996.

Band 155 Christof Horn: Die Rechtsprechung des Reichsgerichts in Ehescheidungssachen der Jahre 1900 bis 1905. 1996.

Band 156 Hermann Nehlsen / Georg Brun (Hrsg.): Münchener rechtshistorische Studien zum Nationalsozialismus. 1996.

Band 157 Jan Otto Clemens Kehrberg: Die Entwicklung des Elektrizitätsrechts in Deutschland. Der Weg zum Energiewirtschaftsgesetz von 1935. 1997.

Band 158 Johannes Tradt: Der Religionsprozeß gegen den Zopfschulzen (1791-1799). Ein Beitrag zur protestantischen Lehrpflicht und Lehrzucht in Brandenburg-Preußen gegen Ende des 18. Jahrhunderts. 1997.

Band 159 Dietmar Olsen: Das kaufrechtliche Sachmängelgewährleistungsrecht des Code civil in der Rechtsprechung deutscher Gerichte im 19. Jahrhundert. Ein Beitrag zur Ablösung der Partikularrechte durch das BGB. 1997.

Band 160 Ulrich Bernhardt: Die Deutsche Akademie für Staats- und Rechtswissenschaft „Walter Ulbricht" 1948-1971. 1997.

Band 161 Claudia Susan Hoppe: Die Bürgschaft im Rechtsleben Hamburgs von 1600 bis 1900. 1997.

Band 162 Franz-Rudolf Ecker: Die Entwicklung des Bergrechts im Saarbrücker Steinkohlenrevier bis zum Ende des 18. Jahrhunderts. Ein Vergleich mit dem älteren deutschen Bergrecht. 1997.

Band 163 Anne Katrin Rückert: Politik und Privatrecht in der „konservativen Revolution". 1997.

Band 164 Gisbert Laube: Der Reichskunstwart. Geschichte einer Kulturbehörde 1919-1933. 1997.

Band 165 Nicolas Lührig: Die Diskussion über die Reform der Juristenausbildung von 1945 bis 1995. 1997.

Band 166 Regula Gerber Jenni: Die Emanzipation der mehrjährigen Frauenzimmer. Frauen im bernischen Privatrecht des 19. Jahrhunderts. 1997.

Band 167 Mischa A. Färber: Das gemeinschaftliche Testament in der höchstrichterlichen Rechtsprechung zum Allgemeinen Preußischen Landrecht und zum BGB. Ein Beitrag zur Ablösung der Partikularrechte durch das BGB. 1997.

Band 168 Catherine Antoinette Gasser: Philipp Lotmar 1850-1922. Professor der Universität Bern. Sein Engagement für das Schweizerische Arbeitsrecht. 1997.

Band 169 Lars Immisch: Der sozialistische Richter in der DDR und seine Unabhängigkeit. Der Versuch eines Rechtsvergleiches zum Unabhängigkeitsbegriff in der bundesdeutschen Rechtsordnung. 1997.

Band 170 Jessica Jacobi: Besitzschutz vor dem Reichskammergericht. Die friedenssichernde Funktion der Besitzschutzklagen am Reichskammergericht im 16. Jahrhundert, dargestellt anhand von Kameralisten. 1998.

Band 171 Ewald Hügemann: Die Geschichte des öffentlichen und privaten Mietpreisrechts vom Ersten Weltkrieg bis zum Gesetz zur Regelung der Miethöhe von 1974. 1998.

Band 172 Lutz Rentzow: Die Entstehungs- und Wirkungsgeschichte der Vernewerten Landesordnung für das Königreich Böhmen von 1627. 1998.

Band 173 Sabine Stürmer: Mühlenrecht im Herzogtum Pfalz-Zweibrücken während des 18. Jahrhunderts. Ein Beitrag zum Wirtschaftsrecht eines deutschen Kleinstaates im Alten Reich. 1998.

Band 174 Mario Bogisch: *Nemo testis in re sua*. Das Problem der Zeugnisfähigkeit bei der Anwendung der deutschen Zivilprozeßordnung von 1877. 1998.

Band 175 Rainer Oßwald: Pactane sunt servanda? Freiwilligkeit, Zwang und Unverbindlichkeitserklärungen im islamischen Vertragsrecht malikitischer Schule. 1998.

Band 176 Bettina Kern: Der preußische BGB-Entwurf von 1842. 1998.

Band 177 Inken Fuhrmann: Die Diskussion über die Einführung der fakultativen Zivilehe in Deutschland und Österreich seit Mitte des 19. Jahrhunderts. 1998.

Band 178 Annette Rieck: Der Heilige Ivo von Hélory (1247-1303). Advocatus pauperum und Patron der Juristen. 1998.

Band 179 Frank Bottenberg: Die Hamburgische Strafprozeßordnung von 1869. 1998.

Band 180 Matthias Krauß: Das kursächsische Postrecht von seinen Anfängen bis zum Ende des Alten Reichs. 1998.

Band 181 Torsten Schmidt: Die Entmündigung von den Anfängen des BGB bis zu ihrer Ablösung durch das Institut der Betreuung. 1998.

Band 182 Christian Nunn: Rudolf Müller-Erzbach. 1874-1959. Von der realen Methode über die Interessenjurisprudenz zum kausalen Rechtsdenken (Leben und Werk). 1998.

Band 183 Christian Ortloff: Das staatskirchenrechtliche System Wilhelm Traugott Krugs. Glaubens- und Gewissensfreiheit – eine Forderung der Vernunft. 1998.

Band 184 Christian Hattenhauer: Schuldenregulierung nach dem Westfälischen Frieden. Der sog. § *de indaganda* und seine Umsetzung im Jüngsten Reichsabschied (AD 1648 und 1654). 1998.

Band 185 Werner Schubert: Preußen im Vormärz. Die Verhandlungen der Provinziallandtage von Brandenburg, Pommern, Posen, Sachsen und Schlesien sowie – im Anhang – von Ostpreußen, Westfalen und der Rheinprovinz (1841-1845). 1998.

Band 186 Silvia Schumacher: Das Rechtsverhältnis zwischen Eltern und Kindern in der Privatrechtsgeschichte. 1999.

Band 187 Kai Sommer: Die Strafbarkeit der Homosexualität von der Kaiserzeit bis zum Nationalsozialismus. Eine Analyse der Straftatbestände im Strafgesetzbuch und in den Reformentwürfen (1871-1945). 1998.

Band 188 Jan Erik Backhaus: Volksrichterkarrieren in der DDR. 1999.

Band 189 Ralf Ruhnau: Die Fürstlich Thurn und Taxissche Privatgerichtsbarkeit in Regensburg. Ein Kuriosum der deutschen Rechtsgeschichte. 1999.

Band 190 Antonio Grilli: Die französische Justizorganisation am linken Rheinufer 1797-1803. 1999.

Band 191 Stephanie Kammerloher-Lis: Die Entstehung des Gesetzes über die religiöse Kindererziehung vom 15. Juli 1921. 1999.

Band 192 Jan Telp: Ausmerzung und Verrat. Zur Diskussion um Strafzwecke und Verbrechensbegriffe im Dritten Reich. 1999.

Band 193 Kurt von Pannwitz: Die Entstehung der Allgemeinen Deutschen Wechselordnung. Ein Beitrag zur Geschichte der Vereinheitlichung des deutschen Zivilrechts im 19. Jahrhundert. 1999.

Band 194 Sylvia Busch: Die Entstehung der Allgemeinen Gerichtsordnung für die Preussischen Staaten von 1793/95. Ein Beitrag zur Geschichte der Kodifikationsbewegung und der Reform des Zivilprozesses in Preußen im 18. Jahrhundert. 1999.

Band 195 Dirk Bieresborn: Klage und Klageerwiderung im deutschen und englischen Zivilprozeß. Eine rechtshistorische und rechtsvergleichende Untersuchung unter besonderer Berücksichtigung der Beeinflussung durch das römisch-kanonische Verfahren. 1999.

Band 196 Andreas Thier / Guido Pfeifer / Philipp Grzimek (Hrsg.): Kontinuitäten und Zäsuren in der Europäischen Rechtsgeschichte. Europäisches Forum Junger Rechtshistorikerinnen und Rechtshistoriker München 22.-24. Juli 1998. 1999.

Band 197 Franz Smola: Die Fürstlich Liechtenstein'sche Kunstsammlung. Rechtsfragen zur Verbringung der Sammlung von Wien nach Vaduz in den Jahren 1944/45. 1999.

Band 198 Frank Martin Krauss: Das geteilte Eigentum im 19. und 20. Jahrhundert. Eine Untersuchung zum Fortbestand des Teilungsgedankens. 1999.

Band 199 Matthias Frey: Die spanische Aktiengesellschaft im 18. Jahrhundert und unter dem Código de Comercio von 1829. 1999.

Band 200 Alexandra Gilde: Die Stellung der Frau im Reichsstrafgesetzbuch von 1870/71 und in den Reformentwürfen bis 1919 im Urteil der bürgerlichen Frauenbewegung. Eine Analyse ausgewählter Straftatbestände. 1999.

Band 201 Malte Dießelhorst / Arne Duncker: Hans Kohlhase. Die Geschichte einer Fehde in Sachsen und Brandenburg zur Zeit der Reformation. 1999.

Band 202 Jörg Hillmann: Territorialrechtliche Auseinandersetzungen der Herzöge von Sachsen-Lauenburg vor dem Reichskammergericht im 16. Jahrhundert. 1999.

Band 203 Carsten Engler: Die Kommanditgesellschaft (KG) und die stille Gesellschaft im Allgemeinen Deutschen Handelsgesetzbuch (ADHGB) von 1861. 1999.

Band 204 Vesta Hoffmann-Steudner: Die Rechtsprechung des Reichsgerichts zu dem Scheidungsgrund des § 49 EheG (EheG 1938) in den Jahren 1938-1945. 1999.

Band 205 Michaela Thiele: Die Auflösung von Arbeitsverhältnissen aufgrund Anfechtung und außerordentlicher Kündigung nach der Rechtsprechung des Reichsarbeitsgerichts (1927-1945). 2000.

Band 206 Peter Landau / Hermann Nehlsen / Mathias Schmoeckel (Hrsg.): Karl von Amira zum Gedächtnis. 1999.

Band 207 Marcus Flinder: Die Entstehungsgeschichte des Zivilgesetzbuches der DDR. 1999.

Band 208 Boris Franz Leo Bromm: Die Entstehungsgeschichte des Berufs des Handelsvertreters. Unter besonderer Berücksichtigung der Sozialgesetzgebung in den Jahren von 1871-1933. 2000.

Band 209 Winfried C. J. Eberstein: Das Tierschutzrecht in Deutschland bis zum Erlaß des Reichs-Tierschutzgesetzes vom 24. November 1933. Unter Berücksichtigung der Entwicklung in England. 1999.

Band 210 Patrick Deller: Der „nach dem Vertrage" vorausgesetzte Gebrauch (§ 459 Absatz 1 Satz 1 BGB). Eine kaufrechtliche Untersuchung unter Berücksichtigung rechtshistorischer wie rechtsvergleichender Grundlagen. 2000.

Band 211 Eckard Freiherr von Bodenhausen: Haftung des Geschäftsherrn für Verrichtungsgehilfen im Straßen- und Schienenverkehr. Eine Analyse der Entscheidungen des Reichsgerichts zu § 831 BGB (1900-1945). 2000.

Band 212 Birte Gast: Der Allgemeine Teil und das Schuldrecht des Bürgerlichen Gesetzbuchs im Urteil von Raymond Saleilles (1855-1912). 2000.

Band 213 Hansjörg Michael Huber: Koloniale Selbstverwaltung in Deutsch-Südwestafrika. Entstehung, Kodifizierung und Umsetzung. 2000.

Band 214 Ulf Björner: Die Verfassungsgerichtsbarkeit im Norddeutschen Bund und Deutschen Reich (1867-1918). Eine rechtshistorische Untersuchung über Gerichtsbarkeit im Spannungsfeld von Politik und Recht innerhalb der von Bismarck geschaffenen deutschen Bundesstaaten. 2000.

Band 215 Mathias Freiherr von Rosenberg: Friedrich Carl von Savigny (1779-1861) im Urteil seiner Zeit. 2000.

Band 216 Reinhard Binder-Kriegistein: Österreichisches Adelsrecht 1868-1918/19. Von der Ausgestaltung des Adelsrechts der cisleithanischen Reichshälfte bis zum Adelsaufhebungsgesetz der Republik unter besonderer Berücksichtigung des adeligen Namensrechts. 2000.

Band 217 Claudia-Regine Nerius: Johannes Lehmann-Hohenberg (1851-1925). Eine Studie zur völkischen Rechts- und Justizkritik im Deutschen Kaiserreich. 2000.

Band 218 Ludger Meuten: Die Erbfolgeordnung des Sachsenspiegels und des Magdeburger Rechts. Ein Beitrag zur Geschichte des sächsisch-magdeburgischen Rechts. 2000.

Band 219 Christoph Alexander von Wilcken: Die Reformbestrebungen zum Genossenschaftsgesetz in der Frühzeit der Bundesrepublik. Die Beratungen der Sachverständigenkommission zur Überprüfung des Genossenschaftsrechts 1954 bis 1958 und der Referentenentwurf von 1962. 2000.

Band 220 Verein Junger RechtshistorikerInnen Zürich (Hrsg.): ¿Rechtsgeschichte(n)? ¿Histoire(s) du droit? ¿Storia/storie del diritto? ¿Legal Histori(es)? Europäisches Forum Junger Rechtshistorikerinnen und Rechtshistoriker Zürich 28.-30. Mai 1999. 2000.

Band 221 Hans Christian Schüler: Die Entstehungsgeschichte der Bundesnotarordnung vom 24. Februar 1961. 2000.

Band 222 Nils-Eberhard Schramm: Die Vereinigung demokratischer Juristen (1949-1999). 2000.

Band 223 Silke Anke Torp: Das Rechtsverhältnis zwischen den Eltern und ihren Kindern. Dienstleistungspflicht, Aussteuer und Ausstattung. Eine Analyse der Rechtsprechung des Reichsgerichts und des Reichsarbeitsgerichts zu den Vorschriften der §§ 1616 bis 1625 des Bürgerlichen Gesetzbuches in der Zeit von 1900 bis 1945. 2000.

Band 224 Martin Jürgen Maaß: Die Geschichte des Eigentumsvorbehalts, insbesondere im 18. und 19. Jahrhundert. 2000.

Band 225 Stefanie Langer: Rechtswissenschaftliche Itinerarien. Lebenswege namhafter europäischer Juristen vom 11. bis zum 18. Jahrhundert. 2000.

Band 226 Ulrich Schmitz: Der Unterhaltsanspruch des nichtehelichen Kindes gegen seinen Erzeuger. Die rechtsgeschichtliche und dogmatische Entwicklung im deutschen Recht. 2000.

Band 227 Sebastian Günther: Friedrich Carl von Savigny als Grundherr. 2000.

Band 228 Henning Ibs: Hermann J. Held (1890-1963). Ein Kieler Gelehrtenleben in den Fängen der Zeitläufe. 2000.

Band 229 Matthias Rücker: Wirtschaftswerbung unter dem Nationalsozialismus. Rechtliche Ausgestaltung der Werbung und Tätigkeit des Werberats der deutschen Wirtschaft. 2000.

Band 230 Hendrik Sandmann: Die Entwicklung von Begriff und Inhalt des Wirtschaftchsrechts durch die Rechtswissenschaft in der Weimarer Republik. 2000.

Band 231 Sibylle Müller: Gibt es Menschenrechte bei Samuel Pufendorf? 2000.

Band 232 Karin Olechowski-Hrdlicka: Die gemeinsamen Angelegenheiten der Österreichisch-Ungarischen Monarchie. Vorgeschichte – Ausgleich 1867 – Staatsrechtliche Kontroversen. 2001.

Band 233 Johannes Mierau: Die juristischen Abschluß- und Diplomprüfungen in der SBZ/DDR. Ein Einblick in die Juristenausbildung im Sozialismus. 2001.

Band 234 Jörg Wolff (Hrsg.): Stillstand, Erneuerung und Kontinuität. Einsprüche zur Preußenforschung. 2001.

Band 235 Friedo Schröder: Die anwaltliche Tätigkeit während der nationalsozialistischen Herrschaft. Eine Analyse der anwaltlichen Argumentation in Zivilprozessen anhand der vorhandenen Prozeßakten der Landgerichte Frankenthal, Wiesbaden, Limburg und Frankfurt und der Handakten der *jüdischen Konsulenten* des OLG-Bezirks Frankfurt. 2001.

Band 236 Der Code pénal des Königreichs Westphalen von 1813 mit dem Code pénal von 1810 im Original und in deutscher Übersetzung. Herausgegeben und mit einer Einleitung versehen von Werner Schubert. 2001.

Band 237 Klaus Richter: Deutsches Kolonialrecht in Ostafrika 1885-1891. 2001.

Band 238 Kai von Lewinski: Deutschrechtliche Systembildung im 19. Jahrhundert. 2001.

Band 239 Alexander Herzog: Sittenwidrige Rechtsgeschäfte in der höchstrichterlichen Rechtsprechung aus den Jahren 1948-1965. 2001.

Band 240 Claudia Rönnau: Die Beratungen des Wasserrechtsausschusses der Akademie für Deutsches Recht zu einem Reichswassergesetz (1934-1941). Ein Beitrag zur Dogmatik der Begriffe *Gemeingebrauch* und *Sondergebrauch* in der Zeit des Nationalsozialismus. 2001.

Band 241 Momme Rohlack: Kriegsgesellschaften (1914-1918). Arten, Rechtsformen und Funktionen in der Kriegswirtschaft des Ersten Weltkrieges. 2001.

Band 242 Rolf Geyer: Der Gedanke des Verbraucherschutzes im Reichsrecht des Kaiserreichs und der Weimarer Republik (1871-1933). Eine Studie zur Geschichte des Verbraucherrechts in Deutschland. 2001.

Band 243 Felix Lorenz Benjamin Lehmann: Der Rote Adlerorden. Entstehung und rechtliche Grundlagen (1705-1918). 2002.

Band 244 Marc Ludwig: Der Pfändungsschutz für Lohneinkommen. Die Entstehungs- und Entwicklungsgeschichte der Vorschriften zum Schutz vor Lohnpfändung in Deutschland. 2001.

Band 245 Alexander Wachter: Dorfschule zwischen Pastor und Schulmeister. Zur Säkularisierung des niederhessischen Schulwesens im 19. Jahrhundert. 2001.

Band 246 Richard Scholz: Analyse der Entstehungsbedingungen der reichsgerichtlichen Aufwertungsrechtsprechung. Untersuchung unter besonderer Berücksichtigung der konservativen Geldpolitik der Reichsbank und der Inflationspolitik der Reichsregierung. 2001.

Band 247 Judith Laeverenz: Märchen und Recht. Eine Darstellung verschiedener Ansätze zur Erfassung des rechtlichen Gehalts der Märchen. 2001.

Band 248 Christina Schenk: Bestrebungen zur einheitlichen Regelung des Strafvollzugs in Deutschland von 1870 bis 1923. 2001.

Band 249 Nils Werner: Die Prozesse gegen die Landvolkbewegung in Schleswig-Holstein 1929/32. Ein Beitrag zur Justizkritik in der späten Weimarer Republik. 2001.

Band 250 Wolfgang Walter: Das Duell in Bayern. Ein Beitrag zur bayerischen Strafrechtsgeschichte. 2002.

Band 251 Jörn Eckert / Kjell Å. Modéer (Hrsg.): Geschichte und Perspektiven des Rechts im Ostseeraum. Erster Rechtshistorikertag im Ostseeraum 8.–12. März 2000. 2001.

Band 252 Jan Könighaus: Die Inauguration der Christian-Albrechts-Universität zu Kiel 1665. Symbolgehalt und rechtliche Bedeutung des Universitätszeremoniells. 2002.

Band 253 Andreas Görgen: Rechtssprache in der Frühen Neuzeit. Eine vergleichende Untersuchung der Fremdwortverwendung in Gesetzen des 16. und 17. Jahrhunderts. 2002.

Band 254 Ralf Schäfer: Die Rechtsstellung der Haigerlocher Juden im Fürstentum Hohenzollern-Sigmaringen von 1634-1850. Eine rechtsgeschichtliche Untersuchung. 2002.

Band 255 Regine Schmalhorst: Die Tierhalterhaftung im BGB von 1896. Die Entstehung und Änderung des § 833 BGB sowie eine Analyse der Rechtsprechung des Reichsgerichts bis 1908. 2002.

Band 256 Thomas Hense: Konrad Beyerle. Sein Wirken für Wissenschaft und Politik in Kaiserreich und Weimarer Republik. 2002.

Band 257 Christian Mahlmann: Die Strafrechtswissenschaft der DDR. Klassenkampftheorie und Verbrechenslehre. 2002.

Band 258 Henning Kahmann: Die Bankiers von Jacquier & Securius 1933–1945. Eine rechtshistorische Fallstudie zur "Arisierung" eines Berliner Bankhauses. Mit einem Geleitwort von John Kornblum. 2002.

Band 259 Volker Friedrich Drecktrah: Die Gerichtsbarkeit in den Herzogtümern Bremen und Verden und in der preußischen Landdrostei Stade von 1715 bis 1879. 2002.

Band 260 Andreas Klass: Standes- oder Leistungselite? Eine Untersuchung der Karrieren der Wetzlarer Anwälte des Reichskammergerichts (1693-1806). 2002.

Band 261 Wolfgang Eder: Das italienische Tribunale Speciale per la Difesa dello Stato und der deutsche Volksgerichtshof. Ein Vergleich zwischen zwei politischen Gerichtshöfen. 2002.

Band 262 Albrecht Cordes / Bernd Kannowski (Hrsg.): Rechtsbegriffe im Mittelalter. 2002.

Band 263 Thomas Hildebrandt: Die Brandenburgischen Provinziallandtage von 1841, 1843, und 1845 anhand ausgewählter Verhandlungsgegenstände. 2002.

Band 264 Jan Finzel: Georg Adam Struve (1619–1692) als Zivilrechtler. 2003.

Band 265 Björn Carsten Frenzel: Das Selbstverständis der Justiz nach 1945. Analyse der Rolle der Justiz unter Berücksichtigung der Reden zur *Wiedereröffnung* der Bundes- und Oberlandesgerichte. 2003.

Band 266 Nils Reichhelm: Die marxistisch-leninistische Staats- und Rechtstheorie Karl Polaks. 2003.

Band 267 Raik Schneider: Altrechtliche Personenzusammenschlüsse. Ihre Entwicklung unter besonderer Berücksichtigung des Rechts des Großherzogtums Sachsen-Weimar-Eisenach sowie der Herzogtümer Sachsen-Meiningen und Sachsen-Gotha. 2003.

Band 268 Anke Meier: Die Geschichte des deutschen Konkursrechts, insbesondere die Entstehung der Reichskonkursordnung von 1877. 2003.

Band 269 Stefan Jens Jordan: Leben und Werk des Tübinger Rechtsprofessors Wilhelm Gottlieb Tafinger 1760–1813. 2003.

Band 270 Stefanie Hubig: Die historische Entwicklung des § 23 ZPO. Zum Ursprung und Fortleben des Vermögensgerichtsstandes im deutschen Prozeßrecht des 19. Jahrhunderts. 2003.

Band 271 Michael G. Perband: Der Grundsatz der freien Beweiswürdigung im Zivilprozeß (§ 286 ZPO) in der Rechtsprechung des Reichsgerichts. 2003.

Band 272 Mathias Bouveret: Die Stellung des Staatsoberhauptes in der parlamentarischen Diskussion und Staatsrechtslehre von 1848 bis 1918. 2003.

Band 273 Barbara Széchényi: Rechtliche Grundlagen bayerischer Zensur im 19. Jahrhundert. 2003.

Band 274 Sylvia Scharfenberg: Die Entstehungsgeschichte des Beurkundungsgesetzes vom 28. August 1969. 2003.

Band 275 Urte Nesemann: Die schwedische Familiengesetzgebung von 1734 bis zu den Reformgesetzen von 1915 bis 1920 und deren Einfluss auf die Gesetzgebungsprojekte der Weimarer Republik. Unter besonderer Berücksichtigung der Rechtsstellung der Frau und des unehelichen Kindes. 2003.

Band 276 Alexandra Brück: Die Polizeiordnung Herzog Christians von Braunschweig-Lüneburg vom 6. Oktober 1618. 2003.

Band 277 Torsten Landwehr: Das Kommissionsgeschäft in Rechtswissenschaft, Gesetzgebung und Rechtspraxis vom 16. bis zum Ende des 18. Jahrhunderts. 2003.

Band 278 Tassilo Wilhelm Maria Englert: Deutsche und italienische Zivilrechtsgesetzgebung von 1933–1945. Parallelen in der Rechtsetzung und gegenseitige Beeinflussung unter besonderer Berücksichtigung des Familien- und Erbrechts. 2003.

Band 279 Tobias Prang: Der Schutz der Versicherungsnehmer bei der Auslegung von Versicherungsbedingungen durch das Reichsgericht. 2003.

Band 280 Thorsten Lieb: Privileg und Verwaltungsakt. Handlungsformen der öffentlichen Gewalt im 18. und 19. Jahrhundert. 2004.

Band 281 Michael Rühling: Das Ladenschlussgesetz vom 28. November 1956. Vorgeschichte, Entstehung des Gesetzes und weitere Entwicklung. 2004.

Band 282 Kathrin Nawotki: Die schleswigsche Deichstavengerechtigkeit. Vom 17. Jahrundert bis in die Gegenwart. Eine gewohnheitsrechtliche Superfizies an nordfriesischen Deichgrundstücken und ihre Entwicklung. 2004.

Band 283 Erik Nils Voigt: Die Gesetzgebungsgeschichte der militärischen Ehrenstrafen und der Offizierehrengerichtsbarkeit im preußischen und deutschen Heer von 1806 bis 1918. 2004.

Band 284 Dorothea Riedi Hunold: Die Einführung der allgemeinen Wechselfähigkeit in der Schweiz in der zweiten Hälfte des 19. Jahrhunderts. Unter besonderer Berücksichtigung der politischen, wirtschaftlichen und sozialen Verhältnisse. 2004.

Band 285 Thomas Gergen: Pratique juridique de la paix et trêve de Dieu à partir du concile de Charroux (989–1250). Juristische Praxis der Pax und Treuga Dei ausgehend vom Konzil von Charroux (989–1250). 2004.

Band 286 Kathrin Bethkenhagen: Die Entwicklung des Luftrechts bis zum Luftverkehrsgesetz von 1922. 2004.

Band 287 Heiko Lüpkes: Die Verbrechen der Diener des Staats im Allgemeinen Landrecht für die Preußischen Staaten von 1794 und ihre Entwicklung zu den Vergehen und Verbrechen im Amte im Strafgesetzbuch für die Preußischen Staaten von 1851. 2004.

Band 288 Mirco Peter Hirsch: Von der Erbbescheinigung des Preußischen Rechts zum Erbschein des Bürgerlichen Gesetzbuchs. 2004.

Band 289 Bettina Günther: Die Behandlung der Sittlichkeitsdelikte in den Policeyordnungen und der Spruchpraxis der Reichsstädte Frankfurt am Main und Nürnberg im 15. bis 17. Jahrhundert. 2004.

Band 290 Seunghyeon Seong: Der Begriff der *nicht gehörigen Erfüllung* aus dogmengeschichtlicher und rechtsvergleichender Sicht. 2004.

Band 291 Steffen-Werner Meyer: Bemühungen um ein Reichsgesetz gegen den Büchernachdruck. Anläßlich der Wahlkapitulation Leopolds II. aus dem Jahre 1790. 2004.

Band 292 Ulrich Löffler: Instrumentalisierte Vergangenheit? Die nationalsozialistische Vergangenheit als Argumentationsfigur in der Rechtsprechung des Bundesverfassungsgerichts. 2004.

Band 293 Norbert Koch: Die Entwicklung des deutschen privaten Immissionsschutzrechts seit Beginn der Industrialisierung. Unter besonderer Berücksichtigung des Einflusses der höchstrichterlichen Rechtsprechung. 2004.

Band 294 Julius Ludwig Pfeiffer: Das Tierschutzgesetz vom 24. Juli 1972. Die Geschichte des deutschen Tierschutzrechts von 1950 bis 1972. 2004.

Band 295 Bert-Hagen Strodthoff: Die richterliche Frage- und Erörterungspflicht im deutschen Zivilprozeß in historischer Perspektive. 2004.

Band 296 Tim Kannewurf: Die Höfeordnung vom 24. April 1947. Entstehungsgeschichte und Einordnung in die Entwicklung des Anerbenrechts. 2004.

Band 297 Steffi Heine: Die Methodendiskussion nach Inkrafttreten des Bürgerlichen Gesetzbuches und die Gründung des Vereins *Recht und Wirtschaft*. 2004.

Band 298 Anne Marlene Simon-Holtorf: Geschichte des Familienwahlrechts in Frankreich (1871 bis 1945). 2004.

Band 299 Jürgen Busch: Das Germanenbild der deutschen Rechtsgeschichte. Zwischen Wissenschaft und Ideologie. Mit einem Vorwort von Herwig Wolfram. 2004.

Band 300 Jan Kohlmann: Der Marsch zu den Gräbern von Karl und Rosa. Geschichte eines Gedenktages. 2004.

Band 301 Christian Rainer Schlicht: Die kumulative Schuldübernahme in der Rechtsprechung des Reichsgerichts und in der zeitgenössischen Literatur. 2004.

Band 302 Hans Peter Glöckner: Positive Vertragsverletzung. Die Geburt eines Rechtsinstituts. 2004.

Band 303 João Manuel Azevedo Alexandrino Fernandes: Die Theorie der Interpretation des Gesetzes bei Francisco Suárez. 2005.

Band 304 René Funk: Die Wahlprüfung der volksgewählten Abgeordneten der Volksvertretungen im Frühkonstitutionalismus. Eine Untersuchung der Wahlprüfung in den Kammern der Abgeordneten des Großherzogtums Baden, des Königreichs Württemberg und des Großherzogtums Hessen. 2005.

Band 305 Carolin O'Sullivan. Die Ahndung von Rechtsbrüchen der Seeleute im mittelalterlichen hamburgischen und hansischen Seerecht (1301–1482). 2005.

Band 306 Martin Jürgens: Staat und Reich bei Ernst Rudolf Huber. Sein Leben und Werk bis 1945 aus rechtsgeschichtlicher Sicht. 2005.

Band 307 Florian G. Dürselen: Franz Beyerle (1885–1977). Leben, Ära und Werk eines Rechtshistorikers. 2005.

Band 308 Kai Bandilla: Urheberrecht im Kaiserreich. Der Weg zum Gesetz betreffend das Urheberrecht an Werken der Literatur und Tonkunst vom 19. Juni 1901. 2005.

Band 309 Stefan Mieth: Die Entwicklung des Denkmalrechts in Preußen 1701–1947. 2005.

Band 310 Catharina Lodemann: Die Geschichte des französischen *acte de gouvernement*. 2005.

Band 311 Christina Wicke: Kodifikationsbestrebungen und Wissenschaft in Hessen-Darmstadt im vorkonstitutionellen Zeitalter. Zu der Beteiligung der Gießener Rechtsprofessoren an den Gesetzgebungsarbeiten in Hessen-Darmstadt in der Zeit zwischen 1769 und 1820. 2005.

Band 312 Christiane Chlosta: Nur dem Gesetz unterworfen? Eine rechtsgeschichtliche Untersuchung zu Idee und Wirklichkeit richterlicher Gesetzestreue unter besonderer Berücksichtigung der Aufwertungsrechtsprechung und des richterlichen Prüfungsrechts. 2005.

Band 313 Kathrin Dirr: Hoheitsrechtliche Streitigkeiten zwischen den Kölner Erzbischöfen und der Stadt Köln auf Grundlage reichskammergerichtlicher Verfahren des 16. und 17. Jahrhunderts. 2005.

Band 314 Michael Racky: Die Diskussion über Gewaltenteilung und Gewaltentrennung im Vormärz. 2005.

Band 315 Petra Thiemrodt: Die Entstehung des Staatshaftungsgesetzes der DDR. Eine Untersuchung auf der Grundlage von Materialien der DDR-Gesetzgebungsorgane mit zeitgeschichtlichen Bezügen. 2005.

Band 316 Julius F. Reiter: Entstehung und staatsrechtliche Theorie der italienischen *Carta del Lavoro*. 2005.

Band 317 André Book: Die Justizreform in der Frühzeit der Bundesrepublik. Die Beratungen der Kommission zur Vorbereitung einer Reform der Zivilgerichtsbarkeit in den Jahren 1955 bis 1961. 2005.

Band 318 Frank Zentz: Das amerikanische Strafverfahren als Element der Besatzungspolitik in Deutschland. Erziehung zur Demokratie durch den *Court of Appeals* 1948–1955. 2005.

Band 319 Friederike Quaisser: Mietrecht im 19. Jahrhundert. Ein Vergleich der mietrechtlichen Konzeptionen im Allgemeinen Landrecht für die Preußischen Staaten von 1794 und dem gemeinen Recht. 2005.

Band 320 Stefan Burghard: Professor Dr. Wilhelm Kahl – Leben zwischen Wissenschaft und Politik. 2005.

Band 321 Günter Baranowski: Die *Russkaja Pravda* – ein mittelalterliches Rechtsdenkmal. 2005.

Band 322 Christina Schneider: Die SS und „das Recht". Eine Untersuchung anhand ausgewählter Beispiele. 2005.

Band 323 Werner Schubert (Hrsg.): Zivilprozessreform in der Weimarer Zeit. Quellen zur Emminger-Zivilprozessverordnung vom 13.2.1924 und zu den Arbeiten der Zivilprozesskommission des Reichsjustizministeriums (1922–1930). Eingeleitet und herausgegeben von Werner Schubert. 2005.

Band 324 Felix Gaul: Der Jurist Rudolf Isay (1886–1956). Ein verantwortungsbewusster Vermittler im Spannungsfeld zwischen dynamischer Rechtsschöpfung, ökonomischem Wandel und technischem Fortschritt. 2005.

Band 325 Konstanze Braun: Dr. Otto Georg Thierack (1889–1946). 2005.

Band 326 Eckart Klein / Stefan Chr. Saar / Carola Schulze (Hrsg.): Zwischen Rechtsstaat und Diktatur. Deutsche Juristen im 20. Jahrhundert. 2006.

Band 327 Stefan Botor: Das *Berliner Sühneverfahren* – Die letzte Phase der Entnazifizierung. 2006.

Band 328 Andreas Köhler: Die Sorgerechtsregelungen bei Ehescheidung seit 1945. Scheidungsstrafe und verordnete Gemeinsamkeit. 2006.

www.peterlang.de

FSC
www.fsc.org
MIX
Papier | Fördert gute Waldnutzung
FSC® C083411

Kolibri 360 GmbH
Ferdinand-Jühlke-Straße 7
99095 Erfurt, Deutschland
produktsicherheit@kolibri360.de

Druck:
CPI Druckdienstleistungen GmbH
im Auftrag der
Kolibri 360 GmbH
Ferdinand-Jühlke-Str. 7
99095 Erfurt